계시록의 구속사적 읽기

이 동 수

계시록의 구속사적 읽기

2011년 10월 20일 초 판 1쇄 인쇄
2011년 10월 25일 초 판 1쇄 발행

저 자 • 이 동 수
발행인 • 조 경 혜
발행처 • 도서출판 그리심
156-763 서울시 동작구 사당5동 196인정 B동(B01)

등록번호 • 제 7-258호(1998. 4. 23)
출 판 사 • 전화 523-7589 팩스 523-7590
홈페이지 • http://grisim.biz
전자우편 • grisimcho@hanmail.net

값: 표지 뒷면에

ISBN 978-89-5799-290-6 93230

이 동 수 교수

이동수 교수는 고신대학교(B.A.)와
고려신학대학원(M.Div.)을 나와서 목사 안수를 받았다.
고신대학교 대학원에서 신학 석사(Th.M.)와
미국 Minnesota Graduate School of Theology에서
<신약계시의 상징성 연구>로
철학박사(Ph.D.) 학위를 받고,
고신대학교 대학원에서 <마태복음의 임박한 종말에 관한 연구>로
신학박사(Th.D.) 학위를 받았다.
현재는 백석대학교 기독교학부 교수로 섬기고 있다.
(☎ 041-550-0612)

역 · 저서

『성경적 상징주의에 의한 고린도전서 강해』(신한흥, 2002)
『새로운 시각으로 본 성경적 세계관』(로고스, 공역, 2002)
『신약의 구속사적 연구』(로고스, 2002)
『구약의 구속사적 연구』(기독교연합신문사, 2003)
『기독교에 대한 10가지 질문』(기독교연합신문사, 2003)
『구원받은 자의 삶』(UCN, 2004)
『난제 중심의 신약 읽기』(기독교연합신문사, 2004)
『계시록의 구속사적 연구』(그리심, 2005)
『낙원의 구속사』(그리심, 공역, 2006)
『창조를 위한 하나님의 패턴』(그리심, 2006)
『신약의 구속사적 읽기』(그리심, 2010)

목 차

저자의 글 · 8

제 1 부 계시록의 신학

제1장 계시록 해석사

1. 서론 · 13
2. 교부시대(1-4세기) · 15
3. 중세시대(5-15세기) · 22
4. 종교개혁시대(16세기) · 25
5. 종교개혁 이후(17-19세기) · 27
6. 현대(20세기 이후) · 30
7. 결론 · 30

제2장 계시록 개관

1. 저자 · 33
2. 연대 · 34
3. 신학적 의의 · 35
4. 해석방법 · 37
5. 구조 · 38
6. 내용 · 49

제 2 부 계시록의 강해

제1장 서론: 영광 중에 계신 주님

1. 계시록 서언(계 1:1-3) · 52
2. 인사와 송영(계 1:4-8) · 58
3. 주님의 음성과 모습(계 1:9-16) · 65
4. 요한의 사명(계 1:17-20) · 69

제2장 일곱 교회에 보낸 주님의 편지

1. 에베소 교회의 사자에게(계 2:1-7) · 76
2. 서머나 교회의 사자에게(계 2:8-11) · 82
3. 버가모 교회의 사자에게(계 2:12-17) · 87
4. 두아디라 교회의 사자에게(계 2:18-29) · 92
5. 사데 교회의 사자에게(계 3:1-6) · 98
6. 빌라델피아 교회의 사자에게(계 3:7-13) · 105
7. 라오디게아 교회의 사자에게(계 3:14-22) · 112

제3장 성부의 보좌와 어린양

1. 하늘의 예배 I(계 4:1-4) · 121
2. 하늘의 예배 II(계 4:5-11) · 128
3. 어린양과 책(계 5:1-14) · 134

제4장 언약의 개시: 일곱 인

1. 네 명의 말 탄 자들(계 6:1-8) · 145
2. 순교자들의 신원(계 6:9-17) · 152
3. 144,000(계 7:1-8) · 158
4. 셀 수 없는 큰 무리(계 7:9-17) · 164
5. 일곱째 인을 떼실 때에(계 8:1-5) · 171

제5장 언약의 선포: 일곱 나팔
1. 네 번의 나팔(계 8:6-13) · 177
2. 다섯 째 나팔(계 9:1-12) · 184
3. 여섯 째 나팔(계 9:13-21) · 189
4. 새 창조의 증인(계 10:1-6) · 195
5. 복음의 비밀(계 10:7-11) · 201
6. 예루살렘의 두 증인(계 11:1-14) · 206
7. 일곱 번째 나팔(계 11:15-19) · 213

제6장 구약교회인 여인과 사탄인 용
1. 뱀의 후손, 여인의 후손(계 12:1-6) · 221
2. 하늘의 전쟁(계 12:7-12) · 228
3. 용이 교회를 공격함(계 12:13-17) · 234

제7장 이방 바다의 짐승과 유대 땅의 짐승
1. 바다에서 온 짐승(계 13:1-10) · 239
2. 땅에서 온 짐승(계 13:11-18) · 246

제8장 어린 양과 구원받은 자들
1. 하나님의 군대(계 14:1-5) · 253
2. 영원한 복음과 진노의 포도주(계 14:6-13) · 259
3. 땅의 추수(계 14:14-20) · 269
4. 승리의 노래(계 15:1-4) · 275
5. 성전이 열리며(계 15:5-8) · 281

제9장 언약의 적용: 일곱 대접
1. 피조물의 복수(계 16:1-9) · 287

2. 아마겟돈(계 16:10-21) · 294
3. 음녀의 정체(계 17:1-7) · 302
4. 천사가 비밀을 설명하다(계 17:8-18) · 309
5. 거기에서 나오라!(계 18:1-8) · 318
6. 바벨론의 멸망에 대한 반응들(계 18:9-20) · 324
7. 바벨론은 재기불능이다!(계 18:21-24) · 331

제10장 승리의 잔치
1. 어린 양의 혼인 잔치(계 19:1-10) · 339
2. 하나님의 다른 잔치(계 19:11-21) · 349
3. 사탄의 결박(계 20:1-3) · 357
4. 우리는 첫째 부활을 살고 있다!(계 20:4-6) · 363
5. 마지막 전투(계 20:7-10) · 371
6. 죽은 자에 대한 심판(계 20:11-15) · 379

제11장 새 하늘과 새 땅
1. 새 하늘과 새 땅(계 21:1-8) · 387
2. 새 예루살렘 I(계 21:9-17) · 396
3. 새 예루살렘 II(계 21:18-27) · 403

제12장 결론: 완성된 예루살렘에 대한 소망
1. 회복된 낙원(계 22:1-5) · 409
2. 마지막 경고와 축복(계 22:6-21) · 416

▶ 참고문헌 · 427

저자의 글

혹자는 칼빈이 계시록 주석을 쓰지 못했기 때문에 성경 전체를 이해하지 못했다고 한다. 게다가 성경은 짝이 있는데, 칼빈이 계시록 주석을 못 쓴 것은 계시록의 짝인 다른 성경도 제대로 이해하지 못한 증거라고 했다. 그러나 칼빈이 계시록 주석을 쓰지 못한 것은 계시록을 몰라서가 아니다. 칼빈은 1564년에 죽었는데, 죽기 전에 <다니엘서 주석>(1561)을 쓴 것으로 보아, 아마 그 다음에 칼빈이 주석하지 않은 유일한 책인 계시록 주석을 썼을 것이다. 그렇다면 왜 칼빈은 계시록 주석 작업을 미루었을까? 아마 그 이유는 당시 계시록을 잘못 사용한 사람들 때문에 조심스러웠을 것이다. 많은 이단들이 계시록을 자의적으로 해석하는 것을 보아왔기 때문이다. 계시록을 해석하는 일은 이렇듯 신중하고 조심스러운 일이다. 최근까지도 같은 개혁주의신학의 입장을 고수해 온 학자들 간에도 이견이 분분하다. 예를 들면, 천년왕국설에 대해서 무천년설, 전천년설, 그리고 후천년설까지 다양하게 주장한다. 계시록을 이해하는 일이 과거에는 물론이거니와 오늘날에도 어려움을 다시 한 번 절감하게 되는 부분이다.

이 책은 부분적 과거주의(Partial Preterism) 입장에서 쓰여진 계시록 강해서이다. 이미 필자는 이러한 입장의 대표적인 책이라고 할 수 있는 James B. Jordan의 *Studies in the Revelation*을 『계시록의 구속사적 연구』(서울: 그리심, 2005)로, David Chilton의 *Paradise Restored*를 『낙원의 구속사』(서울: 그리심, 2006)로 번역하여 소개한 바 있다. 자신의 계시록 주석의 신학적 서론격인 *Paradise Restored*를 쓴 이후, Chilton은 계시록 주석인 *The Days of Vengeance* (Ft. Worth: Dominion Press, 1987)를 썼는데, 이 강해서는 Chilton의 주석을 토대로 한 것임을 밝힌다.

이 책은 계시록의 신학과 강해 두 부분으로 나누어져 있다. 간략한 신학적 개관을 한 후에 본격적인 강해를 시도할 것이다. 제1부 계시록의 신학을 통하여, 부분적 과거주의 입장의 계시록 이해를 간략하게 소개할 것이다. 이런 신학적 개관에 앞서, 제1장 '계시록 해석사'를 통하여, '부분적 과거주의'에 대하여 주목해야 할 당위성을 찾을 것인데, 이것이 교부들의 계시록 이해에 가장 근접한 해석 방식으로 믿어지기 때문이다. 또한 이는 구속사적 성경해석의 '확대해석방법'(Interpretation Maximalism)이라고 할 수 있는 '성경적 상징주의 해석법' (Biblical Symbolism)과 일맥상통하는 것이다. 그 후, 제2장에서는 이런 부분적 과거주의 입장에서 계시록에 대한 전반적인 '신학적 개관'을 할 것이다. 제1장 '계시록 해석사'는 <목회와 신학>(2005. 3)에 실린 글들을 수정 보완한 것이고, 제2장 가운데 '계시록의 구조'는 <진리논단 10호>에 실린 것을 새롭게 정리한 것이다.

이렇게 제1부를 통하여 계시록의 신학을 살펴본 후에, 제2부에서는 본격적으로 구속사적 입장에서 '계시록 강해'를 시도할 것이다. 이 강해는 처음부터 출판을 목적으로 한 것이 아니라, 필자가 교회에서 한 구어체 설교들을 바탕으로 독자들을 배려하여 문어체로 바꾸었기에 문체상 어색한 부분이 없지 않을 것이다. 또한 책을 출판하는 과정에서 좀 더 설명이 필요한 부분은 독자들을 위하여 각주를 첨가했다. 처음부터 논문을 쓴 것을 모은 것이 아니라 독자들을 위한 각주이므로 각주의 누락이나 중복, 혹은 각주가 적절하지 못한 부분도 있을 수 있다. 특히 이 점을 양해해주기 바란다.

필자의 멘토이신 황창기 박사께선 '교회를 위한 신학'을 강조하셨다. 필자가 계시록을 연구한 것은 단순한 신학적 흥미나 어떤 필요 때문이 아니라, 스승님의 가르침을 따라 말씀을 통해 교회를 섬기기 위한 것이었다. 그러나 때로 '설교'가 아닌 적용이 부족한 '설명'으로 끝이 난 적이 많았음을 고백한다. 그러나 계시록의 말씀이 열려지기를 함께 기도하며 말씀을 받아온 성도들에게 감사드린다.

신학이 있는 설교를 꿈꾸어왔다. 그 신학은 의문에 속한 죽은 정통이 아니라, 생명있는 신학이기를 불같은 소원을 가지고 기도했다. 그래서 무엇보다도 필자가 섬기고 있는 백석대학교의 설립자 장종현 박사님께서 '개혁주의 생명신학'을 주창하신 것에 감사드린다. 죽어 있는 개혁신학을 살리고자 하는 이러한 바람은 이 시대를 향한 하나님의 뜻임을 확신한다. 이 부족한 사람의 서툰 글이 개혁주의 생명신학의 끝자락에서 미약하나마 역할을 감당할 수 있기를 소원한다. 그리고 투박한 글을 보기 좋은 책으로 만들어준 그리심 출판사의 관계자들에게 감사드린다. 끝으로 타자를 치며 도와준 학생들과 책이 나올 때마다 같이 즐거워하는 가족들과 작은 기쁨을 나누고 싶다. 이 책이 성경을 사랑하고 연구하는 모든 분들에게 도움이 되길 진심으로 바란다. Soli Deo Gloria!

2011. 9. 25

이 동 수 교수

제1부

계시록의 신학

제1장
계시록 해석사

1. 서 론

어떤 의미에서 성경해석의 역사는 '오석사'(誤釋史)이기도 하다. 그러나 모든 부분이 오석은 아니기 때문에 우리는 과거를 통해 많은 것을 배울 수 있다. 이 글의 목적은 계시록 해석의 역사를 살펴보는 것을 통하여 오늘날 바람직한 계시록 해석의 지침을 발견하고자 하는데 있다. 이러한 목적을 위하여 교회 속에서 계시록이 어떻게 해석되었는지를 모두 살펴야 할 것이다. 그러나 여러 가지 제약으로 인하여, 우리는 2세기 이후의 계시록 해석의 역사를 제한적으로 살피게 될 것이다. 특히 이 주제를 잘 요약해 주고 있는 H. B. Swete의 글[1]을 기초로 했음을 밝힌다.

이러한 탐구를 통하여 우리는 2천년 기독교 역사 속에서 계시록 해석에 대한 다음과 같은 다양한 변화가 있었음을 알게 될 것이다. 주로 '천년왕국'과 '적그

---

1) Henry Barclay Swete, *Commentary on Revelation*(Grand Rapids: Kregel Publications, 1980), pp. ccvii-ccxix.

리스도의 정체' 에 대한 문자적 해석과 상징적 해석이란 범주로 시작된 계시록 해석은 종교개혁 시대까지는 이러한 양대 해석학적 경향들이 혼재했었다. 게다가 종교개혁자들의 소위 '역사적 문법적 해석' 은 사실주의적(realistic) 해석이고, 이는 상징적인 표현(figuration)조차 문자적인 의미와 갈등을 빚기는커녕, 오히려 문자적인 해석의 자연스러운 연장으로 이해했었다. 이것은 전체 성경이야기를 역사적 현실에 대한 묘사의 수준에서 볼 때 직사주의(直寫主義, literalism)였다.[2] 이러한 해석학적 경향은 18세기에 역사비평(Historical Criticism)이 대두되기까지 서구 기독교 내에서 풍미했던 것이다.

그러나 역사비평이 지배하자 사정은 달라졌다. 사실주의적인 성경읽기는 와해되었고, 문자적 의미와 역사적 의미가 나누어졌으며, 문자적 해석과 상징적 해석도 나누어졌다. 이제 상징적 의미는 문자적인 의미와 반대되는 것으로 보이는 어떤 것이 되어 버렸다. 게다가 20세기에 문학비평이 도입되면서 더욱 다양한 해석학적 결과들이 나타나게 됨을 알 수 있을 것이다.[3] 때로는 본문 자체의 의미보다는 독자들의 반응을 중시하게 된 것이다. 다른 말로, 성경의 '의미' (meaning)보다는 '의의' (significance)를 중시하게 된 것이다. 이런 과정을 거치면서 오늘날과 같은 계시록에 대한 대표적인 네 가지 해석법인 과거주의(Preterism), 역사주의(Historicism), 미래주의(Futurism), 이상주의(Idealism) 해석법들이 자리를 잡아가게 된다. 이 네 가지 해석법에 대한 평가는 당장 우리의 논의에서 제외되겠지만, 우리는 계시록 해석의 역사를 탐구하는 것을 통하여 좀 더 바람직한 계시록 해석의 방법에 대한 이해에 도달하게 될 것이다.

---

2) Hans W. Frei,『성경의 서사성 상실』, 이종록 역(서울: 한국장로교출판사, 1996), p. 15.

3) 특히 20세기말에 성경 해석에 있어서 역사비평이 차지했던 주도권은 역사비평의 결과물이나 그 결과들이 있게 했던 가설들이 부적절함을 지적하는 비평가들에 의해 꾸준히 도전을 받아 왔다. 본문 이해에서 '역사적 패러다임' (historical paradigm)을 고집하는 비평 방법들과 '문학적 패러다임' (literary paradigm)을 수용하는 비평 방법들 사이의 분열은 최근 연구에서 잘 나타나 있다. 성경 비평의 역사적인 방법과 문학적인 방법 사이의 한 가지 근본적인 불일치는 본문과 역사 사이의 관계에 대한 이들의 전제에서 발견할 수 있다. 즉 자료비평, 양식비평, 전승사비평, 편집비평 같은 역사비평 방법들이 본문에 대한 역사적, 고고학적, 혹은 문자적(literary) '배경' 과 그 본문의 기원을 그리고 '시간의 흐름' 에 따른 본문

2. 교부시대(1-4세기)

성경을 통해 계시된 기독교적인 불변의 진리가 사도시대 이후 기독교 안에 나름대로 정착된 시기가 있었는데, 그 시기를 소위 '속(續)사도시대' 라고 한다. 그리고 그들의 뒤를 이어갔던 사람들이 '변증가들' 이다. 이들을 통틀어 일반적으로 '교부(敎父)시대' 라고 부른다.[4] 이들 교부들의 작품들은 신약성경과 4세기 말 사이의 역사적인 지식의 공백을 채워준다. 교부들은 말 뿐 아니라 글로 그들이 직면한 외적인 박해와 내적인 이단의 대항하여 변증적이고 논쟁적인 작품들을 남겼다.[5]

특히 박해의 기간 동안에 가장 생생한 관심을 야기한 것은 '적그리스도의 도래' 와 '천년왕국에 대한 희망' 에 관한 두 가지였다. 져스틴(Justin Martyr †165)은 계시록 20장에서 천년왕국에 대한 자신의 견해에 대한 증거를 발견했다. 그는 기록하기를 "우리 가운데 있었던 사람인 예수님의 사도들 중 한 사람인 요한이란 이름을 가진 이가 받은 계시 가운데 예언하기를 우리의 그리스도를 믿는 자들은 예루살렘에서 천년을 지내게 될 것이다" 라고 하였다(Dial. lxxxi. 15.).[6]

의 발전이라는 측면을 강조하는 반면, 구조주의 비평, 서사비평, 독자-반응비평, 그리고 후기 구조주의 비평과 같은 문학비평들은 최종 형태의 본문 자체와 본문에 내재된 다양한 본문적 요소들 사이의 관계 그리고 본문과 독자 사이의 상호 작용 등에 초점을 맞춘다. Cf. S. R. Haynes & S. L. McKenzie(eds.), 『성서비평 방법론과 그 적용』, 김은규 김수남 공역(서울: 대한기독교서회, 1997), p. 12.

4) 속사도 시대를 주도한 인물로는 대개 Clement of Rome(93-97년경), Hermas(100-140년경), Ignatius(110-117년경), Polycarp(110-117년경) 등을 꼽는다. 그러나 이들 시대에는 신약 성경 저자들에 의해 기록된 성경의 진리에 무언가 새로운 것을 첨가하여 기독교 진리를 설명할 필요가 있었던 시대는 아니었다. 그러나 그 다음 시대에 가서 기독교 진리는 세속적인 여러 사상의 도전을 받으며 응전해야 했었다. 그러므로 해석학적인 문제는 변증가(辨證家) 시대에 비로소 발생했다. 그런 의미에서 속(續)사도 시대와 변증가 시대를 구분한다. Cf. 이보민,『현대기독교 사상 비판』(서울: 개혁주의 신행협회, 1987), p. 349.

5) Earle E. Cairns, *Christianity Through the Centuries*(Grand Rapids: Zondervan, 1954), p. 75.

6) Robert H. Mounce, *The Book of Revelation*(Grand Rapids: Eerdmans Pub. co., 1977), p. 22.

이레니우스(Irenaeus ca. 180)는 "요한 계시록과 적그리스도에 대해서 사도 요한을 면전에서 본 사람들에 의해서 확인되었고 초기 사본들이 발견된 것" 이라며[7], 자신의 작품인 『이단논박』에서 자주 인용하였는데, 그는 다른 예언들보다도 계시록 21장을 자신의 지상적인 왕국과 회복된 예루살렘에 대한 기대의 근거로 삼았다(*Haer*, v.35. 2). 그는 사도 요한의 짐승과 사도 바울의 불법의 사람을 동일시하였고, Lateinos(Λατεινός, 라틴)이라는 단어의 합을 짐승의 수에 대한 하나의 읽기로 보았다. 그는 "라틴은 사실 지금의 국가일 것이다(Latini enim sunt qui nunc regnant.)" 라고 하였다(*Haer*, v.28. 3, 30). 계시록 17:12이하에서, 그는 로마제국이 열 왕국으로 깨어질 것으로 보았고, 바벨론(로마)이 잿더미가 될 것으로 추측했다(*Haer*, v.26. 1).[8] 특히 Irenaeus 경우에, 이러한 가르침은 영지주의자들이 주장했던 순전히 영적인 구원 개념을 반박하기 위해 강조되어졌을 것이다.[9]

특히 히폴리투스(Hippolytus, ca. 200)는 그의 『그리스도와 적그리스도에 대하여』라는 소책자에서 이레니우스의 해석에서 몇 단계 더 나아갔다. 첫째 짐승은 로마제국인데, 이는 상처를 입어 죽었다가 적그리스도에 의해서 다시 살아날 것이다. 둘째 짐승은 로마제국에서 일어나게 될 열 왕국을 나타내는 것이다. 아이를 낳은 여자는 교회이다. 바벨론은 로마이다. 두 증인은 재림의 선구자인 에녹과 엘리야이다. 져스틴과 이레니우스와 같이, 히폴리투스도 계시록 20장에 근거해서 천년왕국에 대한 희망을 가졌다.[10] 이같이 우리는 사도들의 가르침을 직접 받은 2세기 초의 속사도들과 변증가들에게는 문자적 해석이 우세했음을 볼 수

---

7) 흔히 계시록의 초기연대(67년경)를 반대하고 후기연대(95년경)를 주장하는 사람들의 증거가 유세비우스의 이 글이다. 유세비우스는 덧붙이기를 "그것(계시록)이 오래전에 나타난 것이 아니라 도미티안 황제의 통치 말기인 나의 시대에 나타났기 때문이다" 라고 한다. 그러나 이 말은 도미티안 황제 때 요한이 계시록을 기록했다는 것이 아니라 계시록이 있었다라고 볼 수 있는 것이다(Eusebius, *Hist. Eccl.* 5.8). Cf. 에우세비오, 『교회사』, 편집부 역 (서울: 성요셉출판사, 1985), pp. 250-251.

8) Swete, *op. cit.*, pp. ccvii-ccviii.

9) Adela Yarbro Collins, "Reading the Book of Revelation in the Twentieth Century", in *Interpretation* (vol. XL, 1986 July, no.3.), p. 229.

10) Swete, *op. cit.*, p. ccviii.

있다. 또한 그들은 적그리스도를 로마로 보는데 어느 정도 일치된 견해를 보이고 있다.

그러나 그러한 지침이 없었던 알렉산드리아 사람들은 계시록을 풍유적으로 해석했다. 이러한 풍유적 해석은 필로에 의해 시작되었고, 클레멘트를 거쳐 오리겐에 의해서 발전하게 된다.[11] 예를 들어, 클레멘트(Clement)[12]는 4장로와 24

11) 당시 알렉산드리아는 헬라 문화와 유대 문화가 격돌하는 곳이었다. 그런데 헬라인들은 유대문화를 무시하였다. 필로는 풍유적으로 해석하면 헬라 문화권에 있는 자들이 거부감 없이 성경을 받아들일 것이라고 생각하였다. 그래서 "장엄한 풍유"를 사용하여 구약 전체를 풍유화하였다. 그런데, 이 방식은 스토아(stoa)철학자들이 호머(Homer)의 작품 연구에 사용하던 방법을 채택한 것이다. 즉 표면적 의미는 이면적 의미인 실체의 그림자이므로 풍유적 의미로 이해해야 한다고 주장했다. Cf. C. H. Dodd, *The Interpretation of the Fourth Gospel*(Cambridge: Cambridge University Press, 1953), pp. 54-73. 필로가 해석한 예를 보면, 창세기 2장의 에덴동산을 '동산' 은 '지혜와 덕' 이 있는 곳이고, '에덴' (עדן = χαρα)은 '기쁨' 이란 말인데, 지혜와 덕이 있는 곳에는 기쁨이 있다고 하였다. 그리고 '동쪽에' 있었던 것은 동쪽은 어두움에서 빛을 몰아오는 곳이기 때문이다. 그리고 에덴의 '네 강' 은 희랍철학의 네 가지 기본 덕목(φρονεσις '사려', ανδρεια '용기', σωφροσυνη '절제', δικαιοσυνη '의')을 나타내는 것이라고 하였다. Cf. S. Greijdanus, *Schriftbeginselen Ter Schriftverklaring*(Kampen: J.H. KOK, 1946), p. 152. 이러한 필로의 해석에 대해 평가해 보면, 나름대로 더 깊은 의미를 찾으려 했으나 단순한 의미를 흐리게 하고, 모호한 것을 설명하지 못했고, 중요한 것은 사소하게 사소한 것은 중요하게 취급했고, 전체문맥을 무시했고, 근시안적으로 단어를 관찰했고, 성경을 철학의 시녀로 만들었다. 특히 희랍철학의 영향을 성경해석학에 그대로 반영했다.

12) 클레멘트는 희랍철학도 신적 기원을 가지고 있다 주장했다. 그래서 플라톤은 구원의 경륜을 예언했다고 하였다. 그리고 그는 은밀한 가르침이 있었다고 주장했는데, 이는 부활하신 후 그리스도께서 베드로, 야고보, 요한에게 전수했고, 다시 70인 제자들에게 전수된 것이라고 하였다. 그러므로 전승(tradition)의 권위를 주장한다. 즉 전승이 성경 말씀과 같은 권위를 가진다고 주장한다. Cf. Frederic W. Farrar, *History of Interpretation(Grand Rapids: Baker Book House,* 1979), p. 183. 그리고 그의 해석적인 경향은 알레고리 해석이다. 이러한 클레멘트의 해석을 보면, 창세기 22장에서 "아브라함이 제 3일에 눈을 들어 하나님이 지시하신 것을 보았다"는 것을 다음과 같이 해석한다. 제 1일은 아름다운 것을 보는 것에 집착하는 '감각적 단계' 이고, 제 2일은 영혼의 가장 선한 욕구들에 집착하는 '도덕적 단계' 이고, 제 3일은 영적인 것들에 대한 통찰력에 집착하는 '영적 단계' 이다. 그리고 그는 레위기 11장의 정한 짐승과 부정한 짐승을 해석하기를, '정한 짐승' 은 정통 기독교인, 즉 견고하고 명상적인 그리스도인이다. 왜냐하면 굽이 갈라진 것은 안정성을 뜻하고, 새김질은 생각을 뜻하기 때문이다. 그리고 "새김질은 하나 굽이 갈라지지 않은

장로를 기독교교회 안에 유대인과 이방인의 평등에 대한 상징으로 보았고(*strom*. vi. 13, §107), 무저갱에서 올라온 황충의 꼬리는 부도덕한 교사들의 유해한 영향력으로 보았고(*strom*. iii. 18, §106), 하나님의 도성의 화려한 기초석들은 사도적 가르침의 다양한 은혜로 보았다(*paed*. ii. 12, §109).[13]

그리고 오리겐(Origen)[14]은 천년왕국주의자들이 계시록 마지막 장들에서 행

짐승"은 유대인들을 뜻한다. 그리고 "굽은 갈라졌으나 새김질은 않는 짐승들"은 이방인들을 뜻하고, "굽도 갈라지지 않고 새김질도 않는 짐승"은 부정한 사람들을 뜻한다고 하였다. 그리고 그는 "오병이어 기적"을 다음과 같이 해석한다. "보리떡"은 유대인들을 준비시키는 것이다. 왜냐하면 보리는 밀보다 일찍 익기 때문이다. 그리고 "물고기"는 희랍철학으로 이방인들을 준비시키는 것이다. 왜냐하면 철학은 이방문화의 파도 가운데서 태어났기 때문이라고 주장했다. Cf. Farrar, p. 186f.

13) Swete, *op. cit*.

14) 오리겐은 성경을 문자적으로 해석할 때 신성모독이 된다고 주장했다. 그리고 성경 내에서 풍유해석의 근거가 있다고 주장했다. 특히 삼분설에서 삼중적 의미의 근거를 찾는데, 그는 칠십인역(LXX) 잠 22:20에 "καὶ σὺ δὲ ἀπόγραψαι αὐτὰ σεαυτῷ τρισσῶς?", 즉 "너는 이것들을 너 자신을 위하여 삼중적으로 기록하여라"라고 되어 있는 것을 근거로 삼중적 의미를 주장한다. 한글 개역성경에는 이 부분이 단지 "아름다운 것을 기록하여"라고 되어 있다. 이러한 오리겐의 삼중적 의미는 사실 플라톤의 삼분설(三分設, trichotomy), 즉 사람이 몸과 혼과 영으로 구성되었다는 것에서 나온 것이다. 그래서 오리겐은 육적(肉的, somatic) 의미를 "문자적 의미"라고 했고, 혼적(魂的, psychic) 의미를 "도덕적 의미"라고 했으며, 실제로는 이를 무시하기도 했다. Cf. Farrar, *op. cit*, pp. 187-203. 그리고 영적(靈的, pneumatic) 의미를 "영적 신비적 의미"라고 하였다. 그리고 그는 영적 의미를 4가지로 구분하였는데, 이들은 각각 i) 은유적 의미 ii)예표적 의미 iii)추론적 의미-논리적 추론에 의해 얻어진 결론(예, 고전 9:9) vi)적응적 의미(예, 롬 11:4)이다. Cf. Greijdanus, *op. cit*., p. 165. 이렇게 오리겐이 풍유적 해석을 한 것은 그의 불완전한 언어 지식 때문이다. 그는 히브리어를 몰랐다. 그러므로 "리브가는 처녀였다. 어떤 남자도 알지 않았다."라는 구절을 해석할 때, 이는 히브리어 병행법인데, 오리겐은 그리스도는 회심한 영혼의 남편이고 사단은 타락한 영혼의 남편이라는 식으로 해석을 했다. 그러나 오리겐의 해석에 대해서 다양한 평가가 가능한데, 긍정적으로 평가하는 모세 실바 교수는 다음과 같이 말한다. ①풍유적 해석은 당시의 변증적 신학적 필요성 속에서 발생했다. ②문자적 해석시 신성 모독 또는 모순은 현대 해석학에 있어서도 정도의 차이가 있을 뿐 반드시 일어나는 현상이다. ③신약 자체가 풍유를 사용한다. ④설교 시에 적용을 위해선 풍유가 불가피하다. Cf. 권성수, 『성경해석학』, (서울: 총신대학출판부, 1991), pp. 127-132. 그러나 부정적으로 평가하는 Porphyry는 "모세가 분명하게 말한 것에 온갖 이상한 의미들을 갖다 붙였다"라고 한다. Cf. Farrar, *op. cit*., p. 198. 그리고 H.

한 문자적 해석을 '유대적인 것' 으로 거부하고(*de princ.* ii. 11. 12), 종종 고상하고 유용한 신비주의이지만 자의성을 계시록의 맛이라고 우발적 대조를 하였다. 그러므로 그는 '인 쳐진 두루마리' 를 그리스도께서만 열쇠를 갖고 계신 '성경' 이라고 하였고(*philoc.* v. 5), '하늘에서 흰 말을 탄 자가 하나님의 말씀을 가지고 나오는 환상' 인 '하늘이 열리는 환상' 을 하나님께서 믿는 자들에게 주시는 지혜의 환한 빛을 통하여 신적인 말씀에 의해 그에게 하늘이 '열리는 것' 이라고 생각했다(in *Ioann*. t. ii. 6).[15]

메소디우스(Methodius)는 알렉산드리아 학파를 따랐으며, 계시록 12장의 해석에서, 그는 '여자의 아이' 를 그리스도 자신이 아니라, 그 안에 그리스도께서 계신 '세례 받은 영혼들' 이라고 하였다. '용의 일곱 머리들' 은 '커다란 죄들' 이라고 하였고, '열 뿔들' 은 '십계명의 열 계명들에 대적하는 것' 이라고 하였다. '짐승이 나타나는 것' 은 '육체적인 욕망의 상징' 으로 여겼다(*symp*. viii. 4ff).[16]

한편, 라틴어를 사용했던 3세기의 라틴교부[17]들은 이레니우스와 히폴리투스에 의해 시작된 문자적 해석의 경향들을 따라갔다. 그러므로 터툴리안(Tertullian)[18]은 바벨론을 로마의 이미지로 여겼다(*Adv. Marc.* iii. 13). 바다에서

F. von Campenhausen도 "오리겐은 오직 기독교적이 되려고 의도했다. 그러나 그가 원하지도 않았고 의식하지도 못했지만 그가 진지하게 대항한 논적인 당시의 신플라톤주의에 이끌려간 신학의 첫 번째 큰 예를 보여 준다" 고 하였다. Cf. Hans. Frhr. von Campenhausen, *Griechische Kirchen-väter*(Stuttgart, 1986), p. 46.

15) Swete, *op. cit.*, p. ccviii.

16) *Ibid.*, p. ccix.

17) 그들은 라틴어를 사용하는 자들이다. 그 이전은 헬라어 성경을 사용했다. 그들은 알렉산드리아학파와 안디옥 학파 사이에 절충적인 형태를 취했는데, 이러한 점보다 더 중요한 특성은 그들이 "전통"의 권위를 지나치게 존중했다는 것이다. 그 중요 인물들은 이레니우스(Irenaeus), 터툴리안(Tertullian), 키프리안(Cyprian), 암브로시우스(Ambrosius), 제롬(Jerome), 어거스틴(Augustinus) 등이다.

18) 그는 북 아프리카 출신으로, 성경의 진리를 철학과 혼합하는 것을 반대했다. 그래서 유명한 명제, 즉 "아테네와 예루살렘이 무슨 상관이 있느냐(Quid Athenae Ierusalmis)?"라는 말을 남겼다. 그는 원래 철학자로서 진리를 탐구하는 중에 기독교로 회심하였다. 그 후 열정적으로 기독교를 변증하게 되었다. 특히 삼위일체에 관한 중요한 글들을 저술했으며, 삼위일체라는 말을 최초로 사용한 인물이기도 하였다. 그는 윤리적으로 지나치게 엄격하

올라온 짐승은 그의 거짓 선지자들과 함께 교회를 대항하여 전쟁을 수행할 적그리스도이다(de *resurr. carnis,* 25). 성도의 나라는 비록 그것이 다른 질서에 속한 것일지라도 땅에 자리를 두고, 몸의 부활에 의하여 앞서게 될 것으로 기대되어진다(*Adv. Marc.* iii. 24). 비록 사도 요한의 작품의 순서가 연대기적인 상세한 내용들을 포함하고 있는 한 반드시 강요되어질 필요가 없을지라도, 사도 요한의 작품을 통하여 순차적인 계획이 발생한다(*de res., l. c*).[19]

일반적으로 빅토리누스(Victorinus)는 자신의 주석에서 명백하게 밝히지 않지만, 하우스라이터(Haussleiter)에 의해 출판된 요약본은 빅토리누스가 계시록 20장의 천년왕국 해석에 의해 확실하게 주장했다는 진술을 확신한다.[20] 또한 그는 '네로의 부활' (Nero Redivivus) 이론과 '나팔들' 과 '대접들' 이 '연속' 적으로 이어지기보다는 병행한다는 '반복이론' 을 제시했다.[21]

4세기 말에 이르러서 계시록 해석에 새로운 장이 열렸는데, 티코니우스(Tyconius, ca. 390)는 당시로서는 획기적인 주석을 저술했다. 그는 문자적 해석을 한 빅토리누스보다는 풍유적 해석을 한 오리겐의 전철을 따랐다. 비록 문자적 해석과 역사적 성취를 모두 배제하지 않았을지라도, 그는 신비적 해석에 치우쳤다. 그는 1세기 당시의 역사적인 배경이나 사건들을 전혀 고려하지 않았다.[22] 그의 방법론을 'liber regularum' (자유 법칙)이라고 하는데, 이 원리에 근거하여 계시록의 강해자는 특정한 대상을 제시하는 이름을 상징화된 보편적인 요소로 무신경하게 지나치게 될 것이다. 예를 들면, 예루살렘을 교회로, 바벨론을 악한 세상으로 볼 것이다. 티코니우스는 로마제국의 개종이 특별한 관심을 끌지 못했기 때문에 로마와 핍박하는 황제들을 못 본체 할 수 있었을 것이고,

---

였는데, 예를 들면, 처녀들이 면사포를 철저하게 써야한다고 주장했고, 남자들의 군복무를 반대하기도 하였다.

19) Swete, *Ibid.*

20) *Ibid.*

21) S. Gregg, *Revelation: four views a parallel commentary(Nashville: Thomas Nelson* Publishers, 1997), pp. 28-34. 그리고 Mounce, *op. cit.*, p. 25.

22) Mounce, *Ibid.*

독자들의 관심을 선악의 긴 싸움으로 고정시킬 수 있었을 것이다.[23] 타코니우스는 어거스틴(Augustine)을 위시하여, 프리마시우스(Primasius), 카시오도리우스(Cassiodorius), 아프링기우스(Apringius), 베데(Bede), 베아투스(Beatus) 등 많은 가톨릭 추종자들을 가졌다. 그들을 추종한 중세 초기의 대부분의 저자들은 개별 해석자의 공상 혹은 자신의 시대의 필요나 사상에 따라서 그것의 세부적인 것들이 달라지는 신비적 주석(mystical exegesis)을 만족해하였다.[24]

프리마시우스와 다른 사람들은 서방 라틴의 티코니우스의 방법이 인기를 끌고 있는 한편, 동방 헬라는 계시록을 상세히 설명하려는 처음이자 유일한 진지한 시도를 하였다. 오큐메니우스(Oecumenius)에 대해서는 그의 주석을 발견하기 전까지는 아무 것도 말할 수 없다. 그러나 안드레아스(Andreas)는 아마도 계시록의 고대 강해자들 가운데 가장 잘 알려진 인물일 것이고, 그 자신의 방법으로 더욱 계발하거나 눈길을 끄는 사람임에는 틀림없다. 그는 성경에는 삼중 의미가 있다는 확신을 가지고 작업에 임했는데, 그는 신약에서 다른 책들보다도 계시록은 영적 해석이 적합한 것으로 보고, 계시록의 영적 해석에 특별히 중점을 두면서 알렉산드리아 학파에 동의하였다.

그러나 그의 서방 동료들이 그렇게 한 것처럼 이레니우스와 히폴리투스의 초기 학파로부터 전적으로 시작하지 않았다. 점진적으로 그는 신비적 주석을 가지고 역사적 성취의 제안들을 두었다. 만약 그가 바벨론을 세상으로 여겼다면 교회의 대적으로 생각한 것이다. 즉 그는 '일곱 왕' 들을 '세상 권력의 계속적인 나타남' 으로 보았고, 그것의 '여섯째' 는 '로마' 이고, '일곱째' 는 '콘스탄티노플' 이었다. 한편 천년왕국은 어거스틴과 티코니우스의 다른 추종자들에 의하여 설명되어졌다. 그러므로 계시록에 대한 가장 위대한 이 헬라 주석가는 이레니우스, 오리겐 그리고 티코니우스를 섞은 혼합주의였다. 한편으로 동시대의 작가들은 그의 방법이 역사과정에 대한 예언을 사도 요한의 예언 안에서 찾는 후대의 해석 체계를 향하고 있다고 느꼈다.[25]

---

23) Swete, *op. cit.*, p. ccx.
24) *Ibid.*
25) *Ibid.* p. ccxi.

3. 중세시대(5-15세기)

중세기에는 창조적 학문 활동이 거의 없었다. 겨우 초기 교부들의 작품 연구에 그쳤다. 흔히 중세를 '암흑기' 라고 하는 것은 계몽주의의 입장이다. 어떤 점에서 17-18세기 계몽주의자들의 시대보다 중세기가 밝았다고 할 수 있을 것이다.[26]

중세를 이끌게 될 어거스틴[27]은 『기독교강요』(*De Doctrina Christiana*)에서 자신의 성경해석 원칙을 세웠다. 풍유적 의미의 필수적인 기초로서 문자적 의미

---

26) 중세 신학자들은 성경에서 4중 의미를 찾았다. 이는 각각 다음과 같다. i) 문자적 의미(historia)는 하나님과 우리 조상들이 한 일을 보여주는 것이다. ii) 풍유적 의미(allegoria)는 우리의 신앙이 감추어진 곳을 보여주는 것이다. iii) 도덕적 의미(tropologia, *τροπο?*, 방법)는 우리에게 일상생활의 법칙을 보여주는 것이다. iv) 신비적 의미(anagoge)는 우리들의 투쟁을 끝낼 곳을 보여주는 것이다. 이러한 4중 의미의 예는 다음과 같은 것들이 있다. 죤 카시안이 쓴 *Conferences*(420년)에서 "예루살렘"의 의미를 다음과 같이 분석한다. i) 문자적 의미는 역사적인 도시 예루살렘이다. ii) 풍유적 의미는 그리스도의 교회이다. iii)도덕적 의미는 인간의 영혼이다. iv) 신비적 의미는 천상의 예루살렘이다. 그리고 "물"에 대한 의미를 다음과 같이 분석한다. i) 문자적 의미는 원소이다. ii) 풍유적 의미는 슬픔, 지혜, 이단들 또는 형통함을 말한다. iii) 도덕적 의미는 세례이다. iv) 신비적 의미는 영원한 행복이다. 이러한 4중 의미를 평가해 볼 때, 파랄(Farrar)은 성경의 "모호성"이란 교리 형성하여, 성경은 봉인한 책이 되어 버렸다. 그래서 성경의 권위 대신에 교회의 권위가 주장되어 로마 가톨릭교회의 위계질서를 확립되었다고 한다. 그러나 "하나님의 뜻을 찾으려 했다"는 점에서 계몽주의보다는 낫다고 할 수 있다. Cf. Greijdanus, *op. cit.*, pp. 178-180. 그리고 Farrar, *op. cit.*, pp. 294-296.

27) 어거스틴(Augustinus)의 성경 해석의 예를 살펴보자. i) 창세기 3장의 타락기사에서 "무화과 나뭇잎"은 외식을, "몸에 걸친 가죽 옷"은 도덕을, 그리고 "네 강"은 네 가지 중심미덕을 의미한다고 했다. ii) 요한복음 2장의 물로 포도주를 만든 사건에서, "물"은 구약예언, "포도주"는 그리스도의 시작에서 본 예언, "6개의 물 항아리"는 인류 역사의 6시대, "두 세 통"은 삼위일체를 의미한다고 했다. iii) 요한복음 5장의 "다섯 행각"은 구약 모세오경을, "동하는 물에 내려간다"는 것은 그리스도의 부활에 대한 자세를, "38년"이란 숫자는 좋은 숫자인 40에 못 미치는 그래서 모든 행위가 부족하다는 것을 의미한다고 한다. iv)요한복음 6장의 오병이어 사건은 "5병"은 오경을, "2어"는 제사장과 정치가를, "보리떡"은 구약 성경을, "5천명"은 오경을 의미한다고 한다. 어거스틴 같은 대학자도 이러한 해석을 했다는 점을 생각하면 사람은 역시 '시대의 아들' (Son of Age)일 수밖에 없는 듯하다.

의 필요성을 강조했다. 그러나 안타깝게도 성경의 4중 의미(역사적 의미, 원인론적 의미, 유비적 의미, 풍유적 의미)를 지지했다. 그리고 계시록 해석에 있어서 티코니우스를 따랐다. 이러한 결과 중세 천년동안 풍유적 해석방법이 지배하게 되었다.[28] 어거스틴이 풍유적 해석을 용인한 배경에는 그가 히브리어를 전혀 몰랐고, 헬라어 지식도 빈약하였기 때문이었을 것이다. 그의 성경 연구의 주된 기반은 고대 라틴역본이었고, 그는 불가타(Vulgata)도 신뢰하지 않았다.[29] 계시록 20장의 해석에서 어거스틴은 티코니우스와 대부분 일치한다(*de civitate*, xx. 7ff).

서방학파에서는 오랜 기간 후에 한 두 명의 주석가들이 티코니우스에 의해 시작된 풍유적 해석의 전통으로부터 벗어나는데 성공했다. 암브로스(St. Ambrose)의 작품집 부록에 주석이 있는 9세기 작가인 베렌가우트(Berengaud)는 신비적 해석을 역사적 해석과 결합했고, 계시록이 인간사의 모든 과정을 포함한다고 주장했다. 예를 들어, '처음 여섯 인들' 은 '아담에서 예루살렘 멸망까지 세상역사' 를 나타낸다. '처음 여섯 나팔' 은 '교부시대에서 기독교 순교자들의 시대까지의 말씀의 선포' 를 상징한다. '두 증인들' 은 주님의 재림에 앞서서 오게 될 '에녹과 엘리야' 이다. '첫째 짐승' 은 '적그리스도' 이고, 그의 '일곱 머리

---

28) Mounce, *op. cit.*

29) 어거스틴이 활용한 결정적인 요소는 신앙의 규칙(regula fidei)이었는데, 이것은 "교회 교리의 집록" 을 의미했다. 어거스틴의 성경 해석의 기본 원리는 다음과 같다. i) 성경을 바르게 이해하는 것은 단지 지성의 문제만이 아니라 마음의 상태와 관계된다. ii) 성경해석의 목적은 성경 저자들의 생각을 그리고 그것을 통해 하나님의 생각을 드러내는 것이다. iii) 단어들을 문맥에서 고립시키면 안 된다. iv) 어떤 단어들의 의미의 다양성을 간과하면 안 된다. v)성경의 어떤 것은 다른 것들보다 더 분명하게 기록되었다. vi) 불분명하거나 어려운 것을 이해하기 위해서 우리는 분명하게 말해진 것으로부터 출발해야 한다. 예들 들면, 창세기 6:2 "하나님의 아들들" 은 천사인가? 아니다. 셋의 후손이다. 예수님께서 천사들은 시집도장가도 가지 않는다고 하셨다. vii) 매우 드물지만, 문맥을 살펴보거나 주석가들을 비교해 보더라도 어떤 단어들의 의미의 불분명함이 제거되지 않는 경우가 있을 수 있다. viii) 성경을 이해하기 위해서는 마음의 겸손함이 필요하다. ix) 성경의 권위는 우리에게 분명히 서 있어야 한다. x)무엇보다도 하나님을 경외함이 중요하다. xi) 언어들과 여러 사항들에 대한 온갖 지식이 필요하다. xii) 우리는 주의 깊게 성경 주석에 임해야 한다. xiii) 그래도 해석하기 어려운 것들이 남아 있을 수 있다. 그러나 이런 것들은 우리의 구원에는 아무 상관이 없다. Cf. Greijdanus, *op. cit.*, pp. 173-177.

들' 은 '일곱 가지 죽게 될 죄들' 이다. '둘째 짐승' 은 '적그리스도의 추종자' 이거나, '집단적으로 그에 대하여 설교하는 자들' 이다. 또한 '바벨론' 은 '이방 로마' 이다. 그러나 '로마' 는 '마귀의 도시' 를 상징하는 것으로 여겨졌다. 즉 '음녀가 앉았던 짐승의 열 뿔들' 은 '로마제국을 파멸시킨 야만족의 계속되는 침략' 이었다. '천년' 은 '그리스도의 승천에서 세상 끝까지' 를 말하는 것이다.[30)]

옛 해석으로부터 보다 분명한 출발은 Ordo Florensis의 설립자인 요아킴(Joachim, †1202)의 『계시록 편람』이다. 요아킴의 작품은 계시록과 12세기의 사건 사이의 일치점을 발견하려는 시도로 볼 수 있을 것이다. 풍유적 해석이 기성을 부리던 때였으므로, 그는 역사적 그리스도와 함께 천년왕국적 통치가 시작되었다고 생각했다. 그는 역사를 셋으로 나누고, 성령에 의해 주도되는 세 번째 천년왕국은 여전히 미래에 두었다.[31)] 그에 의하면, '바다에서 올라온 짐승' 은 '십자군에 의해 죽도록 상처를 입은 이슬람' 이다. '거짓 선지자' 는 '당대의 이단적인 분파들' 과 동일시되어진다. '바벨론' 은 더 이상 이교도는 아니지만 세상적이고 악이 지배하는 '로마' 이다. '다섯째 짐승의 일곱 머리' 는 '프레드릭 I세 황제' 이고, '여섯째' 는 '살라딘' 이다. '일곱째' 는 '적그리스도' 이다. 적그리스도의 파멸은 천년왕국으로 이어질 것이고, 그러므로 우리는 미래의 희망을 가지게 된다고 한다.[32)]

요아킴은 로마교회와 교권에 충성했다. 그러나 그의 추종자들은 로마교회를 대적하는 쪽으로 급속하게 방향을 바꾸었다. 1257년경에 매튜 패리스(Matthew Paris)는 파리의 어떤 프란시스파와 관계를 맺게 되었다. 그는 덧붙이길 교황이 그 책을 불태우도록 명령했다고 한다. 그러나 그 운동은 계속되었고, 14세기 초기에 다른 프란시스파 수도사인 피터 존 올리바(Peter John Oliva)는 '교황' 을 '짐승' 으로, '교황의 로마' 는 '짐승을 탄 음녀' 와 동일시하였다.[33)] 이러한 반교황적 해석은 종교개혁 운동에 영향을 주게 되었다.

---

30) Swete, *op. cit.*, pp. ccxi-ccxii.
31) Mounce, *op. cit.*, p. 25.
32) Swete, *op. cit.*, p. ccxii.
33) *Ibid.*

한편, 교황청의 입장에서는 반대급부적인 시도가 리라의 리콜라스(Nicolas of Lyra, †1340)에 의해 일어났다.[34] 그는 반복이론을 버리고, 계시록이 사도시대로부터 역사의 완성에 이르기까지 계속되는 일련의 사건들에 대한 예언을 포함하고 있다고 하였다. 이러한 해석법은 이후 수년 동안을 풍미하게 된다.[35]

4. 종교개혁시대(16세기)

16세기 종교개혁과 함께 계시록 해석은 새로운 장이 열리게 된다. 이 시기에 개혁적 진영에서는 이미 요아킴에 의해 시작된 반로마 교황적 해석이 활발했다. 그들에게 '교황' 혹은 '교황청'이 '적그리스도'라는 공식은 그들의 해석에 있어서 초석이었다. 예를 들어, 루터(M. Luther, 1483-1546)[36]는 계시록 4장 이후

---

34) 리라의 니콜라스(Nicholas of Lyra, 1270-1340)는 원래 개종한 유대인으로 히브리어에 정통했다. 그는 성경의 신비적 의미와 문자적 의미, 이 두 가지만 인정했다. 그러나 신비적 의미도 문자적 의미에 토대를 두어야한다고 하였다. 즉 우리는 그가 문자적 의미를 더 선호한 것을 알 수 있는데, 그의 이러한 생각들은 종교 개혁운동에 막대한 영향을 끼쳤다. 그래서 중세 속담에 "리라가 피리를 불지 않았다면 루터가 춤추지 않았을 것이다(Si Lyra non lyrasset, Lutherus non saltasset)"라고 하는 말이 있다. Cf. Farrar, *op. cit.*, p. 274.

35) Mounce, *op. cit.*, p. 26.

36) 루터의 성경해석원리는 다음과 같다. i) 루터는 성경의 권위와 충족성을 주장한다. 이것은 성경이 하나님의 말씀으로 성경의 의미를 분명하게 하기 위해 철학의 도움이 필요하지 않다는 것이다. 그는 중세의 도덕주의와 철학화는 성경의 명료성을 오히려 흐려 놓는다고 했다. ii) 루터는 문자적 의미를 강조한다. 그는 『탁상담화』에서 "가장 훌륭한 예술은 성경을 평이하고 단순한 의미로 번역하는 것이다"라고 했다. 특별한 이유가 없을 경우에는 본문은 문자적으로 해석되어야 한다고 했다. 참고로 그는 1513년 시편 강해에는 중세의 "사중의미"를 사용했으나, 1517년에는 사용하지 않았음을 볼 수 있다. iii) 루터는 성경의 명료성을 주장한다. 이것은 명료한 본문으로 불명료한 본문을 해석하는 방법이다. 이것은 성경 전체로 확대해야 한다. 그래서 "성경으로 성경을 해석한다"는 명제를 낳았다. iv) 루터는 그리스도 중심적인 성경해석을 주장한다. 그는 성경의 문자적 의미와 영적 의미는 그리스도 안에서 하나가 된다고 하였다. 즉 그는 "성경 전체에서 그리스도를 발견"하려고 하였다. 그러나 그의 이러한 그리스도 중심적인 성경 해석 원리는 에스더서와 야고보서 같은데서 그리스도를 발견하기 어려운 점을 들어 이 성경들이 정경 안에 포함될 수 있는가 하는 현대비평학적 의문점을 남기게 되었다. 루터의 이러한 성경해석 원리들은 다음과 같은 구체적인 성경해석 방법을 낳았다. 이러한 사실들은 루터의 『이사야 서문』(1528년)

를 로마교황을 반대하는 맥락에서 교회사를 반영하는 것으로 보았다. 이것은 19세기까지 개혁주의 전통으로 남게 된다.[37] 그러나 우리는 루터의 해석이 지나치게 로마가톨릭을 의식한 해석이었음을 지적하지 않을 수 없다.

그리고 이러한 경향은 칼빈(J. Calvin)의 주석에서도 일반적으로 볼 수 있는 것이다. 그러나 칼빈은 계시록 주석을 쓰지 않았다. 혹자는 칼빈[38]이 계시록 주석을 쓰지 않은 이유가 당시에 종교개혁자들이 계시록의 정경성을 의심했기 때문이라고도 하지만, 당시의 재세례파와 같은 이단들이 계시의 지속성을 주장하려는 근거로 계시록을 사용한 것 역시 칼빈이 계시록 주석을 쓰지 않은 이유로 생각된다.

한편, 교황청의 진영에서는 프로테스탄트의 공격이라는 압박 하에서 새로운 해석방법들이 일어났는데, 후대에 개혁자들 사이에서 그 추종자들을 보게 된다. 교황청의 새로운 해석자들은 스파니아드(Spaniards)와 예수회 회원들이다. 특히

에서 알 수 있다. i) 그는 문법적 지식에 대한 필요성을 강조한다. ii) 그는 시대, 환경, 상황을 고려하는 중요성을 주장한다. iii) 그는 전후관계 문맥의 분명성을 주장한다. iv) 그는 믿음과 성령의 조명의 필요성의 주장한다. v) 그는 신앙과 균형의 유지를 중요시한다. vi)그는 모든 성경에서 그리스도와의 관계성을 찾아야한다고 한다. 이러한 루터의 해석법에 대한 평가를 다음과 같이 할 수 있다. i) 그는 성경 해석의 "영적 의미"를 강조한 것에서 탈피하여 "문자적 의미"를 강조했다. 그러므로 중세적인 어리석음에서 벗어날 수 있었다. ii) 그는 성경의 권위를 회복하였다. 이것은 로마교와 충돌하는 결정적인 계기가 된다. iii) 그는 "그리스도 중심"이란 신학적 해석법 시도했다. Cf. Farrar, *op. cit.*, pp. 325-331.

37) Gregg, *op. cit.*, pp. 31-32.

38) 이러한 칼빈의 성경해석 방법을 흐레이다누스(Grijdanus)는 다음과 같이 말한다. i) 성경은 하나님의 말씀이다. 성경관이 해석의 기초가 된다고 보았다. ii) 성경은 자증적(autopistos)이다. iii) 성경을 바로 이해하기 위해서는 성령의 조명이 필요하다. iv) 외경은 성경에 속하지 않는다. v) 성경해석의 최고 심판자는 성경 자신이다. vi) 성경은 필요성, 완전성, 충족성을 지닌다. vii) 자의적인 알레고리를 배척해야 한다. viii) 문법적 지식과 주석이 필요하다. ix)시대상황을 고려해야 한다. x) 분명하게 기록된 말씀은 아니어도 기록된 말씀에서 유추하는 것도 하나님의 말씀이다. xi) 신앙의 유비도 무시하면 안 된다. xi) 불분명한 구절은 분명한 구절로 해석해야 한다. Cf. Grijdanus, *op. cit.*, pp. 183-187, 그러나 칼빈도 '시대의 아들' 이었다. 그는 로마교에 대하여 지나치게 의식하고 주석한다. 그래서 칼빈의 주석은 반로마교적이어서, 의미를 확대 해석하는 경우도 있다. '적그리스도'를 '로마교황'으로 본 것이다. 그러나 칼빈은 그 시대 이전의 모든 학자들의 견해를 충실하게 집대성했고, 성령의 사람으로 신실하게 성경을 해석하였다.

사라만카의 교수인 프란시스 리베라(Francis Ribeira, †1601)는 교부시대의 헬라어와 라틴어에 대한 모든 지식을 구비하고 주석에 임하였다. 그는 계시록의 예언은 단지 가까운 미래와 마지막 사건들에 국한되고, 중간 단계의 역사에는 어떠한 일치점도 제시하지 않는다는 원리를 주장했다. 그러므로 그는 마지막 때의 적그리스도를 로마교황청과 분리할 수 있었고, 당시 대부분의 해석자들이 바벨론과 로마를 동일시하였을지라도, 사도 요한이 '짐승' 이라고 본 그 도시가 '교황이 통치하는 로마' 는 아니고 '미래의 타락한 로마' 라고 주장했었다.[39] 그래서 흔히 리베라를 '미래주의자' 라고 하지만, 그가 계시록의 역사적 배경에 대한 엄청난 관심을 쏟은 것을 간과할 수는 없을 것이다.

한편 그의 동료 예수회 회원인 알카자(Alcasar, †1613)는 철저하게 '과거주의자' 였다. 사도 요한의 예언의 실체에 대한 그의 판단은 두 가지 커다란 부분으로 귀착되는데, 계시록 4-11장과 12-19장이다. 그가 볼 때 이들은 각각 '교회와 유대교의 출동' 과 '교회와 이교주의의 충돌' 에 답변하는 것이다. 한편 그에 의하면 계시록 20-22장은 교회의 현재적인 승리를 묘사하는데, 그것은 콘스탄틴 때 시작되었다.[40]

비록 알카자와 리베라는 모두 계시록의 부정적인 이미지를 그들이 살던 16세기의 교황에게 적용하지 못하도록 하기 위하여 글을 썼고, 그들의 설명들은 여러 난점들을 풀어가는 것에서 자유롭지 못했다. 그렇지만 그들의 작품들은 그 시대에 가장 발전적인 것이었다. 게다가 그들은 다른 학자들처럼 계시록을 다른 시대의 사건들과 사상으로 읽지 않았다. 이 점은 그들을 높이 평가할 충분한 이유가 될 것이다.

5. 종교개혁 이후(17-19세기)

16세기 종교개혁은 오랜 전쟁으로 이어졌고, 전쟁에 지친 유럽의 교회들은

39) Swete, *op. cit.*, p. ccxiii.
40) *Ibid.* p. ccxiv.

서로의 신앙을 인정하자는 소위 '고백주의' (Confessionalism) 시대를 거치게 된다. 이러한 17-18세기는 교리들, 신앙고백들, 신학체계들이 유행했었다. 즉 교황 대신에 교리들의 권위가 상승했다. 그래서 성경해석학이 신학의 시녀가 되었다. 교리는 정통이었지만 영성은 말살되었고, 신학은 승리했지만 사랑은 소멸되었다.

그래서 이 때 죽은 정통을 탈피하려고 시작된 운동이 '경건주의' (Pietism) 운동이다. 경건주의는 성경공부와 기도회를 중시했다. 대표적인 인물로는 스페너를 들 수 있는데, 그의 『경건한 열망』은 경건주의 운동의 교과서라고 할 수 있다. 그 외에도 프랑케와 벵겔(Bengel) 같은 학자들이 있었는데, 특히 벵겔은 헬라어 학자요 사본비평가로 유명했다. 신약주석집인 『*Gnomon*』은 그의 대표적 작품이다.

그 당시에는 '이신론' (理神論)이 유행했다. 이는 인격적인 신이 아닌 자연법칙을 만들어 지구를 자연법칙 속에서 운행하는 신을 믿었다. 즉 인본주의적인 영향이 신학을 지배한 것이다. 그리고 철학적으로는 경험론이 횡행했는데, 홉즈나 스피노자 같은 이들이 대표적인 인물이다. 바야흐로 '합리주의' (Rationalism) 시대를 맞게 된 것이다. 그들은 이성의 권위를 계시 위에 두었고, 성경을 철학에 맞추었다. 그 결과 '역사비평학' 이 태동되었다.

이러한 17-18세기는 계시록주석 작업으로 분주했다. 영국에서는 요셉 메드(Joseph Mede)와 캠브리지의 두 명의 탁월한 수학자인 아이작 뉴톤(Isaac Newton) 경과 윌리엄 휘스톤(William Whiston)이 도미티안 황제 때부터 자신들의 시대까지의 사도 요한의 예언에 대한 세밀한 성취를 발견했다.[41]

대륙에서는 두 명의 탁월한 권위자인 캄페기우스 비트링가(Campegius Vitringa)와 벵겔에 의해서 다양한 결과들을 갖고서 동일한 해석의 일반적인 체계가 채택되었다. 비트링가는 개신교에서 처음으로 '천년' 에 대한 '미래적 해석' 을 시도한 주석자이다. 화란 개혁파에서는 그를 '천년왕국설의 설립자' 로 삼는다. 그리고 벵겔 역시 교회사적이고 천년왕국적인 해석을 결합한다.[42]

---

41) *Ibid.*

42) 오토 뵉허, 『요한묵시록의 난제 열두 가지』, 박두환 역(서울: 한국신학 연구소, 1995), pp. 24-25.

한편 흐로티우스(Hugo Grotius)와 하몬트(Hammond)는 일반적으로 알카자의 입장을 따라갔다. 특히 흐로티우스는 아주 의식적으로 모든 신조주의를 배격하고, 계시록을 저자의 생애와 시대의 배경을 근거로 연구할 것을 주장했다. 18세기의 합리주의 주석가들은 흐로티우스의 연구에 기초하고 있다.[43)]

한편 교황청에서는 부셋(Bossuet)이 계시록을 '박해시대' (계 5-19장), '교회의 승리' (계 20:1-10), '최후의 접전과 승리의 신기원' (계 20:11-22:13)이라는 세 가지 역사적 시대들로 예언을 구분할 것을 제안했다. 18세기 말에 아이크혼(Eichhorn)은 당시에 다시 떠오르는 특징을 지적했다. 이는 계시록을 '위대한 시' (poem)나 기독교 믿음의 진전과 승리의 '드라마' 로 보는 것이었다.[44)]

19세기에 들어와서는 역사적 주석이 강세를 띠게 되는데, 계시록의 현대적 해석의 아버지는 프리드리히 뤽케(Friedrich Lücke)일 것이다. 그는 계시록을 에스겔이나 다니엘 이후의 묵시문헌으로 분류하고 합리적인 비평주의로 다루었다. 그는 계시록의 저자의 환상을 시대사적으로 로마와 네로를 연관시켜 해석한다.[45)] 뤽케를 뒤이어 마틴, 레브레흐트, 드 베테 등이 교회사적 해석을 이어간다.

한편, 전승사적 그리고 문헌비평적 해석이 일어났는데, 이는 만약 요한의 계시록이 기독교 회중의 독서를 위해 채택된 유대적인 작품이거나 비정경적인 묵시문학들로 편집된 것이라면, 그것은 1세기 종말론에 대한 지식의 보고(寶庫)이거나 모호한 시대에 대한 빛을 주는 역사적 기념물 이상으로 보기 어렵다는 것이다. 그 경우에 계시록이 역사학도들에게는 최고로 중요한 것임은 의심할 바 없다. 그러나 그것의 주장을 말씀의 어떤 참된 의미에서 예언으로 여기는 것은 더 이상 진지하게 취급될 수 없게 된다. 독일에서 계시록에 대한 이러한 평가는 여전히 지배적이고, 계시록 해석에 혁신을 일으켰다.[46)]

---

43) *Ibid*. p. 22.
44) Swete, *op. cit.*, p. ccxv.
45) 오토 뵉허, *op. cit.*, p. 29.
46) Swete, *op. cit.*

6. 현대(20세기 이후)

20세기에 들어와서 역사비평 방법이 여전히 시도되는 가운데, 다양한 문학비평 방법들이 등장하게 되었다. 특히 피오렌자(E. Schüssler Fiorenza), 콜린스(Adela Yarbro Collins), 포드(M. Ford), 피핀(Tina Pippin) 등으로 대변되는 여성 신학자들의 맹활약을 볼 수 있는데, 피오렌자는 "계시록이 역사-수사적 상황에 맞는 다른 상징적 세계의 시적-수사학적 작품이다"[47]라고 주장한다. 다른 말로 그 책은 상상력이 풍부한 경험을 만들 뿐 아니라, 청중들로 어떻게 행동하도록 동기를 주려고 한다는 것이다. 그 외에도 20세기는 계시록 해석에 대한 다양한 문학적 장치들이 고안되며 사용되었다.

그리고 세대주의적/전천년적 '미래주의 해석'이 미국을 중심으로 유행하기도 하였다. 한국도 이 영향을 강하게 받은 것으로 보인다. 우리나라에 개신교가 들어온 배경에는 19세기 말의 세대주의자들에 의해 주도된 미국의 대부흥운동의 영향이 컸다. 그리고 그들의 신학적 영향으로 초창기 한국 기독교에서 계시록에 대한 이해는 미래주의적인 경향이 많았고, 이는 일제 강점기의 암울한 현실과 잘 맞아떨어졌다. 한편, 해방이후에도 소위 '무천년설'을 신봉하는 유학파 복음주의 신학자들의 영향으로 계시록의 '이상주의 해석'이 많은 관심을 갖게 된 것으로 보인다. 그 결과 한국에서 계시록 해석의 지배적인 입장은 이러한 세대주의적/전천년적 '미래주의 해석'이나 '이상주의 해석'이었다.

7. 결 론

계시록 해석의 역사를 우리는 다음과 같이 요약할 수 있다. 계시록 해석은 계시록의 중요한 본문들(특히, 적그리스도와 천년왕국)을 문자적으로 보느냐 상징적으로 보느냐에 따라서 해석의 두 축이 생기게 되었다. 속사도 교부들은 계시록을 문자적으로 이해하였다. 그러나 안디옥 학파와의 논쟁에서 승리한 알렉산드

47) Collins, *op. cit.*, p. 240.

리아 학파의 풍유적/상징적 해석이 중세시대를 주도함으로 중세 천년동안은 계시록에 대한 상징적 해석의 경향이 강하게 나타났다. 그러나 종교개혁 시대를 지나면서 다시 문자적 해석이 강조되었다. 그러나 오늘날에는 더 이상 문자적 의미를 따르느냐 상징적 의미를 따르느냐 하는 점을 중시하지 않는다. 왜냐하면 오늘날은 계시록 해석에 있어서 너무나 복합적인 요소들이 작용하고 있기 때문이다.

우리는 이러한 해석의 복잡한 경향들이 크게 네 가지 범주로 나누어지는 것을 볼 수 있다. 이는 각각 '과거주의' 해석(Preterism) 해석, '역사주의 해석' (Historicism), '미래주의 해석' (Futurism), '이상주의' 해석(Idealism)이다. 이러한 해석들에 대한 평가는 논의에서 제외하기로 했다. 이미 살펴보았듯이 오늘날 한국에서 유행하는 해석은 '미래주의' 혹은 '이상주의' 일 것이다. '과거주의' 는 그렇게 많지 않을 것으로 여겨진다. 그러나 역설적으로 1세기 당시에는 '과거주의' 만 존재했고, '역사주의', '미래주의', '이상주의' 는 아직 나타나지 않았었다. 이러한 해석들은 시간이 흐르면서 자신들의 시대(역사주의), 혹은 다가올 시대(미래주의)에 계시록을 적용한 결과로 발생한 것이다. 이러한 해석학적 다의성의 결과로 계시록을 선악의 싸움으로, 즉 상징적 무시간적으로 보는 견해가 생겼는데 그것이 '이상주의' 인 것이다. 그러므로 우리는 이제 '과거주의' 에 관심을 가질 필요가 있다. 특히 미국의 Texas의 Tyler를 중심으로 하는 Christian Reconstruction Movement에 주목할 필요가 있을 것이다. 이 운동은 Gary De Mar, James B. Jordan, David Chilton, Rushdoony 등을 중심으로 '후천년적 부분적 과거주의' 를 보급하고 있다.

한편, 문학비평에 입각하여 성경을 해석할 때, 우리는 저자중심의 해석, 본문중심의 해석, 독자중심의 해석으로 나눌 수 있는데, 우리는 '과거주의' 혹은 '당시 역사적 해석' 외에 다른 해석들은 '본문중심' 이 아니라 '해석자중심', 즉 '독자중심 해석' 임을 알 수 있다. 즉, '1세기 최초 독자들에게 그것이 무엇을 의미했는가' 를 묻는 'What it meant, then?' 을 찾는 것이 아니라, '지금 우리에게 무엇을 의미하고 있는지' 를 묻는 'What it means, now?' 를 찾는 것이다. 역사주의적 해석이나, 미래주의적 해석이나, 이상주의적 해석도 오늘날 독자들과 성경의 의의를 찾는 나름대로 의미가 있을 것이다. 특히 우리나라 사람들은 성경을 읽으며 자신과의 관련성을 찾는 경향이 강하다.[48] 그러나 성경을 본문중심으로 읽고자 한다면, 우리는 과거주의 혹은 당시 역사적 해석에 관심을 가져야 할 것이다.

48) 이문장 교수는 한국인은 나름대로 독서법이 있는데, 이것이 '독서백편의자현' (讀書百遍義自見)으로 요약된다고 하였다. '글을 반복해서 읽으면 이전에 통하지 않던 뜻이 통하게 된다' 는 것이다. 그는 우리는 글이 쓰여진 활자 자체나 주어진 본문이 담고 있는 역사적 맥락이나 사회적 상황에 대한 관심 보다는, 본문을 통해 깨닫게 되는 깊은 뜻에 관심을 갖고 글을 읽는다고 하였다. Cf. 이문장, 『한국인을 위한 성경연구-원리편』(서울: 이레서원, 2004), p. 80.

제2장
계시록 개관

1. 저자

계시록의 저자는 자신을 밧모라 하는 섬에 있는 요한이라고 한다(계 1:1, 4, 9, 22:8). 그러나 이 '요한'이 누구냐 하는 것이 오랫동안 일치되지 못했는데, 이는 그가 자신을 '사도'라고 밝히지 않고 단지 자신을 '종'(계 1:1), '선지자'(계 1:3, 22:9) 그리고 '그의 형제 선지자 중의 하나'라고 부르고 있기 때문이다(계 22:9, cf. 19:10). 그래서 사도 요한, 장로 요한, 마가 요한, 세례 요한, 다른 요한, 영지주의자 케린투스(Cerinthus), 익명으로 사도 요한의 이름을 쓰고 있는 어떤 사람이라고 주장되어 왔다.

그러나 정작 계시록의 저자는 계시록의 1차 저자는 바로 '예수님' 자신이라고 강조하고 있다(계 1:1). 계시록을 사도 요한의 기록이 아니라고 주장하는 가장 핵심적인 이유는 계시록이 사도 요한이 기록한 요한복음이나 요한서신과 문체가 다르다는 것이다. 그러나 예수님의 생애를 기록한 요한복음이나 교회에 보낸 편지인 요한서신과 계시록을 같은 문체라고 기대할 수 없는 것이다. 계시록은 그 내용 때문에 나름대로 문체가 필요한 책이었다. 그러므로 우리는 사도 요한의 기록이라는 전통적인 견해를 외면할 수 없는 것이다.

2. 연대

계시록은 사도행전과 서신서들이 기록된 기간과 동일한 시대에 대한 기록이다. 사도행전은 A.D. 33년경 오순절 이후부터 일어난 사건들에 대한 기록이다. 사도행전의 전반부인 1-12장은 베드로 중심으로 예루살렘과 유대와 사마리아에 교회가 세워지는 과정에 대한 기록인데, A.D. 33-45년까지의 기록이고, 후반부인 13-28장은 바울 중심으로 바울의 전도여행과 1차 로마 투옥까지 기록으로, A.D. 46-63년까지의 기록이다. 그 기간 동안에 야고보서와 대부분의 바울 서신들이 기록되었고, 그 후 68년 바울의 순교 전까지 디모데전 · 후서 등이 기록되었고, 이 무렵 사도 요한에 의해서 요한 1 · 2 · 3서와 계시록이 기록되었을 것이다. 아마 계시록은 A.D. 67-68년경에 기록된 것으로 보인다.

많은 학자들이 계시록의 기록 연대를 A.D. 95년경 도미티안 황제 때로 주장하는 것은, "그 예언이 도미티안 통치의 말경(약 A.D. 96년)에 나타났다"는 이레네우스(A.D. 120-202)의 진술 때문이다. 그러나 여기에서 이레네우스가 말한 그 예언이라는 것이 계시록을 의미하는 것인지 아닌지는 의심의 여지가 있다. 필자는 계시록이 A.D. 68년경에 기록되었다고 보는데, 그 핵심적인 이유는 다음의 몇 가지이다.[49] 첫째, 계시록에는 예루살렘 성전이 여전히 존재하고 있는 것으로 나타나기 때문이다. 계시록에는 현재 혹은 현재진행을 나타내는 현재형 헬라어 동사로 당시 성전에서 제사가 드려지고 있었다고 한다. 그리고 내용상 많은 부분이 A.D. 70년의 예루살렘의 파멸을 예언하고 있다. 둘째, 당시 네로 황제가 아직 살아있는 것으로 언급되고 있기 때문이다. 네로는 A.D. 68년 6월에 죽었다. 그러므로 계시록은 A.D. 68년 이전에 기록되었을 것이다. 셋째, 모든 특별

49) 계시록의 초기 연대에 대한 자세한 논의는 다음을 참고하라. Cf. Kenneth L. Gentry Jr., *Before Jerusalem Fell* (Tylor: Institute for Christian Economics, 1989).

계시는 A.D. 70년까지 완성되어야 하기 때문이다. 가브리엘 천사는 다니엘에게 "70주"(seventy weeks)가 예루살렘의 멸망과 함께 끝나게 되었다고 한다(단 9:24-27). 그 기간은 "이상과 예언이 인 쳐지는" 기간이다(단 9:24). 다른 말로 하면, 특별계시는 예루살렘이 멸망될 때까지 인이 쳐지게, 다른 말로 끝나게 되는 것이다. 신구약 성경은 예루살렘이 함락되기 전에 완성되었다.

3. 신학적 의의

계시록은 다음과 같은 신학적 의의를 가진다. 첫째, 계시록은 옛 언약 백성들에 대한 심판의 책이다. 그 실마리는 계시록에서 천사가 심판을 수행하고 있다는 것이다. 고린도전서 6:3에서 "우리가 천사를 판단할 것"이라고 한다. 새 언약 하에서는 우리가 천사를 판단한다. 갈라디아 1:8 "그러나 우리나 혹은 하늘로부터 온 천사라도 우리가 너희에게 전한 복음 외에 다른 복음을 전하면 저주를 받을지어다." 천사가 전하는 말도 우리는 판단할 수 있다. 그러나 옛 언약 하에서는 천사가 심판을 수행하는 것이다. 그런데 계시록에서 천사가 심판의 주체이다. 그러므로 계시록은 새 언약 백성에 대한 심판, 즉 역사 끝에 있을 심판이 아니라 옛 언약 백성에 대한 심판을 기록하고 있는 것이다.

천사는 일종의 몽학선생이다. 이 '파이다고고스' 라고 하는 몽학선생은 주인의 아이가 16세가 되기 전에 학교에 데려다주고 학습을 돕는 역할을 하는 종이었다. 히브리서 1:14 "모든 천사들은 섬기는 영으로서 구원 받을 상속자들을 위하여 섬기라고 보내심이 아니냐?" 천사도 종인 몽학선생이다. 아이가 성인식을 치르고 나면 몽학선생은 더 이상 아이를 함부로 대하지 못하며, 오히려 아이는 주인으로 몽학선생 위에 군림할 수 있었다. '율법' 뿐 아니라 '천사' 도 몽학선생 같은 존재인 것이다(cf. 갈 3:23-24). 옛 언약 하에서 천사가 우리를 심판하고 가르치지만, 새 언약 하에서 우리가 천사를 판단하고 심판하게 된 것이다. 계시록은 천사가 심판의 수행자로 나타난다. 그러므로 새 언약 백성들에 대한 심판이 아닌 옛 언약 백성들에 대한 심판인 것을 알 수 있다. 그러므로 계시록은 A.D. 70년에 있었던 성전과 예루살렘의 파괴에 대한 기록인 것이다.

둘째, 계시록은 요한이 기록한 종말강화이다. 신약성경에서 옛 언약 백성들에 대한 심판을 기록한 것이 소위 '종말강화'[50]이다. 마태복음 23-25장, 마가복음 13장, 누가복음 21장이 바로 이러한 옛 언약 백성에 대한 심판을 기록하고 있다. 많은 학자들이 종말강화가 역사 끝에 있을 종말이 아니라, A.D. 70년 예루살렘 멸망을 가리키는 것이라고 한다. 옛 언약 백성에 대한 심판은 역사 끝에 있을 심판이 아니라, A.D. 70년 예루살렘 멸망으로 나타난 유대주의에 대한 심판이다. 그런데 요한복음에는 이 종말강화 부분이 빠져있다. 왜 그럴까? 요한복음은 예수님의 생애 마지막 부분에 대해 집중적으로 기록하고 있다는 사실에 비춰볼 때, 예수께서 생애 마지막에 가르치셨던 종말에 대한 가르침이 빠져있다는 것은 정말 놀라운 일이다. 그러나 요한은 본격적으로 종말, 즉 옛 언약 백성들에 대한 심판에 대한 가르침을 주기 원했던 것이다. 그것이 바로 요한계시록인 것이다.

셋째, 계시록은 사도행전의 짝이다. 사도행전은 새 언약 교회가 자라나는 것을 보여주고 있다. 계시록은 옛 언약 교회가 사라져가는 것을 보여주고 있다. 그런 점에서 사도행전과 계시록은 동전의 양면처럼 서로 짝을 이루는 책이다. 아브라함의 집에 이삭과 이스마엘이 함께 머문 기간이 있었던 것같이, 옛 언약 백성(이스마엘)은 쫓겨나고, 새 언약 백성(이삭)이 그 자리를 차지함을 보여주는 것이다(갈 4:21-31). 하나님께서는 유대인들이 단순히 예수님을 배척했다고 바로 옛 세상을 심판하지 않으셨다. 율법은 두 명의 증인의 증거가 있어야 했기에, 두 번째 증인인 성령께서 오셨다. 그래서 수많은 유대인과 하나님을 두려워하는 사람들이 오순절 이후 회개하고 돌아왔다. 그러나 회개하지 아니하는 자들에게는 "노하심이 끝까지 저희에게 임"하였다(살전 2:14-16).

한편, 사도행전에서 로마는 항상 교회를 보호하였다. 유대인들로부터 사도 바

50) '종말 강화'라는 용어를 사용할 때, '감람산 강화'와 구분하는 일이 필요하다. 감람산 강화는 감람산에서 이루어진 강화 부분만을 의미한다. 그러면 '감람산 강화'를 마태복음 24-25장으로 나누어야 한다. 그러나 '종말 강화'라고 할 때 23장의 서기관들과 바리새인들에 대한 심판의 메시지를 같이 묶어서 볼 수 있다. 이것은 마태복음 24-25장의 내용을 파악하는 데에도 매우 중요한 근거가 된다. 23장이 어떤 의미에서 감람산 강화의 또 하나의 배경을 이루고 있기 때문이다.

울을 보호한 것도 로마였다. 그러나 계시록에서는 머지않아 로마가 교회의 대적인 "짐승"으로 돌변할 것을 말한다. 그래서 계시록에는 유대주의자들(땅에서 올라온 짐승)에 의한 공격과 로마(바다에서 올라온 짐승)에 의한 공격이 나타나고 있다.

4. 해석방법

계시록의 해석사에서 살펴본 바와 같이, 계시록 해석에는 크게 4가지 방법이 있다. 이는 각각 과거주의, 미래주의, 역사주의, 이상주의이다. '미래주의' 란 계시록이 역사 끝에 일어날 일을 기록했다는 예언이란 점이 강조된 해석이다. 이러한 미래주의의 약점은 교회사를 통해 자기 시대가 계시록이 말하는 종말의 때라고 가르친다는 것이다. '역사주의' 는 계시록이 인류의 역사를 펼쳐 놓은 예언이라는 것이다. 약점은 각자 주장하는 내용들이 시대마다 다르다는 것이다. '이상주의' 는 계시록을 선악의 싸움으로 보는 것이다. 이것이 가장 보편적으로 받아들여지고 있는 해석이다. 그러나 이는 성경에 대한 적용 차원이지 1세기 당시 독자들의 입장에서 해석한 것은 아니다. 그러므로 우리는 과거주의에 주목해야 할 것이다.

'과거주의' (Preterism)란 신약성경의 예언이 A.D. 1세기경에 특히 A.D. 70년 예루살렘 멸망을 통해 성취되었다고 보는 견해이다. 그러므로 계시록의 예언들을 성경이 기록될 당시는 미래의 사건이지만 지금은 과거의 사건으로 보는 견해인 것이다. 이러한 과거주의에는 두 종류가 있다. '완전 과거주의' (Full Preterism)와 '부분적 과거주의' (Partial Preterism)이다. 완전 과거주의는 신약의 모든 미래 예언들이 '이미' 성취되었다고 보는 견해이고(J. Stuart Russell, Marx R. King), 부분적 과거주의는 미래에 일어날 결정적인 사건이 '아직' 남아 있다고 보는 견해이다(Gary DeMar, David Chilton, James B. Jordan, Peter Leihart, R. C. Sproul).[51]

---

51) 한국어로 출판된 도서 중 '복음서' 의 부분적 과거주의에 대한 이해를 위해서는 R. C.

이들 논쟁의 중심 이슈는 '파루시아를 어떻게 보느냐' 하는데 있다.[52] 부분 과거주의에서는 A.D. 70년 예루살렘 멸망을 여러 파루시아 중에 하나의 파루시아로 보았으나, 완전 과거주의에서는 하나의 파루시아만 인정한다. 즉 A.D. 70년 예루살렘 멸망을 유일한 파루시아로 보며, 유대주의의 끝일뿐 아니라, 인류 역사의 끝으로 보는 것이다. 그러나 '파루시아'는 단지 '오심'이란 의미이지, '재림'이란 의미는 없다.[53] 그러므로 주님의 오심은 최종적인 파루시아인 재림을 포함해서 여러 번의 파루시아가 가능한 것이다.

5. 구조

계시록의 구조에 대한 이론들은 다양하다. 구조분석에 관한 한 일치하는 유일한 견해는 구조분석에 있어서 역사상 일치한 것들이 한 번도 없었다는 것이다.[54] 그러나 계시록의 구조에 대한 전통적인 견해는 다음의 몇 가지로 나누인다.[55]

Sproul의 『예수님께서 말씀하신 종말』, 김정식 역 (서울: 좋은씨앗, 1998)을 참고하고, '계시록'의 신학적 이해를 위해서는 송영목 교수의 『요한계시록은 어떤 책인가?』(서울: 쿰란출판사, 2007)와 『요한계시록의 신학』(서울: 성광문화사, 2007)을 참고하라.

52) J. B. Smith는 신약성경에 파루시아(parousia)가 총 24회 등장한다고 한다(마 24:3, 27, 37, 39, 고전 15:23, 16:17, 고후 7:6, 7, 10:10, 빌 1:26, 2:12, 딤전 2:19, 3:13, 4:15, 5:23, 딤후 2:1, 8, 9, 약 5:7, 8, 벧후 1:16, 3:4, 12, 요일 2:28). Cf. J. B. Smith, *Greek-English Concordance to the New Testament* (Scottdale: Herald Press, 1955), p. 279.

53) 게할더스 보스, 『바울의 종말론』(서울: 엠마오, 1989), p. 119.

54) 이필찬, 『요한계시록을 어떻게 읽을 것인가?』(서울: 성서유니온선교회, 2000), p. 33.

55) 계시록의 구조 문제의 난점은 계시록의 장르를 어떻게 보느냐에 따라서 또는 계시록의 해석 방법에 따라서 구조를 전혀 달리 보기도 한다는 것이다. 예를 들어, 계시록을 서신으로 볼 때에, 계시록 1:1-3은 "서론"이고, 1:4-5a는 "인사말"이고, 1:5b-22:20은 "본문"이고, 22:21은 "끝 인사"에 해당할 것이다. 그러나 이것을 계시록의 구조로 말하는 것은 "본문"을 너무 넓게 나누었기 때문에, 아무런 의미가 없다. 이는 계1:19을 중심으로 계시록을 나누는 것도 마찬가지인데, 소위 1장을 "네 본 것"으로, 2-3장을 "이제 있는 일"로, 4-22장을 "장차 될 일"로 나눌 때, 미래적 해석이라는 해석적 전제의 문제를 놔두고라도, 4-22장을 "장차 될 일"로 나누는 것은 본문을 지나치게 넓게 나누는 것이다. 그러므로 본 고

1) 이원론적 구조분석법

이원론적 구조분석이란 계시록이 두 부분으로 구성되어 있다는 견해이다.[56] 이러한 견해를 지지하고 있는 헨드릭슨(Hendriksen)은 이 견해에 대해서 다음과 같이 말한다. “대체로 12:1(혹은 11:15)에서 제1부 혹은 일련의 환상들이 끝이 나고 새로운 구분이 시작되는 것으로 본다. 제1부(1-11장)에서는 인간들 즉 신자와 불신자들 사이의 투쟁에 관해서 언급했는데, 세상은 교회를 공격하지만 교회는 이를 갚을 것이며 보호될 것이며 승리한다. 제2부(12-22장)에서는 땅위의 투쟁에는 보다 깊은 원인이 있음을 보여준다. 그것은 아이를 공격하는 마귀의 외적인 표현이다. 용은 그리스도를 공격한다. 그러나 패배한다. 제2부를 형성하는 여러 단원들은 비록 동시에 있는 일이지만 계속적인 사실을 분명하게 말한다. 용, 짐승들, 음녀는 교회를 공격한다. 음녀, 짐승, 용은 내어 던짐을 당한다(순서를 주의할 것). 이 구분 중에서 제1부는 1-3장, 4-7장, 8-11장의 세 단원으로 나뉘고, 제2부는 12-14장, 15-16장, 17-19장, 20-22장으로 네 단원으로 나뉜다. 제1부인 1-11장은 세상으로부터 핍박받는 교회에 대하여 이야기하고 있으며, 제2부인 12-22장은 그리스도와 용 사이에 있는 근본적인 갈등에 관해 서술하고 있음을 알 수 있다. 이처럼 계시록은 영적 투쟁의 격렬함 혹은 깊이에 대하여 점진적으로 계시하고 있는 것이다.”[57]

이러한 헨드릭슨의 견해를 도식화하면 다음과 같다.[58]

에서는 가능한 한 계시록의 구조에 영향을 미칠만한 신학적인 전제를 배제하고, 계시록의 문학적인 구조를 중심으로 구조문제를 살피려고 한다. Cf. Vern S. Poythress, *The Returning King*(Phillipsburg: P&R Publishing, 2000), p. 57.

56) 이러한 견해는 J. P. Lange, A. Pieters, A. T. Robertson, H. B. Swete 등에 의해서 주장되었다. William Hendriksen, *More than Conquerors*(Grand Rapids: Baker, 1976), pp. 22-25. Cf. 홍창표, 『요한계시록 해설』(서울: 크리스챤북, 1999), pp. 114-116.

57) William Hendriksen, *op. cit.*

58) *Ibid.*

(1) 제1부 지상에서의 투쟁(1-11장)
　① 일곱 금 촛대 사이의 그리스도(1-3장)
　② 일곱 인으로 봉한 책(4-7장)
　③ 심판의 일곱 나팔(8-11장)
(2) 제2부 보다 깊은 영적 배경(12-22장)
　④ 용과 그 추종자들의 핍박을 받는 여인과 아이(12-14장)
　⑤ 진노의 일곱 대접(15-16장)
　⑥ 큰 음녀와 짐승들의 멸망(17-19장)
　⑦ 용(사단)에 대한 심판과 그 후의 새 하늘과 새 땅과 새 예루살렘 (20-22장)

계시록을 이렇게 이원론적으로 구분하는 방법은 계시록의 구조를 지나치게 단순화했다는 약점을 지닌다. 다른 고대의 책들이 그러하듯이, 사실 계시록은 매우 정교하게 쓰인 책이다. 그런데 이원론적 구조분석은 그 정밀함을 드러내지 못한다는 비판을 피할 길이 없다. 그러나 헨드릭슨이 말하고 있는 "지상에서의 투쟁"과 "보다 깊은 영적 배경"이라는 구분은 나름대로 중요한 의의를 지닌다. 즉 계시록은 이원론적인 특성이 강한데, 이원론적 구조분석법은 이런 점을 잘 반영한 구분법이라는 점이다. 그러나 이원론적 구조분석법을 좀 더 세분화하는 작업을 필요로 하는 것 같다.

2) 문학적인 구조분석법

계시록을 문학적인 구조의 관점에서 4개의 환상들로 이루어져 있고, 이들 각각은 하나님께서 보여주시고자 하는 바를 "와서 보라"(1:9, 4:1, 17:1, 21:9)는 권고로 시작된다고 구분하는 학자들이 있다.[59] 이러한 구분법을 사분법이라고 할

---

59) G. E. Ladd, *A Commentary on the Revelation of John*(Grand Rapids: Eerdmans, 1972), p. 14.

수 있고, 이를 중심으로 머리말과 결어를 배치하면 육분법이라고 할 수 있다.[60] 이러한 구분을 주장하는 대표적인 학자로는 래드(G. E. Ladd)를 들 수 있는데, 그에 의하면 계시록은 다음과 같이 구분되어진다.[61]

(1) 머리말(1:1-8)
(2) 첫째 환상(1:9-3:22)
 ① 계시자(1:9-20)
 ② 일곱 편지들(2:1-3:22)
(3) 둘째 환상(4:1-16:21)
 ① 하늘의 보좌(4:1-11)
 ② 일곱 인들(5:1-8:1)
 ③ 일곱 나팔들(8:2-14:20)
 ④ 일곱 대접들(15:1-16:21)
(4) 셋째 환상(17:1-21:8)
 ① 바벨론의 비밀(17:1-18)
 ② 바벨론의 심판(18:1-19:5)
 ③ 최후의 승리 및 종말(19:6-21:8)
(5) 넷째 환상: 하늘의 예루살렘(21:9-22:5)
(6) 결어(22:6-21)

이러한 래드의 구분법의 장점은 그가 계시록이 문학구조를 가지고 있다는 것을 보았다는 점이다. 또한 이러한 환상으로 이끄는 문학구조는 파악한 것은 계

---

60) J. P. M. Sweet, *Revelation*(Philadelphia: Westminster, Pelican, 1979), p. 44, p. 47; Eugenio Corsini, *The Apocalypse: The Perennial Revelation of Jesus Christ*(vol. 5 of Good News Studies, Wilmington, Delaware: Michael Glazier, 1983), pp. 61-63. Cf. Robert L. Thomas, "The Structure of the Apocalypse: Recapitulation or Progression?" *TMSJ* 4/1(Spring 1993), p. 46에서 재인용.

61) *Ibid.*, pp. 15-17.

시록이 환상을 통해 계시하는 묵시문학의 특징이 잘 드러난다는 강점을 지니고 있다.

한편 이러한 문학구조에 의한 구분법을 보다 정교하게 발전시킨 이가 보쿰(Richard Bauckham)이다. 그가 구분점으로 삼고 있는 언어적 표시는 "성령에"(εν πνευματι)인데, 이는 각각 1:10, 4:2, 17:3, 21:10에 등장한다.[62] 이것은 래드가 발견한 "와서 보라"는 것과 직접적으로 관련을 갖는 것을 볼 수 있다. "와서 보라"에 대한 요청이 있었고, 이에 대한 반응으로 "성령에"(εν πνευματι)가 가능하게 된 것이다.

이러한 보쿰에 의하면 계시록은 다음과 같이 구분되어 진다.[63]

(1) 서론(1:1-8)
(2) 교회들을 향한 일곱 메시지를 포함하는 그리스도와 교회에 대한 최초의 환상(1:9-3:22)
(3) 세 개의 일곱 시리즈와 두 개의 삽입들로 이끄는 하늘에 대한 최초의 환상(4:1-5:14)
일곱 인들(6:1-8:1, 8:3-5) , 4+1+(1+삽입)+1
일곱 나팔들(8:2, 8:6-11:19) , 4+1+(1+삽입)+1
(4) 악과의 충돌 가운데 있는 하나님의 백성들에 대한 이야기(12:1-14:20, 15:2-4)

---

62) Richard Bauckham, *The Climax of Prophecy*(Edinburgh, T&T Clark,1993), p. 3; Tenney도 동일하게 "엔 프뉴마티"를 전환점으로 삼지만, 그는 이 말이 사용될 때마다 사도 요한이 새로운 장소를 인도되는 점을 주목하여 계시록을 다음과 같이 구분한다. (1) 서언 – 그리스도를 말함(1:1-8), (2) 환상I – 교회와 그리스도(1:9-3:22), (3) 환상II – 온 세상의 그리스도(4:1-16:21), (4)환상III – 승리의 그리스도(17:1-21:8), (5)환상IV – 완성의 그리스도(21:9-22:5), (6) 결언 – 그리스도께서 도전을 주심(22:6-21). 이러한 구분은 Hendriksen의 구분과 동일함을 볼 수 있다. 이는 마찬가지로 (3) 환상II – 온 세상의 그리스도(4:1-16:21), (4)환상III – 승리의 그리스도(17:1-21:8) 부분을 단순화시키는 약점이 있다. Cf. Merrill C. Tenney, *Interpreting Revelation*(Massachusetts: Hendrickson, 2001) p. 36.

63) *Ibid.*, pp. 21-22.

일곱 대접들(15:1, 15:5-16:21) , (4+3) 삽입 없음
(5) 음녀 바벨론(17:1-19:10)
(6) 바벨론에서 새 예루살렘으로의 전환(19:11-21:8)
(7) 신부 새 예루살렘(21:9-22:5)
(8) 결론(22:6-21)

이필찬은 보쿰의 구조를 요한계시록 구조 연구의 획기적인 전기를 마련한 것이라고 평가한다. 특히 이필찬은 보쿰의 구조분석이 렘브레흐트(Lambrecht)[64]와 피오렌자(E. S. Fiorenza)[65]의 약점을 보완한 것이라고 한다. 그러나 우리는 보쿰의 구조가 독창적이지 않고, 오히려 래드나 테니 등의 구조분석에 영향을 받은 것으로 볼 수 있다. 뿐만 아니라 피오렌자의 구조를 발전시켰으나 교차대칭구조를 좀 더 자세하게 세분화할 필요를 느낀다.

3) 교차대칭 구조분석법

교차대칭 구조[66](chiastic structure)는 신구약 성경 전체에 빈번히 사용된 문학적 기법이다. 계시록의 교차대칭 구조를 처음 주장한 이는 룬트(Niles W. Lund)인데, 그는 다음과 같이 계시록의 구조를 분석한다.[67]

---

64) Lambrecht의 구조는 다음과 같다. (1)서론적 환상(4-5장), (2)첫 여섯 인들(6-7장), (3)일곱 번째 인과 나팔들(8:1-22:5) ①'서론(8:1-6), ②' 첫 여섯 나팔들(8:7-11:14), ③'(일곱 번째 나팔과 대접들(11:15-22:5) ①' '서론(11:15-16:1), ②' '첫 여섯 대접들(16:2-16), ③' '일곱 번째 대접과 완성(16:17-22:5); 이필찬은 이를 평가하기를 계시록의 구조를 일직선상으로 보지 않고 나선적인 전개로 보는 중요한 공헌을 했다고 한다. 그러나 1-3장이 포함되지 않은 점을 지적한다. Cf. 이필찬, *op. cit.*, pp. 23-25.

65) E. S. Fiorenza는 다음과 같이 계시록을 분석한다. (1)서론과 인사말(1:1-8), (2)소아시아 도시들의 수사학적 상황(1:9-3:22), (3)인을 뗌: 출애굽에서의 재앙들(4:1-9:21, 11:15-19), (4)입에서는 달았다가 배에서는 쓰게 된 책(10:1-15:4), (3) '바벨론/로마의 압제로부터 출애굽(15:1, 5-19:10), (2)' 악으로부터의 해방과 하나님의 세계적인 도시(19:11-22:9), (1) '결론(22:10-22:21). 이필찬은 평가하기를 Fiorenza가 (1)(2)(3)과 (3)' (2) '(1)' 의 병행

요한과 천사(1:1-3)
(1) 서언: 요한과 오신 예수(1:4-8)
교회에 대한 요한의 사명(1:9-20)
(2) 일곱 편지들: 1 교회와 세상(2:1-3:22)
하늘: 두 장면: 구원(4:1-5:14)
(3) 일곱 인들 외. 1 인들: 심판(6:1-17, 8:1,3-5)
하늘: 두 장면: 구원(7:1-17)
4(8:2, 6-12), 심판
(4) 일곱 나팔들: 독수리(8:13), 시리즈의 중단
3(9:1-21, 11:14-18), 심판
성소(11:19)
(5) 로마제국에 대한 교회의 증거(10:1-11)
그리스도의 능력의 상징 가운데 정렬된 천사(1절)
바다와 땅 위로 뻗어 가는 권위(2, 5, 8절).
(6) 유대주의에 대한 교회의 증거(11:1-13)
측량할 수 없는 마당(2절)
그들의 주께서 못 박히신 도시(11절)
(6)′ 유대주의에 의한 교회의 핍박(12:1-17)
사내아이의 출생(5절), 초기 단계
여인의 도피(6, 14절, cf. "광야" 17:3), 후기 단계
(5)′ 로마제국에 의한 교회의 핍박(13:1-18)
바다에서 온 첫째 짐승(1절)
땅에서 온 둘째 짐승(11절)
성소(15:1, 5-8)
(4)′ 일곱 대접들: 3(16:1-4)
천사와 제단(5-7), 시리즈의 중단
4(16:8-21)
하늘: 한 장면: 구원(14:1-5)
(3)′ 일곱 천사들, 등1 천사들: 심판(14:6-20)
하늘: 한 장면: 구원(15:2-4)
(2)′ 일곱 천사들(14:6-20) 1 교회와 세상(17:1-22:5)
요한과 천사(22:6-9)
(1)′ 결언(22:6-21) 요한과 오신 예수님(22:10-15)
교회에 대한 요한의 사명(22:16-21)

룬트는 계시록의 교차 대칭구조를 처음 발견하고 체계화하였다는 점에서 공헌하였다. 그러나 그는 계시록의 구조를 차례대로 분석하기보다 일부의 순서를 바꾸어 교차대칭구조에 짜 맞춘 인상을 주고 있다. 이것은 기존의 일곱 교회, 일곱 나팔, 인곱 인, 일곱 대접, 일곱 천사라는 틀을 지나치게 존중한 결과가 아닌가 생각된다.

계시록에 대한 룬트의 이러한 구조는 뒤에 여러 사람들에 의해서 발전되어졌는데,[68] 그 중에 가장 최근에 발전된 형태를 제시하고 있는 사람은 스나이더

관계를 발견한 것이 중요한 공헌이나, 중심부분인 (4)가 너무 많은 부분을 차지하여 세분화되지 않았고, Lambrecht의 나선형적 발전 구조를 약화시키고 있다고 하였다. E. S. Fiorenza, "Composition and Structure" *CBQ* Vol.39(1977), pp. 364-366. Cf. 이필찬, *op. cit.*, p. 26.

66) 이는 헬라어 키(*X*)에서 근거한 것으로, 한 축을 중심으로 단어나 구절들이 대칭이 되는 위치에 놓이는 것을 말한다. 예를 들어서 마가복음 2:27을 보면,

A 안식일
B 사람
B' 사람
A' 안식일

그러므로 교차대칭 구조는 기본적으로 전환(inversion)과 균형을 이루고 있어야 한다. 이러한 교차 대칭구조는 오늘날 교차대칭구조의 아버지라고 할 수 있는 Niles Wilhelm Lund가 1942년 *Chiasmus in the New Testament: A Study in Formgeschichte*(Chapel Hill: University of North Carolina Press)를 출판하므로 본격적으로 시작되었다. Cf. Niles W. Lund, *Chiasmus in the New Testament*(Massachusetts: Hendrickson, 1992rev, 1942), pp. vii-xvi.

67) *Ibid.*, pp. 325-326.

68) 이러한 교차 대칭구조를 James B. Jordan은 더욱 심화하였는데, 그의 구조는 대칭되는 점들을 잘 드러낸다는 장점과 함께 일부는 범위를 너무 넓게 잡고 일부는 좁게 잡은 그래서 인위적인 면이 심한 단점이 있다. 그가 주장하는 계시록의 구조는 다음과 같다.

(1) 요한과 예수님(1장)
(2) 지상의 교회들(2-3장)
(3) 하늘의 보좌(4-5장)
(4) 말들(6:1-8, 첫 네 가지 인)
(5) 제단 아래 성도들(6:9-11, 다섯째 인)
(6) 심판의 시작(6:12-17, 여섯째 인)
(7) 땅에 인 맞은 성도들(7장)

(Babara W. Snyder)일 것이다. 스나이더는 계시록에 나타난 사건들이 성막 혹은 성전으로 묘사되는 우주(천지)에 대한 것을 포함하는 것으로 폭넓게 보았다. 이는 그녀가 클라인(M. G. Kline)의 작품을 근간으로 하기 때문인데, 빌(G.K. Beale)은 이를 '성전구조' (Temple framework)라고 하였다. 그녀는 계시록을 다음과 같이 분석한다.69)

---

(8) 일곱 나팔 등장(8:1-2)
(9) 성령강림 기간의 시작(8:3-5)
(10) 식물들(8:7)
(11) 이방인들(8:8-9)
(12) 음료(8:10-11)
(13) 하늘들(8:11-12)
(14) 거짓의 군대(9:1-11)
(15) 성도들의 군대(9:12-11:6)
(16) 대학살(11:7-13)
(17) 용(12장)
(17)′ 바다짐승(13:1-10)
(16)′ 대학살(13:15)
(15)′ 성도들의 군대(14:1-3)
(14)′ 거짓 없는 군대(14:4-5)
(13)′ 하늘들(14:6-7)
(12)′ 음료(14:8)
(11)′ 이방인들(14:9-13)
(10)′ 식물들(14:14-16)
(9) '성령강림의 끝(14:18)
(8)′ 일곱 대접 등장(15:1)
(7)′ 하늘의 성도들(15:2-4)
(6)′ 심판의 재시작(15:5-18:24)
(5)′ 제단 위(하늘)의 성도들(19:1-10)
(4)′ 말들(19:11-21)
(3)′ 하늘의 보좌(20장)
(2)′ 하늘의 교회들(21:1-22:5)
(1)′ 요한과 예수님(22:6-21)

Cf. James. B. Jordan, "A Brief Reader's Guide to the Book of Revelation(Part 2)", *Biblical Horizons* No.102(1998, February), p. 2.

69) G. K. Beale, *The Book of Revelation NIGTC series*(Grand Rapids: Eerdmans

(1) 서론: 묵시, 서신, 예언(1:1-3, 4-8, 9-20)
(2) 환상: 땅의 성도들(2-3장)
(3) 심판을 위한 하늘의 산헤드린과 보좌(4-5장)
(4) 일곱 인들(6:1-8:1)
(5) 일곱 나팔들(8:2-9:21)
(6) 신의 현현: 바다와 땅으로 주님의 사자가 내려감(10장)
(7) 땅에 있는 성도들을 향한 전쟁(11장)
(7) '하늘에 있는 용들을 향한 전쟁(12장)
(6)′ 반(反) - 신의 현현: 바다와 땅으로부터 사단의 사자가 올라옴 (13장)
(5)′ 일곱 선포들의 셀수 없는 연속(14장)
(4)′ 일곱 대접들(15-16장)
(3)′ 심판을 위한 하늘의 산헤드린과 메시야적 통치(17-20장, cf. 20:4-15)
(2)′ 환상: 하늘의 성도들(21:1-22:5)
(1)′ 결론: 묵시, 서신, 예언(22:6-9, 10-20, 21)

4) 결론

계시록의 구조에 대한 이론들은 오래 동안 지속된 논쟁거리였다. 이분법이나, 사분법 혹은 육분법이나, 칠분법 혹은 팔분법 등 다양한 구분법이 있었다. 특히 계시록이 반복적인가 점진적인가 하는 점은 많이 논란되어 왔다.[70]

그러나 우리가 살펴 본 바 계시록은 다음과 같은 구조적인 특징들이 있다. 첫

Publishing Co., 1999), pp. 141-144.

70) Robert L. Thomas는 자신의 논문에서 계시록의 점진적인가 혹은 반복적인가 하는 문제에 대한 결론으로 계시록의 구조를 반복적으로 보지 않는다. 즉 계시록의 기본적인 구조인 일곱 인, 나팔, 대접 구조를 점진적인 것으로 본다. 그러나 일곱째 인이 나팔들이고, 일곱째 나팔이 대접들이라고 본다. Cf. Robert L. Thomas, *op. cit.*, p. 65.

째, 이원론적인 구조가 나타난다. 계시록의 이원론적인 구조는 지나친 구조적 단순화라는 비난에도 불구하고, 어떤 계시록에 대한 개요를 작성하든지 계시록은 두 분할로 이루어진 사실(1-11장과 12-22장)을 기초한다.[71] 이러한 이원론은 요한 신학의 특징이기도 하다. 이러한 이원론은 계시록의 성전(聖戰, holy war) 모티프를 강화해 준다.

둘째, 네 개의 독특한 문학적인 구분이 있다. 계시록에는 "와서 보라"(1:9, 4:1, 17:1, 21:9) 혹은 "성령에"(εν πνευματι, 1:10, 4:2, 17:3, 21:10)가 있는데, 이는 "와서 보라"에 대한 요청과 이에 대한 반응으로 "성령에"(εν πνευματι)가 있게 된 것이다. 이러한 문학적인 단위는 계시록이 환상을 통해 계시하는 묵시문학의 특징을 잘 드러낸다.

셋째, 교차대칭구조가 나타난다. 일반적으로 교차대칭구조는 가장 중심이 되는 메시지를 그 중심에 둔다.[72] 그런데 교차대칭구조로 볼 때에, 스나이더는 룬트와 마찬가지로 계시록 11-12장(혹은 10-13장)을 중심에 두고 있다. 우리는 여기에서 중요한 시사점을 보게 되는데, 계시록을 교차대칭구조로 볼 때에, 계시록의 구조상의 중심은 11-12장이라는 것이다.[73] 물론 이것의 범위를 좀 더 넓히면 10장에서 13장으로까지 볼 수 있다.

그러므로 이상과 같은 계시록의 구조가 보여주는 메시지는 땅에서는 성도들을 향한 전쟁을 하고(11장), 하늘에서는 용들에 대한 전쟁을 한다는 것이다(12장). 땅과 하늘에서의 전쟁은 상징성을 띠지만, 외적인 전쟁과 내적인 전쟁, 혹은 현상적인 전쟁과 원인적인 전쟁이란 이원론적인 구도와도 잘 맞아떨어지는 것이다.

---

71) 홍창표, *op. cit.*, p. 109.

72) 예를 들면, 마태복음의 중심 메시지는 13장 천국에 대한 비유들이다. Cf. H.J.B. Combrink, "The Macrostructure of the Gospel of Matthew" *Neotestamentica* 16(1982), p. 16.

73) 계시록 12장이 계시록의 중심 장이란 사실은 오토 뵉허(Ottor Böcher)에 의해서도 확인이 되는데, 그는 1975년 이후의 계시록의 중요 연구 상황을 논하면서 계시록 12장과 21-22장을 그 동안 연구의 중심 장으로 말한다. Cf. 오토 뵉허, 『요한묵시록의 난제 열두 가지』, p. 228.

이것은 또한 계시록이 묵시문학(Apocalypse)의 형태로 기록된 이유 중의 하나이기도 하다. 오운(David E. Aune)은 계시록의 장르를 묵시(Apocalypse)로 보는데[74], 중심 메시지를 묵시의 양면에 문학적인 절정을 두는 것이 묵시문학의 본질(virtuality) 중의 하나라고 한다. 그는 이런 분할(segmentation)은 문학적인 전략의 한 종류로 말할 수 있다고 한다.[75] 이러한 점들은 우리가 계시록을 이해함에 있어서 중요한 지침이 될 수 있다. 특히 11-12장을 이해하는 것은 계시록의 중심 메시지를 이해하는 셈이 된다.

6. 내용

계시록의 '표면적인 내용'은 다음과 같다. ① 일곱 교회 가운데 계신 예수님(1장) ② 일곱 교회에 보내는 편지(2-3장) ③ 보좌와 어린양(4-5장) ④ 일곱인(6-7장) ⑤ 일곱 나팔(8-11장) ⑥ 여인과 용(12장) ⑦ 두 짐승(13장) ⑧ 어린양과 십사만사천(14장) ⑨ 일곱 대접(15-16장) ⑩ 바벨론(17-18장) ⑪ 어린양의 혼인잔치(19장) ⑫ 천년왕국(20장) ⑬ 새 하늘과 새 땅(21장) ⑭ 결론(22장)

이러한 내용을 풀면 다음과 같을 것이다. 밧모섬에서 요한이 영광 중에 계신 주님을 만난다(1장). 그 주님이 일곱 교회에 편지를 보낸다(2-3장). 그리고 하늘

---

74) David E. Aune, "The Apocalypse of John and the Problem of Genre", *Semeia No.* 36(1986), pp. 86-87. 그는 어떤 특정한 장르라고 정의할 수 있으려면 형태와 내용과 기능이 있어야 한고 말한다. 그래서 계시록을 묵시문학이란 장르라고 정의한다면 다음과 같은 것들이 따른다고 한다. (1)형태: 묵시문학은 저자에 의해서 체험되어진 계시적인 환상에 대한 자전적 형태의 산문이다. 그래서 중심이 되는 계시적인 메시지는 문학적인 절정을 이루고, 계시적인 체험을 둘러싼 환경에 대한 이야기로 구성된다. (2)내용: 전달자의 의사소통, 종종 종말론적인 것, 인간의 체험에 대한 관점. (3)기능: (a)그 메시지의 전달자의 권위를 인증하기, (b)본문이 나타내고자하는 메시지를 감추는 기능을 하는 문학적인 장치와 구조와 이미지를 통하여, 원래의 계시적인 체험에 대하여 새로운 실체를 중개하는 것에 의해서, 그래서 (c)메시지를 받아들이는 자들이 전달자의 관점에 동화되어서 자신들의 동기와 행동양식을 바꾸도록 격려하게 될 것이다.

75) *Ibid.*, p. 87.

문이 열리고, 성부께서 보좌 위에 계시고, 그 오른 손에 있는 두루마리를 어린 양께서 취하신다(4-5장). 그 두루마리를 열기 위하여 인이 떼어지고, 나팔이 불어 진다(6-9장). 그런데 천사가 나타나서 작은 두루마리를 주어서 요한이 먹는다(10장). 이 때 두 증인이 나타나고(11장), 구약교회인 여인과 사탄인 용이 등장하고(12장), 이방의 '바다에서 올라온 짐승' 과 유대인의 '땅에서 올라온 짐승' 이 나타난다(13장). 그리고 어린 양과 구원받은 자들인 십사만사천이 나타난다(14장). 결국 진노의 일곱 대접이 쏟아지고(15-16장), 음녀 바벨론은 심판을 받고(17-18장), 어린양은 혼인잔치를 한다(19장). 천년동안 교회는 승리의 나라를 이루고(20장), 새 하늘과 새 땅이 도래한다(21장). 이러한 소망을 가지고 주님의 오심을 기다리며 계시록은 끝이 난다(22장).

특히, 계시록 6-16장에 등장하는 인(印)들, 나팔들, 대접들을 각각 동일한 배경 위에서의 발생한 동일한 사건에 대한 반복이라고 보는 사람들이 있다. 그러나 그렇지 않다. 그 인들은 그 책을 개봉한다. 그 나팔들은 그 책의 내용들을 선포한다. 그 대접들은 그 내용들을 적용한다.

역사적으로 새 언약이 시작되는 것을 상징하는 '인' 이 떼어지는 것은 A.D. 30년에 하나님의 나라가 시작되는 것을 알리는 것이다. 그리고 복음의 나팔이 불러지는 것인 '나팔들' 은 오순절부터 A.D. 70년 직전에 있었던 교회가 발전하는 것에 관한 것이다. 그리고 진노가 쏟아지는 것을 상징하는 진노의 '대접들' 은 A.D. 70년 예루살렘 멸망에 관한 것이다. 물론 이 모든 것들이 동일한 특징들을 가졌기 때문에 인들과 나팔들과 대접들 사이에 많은 병행들이 보인다. 그러나 반복은 아니다. 이것들은 발전적인 것이지(progressive) 반복적인 것(cyclical)은 아니다.

제2부

계시록 강해

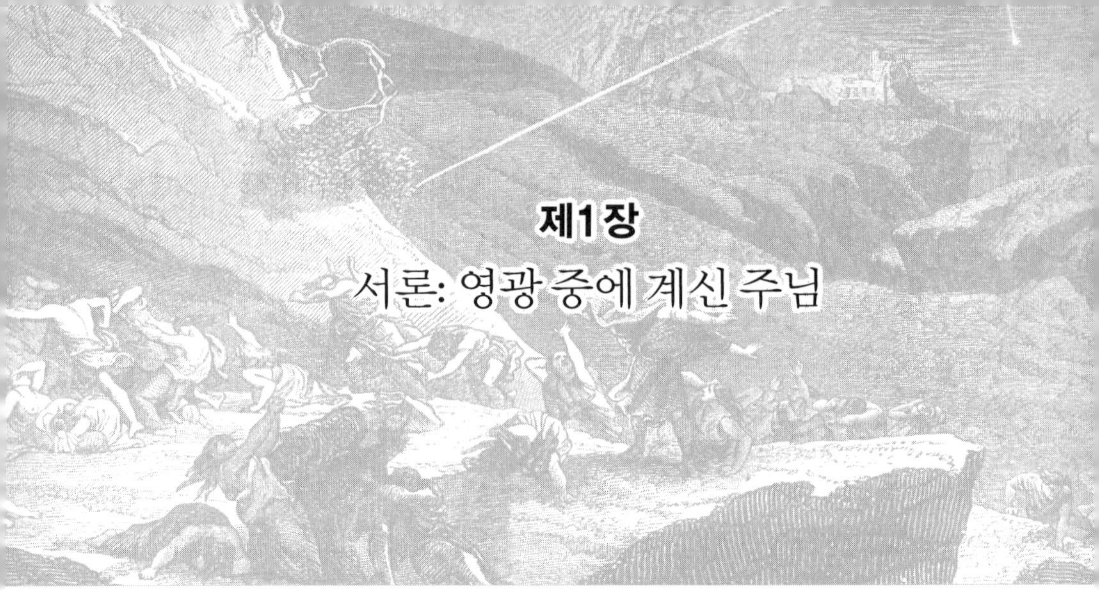

제1장

서론: 영광 중에 계신 주님

1. 계시록 서언(계 1:1-3)

계시록을 잘 이해하면 구약과 신약의 나머지 책들을 잘 이해하게 될 것이다. 계시록을 강론하는 일을 통해 계시록이 1세기 청중들에게 말씀하신 닫힌 책이 아니라, 지금 우리에게 말씀하시는 열린 책이 되기를 바란다. 특히 계시록 1:3에 "읽는 자 듣는 자 지키는 자가 복이 있다"고 한다. 이 복이 우리들에게 임하기를 바란다. 아멘.

1절. 예수 그리스도의 계시라. 이는 하나님이 그에게 주사 반드시 속히 일어날 일들을 그 종들에게 보이시려고,

요한은 분명하게 자신의 책을 **"계시"**라고 한다. 원래 '계시'(revelation)라는 말은 '베일을 벗기다'라는 말이다. 감추어진 하나님의 뜻을 드러내는 것이 계시이다. 계시록은 어떤 것을 신비스러운 것으로 숨기려는 것이 아니라, 반대로 드러내려는 것이다. 특히 이는 **"예수 그리스도의 계시라."** 이는 하나님이 예수 그리스도에게 주신 계시이다. 다른 말로 예수님이 중재자가 되어 받은 계시이다. 또한 그

예수께서 주신 계시이다. 히브리서 1:2에도 "이 모든 날 마지막에 아들로 우리에게 말씀하셨으니"라는 말씀이 있다. 선지자들을 통해 말씀하시면 아직 마지막 날은 아니다. 그러나 아들을 통해 말씀하시면 마지막 날이다.[1)]

예수님의 비유 가운데 소위 '포도원의 악한 농부 비유'가 있다(마 21장). 이런 내용이다. 포도원 주인이 종들을 보내어 세금을 받으려고 했는데 실패했다. 그래서 그의 아들을 보냈는데 농부들이 그 아들을 죽였다. 이제 남은 것은 심판뿐이었다. 여기 사용된 메타포는 분명하다. '포도원'은 '이스라엘'이다. '농부'는 '유대주의자들'이다. '종들'은 '선지자들'이다. '아들'은 '예수님'이다. 예수님이 십자가에서 죽으시고, 이스라엘은 심판 받을 때가 다 되었다는 것이 이 비유의 내용이다. 이렇듯 그 아들이 나타난 때부터 말세이다. 그리고 그 아들을 통해 말씀하시는 것은 이스라엘의 심판 때가 왔음을 가리키는 것이다. 그러므로 계시록이 하나님께서 예수님을 통해 계시의 말씀을 주셨다는 사실은 옛 이스라엘의 심판 때라는 것을 암시한다.

게다가 이 계시의 내용은 "**반드시 속히 일어날 일**"에 대한 계시이다. 그러므로 계시록은 세상 역사 전체에 대한 것이나, 역사 끝에 대한 것이 아니다. 계시록을 해석하는 방법이 크게 네 가지가 있다. 계시록의 사건을 미래 사건으로 보는 '미래주의'가 있다. 아니면 전 인류 역사에 대한 것으로 보는 '역사주의'가 있다. 혹은 상징적인 것으로 보는 '이상주의'가 있다. 나름대로 장단점들이 있으나, 가장 적절한 해석방법은 계시록을 1세기 당시에 일어난 과거의 일로 보는 '과거주의'일 것이다.

계시록은 분명히 요한과 그의 독자들에게 임박한 미래의 사건에 대한 것이다. 앞으로 우리는 계시록이란 예루살렘에 부어지는 '언약적 소송'을 예언한 것임을 보게 될 것이다. 이는 성경에서 '마지막 날'로 알려진 언약의 백성인 옛 이스라엘

---

1) 예수님의 출현을 '마지막'으로 가리키는 곳으로는 히브리서 1:2, 9:26, 성령강림과 관계해서는 요엘서를 인용한 사도행전 2:17, 그리고 신약시대를 말세로 표현한 곳은 야보고보서 5:3을 들 수 있다. 그러나 예수님의 출현을 종말론적인 것으로 보는 것은 이런 직접적인 표현보다도 주로 '구약 예언의 성취'나 '하나님 나라의 임함' 등과 같은 주제를 통해서이다. Cf. 정훈택, "기독론적 종말론", 「성경과 신학」 vol. 13 (1993), pp. 53-54.

민족의 마지막 날들을 의미한다. 즉 예수 그리스도의 승천(A.D. 30년)과 예루살렘의 멸망(A.D. 70년) 사이의 40년, 즉 예수님께서 말씀하신 '이 세대'를 의미한다(마 24:34).[2] 다시 말하면 계시록은 요한이 그의 독자들이 금방 목도할 것으로 기대한 어떤 사건을 예언한 것이다.

이는 분명히 계시록을 어떤 형태든지 '미래주의'로 해석하려는 것에 반대하는 것이다. 미래주의자들은 계시록을 지난 2,000년 동안 교회와 거의 상관없는 것으로 만들어 버렸다. 그들이 주장하듯 계시록의 내용들을 자신들의 세대와만 관련성을 갖고 있다고 주장하는 것은 자기중심적 해석법이다. 이는 성경 자체의 증거, 즉 "속히"라는 말에 대치되는 것이다. 이 "속히"라는 헬라어(ταχει)는 처음 읽는 독자들이 달리 생각할 수 있는 어떤 말이 아니다. 그저 평범한 '빨리'라는 말이다. 미래주의 해석은 계시록의 바로 이 첫째 구절을 거부하고 있는 것이다.

더 나아가서 우리는 이 서언에서 요한이 가진 성경적인 역사철학의 전제를 볼 수 있다. 즉, 하나님께서는 모든 것의 주인이시다. 하나님께서는 모든 피조물에 대한 계획을 갖고 계신다. 그리고 당신의 계획을 따라 모든 것을 다스리신다. 성경이 말하고 있는 것은 하나님께서 미래를 아실 때 수정 구슬을 들여다보며 어떤 사건을 미리 아는 정도가 아니라는 것이다. 하나님께서는 미래를 당신의 계획에 따라서 만들어 가시는 것이다.

---

2) "이 세대가 지나가기 전에 이 일이 다 이루어나리라"고 하신 마태복음 24:34에서 '이 세대'에 대한 의미를 Ridderbos나 Murray는 Weiss, Schweitzer와 Cullmann 등은 예수님께서 재림을 예언하시는데 실패했다고 주장한 그 오류를 극복하기 위한 노력으로 나름대로 포괄적인 광의의 기간으로 보는 해석을 시도했지만, 신약신학사전(TDNT)은 "신약성경에서 게네아는 주로 당대의 사람들이라는 의미에서 '세대'를 의미한다"고 기록한다. 물론 우리가 세대라는 단어를 사용할 때에는 바로 이러한 의미로 사용하는 것이다. 이 단어는 같은 시기에 사는 사람들이나 같은 나이의 사람들을 의미한다. 신약성경에서 이 단어는 약 40회 사용된다. 그 중에 어떤 경우에는 앞에서 설명한 것보다 더 넓은 의미를 갖기도 하지만 반드시 그렇게 더 넓은 의미로 보아야 한다는 예는 하나도 없다. 반면에 이 단어는 어떤 경우에든, 같은 시대에 한평생을 사는 사람들을 언급할 수 있다... 그리고 예수님께서 미래의 어떤 세대를 말씀하셨다면 '이'(αυτη) 대신에 '저'(εκεινη)라는 단어를 사용하셨을 것이다. Cf. Everett I. Carver, *When Jesus Comes Again* (Phillipsburg: Presbyterian and Reformed, 1979), pp. 185-186.

"그의 천사를 그 종 요한에게 보내어 알게 하신 것이라." 요한은 미래에 관한 이 일들이 천사에 의해 자신에게 **"알게 하신"** 것이라고 한다. 이 '알게 하셨다'는 헬라어 '에세마넨' (εσημανεν)은 '표', '표식' 을 뜻하는 '세마' (σημα)에서 온 것으로, 동일한 어원을 갖는 '세메이온' (σημειον)은 '표적', '기적', '징조' 로 번역되는 매우 중요한 단어이다. 이 말은 단순히 계시록의 예언이 미리 기록된 역사로 주어진 것이 아니라, 어떤 상징으로 기록된 것이라는 의미이다. 그러므로 상징적인 책을 문자적으로 읽어서는 안 된다. 우리는 요한이 자신의 요한복음에서 이 말을 동일하게 사용하고 있는 것을 볼 수 있다(요 12:33, 18:32, 21:19). 그런데 이는 모두 죽음을 나타내는데, 평범하거나 문자적이기 보다는 상징적으로 사용된 것이다. 이러한 것들은 계시록에서 매우 일반적 형태이다. 계시록은 처음부터 끝까지 상징적인 책이다.[3)]

비즐리 머리(Beasley-Murray)가 말한 것처럼, "요한은 그가 하늘의 사진을 제공

---

3) 조르단은 계시록의 기본적인 상징들을 다음과 같이 소개하고 있다. 1) 땅(The earth)-이것은 거룩한 땅의 백성들, 즉 유대인들과 유대주의자들을 가리키는 것이다. 그러나 유대사회가 파괴된 후에는 땅은 모든 인간을 뜻 한다(21-22장). 2) 바다(The sea)-땅이 유대인과 관련되므로 바다는 이방세계와 관련된다. 이 상징은 창세기 2장의 에덴에서 발원한 강들의 물을 공급받는 에덴 밖의 지역들에서 시작되었다(참고, 요나의 상징, 삼하 22:4-5 사망의 물결과 불의의 창수, 시 65:7-8, 사 5:30, 17:12-13, 57:20, 렘 6:23, 겔 27:25-36, 단 7:2-3). 3)사람-계시록에서 사람들은 "유대인"을 의미한다. 이방인을 가르칠 때에는 "방언과 족속과 나라와 백성"이란 표현을 사용한다. 그런데 계시록 21-22장에서는 "사람"이 "일반적인 인간"을 의미한다. 그리고 "방언과 족속과 나라와 백성"이란 표현은 4가지 유형의 문명을 상징한다. 즉 "방언"은 바벨의 언어 혼란 속의 족장시대를 나타내고, "족속"은 이스라엘과 이방인들이 족속(지파)의 형태로 모여서 생활한 때인 모세시대를 나타내고, "나라"는 이스라엘과 이방인들이 나라로 모여서 생활한 때인 왕국시대를 나타내고, "백성"은 이스라엘과 이방인들이 큰 제국 안에서 한 백성으로 모여서 생활한 때인 제국시대를 나타낸다. 4)매매-계시록에서 경제적 교류는 제의적 교류의 상징이다. 이는 계시록 3:18에 근거하는데, 짐승의 표를 거부한 사람은 매매가 금지 됐는데, 이는 회당과 성전에서 쫓겨남을 의미한다. 계시록 18장의 땅의 상고들은 성전과 회당에서 예배했던 자들이다. 복음서에서 돈 바꾸는 자들에 대한 묘사와 사도행전과 서신서에서 하나님의 백성들이 성전에서 쫓겨나는 위험이 반복되는 것을 비교하라. Cf. James B. Jordan, 『계시록의 구속사적 연구』, 이동수 역 (서울: 그리심, 2005), pp. 21-22.

4) G. R. Beasley-Murray, *The Book of Revelation* (Grand Rapids: William B. Eerdmans Publishing Co., 1981), p. 51.

하지 않는 것을 분명하게 원했다."[4] 이는 상징이란 것이 반지성적인 것이라는 뜻이 아니다. 상징 해석은 의미를 만들기 위해 개인적으로 선택된 어떤 것이 아니다. 다른 한편으로 상징이란 일종의 암호로 기록된 것도 아니다. 그래서 우리가 필요로 하는 것은 상징들을 한국어로 번역하기 위해서는 상징의 사전 혹은 문법들이다. 요한의 상징체계를 이해하기 위한 유일한 방법은 성경 자체와 친숙해지는 것이다. 계시록은 신약성경 가운데 가장 구약적인 인용과 암시가 많은 책이다. 그래서 계시록을 잘 연구하면 구약이 보일 것이다. 신약의 다른 책들이 보이게 될 것이다.

2절. 요한은 하나님의 말씀과 예수 그리스도의 증거 곧 자기가 본 것을 다 증언하였느니라.

여기에 중요한 관계가 놓여 있다. 1절은 그리스도께서 요한에게 계시를 주신 것을 우리에게 말한다. 이제 요한은 "**하나님의 말씀과 그리스도의 증거**"를 증거한다고 말한다. 그러므로 우리는 그리스도께서 당신의 종들에게 증거하시는 탁월한 증거자이심을 본다. 또한 요한은 그리스도의 증거를 증거하는 그리스도의 증인이다. 요한이 이것을 할 수 있는 것은 그가 그리스도의 종들 중에 한 사람이기 때문이다. 그리고 그가 자신의 주인을 본받으려고 하기 때문이다. 요한은 그리스도를 본받는다. 우리도 요한을 본받아야 한다. 하나님께서 우리에게 주신 말씀을 증거해야 한다. 전도는 사람을 교회로 데려오는 것이 아니다. 그것은 우리가 할 수 없다. 성령께서 하셔야 한다. 우리의 사명인 전도는 본질적으로 자신의 믿고 있는 믿음에 대한 고백, 즉 증거하는 것이다.

요한은 "**하나님의 말씀과 그리스도의 증거**"를 전했다. 이 이중 증거는 바로 하나님의 말씀이기 때문에, 계시록에서 일곱 번의 축복(계 1:3, 14:13, 16:15, 19:9, 20:6, 22:7, 22:14)이 그 하나님의 말씀에 신실한 자들에게 선포된다. 이제 축복의 특별한 형태를 주목해 보자. 먼저 이 예언의 말씀을 "읽고 듣는 자들이 복이 있다"고 한다. 요한이 이 예언을 기록한 것은 단지 개인적인 교회를 위해서가 아니라, 예배를 위해 모인 교회를 위해서이다. 처음부터 계시록은 회중들에게 예언이

읽혀지는 예배적인 상황 가운데 놓여 있었다. '읽는다' 는 헬라어(anangginoskon)는 신약성경에서 종종 예배적인 행위를 위해서 사용되곤 했다(눅 4:16, 행 13:27, 15:21, 고후 3:15, 엡 3:4, 골 4:6, 살전 5:27, 딤전 4:13). 우리가 보게 될 것처럼, 계시록은 예배에 매우 깊은 관심이 있다. 사실, 예배가 이 예언의 중심 주제이다. 천상의 예배에서 하나님의 뜻이 어떻게 행해지는가를 우리에게 보여주는 것으로, 요한은 지상에서 하나님의 뜻을 교회가 어떻게 수행해야 하는가를 계시하는 것이다. 다시 말하면 "이 예언을 읽고 듣는 자들이 복이 있다" 는 것은 "예배드리는 자들이 복이 있다" 는 것과 동일한 것이다. 예배하는 시간이 복 받는 시간이다.

그런데 우리는 예배시간에 진리에 대해서 '아멘' 으로 반응한다. 원래 성경적 아멘은 언약에 대한 동의와 확증이다. 순종하면 복을 받지만 불순종하면 기꺼이 저주를 받겠다는 언약에 대한 반응이 '아멘' 이다. 이스라엘 백성들은 언약적 저주에도 아멘으로 응답했던 것이다(민 5:22, 신 27:15-26 등). 우리는 너무 쉽게 아멘 하지 않는가? 게다가 말로만 아멘하진 않는가? 진정한 아멘은 우리의 삶을 통하여 반응하는 것이다. 그러므로 요한의 축복은 이 예언을 읽고 듣는 자들만 위한 것이 아니라, 그 가운데 기록된 것을 지키는 자들에게 주어지는 것이다. 진정한 예배는 삶을 통한 예배이다. 진짜 '아멘' 은 행동으로 보여주는 '아멘' 이다. 말로는 '아멘' 인데 실제로는 읽고 들은 말씀과 관계없는 삶을 산다면, '아멘' 하는 것이 아니다. 삶을 통해 하나님께 '아멘' 하기를 바란다.

이 계시록의 목적은 단지 예언적인 사건들에 대한 지식만 전해주기 위한 것이 아니다. 사도의 가르침의 목적은 항상 윤리적인 것이다. "경계의 목적은 청결한 마음과 선한 양심과 거짓이 없는 믿음으로 나는 사랑" 때문에 기록한 것이다(딤전 1:5). 계시록은 우리에게 지킬 계명들을 제시한다. 특히 1세기 신자들이 붙잡고 순종해야할 가르침이다. 왜냐하면 위기가 그들에게 임했기 때문이다. 그들 뿐 아니라 우리에게도 주실 교훈의 말씀이 있기 때문에 성경에 남겨 기록한 것이다. 이 말씀들을 붙잡고 살기를 바란다.

3절. 이 예언의 말씀을 읽는 자와 듣는 자와 그 가운데에 기록한 것을 지키는 자는 복이 있나니 때가 가까움이라.

때가 가까워졌다. 요한이 경고하는 것은 예언이 이뤄질 때가 가깝다는 것이다. 요한은 이 경고를 끝 부분에서 다시 경고한다(계 22:6-7, 10). 고대세계는 곧 나라들이 흔들리고 그것의 기초가 뒤집어지는 혼란 가운데 빠질 것이다. 그리고 신자들은 다가올 드라마틱한 변화의 시대 동안에 견고한 길잡이로서의 계시가 필요했다. 세상의 끝이 다가 오고 있었다. 그러나 그것은 물리적인 세상의 파멸이 아니라, 예루살렘의 성전을 중심으로 하는 옛 세상 질서가 지나가는 것이었다. 하나님께서 새 성전에서 하나님께 예배할 새로운 민족과 새로운 제사장들과 새로운 인류를 세우셨다. 하나님의 집은 거의 완성되어가고 있었고, 일시적인 거주지인 옛 집은 사라져야 했다.

다시 세월이 많이 흘렀다. 이제 1세기 유대주의의 멸망 뿐 아니라 우주적인 멸망의 때도 가까워졌다. 게다가 개인적인 종말은 더욱 피할 수 없는 현실인 것이다. 계시록의 경계의 말씀을 듣고 깨어 정신 차리고 살기를 바란다. 아멘.

2. 인사와 송영(계 1:4-8)

계시록은 읽혀지고 설교되어져야 할 책이다. 그러나 사람들은 계시록을 읽는 것과 듣는 것과 그 가운데 기록된 대로 지키는 것을 두려워하고 있다. 그 이유는 해석이 어렵고 잘못하면 쉽게 오석하게 되기 때문이다. 복음주의 학자들 간에도 계시록의 해석은 다양하다. 심지어 같은 교단의 학자들 간에도 의견이 서로 상충하기도 한다. 그래서 가장 오해되어 온 책이 계시록이기도 하다. 계시록에 대한 가장 대표적인 오해가 '세대주의' 일 것이다.[5]

4절a. 요한은 아시아에 있는 일곱 교회에 편지하노니

요한은 그의 예언을 "**아시아에 있는 일곱 교회**"에게 보냈다. 이는 명백하게 실

5) 세대주의에 관한 전반적인 이해와 유익한 비판을 위해서는 Vern S. Poythress의 『세대주의 이해』, 권성수 역(서울: 총신대학출판부, 1987)를 참고하라.

존하는 교회들이었다. 이는 2-3장을 볼 때 분명한 것이다. 그러나 스코필드라는 사람은 이 일곱 교회들이 '교회의 영적인 역사의 일곱 단계' 라고 가르쳤다. 한국 교회도 그런 영향을 많이 받았다. 예를 들면, 조용기 목사님은 이렇게 분류한다. 에베소 교회는 A.D. 33-100년경의 초대교회로, 서머나 교회는 A.D. 100-312년 기독교가 국교가 될 때까지의 박해받던 교회로, 버가모 교회는 A.D. 312-590년경의 로마교회로, 두아디라 교회는 A.D. 590-1517년 종교개혁 때까지의 로마교회로, 사데 교회는 A.D. 1517-1750년경의 교회로, 빌라델피아 교회는 A.D. 1750-1905년의 부흥기간 교회로, 라오디게아 교회는 A.D. 1905-지금의 교회로 이해한다.

그러나 여기에는 적어도 세 가지 문제가 있다. 첫째, '일곱 시대' 교리는 계시록이 처음부터 끝까지 모든 교회 역사를 포괄한다는 것을 전제한다. 그러나 요한은 분명히 그러지 않았다. 요한의 유일한 주장은 그 예언이 "반드시 속히 될 일"을 말한다는 것이다(계 1:1). 그리고 그 '때가 가깝다' 고 했다(계 1:3). 둘째, 이것은 교회가 패배와 배교 속에 끝이 난다는 것을 전제한다. 즉 그리스도께서 칭찬하지 않은 미지근한 교회인 라오디게아 교회(계 3:14-22)는 마지막 때에 그리스도의 교회를 상징한다고 한다. 그러나 교회가 승리와 환호 속에 끝이 난다는 것이 계시록의 결론이다. 셋째, 이것은 우리가 살고 있는 시대가 교회의 마지막 시대라고 전제한다. 비록 오늘날의 기독 지성인들에게 우리 사회를 '후기 기독교' 시대라고 말하는 것이 유행이지만, 우리는 그 끝을 알 수 없다. 우리의 문화는 후기 기독교가 아니라 여전히 넓은 의미에서 '초기 기독교' 일 것이다.

그러므로 일곱 교회는 교회사의 일곱 시대를 나타내는 것이 아니다. 중요한 점은 이 책에서 숫자적인 상징으로 일곱 교회가 언급되어졌다는 사실이다. 숫자 '7' 은 성경에서 사물의 필수적인 본질인 '질적인 충만' 을 가리키는 숫자이다. 숫자 '10' 은 '양적인 충만' 인 '많음' 을 가리키는 것이다. 그러므로 여기에서 의미하는 사실은 모든 시대의 모든 교회를 가리키는 것이다. 그래서 아시아의 교회들에게 주어진 메시지는 모든 시대의 모든 교회에 적용될 수 있다. 그러나 이 편지들에 대한 적용에서 우리는 반드시 그것들의 일차적인 역사적인 상황을 벗어나지 않도록 주의해야 한다.

4b-6절. 이제도 계시고 전에도 계셨고 장차 오실 이와 그의 보좌 앞에 있는 일곱 영과 또 충성된 증인으로 죽은 자들 가운데에서 먼저 나시고 땅의 임금들의 머리가 되신 예수 그리스도로 말미암아 은혜와 평강이 너희에게 있기를 원하노라. 우리를 사랑하사 그의 피로 우리 죄에서 우리를 해방하시고, 그의 아버지 하나님을 위하여 우리를 나라와 제사장으로 삼으신 그에게 영광과 능력이 세세토록 있기를 원하노라. 아멘.

요한은 사도의 특징적인 축복인 "**은혜와 평강**"을 사용한다. '은혜'는 그리스도로부터 멀어져 진노 하에 있는 자들에게 부어지는 하나님의 사랑을 뜻하고, '평강'은 그리스도의 구속을 통하여 영원히 화목하게 된 상태를 뜻한다. 그가 말한 이 축복들은 성부, 성령, 성자 하나님의 각 위로부터 온 것이다. 삼위께서 선택된 자들에게 은혜와 평강을 주는데 완전하고 동등하게 참여하고 있다. 성부께서는 세상의 기초를 놓기 이전부터 우리를 선택하셨다. 그리고 우리를 구속하기 위해서 당신의 아들을 보내셨다. 성자께서는 율법에 복종하면서 완전한 삶을 사셨다. 그리고 우리의 죄를 위한 완전한 값을 지불하셨다. 성령께서는 중생과 성화를 통하여 성부와 성자의 사역을 적용하신다. 우리를 위해 행하신 삼위 하나님의 사역에 대한정확한 요약이 이 "**은혜와 평강**" 속에 포함되어 있다.

그런데 여기에서 나타난 삼위의 이름은 '신학적인 순서'가 아닌 '제의적인 순서'를 따르고 있다. 요한의 환상은 유대인들의 성소가 본받고 그림자가 된 하늘의 성소에서 취하여지고 있는 것이다(히 8:5). 아마 여기에서 삼위의 순서(성부, 성령, 성자)가 조금 다른 것은 지상 성소의 전개도와 상응하는 것으로 보인다. 즉 지성소에 성부의 임재를 나타내는 법궤가 있고, 성소에 성령을 나타내는 일곱 등대가 있고, 뜰에 그리스도의 구속 사역을 나타내는 제단이 있다. 그래서 '성부, 성자, 성령'이 아니라, '성부, 성령, 성자'이다.

이 인사말은 '삼위'에 대한 신앙을 표현하는 것이 분명하다. 삼위일체 교리는 후에 니케아 회의(A.D. 325)와 콘스탄티노플 회의(A.D. 381)에서 신조적인 형태로 확증되었다. 그러나 틀림없이 이는 성경의 가르침에서 나온 것이다. 삼위일체 교리는 세 개의 서로 다른 '위격'(Persons)을 가지신 한 분 하나님이 있고, 그 각 위가 바로 하나님이라는 것이다. 세 분의 하나님이 계신 것은 아니라, 오직 한 분이시다. 그러나 그들은 세 개의 다른 위격으로 존재하신다. 하나님은 한 분이시고, 동시에 세 분이신 것이다. 보다 철학적인 표현으로 하나님의 일치성(한 분이심)과 다양성(세 분이심)은 궁극적으로 동일한 것이다.

첫째, 요한은 성부를 "**이제도 계시고 전에도 계시고 장차 오실 이**"라고 한다. 하나님은 영원하시고 불변하시는 분이시다(말 3:6). 초대 기독교인들은 불완전한 미래에 직면했기에, 그들 앞에 있는 하나님의 영원한 법칙의 절대적인 확실성을 지키려고 했다. 하나님은 환경에 좌우되지 않으신다. 하나님은 외적인 상태에 의해 제한 받지 않으신다. 권력을 가진 자들에 의해 핍박과 압제와 박해를 받는 자들은 "**장차 오실**" 분이신 영원하신 하나님에 대해서 생각하며 기뻐하게 된다. 하나님의 오심은 단지 세상 끝과 관계되지 않고, 세상에 대한 하나님의 통치와 관계된다. 하나님은 당신의 백성들을 구원하고 악인들을 심판하기 위해서 오신다.

둘째, 요한은 성령을 "**그 보좌 앞에 일곱 영**"으로 표현한다. 이것은 일곱 천사를 가리키는 것이 아니다. 왜냐하면 은혜와 평강은 어떤 누구에게도 올 수 없고, 오직 하나님으로부터만 올 수 있기 때문이다. 여기에서 "**일곱 영**"은 분명히 성부와 성자와 동등하신 분이다. 이 성령의 형상은 스가랴 4장에 근거하는데, 거기에 선지자는 일곱 등대와 함께 있는 교회를 본다. 이는 인간이 손대는 것 없이 일곱 관을 통하여 "일곱 등대"로 기름이 끊임없이 공급되는 것이다(슥 4:2). 하나님께서 스가랴에게 말씀하신, 이것에 대한 해석은 "힘으로 되지 아니하고 능으로 되지 아니하고 오직 나의 신으로 되느니라"라는 것이다(슥 4:6). 그러므로 성령의 충만과 교회에 능력을 주심이 충만과 완전을 상징하는 '7'이라는 숫자로 묘사된 것이다. 그래서 "**일곱 교회에… 일곱 영에 의해… 은혜와 평강이**" 주어진다고 하는 것이다. 그리고 교회에서 성령의 역사는 하나님의 통치와 위엄 앞에서 즉 "**그 보좌 앞에**" 일어난다. 사실 이것은 계시록에서 강조되고 있는 점이다. "**보좌**"라는 말이 계시록에서 46회나 사용된다. 이 말은 안식일에 하나님께서 당신의 백성들에게 예배를 받으시는 공적인 장소를 나타내는데 사용된다. 그런데 계시록의 환상은 모두 "주의 날에" 보인 것이다(계 1:10). 그리고 이 책의 행동들은 모두 하나님의 보좌 주변이란 예배의 중심에 있다.

셋째, 요한은 예수 그리스도를 세 가지 모습으로 말한다. 즉 "**충성된 증인으로, 죽은 자들 가운데서 먼저 나시고, 땅의 임금들의 머리가 되신 분**"이다. 우리는 '증인'(martus)이란 말에서 '순교자'(martyr)라는 말이 나온 것을 알고 있다. 그러나 원래 증인은 순교를 당하는 사람이 아니다. 죄인을 심판하는 사람이다. 성경에서 증인은 율법을 집행하고, 그것의 집행을 지지하는 사람이다. 그런데 이제 증인은 정반대의 의미가 되었다. 예를 들면, 박해를 하는 사람이기보다 박해받는 사람이 되었고, 핍박하는 사람이라기보다 핍박받는 사람이 되었다. 그 결과 심각하게 성경을 잘못 읽게 된다. "**충성된 증인**"으로서 그리스도에 대한 의미는 하나님을 대적하는 자들에 대한 증거를 하는 것만을 뜻하지 않고, 그들을 박해하는 분이라는 의미이다. 그러므로 예수님은 심판하시는 분이시다. 우리는 마지막 날에 하나님의 심판대 앞에 설 것이다. 그 때 예수님께서 증인이 되어 주실 것이다. 과연 어떤 사실들을 증거를 해주실 것인가?

예수님은 또한 "**죽은 자들 가운데 먼저 나신 자**"이다. 죽음에서 부활로 말미암아, 그리스도는 "만물의 으뜸"이 되는 주권을 지니게 되었다(골 1:8). 베드로가 오순절에 말한 것과 같이 "이 예수를 하나님이 살리신지라. 우리가 다 이 일에 증인이로다. 하나님이 오른손으로 예수를 높이시매, 그가 약속하신 성령을 아버지께 받아서, 너희 보고 듣는 이것을 부어 주셨느니라… 그런즉 이스라엘 온 집이 정녕 알지니, 너희가 십자가에 못 박은 이 예수를 하나님이 주와 그리스도가 되게 하셨느니라. 하니라"(행 2:32-36). 하나님은 당신이 오래 전에 맺으신 언약을 성취하신 것이다. "내가 또 저로 장자를 삼고 세계 열왕의 으뜸이 되게 하리라"(시 89:27).

요한은 분명하게 시편의 이 구절을 생각했을 것이다. 왜냐하면 그가 우리 주님에게 붙인 다음 말이 "**땅의 임금들의 머리가 되신 분**"이기 때문이다. 그리스도의 우월성과 주권은 모든 것 위에 있다. 그는 이제 '오직' 구세주이기만 한 분이 아니다. 그는 이제 우주적인 왕이시다. 처음 나신 분으로서 그리스도는 만물의 왕권을 소유하셨다. 즉 "하늘과 땅의 모든 권세를 내게 주셨으니"라고 주장하신다(마 28:18). 사실 이것이 신자들이 세상 나라에게 핍박을 받는 분명한 이유이다. 세상 사람들은 그리스도의 통치와 율법에 복종하든지, 아니면 진노의 채찍에 맞든지를 선택해야 했다.

또한 이것이 요한이 예수 그리스도에 대해 찬양의 송영을 한 이유이다. **"우리를 사랑하사 그의 피로 우리 죄에서 우리를 해방하시고 그 아버지 하나님을 위하여 우리를 나라와 제사장으로 삼으신 그에게 영광과 능력이 세세토록 있기를 원하노라."** 우리는 노예 상태로부터 구속받았을 뿐 아니라, 제사장 나라로 세움을 받았다. 그 나라는 이미 시작됐다. 기독교는 이제 그리스도와 함께 다스린다(엡 1:20-22, 2:6, 골 1:13). 그리고 우리의 통치는 세상에서 확대된다(계 5:9-10). 우리는 그리스도의 통치 하에 모든 피조물들을 이끄는 정복하는 제사장으로 승리를 할 것이다.

7절. 볼지어다. 그가 구름을 타고 오시리라. 각 사람의 눈이 그를 보겠고, 그를 찌른 자들도 볼 것이요. 땅에 있는 모든 족속이 그로 말미암아 애곡하리니, 그러하리라. 아멘.

7절은 이 책의 주제를 알려준다. 그것은 그리스도의 재림이 아니라, 새로운 나라로 교회를 세우기 위하여 이스라엘을 심판하러 그리스도께서 오시는 것이다. 여기에서 **"구름을 타고 오시리라"**라고 요한이 선포하고 있는 것은 가장 구약적인 이미지와 친숙한 것이다(cf. 창 15:17, 출 13:21-22, 14:19-20, 24, 19:9, 16-19, 시 18:8-14, 104:3, 사 19:1, 겔 32:7-8, 마 24:30, 막 14:62, 행 2:19). 이것은 '영광 구름' 이다. 이는 하나님께서 당신의 영광스러움을 알리기 위해서 사용하시는 하늘의 병거이다. 구름은 하나님께서 당신의 백성들을 보호하시고 악인들을 파멸시키기 위해 오시는 것으로 하나님의 보좌에 대한 계시이다. 구름을 타고 오시는 것에 대한 가장 분명한 계시 중에 하나가 니느웨를 향한 나훔의 예언에 나타난다(나 1:2-8).

그러므로 구름을 타고 오시는 것은 역사 가운데 심판과 구원을 가져오는 것이다. 비록 그 의미가 틀림없이 마지막 날들에 적용될 수 있다고 하더라도, 물리적인 세상의 문자적인 종말을 의미한다는 것을 가정할 이유가 없는 것이다. 요한은 '마지막 날들' 즉 위기의 때가 임박했다는 사실에 대해서 말하고 있다. 즉 배교한 이스라엘을 심판하기 위하여 그리스도께서 "구름을 타고" 오실 것이라는 것이다(마 23-25장).

"각인의 눈이 그를 보겠고, 그를 찌른 자들도 볼 터이요" 요한은 십자가에 못 박은 자들이 심판하러 오시는 그를 볼 것이라고 했다. 즉 그들은 그리스도의 오심이 땅에 화를 의미한다는 것을 경험하고 이해할 것이다. 주님께서는 그 세대의 끝에 예루살렘을 향해 오심에 대하여 같은 용어를 사용하셨다(마 24:30). 그리고 그는 대제사장들을 경고하셨다. 즉 "예수께서 가라사대 네가 말하였느니라. 그러나 내가 너희에게 이르노니, 이 후에 인자가 권능의 우편에 앉은 것과 하늘 구름을 타고 오는 것을 너희가 보리라"(마 26:64). 다른 말로, 그 악한 세대의 배교자들이 그리스도의 강림의 의미를 알게 될 것이라는 것이다. 그들의 도시와 사회와 성전과 모든 세상 질서의 파괴 속에서 그들은 하늘과 땅의 주로서 그리스도께서 보좌에 앉으셨음을 알게 될 것이다.

예수님은 또한 그의 강림의 날에 "땅의 모든 민족들이 애통할 것"이라고 하셨다(마 24:30). "거기에서 이를 갈고 울 것"이라고 하셨다(마 24:51). 요한은 이것을 반복한다. 즉 "**땅**(유대인)**에 있는 모든 족속이 그를 인하여 애곡하리라**." 이는 원래 스가랴 12:10-14에서 빌려온 이 표현이다. 본래 이 말은 이스라엘이 할 회개의 애통을 의미하는 것이다. 그러나 그들은 이제 돌이킬 수 없는 지경에까지 이르렀다. 그래서 그들의 애통은 회개의 눈물이 아니라, 고통과 슬픔의 눈물이 된 것이다. 회개에는 기회가 있다. 회개의 기회를 놓치지 말아야 할 것이다.

8절. 주 하나님이 이르시되, 나는 알파와 오메가라. 이제도 있고 전에도 있었고 장차 올 자요 전능한 자라 하시더라.

그리스도께서 역사적인 심판을 위해 구름을 타고 오신다. 그래서 세상은 그를 **"알파와 오메가"** 이신, 즉 **"이제도 있고 전에도 있었고 장차 올"** 자이신 주 하나님으로 알게 될 것이다. 이 **"전능한 자"** 라는 말은 구약의 '만군의 여호와' 라는 말과 동등한 것이다. 이는 '모든 군인들의 대장되신 분' 이란 의미이다. 그리스도께서는 이스라엘과 온 세상에 위대한 통치자로 보좌에 오르신 것을 알리려 하셨다. 우리도 그 전능하신 예수님을 찬양하는 삶을 살아야 할 것이다. 아멘.

3. 주님의 음성과 모습(계 1:9-16)

아이들이 자라면서 매가 약인 것을 알면 철이 든 것이다. 신앙이 자라면서 고난도 축복인 것을 알면 신앙의 철이 든 것이다. 사실 신앙이 자라면서 고난은 불가피한 것이다. 아이들이 아프지 않고 클 수 없는 것과 같이, 고난 없이 자라는 신앙은 없다. 그렇다고 아이들에게 항상 아파야한다고 말할 수는 없다. 오히려 아프지 않고 건강하게 사는 방법을 가르쳐 주어야 한다. 마찬가지로 불신자나 신앙이 어린 사람들에게 예수님을 믿으면 고난이 많다고 말하기도 어렵다. 고난도 유익이라는 진리를 스스로 깨달을 때까지 옆에서 격려하고 도와주어야 한다. 본문에서 사도 요한은 밧모 섬으로 유배를 가게 된 것으로 보인다. 그러나 거기에서 요한은 주님의 음성을 듣고 모습을 보게 된다. 오늘 이 말씀을 통하여 여러분들도 주님의 음성을 듣고 모습을 볼 수 있기를 바란다.

9절. 나 요한은 너희 형제요, 예수의 환난과 나라와 참음에 동참하는 자라. 하나님의 말씀과 예수의 증거를 인하여 밧모라 하는 섬에 있었더니.

이 구절에서 우리는 사도 요한의 정체성을 보게 된다. 특히 요한은 자신을 "**예수의 환난과 나라와 참음에 동참하는 자**"라고 한다. 이 말은 예수님 때문에 당하는 환난과 예수님의 나라와 예수님의 인내에 동참하는 자라는 말이다. 그런데 이 세 가지는 서로 관련이 있다. 먼저, 예수님을 믿으면 "**환난**"이 있다. 물론 환란이 신자의 삶의 전부는 아니다. 게다가 모든 교회들이 항상 동일한 고난을 당하는 것도 아니다. 그러나 예수님을 믿으면 모든 고난으로부터 면제된다고 생각하는 것은 어리석은 일이고 심지어 악한 것이다. 예수께서도 제자들에게 환란과 핍박이 있을 것이라고 경고하셨다(요 15:18-20, 16:33, 17:14-15).

바울과 바나바는 "우리가 하나님 나라에 들어가려면 많은 환난을 겪어야 할 것이라"라고 한다(행 14:22). 이렇게 고난을 받아야 하는 이유는 하나님 나라에 들어가기 위해서이다. 그러므로 요한은 오직 환난 다음으로 "**나라**"를 말하고 있는 것이다. 이 그리스도의 나라는 그리스도의 초림으로 도래했다. 왜냐하면 그의 보좌로 등극하신 이후에, 그가 "모든 정사와 권세와 능력과 주관하는 자와 이 세상 뿐 아니라 오는 세상에 일컫는 모든 이름 위에 뛰어나게 하시고, 또 만물을 그 발 아래 복종하게 하심으로" 통치하시게 되었기 때문이다(엡 1:21-22, cf. 막 1:14-15, 마 16:28, 28:18, 행 2:29-36, 골 1:13).

그러나 그리스도의 나라는 원리적으로 그리고 제한적으로 임했다. 그리스도의 나라는 승리를 위해 싸우는 전쟁 중에 있다(단 7:21-22). 그래서 지상 교회를 '전투적인 교회'라고 한다. 그러므로 요한은 "**참음**"을 말하고 있는 것이다. 이 '참음', 즉 인내는 계시록의 메시지에서 중요한 단어이다. 사도 요한은 그것을 일곱 번이나 사용했다(계 1:9, 2:2, 3, 19, 3:10, 13:10, 14:12). 이 일곱이란 숫자의 의미가 무엇인가? 이 세상에서 완전함을 나타내는 것이다. 이 세상에서는 완전하고 충분한 인내가 필요하다. 인내라는 것은 끝까지 못하면 소용이 없다. 100% 인내해야 인내한 것이다. 우리는 끝까지 인내해야 한다(요 10:28-29, 롬 8:35-39, 고후 13:5, 빌 1:6, 2:12-13, 골 1:21-23, 벧후 1:10).

우리들의 고난의 이유가 무엇인가? 어리석어서든지 게을러서든지 순간의 실수로 고난을 당하든지, 넓게 보면 성도의 고난은 모두 예수님의 고난에 동참하는 것이다. 성화의 과정에서 다듬어지고 있는 것이기 때문이다. 어떤 어려움 가운데도 낙심하지 말기 바란다. 특히 우리 주님이 무능해서가 아니다. 하나님의 나라는 '이미' 시작되었다. 그러나 '아직' 완성되지 않았다. 그래서 우리는 인내해야 한다. 최후 승리를 믿으며 인내하기를 바란다.

10절. 주의 날에 내가 성령에 감동되어 내 뒤에서 나는 나팔 소리 같은 큰 음성을 들으니

유배를 간 중에도 사도 요한은 주의 날을 지켰다. 예배를 드렸다. 여기에서 "**주의 날**"이란 말이 등장한다. 이 용어의 기원은 하나님께서 창조로부터 안식하신 첫 안식일로 되돌아간다(창 2:2-3). 성경에서 "안식하셨다"는 말은 하나님께서 피조물로부터 경배를 받으시는 심판자로 당신의 보좌에 앉으신 상태를 가리킨다(대상 28:2, 시 132:7-8, 13-14, 사 11:10, 66:1). 원래 안식일은 심판의 날인 '주의 날' 의 원형이다. 이스라엘에서 매주 안식일을 지킨 것은 처음 '주의 날' 을 되돌아보는 것이고, 마지막 '주의 날' 을 미리 보여 주는 것이다. 즉 '안식' 과 '심판' 의 의미가 있다. 우리가 지금 주일 예배를 드리는 것도 안식과 심판의 의미가 있다. 한 주간 말씀대로 살았으면 안식하며 새 힘을 얻을 것이다. 그러나 죄 가운데 살았으면 심판의 두려움 가운데 예배드리게 될 것이다.

심판을 위한 가장 기본적인 성경의 이미지는 '성령', '그 날', 그리고 '음성' 이다. 창세기 3:8을 문자적으로 읽으면, 아담과 하와가 "그 날에 영으로 동산을 거니시는 여호와의 음성을 들었다"는 것이다. 아담과 하와가 심판의 두려운 날에 들은 것은 온화한 음성이 아니라, 동산을 진동하는 하나님의 폭발적인 천둥소리를 들은 것이다. 이는 두려운 것이었고, 그래서 그들은 숨으려했다. 이 주제를 반복하며, 요한은 우리에게 말하기를 "주의 날에 내가 성령 안에 있었고… 나팔소리 같은 큰 음성을 들으니"라고 한다.

11-12절. 이르되 네가 보는 것을 두루마리에 써서 에베소, 서머나, 버가모, 두아디라, 사데, 빌라델비아, 라오디게아 등 일곱 교회에 보내라 하시기로, 몸을 돌이켜 나에게 말한 음성을 알아보려고 돌이킬 때에 일곱 금 촛대를 보았는데.

본문에서도 요한은 주의 음성을 듣는다. 주님의 음성은 요한에게 계시를 **"두루마리에 써서"** 그것을 "아시아에 있는 일곱 교회에 보내라"고 지시한다. 그는 그 **"음성을 알아보려고"** 돌아섰다. 그리고 주 예수 그리스도를 보았다. 그리고 요한은 갑자기 성소에 있는 자신을 발견한다. 왜냐하면 그는 **"일곱 금 촛대를 보았는데, 촛대 사이에 인자 같은 이"**가 있는 것을 보았기 때문이다. 여기에서의 이미지는 분명히 성막에서 온 것이다. 그러나 중요한 점은 지상의 성소는 하나의 등대만 있는데, 여기는 일곱 등대가 있다. 그러므로 요한은 지금 하늘의 성소에 있는 것이다.

우리는 땅에서 예배한다. 그러나 예배하는 중에 하늘로 들림을 받는다. 이것은 요한의 체험이고 고백이다. 우리 모두가 누리고 있는 그리스도 안에 있는 신비이다. 그래서 8세기의 콘스탄티노플의 대주교였던 게르마누스(St. Germanus)는 예전에 관한 그의 책의 초두에서 이렇게 말한다. "교회는 그 안에서 하늘의 하나님이 거하시고 거니시는 지상의 하늘이다."[6] 그래서 서구의 옛 예배당에는 돔 형태의 지붕을 만들거나 심지어 황도대를 그려 넣기도 하였다. 한국교회의 건축물 가운데 아치형 창문은 이러한 사실들과 연관이 있는 흔적으로 보인다.

13-15절. 촛대 사이에 인자 같은 이가 발에 끌리는 옷을 입고 가슴에 금띠를 띠고, 그의 머리와 털의 희기가 흰 양털 같고 눈 같으며 그의 눈은 불꽃같고, 그의 발은 풀무불에 단련한 빛난 주석 같고 그의 음성은 많은 물소리와 같으며,

요한이 본 것은 "**인자 같은 이**"시다. 본문 13-16절에서 그리스도에 대한 묘사는 구약 이미지를 반영하는 것이다. 즉 '영광-구름', '주의 천사', '옛 적', '인자' 등이다. 만약 우리가 다니엘서 7:9-10, 13-14, 10:5-11의 구절들을 읽으면 우리의 이해가 분명해질 것이다.

"**발에 끌리는 옷**"과 "**가슴에 금띠**"는 하나님의 찬란한 형상의 상징인 영광-성령을 재현하는 옷인 대제사장의 직분상의 의복을 떠올리게 한다(cf. 출 28:4, 29:5, 39:27-29, 레 16:4). "머리와 머리털의 흰색", "눈의 불꽃" 그리고 "그의 발은 풀무에 연단한 빛난 주석" 같다. 그리고 "그 얼굴은 해가 힘 있게 비취는 것" 같았다(16절). 그리고 그리스도의 영광스러운 모습의 완성은 "**그의 음성은 많은 물소리**"와 같았다는 진술로 나타난다. 결론은 분명하다. 이 모든 것들은 그리스도의 빛나는 영광의 모습을 그리는 것이다. 즉 부활하시고 변형되신 그리스도는 하나님의 성육하신 영광이시다. 그리스도를 통해 하나님의 영광을 보게 되는 것이다. 우리는 그리스도를 통해 하나님의 영광을 보지만, 사람들은 우리를 통해 그리스도의 영광을 본다는 사실을 기억하기 바란다.

---

6) St. Germanus of Constantinople, *On the Divine Liturgy*, Paul Meyendorff, trans. (Crestwood, NY: St. Vladmir's Seminary Press, 1984), p. 57.

16절. 그 오른손에 일곱별이 있고, 그 입에서 좌우에 날선 검이 나오고, 그 얼굴은 해가 힘 있게 비취는 것 같더라.

예수님은 **"그 오른손에 일곱별이"** 있었다. 요한은 이것을 20절에서 보다 완전하게 해석한다. 그래서 우리는 **"일곱별"**이 '일곱 교회의 사자'인 것을 알 수 있다. 그러나 우리는 먼저 이 장면에 대한 초대교회 성도들의 첫인상을 생각할 수 있다. 1세기에 일곱별은 정치적인 지도자의 상징으로 로마제국의 동전에 새겨져 있었다. 최소한 일부 계시록의 독자들은 일곱별이 그리스도의 손에 있다고 말할 때 놀라움을 금치 못했을 것이다. 요한이 말하고 있는 것은 예수 그리스도께서 로마 황제들을 붙잡고 계시다는 것이다. 모든 피조물과 함께 일곱별은 그리스도에게 속한 것이다. 세상의 모든 통치권은 주 예수 그리스도의 오른 손에 있었다.

그러나 이것에 반대하는 자들이 있다. 그러므로 그리스도는 당신의 왕권을 수호하기 위해 전쟁을 수행하신다. **"그 입에서 좌우에 날선 검이 나오고"**라는 말씀은 성도에겐 구원과 원수에겐 파멸을 일으키는 예수님의 말씀이다. 이 이미지는 이사야 11:4에서 왔다. "공의로 빈핍한 자를 심판하며, 정직으로 세상의 겸손한 자를 판단할 것이며, 그 입의 막대기로 세상을 치며, 입술의 기운으로 악인을 죽일 것이며." 그리고 이것은 계시록에서 이단들을 향한 그리스도의 태도를 보여주는데 자주 사용된다. "내 입의 검으로 그들과 싸우리라"(계 2:16). 그리스도께서 그의 입에서 나오는 날카롭고 힘 있는 좌우에 날선 검인 그의 말씀을 드러내심으로 그들을 복종시키고, 그들을 완전히 이기실 것이라는 것을 선포하신다(히 4:12). 즉 그리스도는 하나님의 말씀으로 승리하신다. 우리도 그리스도의 말씀으로 승리할 수 있다. 그 주님의 말씀으로 승리하시는 성도들이 되기를 바란다. 아멘.

4. 요한의 사명(계 1:17-20)

어떤 사람이 "하나님을 보여 주면 믿겠다"고 했다. 그러자 현자가 "태양을 보라"고 했다. 그 사람이 "눈이 부셔 보지 못하겠다"고 했다. 그러자 현자가 꾸짖었다. "하나님이 만든 태양도 제대로 보지 못하면서 어찌 하나님을 보여 달라고 하느냐?" 하나님을 보여 달라는 사람이 있는데 어리석은 사람이다. 사람이 하나님을 보면 죽는다고 성경은 가르치고 있다(출 10:28). 본문에서 요한은 하나님을 본다. 그래서 죽는다. 그리고 다시 살게 된다.

17절. 내가 볼 때에, 그의 발 앞에 엎드러져 죽은 자 같이 되매, 그가 오른 손을 내게 얹고 이르시되, 두려워하지 말라. 나는 처음이요 마지막이니,

다니엘이 주의 천사를 보았을 때, 다니엘은 말한다. "내가 얼굴을 땅에 대고 깊이 잠들었었느니라. 한 손이 있어 나를 어루만지기로 내가 떨더니 그가 내 무릎과 손바닥이 땅에 닿게 일으키고… 그가 내게 이 말을 한 후에 내가 떨며 일어서매"(단 10:9-11). 다니엘은 주의 천사를 보자 죽었다. 여기 '잠들었다' 는 말은 '죽었다' 는 말의 완곡한 표현이다(요 11:11, 고전 15:6). 그리고 다니엘은 그 천사가 어루만져서 다시 살게 되었다. 영화로우신 주님을 본 사도 요한의 반응도 바로 그와 같았다. 주님을 보자 죽은 자 같이 된다. 그리고 주님께서 어루만져서 다시 살게 된다.

하나님을 만난 사람들은 모두 죽은 자 같이 된다. 그리고 다시 새 삶을 살게 된다. 진정으로 주님을 만난 사람은 예수님을 믿는 순간부터 이전의 자신은 죽어야 된다. 그래야 새 삶을 살게 된다. 적어도 세례교인이 될 때쯤이면 자신이 완전히 죽어야 한다. 세례는 이것을 상징적으로 보여 주는 사건이다. 원래 '세례' 는 물에 들어가는 것이다. 물에 들어가는 순간 죽은 목숨이다. 그리고 세례의 물에서 올라 올 때, 새 삶을 살게 되는 것이다.

오늘날 성도들에게 잘 사는 것보다 먼저 해결되어야할 문제가 있다. 잘 죽는 것이다. 대부분 믿는 사람들이 열심히 산다. 그러나 이렇게 열심히 사는 것이 인간적인 정욕이 되지 않으려면 먼저 자신을 죽여야 한다. '신앙' 이란 '경건' 의 추구이지 '경쟁' 의 추구가 아니다. 무엇이든지 남에게 지지 않기 위하여 경쟁하는 일이 아니다. 혹자는 기도도, 복 받는 것도 남에게 지지 않으려고 하고, 헌금도, 찬송도 경쟁 심리로 한다. 그래서 자기보다 열심히 신앙생활을 하는 사람을 보면 고맙고 반가워야할 텐데, 오히려 미워진다. 경쟁하기 때문이다. 이러한 경쟁은 자

아가 살았다는 증거이다. 우리는 자아를 죽여야 진정한 믿음의 새 삶을 살 수 있게 된다. 나보다 잘난 사람을 봐도 배가 안 아파야 한다. 서로를 인정하게 된다. 그래서 결과에 얽매이지 않고 자유롭게 살 수 있다. 잘 죽기 바란다. 이전에 어느 교회를 섬길 때, 설교시간에 "주의 이름으로 축원합니다"라고 했더니, 어느 아이가 "엄마, 목사님이 죽으란다"라고 해서 함께 웃었다. 그렇다. 잘 죽어야 한다.

18절. 곧 살아 있는 자라. 내가 전에 죽었었노라. 볼지어다. 이제 세세토록 살아 있어 사망과 음부의 열쇠를 가졌노니,

예수님은 "**처음이요 마지막이신**" 하나님이시다(사 44:6). 그리고 "죽은 자 가운데서 사셨으매 다시 죽지 아니하시고 사망이 다시 그를 주장하지 못할" 분이시다(롬 6:9). 요한이 17절에서 부활할 수 있었던 것은 예수님이 죽었다가 다시 사신 분이기 때문이다. 그리스도께서 "**세세토록 살아있는**" 분이기 때문이다. "**사망과 음부의 열쇠**"를 가지신 분이기 때문이다. 로마제국은 살리고 죽이는 권세를 자신들이 가지고 있다고 주장했다. 그러나 모든 권세는 정부나 황제나 사탄이나 회당의 지도자가 아닌 예수님께서 갖고 계신다. 지금도 생사간의 모든 권세를 주님이 갖고 계신다.

교회는 천국의 열쇠를 받았다. 동시에 음부의 열쇠도 받았다. 천국에 들어가지 못하면 음부로 떨어지기 때문이다. 아담 하와는 천국의 열쇠를 가졌었다. 동산을 지키는 역할을 했던 것이다. 그러나 그들이 동산을 지키지 못했을 때, 열쇠를 빼앗기고 동산 밖으로 쫓겨나게 되었다. 그 대신 그룹 천사들이 동산을 지키게 된 것이다. 그러나 예수님께서 다시 천국의 열쇠를 교회에 주셨다. "내가 천국 열쇠를 네게 주리니, 네가 땅에서 무엇이든지 매면 하늘에서도 매일 것이요. 네가 땅에서 무엇이든지 풀면 하늘에서도 풀리리라 하시고"(마 16:19). 교회는 그 열쇠를 열심히 사용해야 한다.

우리는 열쇠가 너무 많은 세상에서 살고 있다. 너무나 많은 문들을 잠그고 살고 있다. 어찌 보면 중요한 것도 아닌데 이중삼중 자물쇠를 만들어 두고 살고 있다. 그러다 보니 안 쓰는 열쇠들도 많다. 버리려고 하니 왠지 쓰일 데가 있을 것

같고, 가지고 있으려니 짐스러운 열쇠가 제법 많이 있다. 엉뚱한 열쇠들을 갖고 있다 보니 꼭 써야 할 열쇠를 잊고 살고 있지는 않는가? 바로 '복음의 열쇠' '천국의 열쇠' 를 잊고 살지는 않는가? 불신자가 그 열쇠를 갖고 있지 않다. 그래서 교회가 복음의 주도권을 잡고 먼저 찾아가야 한다. 이 열쇠가 우리들의 손에 쥐어져 있음을 기억하기 바란다. 그리고 자주 사용하기를 바란다. 아멘.

19절. 그러므로 네가 본 것과 지금 있는 일과 장차 될 일을 기록하라.

예수님을 만나서 죽었다가 다시 살아난 요한은 사명을 받는다. 요한의 사명은 "**네 본 것과 지금 있는 일과 장차 될 일을 기록**"하는 것이다. 그런데 어떤 주석가들은 이것을 계시록의 구조적 요약, 즉 전체를 3구분하는 것으로 본다. 즉 요한이 계시록 1장에서 그리스도의 환상을 "**본 것**"을 기록했고, 그 후에 계시록 2-3장의 교회들에 대해서 "**지금 있는 일**"을 기록했고, 끝으로 계시록 4-22장에서 "**장차 될 일**"에 대해서 기록했다는 것이다. 그러나 이러한 구분은 매우 자의적인 것이다. 다른 모든 성경 예언처럼, 계시록은 책 전체를 통하여 과거와 현재와 미래가 함께 엮어지기 때문이다.

"**지금**"과 "**장차**"는 '시간적 구별' 이 있는 것이 아니라, '환상과 해석의 구별' 이 있는 것이다. 그러므로 20절은 "네 본 것들(별들과 등대들)"의 상징을 해석한다. 그리고 "**네 본 것**", "**지금 있는 일**", "**장차 될 일**"이라고 한 것은 "이제도 계시고 전에도 계셨고 장차 오실 이"라는 하나님에 대한 표현과 병행이 되도록 한 것이다. 그러므로 계시록은 과거, 현재, 미래의 일들을 기록한 것이 아니라, 1세기 당대의 일들과 그것의 해석을 기록한 것이다. 요한은 하나님을 만난 이후, 상징과 그 해석을 기록할 사명을 받은 것이다.

하나님을 만난 사람들은 죽는다. 그리고 다시 산다. 그리고 자신의 삶의 이유를 알게 된다. 즉 사명을 깨닫게 된다. 이사야도 그랬다. "웃시야 왕이 죽던 해에", 웃시야는 이사야의 친척이었고 선한 왕이었다. 그 웃시야가 죽은 것이다. 즉 인간적으로 의지했던 사람이 죽은 것이다. 그래서 성전에 들어가서 털썩 주저앉아 낙심하고 있었다. 그 때 성전에서 영광 중에 계신 하나님을 보게 된다. 이사야는 즉시로 고백한다. "그 때에 내가 말하되, 화로다 나여! 망하게 되었도다. 나는 입술이 부정한 사람이요, 입술이 부정한 백성 중에 거하면서 만군의 여호와이신 왕을 뵈었음이로다"(사 6:5). 그 때 천사가 제단 숯불로 이사야의 입술을 지진다. 이사야는 죽고 다시 살게 되는 것이다. 그리고 "내가 또 주의 목소리를 들은즉, 이르시되 내가 누구를 보내며, 누가 우리를 위하여 갈꼬? 그 때에 내가 가로되 내가 여기 있나이다. 나를 보내소서"(사 6:8). 이사야는 사명을 받게 된다. 엘리야도 하나님을 만난 후, 새로운 사명을 받는다. 여러분들의 사명은 무엇인가? 삶의 목적이 무엇인가? 아직 그것을 깨닫지 못했으면 주님을 만나야 할 것이다. 사명을 깨닫고, 잘 감당하시는 사명자들이 되기를 바란다. 아멘.

20절. 네가 본 것은 내 오른손의 일곱 별의 비밀과 또 일곱 금 촛대라. 일곱 별은 일곱 교회의 사자요 일곱 촛대는 일곱 교회니라.

요한의 사명은 본 것과 들은 것, 즉 사실과 해석을 기록하는 것이다. 그래서 예수님은 요한에게 "**일곱 별의 비밀**"과 "**일곱 금 촛대의 비밀**"에 대해 설명하신다. 성경의 상징은 암호풀이가 아니다. 요한은 '등대'와 '신부'와 '도시'와 '교회'와 '24장로들'과 '144,000'과 '셀 수 없는 많은 무리들'에 대하여 말하고 있다. 그러나 그것들의 의미는 성경의 다른 부분들로부터 우리가 이미 알고 있는 것이다.

예를 들면, 일곱 별들은 "**일곱 교회의 사자**"이다. 성경에서 '사자'(angellos 앙겔로스, 천사)들과 '별들'은 자주 연결된다(cf. 삿 5:20, 욥 38:7, 사 14:13, 유 13, 계 8:10-12, 9:1, 12:4). 성경에서 선지자들은 하늘의 어전회의가 진행되는 동안 하나님과 천사들과 함께 있었다(cf. 사 6:1-8, 겔 1-3장, 10장). 그래서 하나님의 백성들에게 권위 있는 대변자가 된다(cf. 렘 15:19). 참 선지자의 필수적인 요건은 이 어전회의에 참여하기 위하여 성령으로 구름 속으로 들림을 받는 것이다(렘 23:16-22).

선지자들은 하늘의 어전회의의 전달자로 여겨질 뿐 아니라(왕상 22:19-22), 그들은 실제로 회의에 참여자였다. 사실 하나님께서는 당신의 선지자들과 의논 없이는 행하지 않으셨다(암 3:7). 그래서 선지자들은 백성들을 대신해서 기도하고 중재한다(창 18:16-33). 하늘회의의 일원으로서 선지자는 하나님과 대화할 특권을 가지고 있었고, 종종 하나님의 마음을 바꾸도록 종용하며 하나님과의 논쟁할 수도 있었다(cf. 출 32:7-14, 암 7:1-6). 그들은 하나님의 친구였다. 그래서 하나님께서 자주 그들과 말씀하셨다(창 18:17, 출 33:11, 대하 20:7, 사 41:8, 요 15:15). 완전히 구속받은 인간의 이미지로서 선지자들은 나라를 다스리는 것을 수행하고(cf. 렘 1:10, 28:8), 윤리적으로(cf. 사 6:5-8) 신체적으로(cf. 출 34:29) 변형되어 하나님의 영광을 나누었다. 그러므로 그들은 하늘의 천사들과 같았고, 그래서 성경적 선지자를 묘사할 때 '천사'(히브리어 malak, 헬라어 angellos)라는 말을 사용하는 것은 놀라운 일이 아니다(cf. 대하 36:15-16, 학 1:13, 말 3:1, 마 11:10, 24:31, 눅 7:24, 9:52).

그러므로 교회의 지도자들이 "**교회의 사자**(천사)**들**"로 묘사된 것에는 풍부한 성경적인 진전이 있는 것이다. 그런데 각 교회의 사자들은 그 교회의 목회자나 감독을 나타내는 것으로 보인다. 그러나 요한은 전체로서 각 교회의 통치를 의인화한 것으로 단순하게 별들/사자들을 언급하고 있는 것이다. 그리고 하나님께서 당신의 "**오른손**"으로 그들을 붙잡고 계시는데 이는 17절에서 그리스도께서 요한을 다시 살리신 바로 그 손이다. 그러므로 요한이 바로 그 "**사자**"인 셈이다.

일곱 등대는 일곱 교회이다. 일곱 교회는 소아시아의 일곱 교회들을 언급하는 것이며, 또한 각 시대의 전체 교회의 모두를 가리키는 것이다. 교회와 관련해서 '7'이란 숫자를 사용한 것은 흥미로운 것이다. 바울도 개인이 아닌 교회에게 편지를 쓸 때, 7교회에만 보냈다. 즉 로마와 고린도와 갈라디아와 에베소와 데살로니가와 빌립보와 골로새 교회에 편지를 썼다.

일곱 교회의 모습인 일곱 등대를 통한 교훈은 중요한 것이다. 옛 장막의 나무 모습을 한 하나의 등대는 이제 생명의 나무이신 그리스도의 일곱 등대로 바뀌었다. 옛 언약에서 교회는 이스라엘이라는 민족적인 특성과 예루살렘이라는 지리적인 중심이 있었다. 그러나 새 이스라엘인 교회는 지리적이고 민족적인 중심을 탈피한다. 오직 그리스도 중심적이다. 교회는 더 이상 한 장소에 매여 있지 않다. 왜냐하면 교회는 우주적인 왕의 이름으로 통치하기 위하여 온 세상에 보냄을 받았기 때문이다. 더 이상 땅의 어느 특정한 공간만이 거룩하지 않다. 오히려 온 세상이 '거룩한 곳'이 된다. 왜냐하면 예수 그리스도가 그것을 구속하셨기 때문이다.

그리고 그리스도는 당신의 형상으로 세상을 재창조하신다. 즉 교회는 빛으로 나타난다(cf. 21:9-22:5에서의 '교회'에 대한 묘사). 별과 같은 빛나는 교회는 온 세상에 예수 그리스도의 빛을 비춘다. 그 결과 사람들은 그들의 빛된 착한 행실을 보고 하늘에 계신 그들의 아버지에게 영광을 돌리게 된다. 이 빛을 발하는 성도들이 되어야 할 것이다. 아멘.

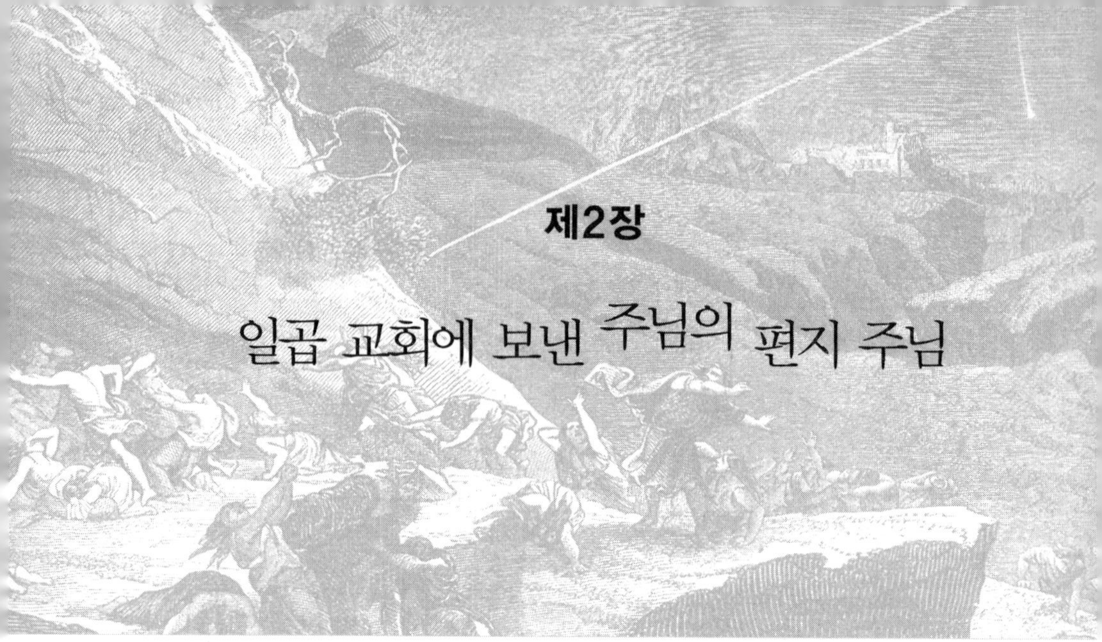

제2장

일곱 교회에 보낸 주님의 편지 주님

1. 에베소 교회의 사자에게(계 2:1-7)

에베소라는 도시는 소아시아에서 정치와 무역 양면으로 가장 중요한 도시이다. 게다가 예술, 과학, 마술, 우상숭배, 검투 경기 등과 같이 매력적인 것들을 뽐내는 중요한 문화적인 중심지였다. 중심가가 항구에서 극장까지 이르렀고, 그 길을 따라서 방문객들이 경기장과 공중목욕탕과 공공도서관과 공창(公娼)을 지날 수 있도록 했다. 그곳의 아데미(혹은 로마의 여신인 다이아나) 신전은 고대 세계의 7대 불가사의 중의 하나이다. 이 도시에 대해서 누가가 우리에게 흥미로운 사실 한 가지를 말하는데, 이 도시가 유대적인 신비주의와 마술의 온상이었다는 것이다. 사도들이 복음을 전할 때 많은 마술사들이 회개하고, 그들의 마법책을 불태운 곳이기도 하다(행 19:13-15, 18-19).

1절. 에베소 교회의 사자에게 편지하라. 오른손에 있는 일곱별을 붙잡고 일곱 금 촛대 사이를 거니시는 이가 이르시되,

에베소에 있는 모든 다양한 형태의 타락에도 불구하고, 주 예수 그리스도는 거기에 당신의 교회를 세우셨다(행 19장). 그리고 그리스도께서는 여전히 "**오른손에 있는 일곱별을 붙잡고**" 즉 교회의 지도자들을 붙잡고 보호하고 계신다고 말씀하셨다. 사실 계시록이 기록될 당시의 에베소 교회는 지도자를 잃은 상태였을 것이다. 그곳의 목회자였던 요한이 유배되었기 때문이다. 그래서 누군가 임시로 그곳을 목회하고 있었을 수도 있다. 에베소 교회는 바울이 개척해서 3년 동안 목회를 했다. 다음으로 디모데가 목회를 했다. 그리고 요한이 목회를 했다. 그러므로 지금 누군가 목회자가 있다면, 그 목회자는 노사도 요한에 비해서, 그리고 그 이전의 바울이나 디모데에 비해서 이름 없는 무명의 목회자였을 것이다. 그래서 별로 인정받고 있지 못하는 상태였을 것이다. 그러나 그런 목회자도 주님이 붙잡고 계신다고 말씀하시는 것이다.

에베소 교회의 내부적 상황도 어려웠을 것이다. 존경하는 목회자를 잃고 양 무리들은 뿔뿔이 흩어졌을 것이다. 이전의 영광은 없고 교회는 시험에 들었을 것이다. 그러나 주님은 여전히 "**일곱 금 촛대 사이를 거니시는**" 분이셨다. 오늘날 어느 교회나 지도자로 인해서, 아니면 교회 자체의 문제로 어려움이 있을 수 있다. 그러나 주님은 여전히 일곱별을 붙잡으시고 일곱 금 촛대 사이를 다니시는 분이시다. 한국교회만 생각해도 과거에 기라성 같은 위대한 목회자들이 있었다. 주께서 그들 선배 목회자들을 붙잡아 주셨다. 부족하지만 지금 우리들도 주님이 붙잡고 계심을 믿는다. 뿐만 아니라 앞으로도 계속해서 주님의 교회를 섬길 주의 종들을 붙잡아 주실 것이다. 또한 주님은 지금의 한국교회를 살피시는 분이시다. 앞으로도 변함없이 주님의 교회를 주께서 보살펴주실 것이다.

> 2-3절. 내가 네 행위와 수고와 네 인내를 알고, 또 악한 자들을 용납하지 아니한 것과 자칭 사도라 하되 아닌 자들을 시험하여 그의 거짓된 것을 네가 드러낸 것과 또 네가 참고 내 이름을 위하여 견디고 게으르지 아니한 것을 아노라.

에베소 교회는 믿음의 "**행위**"와 사랑의 "**수고**"와 소망의 "**인내**"를 하는 교회였다(cf. 살전 1:3). 정통에 굳게 서기 위하여, 값비싼 대가를 지불함에도 관계없이, 타협하지 않았던 교회였다. 바울이 일곱 교회에 편지를 보냈는데, 그 중 에베소 교회에 보낸 편지인 '에베소서' 만이 사도적인 책망이 없었던 교회였다. 에베소 교회가 얼마나 사도들의 정통한 가르침을 받았는지, '요한복음' 은 요한이 에베소에서 기록한 것이다. '에베소서' 는 바울이 에베소 교회를 생각하며 쓴 편지이다. '디모데전서와 후서' 는 에베소에서 목회하고 있는 디모데에게 바울이 쓴 편지이다. '요한1, 2, 3서' 도 요한이 에베소 교회에 보낸 편지이다. 물론 '계시록' 의 수신자인 7교회 중에 첫 번째가 에베소 교회였다. 학자들마다 조금의 견해 차이는 있지만, 신약성경의 약 8권의 책이 에베소 교회와 관련이 있는 것이다. 그 만큼 에베소 교회는 사도들의 가르침을 정통으로 받았다.

그래서 에베소 교회의 지도자들은 "**악한 자들을**" 교훈하는 것을 두려워하지 않았다. 그들은 이단을 시험하고 출교하는 것의 중요성을 알았다. 바울은 로마로 압송되기 전에 에베소의 장로들을 청하여 '고별설교' 를 한다. "너희는 자기를 위하여 또는 온 양떼를 위하여 삼가라. 성령이 저들 가운데 너희로 감독자를 삼고 하나님이 자기 피로 사신 교회를 치게 하셨느니라. 내가 떠난 후에 흉악한 이리가 너희에게 들어와서 그 양떼를 아끼지 아니하며, 또한 너희 중에서도 제자들을 끌어 자기를 좇게 하려고, 어그러진 말을 하는 사람들이 일어날 줄을 내가 아노니, 그러므로 너희가 일깨어 내가 삼 년이나 밤낮 쉬지 않고 눈물로 각 사람을 훈계하던 것을 기억하라" (행 20:28-31). 그 장로들은 사명을 잘 감당했다. 그래서 주님의 칭찬을 받았다.

구약의 제사장은 두 가지를 잘 해야 했다. 첫째는 제사를 드리는 일이다. 둘째는 하나님의 영광을 위하여 악한 자들과 싸우는 일이다. 사사시대 말기의 엘리 제사장은 제사는 잘 드렸는지 몰라도 악한 자들을 징계하는데 실패했다. 바로 자신의 아들인 홉니와 비느하스를 잘 훈계하지 못했다. 결국 두 아들은 죽고 '이가봇', 즉 하나님의 영광이 떠난 시대가 되었다. 그러나 같은 이름을 가진 그들 조상 중에 한 사람인 비느하스는 모압 여인들과 음행하는 이스라엘 사람을 죽였다. 그 결과 이스라엘을 염병에서 구하고, 영원한 제사장의 축복을 받았다(민 25:11-13). 지도자들은 악한 자들을 잘 징계해야 한다. 가지치기를 잘한 나무가 튼튼한 열매를 맺는다. 바르게 가르치고 바르게 배우는 교회가 되어야 할 것이다.

4절. 그러나 너를 책망할 것이 있나니 너의 처음 사랑을 버렸느니라.

에베소 교회도 처음에는 사랑이 넘쳤을 것이다. 그러나 성도들의 수가 점점 많아지자 차츰 사랑이 식어가게 되었을 것이다. 게다가 악한 자들과 거짓 사도들을 가려내는 도중에 교회 분위기는 냉랭해지고, 새로 오는 사람에 대해서 경계를 하게 되었을 것이다. 사도 요한이 에베소에서 목회를 하는 중에 가장 강조한 것이 '사랑' 이었다. 요한 1, 2, 3서가 모두 다 사랑의 서신이다. 어디를 봐도 사랑을 논하고 있다. 그러나 에베소 교회는 싸늘한 정통주의의 교회가 되어 버렸다. 그래서 결국 주님은 에베소 교회의 사자를 꾸짖으셨다. "**너의 처음 사랑을 버렸느니라.**"

교회는 성경공부도 많이 하고 기도회도 자주 해야 한다. 그리고 선한 사업을 열심히 해야 한다. 때로는 잘못된 교훈을 가려내기도 해야 한다. 그러나 그것 때문에 사랑을 잃어서는 안 된다. 다른 것은 조금 부족해도 사랑이 충만하면 교회가 교회의 사명을 다 할 수 있다. 그러나 사랑을 잃으면 모든 것을 잃게 된다. 주님은 에베소 교회가 '너무 전통적' 이어서 비판하지 않으셨다. 그들은 처음 사랑을 버렸기 때문에 책망을 받았다. 주님은 우리에게 '교리냐?' '사랑이냐?' 어느 한 가지를 선택하도록 하지 않으셨다. 오히려 둘 다를 요구하신다. 우리가 받은 교리(계명)는 서로 사랑하라는 것이다. 사랑은 또한 그의 계명을 지키는 것이다. "우리가 하나님을 사랑하고 그의 계명들을 지킬 때에 이로써 우리가 하나님의 자녀 사랑하는 줄을 아느니라. 하나님을 사랑하는 것은 이것이니 우리가 그의 계명들을 지키는 것이라 그의 계명들은 무거운 것이 아니로다"(요일 5:2-3, cf. 롬 13:8-10). 그러므로 어디서 떨어진 것을 생각하고 회개하여 처음 행위를 가져야만 한다.

5절. 그러므로 어디서 떨어졌는지를 생각하고 회개하여 처음 행위를 가지라. 만일 그리하지 아니하고 회개하지 아니하면, 내가 네게 가서 네 촛대를 그 자리에서 옮기리라.

계시록이 기록될 당시 에베소의 해안선은 계속해서 변화하고 있었다. 왜냐하면 근처의 '카이스터' (Cayster) 강의 퇴적물들이 바다로 운반되고 있었기 때문이다. 모레와 자갈들은 항구를 늪지대로 만드는 위협을 하며 점차 항구에 쌓이고 있었다. 이는 바다로부터 완전히 떨어져 나가는, **"그 자리에서 옮겨지는"** 것이었다. B.C. 2세기 전에, 거대한 토목공사 계획으로 참음과 수고와 인내의 대가를 치르고 항구를 준설했다. 그러나 1세기 중반에 이르러 그 항구는 침전물이 가득 쌓이게 되었다. 만약 에베소 도시가 항구로서 역할을 하려면 시민들은 그들의 게으름을 회개하고 처음 했던 일을 다시 해야 했다. AD 64년에 그 도시는 마지막으로 항구를 준설했고, 그래서 에베소는 수년 동안은 자신의 자리를 지킬 수 있었다. 그러나 지금 에베소는 바다에서부터 6마일이나 멀어져 있다. 과거의 에베소 항구는 지금은 벌판이 되어 있다. 촛대가 옮긴 것이다.

에베소 교회는 **"회개하여 처음 행위를 가지라"** 는 말을 들을 때가 기회였다. 이 기회를 놓치면 회개하라는 소리도 없다. 결국 촛대가 옮겨지는 것이다. 이전에 나이아가라 폭포 상류에서 뱃놀이를 할 수 있었다고 한다. 그리고 하류 쪽으로 흘러가지 못하도록 줄을 쳐놓고 '돌아가라' 고 경고문을 써놓았다고 한다. 그러나 세 차례의 경고를 무시한 채 하류로 흘러들면, 큰 물소리가 나고, 결국 폭포 아래로 떨어지게 된다. 그 때에는 돌아가라는 경고 표지도 이미 없다. 회개도 기회가 있는 것이다.

6절. 오직 네게 이것이 있으니 네가 니골라 당의 행위를 미워하는도다. 나도 이것을 미워하노라.

사랑이 남아 있지 않아서 에베소 교회는 촛대가 옮겨질 위기에 처했다. 그러나 남은 것도 있었다. **"오직 네게 이것이 있으니 네가 니골라 당의 행위를 미워하는도다. 나도 이것을 미워하노라."** '니골라당' 은 에베소에 있는 이단인데, 버가모에 있는 이단인 발람의 추종자들과 유사한 사람들이다. 왜냐하면 헬라어로 '니골라' 라는 말은 '니콘' (nikon, 삼키는 자, 이기는 자)과 '라오스' (laos, 백성)의 합성어로 즉 '백성을 이기는 자' 이다. 이는 히브리어로 '발람', 즉 '발라' (삼키다)와 '암'

(백성)의 합성어와 같은 뜻이기 때문이다. 그리고 그들의 술책은 동일하다. 하나님의 백성들을 간음과 우상숭배로 빠지게 하는 것이다.

7절. 귀 있는 자는 성령이 교회들에게 하시는 말씀을 들을지어다. 이기는 그에게는 내가 하나님의 낙원에 있는 생명나무의 열매를 주어 먹게 하리라.

에베소 교회를 향한 편지는 "**귀 있는 자는 성령이 교회들에게 하시는 말씀을 들을지어다**"라는 권면으로 끝을 맺고 있다. 비록 각 교회의 회중들의 필요에 관한 메시지들은 달라도, 성령은 한 가지 기본적인 명령을 하시는데 '이겨라!' 는 것이다. '이겨라' 는 헬라어 '니카오' (nikao)는 '니골라당' 과 같은 어근이다. 그리스도께서는 당신의 교회를 삼키려는 자들에게 오히려 이기라고 명령하신다. 이쪽이든 저쪽이든 이 전투에서 한쪽이 이길 것이다. 교회에 대한 사탄의 대적은 다양한 형태로 나타날 것이다. 그래서 시대와 지역에 따라서 교회들은 다양한 문제, 다양한 적에 직면할 것이다. 그러나 그들이 어떤 문제에 직면했든지 간에 교회들은 승리와 정복의 명령 하에 있다. 승리의 임무는 하나님께 헌신한 몇몇의 '슈퍼 성도' 들에게만 주어진 것이 아니다. 우리 모든 신자들에게 주어진 것이다.

그리고 우리 모든 신자들은 이미 승리가 보장된 사람들이다. "대저 하나님께로서 난 자 마다 세상을 이기느니라. 세상을 이긴 이김은 이것이니 우리의 믿음이니라"(요일 5:4). 믿음으로 이기게 된다. "성도들이 어린양의 피와 자기의 증거하는 말을 인하여 악한 자를 이겼다"고 말한다(계 12:11). 예수님의 보배 피와 말씀으로 이긴다. 문제는 승리 혹은 패배 중에 하나가 아니다. 문제는 넉넉히 승리하느냐 혹은 불신 가운데 겨우 이기느냐이다. 어떤 경우에도 우리 신자들은 마귀에게 지지 않는다. 그러나 쉬운 승리와 어려운 승리가 있다. 신나게 싸우고 넉넉하게 이기는 교회가 되기를 바란다. 아멘.

성도들은 이긴다. 이기는 그에게 그리스도께서 "**하나님의 낙원에 있는 생명나무의 열매를 주어 먹게 하리라**"는 상을 허락하셨다. 이는 내세의 희망만이 아니다. 비록 이 약속의 완전한 성취가 역사 끝에 이루어질지라도, 하나님의 백성들이 하나님께 복종하고 땅에 대한 통치권을 갖는 것으로, 이는 현세적인 것이고, 우리가 이 땅에서부터 계속 누리는 것이다. 왜냐하면 생명나무는 예수 그리스도 자신이기 때문이다. 그리고 이 나무에 참여하는 것은 구원의 축복과 은총을 소유하는 것이다. 그리스도 안에서, 성도들의 승리는 이생과 내세에서 낙원의 회복이다.

마귀와의 싸움은 피할 수 없는 싸움이다. 질 수 없는 싸움이다. 지지도 않을 싸움이다. 힘을 내서 싸우기 바란다. 신나게 싸우고 넉넉하게 이기기를 다시 한 번 예수님의 이름으로 축원한다. 아멘.

2. 서머나 교회의 사자에게(계 2:8-11)

서머나는 에베소에서 북쪽으로 48Km(120리) 정도 떨어진 곳에 있는 항구 도시이다. 과거 소아시아의 다른 여섯 도시들은 파괴되었지만, 서머나 만큼은 지금도 '이즈밀'(Izmir)이라는 이름으로 남아있는 유일한 도시이다. 이 서머나는 두 가지 특징이 있었다. 첫째, 서머나는 황제숭배가 심각했다. 서머나는 에베소와 버가모와 경쟁하여 '아시아의 첫째가는 도시'(πρωτη Ασιας, 플로테이 아시아스)라는 이름을 얻으려고 했다. 그리고 안토니우스 황제에 의해 그 명예를 얻었다. 그리고 황제의 '신전 관리자'라는 칭호도 받았다. 그러니 황제에 대한 충성심과 숭배가 극심한 곳이었다. 둘째, 서머나는 기독교 신앙을 혐오하는 다수의 유대인들이 있었다. 유명한 폴리갑의 순교가 이곳에서 있었다. 그들은 폴리갑을 불태웠고, 그 장례를 지내기 위해 시체를 모으는 것조차 방해했었다.

8절. 서머나 교회의 사자에게 편지하라. 처음이며 마지막이요 죽었다가 살아나신 이가 이르시되,

불신자들에 의한 박해에 직면해 있는 서머나 교회를 향해 예수님은 **"처음이며 마지막"**이신 분으로 자신을 알리셨다. 이는 이사야 44:6과 48:12에서 온 하나님의 이름이다. 그 표현은 하나님을 시공을 초월하시는 분으로, 역사의 주인으로 나타내는 것이다. 하나님은 세상 모든 만물의 창조주이시며 운행하시는 분이다. 여기에서 장로교의 핵심교리인 예정교리가 나올 수 있다. '예정교리'라는 것은 하

나님께서 모든 것을 미리 정하셨다는 것이다. 어떤 사람들은 "지금 내가 예수님을 믿지만, 만약 나를 지옥 가도록 예정하셨다면 믿음생활을 할 필요가 없다"라고 예정교리에 대해서 오해한다. 그러나 예정교리는 우리에게 두려움을 주는 것이 아니라, 오히려 위로와 확신을 준다.

조직신학에서 예정교리의 반대는 '자유의지론'이라고 한다. 인간이 자기 마음대로, 즉 자유의지를 갖고 어떤 일을 결정하지 하나님이 정하신 것이 아니라는 것이다. 그러나 우리가 자유의지로 선택한 것 같아 보이는 그 모든 것조차도 하나님께서 정하셨다. 한편 예정교리의 반대는 '자유의지'가 아니라 '무의미'인 것을 알아야 한다. 만약 우리의 삶에서 가장 사소한 사항들도 하나님의 계획의 일부가 아니라면, 그것들은 전혀 의미를 없는 것일 수 있다. 그러나 모든 것이 하나님의 예정 가운데 이루어지는 일이다. 그래서 "합력해서 선을 이루는 것"이 되는 것이다. 즉 하나님께서 당신의 영광과 우리의 궁극적인 선을 위하여 모든 것을 예정하셨다. 그러므로 우리의 고통조차도 영원하신 계획의 일부이다. 우리가 어려움에 처할 때, 하나님께서 우리를 버리셨다고 두려워할 필요가 없다. 우리는 "하나님의 뜻대로 부르심을" 입었다(롬 8:28). 고난도 우리의 삶에 필수적인 부분이기 때문이다. 하나님의 뜻 안에서 일어나는 일이다.

하나님은 처음이요 마지막이신 분이다. 모든 것을 계획하는 분이다. 서머나 지역이 황제숭배와 유대인들의 핍박이 심한 것도 하나님께서 예정하신 일이다. 지금 우리가 당하는 모든 고난들도 하나님의 예정 가운데 있다. 인생은 모자이크 같은 것이다. 깨어지고 찢어지고 그래서 못쓰게 되는 것이 아니라, 더 반짝이고 섬세하고 화려하게 되는 것이다. 모자이크의 검은 부분같이 인생에서 고난이 없다면 모자이크의 입체감은 사라질 것이다. 고통에는 뜻이 있다. 주님 안에서 그 뜻을 발견하기 바란다.

그리스도는 처음과 마지막이실 뿐 아니라 "**죽었다가 살아나신 이**"이다. 그리스도는 주님 안에 죽은 모든 사람들의 '첫 열매'로 우리의 부활의 보증이 되사 죽음과 무덤을 완전하게 이기신 분이다(고전 15:20-22). 그래서 심지어 "사망이 이김의 삼킨 바"가 되었다(고전 15:54). 서머나는 순교자를 낸 곳이다. 주님께서 죽었다가 살아나신 분으로 자신을 계시한 것은 그들에게 부활의 확신을 더욱 새롭게 갖게 했을 것이다.

9절. 내가 네 환난과 궁핍을 알거니와 실상은 네가 부요한 자니라. 자칭 유대인이라 하는 자들의 비방도 알거니와 실상은 유대인이 아니요 사탄의 회당이라.

그러나 서머나에서 성도로 사는 것은 쉽지 않았다. 그들은 "**환난**" 가운데 '휴거' 되지 않았다. 여전히 환난을 당해야 했다. 그리고 그 환난은 종종 믿음을 지키기 위해 당하는 "**궁핍**"으로 나타난다. 아마도 그들은 자신들의 재산을 빼앗기고, 쫓겨났을 것이다(히 10:34). 또한 이방인들과 배교한 유대인들과 동맹을 맺어서 경제적인 제재의 대상이 되었을 것이다(계 13:16-17). 그러나 그들은 실상은 "**부유**"했다. 즉 세상에 대하여 "가난한 자 같으나 많은 사람을 부요하게 하고 아무 것도 없는 자 같으나 모든 것을 가진 자"였다(고후 6:10). 우리의 모습도 이와 같다. 실상은 부유한 사람들이다. 그리스도 예수 안에 있는 참 부유함을 누리기를 바란다. 아멘.

뿐만 아니라 예수님은 유대인들의 모든 "**비방**"에 대하여 알았다. 그들은 "**자칭 유대인**"이라지만 "**실상은 유대인이 아니요 사탄의 회당**"이었다. 여기에서 주님은 초대교회가 직면한 대적들의 정체에 대하여 분명하게 말씀하신다. 그들은 자신들이 아브라함의 자손인 유대인이라고 하지만 실상은 사탄의 자식들이었다. 그들은 그리스도를 거부했고, 결국 하나님을 거부했다. 흔히들 비기독교도인 유대인들이 구약의 하나님을 믿는 자들이라고 주장한다. 그리고 그들은 오직 신약을 '첨부'할 필요가 있을 뿐이라고 주장한다. 그러나 그들은 하나님을 믿는 자들이 아니고, 언약을 깨뜨린 배교자들이었다. 예수님을 믿지 않고는 '정통 유대인' 같은 것이 될 수 없다. 왜냐하면 만약 구약을 믿는 유대인이라면, 그리스도를 믿었을 것이다. 만약 누가 그리스도를 믿지 않는다면, 그는 모세도 믿지 않는 것이다(요 5:46).

바울은 기록한다. "대저 표면적 유대인이 유대인이 아니요, 표면적 육신의 할례가 할례가 아니라, 오직 이면적 유대인이 유대인이며, 할례는 마음에 할찌니, 신령에 있고 의문에 있지 아니한 것이라. 그 칭찬이 사람에게서가 아니요 다만 하나님에게서니라"(롬 2:28-29). 한편 바울은 이렇게 말한다. "개들을 삼가고 행악하는 자들을 삼가고 손할례당을 삼가라. 하나님의 성령으로 봉사하며 그리스도 예수로 자랑하고 육체를 신뢰하지 아니하는 우리가 곧 할례당이라"(빌 3:2-3). 할례는 진리 안에 있다는 언약의 표이다. 그런 동시에 영적인 불구와 파멸의 표시, 즉 그들 자신의 반역을 통하여 그들이 언약적인 저주를 상속했다는 표이기도 하다. 포피(包皮) 주변을 잘라내는 것은 항상 저주의 표시였다. 불순종하는 자들에게 그것은 다가올 완전한 파멸에 대한 확실한 표였다.

그러면, 누가 참된 유대인인가? 신약의 분명한 가르침에 의하면, 인종에 관계없이 예수 그리스도로 옷 입은 사람은 아브라함의 약속의 상속자이며 언약의 축복의 소유자이다(롬 11:11-24, 갈 3:7-9, 26-29). 그러나 유대인 배교자들은 "**사탄의 회당**"이었다. '사탄'은 문자적으로 '참소하는 자'를 뜻한다. 그리고 초대교회는 기독교 교회를 대항하는 유대인들의 사탄적인 거짓 증거의 예들이 만연했다(행 6:9-15, 13:10, 14:2-5, 17:5-8, 18:6, 12-13, 19:9, 21:27-36, 24:1-9, 25:2-3, 7). 이 점은 그들 중의 몇몇이 '도살자'를 의미하는 "**마귀**"에 의해 옥에 던져질 것이라는 말에 의해서 강조되었다.

10절. 너는 장차 받을 고난을 두려워하지 말라. 볼지어다. 마귀가 장차 너희 가운데에서 몇 사람을 옥에 던져 시험을 받게 하리니, 너희가 십 일 동안 환난을 받으리라. 네가 죽도록 충성하라. 그리하면 내가 생명의 관을 네게 주리라.

서머나의 성도들 중 일부는 곧 유대인들의 선동으로 옥에 던져질 것이다. 그러나 그리스도께서 권고하시기를 이것도 역시 그리스도와 사탄 사이의 우주적 충돌의 일부라고 하셨다. 승리가 예정된 왕들과 제사장들의 나라의 무리들에 대항하여 마귀는 필사적으로 질게 뻔한싸움을 걸어온다. 그러나 마귀의 시험은 신자들에게 유익을 준다. 사무엘 루더포드(Samuel Rutherford)는 "마귀는 우리가 우리의 무기를 다루도록 가르치는 하나님의 조교"라고 했다. 성도의 환난은 궁극적으로 사탄에 의해 예정된 것이 아니라, 하나님에 의한 것이다. 그리고 그 결과는 파괴가 아니라 정결하게 하는 것이다(cf. 욥 23:10, 벧전 4:12-19).

서머나 교회의 **환난**은 심각한 것이다. 그러나 "**십 일 동안**"이라는 상대적으로 짧은 기간의 것이다. 다니엘과 그의 세 친구들도 그 십 일 동안의 시험을 받았다. 그러나 그 시험을 이기고, 놀라운 특권을 누렸다(단 1:11-21). 마찬가지로 서머나 교회의 유대인들의 박해는 짧은 기간 동안 허용되었다. 그러고 나서 교회는 엄청난 특권을 누리게 된다. 환난의 십 일은 승리의 천년으로 바뀔 것이다(계 20:4-6). 또한 시험은 "**생명의 관**"으로 바뀔 것이다. 이 생명의 면류관은 구원 그 자체이다.

11절. 귀 있는 자는 성령이 교회들에게 하시는 말씀을 들을지어다. 이기는 자는 둘째 사망의 해를 받지 아니하리라.

시험을 "**이기는**" 신실한 성도들은 "**둘째 사망의 해를 받지 아니할**" 것이다. 이것이 원래 1세기 교회들에게 주어진 말씀이라는 사실은 계시록의 다른 본문의 이해를 돕는다. 계시록 20:6 "이 첫째 부활에 참여하는 자들은 복이 있고 거룩하도다. 둘째 사망이 그들을 다스리는 권세가 없고, 도리어 그들이 하나님과 그리스도의 제사장이 되어, 천년 동안 그리스도로 더불어 왕 노릇하리라." 여기에서 "**둘째 사망**"에 의해 상함을 받지 않는 자들은 "첫째 부활"에 참여하는 자들과 같은 자들이다. 그리고 그들은 요한이 이미 말한 복인 그리스도와 함께 제사장들이고 왕들이 되는 복을 받은 자들이다(계 1:6). 그러므로 사실 첫째 부활은 세상 끝의 육체적인 부활과 관련이 될 수 없다(고전 15:22-28). 게다가 이것은 바울이 에베소서에서 명확하게 가르친 것과 반드시 관련이 된다. 즉 "너희의 허물과 죄로 죽었던 너희를 살리셨도다... 긍휼에 풍성하신 하나님이... 허물로 죽은 우리를 그리스도 예수 안에서 살리셨고 (너희가 은혜로 구원을 얻은 것이라), 또 함께 일으키사"(엡 2:1, 4-6). 모든 세대에서 성도들은, 아담 안에서 그의 (첫째) 죽음으로부터 깨끗함을 받아, 첫째 부활에서 그리스도 안에서 새로운 삶에 참여자가 된다. 그는 "영생을 얻었고 심판에 이르지 아니하나니 사망에서 생명으로 옮겼느니라"(요 5:24). 우리가 바로 첫째 부활에 참여한 자들이다. 둘째 사망에 의해 상함을 받지 않게 될 것이다. 주님과 함께 왕 노릇하고 있는 것이다. 이러한 놀라운 축복들을 알고 감사하며 살기를 바란다. 아멘.

3. 버가모 교회의 사자에게(계 2:12-17)

버가모는 행정 중심지였다. 로마의 행정 관청이 있었다. 그리고 이방종교 의식과 제우스, 디오니소스, 뱀의 신인 아스크레피오스 등 이방신들을 섬기고, 황제숭배도 심했던 곳이다. 특히 소아시아에서 로마 황제에게 신전을 봉헌한 최초의 도시였다. 그래서 '신전지기' 라는 별명이 있을 정도였다. 다른 아시아의 도시들은 일 년에 한 차례만 황제숭배 의식을 지냈지만 이 도시는 매일 황제숭배의 위협이 있었던 곳이다.

12절. 버가모 교회의 사자에게 편지하라. 좌우에 날선 검을 가지신 이가 이르시되,

이런 황제숭배의 위협 속에 있는 버가모의 교회를 향하여, 그리스도께서는 자신을 "**좌우에 날선 검을 가지신 이**"로 나타내셨다. 당시 생사를 주관하는 로마제국의 능력은 절대적이며 최종적인 것이었다. 로마의 총독들은 사형집행의 권한을 가지고 있었다. 그러나 성경의 가르침은 모든 능력과 권세가 하나님에게로부터 났다는 것이다. 즉 모든 통치자들과 그들의 권세들은 하나님에게 받은 것이다(롬 13:1-4). 하늘과 땅의 모든 권세를 가지신 분은 예수 그리스도이시다(마 28:18). 궁극적으로 모든 권력은 예수님에게 속한 것이다. 만약 세상 나라가 하나님께서 세우신 권력을 통하여 하나님의 명령을 지키지 않는다면, 그리스도께서는 심판의 칼을 가지고 나타나실 것이다.

우리는 지금 세상 나라와 하나님의 나라 사이에 충돌이 표면적으로 거의 없는 가운데 살고 있다. 그러나 세상 나라가 하나님의 나라를 위협할 때가 있다. 국가 권력으로 성도들을 위협할 때가 있다. 그러나 예수님께서 이렇게 말씀하신다. 누가복음 12:5 "마땅히 두려워할 자를 내가 너희에게 보이리니, 곧 죽인 후에 또한 지옥에 던져 넣는 권세 있는 그를 두려워하라. 내가 참으로 너희에게 이르노니,

그를 두려워하라." 세상의 권력자들보다 하나님을 두려워하는 성도들이 되기를 바란다. 아멘.

13절. 네가 어디에 사는지를 내가 아노니, 거기는 사탄의 권좌가 있는 데라. 네가 내 이름을 굳게 잡아서, 내 충성된 증인 안디바가 너희 가운데 곧 사탄이 사는 곳에서 죽임을 당할 때에도 나를 믿는 믿음을 저버리지 아니하였도다.

주님께서 버가모 교회의 영적인 주소를 말하고 있다. 그곳은 "**사탄의 권좌가 있는 데**"였다. 이 "**사탄의 권좌**"라는 표현에 대하여 다음과 같은 몇 가지 해석들이 있다. (1)요새로부터 도시를 내려다보는 거대한 보좌 같은 제우스 제단을 종종 언급하는 것이다. (2)구세주로 여겨지고, 신자들에게 사탄으로 여겨진 뱀으로 상징되는 아스클레피오스 제단을 언급하는 것이다. (3)여행자들이 남쪽으로부터의 고대의 길로 올 때에, 그 도시-언덕의 실제의 모습이 평지에 솟은 거대한 보좌 모습을 하고 있는 것이다. (4)그러나 이 표현에 대한 가장 최상의 이해는 아시아에서 제국숭배의 중심지로서 버가모의 탁월성과 관계된 것으로 보는 것이다. 사탄이 자신의 공적인 보좌 혹은 나라의 중심으로 세운 곳이 바로 이곳이다. 로마가 서쪽에서 사탄의 활동의 중심지가 된 것처럼, 버가모는 동쪽에서 사탄의 보좌가 된 것이다.

버가모는 황제숭배의 중심지이다. 그러나 이 메시지에서 사탄은 이미 회당, 즉 신비주의적 종교를 선호하고 언약을 저버린 불신앙의 유대 공동체와 일치된 것으로 나타나고 있다. 신약성경 전체를 통하여 교회의 가장 두드러진 적은 로마의 법관들에게 성도들을 계속적으로 고소한 자들을 대표하는 배교한 유대주의자들이다(행 4:24-28, 12:1-3, 13:8, 14:5, 17:5-8, 18:12-13, 21:11, 24:1-9, 25:2-3, 9, 24). 요한이 계시록 12-13장에서 계시한 바와 같이, 사탄은 유대인/로마인을 뒤에서 조정하여 교회를 파괴하려고 한다.

버가모에서 유대인들과 로마관료들 사이의 밀접한 관계는 성도들을 더욱 압제했다. 그러나 그들은 그리스도의 이름을 굳게 붙잡았다. 심지어 그들은 "**안디바가**

너희 가운데 곧 사단의 거하는 곳에서 죽임을 당할" 괴로운 박해 **"때에도 믿음을 저버리지"** 않았다. 그래서 그리스도께서는 버가모 교회를 신실하게 여겼다. 이제 이 안디바가 누구인지를 아는 사람은 없을 것이다. 그러나 그리스도께서는 그를 특별하게 **"내 충성된 증인"** 이라고 그를 부르며 인정하셨다. 원문에 의하면 "나의 충성된 나의 증인" 이라고 되어 있다. "나의 것" 이라는 말을 두 번이나 반복하면서 안디바를 특별하게 인정하시는 것이다. '안디바' 라는 이름은 '안티' (대항하여) '파스' (모든 것), 즉 '모든 것에 대항하여' 라는 말이다.

단군상 건립 반대운동을 하면서 초등학교에 설치된 단군상을 도끼로 찍어 버린 사람에 대하여 너무 극단적이지 않느냐는 비판도 있었다. 결론은 은사대로 하나님께 쓰임 받는다는 것이다. 그러나 합리적인 면만 내세운다면 순교할 수 있는 사람은 한 사람도 없을 것이다. 때론 불합리해 보여도 '모든 것에 대항하여' 라는 '안디바 정신' 이 필요한 것이다. 죽은 고기는 물결을 따라 흘러간다. 살아있는 고기는 물을 거슬러 올라간다. 잘못된 요구에 '아니오' 라고 거절할 수 있기를 바란다. 안디바 정신으로 살기를 바란다. 아멘.

14절. 그러나 네게 두어 가지 책망할 것이 있나니, 거기 네게 발람의 교훈을 지키는 자들이 있도다. 발람이 발락을 가르쳐 이스라엘 자손 앞에 걸림돌을 놓아 우상의 제물을 먹게 하였고, 또 행음하게 하였느니라.

그러나 버가모 교회 안에 모든 사람들이 안디바 정신으로 무장하지 못했다. 게다가 외적인 박해의 위협보다도 더 무서운 공격이 있었다. 이는 이단들의 내적인 공격이었다. 요한은 이 사실을 가르치기 위해서 광야교회의 역사를 끌어온다. 즉 **"발람의 교훈을 지키는 자들이 있다"** 는 것이다. '발람' 이란 이름은 '니골라' 와 같이 '백성을 이기는 자' 혹은 '정복자' 이다. 하나님의 백성들이 전쟁으로는 망하지 않는다는 것을 알았을 때(민 22-24장), 거짓 선지자 발람은 악한 모압 왕인 발락에게 한 가지를 제안한다. 이스라엘을 파괴하는 유일한 길은 타락을 시키는 것이다. 그러므로 발람은 "발락을 가르쳐 이스라엘 앞에 올무를 놓아 우상의 제물을 먹게 하였고, 또 행음하게 함이라" (민 31:16). 이와 같이 발람을 모방하여 버가모에도 "**니골라당의 교훈을 지키는 자들이**" 있었다. 결국 발람의 교훈을 지키는 자들과 니골라당의 교훈을 지키는 자들은 같은 사람들이다. 버가모 교회는 불경건한 국가에 의한 박해에 대해서는 믿음에 견고하게 서있었다. 그러나 그들은 사탄에 의한 타협이란 다른 공격에는 먹이로 전락하고 말았다. 우리는 외적인 박해보다도 내적인 이단들의 가르침이 더욱 무섭다는 것을 알아야 한다.

15절. 이와 같이 네게도 니골라 당의 교훈을 지키는 자들이 있도다.

그렇다면 정확하게 "**니골라당의 교훈**"이란 무엇인가? 요한은 당대의 이단의 상징으로 "**발람의 교훈**"이란 용어를 사용한다. 발람과 같이 거짓 선지자들은 "**우상의 제물을 먹게 하였고 또 행음하게**" 유혹했다. 이 두 가지는 당시의 이방 종교의 분위기에서는 일상적인 것이다. 그러나 예루살렘 회의에서 분명하게 금한 것이다. "성령과 우리는 이 요긴한 것들 외에 아무 짐도 너희에게 지우지 아니하는 것이 가한 줄 알았노니, 우상의 제물과 피와 목매어 죽인 것과 음행을 멀리 할지니라. 이에 스스로 삼가면 잘되리라. 평안함을 원하노라. 하였더라"(행 15:28-29).

이러한 사도들의 회의의 결정에 불순종하는 것으로, 거짓 니골라당 사도들은 반(反)율법주의를 주장한다. 그들은 아마 성도들은 '율법에서 자유롭게 되었다' 는 점을 강조했을 것이다. 그래서 방종하게 만들었을 것이다. 그러나 우리는 여전히 율법이 필요하다는 사실을 알아야 한다. 그러나 구원을 위해서가 아니라 감사를 위해서이다. 우리는 소위 '율법의 제3효용', 즉 율법이 하나님께 감사할 수 있는 방법을 가르쳐 준다는 사실을 알아야 한다.[7] 구약에서 율법은 지키지 않으면 죽기 때문에 지켜야했다. 그러나 예수 그리스도 안에서 율법의 정죄는 끝이 났다. 우리는 분명히 자유롭게 되었다. 그러나 우리가 받은 구원의 은혜에 감사할 수단으로 율법을 사용할 수 있게 된 것이다. 요한일서 5:3 "하나님을 사랑하는 것은 이것이니, 우리가 그의 계명들을 지키는 것이라. 그의 계명들은 무거운 것이 아니

7) 최갑종, 『바울연구 I』(서울: CLC, 1993), pp. 73-74; 홍인규 교수는 이를 '사랑의 표현으로서 율법' 이라고 한다. Cf. 홍인규, 『바울의 율법과 복음』(서울: 생명의말씀사, 1996), pp. 208-236.

로다." 아멘.

16절. 그러므로 회개하라. 그리하지 아니하면 내가 네게 속히 가서 내 입의 검으로 그들과 싸우리라.

버가모 교회는 주님의 이름을 굳게 잡았다. 순교자도 배출했다. 그러나 부분적이나마 이단들의 가르침을 용납했다. 그 부분에 대하여 회개해야 했다. 만약 그들이 회개하지 않으면 주님께서 **"내가 네게 속히 가서 내 입의 검으로 그들과 싸우리라"** 고 경고하셨다. 이스라엘 역사 가운데도 주의 사자는 칼을 빼어들고 발람과 만났다(민 22:31). 그리고 칼은 그를 죽이는데 사용되었다(민 31:8). 우리가 이미 살펴본 대로(계 1:7, 2:5), 그리스도의 오심의 이 경고는 역사 끝에 그리스도의 재림에 대한 경고가 아니라 역사 속에서 심판을 언급하는 것이다. AD 70년 그리스도는 로마의 디도 장군을 보내어 예루살렘을 심판하셨다. 버가모 교회 뿐 아니라 지상의 모든 이단과 타협한 교회들이 심판의 직전에 있는 것이다.

17절. 귀 있는 자는 성령이 교회들에게 하시는 말씀을 들을지어다. 이기는 그에게는 내가 감추었던 만나를 주고 또 흰 돌을 줄 터인데, 그 돌 위에 새 이름을 기록한 것이 있나니, 받는 자 밖에는 그 이름을 알 사람이 없느니라.

니골라당의 교훈과 싸워 승리하는 자는 세 가지 속을 받는다. 첫째, 그리스도께서 그에게 **"감추었던 만나를"** 주실 것이다. 성경에서 감추어진 만나는 언약궤 속에 감추어진 만나를 말한다. 그리고 이는 그리스도를 상징하는 것이다(출 16:33-34, 히 9:4). 니골라당은 교회의 성도들에게 행음과 우상제물을 먹도록 가르쳤다. 그러나 요한이 말한 대로, 니골라 당의 유혹을 이기는 자들은 생명나무를 먹게 될 것이다(계 2:7). 발람의 음식 먹기를 거부한 자들은 하늘로부터 내려온 만나를 먹게 될 것이다. 이러한 원리는 오늘날 우리에게도 적용된다. 우리는 세상이 주는 위로와 쾌락을 누리면서 동시에 하나님이 주시는 위로와 즐거움을 누릴 수 없는 것이다. 세상의 위로를 포기하라. 하나님의 위로가 시작될 것이다. 세상의 도움을 포기하라. 하나님의 도움이 시작될 것이다.

둘째, 성도들은 **"흰 돌"**을 받을 약속을 받는다. 이것은 '고대의 축제의 입장권' 이나, '무죄 석방의 표' 나, 혹은 '대제사장의 흉배의 장식돌' 등을 가리키는 것이다. 그러나 성경에는 만나와 관련된 흰 돌이 있다. 그것을 '베델리엄' 이라고 부른다(출 16:31, 민 11:7). 게다가 이 돌은 에덴동산과 관계가 있고, 그것을 생각나게 하는 것이다(창 2:12). 구원은 새 창조이고, 하나님의 백성들을 낙원으로 회복시키는 것이다. 이 돌은 낙원에 들어가는 입장권이며, 그 낙원에 있는 베델리엄 보석이다.

셋째, 성도들은 그리스도에게 속한 사람이라는 것에 대해 말하는 **"새 이름"**을 받는다. 하나님께서는 우리를 어떤 존재로 부르시고, 우리에게 '이름을 주시는 분' (Definer)이시다(사 62:2). 그런데 새 이름이 **"돌 위에"** 기록될 것이라고 한다. 그리고 그 새로운 이름을 그것을 **"받은 자 밖에는 알 사람이 없느니라"**고 하신다. 이는 새 이름이란 '비밀' 이 아니라, '독점적인 것' 이라는 뜻이다. 아무나 그 이름을 가지지 못한다. 오직 승리자만이 그 이름을 가질 수 있다. 니골라 이단은 '그리스도인' 이란 명칭을 소유하지 못한다. 그 이름은 오직 승리한 자들에게 주어진다. 우리에게는 그리스도인이란 아름다운 이름이 주어져 있다. 이는 그리스도에게 속한 사람이라는 뜻이다. 이 아름다운 이름값을 하며 살기를 바란다. 아멘.

4. 두아디라 교회의 사자에게(계 2:18-29)

두아디라에 대한 가장 유명한 일 중의 하나는 지역 경제를 지배하는 상업조합의 위세일 것이다. '길드' 리고 불리는 이 상업조합은 오늘날의 '계' 와 유사한 것이다. 상상할 수 있는 모든 산업은 이 길드에 의해 강력하게 통제되고 있었다. 즉 상업에 종사하려면, 적당한 조합에 가입해야만 했다. 그리고 조합원이 된다는 것은 또한 이방 신들을 숭배하는 것을 의미했다. 조합마다 자기들의 수호신이 있었고, 이교도들의 예배는 이 상업조합에서 주관했기 때문이다. 이방인들의 예배는 두 가지 중요한 일들이 요구되었는데, 우상에게 제사를 지낸 음식을 먹는 것과 불법적인 성관계를 갖는 것이다. 취하도록 먹고 마시고, 그 후에 광란의 섹스파티를 벌이는 것이다. 그러므로 어떤 성도가 상업에 종사하려면 심각한 문제에 직면해야 했다. 그의 그리스도에 대한 신실함은 그의 직업과 삶과 가족들을 부양하는 것에 갈등하게 했던 것이다.

18절. 두아디라 교회의 사자에게 편지하라. 그 눈이 불꽃같고 그 발이 빛난 주석과 같은 하나님의 아들이 이르시되,

한편 이 도시의 수호신인 지역신은 제우스의 아들인 아폴로 티리무노스(Apollo Tyrimnos)인데, 두아디라에서 아폴로 숭배는 자신을 성육한 신의 아들이라고 주장하는 가이사 숭배와 혼합되어 있었다. 그러므로 두아디라에서 기독교와 이교도와의 충돌은 자명하고 중심적인 것이었다. 그래서 이 교회에 나타나신 그리스도의 첫 번째 말씀이 그리스도 당신만이 **"하나님의 아들"** 이라는 선포였다. 이 하나님의 아들이란 이름은 계시록에서 여기뿐이다. 이 교회에 보낸 편지는 예수 그리스도의 무한하시고 절대적인 유일성을 강조하면서 이교주의와 국가주의에 대한 단호한 도전으로 시작한다.

19-20절. 내가 네 사업과 사랑과 믿음과 섬김과 인내를 아노니 네 나중 행위가 처음 것보다 많도다. 그러나 네게 책망할 일이 있노라. 자칭 선지자라 하는 여자 이세벨을 네가 용납함이니, 그가 내 종들을 가르쳐 꾀어 행음하게 하고 우상의 제물을 먹게 하는도다.

먼저 주님은 두아디라 교회를 칭찬하셨다. 19절을 읽어보자. **"내가 네 사업과 사랑과 믿음과 섬김과 인내를 아노니 네 나중 행위가 처음 것보다 많도다."** 주님이 다섯 가지를 칭찬하시는 것처럼 보인다. 그러나 첫 번째로 등장하는 **"사업"** 이란 뒤의 일들을 설명하는 것이다. 그리고 이 **"사업"** 과 **"행위"** 란 말은 원문상 '엘가' (*εργα*)라는 말로 같은 것이다. 그러므로 '사업' 이란 '행위' 라고 번역하는 것이 더 타당하고, <표준새번역>에는 그렇게 번역하고 있다. 그러므로 본문을 다시

번역하면 "**내가 네 행위, 즉 사랑과 믿음과 섬김과 인내를 아노니, 네 나중 행위가 처음 것보다 많도다**" 이다. 그런데 여기에서 "**사랑과 믿음**" 은 동기이고, "섬김과 인내" 는 결과이다. 사랑이 있으면 섬기게 된다. 믿음이 있으면 인내하게 된다. 사랑이 없는 섬김과 믿음이 없는 인내는 위선일 뿐이다. 섬김과 인내의 동기가 사랑과 믿음인지 스스로 확인하기 바란다. 두아디라 교회는 올바른 동기와 올바른 행위로 칭찬 받은 교회였다. 더욱 칭찬을 받은 이유는 이런 행위들이 점점 늘어갔기 때문이다. "**네 나중 행위가 처음 것보다 많도다.**"

그러나 그 교회의 모든 선한 사업에도 불구하고, 그리스도의 눈에는 커다란 결점이 보이는데 그것은 교리적이고 도덕적인 방종이다. 교회의 지도자들은 교회 안에 있는 잘못된 가르침들을 추구했다. 그리스도께서는 이전에 '니골라당' 이나 '발람' 이라고 하신 것처럼, 다시 상징적 이름으로 이단을 부르고 계신다. 이번에 그 이단은 B.C. 9세기의 이스라엘의 악한 왕비였던 "**이세벨**" 과 동일시된다. 그녀는 이스라엘 백성들을 바알과 아세라의 우상 숭배에 빠지게 했었다(왕상 21:25-26). 두아디라 교회의 이세벨은 이교도와의 타협을 주장했다. 물론, 매우 경건하게 들리는 말들도 있었을 것이다. 예를 들면, 하나님은 한 분이시니, 거짓 신에게 드리는 어떤 예배라도 '사실은' 참되신 하나님께 드려지는 것이다. 혹은 이방인들의 종교적인 의식에 참여하는 것으로 그들에게 기독교를 증거 할 수 있게 될 것이다. 혹은 박해로 사라지기보다 이방인들과 동행하는 것이 기독교를 살아남게 할 것이다. 혹은 모든 종교들은 서로 배울 점이 있다. 우리는 독선주의를 버리고 이방 종교의 전통의 장점들과 우리의 장점들을 연결하도록 해야 한다.

그러나 이러한 가르침은 이단적인 것이다. 용납할 수 없는 것이다. 두아디라 교회는 이 여자를 "**용납**" 했다. 그래서 "**그가 내 종들을 가르쳐 꾀어 행음하게 하고 우상의 재물을 먹게**" 했다. 우리는 분명히 알아야 한다. 정통에 바로 서는 것은 때로 관용성이 없는 것이다. 악과 거짓 교리를 관용하는 교회는 심판 하에 있는 교회이다. 하나님께서 더 이상 용납하지 않으실 것이다. 이것은 기독교는 다른 사람들의 인간적인 실수와 개성과 사소한 차이점들을 용납하지 못한다는 것을 말하는 것이 아니다. 그러나 진리에 대한 분명한 저촉이 있을 때, 교회는 비진리가 교회를 파괴하기 전에 비진리를 파괴해야 한다. 우리는 인간적인 문제와 진리의 문제를 구분할 수 있어야 한다. 대부분 진리 문제라고 내세운 많은 것들이 감정 문제였음을 알아야 한다. 그러나 진정 진리에 관한 문제라면 목숨 걸고 지키는 믿음이 있어야 한다. 진리에 대한 올바른 분별력과 용납하지 않는 확실한 대처가 있어야 할 것이다.

> 21-23절. 또 내가 그에게 회개할 기회를 주었으되 자기의 음행을 회개하고자 하지 아니하는도다. 볼지어다. 내가 그를 침상에 던질 터이요. 또 그와 더불어 간음하는 자들도 만일 그의 행위를 회개하지 아니하면 큰 환난 가운데에 던지고, 또 내가 사망으로 그의 자녀를 죽이리니, 모든 교회가 나는 사람의 뜻과 마음을 살피는 자인 줄 알지라. 내가 너희 각 사람의 행위대로 갚아 주리라.

그리스도는 이세벨에게 그녀의 **"음행"**을 **"회개할 기회를"** 주었다. 그러나 그녀는 거절했다. 결국 이세벨은 징계를 받았다. 22절을 읽어보자. **"볼지어다. 내가 그를 침상에 던질 터이요. 또 그와 더불어 간음하는 자들도 만일 그의 행위를 회개하지 아니하면 큰 환난 가운데에 던지고, 또 내가 사망으로 그의 자녀를 죽이리니"** 오늘날의 번역들이 많이 지적해 내는 것처럼, 이 "침상"은 '병상'(病床)이다. 섬뜩한 유머로, 예수님은 말씀하시는 것이다. "너는 (간음하러) 침대로 들어 기기를 원하느냐? 바로 그것이 너의 죽음의 침대가 될 것이다!" 그런데 이세벨의 추종자들에 대한 1세기의 심판이 **"큰 환난"**이란 말로 표현되었다. 이는 바로 그리스도께서 말씀하셨던 그 '대 환난'인 것이다(마 24:21, 34).

"내가 사망으로 그의 자녀(추종자들, cf. 사 57:3)**를 죽이리니"**라는 것은 우리들 귀에 이상하게 들린다. 그러나 이것은 그것의 성취의 완전성에 대한 언어적인 '이중증거', 즉 용어법(冗語法, pleonasm)으로 알려진 일반적인 히브리어 강조의 수단이다(cf. 창 2:17 "살지 못하고 네가 정녕 죽으리라"). 반드시 심판하시겠다는 것이다. 하나님의 심판은 빗나가지 않는다. 결국 **"모든 교회가 나는 사람의 뜻과 마음을 살피는 자"**인 줄 알게 될 것이다. 참으로 하나님을 사랑하는 자들은, 하나님께서 우리 각 사람의 행위에 따라서 우리를 심판하신다는 것을 거듭 마음에 새길 때에,

심판을 주의하고 마음을 새롭게 하고 복종할 것에 대하여 박차를 가할 것이다.

24-25절. 두아디라에 남아 있어 이 교훈을 받지 아니하고, 소위 사탄의 깊은 것을 알지 못하는 너희에게 말하노니, 다른 짐으로 너희에게 지울 것은 없노라. 다만 너희에게 있는 것을 내가 올 때까지 굳게 잡으라.

분명하게 이세벨 이단의 핵심은 **"사탄의 깊은 것"** 에 대한 연구를 포함하고 있었다. 이것은 우리가 이미 알고 있는 그녀의 가르침과 연결해 볼 때, '원시 영지주의' 로 보인다. 이것은 주변의 이교도들의 가르침을 받아들이는 것을 통하여 성화의 새롭고 높은 단계들에 도달할 수 있다는 것이다. 예를 들면, 기도를 하는데 불교에서 하는 단전호흡이나 고행 등을 기도에 도입하는 것이다. 여기에서 더 발전하면 라마교의 섹스를 통한 해탈에 이르는 것을 추구하는 통일교나 섹스교가 되는 것이다. 해 아래에 새 것이 없다. 새로운 것에 대한 맹목적인 추구는 올바른 정통에서 벗어날 수 있음을 주의해야 한다.

그러나 그리스도께서 말씀하시기를 **"이 교훈을 받지 아니"** 한 신실한 성도들이 있는데, 그들은 타협을 거부함으로 경제적 손실과 사회적 실패에도 불구하고, 사탄적인 행위들의 감추어진 지식을 따라 생각하지 않는 자들이다. 즉 **"너희에게 말하노니, 다른 짐으로 너희에게 지울 것은 없노라. 다만 너희에게 있는 것을 내가 올 때까지 굳게 잡으라."** 이것은 다시 이방인 개종자들을 위한 예루살렘 회의의 편지의 말들을 반영하고 있다. 즉 "성령과 우리는 이 요긴한 것들 외에 아무 짐도 너희에게 지우지 아니하는 것이 가한 줄 알았노니, 우상의 제물과 피와 목매어 죽인 것과 음행을 멀리 할지니라 이에 스스로 삼가면 잘되리라 평안함을 원하노라 하였더라" (행 15:28-29). 신실한 자들은 교리와 생활의 정통적인 규범들을 붙잡으며, 그리스도께서 교회에 불법적으로 남아있는 이단들과 배교자들을 심판하시기 위하여 환난을 가지고 오시기 전까지, 신앙의 기본적인 것들을 실천하기를 계속해야 했었다.

26-29절. 이기는 자와 끝까지 내 일을 지키는 그에게 만국을 다스리는 권

> 세를 주리니, 그가 철장을 가지고 그들을 다스려 질그릇 깨뜨리는 것과 같이 하리라. 나도 내 아버지께 받은 것이 그러하니라. 내가 또 그에게 새벽 별을 주리라. 귀 있는 자는 성령이 교회들에게 하시는 말씀을 들을 지어다.

두아디라에 있는 신실한 성도들은 밖으로 이방 세상과 안으로 교회 안의 타협한 이단들 모두에게 고난을 받았다. 아마도 그들은 그들이 이 싸움에서 이길 수 있을 것인지 의심하는 유혹도 받았을 것이다. 가장 번창하고 성공적인 성도들은 오히려 그리스도에게 신실하지 못한 자들이었다. 즉 정통주의자들은 마치 실패한 전투에서 싸우는 것 같아 보였다. 그들은 지금 무능력해 보였다. 그래서 교회에서 배교자들을 결코 축출하지 못할 것 같았다. 그러나 그리스도께서 사자들에게 말씀하셨다. 26-27절을 읽어보자. **"이기는 자와 끝까지 내 일을 지키는 그에게 만국을 다스리는 권세를 주리니, 그가 철장을 가지고 그들을 다스려 질그릇 깨뜨리는 것과 같이 하리라. 나도 내 아버지께 받은 것이 그러하니라."** 이것은 시편 2:8-9에 기록된 것과 같은 성부의 약속을 말하는 것이다. 성자는 모든 세상을 통치할 것을 허락 받았다. 그리고 만국은 그의 메시야적인 왕권 하에 놓일 것이다. 그의 나라에 대항하는 것은 무엇이든지 완전하게 박살이 날 것이다. 이 예언되어진 우주적인 왕으로서 그리스도께서 세워지심은 그리스도의 초림 때에 분명하게 발생했다.

그런데 이 세상에서 성도 승리자들은 예수 그리스도의 메시야적인 통치를 공유할 약속을 받았다. 하나님은 이미 당신의 아들에게 "하늘과 땅의 모든 권세"를 주셨다. 그리고 그 왕은 당신의 교회와 함께 세상 끝 날까지 함께 하실 것이다(마 28:18-20)! 그 왕이 패배하는 것이 가능하겠는가? 결국 지상의 모든 백성들은 우리의 발아래 복종해야 할 것이다(시 47:1-3). 그 약속들은 원래 이스라엘에게 주어진 것이다. 그러나 이제 새 이스라엘인 교회 속에 성취되어진다.

박해받고 연약해 보이는 두아디라 교회에게 이것은 복음이었다. 당시에 그들은 능력 있는 경제적이고 정치적인 권력자들의 처분 하에 있었다. 국가주의와 황제숭배가 점점 만연했다. 그들의 동료 신자들조차도 거짓 선지자와 이단들에 의해 유혹되었다. 두아디라에서 신실한 성도가 된다는 것은 어려움과 고난을 의미했다.

그들 주변의 모든 사람들이 단지 먹고살기 위해 약간의 방종을 하고, 이방 제단의 음식을 조금 먹음으로 일거리를 잡을 수 있을 때, 그들은 고통을 받았다. 모든 사람들은 그들을 단지 이상한 사람들이라고 생각할 뿐이었다. 밤마다 그들의 자녀들은 먹을 것을 달라고 울부짖었다. 그러나 상황은 반전될 것이다. 음지가 양지가 될 때도 있을 것이다. 그리스도께서 심판과 구원을 위해 오시기 때문이다.

이 성도들의 고난은 세상의 끝을 의미하지 않고 오히려 시작을 의미했다. 서서히 다가오는 것 같아 보이는, 어두운 밤은 사실은 열국에 울리는 그리스도의 나팔에 관한 소식이었다. 그들이 경험한 충돌은 그리스도께서 세상에 의해 패배하신 징조가 아니라, 단지 그 전투가 마침내 벌어졌다는 확증이었다. 성도들에게는 밤이 막 끝났다. 구속되고 자유로워진 우주는 밝은 날 속으로 황급하게 돌진한다. 그래서 그리스도는 이 승리자들에게 "**새벽 별**"을 주려고 한다. 우리는 이 새벽 별의 약속을 받은 사람들인 것이다(계 22:16).

5. 사데 교회의 사자에게(계 3:1-6)

사데 지역은 소아시아에서 가장 부를 누린 지역이었다. 사데 지역이 부를 누리게 된 일차적인 이유는 교통의 중심지였기 때문이다. 그곳은 두아디라와 버가모로 가는 길과 서머나로 가는 길과 브루기아로 가는 길과 빌라델피아로 가는 길과 에베소로 가는 다섯 대로(大路)의 중심지였다. 그러므로 자연적으로 산업과 상업이 발달했고 사데는 풍요를 누렸다.

또한 사데는 팍톨로스(pactolus)라는 강이 흘렀는데 그 강의 모래에는 많은 양의 사금이 섞여 있었다. 게다가 사데는 양모산업의 중심지였다. 브루기아 지방의 사람들은 양을 방목했고 사데에 몰고 와서 팔았던 것이다. 그래서 사데는 양모와 그것을 염색하는 염색공업 그리고 직물산업이 발달했다. 그래서 사데는 자연스럽게 부유한 곳이 될 수 있었다.

사데가 풍부한 곳이어서인지 B.C. 560년경 사데는 고대 리디아 왕국의 수도였다. 그 왕국의 왕은 크로에수스(Croesus)인데 그 시대에 소아시아에서 최초로 금화를 만들었다. 이것이 요즘 화폐의 시초를 이루고 있다. 그러므로 사데는 돈의 고향이라고 할 수 있는 곳이다.

1절. 사데 교회의 사자에게 편지하라. 하나님의 일곱 영과 일곱 별을 가지신 이가 이르시되, 내가 네 행위를 아노니 네가 살았다 하는 이름은 가졌으나 죽은 자로다.

이렇듯 사데 지역은 물질적으로 풍부한 곳이었다. 그리고 사데 교회는 외부적인 핍박이나내부적인 이단들도 없는 곳이었다. 그러나 그 교회는 병들어가고 있었다. 목회자들은 자신의 목회가 성공했다고 자만에 빠져있었다. 성도들은 자기 교회가 가장 완벽한 교회라고 자랑했다. 화려한 건물과 매 주일 많이 모이는 숫자와 엄청난 헌금, 그리고 성대하게 치러지는 행사들에 만족했다. 사데 교회는 성령께서 역사해 주실 일들을 돈으로 해결했다. 그래서 주님께서 "**하나님의 일곱 영과 일곱 별을 가진 이**"로 나타나신 것이다. 하나님의 교회는 하나님의 영으로 충만해야 하고, 하나님의 종들은 주님의 손에 붙잡혀 살아야 한다는 것을 강하게 보여주는 것이다.

또한 이 "**하나님의 일곱 영**"은 온 세상에 충만하신 성령님에 대한 표현이다. 그리고 "**일곱 별**"은 교회의 지도자들이다. 그리스도께서 이것들을 가지신 분이란 것은 그리스도께서 온 세상 교회의 실상을 정확하게 아시는 분이란 점을 강조하는 표현이다.

그래서 예수님께서는 그들에게 "**내가 너희들의 행위를 안다**"고 하셨다. 죽어서 천국에 가니 입만 왔더라는 식으로 오늘날 교인들은 말만 많고 행위가 없다고 비난받는다. 그러나 사데 교회는 행동하는 교회였다. 움직이는 교회였다. 그러니 살아있는 교회라고 소문이 자자했다. 그러나 일곱 영과 일곱 별을 가지신 분이므로 사데 교회의 실상에 대해서 정확하게 아시는 예수님의 평가는 달랐다. "**네가 살았다 하는 이름은 가졌으나 죽은 자**"라는 것이다. 물론 여기에서 죽었다는 것은 영적으로 죽었다는 말이다. 겉보기에는 살아있는 교회 같은데 영적으로 죽은 교회를 말한다. 그런데 오늘날도 이런 교회를 찾는 것은 그리 어렵지 않을 것이다. 겉보기에는 신앙생활을 잘 하는 것 같은데 영적으로는 죽은 신자들이 많기 때문이다.

2절. 너는 일깨어 그 남은 바 죽게 된 것을 굳건하게 하라. 내 하나님 앞에 네 행위의 온전한 것을 찾지 못하였노니,

그런데 예수님은 도대체 무얼 보시고 사데 교회를 영적으로 죽은 교회라고 하시는가? 2절 "**내 하나님 앞에 네 행위의 온전한 것을 찾지 못하였노니**"라고 한다. 행위가 있기는 한데 온전하지 못한 행동을 하는 것이다. 그것이 영적으로 죽은 상태이다. 예를 들면, 기도는 한다. 그러나 응답이 없다. 기도 응답은 직답(直答), 지답(遲答), 변답(變答), 무답(無答) 이렇게 네 종류이다. 바로 응답이 없더라도, 기다리라는 것도 응답이다(遲答). 다른 것으로 바꾸어 주시는 것도 응답이다(變答). 아니라고 말씀하시고 잘못 기도한 것을 깨닫게 하시는 것도 응답이다(無答). 그런데 하나님께서 아무런 반응이 없다. 아니 하나님을 만나는 시간에 아예 하나님을 만나지 못했다. 그것이 행위가 온전하지 못한 것이다.

설교를 듣는 것에 대해 생각해 보자. 설교는 듣는 것 자체가 축복이다. 하나님의 말씀을 듣는다는 생각만으로도 가슴이 벅찬 일이다. 그런데 설교를 듣는데 감동이 없다. 말씀이 깨달아지지 않는다. 머리로는 알겠는데 실천할 엄두가 나지 않는다. 이 모든 것이 감정적으로 지식적으로 말씀을 받기 때문이다. 하나님의 말씀으로 설교를 받지 않기 때문이다.

온전하지 못한 신앙생활에는 공통점이 있다. 자기는 나름대로 열심히 하는데 예수님께서 인정하지 않으시는 것이다. 아니 인정할 수 없는 것이다. 왜냐하면 예수님의 기준은 항상 "**내 하나님 앞에 네 행위의 온전한 것**"을 찾으시기 때문이다. 사람들이 볼 때에 그 정도면 됐다고 하는 것은 소위 '인본주의' 신앙이다. 예수님 보시기에 됐다고 해야 온전한 신앙이다. "메네메네 데겔 우바르신" 이는 벨사살 왕이 하나님의 저울에 달려서 부족함이 뵈었다는 말이다(단 5:25). 예수님께서 인정하시는 살아있는 믿음의 사람들이 되기를 바란다.

3절. 그러므로 네가 어떻게 받았으며 어떻게 들었는지 생각하고 지켜 회개하라. 만일 일깨지 아니하면 내가 도둑 같이 이르리니 어느 때에 네게 이를는지 네가 알지 못하리라.

예수님께서는 사데 교회에 두 가지 충고를 하고 있다. 첫째, "**깨어라!**" 라고 하신다. 예수님께서 이런 말씀을 하시게 된 배경에는 재미있는 역사가 있다. 절벽 위에 위치한 사데는 군사적으로 천혜의 요새였다. B.C. 6세기경 사데는 루디아 왕국의 수도였는데, 루디아의 크로에수스(Croesus) 왕이 페르시아의 고레스(Cyrus) 왕과 전쟁에서 지고, 이 사데 성안으로 들어왔다. 고레스의 군대가 이 성을 포위했다. 그러나 이 성은 도저히 접근할 수가 없었다. 그래서 성안에서는 방심했다. 그 때 고레스의 군사들은 가파른 절벽을 기어올라 그 성을 점령한 것이다.

사람들이 역사를 통해서 배우는 것은 역사를 통해 아무 것도 배우는 것이 없다는 것이다. 그리고 약 350년 후, B.C. 195년에 안티오커스 대제가 이 성을 공격할 때에도 등산가의 도움으로 방심하고 있는 사데를 점령한 것이다. 방심은 금물이다. "작전에 실패한 지휘관은 용서해도 경계에 실패한 지휘관은 용서할 수 없다" 는 말이 있다. 신앙생활에서도 방심은 금물이다.

아마 "**깨어라**" 는 말을 들은 사데 교회의 일부 교인들은 불평을 토로할 것이다. "당신이 무엇인데 우리를 비난하는가? 우리는 아무런 나쁜 짓도 하지 않았다. 오히려 열심히 충성한다고 했다." 그런데 그것이 문제이다. 사데 교회는 일을 열심히 한다고 했다. 그러나 온전하지 못했다. 하나님의 보시기에 그들은 충분하지 못했던 것이다. 다시 말하면, 사데 교회는 많은 사업들 때문에 겉으로는 살아 있는 교회로 보였을 뿐이었다.

오래 전에 서울의 모 교회에서 미얀마 선교여행을 다녀왔었다. 일주일 동안 140여명의 사람들이 일제히 휴가를 내서 찬양을 하고 왔다. 선물용 피아노 10대와 콘테이너 두 개 분량의 구제품 옷들을 앞세우고 미얀마를 다녀왔다. 물론 때로는 그런 일도 필요할 것이다. 그러나 어렵게 선교 활동을 하는 선교사님을 생각하면 그것은 전략적으로 바람직하지 못한 낭비일 수도 있다. 하나님의 일에 쓴 돈을 낭비라고 말하는 것이 이상한가? 문제는 효율성에 관한 것이다. 그 돈을 일회성의 행사로 뿌리고 오지 말고, 교회와 신학교를 세우고 사람을 키우는데 사용했다면, 수십 명의 현지인 지도자들을 양성할 수 있었을 것이다. 최소한 우리는 일을 만들고 벌이는데 만족하면 안 된다. 정말 하나님 앞에 최선을 다하고 있는지, 항상 묻고 또 물어 보아야 한다. 그것이 깨어서 사는 것이다.

둘째, "**네가 어떻게 받았으며 어떻게 들었는지 생각하라**"고 하신다. 이것은 교회에서 하는 일들의 본질에 대한 반성을 뜻하는 것으로 생각된다. 교회는 예배에 앞서 하나님이 어떤 분인지를 알아야 한다. 그래야 찬송하고 기도할 때 영적인 감격과 감동이 있다. 전도에 앞서 복음이란 무엇인지를 알아야 한다. 우리가 '변호사'처럼 하려고 하니 전도가 힘든 것이다. 즉 말을 잘해야 된다고 생각하는 것이다. 우리는 '증인'이다. 말을 멋있게 하기 위해서 거짓말을 하면 증인으로서 치명적인 실수를 하는 것이다. 하나님을 만난 사람이라면 전도는 쉬울 수밖에 없다. 내가 만난 예수님을 그냥 본 대로 들은 대로 말하면 되는 것이기 때문이다. 예수님을 만나지 않고 전도하는 것은 성경을 딸딸 외우고 아무리 말을 잘해도 거짓 증언을 하는 것이다. 선교도 마찬가지이다. 선행도 마찬가지이다. '행위'(doing) 이전에 '존재'(being)가 중요한 것이다.

오늘날 교회는 본질적인 문제에 충실해야 한다. 주일학교를 왜 하는가? 성경학교를 왜 하는가? 결국 복음을 전하고 성경을 가르치기 위해서이다. 프로그램이 중요한 것이 아니다. 복음의 본질을 회복하는 것이 중요하다. 방법은 그 다음이다. 먼저 본질에 충실하고 방법론을 계발해야 한다.

예수님께서 경고하시기를 "**만일 일깨지 아니하면 내가 도둑 같이 이르리니 어느 때에 네게 이를는지 네가 알지 못하리라**"고 하셨다. 도적같이 오시는 것은 세상 끝에 재림하시는 것과 동일한 것이 아니다. 불순종하는 개인이나 가족이나 교회나 국가를 심판하실 것을 말하는 것이다.

4절. 그러나 사데에 그 옷을 더럽히지 아니한 자 몇 명이 네게 있어 흰 옷을 입고 나와 함께 다니리니, 그들은 합당한 자인 연고라.

그러나 사데에 그들이 받고 들은 것을 신실하게 지킨 "**그 옷을 더럽히지 아니한 자 몇 명이**" 있었다. 여기에서 "**옷**"은 성도들의 행실에 대한 상징이다. 옷을 더럽히지 않은 사람들은 세속화되지 않고 주변의 이방문화에 동화되지 않은 사람들이다. 그들에게 하신 예수님의 첫째 약속은 "**흰 옷을 입고 나와 함께 다니리니**"라는 것이다. 계시록에서 성도들은 일곱 번이나 "**흰 옷**"을 입은 것으로 나타난다

(계 3:5, 18, 4:4, 6:11, 7:9, 13, 19:14). 그리고 그것은 영광-구름의 해같이 밝음에 원래 근거한 '깨끗함과 의' 에 대한 상징이다. 즉 그리스도 안에서 성도들은 해 같이 빛나는 하나님의 이미지로 재창조된다. 그리스도로 옷 입게 되기 때문이다(갈 3:27, 엡 4:24, 골 3:10). 이것은 우리의 세례 받을 때에 '결정적' 으로 일어나고(갈 3:27), 날마다 하나님의 계명에 복종하는 것으로 '점진적' 으로 일어나고(골 3:5-17), 마지막 날에 '최종적' 으로 일어날 것이다(골 3:4, 유 24). 즉 사람이 자기가 이미 입고 있는 그 옷을 더럽히지 않으면, 예수님께서 승리의 흰 세마포 옷을 입게 해주시는 것이다. 영광스러운 그 옷을 입을 때까지, 날마다 자신의 옷을 더럽히지 않는 생활을 하기를 바란다.

5-6절. 이기는 자는 이와 같이 흰 옷을 입을 것이요. 내가 그 이름을 생명책에서 결코 지우지 아니하고 그 이름을 내 아버지 앞과 그의 천사들 앞에서 시인하리라. 귀 있는 자는 성령이 교회들에게 하시는 말씀을 들을지어다.

승리자에 대한 둘째 약속은 "**내가 그 이름을 생명책에서 결코 지우지 아니하고**" 라는 것이다. 이 말은 여러 세기 동안 논란의 주제가 되어 왔다. 참된 성도가 타락할 수 있는가? 구원을 잃어버릴 수 있는가? 최소한 세 가지 잘못된 대답들이 있어 왔다. 첫째, 그리스도의 구속에 의해 참으로 구원되어진 사람들은 타락할 수 있고, 영원히 잃어버릴 수 있다는 것이다. 이는 '고전적 알미니안주의자들' 의 견해이고, 성경에서 반대하는 것이다. 그리스도에 의해 주어진 구원의 본질은 영원한 것이고, 하나님께서 보시기에 우리의 칭의는 우리의 행위에 의한 것이 아니라, 예수 그리스도의 완전하고 종결된 의와 대속하신 구원에 근거한 것이다(요 3:16, 롬 5:8-10 등).

둘째, 그리스도를 받아들인 모든 자들은 구원을 받은 것이다. 그들이 나중에 무엇을 행하든지 간에 그들은 저주받을 수 없다는 견해이다. 이는 전통적인 '햇병아리 복음주의자들' 의 견해이다. 이도 또한 성경과 반대되는 것이다. 이 견해를 따르는 자들은 칼빈주의와 알미니안주의 사이에서 양다리를 걸치려고 한다. 그들은 구원의 문에 들어서자마자, 구원의 문이 닫혀서 절대로 밖으로 나갈 수 없게 되기를 바란다. 그러나 성경은 인간의 책임에 관해서 묻는다. 그리스도를 주로 고백하고 선택받은 사람 같아 보이는 사람 가운데도 믿음에서 떠나 저주를 받은 가룟 유다 같은 자들이 있다. 구약성경은 믿음에서 떠난 언약 백성들을 셀 수 없이 많이 보여준다. 그리고 신약성경은 하나님의 언약을 깨뜨린 자들을 향한 하나님의 진노를 거듭해서 우리에게 경고한다(마 7:15-23 등). 예수님은 "끝까지 견디는 자가 구원을 받을 것이다"고 말씀하셨다.

셋째, 세상에 있는 모든 사람은 생명책에 기록되었지만, 그러나 불신자들은 책임질 나이가 지나간 후에 생명책으로부터 지워진다. 이 생각은 하도 엉뚱한 것이어서 성경은 직접적으로 반박하지도 않는다. 이는 어린아이들이 태어나서 '책임질 나이' 에 도달하기 전에는 기본적으로 구원받을 죄가 없다는 생각이다. 그러나 첫째, 책임질 참된 나이는 잉태되는 순간부터이다. 모든 사람들은 항상 하나님 앞에 책임이 있다(cf. 시 51:5, 롬 3:23). 둘째, 모든 사람은 이미 저주 하에 있다. 하나님의 구원의 은혜를 떠나서는 그들이 존재하는 순간부터 그들은 저주 하에 있는 것이다(cf. 요 3:18, 36, 롬 5:12-19). 셋째, 왜 아이들이 죽는가(롬 6:23)? 죄 때문이다. 사람은 죄인으로 태어나서 죄를 짓는 것이지 죄를 지어서 죄인이 되는 것이 아니다.

결국 본문에서 예수 그리스도께서 하신 경고는 사실이다. 생명책에 이름이 있는 사람들, 예를 들면, 그리스도를 고백하며 교회의 일원으로 세례 받고 성도로 여겨진 사람들이라도 반드시 그리스도를 향한 신실함이 끝까지 있어야 한다. 만약 그들이 이단과 죄와 사데에 만연한 '세속주의' 로 빠져들어 간다면, 그들의 이름은 구원받은 자들의 기록으로부터 지워질 것이다. 그러나 이 유혹을 이기는 신자들은 예수님께서 약속하신대로 절대로 그 이름이 흐려지지 않을 것이다. 오히려 **"그 이름을 내 아버지 앞과 그 천사들 앞에서 시인하리라**(cf. 마 10:32-33)" 이 메시지는 2,000년 전보다 오늘날 우리에게 더 중요하고 필요한 것으로 보인다. 우리는 **"성령이 교회들에게 하시는 말씀을 들을"** 귀가 있어야 한다.

6. 빌라델피아 교회의 사자에게(계 3:7-13)

빌라델피아는 빌라델포스라는 왕이 세운 도시이다. 역사가 헤로도투스는 이 도시의 기원에 관한 재미있는 이야기를 전한다. 에스더 왕비의 남편인 페르시아의 아하수에로가 유럽으로 원정하러 가는 길이었다. 그가 아시아에서 유럽으로 가는 험한 길에 쉴 곳을 찾았는데, 마침 큰 소나무가 있어서 그 그늘 아래에서 쉬었다. 그 소나무가 너무 고마워서 나무에다가 값비싼 선물을 걸어두고 그것을 지키기 위해 경비병을 한 명 두었다. 이것이 후에 아시아에서 유럽으로 가는 큰 길목 역할을 하게 되었고, 빌라델피아라는 도시가 세워질 때엔 두 대륙을 통과하는 관문과 같은 역할을 하게 되었다는 것이다. B.C. 140년 아탈루스 왕은 이곳에 도시를 세웠는데, 이 아탈루스는 형제를 무척 사랑한 인물이었단다. 그래서 별명을 빌라델포스, 즉 '사랑' 을 의미하는 '필' 과 '형제' 를 의미하는 '아델포스' 를 합쳐서 '형제 사랑' 의 도시인 빌라델피아라고 하게 되었다.

> 7절. 빌라델비아 교회의 사자에게 편지하라. 거룩하고 진실하사 다윗의 열쇠를 가지신 이 곧 열면 닫을 사람이 없고 닫으면 열 사람이 없는 그가 이르시되,

서머나 교회처럼, 빌라델피아 교회는 특히 배교자 유대인들에게 박해를 받았던 교회였다. 예수님은 자신을 진리에 대해 거부하는 자들인 유대인 지도자들과 대조되는 "**거룩하고 진실**"하신 분으로 선포하심으로 당신의 메시지를 시작하신다. 또한 예수님은 "**다윗의 열쇠를 가지신**" 분이었다. 그래서 "**열면 닫을 사람이 없고 닫으면 열 사람이 없는**" 분이셨다.

이 "**다윗의 열쇠**"라는 표현은 역사적인 배경을 가진 표현이다. 이사야 22:15-25을 보면, 부패한 관리인 셉나가 등장한다. 그는 부정축재한 돈으로 고급 묘실을 만든다. 이 때 하나님께서 선지자를 통해 그를 파면하시고, 힐기야의 아들 엘리야김을 세우겠다고 말씀하셨다. 그 때 사용된 표현이 "내가 또 다윗 집의 열쇠를 그(엘리야김)의 어깨에 두리니, 그가 열면 닫을 자가 없겠고 닫으면 열 자가 없으리

라" 이다(사 22:22).

이 충성된 엘리야김은 그리스도의 모형이다. 하나님께서는 거짓 청지기 대신에 신실한 청지기를 세우실 것이다(삼상 13:13-14). 그러므로 그리스도는 배교한 이스라엘 관원들을 거짓 청지기라고 말하고 있다. 그래서 그들은 공직에서 쫓겨나고, 모든 권세가 박탈되고, 거룩하고 진실하신 예수님이 대신하게 된 것이다. 회당의 문지기들은 배교자라고 해서 성도들을 쫓아냈다. 그러나 예수님은 '실제로는 회당에 있는 너희들이 배교자들이다' 라고 말씀하시는 것이다. 언약을 배반한 자들은 바로 '유대인들' 이고, 그래서 내가 참된 청지기인 '교회' 를 너희들 대신에 세울 것이라는 것이다.

성경에는 많은 '청지기 비유' 가 있다. 그 핵심 주제는 '유대인들은 악한 청지기이고, 그래서 교회가 새로운 청지기가 되었다' 는 것이다. 만약 우리도 청지기로서 사명을 감당하지 못하면 악한 청지기로 전락하게 될 것이다. 우리의 모든 소유는 하나님께서 맡기신 것이다. 우리는 청지기로서 관리하는 것이다. 충성된 청지기들이 되어야 할 것이다.

8절. 볼지어다. 내가 네 앞에 열린 문을 두었으되 능히 닫을 사람이 없으리라. 내가 네 행위를 아노니, 네가 작은 능력을 가지고서도 내 말을 지키며 내 이름을 배반하지 아니하였도다.

예수님께서 다윗의 열쇠를 가지셨기 때문에 이 그리스도를 따르는 믿음 때문에 잘못된 출교의 고난을 당하는 박해받는 신자들을 위로하실 수 있었다. **"내가 네 행위를 아노니"** 라고 예수님께서 그들의 행위를 인정해 주셨다. 사람은 몰라도 주님은 우리의 모든 외롭고 답답한 처지를 지켜보고 계신다. 비록 빌라델피아 교회 성도들은 열쇠를 가진 자에 의해서 문 밖으로 쫓겨났지만, 그러나 내가 열쇠를 가졌고, **"볼지어다. 내가 네 앞에 열린 문을 두었으되 능히 닫을 사람이 없으리라"** 고 하신다.

그러면 빌라델피아 교회 앞에 열어두신 이 **"열린 문"** 이란 무엇인가? 먼저, 성경의 '닫힌 문' 을 살펴보자. 마태복음 23:13 "화 있을진저 외식하는 서기관들과 바리새인들이여 너희는 천국 문을 사람들 앞에서 닫고 너희도 들어가지 않고 들어가려 하는 자도 들어가지 못하게 하는도다." 여기에서 '닫힌 문' 은 서기관들과 바리새인들이 닫은 천국 문이다. 누가복음 13:25에서도 역시 '닫힌 문' 은 천국잔치의 문이다. 그러므로 우리는 열린 문이 무엇인지를 쉽게 생각할 수 있다. 사도행전 14:27 "이방인들에게 믿음의 문을 여신 것을 고하고." 고린도전서 16:9 "내게 광대하고 공효를 이루는 문이 열리고." 고린도후서 2:12 "주 안에서 문이 내게 열렸으되." 골로새서 4:3 "또한 우리를 위하여 기도하되 하나님이 전도할 문을 우리에게 열어 주사 그리스도의 비밀을 말하게 하시기를 구하라." 계시록 4:1 "이 일 후에 내가 보니 하늘에 열린 문이 있는데." 계시록 21:25 "성문들을 낮에 도무지 닫지 아니하리니 거기는 밤이 없음이라." 이상에서 열린 문들의 공통점은 '복음의 문' 이며, '천국의 문' 이다. 그러므로 예수님께서 열어 놓으신 이 열린 문은 천국 문이고, 이 천국의 문은 아무도 닫을 수 없는 것이다.

만약 우리가 문을 열었다면 마귀가 닫고자 할 때, 막을 힘이 없을 것이다. 그러나 예수님께서 열어 놓으셨기에 닫을 자가 없는 것이다. 빌라델피아 교회는 "작은 능력" 을 가지고 있을 뿐이었다. 그들은 사데 교회와 비교해 보면 탁월하거나 특징적이거나 혹은 외적인 부흥이 없었다. 그러나 그들은 "**내 말을 지키며 내 이름을 배반치 아니하였도다**" 라고 주님의 칭찬을 받고 있는 것이다.

열린 천국 문으로 들어가는 데에는 많은 능력이 필요한 것이 아니다. 능력이 부족해도 예수님의 말씀을 지키며 예수님의 이름을 배반하지 않는 것이 필요할 뿐이다. 우리는 물질이 적거나 건강이 안 좋거나 지식이 없어서 천국에 못 가는 것이 아니다. 끝까지 예수님의 말씀을 지키고 예수님의 이름을 배반하지 않으면 천국에 들어가는 것이다. 나만 들어가는 것이 아니라, 다른 사람들에게도 천국 문을 열어 주게 되는 것이다. 전도는 인간적인 능력으로 하는 것이 아니다. 예수님에 대한 우리의 변함없는 신실함이 복음의 문을 열 것이다. 어느 책에 소개된 에피소드 하나를 기억한다. 어느 초등학교 소년이 호랑이 같은 부모의 반대를 무릅쓰고 교회에 나왔다. 어느 날, 화가 난 아버지는 작두에 아이 손을 넣고 다신 교회 나가지 않겠다고 약속하라고 협박했다. 아이는 그럴 수 없다고 했다. 결국 아버지는 "예수님이 어떤 분이 길래 이 어린것이 이다지도 마음을 굳게 먹고 있는지 모르겠다"라고 그 길로 교회를 가서 예수님을 믿게 되었다. 우리가 능력이 적어도 그래서 여러 가지 어려움 가운데 있어도 변함없이 예수님을 사랑하고 의지할 때 전도의 문이 열리는 기적이 나타나는 것이다.

> 9절. 보라. 사탄의 회당 곧 자칭 유대인이라 하나 그렇지 아니하고 거짓말하는 자들 중에서 몇을 네게 주어 그들로 와서 네 발 앞에 절하게 하고 내가 너를 사랑하는 줄을 알게 하리라.

빌라델피아 지역의 유대인들은 성도들을 박해했다. 그러나 그들의 정체는 폭로된다. "**보라. 사단의 회 곧 자칭 유대인이라 하나 그렇지 않고 거짓말하는 자들 중에서 몇을 네게 주어, 저희로 와서 네 발 앞에 절하게 하고, 내가 너를 사랑하는 줄을 알게 하리라.**" 배교한 유대인들은 사탄의 회였다(cf. 계 2:9). '정통' 유대주의 같은 것은 없다.[8] 예수님을 거부하는 구약에 대한 참된 믿음 같은 것은 없다. 그리스도를 믿지 않는 자들은 또한 구약을 믿지 않는 자들이다. 유대인들은 자신들의 마귀적인 종교를 버리고 조상들의 신앙, 즉 메시아이신 예수 그리스도를 믿는 신앙으로 돌아서기 전에는 하나님의 백성으로 인정되지 않을 것이다.

비록 그들의 세력이 당시의 빌라델피아에서 우세할지라도, 참 언약 백성에 대한 그들의 지배는 더 길지 못할 것이다. 그리스도께서 성도들의 발 앞에 그들을 "**절하게**" 만들 것이라고 했다. 아이러닉하게 이 약속은 원래 하나님께서 이방인

---

8) 유대인(Jew)은 출애굽 이후에 하나님의 제사장 나라로 이름이 주어진 유대족속(Judahite)을 가리킨다. 그러나 그들은 AD 70년 이후에 더 이상 존재하지 않는다. 오늘날의 혈통적 유대인을 자칭하는 자들은 실제로는 '유대교'로 개종한 자들인 것이다. 대부분의 오늘날 유대인들은 셈족이 아니다. 중세기에 유대교로 개종한 동부 유럽 사람들의 후손들이다. Arthur Koestler의 *The Thirteenth Tribe*(열세번째 부족)은 이것에 대한 많은 정보를 제공하고 있다. 게다가 오늘날 유대인들은 구약의 하나님을 경배하지 않는다. 그들은 세속적인 휴머니스트들이거나 탈무드 신봉자들(Talmudist)이다. 그리고 탈무드는 코란이나 몰몬경보다 구약과 관계가 없다. 코란이나 몰몬경같이, 탈무드나 미쉬나는 예수 그리스도를 통한 하나님의 계시를 완전히 모호하게 하는 그런 방식으로 구약을 추가하고 재해석하기 위하여 고안된 것일 뿐이다. Cf. J. B. Jordan, "The Future of Israel Reexamined (part 1)", *BH 27* (1991).

들에게 박해를 받는 언약 백성에게 주신 약속인 이사야 60:14에 있는 것이다. "너를 괴롭게 하던 자의 자손이 몸을 굽혀 네게 나아오며 너를 멸시하던 모든 자가 네 발아래 엎드리어 너를 일컬어 여호와의 성읍이라 이스라엘의 거룩한 자의 시온이라 하리라."

자칭 '유대인' 이라고 주장하는 자들은 실제는 박해하는 이방인의 위치에 있는 자들이다. 그러나 그들은 이제 아브라함과 모세에게 한 언약의 상속자가 교회임을 알게 될 것이다. 왜냐하면 교회가 참 이스라엘이고, 교회에 들어옴으로 이 신자들은 "시온 산과 살아 계신 하나님의 도성에 이르는" 자들이기 때문이다(히 12:22). 배교한 이스라엘은 언약 백성들의 생명나무에서 가지치기를 당했고, 반면에 열방에서 온 그리스도 안에 있는 신자들은 접붙임을 받았던 것이다(롬 11:7-24).

10-11절. 네가 나의 인내의 말씀을 지켰은즉 내가 또한 너를 지켜 시험의 때를 면하게 하리니, 이는 장차 온 세상에 임하여 땅에 거하는 자들을 시험할 때라. 내가 속히 오리니 네가 가진 것을 굳게 잡아 아무도 네 면류관을 빼앗지 못하게 하라.

빌라델피아의 박해받는 성도들은 "**인내의 말씀을 지켰은즉**" 그들의 주님께서는 이제 "**그들을 지키어 시험의 때를 면하게 하리라**"고 약속하신다. 그리스도는 그들을 휴거 시키거나 데려가겠다고 약속하지 않고, "**지키어**" 주겠다고 하신다. 한글성경은 "**면하게 하리니**"라고 되어 있는데, 이는 '보호하다' 는 의미이다. 그래서 <표준새번역> 성경은 "인내하라는 내 말을 네가 지켰으니, 온 세상에 닥쳐올 시험을 받을 때에, 나도 너를 지켜 주겠다"라고 번역하고 있다. 예수님의 약속은 지켜주겠다는 것이다. 이는 다른 말로, 타락으로부터 그들을 지켜 보호하겠다는 약속이다(유 1:24). 휴거를 주장하는 자들은 이 구절이 '환란 전 휴거설' 을 지지하는 구절이라고 한다. 그러나 실제로는 휴거 같은 것은 전혀 나타나지 않는 것이다.

사실 본문은 종말이나 재림에 대해서 말하고 있는 것이 결코 아니다. 여기서 말하고 있는 "**시험의 때**"는 "**이는 장차 온 세상에 임하여 땅에 거하는 자들을 시험할 때**"와 동일한 것이다. 이것은 1세기 독자들의 입장에서 환란의 시기가 '장차 임할' 것이라는 것이다. 수천년 뒤에 일어날 그 무엇으로부터 빌라델피아 교회를 보호해주시겠다고 그리스도께서 약속하셨다는 것이 아니다. 그러므로 이것은 1세기 빌라델피아 교회 성도들에게 장차 임할 시험의 때이고, 세대주의자들이 말하는 역사 끝에 있을 어떤 종말적인 대환난을 말하는 것이 아니다.

요한은 **"땅에 거하는 자들"**이라는 표현을 배교한 이스라엘과 관련해서 계시록에서 12번 사용했다(계 3:10, 6:10, 8:13, 11:10a, b, 13:8, 12, 14a, b, 14:6, 17:2, 8). 반역하고 배교한 이방인들이 멸망되고 땅에서 쫓겨날 것이라는 성경의 역사서의 용례에 기초해서(민 32:17 등), 초대교회에 의해 번역된 헬라어 구약성경(LXX)에서는, 반역하고 배교한 이스라엘이 멸망되고 땅에서 쫓겨날 것이라는 것은 지극히 평범한 예언적 표현이었다(렘 1:14 등). 즉 이스라엘은 이제 이방 민족 중의 하나가 되었고, 파괴되고, 추방되고, 새로운 민족인 교회로 보충될 것이다. 마귀는 로마와 유대의 양면으로 기독교를 파괴하려고 시도할 것이다. 그러나 마지막 결과는 옛 이스라엘과 로마의 파멸이 될 것이다. 성도들은 고통의 시기를 보내야 할 것이고, 믿음에서 돌아서게 하는 많은 유혹들이 있을 것이다. 그러나 예수님은 성도들에게 다가올 환란의 때에 그들을 보호하실 것을 약속하신다. **"내가 속히 임하리니"** 약속된 심판은 멀리 있지 않다. 그러므로 **"네가 가진 것을 굳게 잡아 아무나 네 면류관을 빼앗지 못하게 하라"**고 한다.

12-13절. 이기는 자는 내 하나님 성전에 기둥이 되게 하리니, 그가 결코 다시 나가지 아니하리라. 내가 하나님의 이름과 하나님의 성 곧 하늘에서 내 하나님께로부터 내려오는 새 예루살렘의 이름과 나의 새 이름을 그이 위에 기록하리라. 귀 있는 자는 성령이 교회들에게 하시는 말씀을 들을지어다.

다시 승리자들에게 주는 약속은 구원에 대한 상징적 표현을 포함하고 있다. 첫째, 그리스도는 **"내 하나님 성전에 기둥이 되게 하리니"**라고 말씀하고 있다. 이는 제사장의 겉옷과 건축학적인 구조들이 상응하는, 성막과 성전의 복합적인 이미지와 관계가 있다. 성막의 두 기둥(성전의 두 기둥)은 '어깨'라고 불린다. 한편 하나님의 이름이 새겨진 제사장의 머리 장식은 기둥에 걸쳐진 상인방에 상응하는 것이다. 성전의 두 기둥이 '야긴'(그가 세울 것이다) 과 '보아스'(그 안에 힘이 있다)라고 명명된 것처럼(왕상 7:21), 대제사장의 에봇의 어깨 장식은 이스라엘 자손들의 이름들이 새겨져 있었다(출 28:9-12). 이 모든 것이 신실한 이기는 자가 하나님의 성전의 기둥같이 될 것이라는 계시록에서 함께 나타나고 있다. **"그가 결코 다시 나가지 아니하리라."** 즉 하나님의 백성들은 견고함과 영원함으로 특징 지워지고 있다(cf. 렘 1:18, 딤전 3:15). 우리는 쫓겨 다니며 방랑하는 생활에서 구속받을 것이다.

계속해서 그리스도께서 말씀하신다. **"내가 하나님의 이름과 하나님의 성 곧 하늘에서 내 하나님께로부터 내려오는 새 예루살렘의 이름과 나의 새 이름을 그이 위에 기록하리라."** 이 모든 것은 우리가 계시록의 마지막 장에서 보는 것 같이, 즉 "그의 얼굴을 볼 터이요 그의 이름도 저희 이마에 있으리라"(계 22:4)와 같이, 하나님에 대한 이미지로 하나님의 백성들의 완전한 회복에 대하여 말하고 있는 것이다. 언약의 기본적인 축복 중의 하나는 하나님과 친밀한 관계가 회복되는 축복을 포함한다. 즉 "여호와는 그 얼굴로 네게 비취사 은혜 베푸시기를 원하며"(민 6:25). 하나님의 얼굴빛을 보는 것은 하나님의 이미지를 가진 자로 구원에 참여하는 것과 하나님의 영광을 반사하는 것을 의미한다(출 34:29-35 등). 우리가 이미 살펴본 바와 마찬가지로, 이마에 새겨진 하나님의 이름은 회복된 인간의 모습을 상징하는 것이다(신 6:4-9).

그 그림은 성도들이 **"내 하나님께로부터 내려오는 새 예루살렘"**의 시민이 된다고 선언되는 것으로 완성된다. 아브라함의 믿음에서부터 배교한 옛 예루살렘은 심판 하에 있고, 곧 파괴될 것이다. 하나님께서 버리신 옛 성전은 마귀의 처소가 될 것이고, 곧 돌 위에 돌이 하나도 남지 않게 파괴될 것이다(마 24:1-2).[9] 그러나

---

9) 실제로 Josephus의 기록에 의하면, 디도는 그가 남겨둔 세 개의 탑 외에는 성전과 성 전체를 파괴할 것을 명령했다. 디도가 남겨둔 탑을 제외한 나머지 성벽들은 그 기초까지 철저하게 파괴되어 버렸다. 그래서 한 때 거기에 사람이 살았다고 생각할 수 있는 것들이 아무 것도 남아 있지 않았다. 유대인 저술가인 Maimonides는 디도의 군대 장관 중 하나인 Terentius Rufus가 보습으로 성전의 기초까지 파헤치므로 '시온은 밭갈이 당하고' 라는 예언(미 3:2)이 성취되었다(유대전쟁사II, 6.4:5-7). Cf. Barnes, *Notes on the New Testament Matthew and Mark* (Grand Rapids: Baker Book House, 1962), p. 250.

이제 그리스도의 교회는 땅이 아닌 하늘에 기원을 둔 하나님의 도시인 새 예루살렘이 될 것이다. 옛 예루살렘의 시민들은 땅 끝까지 흩어지고(눅 21:24), 한편 하나님과 성도들의 관계는 그들을 하나님께서 거하시는 장소인 성전 기둥에 묘사할 정도로 친밀해질 것이다. 게다가 기둥은 원래 그것의 위치에서 옮겨지지 않을 것이다. 왜냐하면 성도들은 **"결코 다시 나가지 아니"** 할 것이기 때문이다.

예수님은 말씀하셨다. "동서로부터 많은 사람이 이르러 아브라함과 이삭과 야곱과 함께 천국에 앉으려니와, 나라의 본 자손들은 바깥 어두운 데 쫓겨나, 거기서 울며 이를 갊이 있으리라"(마 8:11-12). 그리고 이것은 빌라델피아의 승리한 신자들이나 우리에게 진리이다. 끝까지 믿음을 지킨 우리는 천국의 영광을 누릴 것이다. 그 날을 소망하며 인내하는 믿음의 사람들이 되기를 바란다.

7. 라오디게아 교회의 사자에게(계 3:14-22)

그 동안 소아시아의 일곱 교회를 살펴보았다. 교회마다 칭찬도 책망도 있었다. 서머나 교회나 빌라델피아 교회 같은 교회는 책망은 없고 칭찬만 받기도 했다. 그런데 라오디게아 교회만은 유일하게 칭찬이 없었다. 책망만 받았다. 사데 교회 같은 교회도 그 나마 몇 명은 칭찬을 받았는데, 라오디게아 교회는 아무도 칭찬받은 사람이 없었다. 예수님은 조그마한 좋은 점이라고 칭찬하시고 격려하기를 기뻐하신다. 그런데도 칭찬이 없었던 것은 왜일까?

14절. 라오디게아 교회의 사자에게 편지하라. 아멘이시요 충성되고 참된 증인이시요 하나님의 창조의 근본이신 이가 이르시되,

소아시아에서 가장 부유한 도시인 라오디게아는 은행과 모직 산업과 의학의 중심지였다. 그 교회의 장로들에 대한 메시지에서 예수님은 자신을 세 가지로 정의하셨다. 첫째, 예수님은 당신이 **"그 아멘"** 이라고 하셨다. 이것은 모든 성도들에게도 해당되는 말이다. 우리는 그것을 우리의 신앙고백이나 찬양이나 기도 끝에 반복한다. 그것은 일반적으로 '그렇게 될지어다' 라고 이해되어졌다. 그러나 성경

에서 '아멘' 의 실제적인 힘은 매우 강력한 것이다. '아멘' 은 사실은 맹세문구이다. 즉 '아멘' 이라고 하는 것은 언약의 저주를 자기 자신 위에 퍼붓는 것이다. 신명기 27장을 보면 모세가 이스라엘 장로들을 불러 모은다. 요단강을 건너거든, 그리심산에서는 축복을 에발산에서는 저주를 선언하고, 그 때마다 백성들에게 '아멘' 을 외치도록 한다. 언약적인 축복과 저주가 '아멘' 으로 인쳐지는 것이다(신 27:15-26, cf. 민 5:21-22, 느 5:12-13). '아멘' 의 결과는 축복 아니면 저주이다. 중간지대는 없다. 다른 교회에 나타난 예수님의 자기 계시가 그런 것처럼, 라오디게아 교회를 향한 주님의 '아멘이심' 은 라오디게아 교회가 회색 지대에 놓일 수 없다는 사실을 암시한다.

우리의 "예와 아멘"이신 예수 그리스도는, 당신의 완전한 복종과 구속적인 희생과 계속적인 하늘의 법정에서의 중재에 의해서, 언약적인 약속의 보증이시다(고후 1:20, 갈 3:13, 히 7:22-28, 9:24-28, 10:10-14). 그러므로 하나님의 말씀에 대한 제의적인 응답으로서 우리의 '아멘' 은 구원이 우리가 언약을 지키는 것에 의존하는 것이 아니라, 언약의 상벌과 저주 하에 자신을 두신 예수 그리스도의 완전하신 언약 지키심에 의존한다는 것에 대한 '맹세' 이고 '승인' 이다.

둘째, 예수님은 "**충성되고 참된 증인**"이라고 한다. 증인에게 요구되는 것은 진실이다. 라오디게아 교회는 세상적인 부와 자랑들을 많이 가지고 있었다. 그러나 그것들은 증인의 절대 요건들이 아니다. 오히려 세상적인 자랑들은 증인의 삶에 걸림돌이 될 수 있다.

셋째, 예수님은 "**하나님의 창조의 근본**"이라고 하신다. 이 "**근본**"이라는 말은 '아르케' 이다. 골로새서 1:15-18은 예수께서 '아르케' 이심을 잘 보여준다. "그는 보이지 아니하시는 하나님의 형상이요, 모든 창조물보다 먼저 나신 자니, 만물이 그에게 창조되되 하늘과 땅에서 보이는 것들과 보이지 않는 것들과 혹은 보좌들이나 주관들이나 정사들이나 권세들이나 만물이 다 그로 말미암고 그를 위하여 창조되었고, 또한 그가 만물보다 먼저 계시고 만물이 그 안에 함께 섰느니라. 그는 몸인 교회의 머리라 그가 근본이요 죽은 자들 가운데서 먼저 나신 자니 이는 친히 만물의 으뜸이 되려 하심이요." 사실 라오디게아 교회는 바울을 돕던 브리스가가 세운 교회이다. 위치도 골로새 옆에 라오디게아가 있었다. 그래서 바울은 골로새서에서 라오디게아 교인들의 안부를 묻는 것이다(골 4:15-16). 그런데 예수님께서 '아르케' 되심은 라오디게아 교인들이 누리고 있는 물질적인 부가 누구에게로부터 말미암았는지를 보여주는 것이다. 라오디게아 교인들은 자신들이 누리는 축복의 근원을 잊은 것이다.

그러므로 라오디게아 교회에 말씀하시는 예수님은 언약의 위대한 보증자이신 '그 아멘' 이시고, 우주의 창조자와 왕으로서 모든 권세를 가지신 거짓 없는 증인이신 진리 자체이시다. 그리고 그는 이제 당신의 교회를 향하여 증거하시는 것이다.

15-16절. 내가 네 행위를 아노니 네가 차지도 아니하고 뜨겁지도 아니하도다. 네가 차든지 뜨겁든지 하기를 원하노라. 네가 이같이 미지근하여 뜨겁지도 아니하고 차지도 아니하니 내 입에서 너를 토하여 버리리라.

라오디게아는 "**차지도 아니하고 뜨겁지도 아니**" 하였다. 이 '뜨겁다' 는 것은 거룩한 열정주의를 의미하고, '차다' 는 것은 불경건한 냉소주의로 해석될 수 있다. 그러나 역사적이고 지정학적인 맥락에서 보다 나은 설명이 가능해진다. 라오디게아는 골로새와 히에로폴리스라는 중요한 두 도시 사이에 위치해 있었다. 산꼭대기의 그림자 속에 좁은 언덕 속에 끼여 있는 골로새는 산 정상에서 흘러내리는 빙하가 있었다. 반대로 히에로폴리스는 라오디게아를 목전에 둔 언덕 아래로 폭포를 이루기 전에 도시 밖으로 흘러 들판을 가로지르는 석회수 온천으로 유명했다. 그런데 시간이 지나 물이 계곡 바닥에 이를 때, 석회수는 미지근해지고 냄새가 나고 구토를 일으켰다. 골로새의 물이 시원하고 차고 생기를 주는 음료수라면, 히에로폴리스의 물은 뜨거운 온천탕에서 목욕하는 것으로 치료를 하게 했다. 그러나 라오디게아의 물은 온천욕을 위해 뜨겁지도 않고 마시기에 차갑지도 않았다.

다른 말로, 라오디게아에 대한 기본적인 책망은 무익하다는 것이다. 아무 쓸모가 없다는 것이다. 라오다게아 교회는 영적으로 약한 자들을 위한 신선함도 영적으로 병든 자들을 위한 치료도 주지 못했다. 결국 라오디게아 교회는 열매가 없음 때문에 책망을 받았다. 예수님은 "**네가 차든지 뜨겁든지 하기를 원하노라**" 고 하셨다. 이는 철저한 배교가 중용보다도 낫다고 말하는 것이 아니다. 그렇게 믿을 바엔 차라리 믿지 말라는 말도 아니다. 예수님은 라오디게아 교회가 그 도시에서 영향력을 가지기를 원하고 있는 것이다.

우리들의 소명은 이방 환경 속에 섞이는 것이 아니라, 하나님의 말씀대로 세상을 변화시키는 것이다. 오늘날 우리는 지나치게 교회 안에서의 복음만 생각한다. 이것은 일종의 '눈감은 영성' 이다. 우리는 '눈뜬 영성' 도 알아야 되고 실천해야 한다. 눈감고 기도하고 찬송하는 것만이 경건 생활의 전부가 아니다. 두 눈 부릅뜨고 세상을 바라보아야 한다. 세상을 새롭게 해야 한다. 우리의 모든 삶의 터전에서 하나님의 영광을 나타내야 한다. '주일날 예배에도 잘나오고 헌금도 잘할 테니 그 이상은 내게 요구하지 마시오' 라고 말해선 안 된다. 십일조 잘 드리고 예배에 안 빠지는 것이 신앙의 절대 기준은 아니다. 그것은 기본이다. 우리는 그 이상의 책임이 있다. 세상을 변화시키는 것이다.

교회가 영적인 영향력을 상실하면 어떻게 되는가? "너희는 세상의 소금이니 소금이 만일 그 맛을 잃으면 무엇으로 짜게 하리요? 후에는 아무 쓸데없어 다만 밖에 버리워 사람에게 밟힐 뿐이니라"(마 5:13). 라오디게아 교회를 향해서는 이렇게 말씀하시고 있다. 네가 이같이 미지근하여... 내 입에서 너를 토하여 내치리라. 그런데 이것은 레위기 18:24-28의 반영이다. "너희는 이 모든 일로 스스로 더럽히지 말라. 내가 너희의 앞에서 쫓아내는 족속들이 이 모든 일로 인하여 더러워졌고, 그 땅도 더러워졌으므로, 내가 그 악을 인하여 벌하고, 그 땅도 스스로 그 거민을 토하여 내느니라. 그러므로 너희 곧 너희의 동족이나 혹시 너희 중에 우거하는 타국인이나 나의 규례와 법도를 지키고 이런 가증한 일의 하나도 행하지 말라. 너희의 전에 있던 그 땅 거민이 이 모든 가증한 일을 행하였고, 그 땅도 더러워졌느니라. 너희도 더럽히면 그 땅이 너희 있기 전 거민을 토함같이 너희를 토할까 하노라."

오늘날 시골을 떠나 도시에 사는 사람들은 소위 '출세' 한 것이 아니라, 어떤 면에서 땅에서 토해진, 즉 쫓겨난 사람들이라고 생각한다. 가끔 교회를 떠나는 사람이 있다. 믿다가 낙심하여 교회를 떠나는 사람들의 이유는 여러 가지이다. 그러나 한 가지 분명한 것은 그가 떠난 것이 아니라 쫓겨난 것이다. 주님께서 입 밖으로 토해낸 것이다. 라오디게아 교회의 미지근함은 가증한 것이다. 그래서 그 교회는 교회 전체적으로 출교를 위협받았다.

> 17-18절. 네가 말하기를 나는 부자라. 부요하여 부족한 것이 없다 하나, 네 곤고한 것과 가련한 것과 가난한 것과 눈 먼 것과 벌거벗은 것을 알지 못하는도다. 내가 너를 권하노니 내게서 불로 연단한 금을 사서 부요하게 하고 흰 옷을 사서 입어 벌거벗은 수치를 보이지 않게 하고 안약을 사서 눈에 발라 보게 하라.

라오디게아는 세 가지 자랑거리가 있었다. 첫째는 중요한 은행 중심지로서 대단한 부와 재정적인 자립, 둘째는 세계적으로 유명한 극상품의 검고 윤이 나는 모직을 생산하는 직물 산업, 셋째는 명문의학교 뿐 아니라 아리스토텔레스 시대 이후 잘 알려진 '프리지안 연고' 라고 부르는 안약이다. 예수님은 그 교회의 문제들을 비유하는데 이러한 요소들을 사용하여 라오디게아 교회의 일반적인 태도들을 말씀하셨다. **"네가 말하기를 나는 부자라 부요하여 부족한 것이 없다."** 그러나 실제로는 그 교회가 엄청난 부와 사회적 지위에도 불구하고, 그들은 무능했고 하나님의 나라를 위해 아무 것도 할 수 없었다. 교회나 개인이 부유한 것은 죄가 아니다. 사실 하나님께서는 우리가 부요해지기를 원하신다(신 8:18). 죄가 되는 것은 하나님 나라의 확장을 위해 우리의 재물을 사용하지 않는 것이다. 서머나 교회와 같이 상대적으로 가난한 교회를 실제로는 부자라고 할 때(계 2:9), 라오디게아 교회의 무력함에는 변명의 여지가 없다. 그 교회의 문제는 부유한 것이 아니라 불순종하는 것이다. 즉 **"네 곤고한 것과 가련한 것과 가난한 것과 눈 먼 것과 벌거벗은 것을 알지 못하도다."**

그러나 아직 그리스도께서는 은혜 가운데 자비로우신 요구를 하신다. **"내가 너를 권하노니 내게서 불로 연단한 금을 사서 부요하게 하고 흰옷을 사서 입어 벌거벗은 수치를 보이지 않게 하고 안약을 사서 눈에 발라 보게 하라."** 여기에서의 상징은 분명한 것이다. 참된 믿음과 순종의 참된 행위는 성경에서 보석의 용어로 특히 **"금"** 이라고 한다(벧전 1:7, 고전 3:12-15). **"벌거벗음"** 은 불순종에 대한 상징이다(창 3:7). 반면에 **"흰 옷을 입음"** 은 칭의와 성화에 대한 의의 상징이다(창 3:21,

마 22:11, 계 19:8). 그리고 **"보지 못함"**은 그가 진실을 보게 하시는, 즉 의의 심판을 바르게 판단하는 거룩하고 성숙한 능력을 주는(눅 4:18, 행 26:18, 고전 2:14-15), 하나님의 보호로부터 멀어진 인간의 무력함과 타락에 대한 상징이다(레 21:18, 신 29:4, 마 13:13-15, 16:3, 고후 4:3-4, 요일 2:11).

19-20절. 무릇 내가 사랑하는 자를 책망하여 징계하노니, 그러므로 네가 열심을 내라. 회개하라. 볼지어다. 내가 문 밖에 서서 두드리노니 누구든지 내 음성을 듣고 문을 열면 내가 그에게로 들어가 그와 더불어 먹고 그는 나와 더불어 먹으리라.

그러나 라오디게아 교회는 아직 주님으로부터 내쳐지지 않았다. 귀에 거슬리는 당신의 말씀은 그가 아직도 당신의 신부를 사랑하신다는 사랑의 고백이었다. 사실 그것이 그의 분노의 원천이기도 하다. 내가 너를 **"사랑"**하기 때문에, **"내가 책망하여 징계하노니"**라고 선포하셨다. 사생아가 아닌 하나님의 참된 아들들에 대한 한 가지 특징은 책망하고 징계하는 것이다(cf. 히 12:5-11). 모든 성도들은 때때로 책망과 바르게 함이 필요하다. 어떤 사람은 그 이상이 필요하다. 중요한 것은 우리의 삶을 고치는 것이다. 라오디게아가 떨어진 것 이상으로 하나님의 말씀에 대한 순종을 새롭게 하고 신실하게 된다면, 그것은 여전히 회복될 수 있을 것이다. **"그러므로 네가 열심을 내라 회개하라."**

이 점에서 예수님은 성경에서 가장 아름다운 말씀 중에 하나를 주고 계신다. 요한복음 3:16과 함께 신약성경에서 가장 잘 알려진 말씀일 것이다. **"볼지어다. 내가 문 밖에 서서 두드리노니 누구든지 내 음성을 듣고 문을 열면 내가 그에게로 들어가 그로 더불어 먹고 그는 나로 더불어 먹으리라."** 여기에서 그리스도는 당신의 교회를 자신과 함께 새롭게 하는 것을 원하시는 것이 분명하다. 그리스도와 우리의 사귐의 중심은 그리스도의 식탁이다. 구원의 가장 기본적이고 심오한 제안은 우리와 함께 식사를 하자는 그리스도의 제안이다. 성만찬에서, 우리는 그리스도의 하늘의 임재 속으로 들려지는 그리스도와의 진정한 식탁을 나누게 된다. 게다가 우리는 그분을 먹는 것이다.

예수님은 성만찬에 대해서 이렇게 정의하시고 있다. "예수께서 이르시되 내가 진실로 진실로 너희에게 이르노니, 인자의 살을 먹지 아니하고 인자의 피를 마시지 아니하면, 너희 속에 생명이 없느니라. 내 살을 먹고 내 피를 마시는 자는 영생을 가졌고, 마지막 날에 내가 그를 다시 살리리니, 내 살은 참된 양식이요, 내 피는 참된 음료로다. 내 살을 먹고 내 피를 마시는 자는 내 안에 거하고 나도 그 안에 거하나니, 살아 계신 아버지께서 나를 보내시매 내가 아버지로 인하여 사는 것같이 나를 먹는 그 사람도 나를 인하여 살리라"(요 6:53-57).

21-22절. 이기는 그에게는 내가 내 보좌에 함께 앉게 하여 주기를 내가 이기고 아버지 보좌에 함께 앉은 것과 같이 하리라. 귀 있는 자는 성령이 교회들에게 하시는 말씀을 들을지어다.

이기는 자에 대한 마지막 약속은 그리스도와 통치의 약속이다. "**내가 내 보좌에 함께 앉게 하여 주기를 내가 이기고 아버지 보좌에 함께 앉은 것과 같이 하리라.**" 이것은 단지 미래의 희망 사항인가? 반드시 그렇지만은 않다. 비록 그 통치가 마지막 정점까지 역사를 통하여 점진적이긴 하지만, 그리스도와의 통치의 특권은 시간과 공간 안에서 모든 그리스도인들에게 주어진 것이다. 그러나 그리스도께서는 이미 당신의 나라에 들어가셨다(골 1:13). 그리스도는 사탄과 마귀를 이미 이기셨다(골 2:15). 우리는 그리스도와 함께 이미 왕들이며 제사장들이다(계 1:6). 그리스도께서 이기신 것처럼, 우리는 그의 이름 하에 승리로 나아가게 될 것이다. 그리스도는 이제 만물 위에(엡 1:20-22), 하늘과 땅의 모든 권세로(마 28:18-20) 통치하시고(행 2:29-36), 온 땅을 채워(단 2:35, 45) 당신의 나라가 위대한 산이 될 때까지 당신의 발아래 모든 원수들을 두기로 약속하신다(고전 15:25).

그러므로 우리는 교회들에게 보낸 이 메시지들 속에서 거듭해서 계시록의 근본적인 명령, 즉 요한이 우리들에게 지키도록 명령한 것을 직면한다. 이는 '이겨라! 정복하라!' 는 것이다. 계시록의 이 예언은 20세기에 대한 것이 아니다. 마찬가지로 1세기의 박해자들이나 황제 숭배에 집중된 것도 아니다. 계시록의 기본적인 메시지는 세상을 정복해야 하는 교회의 임무에 대한 것이다. 계시록의 목적은 교회의 승리에 대해서 평안함과 확신을 주기 위한 것이지, 그들에게 두려움을 주려는 것은 아니다. 신약기자들은 그리스도의 궁극적인 승리의 조명 하에서 하나님의 백성들이 '승리할' 것을 지속적으로 주장한다. 그리스도의 이미지를 재창조하는 것, 즉 그의 형상을 따르고(엡 4:24, 골 3:10), 더욱 그의 형상을 이루어 가는 것(롬 8:29-30)으로, 우리는 이 세상에서 그리스도와 함께 왕 노릇한다. 그리스도는 우리에게 이 모든 것들에 대한 법적인 지위를 주셨다(cf. 롬 8:32, 고전 3:21-22). 그리고 이것에 근거해서 우리는 삶의 모든 영역에서 그리스도의 주되심 아래에서 통치를 수행할 것이다.

주 예수 그리스도는 당신의 백성들에게 승리와 왕권을 나눠주셨다. 왜냐하면 그리스도께서 이미 이기셨고, 당신의 보좌에 하나님과 함께 앉으셨기 때문에, 이제 그리스도는 이 모든 것을 상속받아 그리스도와 함께 합법적인 통치를 즐기도록 우리를 부르신 것이다.

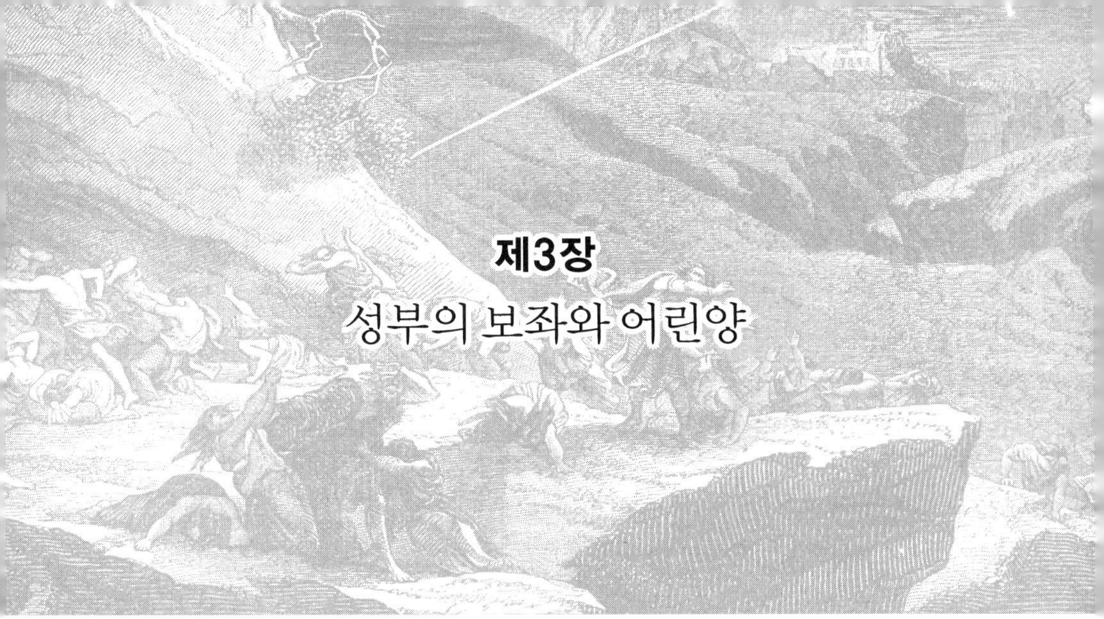

제3장
성부의 보좌와 어린양

1. 하늘의 예배 I(계 4:1-4)

요한의 계시는 "주의 날"인 예배하는 날에는 받은 것이다(계 1:10). 이 예언의 말씀을 "읽는 자, 듣는 자, 지키는 자가 복이 있다"고 했는데(계 1:3), 이는 일종의 예배 행위이다. 1장에서는 땅에서 예배하는 요한의 모습을 볼 수 있다. 그 때 땅의 교회들에 대한 계시를 받는다(2-3장). 그리고 그 계시를 받은 후인 "이 일 후에" 요한은 하늘로 들림을 받게 된다. 그리고 계속해서 하늘의 예배가 드려지게 된다.

1절. 이 일 후에 내가 보니 하늘에 열린 문이 있는데, 내가 들은 바 처음에 내게 말하던 나팔 소리 같은 그 음성이 이르되, 이리로 올라오라. 이 후에 마땅히 일어날 일들을 내가 네게 보이리라 하시더라.

요한은 하늘에 "**열린 문**"을 보았다. 이 문은 '하늘로 올라가는 문'이다. 요한은 이 열린 문으로 하늘로 올라갔다. 흔히들 하늘로 들림 받는 것을 '휴거'라고 한다. 요한이 휴거된 셈이다. 그래서 세대주의자들은 이 구절을 자신들의 '휴거 이론'을 뒷받침하는 것으로 사용한다. 이 '휴거 이론'이란 환난이 오기 전에 이 세상에서 교회를 급히 옮기는 것을 말한다. 한국 교회는 이런 휴거 신앙의 영향을 많이 받았다. 이런 사실은 애창되는 부흥성가인 <산곡의 백합화 성도들이여>에서도 잘 알 수 있다. 3절 "들리네 들리네 큰 나팔 소리, 공중에 주님께서 나타나셨네, 고대하던 7년 동안 혼인잔치는 오늘에야 하늘 문이 열리었구나." 4절 "올라가세 올라가세 구름 타고서, 성령바람 불어오면 높이 올라가..." 7절 "세상아 잘 있거라, 나는 가노라, 7년 환난 오기 전에 나는 가노라. 세상의 시달림도 이제 끝이고, 최후의 대승리는 이것이란다." 일제강점기말, 즉 민족 수난기에 고통 받는 민족의 설움을 내세 신앙 혹은 휴거 신앙으로 이겼던 것이다.[10)]

이것은 과거 한국 교회를 부흥시킨 이유 중 하나이기도하면서 동시에 오늘날 한국 교회를 침체시키는 이유 중 하나이기도 하다. 영생은 죽어서 시작하는 것이 아니라, 지금부터, 아니 예수를 믿으면서부터 이미 시작된 것이다. 천국은 죽어서 가는 곳이 아니라 살아서부터 누리는 곳이다. 그런데 내세 중심의 천국관은 현세를 무시하고 현실 문제를 무시했다. 결국 7-80년대 이후 교회는 산업화된 사회의 여러 문제에 답을 주지 못했고, 사람들은 교회를 떠나기 시작한 것이다.

이 구절은 환난 전 휴거를 위한 중요한 증거 구절로 보인다. 하늘로 사도 요한의 '휴거'는 뒤이어지는 장들에서 부어지는 기록된 재앙 이전에 전체 교회가 사라짐의 징조로 여겨진다. 이런 생각을 뒷받침하는 것이 요한은 "나팔 소리 같은 그 음성"을 들었는데, 바울 사도는 휴거 시에 나팔 소리가 날 것이라고 했었다(살전 4:16). 그러나 하나님께서는 다양한 경우에 나팔을 사용하신다. 사실, 요한은 처음 환상에서 이미 나팔 같은 소리를 들었다(계 1:10).

---

10) 일제강점기의 한국교회의 보편적인 종말론은 세대주의적인 것이었다. 1930년대 박윤선이나 박형룡에 의해 '역사적 전천년설'을 주장하기 전에는 '세대주의적 전천년설'이 팽배하였다. 이는 19세기 말의 미국 선교 운동의 동기가 종말론적 영향이 특히 강했고, 그 가운데 세대주의적 전천년설 영향을 많이 받았기 때문이다. 심지어 평양신학교 교수 선교사들 중에서 Princeton이나 McCormick 신학교 출신이라도 세대주의적 전천년설의 영향을 받고 있었음을 부인할 수 없다. Cf. 박용규, "일제하 한국교회의 종말론 형성에 관한 연구", 「역사신학 논총」 vol. 2 (2000), pp. 176-198; 전천년주의자들의 휴거이론에 관하여는 다음의 책을 참고하라. Cf. 리차드 리이터 · 폴 파인버그 · 글리이슨 아처 · 더글라스 무 공저, 『휴거: 환난전, 환난중, 환난후 휴거설의 근거』 이주엽 역(서울: 요단출판사, 1993). 이 책은 휴거에 대한 시점을 달리하면서 전천년설을 따른다는 공통점이 있다.

또한 세대주의 해석학파는 **"이리로 올라오라"** 는 음성 이후에 재림 때(일반적으로 계시록 19:11에 발생)까지 '교회' 라는 말이 계시록에서 더 이상 나타나지 않는다는 것을 지적한다. 그 이유가 교회는 휴거되어 하늘에 있고, 그 때문에 '교회' 란 말이 나타나지 않는다는 것이다. 그러나 이런 식으로라면 우리는 계시록은 12장 이전에는 예수님에 대해서 어떤 것도 말하지 않는다고 해야 할 것이다. 왜냐하면 '예수님' 이란 이름이 그 이전에는 나오지 않기 때문이다. 그런데 사실은 계시록에서 4장 이후에는 '교회' 라는 말이 나오지 않기 때문에, 그들의 주장대로라면 '교회' 가 '휴거' 되는 것이 아니라, '교회' 가 아예 없어진다고 해야 할 것이다.

그러나 이것은 사실이 아니다. 성경에서 '교회' 는 다양한 이름과 묘사로 나타난다. 그리고 단지 '교회' 라는 말이 나타나지 않는다고 해서 교회에 대한 개념이 없다고 할 수는 없는 것이다. 이 구절에서 '휴거된' 오직 한 사람은 사도 요한뿐이다. 게다가, 요한이 주의 날에 예배드리기 위해 하늘로 올라갔다는 사실을 반드시 염두에 두어야 한다. 이것은 성도들과 천사들의 공동체에서 교회가 하늘의 예배를 위한 '축제의 모임' (히 12:22-23)에 참여하는 곳인 모든 주의 날에 하늘로 교회가 매주 승천하는 것의 상징인 것이다.

게르마누스(Germanus)가 "교회는 지상에 있는 하늘이다" 라고 한 말을 기억하라. 교회는 예배할 때마다 하늘로 올라간다. 대부분의 교회 주보를 보면 예배에의 '부름' 이란 순서가 있다. 이것은 초대교회 때부터 지켜온 것이다. 그리스도께서 "이리로 올라오라" 는 것을 반영해서, 성직자가 "여러분들의 마음을 드십시오!" 라고 외치고, 회중은 "우리가 주님께 마음을 높이다!" 라고 응답하며 노래했다. 이 때 교회는 요한의 체험을 재현하는 것이다. 칼빈은 이 점을 이렇게 말한다. "만찬에서 경건한 영혼들이 그리스도를 올바르게 이해하기 위하여 그들은 반드시 하늘로 들려질 것이다... 그리고 동일한 이유에서 옛날에는 성별하기 전에 회중을 향해 큰 소리로 마음을 높이 들라고 말했다."[11)]

이것은 **"성령에 감동하여"** 일어난 일이다. 이 말은 요한의 주관적인 감정이나

---

11) John Calvin, *Institutes of the Christian Religion, 4:17:36* (Philadelphia: The Westminster Press, 1960), p. 1412.

체험을 말하는 것이 아니다. "**성령에 감동하여**" 있는 상태는 구약의 선지자들에게 주어진 특별한 특권이다. 하나님을 만나는 것이다. 그러나 새 언약의 도래로, 이 특권은 모든 사람에게 주어졌다. 모세의 소망인 "여호와께서 그 신을 그 모든 백성에게 주사 다 선지자 되게 하시기를 원하노라"(민 11:29)는 것은 오순절 날 성령의 부어주심으로 성취되었다(행 2:17-21). 옛 언약의 가장 탁월한 선지자인 모세가 하나님의 영광에 참여하여(출 34:33-35) 유일하게 하나님과 면대하여 말할 특권이 있었던 것 같이(민 12:6-8), 이제 "우리가 다 수건을 벗은 얼굴로 거울을 보는 것같이 주의 영광을 보매 저와 같은 형상으로 화하여 영광으로 영광에 이르니 곧 주의 영으로 말미암음이니라"(고후 3:18). 모든 신자들은 선지자적인 기름 부음을 받은 사람들이고(요일 2:20, 27), 매주 우리는 성령 안에서 하늘의 공회로 올라가는 것이다.

그러므로 '휴거 이론' 은 이러한 교회의 승귀(Ascension)에 대한 교리를 오해한 탓이다. '확정적 승귀' 는 위치상으로 그리스도와 함께 우리가 하늘에 앉았을 때에 일어났었고(엡 1:20, 2:6), '점진적(체험적) 승귀' 는 성만찬 예식 가운데 매주 그리스도와 함께 예전적으로 일어나고(히 12:22-24), '최종적(궁극적) 승귀' 는 영적으로는 죽을 때에(계 20:4), 육적으로는 역사 끝에, 그리스도와 함께 종말론적으로 일어난다(고전 15:50-55, 살전 4:17). 그러므로 요한처럼 우리는 예배를 통해 하늘로 들림 받는 것이다. 우리가 이 땅에서 드리는 예배는 얼마나 영광스런 예배인가?

2-3절. 내가 곧 성령에 감동되었더니, 보라 하늘에 보좌를 베풀었고, 그 보좌 위에 앉으신 이가 있는데, 앉으신 이의 모양이 벽옥과 홍보석 같고, 또 무지개가 있어 보좌에 둘렸는데 그 모양이 녹보석 같더라.

계시를 받기 위하여, 요한은 "**보좌**"와 "**그 보좌 위에 앉으신 이**"를 볼 수 있는 "**하늘**"로 올려졌다. 거기에서 요한은 하늘에 계신 하나님을 보았다. "**앉으신 이의 모양이 벽옥과 홍보석 같고**", 즉 하나님은 접근할 수 없는 빛의 광채 속에 있는 분으로 나타나셨다(딤전 6:16). 이사야가 성전에 들어가서 영광 중에 계신 하나님을 뵌 것처럼, 요한은 하늘의 영광 중의 영광, 즉 영광 구름 가운데 있는 하나님을 보게 된 것이다. 왜냐하면 요한은 우주적 성전의 지성소 가운데 들림 받았기 때문이다. 이것의 배경은 요한이 "**무지개가 있어 보좌에 둘렸는데 그 모양이 녹보석 같더라**"는 것을 보았다는 것이다.

대제사장의 가슴 위에 이스라엘 12 지파를 셋으로 나타내는, 이 세 가지 보석들, 즉 "**벽옥**"(아마 오팔이나 다이아몬드)과 "**홍보석**"(루비)과 "**녹보석**"(에메랄드)을 주목할 가치가 있다(출 28:17-19). 그들은 또한 에덴동산의 땅에 있었던 보석들 가운데 언급된다(겔 28:13, LXX). 에스겔 선지자의 환상과 요한의 환상을 비교해 보라. "그 머리 위에 있는 궁창 위에 보좌의 형상이 있는데, 그 모양이 남보석 같고, 그 보좌의 형상 위에 한 형상이 있어 사람의 모양 같더라. 내가 본즉 그 허리 이상의 모양은 단 쇠 같아서 그 속과 주위가 불같고, 그 허리 이하의 모양도 불같아서 사면으로 광채가 나며, 그 사면 광채의 모양은 비 오는 날 구름에 있는 무지개 같으니 이는 여호와의 영광의 형상의 모양이라"(겔 1:26-28).

그러므로 요한은 모세가 세운 성막의 패턴을 이룬 천상적인 원형인 참된 성전에 있었다(출 25:40, 히 8:1-2, 5, 9:23-24). 요한은 시은좌와 상응하는 보좌, 칠지(七支) 등대와 상응하는 일곱 등대, 스랍들과 상응하는 살아있는 네 피조물, 놋 바다와 상응하는 유리 바다, 24 제사장 반열과 상응하는 24 장로들을 보았던 것이다.

4절. 또 보좌에 둘려 이십사 보좌들이 있고, 그 보좌들 위에 이십사 장로들이 흰 옷을 입고 머리에 금관을 쓰고 앉았더라.

보좌 주변에서 요한은 "**이십사 장로들이**" 앉아 있는, "**이십사 보좌들**"을 보았다. 이 장로들은 누구인가? 스톤하우스(Ned Stonehouse)는 이 장로들이 "만약 이들이 케루빔과 스라빔과 동일한 존재가 아니라면, 이런 일반적인 천사들 보다 뛰어난 천상적인 존재이다"[12]라고 주장했다. 그러나 이들은 천사가 아니라 하늘의

12) Ned B. Stonehouse, "The Elders and the Living-Beings in the Apocalypse," in *Paul Before the Areopagus, and Other New Testament Studies* (Grand Rapids: William B. Eerdmans Publishing Co., 1957), p. 90.

교회의 대표자들이다. 그 이유는 첫째, 단지 "**장로**"라고 하는 이름은 천사들의 계급에 대한 이름이라기보다는 교회를 대표하는 존재들을 가리키는 것이다. 성경 어느 곳에서도 장로라는 말이 사람이 아닌 다른 것에 주어진 경우가 없다. 그리고 초기부터 그것은 교회 안에서 통치하고 대표하는 자들에 대하여 사용되었다(출 12:21, 17:5-6, 18:12, 24:9-11, 민 11:16-17, 딤전 3:1-7, 딛 1:5-9, 히 13:17, 약 5:14-15). 그러므로 계시록에서 장로들은 말 그대로 하나님의 백성들을 대표하기 위하여 감독과 함께 회의에 앉아 있는 원로들을 뜻한다.

둘째, 이러한 생각들은 장로들에 대한 둘째 관찰에서 강화된다. 그들은 "**보좌**"에 앉았다. 우리는 이 예언에서 기독교인들은 그리스도와 함께 다스릴 것(계 1:6), 면류관을 쓸 것(계 2:10, 3:11), 열국에 대한 왕권을 받을 것(계 2:26-27), 배교자들이 그들 앞에 절할 것(계 3:9), 그리스도와 함께 당신의 보좌에 앉을 것(계 3:21)이라고 이미 말했다. 이제 4장에서, 우리는 보좌에 앉은 장로들을 본다. 이것은 이미 제시한 교훈들과 일관성이 있지 않는가?

셋째, 우리는 "**이십사**"라는 숫자의 상징에 대하여 생각해야 한다. 일반적으로, '4'는 '12'의 배수이기 때문에, 이것을 교회와 관계된 것으로 생각할 우선적인 이유가 있다. '12'는 성경적으로 하나님의 백성들과 관계된 수이다. 이스라엘은 12 지파로 나뉘어졌다. 새 언약 교회도 "12 지파"로 표현되고 있다. 왜냐하면 교회는 '새 이스라엘'이기 때문이다(마 19:28, 막 3:14-19, 행 1:15-26, cf. 약 1:1). 요한은 '장로'라는 말을 계시록에서 12번을 사용하고 있다(계 4:4, 10, 5:5, 6, 7, 11, 14, 7:11, 13, 11:16, 14:3, 19:4). 그러므로 '24'라는 숫자는 '12'의 두 몫이다. 또한 '12'의 배수는 우리가 마지막 환상에서 살펴보게 될 것처럼, 새 예루살렘의 상징적인 구조 안에서 세워진다(계 21:12-14).

그러나 24 장로에 대한 묘사는 단지 '12'의 배수라는 개념보다, 그 이상의 특별한 어떤 것에 근거한다. 옛 언약의 예배에서 제사장의 24 반열(대상 24장)과 찬양대의 24 반열이 있었다(대상 25장). 그러므로 예배의 24 지도자들은 계시록을 처음 읽는 사람들에게 새로운 개념이 아니었다. 그것은 천년 이상 동안 지켜온 하나님의 백성들의 예배의 모습이었다. 사실, 사도 요한은 우리의 일반적인 결론을 지지할 두 가지 이미지를 결합시켰다. (1)장로들이 보좌에 앉았다-그들은 '왕들'

이다. (2)장로들이 24명이다-그들은 '제사장들' 이다. 요한이 본 것은 단순하게 하늘의 장로들이었다. 즉 '왕 같은 제사장' 인 교회를 대표하는 자들이었다.

이 장로들이 제사장이고 왕이라는 것은 옛 언약의 '아론의 반차' 를 따른 제사장직이 대체되고 바뀌었다는 것을 보여준다. 대제사장이신 예수 그리스도와 함께 새 언약 제사장직은 '멜기세덱 반차' 를 따른 것이다. 그래서 요한은 이 제사장-장로들이 면류관을 썼다고 우리에게 말한다. 왜냐하면 대제사장의 면류관이 모든 사람들에게 주어졌기 때문이다. 예루살렘에서 사도 야고보와 에베소에서 사도 요한이 대제사장의 금 면류관을 썼다는 2세기부터 내려오는 독립적인 증거들은 일반적으로 오늘날 학자들에 의해서 받아들여지지 않고 있다. 그러나 아마 이러한 전승들은 초대 교회의 실제적 인식들을 반영하고 있을 것이다.

이것은 우리에게 한 가지 문제를 생각하게 한다. 개혁주의 교회에서는 까운을 입지 않는 것이 보편화되었다. 비록 그 동기는 형식보다는 말씀을 강조하고, 외모보다는 영성을 강조하기 위한 것일지라도, 예배에서 은혜를 반감하는 결과를 가져왔다. 교회 안에 복식문제에 대해 논문을 쓴 사람이 예배시간에 찬양대원들도 까운을 입는데 목사님은 당연히 까운을 입어야 한다고 했다. 사실 의사나 판사들이 여전히 까운을 입는 것과 마찬가지로 교회 직분자들이 직분상의 특성을 직분에 맞는 까운을 입을 필요가 있다. 목사나 찬양대원들 외에도 예배 순서를 맡은 분들이 모두 까운을 입을 필요가 있다. 어떤 교회는 안내나 수전을 하는 집사님들도 까운을 입는다. 이렇듯 교회의 예배에서 직분자들이 그에게 주어진 일과 그가 하는 일을 가시적으로 표현하는 옷을 입는 것은 자연스러운 일이다. 게다가 예배를 인도하는 사람은 누구든지 사적인 자격으로 일하지 않고, 공적인 자격으로 일한다. 그러므로 특별하게 준비된 제의(祭衣), 즉 일종의 교회 '유니폼' 같은 것을 입는 것이 필요할 것이다.

지금 옷 문제를 말하고 있는 것만이 아니다. 더욱 중요한 것은 우리가 왕 같은 족속이고 제사장 나라가 되었다는 사실이다. 우리는 왕답고 제사장답게 살아가야 할 것이다. 아멘.

2. 하늘의 예배 II(계 4:5-11)

우리는 이중국적자이다. 이 땅의 백성인 동시에, 하늘의 시민권을 가진 자들이다(빌 3:20). 그러므로 우리가 이 땅에서 예배하지만 그 예배는 하늘의 하나님께 드려진다. 이것은 오직 성령으로 가능해진다. 성령 안에서의 신비인 것이다. 바울은 "셋째 하늘에 이끌려졌었다"고 조심스럽게 표현하기도 했다(고후 12:2). 그러나 우리가 매주 예배할 때에 하늘로 들림 받고 하늘의 하나님을 만나는 것이다.

> 5-8절. 보좌로부터 번개와 음성과 우렛소리가 나고 보좌 앞에 켠 등불 일곱이 있으니, 이는 하나님의 일곱 영이라. 보좌 앞에 수정과 같은 유리 바다가 있고 보좌 가운데와 보좌 주위에 네 생물이 있는데 앞뒤에 눈들이 가득하더라. 그 첫째 생물은 사자 같고, 그 둘째 생물은 송아지 같고, 그 셋째 생물은 얼굴이 사람 같고, 그 넷째 생물은 날아가는 독수리 같은데, 네 생물은 각각 여섯 날개를 가졌고, 그 안과 주위에는 눈들이 가득하더라. 그들이 밤낮 쉬지 않고 이르기를 거룩하다 거룩하다 거룩하다 주 하나님 곧 전능하신 이여 전에도 계셨고 이제도 계시고 장차 오실 이시라 하고,

본문에서 보좌로부터 번개와 음성과 뇌성이 난다. 보좌 앞에는 등불이 있다. 또 수정 같은 유리 바다가 있다. 보좌 가운데와 주위에는 네 생물이 있다. 그것들의 의미를 하나씩 살펴보겠다.

"보좌로부터 번개와 음성과 우렛소리" 성경에서 번개와 음성과 뇌성이 동시에 등장하는 것은 본문 계시록 4:5과 8:5과 11:19과 16:18뿐이다. 이 구절들의 공통점은 하나님의 심판을 말한다. 3절에서 하나님은 보좌에 무지개를 두르셨다. 무지개는 노아 언약을 기억나게 한다. 다시는 물로 세상을 심판하지 않으시겠다는 자비의 약속을 무지개를 통해 주신 하나님이다. 그러나 인간들은 하나님의 다른 심판이 남아있음을 알아야 했다. 그것이 번개와 음성과 뇌성의 의미이다.

"보좌 앞에 켠 일곱 등불" 모세의 성막에는 칠지등대 하나가 있었다. 그러나

하늘 성전에는 일곱 개의 등대가 있었다. 이는 "**하나님의 일곱 영**"이라고 해석하고 있다. 이 하나님의 영은 성령이고, 성령이 일곱이라는 말은 온 세상에 충만하다는 의미이지, 일곱 분이라는 뜻이 아니다. 일곱이란 지상에서의 완전수이다. 그러므로 성령께서 온 세상에 충만하시다는 의미인 것이다.

"**보좌 앞에 수정과 같은 유리 바다**" 이는 모세의 성막에서는 '물두멍' 이라고 하고, 솔로몬의 성전에서는 '놋바다' 라고 한다. 또한 에스겔의 환상에서도 등장하는 것이다. 에스겔 1:22 "그 생물의 머리 위에는 수정 같은 궁창의 형상이 펴 있어 보기에 심히 두려우며." 그런데 에스겔은 땅에서 하늘을 올려 봤기에 머리 위에 수정 같은 궁창이 있었고, 요한은 지금 하늘에서 보고 있기에 "**보좌 앞에 수정과 같은 유리 바다**"가 있는 것이다. 이것은 창조자와 피조물을 구분하는 것이다.

"**보좌 가운데와 보좌 주위에 네 생물**" 이 네 생물은 "**앞뒤에 눈들이 가득**"하였다. 이들은 온 세상을 살피시는 하나님의 천사들이다. 우리는 천사라고 하면 작은 날개를 달고 있는 귀여운 소년을 생각한다. 그러나 이들은 하나님의 임재에 대하여 가시적으로 보여주는 두려운 피조물이다.

그리고 이들은 "**사자, 송아지, 사람, 독수리**"의 형태로 나타난다. 이는 황도대의 표시들과 일치한다. 성경 저자들은 독수리자리를 전갈자리로 대신하는 것 외에는 오늘날 우리가 알고 있는 것과 같은 별자리에 대한 동일한 체계들에 친숙해 있었다. 그 이유는 아마도 전갈과 뱀 사이의 고대의 유사성 때문에(cf. 눅 10:17-19), 성경 저자들이 전갈의 위치에 독수리를 대체하도록 했을 것이다. 그러나 일부 학자들은 유행하는 갈대아 체계에 따라서 "아브라함 시대의 전갈은 독수리의 모양을 했을 것"[13]이라고 주장하기도 한다.

아무튼 에스겔과 계시록에서 케루빔의 얼굴들은 황도대의 네 면 속의 중앙에 있는 표시들이다. "**사자**"는 사자자리이고, "**황소**"는 황소자리이고, "**인간**"은 물병자리이고, "**독수리**"는 전갈자리이다. 요한은 그것들을 여기에서 황도대를 돌리며 시계 방향으로 나열한다. 그러나 요한이 그것들을 자신의 예언의 구조 속에서 사

---

13) Richard Hinckley Allen, *Star Names: Their Lore and Meaning* (New York: Dover Publications, 1963), p. 57.

용할 때에는 황소-사자-독수리-인간 순서로 나열한다. 즉 서론(1장) 이후에, 첫 사분의 일(2-3장)은 황소자리에 의해 다스려진다. 그래서 황소의 어깨에 있는 일곱 별들에 강조가 있다. 둘째 사분의 일(4-7장)은 인이 쳐진 책을 열 승리자인 "유다 지파의 사자"에 의해 다스려진다. 셋째 사분의 일에서는 독수리가 화를 외치며 하늘 공중으로 날아간다(8-14장). 그리고 넷째 사분의 일(15-22장)은 물을 붓는 자인 물병자리의 인간에 의해 다스려진다(진노의 잔을 퍼붓는 것과 보좌로부터 생수의 강이 흘러나는 것을 비교하라).

이것은 뉴에이지 운동의 어떤 신비스러운 것을 말하는 것이 아니다. 성경은 점성술적인 신비주의를 포함하여, 모든 형태의 신비주의를 강력하게 정죄한다(신 18:9-13, 왕하 23:3-5, 사 8:19-20, 44:24-25, 47:8-15). 그러나 이것은 성좌 자체가 악하다는 것을 의미하지는 않는다. 반대로, 성좌는 하나님에 의해 창조되었고 하나님의 영광을 나타내는 것으로 볼 수 있다(시 19:1-6). 그들은 단지 별들의 우연한 그룹들이 아니다. 오히려 궁극적인 의미에서 하나님의 우주에는 우연이란 없기 때문에, 하나님에 의해 특별하게 거기에 배치된 것이다(욥 9:7-9 등)

특히 이스라엘의 12 지파의 배치가 황도대의 순서와 똑같이 성막을 둘러싸고 있었다(민 2장). 그리고 스랍들같이 지파를 상징하는 깃발들이 각 사면의 중앙을 차지하고 있었다. 유다는 사자였고, 르우벤은 사람이었고, 에브라임은 황소였고, 단은 독수리였던 것이다. 이러한 일치에는 이유가 있다. 성경에서 자주 '별들'은 '하나님의 하늘의 군대들'로 언급되고(cf. 신 4:19), 한편으로 '이스라엘 백성들'은 '하나님의 지상의 군대'이다(cf. 수 5:14, 민 1장). 지상의 성막은 하나님의 하늘 성소의 복사판이다(출 25:9, 40). 이 두 가지는 모두 하늘과 땅의 하나님의 군대에 의해 모셔진다. 또한 창세기 15장에서 아브라함에게 하신 하나님의 약속 가운데 별들은 아브라함의 자손으로 상징되었다. 그리고 창세기 37:9은 야곱과 그의 아들들(12 지파의 조상들)을 해, 달과 별로 비교한다. 그래서 별자리와 12 지파의 상징들이 일치하는 것이다. 물론 성경에서 천문학적인 가장 중요한 상징은, 예언되어진 것으로(민 24:17, 사 60:1-3), 별들에 의해서 박사들에게 메시야의 탄생이 알려진 것이다(마 2:2).[14] 이렇듯 별들은 하나님의 백성들을 상징하는 것이다.

또한 요한은 네 피조물들에 의해 수행되는 예배를 묘사하고 있다. 요한은 이사야의 환상에서 스랍들과 그들을 관련짓기 위하여 살아있는 피조물들의 여섯 날개에 우리가 주목하도록 한다(사 6:1-3). 마찬가지로 계시록에서 살아있는 피조물들은, 하나님의 거룩하심과 전능하심과 영원하심 때문에, 이사야의 스랍들이 그렇게 한 것처럼 분명한 돌림노래로 하나님을 찬양하며, 하나님을 영화롭게 하고, 그를 영원토록 즐거워하는 그들의 최고의 목적을 가지고 있었다. 즉 "**거룩하다 거룩하다 거룩하다 주 하나님 곧 전능하신 이여 전에도 계셨고 이제도 계시고 장차 오실 자라.**" 이것은 또한 '마음을 드높이 주를 향하여' (Sursum Corda)라는 미사의 서창 문구를 따라 '거룩하시다' (Sanctus)라고 감사송 다음에 부르는 '상투스 노래' 가 따라오는 표준적 기독교 예전에 상응하는 것이다. 이것은 다음과 같이 진행된다.

집례자: 그러므로 천사들과 천사장들과 함께, 그리고 하늘의 모든 성도들과 함께, 우리는 당신의 영화로우신 이름을 크게 높입니다. 당신을 영원토록 찬양하리로다.

회 중: 거룩, 거룩, 거룩, 만군의 여호와여, 하늘과 땅에 당신의 영광이 충만하시도다. 가장 높은 곳에서 호산나!

9-11절. 그 생물들이 보좌에 앉으사 세세토록 살아 계시는 이에게 영광과 존귀와 감사를 돌릴 때에, 이십사 장로들이 보좌에 앉으신 이 앞에 엎드

14) 정훈택은 마태복음 1장에서 마태가 예수님을 왕으로 소개한다고 말한다. 이것은 2장에 오면서 좀 더 분명해진다. 예수는 동방에서 그의 별을 보고 경배하러 왔던 박사들에 의해 "유대인의 왕" 으로 불리운다. 대제사장과 서기관들의 인용문에서(미 5:2) 그는 백성, 이스라엘의 지도자로 불리운다. 헤롯 왕은 자기도 그에게 경배하려한다고 했을 때(마 2:8), 그를 자기와 같은 정치적 인물, 즉 새 왕으로 생각했음이 분명하다. 이렇게 마태복음에는 예수님께서 분명하게 왕으로 묘사되어 있다. 그러나 그의 영토는 세상의 나라가 아니다(cf. 마 4:8). 그의 나라는 하늘나라요 하나님의 나라이다(마 3:2, 4:17, 28). 그러므로 예수님께서 가버나움에 가서 사셨을 때 마태가 그를 큰 빛으로 묘사하기 위해 이사야 9:1-2를 인용했는데 이것은 그의 왕권이 세계적인 것임을 암시하는 것이기도 하다. Cf. 정훈택, 『산상설교』(서울: 한국로고스연구원, 1990), pp. 29-30.

> 려 세세토록 살아 계시는 이에게 경배하고, 자기의 관을 보좌 앞에 드리며, 이르되 우리 주 하나님이여 영광과 존귀와 권능을 받으시는 것이 합당하오니, 주께서 만물을 지으신지라, 만물이 주의 뜻대로 있었고 또 지으심을 받았나이다 하더라.

그러나 하늘의 찬양은 피조물들의 노래와 함께 끝나지 않는다. 왜냐하면 그들이 "**영광과 존귀와 감사를**" 하나님께 "**돌릴 때에, 이십사 장로들이**" 돌림노래(혹은 응답송)를 하며 함께 하기 때문이다. 그들은 하나님으로부터 권세와 통치권이 온 것을 알고, 하나님 "**앞에 엎드려... 경배하고 자기의 면류관을 보좌 앞에**" 던진다. 그들은 하나님께서 피조물과 역사 가운데 일하시기 때문에 하나님을 찬양하는 자리로 나아간다. "우**리 주 하나님이여 영광과 존귀와 능력을 받으시는 것이 합당하오니 주께서 만물을 지으신지라 만물이 주의 뜻대로 있었고 또 지으심을 받았나이다.**"

이런 하늘의 예배는 하나님께서 지상의 예배에서 원하시는 것을 우리에게 보여준다. 첫째, 예배는 반드시 공동체적이어야 한다. 성경적인 예배는 개인주의나 정적주의나 홀로 드리는 내적인 것이 아니다. 이는 개인적인 예배를 위한 여지가 없다는 것을 말하는 것이 아니다. 그러나 공동체적인 예배에 대한 성경적인 강조는 많은 복음주의자들의 질이 떨어지는 예배와는 거리가 멀다는 것이다. 그들은 공동체적인 예배보다 개인적인 예배가 우선권이 있는 것으로 보고, 심지어는 공동체적인 예배를 단지 개인적인 예배자들의 모임 정도로 본다. 공동체적인 예배를 위한 필요성에 대하여 놓치고 있는 다른 측면은 오늘날 교회에서 소위 '예배'로 불리는 것이 실제로는 강연이나 공연에 불과하다는 사실이다. 그러한 경우에 인기스타와 구경꾼이 있을 뿐이다. 이는 공동체적으로 예배하는 것이 아니다. 반대로 성경적인 예배의 패턴은 일치성과 다양성의 조화를 드러내며 회중의 연합되어진 구성원 가운데 완전한 참여가 있는 공동체적인 예배이다.

둘째, 예배는 반드시 응답하는 것이어야 한다. 우리가 계시록 전체를 살펴보면서 이 점을 더욱 분명하게 보게 될 것이다. 특히 우리가 이미 막 살핀 본문이 그 경우이다. 장로들과 네 피조물들은 대화를 하면서 뮤지컬처럼 앞뒤로 왔다 갔다

하면서 노래하는 것을 보여주었다. 그리고 지상에서 드리는 교회의 예배에서, 그것은 우리가 그렇게 해야 하는 것이기도 하다. 우리는 성경봉독과 기도와 시편과 찬송을 부르는 것들과 가르침과 성례에 대하여 제의적으로 반응한다. 왜냐하면 이것은 우리가 하늘의 예배에서 본 것이기 때문이고, 우리의 지상에서의 예배는 그리스도께서 기도하신 바처럼 가능하면 하늘의 예배를 모방하는 것이어야 하기 때문이다. 예수께서는 "뜻이 하늘에서 이룬 것같이 땅에서도 이루어지이다" 라고 기도하셨다(마 6:10).

셋째, 예배는 반드시 질서가 있는 것이어야 한다. 장로들과 살아있는 피조물들은 서로 방해하거나 뽐내려고 하지 않았다. 교회 전체를 포함하여 예배는 반드시 공동체적이면서, 그것은 결코 혼란스러워서는 안 된다. 예배를 위한 기본적인 규범은 고린도전서 14:40에 나타나 있다. "모든 것을 적당하게 하고 질서대로 하라." 은사주의자들은 예배가 전체 회중을 포함해야 한다는 어떤 본능적 경향이 있다. 그러나 그들의 실제 모습은 모든 사람들이 개인적으로 예배하는 동시에 혼동과 무질서로 나아가는 경향이 있다. 신구약 성경과 교회사를 통해 나타난 해결책은 공식적 기도와 반응이 있는 보편적인 예배형식을 제공하는 것이다. 그래서 사람들은 공동체적이고 질서가 있는 가운데 모두 함께 합당한 예배를 드릴 수 있을 것이다.

성경적인 공적 예배는 개인예배 혹은 가정예배와는 분명히 다른 것이다. 성경공부도 중요할지라도 예배는 단순한 성경공부 모임과 엄격하게 다른 것이다. 교회의 주일예배는 질적으로 독특한 것이다. 하나님의 백성들이 보좌 앞에, 즉 공적인 왕을 알현하는 것인 공적 의식을 위해 궁전으로 나아오는 것이다. 우리는 우리의 믿음과 충성을 고백하고, 굳은 맹세를 하고, 사죄를 받고, 기도를 올리고, 하나님의 종들에 의해 가르침을 받고, 하나님의 식탁에서 먹고, 그의 모든 축복에 감사를 드리는 것이다. 그리고 우리는 이 모든 것들을 음악과 노래로 응답하는 것이다. 이 모든 것은 공동체적이고 질서 있는 의식(Liturgy)을 의미한다. 이는 아마 우리의 예배 습관과 패턴 가운데 어떤 복잡하고 함축적인 변화를 의미할 것이다. 그러나 하나님께서는 순전히 최상의 것을 취하실 것이다. 하나님은 왕이시고, 예배는 그를 섬기는 것을 의미하기 때문이다.

3. 어린양과 책(계 5:1-14)

계시록 1장에서 땅에서 드려졌던 요한의 예배는 4장부터는 하늘로 이어진다. 4장은 하늘의 예배 모습을 보여주는 것이다. 영광의 보좌 가운데 하나님께서 앉아 계셨다. 스랍들이 하나님께 경배하고 24 장로들이 이에 응답한다. 그런데 오늘의 본문인 5장을 보면 영광 중에 계신 하나님의 손에 한 권의 책이 들려져 있다. 그 '어린양' 과 '책' 은 무엇인가?

1-2절. 내가 보매 보좌에 앉으신 이의 오른손에 두루마리가 있으니 안팎으로 썼고 일곱 인으로 봉하였더라. 또 보매 힘있는 천사가 큰 음성으로 외치기를 누가 그 두루마리를 펴며 그 인을 떼기에 합당하냐 하나,

보좌에 앉으신 하나님은 **"일곱 인으로 봉"**한 책을 가지고 있었다. "이 일곱 인은 이 문서가 '언약문서' 라는 것을 가리킨다. 대개의 경우 편지는 겉봉만 봐도 그 내용을 짐작할 수 있게 된다. 편지가 일곱 인으로 봉해졌다는 것은 그 당시 수신자들에게 실수를 막기 위해서 고안된 장치였다. 마치 독일에서 우편환 제도가 생기기전, 모든 사람들은 다섯 개의 도장이 찍힌 편지는 돈이 들어있는 것으로 알았다. 마찬가지로 1세기 당시 아시아의 교회들은 일곱 인으로 봉인된 책은 '언약서' 라는 것을 알았던 것이다. 언약을 맺은 사람이 죽으면, 언약서를 가져와서, 일곱 인을 봉한 일곱 증인들 앞에서 개봉할 수 있게 된다. 그 때 봉인은 풀어지고, 읽혀지고, 그 내용들은 시행되었다. 그러므로 본문의 이 일곱 인으로 봉인된 문서는 언약서로 그 계획은 이미 오래 전에 세워졌었고, 문서로 작성됐었고, 현재는 봉인이 되어 있는 것이다. 그러나 그것은 아직 시행되지 않았던 것이다."[15)]

또한 그 책은 **"안팎으로 썼고"**라고 한다. 안팎으로 기록된 문서라고 하면 1세기의 신자들은 즉시 무언가를 떠올렸을 것이다. 왜냐하면 이는 십계명에 대한 묘

---

15) Theodore Zahn, *Introduction to the New Testament*, Vol. III, pp. 393이하를 Beasley-Murray, The Book of Revelation, p. 121에서 재인용.

사에 근거한 것이기 때문이다. 계명의 두 돌판은 안팎으로 쓰여 졌었던 것이다. **출애굽기 32:15 "모세가 돌이켜 산에서 내려오는데 증거의 두 판이 그 손에 있고 그 판의 양면 이편저편에 글자가 있으니.**" 그러므로 이 책은 십계명과 같은 언약의 책이다.

이러한 언약은 고대 근동의 종주권 언약에서 발견된다.[16] 승리한 왕(주권자)이 정복당한 왕(봉신)과 그의 권위 하에 있는 모든 것들에 대한 언약을 체결한다. 언약의 두 복사본은 새겨지고, 각기 자신의 신전에 계약이 체결되었음을 증명하는 합법적인 문서로서 계약서의 사본이 안치된다. 물론 이스라엘의 경우에는 여호와께서 주권자이며 하나님이셨고, 그래서 계명의 두 돌판은 성막에 모셔졌다(출 25:16, 21, 40:20, 신 10:2). 그러므로 "일곱 인으로 봉"한 이 책은 부활하시고 승천하신 그리스도의 새 언약의 책이다.

3-4절. 하늘 위에나 땅 위에나 땅 아래에 능히 그 두루마리를 펴거나 보거나 할 자가 없더라. 그 두루마리를 펴거나 보거나 하기에 합당한 자가 보이지 아니하기로 내가 크게 울었더니,

새 언약이 온 것은 옛 언약의 끝남과 배교자 이스라엘의 심판을 의미한다. 그러므로 이 책을 펴야지 옛 언약 백성들에 대한 심판이 시행된다. 성도들의 억울함이 풀리는 것이다. 그런데 **3절 "하늘 위에나 땅 위에나 땅 아래에 능히 그 두루마리를 펴거나 보거나 할 자가 없더라.**" 이 책을 펴거나 보거나 할 사람이 없는 것이다. 그래서 요한은 우는 것이다. 요한이 보기에는 아무도 새 언약의 중보자로서

---

16) 일반적으로 고대의 종주권 언약은 다음의 다섯 요소로 구성된다. 즉 전문(Preamble), 역사적 서문, 윤리적 조항들, 승인, 승계 협정이다. 이 가운데 '승인'(Sanctions)은 순종하는 자에겐 '축복'이요 불순종하는 자에게는 '저주'가 포함된다. Cf. Merdith G. Kline, *Treaty of the Great King: The Covenant Structure of Deuteronomy* (Grand Rapids: Eerdmans, 1975); 한편, Chilton은 계시록을 이런 언약적인 구조로 파악하는데, 그에 의하면, 계시록은 전문(1장), 역사적 서문(2-3장), 윤리적 조항들(4-7장), 승인(8-14장), 승계 협정(15-22장)으로 분류된다. Cf. Chilton, *The Days of Vengeance*, p. 17.

요구되는 조건을 만족시킬만한 사람이 없었던 것이다. 아담이나 모세나 다윗 등의 이전의 모든 중보자들은 궁극적으로 그 일을 할 수 없었다. 아무도 죄나 사망을 옮길 사람이 없는 것이다. 왜냐하면 모두가 죄인이고, 하나님의 영광에 이르지 못했기 때문이다(롬 3:23). 짐승의 희생은 참으로 죄를 제거할 수 없었다(히 10:4). 제사를 드린 대제사장 자신도 "연약에 싸인"(히 5:1-3, 7:27) 자였고, 그가 죽은 이후에 대신되어야 할 죄인이었다(히 7:23). 아무도 더 나은 언약의 보증을 할 수가 없었다. 그래서 요한은 크게 울었다. 일곱 인이 봉인된 책은 닫힌 채로 남겨질 것이기 때문이었다.

5절. 장로 중의 한 사람이 내게 말하되 울지 말라 유대 지파의 사자 다윗의 뿌리가 이겼으니 그 두루마리와 그 일곱 인을 떼시리라 하더라.

요한은 (문자적으로 읽으면) **"울지 말라. 보라, 그가 이기셨다!"** 라고 말하는 "장로 중의 하나"에게 위로를 받는다. 그런데 그 장로가 예수님이 승리하신 분임을 설명하기도 전에 이기셨다는 결론을 불쑥 외치는 것으로 보아, 그 자신도 자신의 메시지에 대해 흥분한 것으로 보인다. 그는 계속해서 승리하신 그리스도를 묘사하고 있다.

이는 옛 야곱이 넷째 아들 유다에 대한 예언의 성취이다. "유다는 사자 새끼로다. 내 아들아 너는 움킨 것을 찢고 올라갔도다. 그의 엎드리고 웅크림이 수사자 같고, 암사자 같으니 누가 그를 범할 수 있으랴? 홀이 유다를 떠나지 아니하며, 치리자의 지팡이가 그 발 사이에서 떠나지 아니하시기를 실로가 오시기까지 미치리니, 그에게 모든 백성이 복종하리로다"(창 49:9-10). 옛 언약의 유다 지파의 사자는 다윗이었다(삼하 7:18-29, 23:2-5, 대상 17:16-27, 시 16편, 110편, 행 2:25-36). 그러나 새 언약에서 유다 지파의 사자는 예수님이셨다.

또한 예수님은 **"다윗의 뿌리"** 이다. 우리는 "이새의 줄기에서 한 싹"이라는 이사야의 표현은 쉽게 이해할 수 있다(사 11:1). 그리고 이새와 다윗의 후손으로, 예수님을 "가지"라고 부른 것도 쉽게 이해할 수 있다(렘 23:5, 슥 3:8). 그러나 어떻게 예수님을 **"뿌리"** 라고 부를 수 있는가? 우리의 혼란은 역사 가운데 일어난 사건들을 비성경적인 관점으로 보는 것에 기원한다.

우리는 역사를 원인과 결과로 생각하는데 익숙해져 있다. 그러나 그것이 항상 진리는 아니다. 역사는 단지 과거의 사건이 미래를 일으키는 것이 아니다. 오히려 미래가 과거를 일으키는 것이다. 즉 성경에 의한 시간의 움직임은 영원에서 오는 것이다. 왜냐하면 시간이란 것도 하나님에 의해서 창조되어진 것이고, 하나님의 영원한 명령에 따라 움직이는 것이기 때문이다. 시간은 예정된 것이고, 그것의 처음과 끝은 이미 계획되었고, 시간은 과거를 지나 현재와 미래로 진화론적인 형태로 발전하지 않는 것이기 때문이다. 대신에 시간은 미래로부터 현재와 과거로 펼쳐지는 것이다.

다음의 간단한 예화가 우리가 이것을 이해하도록 도울 것이다. 누군가가 따뜻한 토요일 아침에 당신이 점심 도시락을 싸는 것을 보고 그 이유를 물었다고 생각해 보자. 당신은 "나는 오늘 공원에 소풍 갈 것이다"라고 대답할 것이다. 무슨 일이 일어났는가? 어떤 의미에서 미래(소풍계획)가 과거를 결정한다. 왜냐하면 당신이 공원에 소풍가기를 원했기 때문에, 그래서 당신은 도시락을 싼 것이다. 비록 연대기적으로는 도시락을 싼 것이 소풍보다 앞설지라도, 논리적으로는 소풍이 도시락보다도 앞서고 원인이 된다.

같은 방식으로, 하나님께서 예수 그리스도를 통하여 자신을 높이기를 원하셨다. 그래서 하나님은 이새와 다윗을 창조하셨다. 그리고 세상에 당신의 아들을 보내시기 위하여, 그리스도의 다른 모든 인간 조상들을 창조하셨다. 다윗의 존재의 "**뿌리**"는 바로 다윗의 자손이신 예수 그리스도이시다. 예수 그리스도는 역사의 중심인 "가지"일 뿐 아니라 "**뿌리**"로, 알파와 오메가이시다. 그리고 "**이 책과 그 일곱 인을**" 떼실 승리자인 사자와 결정하는 뿌리라는 것이다.

6절. 내가 또 보니 보좌와 네 생물과 장로들 사이에 한 어린 양이 서 있는데 일찍이 죽임을 당한 것 같더라. 그에게 일곱 뿔과 일곱 눈이 있으니 이 눈들은 온 땅에 보내심을 받은 하나님의 일곱 영이더라.

요한은 이렇게 묘사된 분을 보기 위하여 몸을 돌렸다. 그런데 사자와 뿌리를 보는 대신에, **"보좌"** 앞에 **"어린양"**이 서 계신 것을 보았다. 분명히 요한이 5절에서 그에 대해 들었던 사자는 6절에서 보고 있는 어린양과 동일한 분이셨다. 즉 그 사자는 어린양이었다.

어떤 의미에서 그리스도께서 어린양인가? 이는 예수님의 성품과 관련된 것이 아니다. 즉 예수님은 순하고 부드럽고 온유하다는 의미에서 '양 같다'는 것이 아니다. 그리스도를 '양'이라고 부르는 것은 그 분의 '인격'(Person)에 관한 것이 아니라, '사역'에 관한 것이다. 예수님은 세상 죄를 지고 죽임을 당하는 사역을 한 어린양이다(요 1:29). 그러므로 역사의 중심은 예수 그리스도의 십자가의 희생 제사이다. 예수님의 중보적인 왕권(사자로서 그리스도)의 근거는 그의 중보적인 구속(양으로서 그리스도)이다. 예수님이 최고의 통치와 권위의 자리로 높임을 받으신 것은 예수님의 희생 때문이다. 예수님은 우리를 대신하여 희생적인 고난과 죽음을 당하심으로 승리를 얻으셨다.

"일찍이 죽임을 당한 것 같더라"고 요한은 특별한 언어로 이것을 강조한다. 헬라어 '섰다(헤스테이코스)'는 말은 히브리어 '타미드(Tamid)'의 거친 헬라어 번역이고, 이는 성전에서 상번제를 가리키는 말이다. 또한 본문의 어린양(알니온)이란 단어도, 사복음서에서의 하나님의 어린양(암노스)과 다른 것이다. '암노스'가 양에 대한 일반적이고 자연스러운 단어인 반면, '알니온'은 유대 성전에서의 사용하는 기술적인 용어이다. 즉 요한은 예수님을 제사 제물로서의 '양'을 말하고 있는 것이다.

요한은 상징적인 이미지를 계속한다. 어린양 그리스도는 **"일곱 뿔"**이 있다. 성경에서의 뿔은 언제나 힘과 능력에 대한 상징이다(시 75:10). 그러나 그 이상으로, 1세기 독자들의 생각은 여리고 전투에서 하나님의 적들에게 하나님의 심판을 알리고, 하나님의 백성들에게 구원을 알리는데 사용된 일곱 양각 나팔을 떠올릴 것이다(수 6:2-5). 같은 방식으로, 다른 희생들을 지시하는 '대속죄양'은 땅에 대한 통치를 위한 전쟁에서 힘과 능력과 승리를 제공한다. 교회의 점진적인 승리와 교회에 할당된 '전체 땅'[17](이 시대에 그것은 단지 팔레스타인이 아니라 '온 세상')에

---

17) 성경적 상징주의에 의하면, 계시록에서 땅(The earth)은 'earth'가 'land'보다 좋은 번역

대한 궁극적 통치에 대한 보증은 그리스도의 결정적인 승리이다(마 28:18-20).

또한 어린양은 **6절 "일곱 뿔과 일곱 눈이 있으니 이 눈들은 온 땅에 보내심을 받은 하나님의 일곱 영이더라"**(cf. 슥 6:5). 이것을 이해하기 위하여, 우리는 우리가 "성령"에 대해 처음 언급한 것을 볼 수 있는 곳인 창세기 1장으로 돌아가야 한다. 거기에서 성령은 "땅" 위를 운행하시고, 품으시고, 조성하시며 채우시고, 생명을 주셨다. 그런데 창조의 과정으로서, 성령은 보는 것에 대한 일곱 과정을 수행하셨다. 그래서 **"하나님이 보시기에 좋았더라"**고 일곱 번이나 말씀하셨다(창 1:4, 10, 12, 18, 21, 25, 31). 하나님께서 당신의 세상을 창조하심과 같이, 하나님께서는 그것을 심판하셨다. 최종적이고 절정적인 심판은 일곱째 날을 위한 시작의 서곡으로 만드셨다. 여기 계시록에서 그리스도는 역사의 중심, 즉 모든 사람들을 위해 새 언약을 받을 승리자로 제시되는 것이다.

7절. 그 어린 양이 나아와서 보좌에 앉으신 이의 오른손에서 두루마리를 취하시니라.

이것은 바로 다니엘이 예언한 것이다. "내가 또 밤 이상 중에 보았는데 인자 같은 이가 하늘 구름을 타고 와서 옛적부터 항상 계신 자에게 나아와 그 앞에 인도되매 그에게 권세와 영광과 나라를 주고 모든 백성과 나라들과 각 방언하는 자로 그를 섬기게 하였으니 그 권세는 영원한 권세라 옮기지 아니할 것이요 그 나라는 폐하지 아니할 것이니라"(단 7:13-14).

성경의 중심 메시지는 예수 그리스도, 즉 새 언약의 중보자를 통한 구원이다. 예수님을 떠나서는 인류를 위한 아무런 희망도 없다. 예수님은 위대하신 왕의 조약을 열기 위하여 승리하셨다. 그리고 예수님을 통하여 우리도 승리자들이 되는 것이다. 이제 승리의 노래가 울려 퍼진다. 예수님께서 책을 취하시자, 네 생물과

인데, 그 이유는 이것이 거룩한 땅의 백성들, 즉 유대인들과 유대주의자들의 영역을 가리키는 것이기 때문이다. 그러나 유대사회가 파괴된 후에는 땅은 모든 인간 세상, 즉 전체 땅을 뜻하는 것으로 보인다(cf. 계시록 21-22장). Cf. J. B. Jordan, "A Brief Reader's Guide to the Book of Revelation(Part 2)", p. 2.

24 장로들과 천천만만의 천사들이 찬양을 한다. 새 노래를 부른다.

8절. 그 두루마리를 취하시매, 네 생물과 이십사 장로들이 그 어린 양 앞에 엎드려 각각 거문고와 향이 가득한 금 대접을 가졌으니, 이 향은 성도의 기도들이라.

첫째, 우리는 누가 새 노래를 부르게 되는지를 보게 된다. 그들은 "**네 생물과 이십사 장로들**"이다. 이 앞뒤에 눈이 가득한 네 생물은 온 세상을 살피시는 하나님의 천사들이다(cf. 계 4:6). 그리고 24 장로들은 왕인 동시에 제사장인 왕 같은 제사장의 무리였다(cf. 계 4:4). 그들은 신약교회를 대표하는 하늘의 장로들이다. 그리고 11절의 "만만 천천의 천사들"이 새 노래를 부른다. 다시 말하면 새 노래는 천군 천사 뿐 아니라, 구속받은 하늘과 땅의 모든 피조물들이 부르도록 되어 있다.

우리도 새 노래로 예수님을 찬양해야 한다. 그런데 '새 노래' 라는 것은 '새 곡조' 라는 의미가 아니다. 모르는 노래를 자꾸 배워야 한다는 뜻이 아니다. 구원의 감격을 가지고 새로운 마음으로 노래해야 한다는 것이다. 한 기도원 집회 때였다. 말씀이 끝나고 개인기도 시간이 이어졌다. 한참을 기도하는 중에 한 할머니가 일어섰다. "와 이리 좋노! 와 이리 좋노!"를 밀양 아리랑 곡조에 맞춰 어깨춤을 덩실덩실 추는 것이다. 새 노래는 이런 것이다. 새 가사나 새 곡조가 아니라, 새 마음으로 부르는 노래이다. 구원받은 감격으로 부르는 노래이다.

둘째, 우리는 어떤 자세로 새 노래를 부르는지를 보게 된다. "**어린양 앞에 엎드려**"이다. 서양 사람들은 좀처럼 엎드리지 않는다. 재미있는 에피소드다. 어느 외국인 여자를 사랑한 한국 남자가 여자에게 청혼을 했다. 문제는 둘의 사랑이 무르익었는데 부모들의 승낙을 받기가 여간 난감하지 않았다. 남자가 한국식으로 찾아가서 넙죽 엎드려 절하며 딸을 달라고 했다. 서양 사람들은 이렇게 절하지 않는다. 그 부모가 감동해서 결혼을 허락했다고 한다. 또 <파더 도슨>이란 영화의 한 장면이 기억난다. 주인공 도슨이 사제로 서품을 받는 장면이다. 주교와 다른 사제들 앞에 도슨이 엎드린다. 불교의 오체투지(五體投止)와 똑같은 모습으로 엎드린다. 이는 완전한 복종을 나타내는 것이다. 어린양 앞에 엎드리는 것도 이렇듯 예수님께 완전한 복종과 최고의 경배를 드리는 것이다.

구원받은 감격의 마음은 몸으로 표현되어야 한다. 율동이 잘 안되면 아직 덜 깨어져서 그렇다. 은혜를 받으면 몸이 부드러워진다. 부끄러운 생각보다는 하나님께서 기뻐하신다는 생각 때문에 율동도 따라하게 된다. 소위 '몸 찬양' 을 드리게 되는 것이다. 우리가 구원의 감격을 몸으로 표현하는 것은 율동뿐이 아니다. 무릎을 꿇거나 박수를 치거나 손을 들거나 일어서거나 이 모든 것들이 몸으로 하나님을 경배하는 것들이다.

셋째, 우리는 무엇으로 새 노래를 부르는지도 보게 된다. 그들의 손에는 "**거문고와 향이 가득한 금 대접**"이 있었다. 거문고는 현악기의 일종인 하프 같은 것이다. 옛날에는 이런 주악(奏樂)이 입신상태(入神狀態)에 들어가는 매개가 되기도 했는데, 엘리사는 하나님께 계시를 받을 때, 이것을 쓰기도 했다(삼하 3:15). 그러나 일반적으로 개인적인 찬양의 도구로 보면 무난할 것이다. 인간의 몸이 가장 좋은 찬양도구이지만, 새 노래를 위해서 사용할 수 있는 모든 악기를 동원하는 것이 좋은 듯 보인다.

그런데 악기가 없더라도 우리의 찬양을 향기롭게 하는 중요한 것이 있다. 바로 기도이다. "**금 대접**"에 담긴 향은 "**성도의 기도들**"이었기 때문이다. 기도의 향이 금 대접에 담겼다는 것은 성막과의 관계를 말하는 것으로 보인다. 1) 성막에서 향단이 '지성소' 의 휘장에서 가장 가까이 있는 것은 기도가 하나님께 가장 가까이 다가가는 방법이라는 기도의 중요성을 상징하는 것이다. 우리는 기도하는 가운데 하나님께 가까이 나아갈 수 있다. 아무리 성능 좋은 비행기로도 하나님께 올라갈 수 없지만, 우리가 기도의 향을 타고서는 하나님께 올라갈 수 있는 것이다. 유대인들은 탈릿이라는 보자기를 쓰고 기도한다. 탈릿은 술들이 달려 있다. 탈릿은 기도의 날개인 셈이다. 탈릿을 쓰고 기도하면, 기도하면서 하늘로 올라간다고 믿었던 것이다. 2) 성막에서 향단의 향은 계속해서 피우도록 했다. 이는 기도가 끊임없이 드려져야 함을 의미하는 것이다. 기도는 계속해서 드려져야 한다. 기도를 포기하고 싶을 때가 응답이 가까운 시점이다. 낙심하지 말고 기도해야 할 것이다.

9-10절. 그들이 새 노래를 불러 이르되 두루마리를 가지시고, 그 인봉을 떼기에 합당하시도다. 일찍이 죽임을 당하사 각 족속과 방언과 백성과 나라 가운데에서 사람들을 피로 사서 하나님께 드리시고, 그들로 우리 하나님 앞에서 나라와 제사장들을 삼으셨으니, 그들이 땅에서 왕 노릇 하리로다 하더라.

여기에서 우리는 새 노래의 내용을 보게 된다. **"새 노래"**는 구약에서는 항상 역사 속에서 하나님의 구속/창조 행위와 관련되어 일곱 번이나 언급된다(시 33:3, 40:3, 96:1, 98:1, 144:9, 사 42:10). 새 노래는 언약을 세우는 것을 축하하고, 열방에 구원을 가져오고, 하나님에게 우주적인 승리를 돌리기 위해 그리스도께서 오심을 선언한다. 예를 들면 이렇다. "새 노래로 여호와께 찬송하라, 대저 기이한 일을 행하사, 그 오른손과 거룩한 팔로 자기를 위하여 구원을 베푸셨도다. 여호와께서 그 구원을 알게 하시며, 그 의를 열방의 목전에 명백히 나타내셨도다. 저가 이스라엘 집에 향하신 인자와 성실을 기억하셨으므로, 땅의 모든 끝이 우리 하나님의 구원을 보았도다"(시 98:1-3).

본문에서 새 노래의 내용은 역시 이러한 사실들이 반복적이고 발전적으로 나타나고 있음을 볼 수 있다. **9-10절**을 읽어보자. **"그들이 새 노래를 불러 이르되 두루마리를 가지시고 그 인봉을 떼기에 합당하시도다. 일찍이 죽임을 당하사 각 족속과 방언과 백성과 나라 가운데에서 사람들을 피로 사서 하나님께 드리시고, 그들로 우리 하나님 앞에서 나라와 제사장들을 삼으셨으니 그들이 땅에서 왕 노릇 하리로다 하더라."** 여기에서 **"책을 가지시고 그 인봉을 떼기에 합당하시도다"**는 것은 새 언약에 대한 축하를 나타내는 것이다. 여기에서의 책은 새 언약의 책이다. 인을 떼는 것은 언약의 시행을 말하는 것이다. 그리고 **"일찍 죽임을 당하사 각 족속과 방언과 백성과 나라 가운데서 사람들을 피로 사서 하나님께 드리시고"**는 예수님의 피로 사람들을 구원하셨음을 말하고 있다. 그리고 **"저희로 우리 하나님 앞에서 나라와 제사장을 삼으셨으니 저희가 땅에서 왕 노릇하리로다"**라는 것은 하나님의 우주적인 통치를 말하는 것이다.

그리스도는 열방 가운데 당신의 백성들을 사셨다. 죄로부터 그들을 구속하셨을 뿐 아니라, 인간을 향한 하나님의 원래의 통치 명령을 성취할 수 있게 하셨다. 둘째 아담으로서 그리스도는 아담이 박탈당한 임무를 당신의 새로운 피조물 위에 두셨다. 그러나 이번에는 그리스도의 죽으심과 부활과 승천의 흔들리지 않는 토대 위에 두셨다. 구원은 목적을 가지는 것이다. 즉 '무엇으로 부터' (from)의 구원보다는 '무엇을 향한' (to)구원이다. 그래서 그리스도는 당신의 백성들을 **"하나님 앞에서 나라와 제사장을"** 삼으셨다. 그리고 그들의 운명을 보장하셨다. **"저희가 땅에서 왕 노릇하리로다."**

이것은 우리에게 역사의 방향을 보여준다. 이미 왕 같은 제사장 민족인 주님의 구원을 받은 자들은 하나님께서 인간을 위한 원래 프로그램으로 계획하신 완전한 통치를 향해 나아갈 것이다. 아담 안에서 그것은 상실되었다. 그러나 둘째 아담이신 그리스도는 우리를 구원하시고 왕 같은 제사장 직분을 회복시키셨다. 그래서 우리는 **"땅"**을 통치할 것이다. 그리스도의 십자가와 부활을 통하여 사탄에 대한 승리가 확정되었다. 그리고 우리는 온 세상에 복음을 전하는 것으로 점증적인 승리와 통치와 다스림을 이루어가야 하는 것이다. "뜻이 하늘에서 이룬 것 같이 땅에서도 이루어지이다"라고 기도하며, 하나님의 일을 이루어 가야 하는 것이다.

> 11-14절. 내가 또 보고 들으매 보좌와 생물들과 장로들을 둘러 선 많은 천사의 음성이 있으니, 그 수가 만만이요, 천천이라. 큰 음성으로 이르되 죽임을 당하신 어린 양은 능력과 부와 지혜와 힘과 존귀와 영광과 찬송을 받으시기에 합당하도다 하더라. 내가 또 들으니, 하늘 위에와 땅 위에와 땅 아래와 바다 위에와 또 그 가운데 모든 피조물이 이르되 보좌에 앉으신 이와 어린 양에게 찬송과 존귀와 영광과 권능을 세세토록 돌릴지어다 하니, 네 생물이 이르되 아멘 하고 장로들은 엎드려 경배하더라.

네 피조물과 24 장로들이 찬양으로 화답한다. 그 때 그들을 둘러선 천천만만의 많은 천사들이 합창한다. 그것이 **12절**이다. **"죽임을 당하신 어린양이 능력과 부와 지혜와 힘과 존귀와 영광과 찬송을 받으시기에 합당하도다."** 이 일곱 가지는 온 세상에서 예수님께 돌릴 수 있는 최고의 영광을 가리키는 것들이다. 그리고 그 후에 이 예배의 절정으로서 "**모든 만물들이**" 찬양으로 화답한다. 여기에서 우리는 찬양의 숫자가 많아지며, 찬양의 소리가 더욱 높여지는 것을 볼 수 있다. 이렇듯 갈수록 더욱 많은 사람들이 하나님을 찬양하는 것이 하나님의 뜻이다. 찬양하는 사람들이 많아지고 찬양의 소리가 높아지는 것이 하나님의 계획이다. 이런 하나님의 뜻을 이뤄드릴 수 있기를 바란다. 아멘.

한편 이들 응답송의 내용은 하나님께 영광을 돌려야 한다는 것이다. 요한의 시대에 교회는 심각한 시험과 박해에 직면해야 했다. 이미 그들은 이스라엘과 로마의 적그리스도적인 짐승과의 연합을 보았다. 그래서 그리스도인들은 악한 자나 심지어는 사탄이 역사를 통치하는 것이 아니라, 예수 그리스도에 의해 역사가 통치된다는 사실을 이해할 필요가 있었다.

그들은 그리스도께서 이미 사탄의 손아귀로부터 세상을 빼앗으셨고, 이제 하늘과 땅의 만물조차도 왕으로서 그리스도를 알고 있다는 것과 그리스도께서 지금도 다스리고 계심을 알 필요가 있었다. 성도들은 자신들이 잊혀져버린 패잔병들이 아니라, 전쟁을 치르고 이긴, 그래서 이미 왕과 제사장으로서 왕이신 그리스도와 함께 온 세상을 다스릴 승리가 예정된 자들이라는 사실을 알 필요가 있었다. 그들은 성경적 역사철학이 필요했다. 다시 말하면 하나님이 역사의 주인이시며, 역사의 모든 것들이 주 예수 그리스도의 우주적 통치를 향하여 흔들림 없이 나아간다는 것을 알아야 했다. 이제 역사의 새롭고 최종적인 시대가 도래했다. 새 언약이 왔다. 보라. 그리스도께서 이기셨다! 아멘.

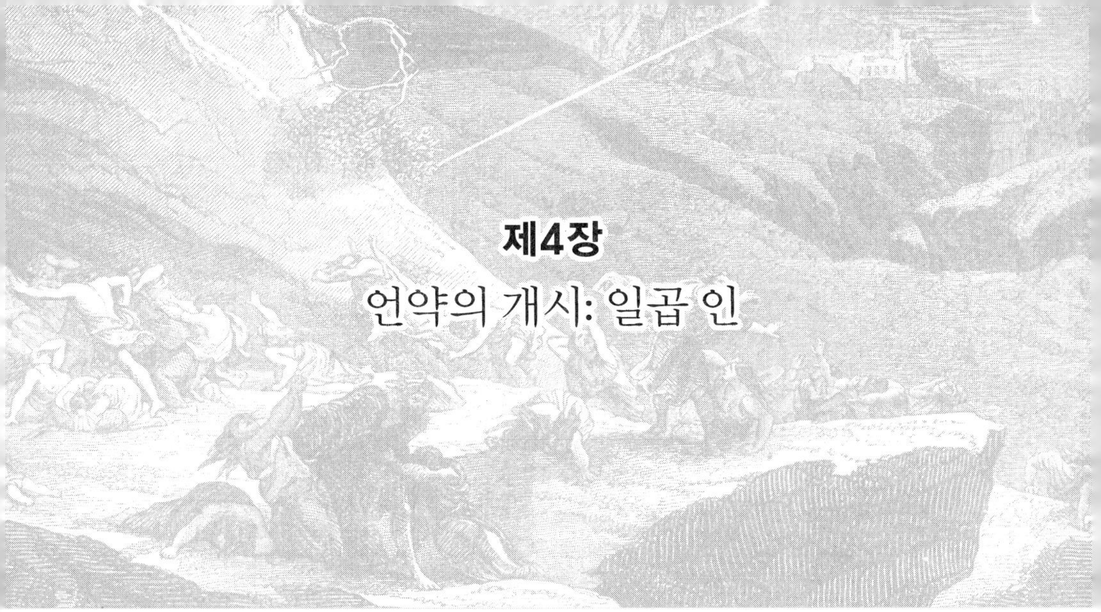

제4장
언약의 개시: 일곱 인

1. 네 명의 말 탄 자들(계 6:1-8)

예수님은 하나님의 손에서 일곱 인으로 봉해진 언약의 책을 받으셨다. 그리고 그 책의 인을 떼기 시작한다. 그 인이 떼어 질 때마다 네 피조물들이 "**오라**"는 말을 한다. 그러면 말 탄 자들이 등장한다. 그리고 그 말 탄 자들은 세상을 심판한다.

구약성경에서 네 명의 말 탄 자들에 대한 언급이 스가랴 6:1-7에서 등장한다. 스가랴는 홍마, 흑마, 백마, 얼룩진 말을 본다. 이 말들은 하나님의 병거(마차)로서 바람들이다. 이들은 하나님의 심판의 말들이다. 또한 하박국 3장의 하박국의 기도에서도 말을 타고 심판하는 것이 나온다. 이는 하나님의 심판의 도구인 갈대아에 의해서 유다가 공격을 받을 것을 예언하는 것이다. 그러므로 말 탄 자들은 불순종한 이스라엘 민족에게 심판을 하는 하나님의 도구임을 우리에게 보여준다.

예수님은 예루살렘이 폐허가 될 것을 예언하셨다. 그 때 선포하신 심판의 도구들이 '전쟁들, 기근들, 온역들, 지진들' 이다(마 24:6-7, 눅 21:10-11, 20). 그리고 역사가 요세푸스의 글들은 이 모든 일들이 예루살렘을 향한 로마의 유혈 전쟁에서 얼마나 두렵게 성취되었는지를 우리에게 충분히 보여준다.[18]

1-2절. 내가 보매 어린 양이 일곱 인 중의 하나를 떼시는데, 그 때에 내가 들으니, 네 생물 중의 하나가 우렛소리 같이 말하되 오라 하기로, 이에 내가 보니, 흰 말이 있는데, 그 탄 자가 활을 가졌고, 면류관을 받고 나아가서 이기고 또 이기려고 하더라.

어린양께서 네 인 가운데 처음 인을 떼시자, 요한은 **"네 생물 중에 하나가 우**

---

18) 마태복음 24장이 예루살렘의 멸망에 대해서 예언한다는 것을 부인하는 사람들은 거의 없지만, 대부분 사람들은 계시록이 감람산 강화의 구조와 개요를 재현한다는 사실을 깨닫는 데에는 실패한다. R. H. Charles는 계시록 6장의 인들(seals)이 예수님에 의해 예언된 마태복음 24장과 정확하게 일치한다는 것을 인식한 첫 번째 사람이다. 마가복음 13장과 누가복음 21장 뿐 아니라 마태복음에서 심판의 패턴은 다음과 같다. 1)전쟁(마 24:6, 계 6:1-2) 2)국가적인 분쟁(마 24:7a, 계 6:3-4) 3)기근(마 24:7b, 계 6:5-6) 4)지진(마 24:7c, 계 6:12, 16:18) 5)박해(마 24:9-13, 계 6:9-11) 6)창조의 풀어짐(마 24:15-31, 계 6:12-17). Chilton은 "'소 묵시록' 은 이스라엘에 대한 예언이다. '대 묵시록' 이 이스라엘에 대한 예언이라면 그것들 사이에는 분명한 연결점이 있는 것이다" 라고 말했다. Cf. Chilton, *The Days of Vengeance*, pp. 182-183; Preston은 요한계시록과 감람산 강화 사이에는 다음과 같은 다른 병행들도 말한다. 1)둘 다는 모두 세상에 복음이 완전히 전파되는 것에 이어서 한 죄악의 도시에 대한 심판을 말하고 있다(마 24:14, 계 14:6이하). 2)둘 다는 모두 대 환란에 대하여 말하고 있다(마 24:21, 계 14장). 3)둘 다는 멸망의 가증한 것에 대하여 말하고 있다(마 24:15, 계 13장). 4)둘 다는 모두 그 도시로부터 신실한 자들이 도망치도록 권고하고 있다(마 24:15이하, 계 18:4). 5)둘 다는 모두 거짓 선지자들과 거짓 기적을 일으키는 자들에 대하여 말하고 있다(마 24:24, 계 13:12-15). 6) 둘 다는 모두 구름 위에서 오시는 인자에 대하여 말하고 있다(마 24:30, 계 14:14이하). 7)둘 다는 모두 마지막 때에 나팔소리에 대하여 말하고 있다(마 24:31, 계 11:15이하). 8)둘 다는 모두 택한 자들의 구원에 대하여 말하고 있다(마 24:31, 계 14:20-22). 9)둘 다는 모두 죽은 자들에 시체에 잔치하기 위하여 공중의 새들이 모이는 곳에 대하여 말하고 있다(마 24:28, 계 19:17이하). 이것을 신명기 28:25-26, 시편 79편, 예레미야 34장 등과 비교하라. 이것은 이스라엘에 대한 심판을 위해 소집되어지는 하나의 일반적인 규제이다. 10)둘 다의 예언들은 모두 곧 성취되어질 것이다(마 24:34, 계 1:1-3, 22:6, 10, 12, 20). 이것들과 다른 유사성들은 감람산 강화와 계시록이 참으로 병행되어지는 것을 보여준다. 전천년주의자와 후천년주의자를 위하여 이러한 모든 병행들에 대한 중요한 것은 그것이 그들 가운데 모든 사람들이 예루살렘 멸망이라고 동의하는 마태복은 24장의 그 부분에서 나온 주제라는 것이다. 만약 계시록이 마태복음 24장과 병행이고, 마태복음 24장이 예루살렘에 대한 임박한 심판에 대해 말하는 것이라면, 계시록은 반드시 예루살렘에 멸망에 대하여 말하는 것이어야 한다. Cf. Don K. Preston, *Who is this Babylon?* (1999), pp. 1-3.

렛소리 같이 말하되 오라!" 하는 것을 듣는다. 이는 요한에게 "**오라**"는 지시를 하는 것이 아니다. 네 명의 말 탄 자 중의 하나를 부르는 것이다. 그 때 요한은 활로 무장하고 흰말을 탄 자를 보았다. 그 말 탄 자는 이미 승리하였다. 왜냐하면 그는 이미 면류관을 받았기 때문이다. 이미 승리를 쟁취한 그는 더욱 이기려고 말을 타고 나타난다. 즉 "**이기고 또 이기려고 하더라.**" 놀랍게도 홀 린세이(Hal Lindsey) 같은 보통 세대주의자들은 이 흰 말 탄 자를 적그리스도라고 주장한다. 그러나 몇 가지 점에서 이 말 탄 자는 주 예수 그리스도 외에 다른 누구도 될 수 없다. 첫째, 예수님께서 계시록 19:11-16에서 그러하심 같이 그는 "**흰말**"을 타고 있다.

둘째, 그는 "**활**"을 가지고 있다. 우리가 이미 본 바와 같이, 하박국 본문은 계시록 6장에서 활을 든 전사-왕으로서 주님을 보여주는 것에 대한 기초를 형성한다(합 3:9, 11). 또한 요한은 여기에서 그리스도의 원수에 대한 그리스도의 위대하신 승리의 예언 중 하나인 시편 45편을 호소한다. 거기에서 시편 저자는 그리스도를 말을 타시고 이기신 분으로 노래한다. 즉 "능한 자여 칼을 허리에 차고, 왕의 영화와 위엄을 입으소서. 왕은 진리와 온유와 공의를 위하여 위엄 있게 타고 승전하소서. 왕의 오른손이 왕에게 두려운 일을 가르치리이다. 왕의 살이 날카로워, 왕의 원수의 염통을 뚫으니, 만민이 왕의 앞에 엎드러지는도다"(시 45:3-5).

우리는 여기에서 한 가지 질문을 해야 한다. 그리스도께서 그 활을 어디에서 얻으셨는가? 그 대답은 창세기에서 찾을 수 있을 것이다. 하나님께서 노아와 언약을 맺으셨을 때, 하나님께서는 희생 제물의 "향기" 때문에 더 이상 땅에 전쟁을 두지 않으시겠다고 하셨다(창 8:20-21). 그리고 하나님께서 활줄을 푸신 것의 증거로 모든 사람들이 그것을 보도록 구름 위에 걸어두셨다(창 9:13-17). 후에, 에스겔이 영광 구름의 꼭대기의 보좌로 "들려" 올라갔을 때, 그는 보좌 위에 걸어두신 활을 보았다(겔 1:26-28). 그리고 요한이 하늘로 올라갔을 때, 그것은 여전히 거기에 있었다(계 4:3). 그러나 어린양이 아버지의 손에서 책을 받기 위하여 앞으로 나아갔을 때, 그는 또한 이스라엘의 배교자들을 심판하는데 사용하기 위하여 활을 잡으신 것이다. 왜냐하면 "진리를 아는 지식을 받은 후 짐짓 죄를 범한즉 다시 속죄하는 제사가 없고 오직 무서운 마음으로 심판을 기다리는 것과 대적하는 자를 소멸할 맹렬한 불만 있으리라" 했기 때문이다(히 10:26-31). 그러므로 첫째 말 탄 자가 이스라엘의 땅 위에 저주를 내리는 것을 상징하는 하나님의 진노의 활을 가져오는 것은 불가피한 것이다.

셋째, 말 탄 자가 면류관을 쓰고 있다는 사실도 역시 계시록에서 우리가 그리스도에 대하여 알고 있는 것과 일치한다(계 14:14, 19:11-13). 그리고 넷째, 이 말 탄 자가 "**이기려고**" 한다고 한다. 이는 헬라어에서 일곱 교회에 보낸 편지에 사용된 '이기는', '승리하는' 이라는 바로 그 단어이다(계 2:7, 11, 17, 26, 3:5, 12, 21). 계시록에서 이 단어를 어떻게 사용하고 있는지를 생각해 보자. "이기는 그에게는 내가 내 보좌에 함께 앉게 하여 주기를 내가 이기고 아버지 보좌에 함께 앉은 것과 같이 하리라"(계 3:21). "장로 중에 하나가 내게 말하되 울지 말라. 유대 지파의 사자 다윗의 뿌리가 이기었으니, 이 책과 그 일곱 인을 떼시리라 하더라"(계 5:5). "내가 이에 보니 흰말이 있는데 그 탄 자가 활을 가졌고 면류관을 받고 나가서 이기고 또 이기려고 하더라"(계 6:2). 탁월하신 승리자는 예수 그리스도이시다. 그리스도는 역사의 중심이시고, 땅에 심판을 가져오시는 바로 그 분이시다. 그리스도의 새 언약의 개시는 이스라엘의 패망을 보증한다. 그리스도는 그 책을 열기 위하여 승리하셨으므로 그래서 역사 가운데 그 책의 의미를 이행하기 위하여 승리 가운데 나타나신 것이다. 그는 이미 승리하신 왕으로서, 그 승리를 온 땅에 결정적으로 확장하기 위해 이기고 또 이기려고 나오신 것이다.

그리고 우리는 그의 행렬을 뒤따르는 무서운 심판에 대하여 특별히 주목해야 한다. 말 탄 자는 항상 하나님께서 불순종하는 민족들을 쳐부수는 힘을 상징한다. 이제 그들은 하나님의 언약 백성들을 향해 나타났다. 물론 이는 모든 나라와 사람들에게 동일할 것이다. 예수 그리스도를 떠나 평화와 안정을 찾으려는 모든 시도들은 실패할 것이다. 복종하지 않으려는 민족은 그리스도의 군대들에 의해 박살이 날 것이다.

그리스도에 대한 이 환상과 19장의 환상 사이에는 차이점들이 있다. 그 우선적인 이유는 19장에서 그리스도는 당신의 입에서 칼이 나오는 것으로 나타난다. 그 환상은 A.D. 70년 이후 복음으로 민족들을 정복하시는 것을 상징한다. 그러나 그것은 인들이 떼어지는 동안에는 보이지 않는다. 여기에서 그리스도는 당신의 적들에 대항하여 심판하러 오시는 것이다. 그리스도는 구원이나 치료를 위해서 오시지 않고 파괴를 위하여 오시는 것이다. 그리스도를 뒤따르는 두렵고 무서운 말 탄 자들은 희망의 메신저들이 아니라 진노의 메신저들이다. 이제 이스라엘은 심판을 받게 될 것이다.

3-4절. 둘째 인을 떼실 때에 내가 들으니, 둘째 생물이 말하되, 오라 하니, 이에 다른 붉은 말이 나오더라. 그 탄 자가 허락을 받아 땅에서 화평을 제하여 버리며 서로 죽이게 하고, 또 큰 칼을 받았더라.

어린양이 둘째 인을 떼신다. 그리고 요한은 "**둘째 생물이 말하되 오라**"라는 소리를 듣게 된다. 그 부름에 대답하면서 붉은 말을 탄 자가 나온다. 그는 하나님에 의해 "**땅에서 화평을 제하여 버리며 서로 죽이게 하고, 또 큰칼을 받은**" 자이다. 전쟁을 위해 있는 이 둘째 말 탄 자는 얼마나 인간이 전적으로 타락했는지를 보여주는 자이다. 하나님께서 각기 사람들이 죽이도록 선동하지 않으셨다. 단지 천사에게 평화의 상태를 제거하도록 하셨다. 그랬더니 기다렸다는 듯이 사람들이 서로 죽이고 죽는 것이다.

죄악 된 이 세상에서, 사람들이 전쟁을 하지 않는 이유는 무엇인가? 예를 들어, 북한이 남한을 향해 전쟁을 도발하지 않는 이유는 무엇인가? 왜 더 이상 피를 흘리지 않는가? 그것은 핵전쟁의 위기나 경제적인 문제가 근본적 원인이 아니다. 근원적 이유는 인간의 악함이 하나님에 의해 통제되기 때문이다. 하나님께서 악한 마음을 붙잡고 계시기 때문이다. 그러나 만약 하나님께서 그렇게 하지 않으신다면, 인간은 서로 죽이고 죽는 무서운 전쟁을 계속할 것이다.

5-6절. 셋째 인을 떼실 때에 내가 들으니, 셋째 생물이 말하되 오라 하기로, 내가 보니, 검은 말이 나오는데, 그 탄 자가 손에 저울을 가졌더라. 내가 네 생물 사이로부터 나는 듯한 음성을 들으니, 이르되 한 데나리온에 밀 한 되요, 한 데나리온에 보리 석 되로다. 또 감람유와 포도주는 해치지 말라 하더라.

전쟁에 뒤이어 세 번째 "**검은 말을**" 탄 자는 "**손에 저울을**" 들고 뒤따른다. 이는 에스겔의 예언에서 기근을 상징하는 것이다.[19] 예루살렘의 굶주리는 사람들은 자신들의 양식을 저울로 달아 먹어야 했다(겔 4:10). 그 만큼 먹을 것이 귀하게 된 것이다. 6절을 보라. "**한 데나리온에 밀 한 되요 한 데나리온에 보리 석 되로다 또 감람유와 포도주는 해치 말라.**" 밀의 가격이 이전 가격보다 1000배 이상 올랐다. 그래서 사람들은 아무리 일을 해도 음식을 얻을 수 없었다. 이것은 사람들이 반역할 때마다 내린 하나님의 저주이다. 즉 땅이 그들을 토하여 내칠 것이라고 했다(레 18:24-28, 사 24장).

우리는 엘리야 시대에 이스라엘이 3년 6개월 동안 우로가 내리지 않은 것을 알고 있다. 그 이유는 무엇 때문이었는가? 우연이었는가? 아니다. 아합과 이세벨이 바알과 아세라를 섬겼기 때문이다. 오늘날 세계적으로 굶주리고 있는 나라는 주로 불교 우상을 섬기고 있는 나라이다. 유독 예외처럼 보이는 일본을 우리는 잘 알아야 한다. 일본은 순교의 피가 뿌려진 나라이다. 십자가 네온 탑은 없어도 진실한 믿음의 사람들이 많은 곳이 일본이다.

그런데 한편으로 예루살렘에 대한 이 특별한 저주에서 감람유와 포도주는 가격에 영향을 받지 않았다. 검은 말을 탄 자가 그것에 손대는 것을 금했기 때문이다. 이것의 다른 중요한 측면은 파괴에 대한 하나님의 메신저가 의인들을 해치는 것을 금했다는 것이다. 성경은 종종 의인들이 받을 축복을 "**기름과 포도주**"라는

---

19) Josephus는 예루살렘에서는 기근이 대단히 심각하여 수많은 사람들이 먹을 양식이 없어 굶어 죽었다고 기록하고 있다. Cladius 재위 동안에는 유대 지방의 기근 이외에도 세 건의 다른 기근이 발생했었다. 하나는 헬라 지방으로 Eusebius가 언급하고 있으며, 둘은 로마 지방으로 그 중 (로마지방의) 첫 번째 기근은 Dio Cassius가, 두 번째 기근을 Tacitus가 언급하고 있다. 로마 역사가 Suetonius 역시 그 기간 동안 발생했던 여러 기근들을 기록했다. Tacitus는 "흉작이 들어 그 결과 기근이 들었다"고 언급했다. 이 당시 역시 질병이 만연했었다. Suetonius는 Nero 황제의 재위 때 로마에 '역병' 이 들어 "한 해 가을 동안 적어도 삼만 명 이상의 사람들이 목숨을 잃었을" 정도로 대단히 심각했음을 언급하고 있다. Josephus는 AD 40년 바벨로니아 지방에 퍼졌던 전염병(온역)에 대하여 언급했으며, Tacitus는 AD 66년 이태리 지방에 퍼졌던 전염병에 대하여 말하고 있다. Cf. W. R. Kimball, *What the Bible Says about The Great Tribulation* (Philipsburg: Presbyterian and Reformed, 1984), pp. 29-30.

용어로 표현한다(시 104:15). 그리고 기름과 포도주는 교회에서 예배를 드리는데 사용되었다(약 5:14-15, 고전 11:25). 그러므로 이것은 남들이 다 망해도 하나님께서는 신실한 자들을 보호한다는 것이다(계 7:3). 어느 분의 간증 중에 IMF시대에 신실한 기독교 실업인들이 부실기업을 2-30%에 매입한 예가 많다는 얘길 들었다. 아무리 세상이 어려워져도 하나님을 신실하게 믿고 의지하는 사람들에게는 살아날 길이 있다. 이 놀라운 사실을 믿고 누리시기 바란다. 아멘.

7-8절. 넷째 인을 떼실 때에 내가 넷째 생물의 음성을 들으니, 말하되 오라 하기로, 내가 보매 청황색 말이 나오는데, 그 탄 자의 이름은 사망이니 음부가 그 뒤를 따르더라. 그들이 땅 사분의 일의 권세를 얻어 검과 흉년과 사망과 땅의 짐승들로써 죽이더라.

끝으로 "**넷째 인**"이 떼어지고, 심판의 마지막 말인 "**청황색 말**"을 탄 자를 부르는 "**넷째 생물의 음성을**" 듣게 된다. 이 청황색은 죽음의 색이다. 죽은 사람의 얼굴에서 볼 수 있는 검푸른 색이다. 그래서 넷째 말 탄 자의 이름은 "**사망**"이다. 그리고 그를 뒤따르는 것은 "**음부**(무덤)"이다. 그들은 네 가지 재난으로, 즉 "**검과 흉년과 사망과 땅의 짐승으로써 죽일**" 권세가 주어졌다. 이는 단순하게 레위기 26장과 신명기 28장의 모든 언약적인 저주들을 요약하는 것이다. 그리고 이는 하나님께서 불경건하고 불순종하는 민족들을 징계하실 때의 저주에 대한 하나님의 네 가지 기본적인 범주와 병행되는 것이다. 즉 "주 여호와께서 가라사대 내가 나의 네 가지 중한 벌 곧 칼과 기근과 사나운 짐승과 온역을 예루살렘에 함께 내려 사람과 짐승을 그 중에서 끊으리니 그 해가 더욱 심하지 않겠느냐"(겔 14:21, cf. 5:17).

그러나 이런 예비적인 단계에서, 사망과 음부는 오직 "**땅의 사분의 일**"을 해할 권세를 받을 뿐이다. 나팔-심판들은 땅의 삼분의 일을 취할 것이다(cf. 계 8:7-12). 그리고 대접-심판들은 나머지를 황폐케 할 것이다. 초대교회 성도들이 이것을 이해하는 것은 쉬운 일이었다. 왜냐하면 그들은 이 두려운 심판들을 직접 보았기 때문이다.

계시록을 읽으면서 위로를 느끼는가? 두려움을 느끼는가? 궁극적으로 악한 세상에 대한 하나님의 심판에 대한 우리의 태도는 심판의 메신저들을 기쁨으로 부른 보좌 주변의 네 생물들의 태도와 같은 것이다. 즉 "**오라**"는 것이다. 심판에 대한 이런 두려운 계시에 직면할 때 우리는 어떻게 해야 하는가? 계시록 22:17에서 성령과 신부가 "오라"고 말한다. 요한은 "아멘. 주 예수여 오시옵소서"라고 했다(계 22:20). 이것을 '마라나다'라고 한다. 초대교회 때부터 참 교회의 진정한 인사는 '마라나다'였다. 마라나다!

2. 순교자들의 신원(계 6:9-17)

중국 사람들은 복수를 미덕으로 여긴다고 한다. 부모의 원한을 갚지 않는 것은 씻지 못할 불효로 생각한다. 그래서 중국 영화의 중요 소재가 복수이다. 그러나 성경은 용서를 미덕으로 말하고 있다. 주기도문의 핵심은 "우리가 우리에게 죄 지은 자를 사하여 준 것 같이 우리 죄를 사하여 주옵시고"이다. 즉 '용서'이다. 이어지는 문맥도 용서에 대한 것이다(마 6:14-15). 그러나 우리의 용서는 하나님의 복수를 전제하는 용서이다(롬 12:19). 사실은 복수보다도 더 무서운 용서이다. 내가 손을 대면 하나님께서 손대지 않으실 듯싶어서 참는 것이다. 하나님은 당신의 백성들의 억울함을 반드시 풀어주신다. 그것을 '신원'(伸冤)이라고 한다. 하나님은 신원해 주시는 하나님이시다. 본문은 순교자들의 억울함에 대한 하나님의 신원이 나타난다.

> 9-10절. 다섯째 인을 떼실 때에 내가 보니, 하나님의 말씀과 그들이 가진 증거로 말미암아 죽임을 당한 영혼들이 제단 아래에 있어, 큰 소리로 불러 이르되, 거룩하고 참되신 대주재여 땅에 거하는 자들을 심판하여 우리 피를 갚아 주지 아니하시기를 어느 때까지 하시려 하나이까 하니,

계시록의 내용의 대부분은 우리에게는 과거의 일이지만, 1세기의 독자들에게 모두가 미래의 일이다. 특히 여기에 묘사된 대환난은 그들이 지금 당하고 있고,

또 곧 당할 일들이다. 각 교회들은 머지않아 **"하나님의 말씀과 저희의 가진 증거를 인하여"** 지도자들이 투옥되고 처형될 것이다. 로마제국의 신자들은 가족들이 흩어지고 사랑하는 사람들이 죽임을 당하는 대환난이 있을 것이다. 적당히 세상과 타협하는 사람들에게는 그러한 환난이 없을지 모르겠다. 그러나 하나님의 말씀대로 사는 사람에게는 환난이 있게 될 것이다. 바른 복음을 증거하는 사람들은 환난을 당하게 될 것이다.

그러므로 **"다섯째 인"**을 떼실 때에 **"하늘에 죽임을 당한 영혼들이 제단 아래"** 혹은 주변에 **"있는 것"**이 계시된다. 죽임을 당한 제물의 **"피가"** 제단의 옆에 흐르고 제단 바닥에 웅덩이를 만드는 그 상징은 구약의 희생제사에서 온 것이다(레 17:11). 순교자들의 피가 부어지고(cf. 딤후 4:6), 제단 아래 도랑에 찰 때, 땅에서는 울부짖음이 들린다. **"큰 소리로 불러 가로되, 거룩하고 참되신 대 주재여 땅에 거하는 자들을 심판하여 우리 피를 신원하여 주지 아니하시기를 어느 때까지 하시려나이까?"** 여기에서 이 **"어느 때까지"**라는 말은 성경에서 억압된 자들을 위한 하나님의 심판을 부르는 표준적 관용어이다(시 6:3, 13:1-2, 합 1:2, 2:6).

환난이 닥칠 때, 사람들은 두 가지로 반응한다. 어떤 사람은 "도대체 하나님은 무엇을 하시느냐?"라고 낙심하곤 한다. 아니면 '주님 고대가'를 부르며 하나님의 심판을 고대하곤 한다. "낮이나 밤이나 눈물 머금고..." 이 곡의 가장 인상적인 구절은 후렴이다. "오, 주여, 언제나 오시렵니까?" 이는 하늘과 땅의 모든 성도들이 하나님의 신원을 호소하는 노래인 것이다.

그런데 만약 순교자들의 피가 제단 바닥 주변에 흘렀다면, 그것을 흘린 자들은 예루살렘의 제사장들일 것이다. 언약의 직분자들이 의인들을 죽였다. 예수님과 사도들의 증거를 받은 바, 예루살렘은 선지자들의 '유일한' 살인자들이었다(마 23:34-37). 제단 근처 땅에서 울부짖는 "아벨의 피"와의 연관성은 전체로서 이 본문이 예루살렘에 대한 심판을 가리킨다는 것을 지적한다(마 23:35-37). 가인처럼, 옛 언약의 '형님들'은 그들의 의로운 새 언약의 '동생들'을 시기하고 죽였다(요일 3:11-12). 그래서 의인들의 피가 부르짖는다. 그 성도들은 '복수의 날들'에 대한 그리스도의 예언이 성취되기를 기도하는 것이다.

이 복수에 대한 울부짖음은 우리에게 다소 이상스런 것으로 들릴 수 있다. 사람은 누구나 저주를 싫어한다. 그러나 성경에는 많은 저주들이 나온다. 저주는 참 신자에게 필수적인 태도이다. 바울도 복음의 대적인 알렉산더를 향해 저주의 기도를 했다(딤후 4:14). 사실 하나님께 저주받은 자들을 멸시하는 것은 신실한 사람들의 특징이다(시 15:4). 우리는 저주하면 안 된다는 이상한 망상에 빠져있다. 저주하면 안 되는 것이 아니라, 저주받을 짓을 하면 안 되는 것이다. 어떤 의미에서 세상과 타협하지 않는 참 성도는 세상을 향한 저주와 하나님에 대한 신원을 호소할 수밖에 없을 것이다. 그러나 너무나 세상에 길들여진 우리는 세상을 미워하지 않는다. 때로 하나님이 없는 세상을 사랑한다. 만약 우리의 교회들이 달콤하고 부드러운 오늘날의 찬송이나 복음송들보다, 교회의 진짜 찬송인 시편에 보다 익숙해진다면, 우리는 이것을 매우 쉽게 이해할 수 있을 것이다. 악을 대항하지 않고 저주하지 않는 교회는 그들의 원수들에 의해 지배될 것이다.

11절. 각각 그들에게 흰 두루마기를 주시며 이르시되, 아직 잠시 동안 쉬되 그들의 동무 종들과 형제들도 자기처럼 죽임을 당하여 그 수가 차기까지 하라 하시더라.

하늘의 의롭고 신실한 성도들은 하나님에게 왕과 제사장으로 여겨졌다. 그러므로 이긴 자들의 승리의 상징인 "**흰 두루마기**"가 그들에게 각각에게 주어졌다(cf. 3:4-5). 두루마기의 흰색은 계시록(의 일곱 편지들)에서 칠중 구조 가운데 마지막 세 항목은 첫 네 항목과 조화를 이루는 패턴의 일부이다. 즉 첫째 인: 흰 말, 둘째 인: 붉은 말, 셋째 인: 검은 말, 넷째 인: 녹색 말인데, 다섯째 인: 흰 두루마리, 여섯째 인: 달이 피 같고, 해가 검어짐, 일곱째 인: 녹색 풀이 불탐이다.

복수를 위한 성도들의 호소에 대한 응답으로, 하나님은 "**아직 잠시 동안 쉬되 저희 동무 종들과 형제들도 자기처럼 죽임을 받아 그 수가 차기까지 하라**"라고 말씀하신다. 순교자들의 완전한 수는 아직 차지 않았다. 비록 그들 위에 부어질 하나님의 '노하심의 끝'의 심판이 속히 이를지라도(살전 2:14-16), 그들을 박해하는 자들의 범죄의 분량이 아직 차지 않았다(창 15:16). 우리는 이것에 대한 우선적인 적용은 성도들을 살해한 배교한 이스라엘인 "**땅에 거하는 자들**"이라는 것을 반드시 기억해야 한다. 순교자들은 **"잠시 동안"** 기다리라는 명령을 받았다. 언약을 깬 이스라엘 위에 약속된 '대환난' 을 가져오는 하나님의 심판은 반드시 임할 것이다. 예루살렘에 대한 심판의 말씀들이 한 '세대' 안에 일어날 것을 가리킨다. 이는 예수님 당대에서 한 세대인 A.D. 70년의 예루살렘 멸망을 가리키는 것이다.

12-14절. 내가 보니 여섯째 인을 떼실 때에 큰 지진이 나며, 해가 검은 털로 짠 상복 같이 검어지고, 달은 온통 피 같이 되며, 하늘의 별들이 무화과나무가 대풍에 흔들려 설익은 열매가 떨어지는 것 같이 땅에 떨어지며, 하늘은 두루마리가 말리는 것 같이 떠나가고 각 산과 섬이 제 자리에서 옮겨지매,

하나님의 백성에 대한 구원은 단순하게 '창조' 의 용어로 말해지고 있다(cf. 고후 4:6, 5:17, 엡 2:10, 4:24, 골 3:10). 그래서 하나님의 심판은 '창조에 대한 파괴' 의 용어, 즉 우주의 붕괴의 용어로 말해진다. 이를 '창조에 대한 풀어짐' (de-creation)이라고 한다.[20] 그러므로 요한은 이스라엘의 파멸을 묘사하면서 근본적으로 창조

---

20) 우주적 붕괴의 언어는 사회-정치적 영역에서 중대한 위기를 언급하는 1세기 유대적 언어였다. 그러므로 N.T. Wright는 "이러한 묵시시상을 문자 그대로 반드시 우주적 의미에서의 '세상의 종말' 로 보는 것은 합당하지 않다" 고 했다. Cf. N. T. Wright, *The New Testament and the People of God* (London: SPCK, 1992), p. 298; 그러나 최근에 Wright의 이러한 견해에 반발하여 Edward Adams는 신약성경과 그 시대의 우주적 대변혁에 대한 연구인 *The Stars will fall from heaven*을 저술하였는데, 그는 우주적 변혁에 대한 표현들이 사실인지와, 그 의미가 무엇인지를 밝히기 위해서 구약성경과 유대 묵시문학, 헬라로마 문헌들에 대한 폭넓은 연구를 하였다. 그 결과 그는 신약의 우주적 붕괴의 용어들은 단지 사회 정치적인 변혁뿐 만 아니라, 그 날의 우주론적 기준들에 의한 우주의 '실제' 끝이라고 주장한다. Cf. Edward Adams, *The Stars Will Fall from Heaven* (New York: T & T Clark, 2007), pp. 254-256; 그러나 이러한 Adams의 결론은 그 우주적 대변혁의 구절들이 1세기에 성취되지 않았고 역사 끝에 성취될 것이라고 보는 전제 때문이다. 우주적 심판의 종말론적 용어는 1세기 뿐 아니라 어느 시대에도 적용할 수 있다는 특성을 간과해서는 안 될 것이다; 한편 Chase는 구약에서는 하나님께서 일월성신의 변화를 이방국가의 심판에 대해 사용하지만, 신약에서는 예수님께서 옛 언약 백성인 이스라엘을 심판하실 때 이러한 일월성신의 변화를 말한다고 한다. Cf. W. H. Chase,

의 구조(천지, 해, 달, 별, 궁창, 땅, 사람)를 사용한다.

그래서 **"여섯째 인"**이 떼어지자, 이 창조에 대한 풀어짐의 역사가 나타난다. 이들 일곱 심판들은 구약의 친숙한 예언적 상징 가운데 자세하게 나타난다. 첫째, 동요(動搖)가 있을 것이다. 즉 **"큰 지진"**(출 19:18 등)이 있을 것이다.[21] 둘째, 일식이 있을 것이다. 즉 **"해가 총담 같이 검어짐"**(출 10:21-23 등)이 있을 것이다. 셋째, 불결에 대한 생각들이 더해지면서, 일식의 상징이 계속됨이 있을 것이다. 즉 **"온 달이 피같이 됨"**(욥 25:5 등)이 있을 것이다. 넷째, 넷째 심판은 통치의 상징인 별들에 영향을 주는 것이다(창 1:16). 그들은 또한 시계들이고(창 1:14), 그들의 떨어짐은 이스라엘의 시간이 다했음을 보여주는 것이다. 즉 **"하늘의 별들이 무화과**

"Image of Covenant Judgement in Matthew 24", Clarion 44 (1995), p. 516. 이것은 이미 이스라엘이 이방인들처럼 하나님의 백성의 자리에서 쫓겨났음을 사시하는 것으로 볼 수 있을 것이다.

21) Caligula 황제와 Claudius 황제의 재위 기간 중에는 엄청난 지진이 발생하였다. Claudius 재위 중에는 그레데, 서머나, 밀레도, 키오스(Chios), 그리고 사모스(Samos) 등지에서 지진이 발생하였다. Tacitus는 로마에 지진이 발생했음을 기록하고 있다. Tacitus는 "지진이 자주 발생하여 많은 가옥들이 무너져 내렸으며 아시아에서는 열 두 개의 대도시가 지진으로 폐허가 되었다"고 기록했다. A.D. 54년에는 Nero가 즉위하던 그 날에 지진이 발생하였다. Nero의 재위 동안에는 A.D. 60년에 라오디게아에서 또 지진이 발생했다고 언급되었는데, 그 지진으로 말미암아 라오디게아뿐만 아니라 인접 도시들인 히에라폴리스와 골로새도 붕괴되었다. A.D. 58년에 Seneca는 이렇게 기록했다. "아시아와 아가야 지방의 도시들은 어찌하여 그렇게 자주 단 한 번의 치명적인 충격으로 쓰러져 버리는지! 수리아 지방에서는 또 얼마나 많은 성들이 무너져 버렸는지! 또 마게도냐에서는 얼마나 많은 도시들이 무너져 내렸는가! 바보(Paphos; 구브로에 있는 도시 이름)는 얼마나 자주 폐허가 되어 버렸는가! 너무도 자주 일시에 성 전체가 붕괴되었다는 소식이 우리의 귓가에 들려온다." Seneca는 또 캄파니아(Campania)에서 또 한 차례의 지진이 있었다고 언급하고 있으며, Suetonius는 Galba 황제의 재위 동안에 로마에서 한 차례의 지진이 발생했음을 언급하고 있다(A.D. 68년). 도시 폼페이는 A.D. 63년 지진에 의해 멸망하였다. Josephus는 유대 지방에서 큰 지진이 있었다고 기록했는데, 이 지진이 발생했을 때 강한 바람과 엄청난 소나기와 계속되는 번개, 무시무시한 천둥이 동반되었다고 기록하고 있다. 그리고 그는 더 나아가서 다음과 같이 논평을 하고 있다. "이러한 일들은 어떤 멸망이 사람들에게 임하고 있음을 나타내는 명백한 표시였다…그리고 이 기이한 현상들이 가까이 닥쳐오고 있는 어떤 커다란 참화를 예고한다는 사실을 누구나 짐작하였을 것이다." Cf. Kimball, *The Great Tribulation*, pp. 30-31.

나무가 대풍에 흔들려 선과실이 떨어지는 것같이 땅에 떨어짐"(욥 9:7 등)이 있을 것이다. 물론 "**대풍**"은 스가랴서의 원래 상징에서는 네 바람인 네 말들에 의해서 온 것이다(슥 6:5). 그리고 "**무화과나무**"는 이스라엘 자체이다(마 21:19).[22] 다섯째, 이제 이스라엘은 사라지게 된다. 즉 "하늘은 종이 축이 말리는 것같이 떠나감"이 있을 것이다. 여기에서 "**하늘**"은 이스라엘을 상징한다(사 51:15-16). 여섯째, 이방 세력들이 흔들리게 된다. 즉 "**각 산과 섬이 제 자리에서 옮겨짐**"(욥 9:5-6 등)이 있을 것이다.

그러므로 하나님의 나라가 '새 피조물'인 교회로 옮겨짐으로, 하나님의 '옛 피조물'인 이스라엘은 창조가 풀어짐이 나타나는 것이다(벧후 3:7-14). 왜냐하면 하나님의 포도원을 다스리는 자들이 아들을 죽였기 때문에, 그들도 또한 죽임을 당할 것이다(마 21:33-45). 포도원 자체는 무너지고 파괴되고 황폐하게 될 것이다(사 5:1-7). 이스라엘에 대한 하나님의 의로우신 파괴에서, 당신의 나라를 당신의 새로운 민족인 교회에 넘겨주기 위하여 하나님께서는 하늘과 땅 조차도 흔드실 것이다(마 24:29-30, 히 12:26-28).

15-17절. 땅의 임금들과 왕족들과 장군들과 부자들과 강한 자들과 모든 종과 자유인이 굴과 산들의 바위 틈에 숨어, 산들과 바위에게 말하되, 우리 위에 떨어져 보좌에 앉으신 이의 얼굴에서와 그 어린 양의 진노에서 우리를 가리라. 그들의 진노의 큰 날이 이르렀으니 누가 능히 서리요 하더라.

---

22) 한글 개역성경에서 '무화과' 혹은 '무화과나무'는 모두 총 63회 등장한다. 구약에서 무화과나무는 성경에서 처음으로 등장하는 나무이다(창 3:7). 그리고 일반적으로 무화과나무는 번영과 평화를 상징하는데 사용된다. 무화과는 고대 이집트에서 왕족들의 무덤에 드려졌었다. 뿐만 아니라 무화과나무에 대한 성경적 이미지는 번영과 평화를 나타내는 것이다. 그리고 이러한 번영과 평화의 상징은 역(逆)으로 쇠퇴와 심판의 상징으로 쓰일 수도 있다(시 105:33, 사 34:4, 렘 8:13, 29:17, 호 2:12, 욜 1:7, 12, 암 4:9, 미 7:1, 합 3:17). 하나님께서는 주로 이스라엘을 심판하심의 이미지 속에서 무화과나무를 비유로 사용하고 있는 것이다.

끝으로, 창조의 풀어짐에 대한 일곱 번째 국면이 계시된다. 이는 인간들에 대한 파괴이다. 이 일곱 번째 항목은 그 안에 '일곱 부류'를 포함하는데, 그들은 **"땅의 임금들과 왕족들과 장군들과 부자들과 강한 자들과 각 종과 자주 자"**이다. 그들의 특권이나 중요성에도 불구하고, 하나님의 심판을 피할 수 있는 사람은 아무도 없었다. 모든 땅이 그리스도를 거부했다. 그래서 모든 땅이 출교 되어지는 것이다. 거듭 말해서, 비록 다른 민족들(땅의 임금들)도 영향을 받게 될지라도, 이 예언은 이스라엘에 대한 심판을 의도한다는 것을 보여주는 것이다(cf. 사 2장, 24-27장).

땅의 창조가 풀어지고 그리고 중재하는 자연 계시가 제거되자, 이스라엘의 사람들은 피난처를 찾아서 도망치고 숨으려고 한다. 땅과 동굴 속으로 숨는 것은 이들이 저주 아래에 있다는 증거이다(cf. 창 19:30-38). 그러므로 그들은 **"굴과 산 바위틈에 숨어**(히 11:38, cf. 삿 7:25), **산과 바위에게 이르되 우리 위에 떨어져 보좌에 앉으신 이의 낯에서와 어린양의 진노에서 우리를 가리우라. 그들의 진노의 큰 날이 이르렀으니 누가 능히 서리요"**(나 1:6, 말 3:2)? 여기에 주어진 해석은 이 본문은 세상 끝에 대한 것이 아니라 A.D. 70년 이스라엘의 끝에 대한 것이라는 것을 다시 한 번 확증한다.

소아시아의 교회들이 이 환상을 처음으로 읽을 때, 그 예언된 심판들은 이미 성취되고 있었다. 환언하면 마지막은 빨리 왔다. 땅의 주인의 아들을 거절한 그 세대는 머지않아 바로 이 **"하나님의 낯과 어린양의 진노에서 우리를 가리우라"**는 말을 외치게 될 것이다. 십자가에 못 박히시고 부활하신 주님은 배교자들을 파멸시키기 위하여 지체하지 않고 오셨다. 오늘날 우리에게도 마찬가지이다. 하나님의 심판은 어떤 이의 말처럼 더딘 것이 아니다. 주님은 곧 오실 것이다. 마라나다! 아멘! 주 예수여 속히 오시옵소서!

3. 144,000(계 7:1-8)

계시록 7장은 6장과 8장 사이에 끼어 있는 '삽입장'이라고 볼 수 있다. 6장에서 첫째부터 다섯째 인까지 인들이 떼어진다. 그리고 다시 8장에서 일곱째 인이 떼어진다. 그러므로 7장은 삽입장으로 볼 수 있는 것이다. 그런데 왜 7장이 끼여 있겠는가? 이는 이것이 계시록 6:17의 질문에 대한 답이기 때문이다. 온 세상 사람들이 심판을 당한다. 그 때 "그들의 진노의 큰 날이 이르렀으니 누가 능히 서리요?" 라고 질문했던 것이다. 이 심판을 피할 자들은 누구인가? 이 질문에 대하여 계시록 7장은 그 답을 주고 있다. 7장의 두 환상은 심판을 피할 수 있는 사람들을 계시하는 것이다. 1-8절의 '144,000' 이 심판을 피할 자들이다. 또한 9-17절의 '흰옷을 입은 능히 셀 수 없는 큰 무리들' 이 심판을 피할 자들이다.

1절. 이 일 후에 내가 네 천사가 땅 네 모퉁이에 선 것을 보니, 땅의 사방의 바람을 붙잡아 바람으로 하여금 땅에나 바다에나 각종 나무에 불지 못하게 하더라.

요한은 "**땅과 바다를 해롭게 할 권세를 얻은**" 천사들인 "**네 천사가 땅 네 모퉁이에 선 것**"을 본다. 그들은 "**땅의 사방의 바람을 붙잡아 바람으로 하여금 땅에나 바다에나 각종 나무에 불지 못하게**" 하였다. 먼저, 땅의 네 모퉁이는 땅의 사방을 가리키는 것이다. 성경에서 '하늘' 을 가리킬 때 '3' 이라는 숫자를 쓰듯, '땅' 을 가리킬 때 '4' 라는 숫자를 사용한다. 그래서 고린도후서 12:2에서 바울이 "내가 그리스도 안에 있는 한 사람을 아노니 십사 년 전에 그가 셋째 하늘에 이끌려간 자라" 라고 한다. 물론 이는 바울이 자신의 특별한 체험을 겸손하게 표현한 것이다. 그런데 우리가 주목할 것은 "셋째 하늘" 이라는 표현이다. 이는 하나님이 거하시는 가장 높은 하늘을 셋째 하늘로 표현한 것이다. 한편, '땅' 은 '4' 로 표현한다(사 11:12, 계 20:8). 그래서 '이 세상에서의 완전수' 는 하늘과 땅을 합친 '7' 이다. 그러나 오는 세상에서는 하늘과 땅이 뒤섞인다. 그래서 '오는 세상의 완전수' 는 하늘과 땅을 곱한 '12' 가 되는 것이다. 그래서 '땅' 은 '이 세상', 즉 '옛 세상' 을 가리키는 것이다. 요한의 때를 기준으로 하면 유대주의가 장악하고 있는 'A.D. 70년 이전의 세상' 인 것이다.

다음으로 그것에 바람이 불도록 되어있다. 성경에서 바람은 하나님의 오심과 축복이나 저주 가운데 하나님의 천사들의 행동과 관계되어있다(창 8:1, 41:27, 출

10:13, 19, 14:21, 15:10, 민 11:31, 시 18:10, 104:3-4, 107:25, 135:7, 147:18, 148:8, 요 3:8, 행 2:2). 그러므로 본문의 경우에 바람이 부는 것은 불경건한 자들에 대한 하나님의 불 심판을 말하는 것이다. 성경은 이런 열풍을 자주 언급하고 있다. 예를 들면, "저가 비록 형제 중에서 결실하나, 동풍이 오리니, 곧 광야에서 일어나는 여호와의 바람이라. 그 근원이 마르며 그 샘이 마르고 그 적축한 바 모든 보배의 그릇이 약탈되리로다. 사마리아가 그 하나님을 배반하였으므로 형벌을 당하여 칼에 엎드러질 것이요. 그 어린아이는 부숴뜨리우며 그 아이 밴 여인은 배가 갈리우리라"(호 13:15-16). 이는 초목을 불태우는 뜨거운 사막바람인 동풍(sirocco)에 대해 말하는 것이다(cf. 계 7:16, 16:9).

다음으로 우리는 이 바람이 "**각종 나무에**" 불도록 되어 있다는 점을 보게 된다. 성경에서 나무는 사람의 이미지이다(삿 9:8-15). 특히 그들은 의인들의 상징이다(출 15:17, 시 1:3, 92:12-14, 사 61:3, 렘 17:5-8). 그런데 여기에서 바람이 땅에나 바다에나 각종 나무에 불도록 되어 있다고 한다. 그러므로 이 심판의 바람은 유대인이나 이방인 모두에게 부는 바람인 것이다.

이러한 표현들을 통해서 우리는 '자연'과 천사의 관계는 단지 상징적인 것만이 아니라는 것을 알 수 있다. 하나님께서는 당신의 천사의 통하여 실제로 기후를 조절하신다. 그리고 축복과 저주의 대리자로 기후를 사용하신다. 바로 여기에서 우리는 성경은 우주적 인격주의(cosmic personalism)로 기록된 것을 보게 되는 것이다. 하나님께서는 우주를 자율적인 법칙으로 작동하도록 만들지 않으셨다. 이신론에서 말하듯 지구는 하나님께서 태초에 태엽을 감아두신 시계와 같은 거대한 기계가 아니다. 우리들의 세계는 충만하신 하나님에 의해 실제로 유지되는 세계이다(욥 38-41장). 모든 피조물들은 불가피하게 인격적이고 하나님 중심적이다. 그래서 "창세로부터 그의 보이지 아니하는 것들 곧 그의 영원하신 능력과 신성이 그 만드신 만물에 분명히 보여 알게 되나니, 그러므로 저희가 핑계치 못할지니라"라고 기록되어 있는 것이다(롬 1:20). 그러므로 우리는 우주의 어떤 현상도 하나님의 섭리 가운데 일어나는 것임을 알아야 한다. 하나님은 천지만물을 지으셨고, 지금도 운행하시는 분이다.

2-3절. 또 보매 다른 천사가 살아 계신 하나님의 인을 가지고 해 돋는 데로부터 올라와서 땅과 바다를 해롭게 할 권세를 받은 네 천사를 향하여 큰 소리로 외쳐 이르되, 우리가 우리 하나님의 종들의 이마에 인치기까지 땅이나 바다나 나무들을 해하지 말라 하더라.

네 천사들은 "**해 돋는 데로부터 올라온 다른 천사**"의 명령에 순종하여 심판을 유보하고 있다. 이 천사는 예수 그리스도이다. 예수님은 우리 위에 임한 돋는 태양이기 때문이다(눅 1:78). 예수님은 치료하는 광선을 발하는 의의 태양이기 때문이다(말 4:2 cf. 엡 5:14, 벧후 1:19). 예수님은 측량할 수 없는 성령을 소유하셨다(요 3:34). 당신의 소유된 백성들을 인치기 위한 "**살아 계신 하나님의 인**"을 소유하신 것이다. 그리고 땅에 대한 심판은 "우리", 즉 그리스도와 그의 사역자들의 "**이마에 인치기까지**" 우리에게 완전하게 나타나지 않을 것이다. 다시 말하면, 성령의 인(엡 1:13, 4:30)은 진노의 인이 악인들에게 적용되기 이전에 의인들에게 적용되는 것이다. 역사적인 순서상 오순절이 대학살보다 앞서게 되는 것이다.

성경적 상징주의에서 '인'은 권위와 능력의 인증과 보호의 보장 그리고 소유의 확정을 상징한다(고후 1:21-22, 딤후 2:19). 요한의 상징을 위한 우선적인 구약의 배경은 하나님께서 예루살렘 성의 모든 자들을 죽이기 위하여 사형집행인들을 보내는 것을 보여주는 에스겔 9:1-7일 것이다. 거기에서 죽임을 당할 첫째 대상은 성전에 있는 지도자들이다. 그러나 그는 천사들에게 "너는 예루살렘 성읍 중에 순행하여, 그 가운데서 행하는 모든 가증한 일로 인하여 탄식하며 우는 자의 이마에 표하라"라고 명령했다(겔 9:4). 예루살렘의 배교자들은 파멸을 위한 표를 받을 것이고, 신실한 자들은 보호를 위한 표를 받을 것이다.

그러므로 이마의 표는 하나님과의 교제가 회복된 사람에 대한 상징이다. 이것에 대한 충격적인 한 예가 '여호와께 성결'이라는 금으로 된 글씨로 이마에 표를 한 대제사장이다(출 28:36). 게다가 신명기 6:6-8에서, 마치 이스라엘 백성들이 하나님의 모든 말씀에 생각과 행동을 신실하게 복종하는 삶으로 특징지어지는 것과 같이, 모든 하나님의 백성들은 하나님의 율법으로 이마와 손에 표를 받았다.

그런데 에스겔 9장에서 보호의 '표'는 문자적으로 히브리어 알파벳의 마지막 글자인 '타우' (ת)이다. 그런데 고대 히브리어에서 이 타우의 형태는 십자가 모습(X)을 하고 있었다. 즉 십자가 표가 주어진 것이다. 성령 세례, 다시 말하면 성령의 인침(고후 1:21-22, 갈 3:27, 엡 1:13-14, 4:30, cf. 롬 4:11)은 신실하지 못한 자들이 파멸을 당할 때 하나님의 진노로부터 보존되어지는 언약을 지키는 신자들을 "우리 하나님의 종들"로서 표한 것이다. 인침의 목적은 거룩한 씨로서 하나님의 참 이스라엘을 보존하는 것이다. 그것은 환난으로부터 그들을 보호하기 위하여 고안된 표가 아니라, 그들에게 다가와서 그것으로 그들을 영화롭게 할 대환난 가운데 그들을 보존하기 위해 고안된 것이다. 비록 옛 이스라엘은 내쳐져도, 새롭고 거룩한 이스라엘은 살아계신 하나님의 성령으로 택함을 받고 인쳐질 것이다.

> 4-8절. 내가 인침을 받은 자의 수를 들으니, 이스라엘 자손의 각 지파 중에서 인침을 받은 자들이 십사만 사천이니, 유다 지파 중에 인침을 받은 자가 일만 이천이요, 르우벤 지파 중에 일만 이천이요, 갓 지파 중에 일만 이천이요, 아셀 지파 중에 일만 이천이요, 납달리 지파 중에 일만 이천이요, 므낫세 지파 중에 일만 이천이요, 시므온 지파 중에 일만 이천이요, 레위 지파 중에 일만 이천이요, 잇사갈 지파 중에 일만 이천이요, 스불론 지파 중에 일만 이천이요, 요셉 지파 중에 일만 이천이요, 베냐민 지파 중에 인침을 받은 자가 일만 이천이라.

"**인 맞은 자의 수**"가 요한에게 들려진다. 이는 12지파 가운데 2,000명씩 "**이스라엘 자손의 각 지파 중에서 인 맞은 자들이 십사만 사천**"이다. 이 144,000은 분명히 상징적인 숫자이다. 즉 '12' (이스라엘의 수)를 제곱하고, 그것에다가 1,000('많다'는 것을 상징하는 '천', 신 1:11 등)을 곱한 것이다. 이러한 상징적 숫자를 통하여 요한은 우리에게 완전하고 충만한 이스라엘을 묘사하고 있는 것이다. 이는 하나님의 군대가 천 명씩 전쟁을 위해 모여진 것이다(대상 4-7장). '천'은 이스라엘 진영에서 기본적인 군사 조직이기 때문이다(민 10:2-4, 삼하 18:1 등). 이것이 미가의 유명한 그리스도의 탄생에 대한 예언의 의미이기도 하다. 미가는 베들레헴이 비록 "유다의 천들 가운데" 들지 못할 정도로 매우 작을지라도, 민족의 군사전략상으로 너무나도 중요하게 여겨질 것이라고 했다. 땅 끝까지 하나님의 공의와 평화를 세울 왕인 "이스라엘을 다스릴 자가 네게서 나에게 나올 것이다"라고 한 것이다(미 5:1-15).

요한이 지파들의 이름을 외치는 것은 것도 성경적 상징과 관계가 있는 것이다. 그는 주님의 군대의 군사적인 소집의 외침을 들은 것이다. 이 경우에 각 12 지파는 상징적으로 완전한 144,000의 하나님의 군대인 12 편대를 형성하는 것이다. 그러므로 이스라엘 군대에 대한 요한의 환상은 예루살렘이 황폐화되어지고 모든 땅이 폐허가 된 후에도 상수리나무가 베임을 당한 후에 남아 있는 그루터기 같은 운명이라는 것이다. 그 야곱의 남은 자는 모든 땅 가운데 훼멸이 작정된 것으로부터 보전될 것이다(사 10:21-23). 이들이 바로 바울이 로마서 9:27-28, 11:5에서 말한 "은혜로운 선택에 따라 남은 자들"이다. 하나님은 새 이스라엘의 기초로 선택한 사람들을 선택하고 인치기 전에는 예루살렘을 파괴하지 않고 거룩한 성소를 파괴하지 않으실 것이다. 그 첫 번째 기독교 교회는 "흩어져 있는 12 지파 가운데" 하나님의 선택된 종들로 구성되어져 있었다(약 1:1). 그리고 유대인들의 시대의 끝은 유대인 출신의 기독교 사도들과 하나님 나라의 복음의 선지자들이 온 세상에서 모든 민족에게 복음을 전파하는 사역을 끝내기 전에는 오지 않을 것이다(마 24:14).

요한은 그의 독자들을 위로한다. 이는 심판이 반드시 옛 언약의 배교자들 위에 부어질 것이라는 것이다. 그러나 결코 교회는 위험하지 않다는 것이다. 정말로 참 언약 백성들은 안전했다. 비록 하나님께서 예루살렘을 파괴하셔서, 옛 언약 질서와 예배의 체계의 마지막 모든 흔적들이 사라질지라도, 참 이스라엘은 견딜 수 있게 되었다. 사실, 예루살렘의 파괴 가운데 하나님의 진노는 참 이스라엘이 이전 것보다 더 영광을 받을 것이라는 것을 계시할 뿐이다. 예루살렘은 포위되고 불타고 거주민들은 죽임을 당하고 흩어질 것이다. 그러나 참 이스라엘은 인이 쳐지고 구원될 것이기 때문이다.

만약 하나님의 진노가 이스라엘 위에 부어진다면, 교회는 장차 어떻게 될 것인가? 본문은 그것에 대한 답을 주고 있는 것이다. 다른 말로 "하나님이 우리를 세우심은 노하심에 이르게 하심이 아니요, 오직 우리 주 예수 그리스도로 말미암아 구원을 얻게 하신 것이라"(살전 5:9). 교회는 보전될 것이다. 사실, 이스라엘 위에 부어지는 심판 때에 성도들이 어떻게 피할 것인지에 대한 명확한 지침들을 예수님께서 이미 주셨다(마 24:15-25, 막 13:14-23, 눅 21:20-24). 예루살렘에 사는 기독교인들은 이 예언적 경고에 순종하였고 보존되었다. 마르셀리우스 킥(Mircellius Kik)은 이렇게 말한다. "예루살렘의 포위에 대한 가장 현저한 일들 가운데 하나는 기독교인들의 기적적인 도피이다. 그 끔찍한 포위 공격 속에서 백만의 유대인들이 죽은 것으로 추정된다. 그러나 그들 가운데 기독교인은 한 사람도 없었다."[23] 이는 "너희 머리털 하나도 상치 아니하리라"라는 예언의 성취이다(눅 21:18). 그렇다. 우리는 환난을 당할지라도 궁극적인 승리를 보장받고 있는 것이다.

4. 셀 수 없는 큰 무리(계 7:9-17)

계시록 7장은 6장의 마지막 질문인 "진노의 큰 날이 이르렀으니 누가 능히 서리요?"라는 질문에 대한 답을 주는 것이다. 진노를 피할 사람은 "144,000"이다.

---

23) A.D. 66년 유대인들의 봉기가 발생하자 로마의 장군 케스티우스(Cestius Gallus)는 온 힘을 다해 행군하여 수리아에서부터 유대 지방으로 자기 군대를 진군시켰다. 그래서 그리스도인들은 포위를 당하여서 탈출할 수가 없었다. 그 때 신기한 사건이 발생하여 성 안에 갇혀 있던 그리스도인들이 성에서 빠져 나올 수가 있게 되었다. 케스티우스의 진군은 대단히 성공적이어서 유대 민중들이 항복하고 성문을 열어 주려고 했었으나 바로 그 때, "세상에 아무런 까닭도 없이" 케스티우스가 자기의 부대를 불러들여 성에서 철수를 시켰던 것이다. 아무리 논리적으로 생각해 봐도 전혀 설명 불가능한 이 결정은 하나님의 주권적인 개입의 탓으로만 돌릴 수 있을 것이다. 만약 그 성이 고스란히 함락되었다면 성채와 성전은 파괴되지 않았을지도 모른다. 그러나 예루살렘 성과 성소를 파괴치 않고 그대로 놓아둔다거나 그 성에 갇히게 된 그리스도인들이 전멸할 수도 있는 일을 허용한다는 것은 하나님의 뜻이 아니었다. 이 신비스러운 회군은 탈출 기회를 제공하였다. 로마 군대가 맹렬한 기세로 재진격하기 전까지의 중간 시간은 그리스도인들이 안전하게 탈출하는 시간으로 지혜롭게 이용되었다. Cf. Kimball, *The Great Tribulation*, pp. 78-80; 한편 Wright는 소위 '펠라 전승'을 산으로 도망간 것으로 볼 수 없다고 하는데, 그 이유는 펠라로 가기 위해서는 3000피트나 아래로 요단 계곡으로 내려간 후에 다시 30마일 가량 북쪽으로 가야 했을 것이기 때문이다. Cf. N. T. Wright, *Jesus and the Victory of God* (London: SPCK, 1996), p. 353.

그리고 또한 본문의 "흰옷을 입은 셀 수 없는 많은 무리들"이다. 사실 이들은 서로 다른 사람들이 아니다.

> 9-10절. 이 일 후에 내가 보니, 각 나라와 족속과 백성과 방언에서 아무도 능히 셀 수 없는 큰 무리가 나와 흰 옷을 입고 손에 종려 가지를 들고 보좌 앞과 어린 양 앞에 서서,큰 소리로 외쳐 이르되 구원하심이 보좌에 앉으신 우리 하나님과 어린 양에게 있도다 하니,

지금까지 요한은 한 가지 문학적 장치를 사용했는데, '듣는 것'과 '보는 것'이다. 예를 들면, 계시록 1:10-13에서, 요한은 음성을 듣고 몸을 돌이켜 주님을 보았다. 5:5-6에서, 요한은 '유다 지파의 사자'에 대해서 듣고, '어린양'을 보았다. 6:1-8에서, 요한은 살아있는 네 피조물이 "오라!"하는 소리를 듣고 네 피조물이 명령한 대상들을 보았다. 본문에서도 똑같은 패턴이 나타난다. 요한은 우리에게 말한다. **"내가 인 맞은 자의 수를 들으니"**(4절) 그리고 "이 일 후에" 즉 구속받은 자들의 수에 대해서 들은 후에, **"내가 보니... 셀 수 없는 큰 무리"**(9절)가 나타난 것을 보는 것이다. 결국 들은 것과 본 것은 동일한 대상들이다. 또한 이 "144,000"과 "셀 수 없는 큰 무리"에게 묘사된 축복들이 동일하게 교회에 속한 복들이라는 사실은 이 두 그룹들이 동일한 그룹이라는 것을 확증해준다.

144,000과 셀 수 없는 많은 무리는 같은 사람들이다. 동일한 교회에 대한 두 가지 다른 표현인 셈이다. 어떤 면에서, 하나님의 백성들은 144,000으로 그 숫자가 정해져 있다. 그래서 선택받은 자들은 하나도 잃어버리지 않을 것이다. 그러나 다른 면에서, 교회는 **"셀 수 없는"** 무수한 사람들이다. 어떤 면에서 교회는 하나님의 이스라엘인 12 야곱의 자손들이다. 그러나 다른 면에서, 교회는 세상의 모든 민족들이다. 즉 **"각 나라와 족속과 백성과 방언에서"** 구속받은 큰 무리들인 것이다.

그러므로 요한의 환상에서, 이스라엘의 인 맞은 남은 자들은 거룩한 씨들이다. 장차 하늘의 보좌 앞으로 경배하기 위하여 모일 무수한 사람들로 발전할 새로운 교회의 "첫 열매들"이 될 사람들이다(계 14:4). 구원받은 자의 실제 수는 단지 숫

자로 표현할만한 정도를 넘어서기 때문에 사실은 **"아무도 셀 수 없는 많은 무리"**이다. 너무 많아서 파악되어질 수 없는 것이다.

사실 그리스도께서는 온 세상을 구원하기 위하여 오셨다. 비록 구속의 효력이 오직 택함을 받은 자들에게만 유효하지만, 칼빈주의자나 알미니안주의자들 모두 요한복음 3:16의 요점을 놓치는 경향이 있다. 왜냐하면 오랫동안 기독교는 근거 없는 패배주의에 시달렸기 때문이다. 우리는 하나님의 주권보다도 인간의 타락을 믿어왔다. 우리는 하나님의 의지를 따르도록 인간의 마음을 돌이키는 전능하신 창조주의 능력보다도 하나님의 말씀에 대적하는 거듭나지 않은 피조물의 능력을 더욱 믿어왔다. 이런 패배주의적 태도들은 참된 하나님의 백성들의 특징이 아니다.

그리스도의 부활과 승천으로 인하여, 지금은 하나님의 복음이 승리한 승리의 시대이다. 성경의 가르침은 시간이 흐를수록 민족들이 회심을 할 것이라는 것이다. 성경의 다른 부분과 마찬가지로, 계시록을 통하여, 우리는 선택받은 위대한 군대 앞에 사탄이 계속해서 패배할 것을 본다. 심지어 사탄이 다스리기 위하여 나타날 때라도, 그는 "단지 잠시 동안 만인 것을" 안다(계 12:12). 사탄이 승리한 기간은 단지 며칠이나 혹은 몇 달로 계산된다(계 12:6, 13:5). 그러나 성도들의 통치는 몇 년이라고 계산하는데, 그 중에는 천년도 있다. 그 처음(계 1:6)부터 나중까지(계 20:4-6), 그 성도들은 왕들로 여겨진다. 예수님은 승리자이시다!

그래서 요한은 예배 가운데 **"보좌 앞과 어린 양 앞에 서있는"** 승리한 성도들을 본다. 그들은 의인을 상징하는 **"흰옷을"** 입고, 복낙원을 상징하는 **"종려가지"**를 손에 들었다. 그리고 그들은 외친다. **"구원하심이 보좌에 앉으신 우리 하나님과 어린양에게 있도다!"** 당시로는 로마 황제에게 돌려야할 외침을 하나님과 어린양이게 돌리는 것이다. 세네카(Seneca)는 네로를 '세상의 구원자' 라고 칭송했다. 그러나 로마와 이스라엘의 국가숭배에 정면으로 반대하여, 교회는 구원이 오직 하나님과 그의 아들에게만 있다고 선포하는 것이다. 이것은 오늘날에도 중요한 문제이다. 누가 구원자인가? 누구의 말이 법인가? 믿음의 회색 지대는 없는 것이다.

11-12절. 모든 천사가 보좌와 장로들과 네 생물의 주위에 서 있다가, 보좌 앞에 엎드려 얼굴을 대고, 하나님께 경배하여 이르되, 아멘 찬송과 영광

과 지혜와 감사와 존귀와 권능과 힘이 우리 하나님께 세세토록 있을지어다 아멘 하더라.

보좌 주변의 회중을 둘러싸고 하나님을 향해 칠중 찬송을 하는 **"천사들"**이 나타난다. 그런데 그들의 자세가 여기에서 언급되고 있다. **"보좌 앞에 엎드려 얼굴을 대고"** 성경 어느 곳에서도 공적 예배에서 기도 중에 참여자들이 앉아 있는 것을 결코 보여주지 않는다. 성경 어느 곳에 앉아서 기도하는 것이 나타나는가? 공적인 기도는 항상 서거나 엎드리거나하는 존경의 자세를 취하는 것으로 나타난다. 오늘날 교회는 무릎 꿇는 판(kneeler)을 잃어버렸다. 그 결과 교회들은 교회에 파괴적인 결과를 가져온 개인주의적 경건주의가 태동하는데 기여했다. 인간은 예전과 상징이 필요한 존재이다. 하나님께서 우리를 그렇게 만드셨기 때문이다. 교회가 하나님께서 인간에게 주신 이 점을 부인할 때, 인간은 죄악된 대체물로 채우려고 할 것이다. 물론 성경에 근거한 예전으로 돌아가는 것이 만병통치약은 아니다. 그러나 상실한 영성을 회복하는데 많은 도움이 될 것이다.

13-14절. 장로 중 하나가 응답하여 나에게 이르되 이 흰 옷 입은 자들이 누구며, 또 어디서 왔느냐? 내가 말하기를 내 주여 당신이 아시나이다 하니, 그가 나에게 이르되, 이는 큰 환난에서 나오는 자들인데, 어린 양의 피에 그 옷을 씻어 희게 하였느니라.

이제 **"장로 중 하나가"** 요한에게 이 큰 무리들의 정체에 대해서 묻는다. 요한이 모른다고 하자 그 장로가 설명한다. **"이는 큰 환난에서 나오는 자들인데"** 이 본문이 모든 종류의 환난이나 박해를 당하는 성도들을 위로하려고 기록된 것일지라도, 우선적인 관련은 "장차 온 세상에 임하여 땅에 거하는 자들을 시험할 때"(계 3:10), 다시 말하면, 예수님께서 감람산에서 제자들에게 경고하신 A.D. 70년의 '대환난'을 가리키는 것이다(마 24:34, 막 13:19). 예수님은 그 환난이 그 당대에 일어날 것이라고 하셨다(마 24:34, 막 13:30, 눅 21:32). 그런 커다란 환난은 그 이전에도 없었고 이후로도 없을 것이라고 하셨다(마 24:21, 막 13:19). 이는 환난의 규모나 정도에 대한 것이 아니라 독특성에 관한 것이다. 환난의 규모나 정도라면 8명만이 살아남은 노아 홍수보다 더한 환난이 어디 있겠는가? 그러나 옛 언약이 끝나고 새 언약이 세워진다는 언약적 측면에서의 독특성을 말하고 있는 것이다.

1세기 신자들이 이것을 읽는 동안, 요점은 그들이 당하고 있는 환난이 그들을 파괴하지 못할 것이라는 것이다. 박해에 직면하여, 그들은 스스로를 인쳐지고 보호받는 "하나님의 이스라엘"로 보았다(갈 6:16). 그리고 동시에 셀 수 없는 많은 승리한 무리로 보았다. 적어도 하나님께서 그들을 보시기에, 그들은 무자비하고 사탄적인 힘을 가진 제국주의에 의해서 가난과 박해로 흩어지고 고립된 그룹들이 아니었다. 오히려 그들은 **"어린양의 피에 그 옷을 씻어 희게 된"** 예수 그리스도의 의로 옷을 입고 하나님 앞에 선 승리자들이었다.

이러한 묘사는 아마도 제사장직의 엄격한 시험 후에 제사장의 장립식에 대해서 표현하고 있는 것 같다. 제사장이 되는 과정은 이렇다. 먼저 자신의 족보를 통하여 시험을 거친다. 만약 제사장이 자신의 완전한 법적인 자격을 구비하지 못하면, 그는 검은 옷을 입게 되고 영구히 쫓겨난다. 그러나 만약 그가 통과되면, 다음으로 140여 가지의 물리적인 결점에 대해 시험을 받는다. 그 다음 제사장 직무에 대하여 22가지를 시험받게 된다. 그 후 흰옷을 입고 제사장이 되는 것이다. 그러므로 본문의 수많은 사람들이 입은 이 흰옷은 제사장의 흰옷인 셈이다. **"어린양의 피에 그 옷을 씻어 희게"** 된 흰옷이다.

사실 초대교회는 이생에서의 모든 고난으로부터 기적적으로 보호받기를 기대하지 않았다. 그들은 박해(딤후 3:12)와 고난(요 16:33, 행 14:22, 롬 5:3, 8:35, 계 1:9)을 받도록 부름 받았다는 사실을 잘 알고 있었다. 사도 베드로는 교회가 이미 대환난을 준비하도록 기록했다. "사랑하는 자들아 너희를 시련하려고 오는 불 시험을 이상한 일 당하는 것같이 이상히 여기지 말고, 오직 너희가 그리스도의 고난에 참여하는 것으로 즐거워하라. 이는 그의 영광을 나타내실 때에 너희로 즐거워하고 기뻐하게 하려 함이라"(벧전 4:12-13). 우리는 문제를 피하기 위한 기적을 구원으로 보지 않는다. 흰옷을 입은 그리스도의 군대인, 우리는 정복자 그 이상이다. 우리의 소명은 시험을 피하는데 있지 않고 인내하고 승리하는 것이다.

15-17절. 그러므로 그들이 하나님의 보좌 앞에 있고, 또 그의 성전에서 밤낮 하나님을 섬기매, 보좌에 앉으신 이가 그들 위에 장막을 치시리니, 그들이 다시는 주리지도 아니하며, 목마르지도 아니하고, 해나 아무 뜨거운 기운에 상하지도 아니하리니, 이는 보좌 가운데에 계신 어린 양이 그들의 목자가 되사 생명수 샘으로 인도하시고, 하나님께서 그들의 눈에서 모든 눈물을 씻어 주실 것임이라.

그 장로는 계속해서 설명하고 있다. "**그러므로**" 다시 말하면, 어린양의 피를 통하여 구원 때문에, "**그들이 하나님의 보좌 앞에**" 있다. 스랍들을 모방하면서(계 4:8), 이 흰옷을 입은 제사장들은 "**그의 성전에서 밤낮 하나님을 섬기매.**" 그러므로 그들은 언약의 가장 특징적인 축복인 전능자의 그림자 속에 들어가는 것이다. "**보좌에 앉으신 이가 그들 위에 장막을 치시리니.**" 이는 피조물 위에(창 1:2)와 광야 이스라엘 위에 운행하신(신 32:10-11) 영광 구름에 의해서 제공되는 그림자를 말한다. "수천의 천사들과 함께"(시 68:17, cf. 대하 6:17), 그 구름은 날개[24] 피난처, 즉 "폭풍 중에 피난처시며 폭양을 피하는 그늘"을 제공하는 것이다(사 25:4).

이 하나님의 임재의 구름/그늘 막(canopy)은 또한 '장막' 이라고 불린다(삼하22:12). 같은 단어가 언약궤를 덮고 있는 스랍들의 위치를 묘사하는데 사용되기도 한다(출 25:20). 또한 이 용어는 하나님께서 당신의 백성들에게 장막절 동안에 거할 초막을 세우도록 명한 레위기 23:33-43에서는 '초막' 혹은 '장막' 이라고 번역된다. 포로 귀환기에 선지자들이 본 바와 같이, 이 장막은 모든 민족의 회심, 즉 온 세상을 하나님의 백성으로 가득 채우는 것에 대한 행동화된 예언이다. 장막절의 마

---

24) 정경과 비정경적 문서에서 '날개' 는 하나님의 속성을 묘사하곤 한다. 특히 날개는 보호를 위한 피난소 역할을 한다. "여호와께서 네 행한 일을 보응하시기를 원하며 이스라엘의 하나님 여호와께서 그 날개 아래 보호를 받으러 온 네게 온전한 상주시기를 원하노라"(룻 2:12, cf. 시 17:8, 36:7, 57:1, 61:4, 2 에스드라 1:30). 또한 날개는 지지를 보여준다. "마치 독수리가 그 보금자리를 어지럽게 하며 그 새끼 위에 너풀거리며 그 날개를 펴서 새끼를 받으며 그 날개 위에 그것을 업는 것 같이, 여호와께서 홀로 그들을 인도하셨고"(신 32:11-12a). Cf. Carolyn Blevins, "Under My Wings: Jesus' Motherly Love: Matthew 23:37-39", *RevE* 104 (2007), pp. 370-371.

지막 날에, 하나님은 학개를 통해 말씀하셨다. "또한 만국을 진동시킬 것이며, 만국의 보배가 이르리니, 내가 영광으로 이 전에 충만케 하리라. 만군의 여호와의 말이니라"(학 2:7). 스가랴 역시 민족들의 회심으로 이 장막절의 의미에 대하여 예언했었다(슥 14:16-21).

같은 절기의 끝 날에 예수님은 그것의 의미를 다시 제시하셨다. "명절 끝 날 곧 큰 날에 예수께서 서서 외쳐 가라사대, 누구든지 목마르거든 내게로 와서 마시라. 나를 믿는 자는 성경에 이름과 같이 그 배에서 생수의 강이 흘러나리라 하시니, 이는 그를 믿는 자의 받을 성령을 가리켜 말씀하신 것이라. 예수께서 아직 영광을 받지 못하신 고로 성령이 아직 저희에게 계시지 아니하시더라"(요 7:37-39).

구속받은 세상에 대한 요한의 환상은 낙원의 회복으로 계시된다. "**저희가 다시 주리지도 아니하며 목마르지도 아니하고 해나 아무 뜨거운 기운에 상하지 아니할지니. 이는 보좌 가운데 계신 어린양이 저희의 목자가 되사 생명수 샘으로 인도하시고 하나님께서 저희 눈에서 모든 눈물을 씻어 주실 것임이러라.**" 이사야 49장은 이스라엘보다는 세상의 구원에 대한 약속이 주어져 있는 것이다(사 49:8-13).

1세기 교회들은 모든 시대의 가장 심각한 대환난의 직전에 있었다. 많은 사람들이 자신들의 생명과 가족과 소유를 잃을 것이다. 그러나 요한은 교회들에게 환난은 죽음이 아니라 새로운 출생이라고, 다시 말하면, 세상에 그리스도의 나라를 세우는 서곡이 된다고 기록하고 있다(cf. 마 24:8).

네로의 원형극장의 사나운 짐승이나 십자가형이나 불이나 칼에 의해 성도들의 피와 도살을 당하는 현장에 거대한 오벨리스크가 서 있었다. 그것은 그리스도를 위해 모든 것을 잃고 환난을 견딘 용감한 성도들을 말없이 증거하는 것이다. 그러나 이제 오벨리스크는 여전히 성 베드로 성당의 거대한 뜰의 한 가운데 서 있다. 그리고 그것의 하부에는 승리한 순교자들의 승리의 노래에서 온 이런 말들이 있다. CHRISTUS VINCIT! CHRISTUS REGNAT! CHRISTUS IMPERAT! 그리스도는 정복하셨다. 그리스도는 통치하신다. 그리스도는 모든 것을 다스리신다. 아멘!

5. 일곱째 인을 떼실 때에(계 8:1-5)

8장은 "일곱째 인을 떼실 때에"로 시작한다. 마침내 "**일곱째 인**"이 떼어진다. 예수님은 당신이 시작하신 일들을 반드시 끝내신다. 십자가에서 마지막으로 하신 말씀이 무엇인가? "다 이루었다"이다. 인류를 위한 십자가의 구속 사업을 다 이루신 것이다. 뿐만 아니라 일곱째 인을 모두 떼신다. 그래서 배교한 유대인들을 향한 심판도 다 이루시는 것이다.

1절. 일곱째 인을 떼실 때에 하늘이 반 시간쯤 고요하더니,

일곱째 인이 떼어졌을 때 일어난 현상은 "**고요**" 즉 침묵이다. 이 침묵에 대해서 일반적으로 다음의 네 가지로 설명한다. 1)안식일의 휴식의 침묵 2)하나님의 백성들의 찬양 소리를 듣기 위한 침묵 3)환난과 고통 가운데 있는 성도들의 부르짖는 소리를 듣기 위한 침묵 4)일곱 재앙의 준비를 위한 침묵이다. 그런데 이 침묵은 아마 일곱 재앙의 준비를 위한 침묵으로 생각된다. 일곱 인이 다 떼어지고 일곱 나팔의 재앙이 시작된다. 소위 '폭풍 전의 고요' 처럼 일곱 나팔을 불기 이전에 무거운 침묵이 흘렀다.

이러한 사실은 과거 이스라엘의 역사에서도 찾아 볼 수 있다. 출애굽을 한 이스라엘 백성들이 가나안 땅에 들어갔다. 요단강을 건넌 후 이스라엘 백성들은 난공불락의 요새인 여리고 성을 만나게 된다. 그 때 하나님의 작전은 침묵 행진 끝에 나팔을 부는 것이다. 이스라엘 백성들이 침묵하는 가운데 제사장은 일곱 나팔을 불며 여리고 성을 매일 한 바퀴씩 돌았다. 그리고 엿새째는 나팔과 함께 고함을 쳤었다. 그 때 그 견고한 여리고 성이 무너져 내리게 된다(수 6:1-21). 이제 여리고 성처럼 되어버린, 과거의 거룩한 성이었던 예루살렘 성의 파멸을 알리는 "일곱 나팔"이 울리게 될 것이다. 그 전에 침묵이 흐르는 것이다.

그런데 그 침묵의 시간이 "**반시 동안쯤**"이다. 이 반시는 3-4절에 묘사된 향의 제사와 어느 정도 연관이 있는 것으로 보인다. 왜냐하면 제사장이 성전에 들어가서 향을 피우고 돌아오는데 필요한 시간의 길이가 반시 동안쯤이기 때문이다(레

16:13-14) 누가복음 1:21을 보면 백성들이 사가랴가 지체하는 것을 이상하게 여긴다. 왜냐하면 향단에 향을 피우고 돌아올 시간이 지났는데도 돌아오지 않기 때문이다. 향을 피우는 시간은 잠시 동안의 시간이고, 이는 아마 **"반시 동안쯤"** 이었을 것이다.

향단에 향을 피우기 직전, 하나님의 심판의 나팔을 불기 직전, 하나님께서는 침묵하신다. 온 회중들도 침묵한다. 우리는 이 하나님의 침묵의 의미를 알아야 한다. 하나님께서 모르시는 것이 아니다. 기다리시는 것이다. 우리는 하나님께서 침묵하실 때, 하나님 앞에 참아 기다리는 것을 배워야 한다. 오늘날 사람들은 침묵을 견디지 못한다. 누군가 옆에서 이야기하는 소리가 들려야 마음이 편한 시대이다. 주부들은 텔레비전을 켜 놓고 일한다. 학생들은 음악을 틀어놓고 공부한다. 대부분 사람들은 누군가 말을 걸어오기를 기다리며 핸드폰을 들고 다닌다. 그러나 우리는 침묵을 배워야 한다. 하나님의 세미한 음성을 들어야 한다. 아니 아무 말이 들리지 않아도 하나님의 임재를 느끼며 침묵할 줄 알아야 한다.

2절. 내가 보매 하나님 앞에 일곱 천사가 서 있어 일곱 나팔을 받았더라.

이 두려움에 가득 찬 침묵에 뒤이어, **"하나님 앞에 시위한 일곱 천사가 있어 일곱 나팔을"** 받는다. 요한이 좋아하는 숫자가 '3' 과 '7' 이다. 요한복음에서도 일곱 이적을 중심으로 요한복음을 기록한다. 요한복음의 가장 특징적인 표현 중 하나인 "나는...이다" 라는 예수님의 자기 계시의 말씀도 일곱 번 등장한다. 계시록에서도 마찬가지이다. 우리는 계시록이 일곱으로 구성되었고, 일곱이 반복하여 발생하는 패턴을 본다. 일곱 인이 있고, 일곱 나팔이 있다. 그리고 일곱 대접이 있다. 이 일곱 쌍이 세 번 등장한다. 이렇게 반복하여 발생하는 패턴 중에 하나가 일곱 천사에 대한 것이다(계 1-3장, 8-11장, 14장, 15-16장).

계시록에서 하늘의 예배가 이 일곱 천사들(seven angels)에 의해 주도된다. 지상 교회의 예배는 누가 이끄는가? 일곱 사자들(seven angels)이다. 계시록 2-3장의 편지들은 교회의 일곱 사자들에게 보내진 것이다. '사자' 는 '천사' 라는 말이다. 이는 사람을 높이거나 낮춘 표현이 아니다. 기능적으로 같은 일을 하는 기능, 즉 심부름꾼에 대한 표현이다. 하나님을 섬기는데 천사같이 일해야 하는 사람이 목사인 것이다.

지상의 예배는 천상의 예배의 패턴을 따른 것이다(히 8:5, 9:23-24). 히브리서 8:5 "저희가 섬기는 것은 하늘에 있는 것의 모형과 그림자라. 모세가 장막을 지으려 할 때에 지시하심을 얻음과 같으니, 가라사대 삼가 모든 것을 산에서 네게 보이던 본을 좇아 지으라 하셨느니라." 교회의 통치조직도 그렇다(마 16:19, 18:18, 요 20:23). 교회의 치리권에 대해 가르치고 있는 마태복음 18:18은 "진실로 너희에게 이르노니, 무엇이든지 너희가 땅에서 매면 하늘에서도 매일 것이요. 무엇이든지 땅에서 풀면 하늘에서도 풀리리라" 라고 말한다.

그러므로 우리의 공적 예배가 천사들에 의해 하늘 보좌 주변에서 드려지는 것과 일치됨같이, 우리는 지상 교회의 통치조직과 하늘의 천사적인 통치조직과 일치됨을 계시록에서 본다. 게다가 땅 위에 떨어지는 심판들은 일곱 천사들을 통하여 주어진다. 마찬가지로 오늘날 교회의 일꾼들은 지상에 실현된 하나님의 축복과 저주를 가져오도록 보냄을 받고 능력을 받았다.

과거 한국교회에 축도에 대한 논란이 많았다. 지금은 어느 정도 정리가 된 것 같다. 개인적으로 차이는 있지만, 보통 개방적인 교단에서는 "하기를 축원하옵나이다" 라고 끝을 맺는다. 반대로 보수적인 교단에서는 "있을 찌어다" 라고 한다. "있을 찌어다" 라고 하면 안 된다는 주장의 핵심은 지나치게 권위적이라는 것이다. 심지어 하나님께 명령하는 참람한 느낌이 있다고도 한다. 반대로 "있을 찌어다" 라고 해야 한다는 주장의 핵심은 성경에 있는 것이기 때문에 성경대로 축도를 한다는 것이다. 그러나 문제의 핵심은 축도를 기도로 보느냐 축복의 말로 보느냐에 있다고 생각한다. 물론 하나님께 드리는 기도도 하나님이 들으시는 것이고, 사람에게 하는 축복도 하나님께서 들으시는 것이다. 그러나 하나님께 드리는 기도라고 하면 "하기를 축원하옵나이다" 라고 하는 것이 옳겠다. 그러나 사람에게 하는 축복의 말로 보면 "있을 찌어다" 라고 할 수 있다. 필자는 축복의 말로 본다. 그래서 "있을 찌어다" 라고 한다. 단, 그 자리에 없는 사람에게 복을 비는 것은 기도이다. 그래서 그 자리에 없는 사람에게는 축도하지 않는다. 반드시 그 자리에 앉아 있는 회중에게만 축도를 한다. 문제는 목사가 복을 빌면 복이 임한다는 사실을 믿는 것이다. 그 사실을 믿지 못하면, 무슨 축복의 말이 복이 되겠는가? 성 삼위 하나님의 이름으로 복을 빌 때, 복 받는 역사가 나타나는 줄 믿는다.

> 3-5절. 또 다른 천사가 와서 제단 곁에 서서 금 향로를 가지고 많은 향을 받았으니, 이는 모든 성도의 기도와 합하여 보좌 앞 금 제단에 드리고자 함이라. 향연이 성도의 기도와 함께 천사의 손으로부터 하나님 앞으로 올라가는지라. 천사가 향로를 가지고 제단의 불을 담아다가 땅에 쏟으매, 우레와 음성과 번개와 지진이 나더라.

요한은 "**금향로를 가지고**" 하늘의 향의 "**제단**"에 서있는 "**다른 천사**"를 본다. 많은 향 즉 "모든 성도의 기도들"을 상징하는 것은, 기도들이 하나님에게 흠향되어질 것을 확신하면서, 하나님의 백성들의 기도에 그것을 "**합하여**" 천사들에게 주어졌다. 그런데 목사가 자신들의 회중들의 탄원을 올리는 것처럼, "**향연이 성도의 기도와 함께 천사의 손으로부터 하나님 앞으로**" 올라가는 것이다.

다음에 일어나는 것은 놀라운 것이다. 천사가 향로에 불붙은 숯을 향단에서 취하여 심판하러 땅에 불을 쏟는다. 그리고 "**뇌성과 음성과 번개와 지진**"이 이어진다. 물론 이 현상은 일반적으로 하나님의 영광구름과 동반되는 것으로 우리에게 친숙한 것이다. 예를 들면, "제 삼 일 아침에 우뢰와 번개와 빽빽한 구름이 산 위에 있고, 나팔 소리가 심히 크니, 진중 모든 백성이 다 떨더라... 시내 산에 연기가 자욱하니 여호와께서 불 가운데서 거기 강림하심이라. 그 연기가 옹기점 연기같이 떠오르고 온 산이 크게 진동하며"(출 19:16, 18).

이 본문의 아이러니는 우리가 이것이 배교한 이스라엘에 대한 예언이라는 것을 생각할 때 분명해진다. 구약의 예배에서, 번제단의 불은 성막과 성전이 완성되었을 때, 하늘에서 내려온 것이다(레 9:24, 대하 7:1). 하나님에 의해 시작된 이 불은 제사장들에 의해서 보존되어지고 이곳저곳으로 옮겨졌다. 그래서 그것은 다른 거룩한 불을 붙이는데 사용되었다(레 16:12-13). 한편, 하나님의 백성들이 배교한 도시를 파괴하도록 명령받았을 때, 모세는 이렇게 말한다. "또 그 속에서 빼앗아 얻은 물건을 다 거리에 모아 놓고 그 성읍과 그 탈취물 전부를 불살라. 네 하나님 여호와께 드릴지니, 그 성읍은 영영히 무더기가 되어 다시는 건축됨이 없을 것이니라"(신 13:16). 도시 전체를 화목제물로 불태웠다는 것을 유일하게 받아들일 수 있는 길은 그것이 '제단으로부터 온 불'인 하나님의 불로 태웠다는 사실이다. 그래서 계시록에서 '예루살렘'에 대한 하나님의 심판을 묘사할 때, 제단의 불을 쏟아 붓는 것이다.

하나님께서는 당신의 백성들이 드리는 예배에 응답하면서 땅에 심판을 내리신다. 제단의 천사가 하나님의 백성들의 기도를 올린다. 그리고 하나님께서는 그 기도에 불로써 응답하신다. 예배와 역사와의 관계는 우리가 무시할 수 없는 불가피한 요소들이다. 사실, 교회가 제사장 나라로 사명의 삶을 사는데 실패할 때, 하나님은 교회를 벌하기 위하여 역사적인 힘을 심지어 이방인들까지도 사용하신다. 이 점이 바로 언약 공동체의 공적 예배가 우주적으로 중요한 이유이다. 교회사는 세계사의 열쇠이다. 예배하는 회중들이 언약의 하나님에게 호소할 때, 세상은 하나님의 심판을 당하게 된다. 역사는 교회의 기도를 받아주는 향단으로부터 조절되고 지시된다.

이제 심판의 "**나팔**"에 대해서 살펴보자. 성경에서 나팔은 다음과 같이 쓰이고 있다. 첫째, 나팔은 의식의 진행을 위해서 예전에서 사용된다. 특히 언약궤를 호송하기 위해서 사용되었다. 이것에 대한 분명하고 중요한 예는 여리고 성이 무너지기 전에 그것을 돌면서 행군을 한 것이다(수 6장). 요한이 이것을 쓸 때, 이 사건을 염두에 두고 쓴 것이 틀림없다. 왜냐하면 일곱 나팔을 불므로 언약궤가 나타났다고 우리에게 말하기 때문이다(계 11:19). 그리고 나팔을 불은 결과 중에 하나는 그 커다란 성의 십분의 일이 파괴되는 것이다(계 11:13).

둘째, 나팔들은 새로운 왕의 통치를 선포하기 위하여 부는 것이다(왕상 1:34, 39). 요한의 일곱 나팔은 하나님의 주권을 알리고 통치가 시작되었기 때문에 하나님을 찬양하는 대관식 축가를 노래하기 위한 하늘의 합창을 위한 신호이다(계 11:15).

셋째, 나팔은 임박한 심판에 대해 이스라엘을 경고하거나 국가적 회개를 촉구하는 신호로 울리기도 했다(사 58:1 등). 요한은 또한 나팔을 부는 것과 재앙을 알리는 것의 목적이 사람들을 회개하도록 부르는 것임을 믿었다. 심지어 그 목적이

달성되지 않더라도 말이다. "이 재앙에 죽지 않고 남은 사람들은 그 손으로 행하는 일을 회개치 아니하고"(계 9:20).

넷째, 모세는 예배를 위해 '회중을 회집하기 위한 것' 과 적에 대항하여 전투에서 '진을 방비하기 위한 것' 의 두 가지를 위해 두 개의 은 나팔을 사용하도록 지시했다(민 10:1-9). 이 두 가지 목적인 전쟁과 예배는 같은 정도로 언급된 것이 분명하다. 성막 가운데 진을 배열하고 전투대형으로 지파들을 배열하는 역할을 한 은 나팔은 이스라엘이 정복의 성전을 위한 왕 중 왕의 군대라는 것을 선포하는 것이다. 그런데 계시록에서 아이러니는 하나님은 이제 성전의 나팔을 이스라엘을 대항하여 불도록 명령하신다는 것이다.

다섯째, 나팔은 또한 절기와 매 달의 첫날을 알리기 위해 불었다(민 10:10). 특히 그 사회의 신년일인 티스리월 1일(교회력에서 일곱째 달의 첫날)을 알리기 위해 사용되었다. 이 나팔절은 주의 날에 대한 특별한 제의적인 알림이었다(레 23:24-25, 민 29:1-6). 물론 이 모든 것의 가장 기본적인 배경은 주님의 주권과 심판을 알리는 천사적인 나팔을 부는 것을 동반한 영광-구름이다(출 19:16). 이런 나팔의 상징은 1세기의 독자들에게는 매우 친숙한 것이었을 것이다.

정리하면, 일곱째 인이 떼어진다. 그리고 일곱 인에 발전적으로 일곱 나팔이 등장한다. 그 막간에 천사가 기도의 향을 가지고 하나님께 올라간다. 그리고 불의 응답이 나타난다. 앞으로 살피게 될 일곱 나팔은 이 응답의 구체적인 실현이다. 하나님께서는 우리를 사랑하신다. 우리의 기도에 응답하신다. 침묵하시는 것 같으나 하나님의 응답은 반드시 나타나게 되어 있다. 아멘.

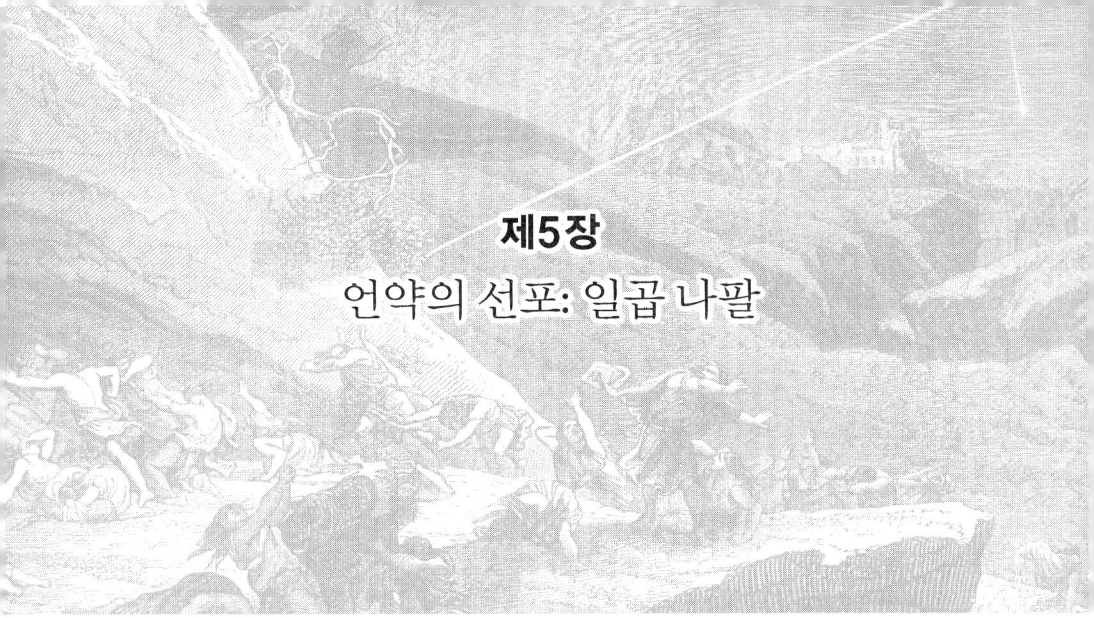

제5장
언약의 선포: 일곱 나팔

1. 네 번의 나팔(계 8:6-13)

사사기 7:15-22을 보면 기드온의 군대가 미디안 족속을 이기기 위하여 나팔과 횃불을 사용한다. 횃불로 원수를 포위하고 소리를 지르며 나팔을 분다. 이에 미디안 족속은 혼비백산해서 서로 치고 박고 자멸하게 된다. 이 나팔과 횃불은 하나님의 원수를 복수하기 위해 임하시는 영광구름 가운데 나타난 하나님의 하늘 군대의 상징이었다. 기드온의 삼백 용사는 하나님의 군대였던 것이다. 나팔과 횃불이 그 증거였다. 오늘도 하나님의 군대의 일곱 나팔이 차례대로 울려 퍼진다. 그 나팔이 울릴 때마다 어떤 일이 벌어졌는가?

> 6-7절. 일곱 나팔을 가진 일곱 천사가 나팔 불기를 준비하더라. 첫째 천사가 나팔을 부니, 피 섞인 우박과 불이 나와서 땅에 쏟아지매, 땅의 삼분의 일이 타 버리고, 수목의 삼분의 일도 타 버리고, 각종 푸른 풀도 타 버렸더라.

일곱 나팔이 울리자 땅과 바다와 강과 해달별에 영향을 미친다. 이것을 자연계에 하나님의 심판을 가져오는 것으로 해석하는 사람들도 있다. 그러나 성경에서 땅이나 바다나 강이나 해달별은 자연계를 가리키는 것이 아닌 상징적 의미를 가진 것들이다. 그러므로 자연계에 영향을 미치는 것보다는 그것들이 상징하는 어떤 것들에 영향을 미치는 것으로 해석해야 할 것이다.

먼저 첫째 천사가 나팔을 분다. **"피 섞인 우박과 불"**이 나타난다. 그래서 땅과 수목과 각종 푸른 풀의 삼분의 일이 불타게 된다. 여기에 우리가 몇 가지로 나누어 살펴볼 것이 있다. 1) 피 섞인 우박과 불은 무엇인가? 바로 앞의 5절을 보면 "천사가 제단의 불을 담아다가 땅에 쏟으매"라고 되어 있다. 그러므로 이 불은 제단의 불이다. 그런데 그 불에 피가 섞인 것이다. 그 피는 제단 아래 있는 순교자들의 피이다. 유대인들에게 "죽임을 당한 영혼들이 제단 아래" 있었다(계 6:9). 그들은 "(유대) 땅에 거하는 자들을 심판하여 우리 피를 신원하여 주지 아니하시기를 어느 때까지 하시려나이까?"라고 호소했었다(계 6:10). 그래서 순교자들의 피와 제단의 불을 섞어 유대 땅에 내렸던 것이다. 그러므로 하나님께서는 우리의 호소에 반드시 응답하시는 하나님이시다.

2) 그런데 우박은 어디서 등장하는가? 성경에서 **"우박과 불"**이 내린 것의 배경이 되는 사건은 출애굽 사건이다(출 9:23). 우박과 불이 내린 땅은 애굽 땅이었다. 유대 땅, 예루살렘에 우박과 불이 내린 것은 이제 유대 땅, 예루살렘이 더 이상 하나님의 약속의 땅이 아니라 심판의 땅이요, 저주받은 땅이요, 애굽이 되었다는 사실을 시사하는 것이다. 예루살렘이 이제는 영적으로 애굽이 된 것이다. 이러한 사실을 잘 보여주는 구절이 계시록 11:8이다. "(하나님의 두 증인인) 저희 시체가 큰 성 길에 있으리니, 그 성은 영적으로 하면 소돔이라고도 하고 애굽이라고도 하니, 곧 저희 주께서 십자가에 못 박히신 곳이니라." 하나님의 두 증인들의 주님이신 예수님께서 십자가에 못 박히신 곳은 예루살렘이다. 그런데 그 예루살렘을 무엇이라고 부르고 있는가? "영적으로 하면 소돔이라고도 하고 애굽이라고도" 했다. 이제 예루살렘은 애굽이 된 것이다. 이런 사실을 암시하기 위해서 피 섞인 우박과 불이 내린 것이다.

어제의 예루살렘이 오늘의 애굽이 되었다. 소련이 공산화되기 전 모스크바는 '제2의 예루살렘'이라 불리었다. 그러나 러시아 정교회가 타락하자 제2의 예루살렘은 피의 도시가 되었다. 과거 평양은 '동방의 예루살렘'이라고 불렸다. 그러나 북한이 공산화되면서 오늘날 평양은 세습독재의 온상이 되었다. 마찬가지 원리로 오늘 교회가 내일 소돔이 될 수 있다. 일부 영국 교회는 과거에 지은 큰 건물을 유지하지 못하므로 결국 헐값에 팔아야 했다. 그래서 과거 수천 명씩 모였던 부흥사 스펄젼이 설교했던 태버너클 예배당이 술집으로 개조되는 비극의 역사가 일어나게 된 것이다. 그러므로 우리도 사람을 키우고 다음 세대를 준비하고 교회의 순결을 지키고 진리를 지켜야 하는 것이다.

3) 피 섞인 우박과 불이 내렸다. 그래서 "수목과 각종 푸른 풀들"이 불탔다. 그러면 수목과 풀은 무엇이겠는가? '사람들' 이다. 사사기 9장의 요담의 비유 가운데 감람나무, 무화과나무, 포도나무, 가시나무 등, 각종 나무들은 모두 사람들을 상징하는 것이다. 또한 소경이 눈을 뜨고 사람을 보고 한 첫 마디가 이것이다. "우러러 보며 가로되 사람들이 보이나이다. 나무 같은 것들의 걸어가는 것을 보나이다"(막 8:24). 모세는 인생을 "아침에 돋는 풀"같다고 한다(시 90:5). 물론 이런 것들은 상징적인 표현이지만, 계시록의 본문도 마찬가지로 사람들에 대한 상징적인 표현을 "수목과 각종 푸른 풀"로 묘사하고 있는 것이다.

피 섞인 우박과 불을 피할 길이 없었다. 그러나 오직 한 곳 예수 그리스도 안에 숨을 수 있다. 산불이 났다. 강풍이 불고 불길은 거세게 다가오는데 피할 곳이 없었다. 살길은 한 가지 방법뿐이다. 바람을 등지고 불을 놓는 것이다. 그리고 불탄 자리에 들어가는 것이다. 그러면 불길이 닥쳐와도 더 탈 것이 없기 때문에 안전하게 된다. 예수님께서 모든 환난과 시험과 고통을 당하셨다. 죽기까지 하셨다. 그러니 예수님 안에 숨으면 안전한 것이다. 불길이 닿지 못하게 된다. 항상 예수님 안에 피하기를 바란다.

8-9절. 둘째 천사가 나팔을 부니, 불붙는 큰 산과 같은 것이 바다에 던져지매, 바다의 삼분의 일이 피가 되고, 바다 가운데 생명 가진 피조물들의 삼분의 일이 죽고, 배들의 삼분의 일이 깨지더라.

"둘째 천사"가 나팔을 붊으로, 우리는 애굽에서의 첫 번째 재앙처럼, 나일강이 피로 변하고 고기들이 죽는 것을 보게 된다(출 7:17-21). 이 재앙의 원인은 "**불붙**

는 큰 산과 같은 것이 바다에 던져지기" 때문이다. 이것의 의미는 우리가 이스라엘의 민족들이 하나님의 "거룩한 산" 혹은 "주의 기업의 산"이라는 것을 기억할 때 분명해진다(출 15:17). 시온산은 이스라엘 민족을 상징한다. 그리고 역사를 통하여 이스라엘은 산이란 상징으로 반복적으로 나타났다. 그러나 이제, 배교자 이스라엘은 하나님의 진노하심으로 '파괴된 산'이 된 것이다.

이와 관련해서 예루살렘의 파괴에 대한 긴 일련의 강화와 비유(마 20-25장) 중간에, 예수님은 이스라엘 위에 임할 심판의 상징으로서, 무화과나무를 저주하셨다. 그리고 예수님은 당신의 제자들에게 말씀하셨다. "예수께서 대답하여 가라사대 내가 진실로 너희에게 이르노니, 만일 너희가 믿음이 있고 의심치 아니하면, 이 무화과나무에게 된 이런 일만 할 뿐 아니라, 이 산더러 들려 바다에 던지우라 하여도 될 것이요. 너희가 기도할 때에 무엇이든지 믿고 구하는 것은 다 받으리라 하시니라"(마 21:21-22). 그런데 예수님께서 참으로 제자들이 문자적인 산이 움직이기를 기도하도록 기대하셨을까? 물론 그렇지 않다. 또한 문맥상, 예수님은 여전히 이스라엘의 멸망에 대하여 교훈하고 계신 것이다. 예수님은 제자들에게 재앙을 비는 기도, 즉 하나님께서 이스라엘을 파괴하도록, 무화과나무가 마르도록, 배교한 산이 바다에 던져지도록 탄원하는 기도를 가르치신 것이다.

그리고 그것이 정확하게 일어난 것이다. 배교한 유대인들의 압제 하에, 박해받는 교회는 이스라엘에 대한 하나님의 복수를 위해 기도하기 시작했다(계 6:9-11). 이스라엘의 산을 "들어 바다에 던지도록" 기도한 것이다. 그들의 간구는 하늘의 제단에 열납되었다. 이에 응답하여 그 땅에 하나님의 심판을 던지도록 당신의 천사들에게 지시하신 것이다(계 8:3-5). 그래서 이스라엘은 파괴되었다. 요한이 성도들이 믿음을 갖고 기도하며 인내하도록 계시록을 기록했다. 우리도 인내하며 기도하는 가운데 하나님의 응답을 체험하게 된다. 응답의 순간까지 인내하며 기도하기를 바란다.

10-11절. 셋째 천사가 나팔을 부니, 횃불 같이 타는 큰 별이 하늘에서 떨어져, 강들의 삼분의 일과 여러 물샘에 떨어지니, 이 별 이름은 쓴 쑥이라. 물의 삼분의 일이 쓴 쑥이 되매, 그 물이 쓴 물이 되므로 많은 사람

이 죽더라.

앞의 상징들처럼, 셋째 나팔의 환상은 애굽과 바벨론의 멸망으로부터 성경적인 상징들을 결합시키고 있다. **"물들이 쓰게 되는"** 이 재앙의 결과로 고기들이 죽고 부패했기 때문이다. 이는 물이 쓰게 된 애굽에서 첫 번째 재앙과 유사한 것이다(출 7:21). 물들의 쓰게 됨은 **"횃불같이 타는 큰 별이 하늘에서 떨어졌기"** 때문이다. 이는 바벨론의 멸망에 대한 이사야의 예언과 병행이 된다(사 14:12-15).

그런데 이 타락한 별의 **"이름"** 은 배교자에 대한 징벌로서 그것의 파괴에 대하여 이스라엘을 경고하기 위하여 율법과 선지자들이 사용한 용어인 **"쑥"** 이다. 다음의 성구들을 찾아보라(cf. 신 29:18, 렘 9:15, 23:15, 렘 3:15, 19, 암 5:7). 모두 이스라엘의 심판의 수단으로 쑥을 먹일 것이라는 말씀들이다. 다시 말해서, 요한은 이 구약의 암시들을 결합시킨다. 이스라엘은 배교자이고 애굽이 되었다. 예루살렘은 바벨론이 되었다. 언약을 깨뜨린 자들은 애굽과 바벨론이 파괴된 것처럼 파괴될 것이다.

12-13절. 넷째 천사가 나팔을 부니, 해 삼분의 일과 달 삼분의 일과 별들의 삼분의 일이 타격을 받아 그 삼분의 일이 어두워지니, 낮 삼분의 일은 비추임이 없고, 밤도 그러하더라. 내가 또 보고 들으니, 공중에 날아가는 독수리가 큰 소리로 이르되, 땅에 사는 자들에게 화, 화, 화가 있으리니, 이는 세 천사들이 불어야 할 나팔 소리가 남아 있음이로다 하더라.

애굽에서의 아홉 번째 '흑암' 재앙과 같이(출 10:21-23), **"넷째 천사"** 에 의해서 가져와진 저주는 해, 달, 별들이 침을 받아 그 삼분의 일이 어두워진 것이다. 여기에서 해, 달, 별은 민족들과 민족의 지도자들에 대한 묘사로 예언 속에서 오랫동안 사용된 것이다(사 13:9-11 등). 실제로 파랄(Farrar)은 이렇게 말한다. "오고가는 로마제국과 유대나라의 지도자들은 암살되고 파멸했다. 가이우스, 글라디우스, 네로, 갈바, 오토, 비텔리우스는 모두 살해되거나 자살했다. 헤롯 대제와 헤롯 안티파스, 헤롯 아그립바와 대부분의 헤롯 가의 왕자들과 예루살렘의 대제사장들의 적지 않은 수가 불명예 가운데 망하거나, 포로로 잡혀가거나, 폭행을 당했다. 이 모든 사람들은 식어버린 태양이거나 어두워진 별들이다."[25)]

해달별이 어두워지자, 독수리가 등장한다. 날아가는 독수리 그룹(계 4:7)은 계시록의 나팔 부분을 다스린다(호 8:1). 그러므로 요한이 이제 다가올 진노를 경고하며 "공중에 날아가는 독수리"를 보는 것은 적절한 일이다. 많은 다른 언약적인 상징들처럼, 독수리는 두 가지 특성이 있다. 한편으로, 독수리는 이스라엘을 위해 하나님께서 베푸시는 구원을 상징한다. 즉 "여호와의 분깃은 자기 백성이라. 야곱은 그 택하신 기업이로다. 여호와께서 그를 황무지에서, 짐승의 부르짖는 광야에서 만나시고, 호위하시며 보호하시며, 자기 눈동자같이 지키셨도다. 마치 독수리가 그 보금자리를 어지럽게 하며, 그 새끼 위에 너풀거리며, 그 날개를 펴서 새끼를 받으며, 그 날개 위에 그것을 업는 것같이"(신 32:9-11).

그러나 다른 한편으로, 독수리는 피와 죽음과 썩은 먹이를 연상시키는 먹이들에게 두려움의 존재이다. "그 새끼들도 피를 빠나니, 살육 당한 자 있는 곳에는 그것도 거기 있느니라"(욥 39:30). 그러므로 이스라엘의 멸망에 대한 예언자적인 경고는 종종 썩은 고기 위에 내리는 독수리라는 말로 표현된다(신 28:49, 마 24:28). 사실, 언약적 저주의 기본적인 측면은 공중의 새들의 먹이가 되는 것이다(창 15:9-12 등). 독수리 스랍은 구원의 상징으로서 계시록의 이 부분에서 다시 나타날 것이다(계 12:14). 그리고 종국에는 **"땅에 거하는 자들"**에게 복음을 선포하는(계 14:6), **"공중에 날아가는"** 독수리로 대신할 것이다. 그러나 세상의 구원은 이스라엘의 멸망을 통하여 올 것이다(롬 11:11-15, 25[26)]). 그래서 독수리는 자신의 메시

---

25) F. W. Farrar, *The Early Days of Christianity* (Chicago: Belford, Clarke and Co., Publisher, 1882), p. 519.

26) 로마서 11:25-26은 배교한 이스라엘의 부분적인 완악함이 이방인의 충만한 수가 차기까지 계속될 것이라고 한다. 그러고 나면 (남은 자들이 아닌) 모든 이스라엘이 구원을 받을 것이다. 그래서 이방인의 충만한 수가 먼저이고, 이스라엘의 충만한 수는 나중이다. 이것은 무엇을 의미하는가? 문맥상, 이방인의 충만한 수는 12절에서 언급된 것과 같이 그들에게 풍요함을 전달하는 것을 의미하는 것이다. 이 풍요함의 전달은 과도기 동안에 계속되어지고, 신약 정경의 완성에서 특별하게 나타난다. 왜냐하면 신약은 새 언약이라는 상황으로 구약을 해석하고 적용(옮김)하기 때문이다. 그러나 충만함은 단지 말씀에 관한 것을

지를 **"땅에 거하는 자들"**에게 다가올 세 가지 **"화"**를 선포하는 진노로 시작한다.

요한은 배교자 이스라엘 위에 임하는 저주를 애굽에서의 저주와 연관 짓고 있다. 새 언약 백성들에게는 새로운 출애굽이기 때문이다.[27] 바로가 마음이 강퍅해

말하는 것이 아니라, 바울 자신의 사역(이스라엘을 책망하는 것)의 거대한 부분인 새 언약 교회의 형성의 완성에 대한 것이다. 옛 언약의 이스라엘이 하나님의 법에 순종하며 가르침으로 이방인들을 섬기는 것처럼, 새 언약의 이방인 교회는 신약을 설교하고 거룩하게 삶으로 이스라엘을 섬긴다. 그런데 왜 이방인의 충만이 먼저 일어나야 하는가? 왜냐하면 단지 분노를 촉발하는 것이 가능해지게 하기 위해서이다. 새 언약 교회의 현존과 히브리 성경의 참된 해석은 점진적으로나마 모세의 말에 가려진 베일을 걷어내는데 효과적이었다(고후 3장). 그러나 이는 그리스도의 죽음 시에 발생한 성전 휘장의 찢어짐의 외적인 나타남이다. 교회가 완전하게 형성되고 성경이 완성될 때에, 그 베일은 완전하게 제거되었다. 그리고 질투하도록 분노를 촉발하는 것도 가장 강력한 상태에 이르렀다. 이렇게 분노를 촉발시키는 목적은 이스라엘의 구원이다. 사실 대부분 분노를 촉발하는 것은 진노를 낳지만, 때로는 회개를 낳기도 한다. 바울이 말하는 바는 미래(오늘날 사람들의 미래가 아닌 바울 당대의 미래)에, 이 분노를 촉발하는 일이 열매를 맺을 것이라는 것이다. 그래서 남은 자들이 아니라 '모든 이스라엘'이 하나님께로 돌아올 것이라는 것이다. 이 점에서, 유대인들과 이방인들은 마침내 그리스도 안에서 한 '새 사람'이 될 것이다. Cf. J. B. Jordan, "The Future of Israel Reexamined(part 3)", *BH* 29 (1991).

27) 러쉬두니(Rushdoony)는 계시록의 상징 가운데 얼마나 독특하게 출애굽 이미지가 사용되는지를 다음과 같이 말한다. "예수님은 참 모세이시고(모세의 노래가 계시록 15:2이하에서 인용된다), 위대한 여호수아이다. 그는 하나님의 백성들의 구원자이다. 성전에서 시므온이 어린 구세주를 보고 하나님의 구원을 보았다고 외쳤다(눅 2:30, cf. 사 52:10). 왜냐하면, 그는 '예루살렘의 구속을 바라는 자들' 중의 한 사람이었기 때문이다(눅 2:38). 즉 영적인 애굽으로부터 포로된 자들을 구원할 자를 말한다. 바로의 유아 살해는 헤롯의 살해 명령과 비교된다(출 1:16, 2:15, 4:19, 마 2:16). 어린 그리스도는 애굽에서 나온 '참 이스라엘'이라고 불렸다(마 2:14, cf. 출 4:22, 호 11:1). 광야 이스라엘의 40년 시험과 그것의 실패는 그리스도의 40일 시험에서 승리의 끝과 조화를 이룬다. 예수님은 모세의 글을 인용하므로 이기셨다. 예수님은 하나님의 새 이스라엘 즉 새로운 민족 혹은 백성의 우두머리인 12 제자들을 보내셨다. 하나님께서 성령을 주기 위하여 모세가 모은 70인처럼(민 11:16이하), 예수님은 또한 70인을 보내셨다(눅 10:1이하). 가나안 정복과 심판의 불로 그 도시들을 파괴한 것을 비교할 수 있다(마 10:15, 11:20이하, 눅 11:12이하, 신 9:1이하, 마 24장). 이제 옛 예루살렘은 가나안 역할을 하고, 그것은 파괴된다(마 24장). 온 세상은 심판되고 정복될 새로운 가나안이다. 즉 '너희는 세상으로 가라...' 출애굽과 계시록은 모두 출애굽에서는 모형이고, 계시록에서는 실체인 장막으로 끝을 맺는다." 여기에서 12 제자가 새로운 이스라엘의 열 두 지파와 비교됨을 주목할 수 있을 것이다. Cf. Chilton, *The Days of Vengeance*, p. 217.

지고 열 가지 재앙을 다 당한 것처럼, 배교자 이스라엘은 하나님의 심판을 철저하게 당했다. 자비로우시고 거룩하신 만군의 여호와께서 오래 참으신 후에, 율법의 두려운 상벌(sanction)은 마침내 나타났다. 그래서 예수 그리스도는 세상의 나라들을 상속하시고, 그것들을 당신의 성전으로 가져오시게 된다(계 11:15-19, 21:22-27). 이러한 사실들이 계시록의 남은 부분들을 채워갈 것이다.

2. 다섯 째 나팔(계 9:1-12)

신사의 나라인 영국이 범죄의 나라로 전락했다. 영국 정부가 최근 발표한 범죄통계로 영국인들이 침울해하고 있다고 한다. 주민 4명당 1명이 폭행을 당하고, 10명당 1명은 차량 절도를, 10가구 당 1가구는 강도를 당한단다. 또한 세계에서 가장 아름다운 거리로 알려진 프랑스의 샹젤리제가 중무장의 조직 폭력배들이 활개를 치는 우범지대로 변했다고 르몽드지가 보도하고 있다. 이러한 신문 보도를 접하면서 그 이유를 생각하자면 의외로 간단하다. 영국이나 프랑스의 교회가 영적인 침체에 빠져 있기 때문이다. 한 때 기독교의 중심 국가였던 그들 나라들이 기독교 정신을 멀리할 때, 사회적인 문제들이 발생하는 것이다. 마치 본문에서 예루살렘에 지옥의 뚜껑이 열린 것과 마찬가지이다.

1절. 다섯째 천사가 나팔을 불매, 내가 보니, 하늘에서 땅에 떨어진 별 하나가 있는데, 그가 무저갱의 열쇠를 받았더라.

다섯째 천사가 나팔을 분다. 별 하나가 하늘에서 땅으로 떨어진다. 이 별이 어떤 존재인지 알기는 어렵다. 그러나 그가 무저갱의 열쇠를 받는다. 그러므로 하나님의 대리자인 것은 분명하다. 마귀는 하나님의 허락하신 범위 안에서만 활동한다. 3절에서도 "황충이 연기 가운데로부터 땅 위에 나오매 저희가 땅에 있는 전갈의 권세와 같은 권세를 받았더라." 무저갱에서 올라온 귀신들도 권세를 받은 자들일 뿐이다. 게다가 그들의 권세는 "다섯 달"이란 기간이 정해져 있다. 그러므로 마귀 사탄은 정한 기간, 정한 범위에 대해서만 권세를 갖는다.

구약에서도 그렇다. 사탄이 욥을 시험했다. 재산과 자녀들의 생명과 건강을 해쳤다. 그러나 사탄은 하나님께서 허락하신 것만 공격할 수 있었다. 그러므로 욥의 생명은 건드리지 못하게 하신 것이다. 그래서 <천로역정>에서 사탄은 쇠사슬에 묶인 사자로 비유되고 있는 것이다. 우리가 세상에서 환난과 연단이 심해도 하나님께서 허락하신 것들만 당한다. 어떤 시험이라도 시험당할 즈음에 피할 길을 주신다. 그러므로 하나님께서 도우심에 대한 믿음을 저버리면 안 된다. 항상 낙심하지 말고 하나님을 의지해야 할 것이다. 아멘.

> 2-3절. 그가 무저갱을 여니, 그 구멍에서 큰 화덕의 연기 같은 연기가 올라오매, 해와 공기가 그 구멍의 연기로 말미암아 어두워지며, 또 황충이 연기 가운데로부터 땅 위에 나오매, 그들이 땅에 있는 전갈의 권세와 같은 권세를 받았더라.

하늘에서 떨어진 천사가 무저갱을 열었다. 그랬더니 "**황충**"이 올라왔다. 이 황충은 쉽게 말해서 메뚜기이다. 그런데 이 황충 재앙은 애굽에서의 여덟 번째 재앙인 메뚜기 재앙과 유사한 것일지라도, 이 "황충"은 그 메뚜기와는 다르다. 그들은 "**무저갱**"에서 올라온 '귀신들'이기 때문이다.

"**무저갱**"(Abyss, 無底坑)이란 계시록에서 모두 일곱 번 언급되는데, 문자 그대로 '바닥이 없는 구덩이'이다(계 9:1, 2, 11, 11:7, 17:8, 20:1, 3). 무저갱은 성경에서 바다의 가장 깊은 곳(욥 28:14)이고, 바다 근원과 물밑(신 8:7)이고, 홍수의 물이 나온 곳(창 7:11)이고, 앗수르 나라를 둘러 흐르는 것(겔 31:4, 15)이다. 그러므로 무저갱은 하늘과 거룩한 산으로부터 극도로 먼 곳이다.

선지자 에스겔은 두로를 향해 예언을 한다. 하나님께서 무저갱의 새로운 홍수로 그 도시 위에 덮으셔서 그 땅의 거민들이 땅의 가장 밑바닥 구덩이에 빠지게 하신다는 것이다. 그리고 요나는 무저갱을 하나님의 임재로부터 출교, 즉 성전에서 추방된 것을 무저갱이라고 했다(욘 2:2-6). 성경 다른 곳에서는 무저갱은 용의 영토(욥 41:31), 즉 귀신들의 감옥(눅 8:31)과 죽은 자들의 영역(롬 10:7)이라고도 불린다. 그러므로 요한이 이스라엘 땅 위에 무저갱이 풀어졌다고 경고하는 것은,

옛 두로와 같이, 무저갱이 더러운 영으로 유대 땅을 뒤덮었다는 것이다. 그리고 배교한 이스라엘은 하나님의 임재로부터 쫓겨났다는 것이다. 그들이 성전에서 출교되고, 마귀로 가득하게 되었다는 것이다. 계시록의 중심 메시지 중의 하나는 하늘에 있는 교회 장막이다. 이것에 대한 당연한 결론이 반대로 지옥에 있는 거짓 교회 장막이다. 과거 땅에 있는 천국이 이스라엘이었다면, 이제는 땅에 있는 지옥이 이스라엘이 된 것이다.

교회는 지상에서 천국을 맛볼 수 있는 곳이어야 한다. 지상에 있는 작은 천국이어야 한다. 그리고 가정은 작은 교회여야 한다. 교회처럼 찬송과 기도가 울리는 작은 교회 같은 가정들이 되기를 바란다. 그리고 우리 교회는 가족 같은 교회가 되기를 바란다. 그래서 지상에서 천국을 맛보는 가정과 교회가 되기를 바란다. 아멘.

4절. 그들에게 이르시되, 땅의 풀이나 푸른 것이나, 각종 수목은 해하지 말고, 오직 이마에 하나님의 인침을 받지 아니한 사람들만 해하라 하시더라.

이스라엘은 땅에 있는 지옥이 되었다. 그러나 그 땅의 모든 사람들이 고통을 당한 것은 아니다. 특히 땅의 식물들은 황충에 의한 파괴에서 제외되었다. 그러므로 고통을 당한 자들은 하나님의 인 맞지 않은 사람들이었다. 즉 불순종한 사람들만 저주를 받은 것이다. 오직 신자들은 마귀의 꼬리 같은 "**전갈**"에게서 면제되었다(행 26:18). 아마 "**이마에 하나님의 인 맞지 아니한 사람들**"은 삼위 하나님의 이름으로 세례를 받지 않은 유대인들인 듯하다. 그들은 이마나 옷깃에 하나님의 말씀의 표를 달고 다녔을 것이다. 그러나 정작 하나님의 인을 맞지는 못했다. 그래서 극심한 고통을 당해야 했던 것이다.

우리는 세례의 흔적을 잊어버리고, 우리의 육신의 눈으로는 세례의 표를 볼 수 없다. 그러나 천사들은 우리에게 예수님의 흔적이 있는 것을 본다. 세례의 표를 본다. 유월절 죽음의 천사가 십자가 피의 흔적이 있는 집은 넘어간 것처럼, 무저갱에서 올라온 귀신들도 십자가 피의 흔적을 본다. 그러므로 눈에 보이는 외적인 그리스도의 흔적이 없어도 낙심하지 말아야 할 것이다. 어떤 사람들은 예수님의 고난을 흉내 낸다. 그리고 실제로 자신의 손에 못을 박고 십자가를 지고 고난을 자초한다. 그래서 예수님의 십자가의 흔적을 부적처럼 생각한다. 그러나 우리 마음에 그리스도의 십자가가 분명한 삶을 살아야 할 것이다. 아멘. 그러므로 바울 사도도 말했다. "오직 이면적 유대인이 유대인이며 할례는 마음에 할지니 신령에 있고 의문에 있지 아니한 것이라. 그 칭찬이 사람에게서가 아니요 다만 하나님에게서니라"(롬 2:29). 아멘.

5-6절. 그러나 그들을 죽이지는 못하게 하시고, 다섯 달 동안 괴롭게만 하게 하시는데, 그 괴롭게 함은 전갈이 사람을 쏠 때에 괴롭게 함과 같더라. 그 날에는 사람들이 죽기를 구하여도 죽지 못하고 죽고 싶으나 죽음이 그들을 피하리로다.

유대인들은 마귀적인 힘에 의해 공격을 받고 괴롭힘을 당했다. 그런데 죽지는 못하고 단지 고통과 괴로움만 당했다. 요한은 여기에서 그가 계시록 6:16에서 말한 것을 반복한다. "**그 날에는 사람들이 죽기를 구하여도 얻지 못하고 죽고 싶으나 죽음이 저희를 피하리로다.**" 예수님은 특히 마지막 세대인 예수님을 십자가에 못 박은 유대인 세대 가운데 죽음에 대한 이러한 갈망을 예언하셨다(눅 23:27-30).

그런데 왜 황충 재앙이 "**다섯 달**" 동안 지속되는가? 첫째, 이 묘사는 황충이 일반적으로 출현하는 기간인 5월에서 9월까지의 다섯 달과 관계된 것이다. 둘째, 66년 5월부터 시작하여 3,600명의 양민을 반역자로 몰아 죽인, 다섯 달 동안 유대인들에게 고통을 준 유대의 집정관인 게시우스 플로루스(Gessius Florus)의 행동을 아마도 언급하는 듯하다. 셋째, 다섯이란 용어의 사용은 성경에서 힘과 특히 군사적인 조직; '다섯 개 부대로 편성한 이스라엘 군사 조직을 연상시킨다. 결국 하나님의 인도하심으로, 이스라엘은 무저갱에서 올라온 마귀들의 군대에 의해 공격을 받았다.

왕 중 왕에 대한 이스라엘의 반역 때문에, 그들이 받았던 축복은 저주로 변한다. 예루살렘은 예수님의 사역을 통하여 깨끗하게 되나, 이제 "귀신의 처소와 각종 더러운 영의 모이는 곳과 각종 더럽고 가증한 새의 모이는 곳이 되었도다"(계

18:2). 모든 세대는 점차 마귀의 소유가 된다. 그들의 점진적이며 민족적인 범죄는 사람들이 신약성경을 읽으면 분명해진다. 그리고 그것의 두려운 최후 단계에 대하여 요세푸스의 '유대 전쟁사'는 이렇게 묘사하고 있다. "이성적인 모든 능력을 상실, 난폭한 폭도들이 서로를 공격하고, 미혹된 군중들은 가장 명백한 거짓 선지자들을 추종하고, 미치고 절망한 사람들은 먹을 것을 구하고, 거대한 살인자들과 박해와 자살과 아버지들이 자기 가족들을 죽이고, 어머니들이 자기 자식을 잡아먹었다. 사탄과 지옥의 주인은 이스라엘 땅 전체에 들끓고 배교자들을 소멸했다."

7-8절. 황충들의 모양은 전쟁을 위하여 준비한 말들 같고, 그 머리에 금 같은 관 비슷한 것을 썼으며, 그 얼굴은 사람의 얼굴 같고, 또 여자의 머리털 같은 머리털이 있고, 그 이빨은 사자의 이빨 같으며,

마귀-황충에 대한 묘사는 예언에서 이방인 군대들이 침입하는 것과 많은 유사성들이 있다. 그러나 부분적으로 이 본문은 또한 예루살렘의 시민들을 약탈한 살인적인 열심당들의 무리를 가리키는 것일 것이다. 요세푸스가 우리에게 말한 바와 같이, 이스라엘 백성들은 로마사람들보다 열심당원들을 더 두려워했다. "근원적으로 채워지지 않는 배고픔으로, 그들은 부자 집을 털었고, 사람들을 죽였고, 윤락을 위해 부녀자들을 희롱했다. 그들은 자신들의 전리품에 피를 섞어 마셨고, 단지 지루함 때문에 그들은 부끄러운 줄도 모르고 여성스런 행동들 즉 매력적으로 보이려고 머리를 땋거나 여자 옷을 입거나 향수를 바르거나 눈 화장을 하는 짓을 했다. 매음굴에서 뒹굴 방탕한 불법적인 즐거움을 넘어설 생각으로, 그들은 단지 여자들의 옷만 흉내 낸 것이 아니라 패션도 흉내 내었다. 그러므로 그들의 더러운 행동으로 그 도시는 오염되었다. 비록 그들은 여자의 얼굴을 했어도, 그들의 손은 살인을 했다. 그들은 점잔을 빼며 걸었으나, 갑자기 전사가 되었고, 그들의 물들인 망토 아래로 칼을 휘둘렀다. 그들은 모든 통행인들을 찔렀다."[28]

---

28) Flavius Josephus, *The Jewish War*, iv.ix.10.

9-12절. 또 철 호심경 같은 호심경이 있고, 그 날개들의 소리는 병거와 많은 말들이 전쟁터로 달려 들어가는 소리 같으며, 또 전갈과 같은 꼬리와 쏘는 살이 있어, 그 꼬리에는 다섯 달 동안 사람들을 해하는 권세가 있더라. 그들에게 왕이 있으니, 무저갱의 사자라. 히브리어로는 그 이름이 아바돈이요, 헬라어로는 그 이름이 아볼루온이더라. 첫째 화는 지나갔으나, 보라 아직도 이 후에 화 둘이 이르리로다.

마귀의 군대에 대한 한 가지 재미있는 점은 "**그 날개들의 소리는 병거와 많은 말들이 전장으로 달려 들어가는 소리 같으며**"라는 요한의 진술이다. 이는 영광구름에서 천사들의 날개에 의해 나는 소리와 같은 소리이다(겔 1:24, 3:13, 왕하 7:5-7). 여기에서의 차이점은 그 소리가 '타락한 천사들'에 의해서 나는 것이라는 것이다.

요한은 귀신들의 "왕"을 히브리어(아바돈)와 헬라어(아볼리온)이라는 이름을 줌으로 "**무저갱의 사자**"와 동일시한다. 이 단어들은 '파멸' 혹은 '파괴자'를 의미한다. "아바돈"은 구약에서 죽음의 영역인 '파괴의 장소'에서 사용된다(욥 26:6). 그러므로 요한은 사탄을 바로 죽음 자체를 의인화한 것으로 제시한다(고전 10:10, 히 2:14). 분명하게, 유대민족 위에 풀어진 파괴하는 자들에 대한 사탄의 전적인 주권 때문에, 그것은 지상의 지옥이었다. 그리고 아직 요한이 우리에게 말한 바, 이 땅에 귀신들이 나타남은 오직 "**첫째 화**(禍)" 일뿐이다. 아직 이것이 최악은 아니다. 왜냐하면 "**이 후에 화 둘**(즉 여섯 째 나팔과 일곱 째 나팔)**이 이를 것**"이기 때문이다.

3. 여섯 째 나팔(계 9:13-21)

미국 사람은 '사자형'으로 일한다. 사자는 토끼 한 마리도 사력을 다해 잡고 배가 부르면 눈앞에 어떤 먹이가 나타나도 잡지 않는다. 노는 것과 일하는 것이 분명하다. 그러나 한국인은 '원숭이형'으로 일한다. 놀면서 일하고 일하면서 논다. 이유는 쌀농사의 북방 한계선에 위치해 있기 때문에, 놀고 싶다고 놀 수 있는 것이 아니고, 일하고 싶다고 일할 수 있는 것이 아니기 때문이다. 회개도 마찬가지이다. 언제든지 회개할 수 있는 것은 아니다. 회개에는 기회가 있는 것이다. 회개를 촉구하는 여섯 번째 나팔 소리가 들으며 회개하는 시간들을 갖기를 바란다. 아멘.

13절. 여섯째 천사가 나팔을 불매, 내가 들으니, 하나님 앞 금 제단 네 뿔에서 한 음성이 나서,

여섯째 천사가 나팔을 불었다. 그리고 하나님의 음성이 들린다. 그런데 하나님께서는 "**금단**" 즉 향단 "**네 뿔**" 가운데 계신 "**하나님**"이다. 성도들의 기도가 모아지는 곳이 향단이다(계 5:8, 8:3). 그러므로 하나님께서 여섯째 천사에게 말씀하신 것은 기도의 응답으로 말씀하신 것이다.

특히 이것에 대한 구약적인 배경은 '정결 제사' (purification offering)이다. 이 정결 제사는 죄를 통해 '어떤 장소' 가 더럽혀지고 오염되었을 때 드린 제사이다. 만약 죄가 땅을 더럽힌다면, 그것은 하나님께서 거하시는 집을 더럽히는 것이다. 그래서 만약 어떤 개인이 죄를 지었다면, 그의 행동은 단지 제한된 범위의 성소만 더럽힌다. 그러므로 정결 제사의 피는 번제단의 뿔에만 바른다. 그러나 전체 민족이나, 민족 중에 가장 거룩한 사람인 대제사장이 죄를 지었다면, 이것은 더욱 심각한 일이다. 그래서 피는 성막 안에서 취해지고 향단과 휘장에 뿌려지는 것이다(레 4:13-21). 이러한 방식으로 제단이 깨끗해지고, 그래서 향단에서 향은 하나님께서 그들의 기도를 들으신다는 확신을 가지고 드려진다. 계시록의 1세기 독자들은 이것의 중요성을 알았을 것이다. 그래서 하나님의 백성들의 기도에 대한 응답은 향단에서 나타난 것이다.

그런데 향단에서 모아진 신약교회의 기도는 이스라엘 민족을 향해 복수를 원하는 기도이다. 그리스도를 거부한 '이스라엘' 은 오염되고 더러워졌다(레 18:24-30). 그래서 이스라엘의 기도들은 하나님께서 듣지 않으시는 것이다. 그러므로 이스라엘의 불결한 땅은 레위기 26장의 저주에 대한 심판을 받게 된다. 레위기 26장은 죄로 인해 이스라엘이 더럽혀질 때 임할 하나님의 칠중 심판을 반복적으로

말하는 것이다. 아마 계시록에서 일곱 심판이 나타나는 이유도 그 때문일 것이다. 즉 이스라엘은 더럽혀졌고, 그래서 칠중 심판은 불가피하다는 것이다. 그러나 예수 그리스도의 교회는 이제 "예수의 피를 힘입어 성소에 들어갈 담력을" 가진 새 이스라엘이고, 거룩한 민족이고, 하나님의 참 백성이다(히 10:19). 그래서 신약교회의 기도는 들으시는 것이다.

하나님께서 당신의 백성들의 기도를 들으시고 응답하심은 성경 전체를 통하여 지속적으로 선포되는 것이다. 그런데 왜 우리 시대에는 악인들에 대한 심판이 나타나지 않는가? 그 대답의 일부는 오늘날 교회가 성경적으로 기도하지 않는다는 사실이다. 그리고 하나님께서 우리에게 말씀하시기를 "너희가 얻지 못함은 구하지 아니함이요"라고 한다(약 4:2). 우리는 하나님의 복음의 대적들이 물러가도록 기도해야 한다. 그래서 우리 시대에도 하나님께서 살아 계심을 증거 해야 한다. 1세기 교회는 배교자 이스라엘의 파멸을 위해 신실하고 열렬하게 기도했다. 그리고 그 응답이 나타났다. 하나님께서 당신의 천사들에게 이스라엘을 파괴하도록 명령하신 것이다.

14-16절. 나팔 가진 여섯째 천사에게 말하기를, 큰 강 유브라데에 결박한 네 천사를 놓아 주라 하매, 네 천사가 놓였으니, 그들은 그 년 월 일 시에 이르러 사람 삼분의 일을 죽이기로 준비된 자들이더라. 마병대의 수는 이만 만이니 내가 그들의 수를 들었노라.

"**여섯째 천사는 큰 강 유브라데에 결박한 네 천사를 놓아주라**"는 명령을 받았다. 그런데 그들은 이스라엘에 대항하여 "**이만 만**"으로 구성된 군사들을 데려왔다. 유브라데 강은 이스라엘과 하나님께서 반역한 백성들을 향한 채찍으로 사용하시는 이방 군대 사이에 경계를 이루고 있는 것이다. 이것은 앗수르와 바벨론과 페르시아의 침략자들이 건너온 팔레스틴 북쪽의 경계선이다. 그런데 또한 북쪽은 하나님의 보좌의 영역이라는 것을 기억해야 한다(사 14:13). 그러므로 북쪽에서 오는 이 위대한 군대들은 비록 그들이 겉으로는 마귀적이고 이방적인 특성을 가지고 있어도, 사실은 하나님의 군대이며, 하나님의 통제와 지시 하에 있는 군대이다.

그리고 요한은 그 마병들의 "수"를 들었는데, "이만 만"이다. 이 표현은 시편 68:17에서 온 것이다. "하나님의 병거가 천천이요 만만이라." 이 '만만' 이란 것은 '셀 수 없는 무수함' 에 대한 상징이다. 이 용어는 단지 천천만만의 하나님의 병거들과 관련된 많은 군대를 가리키는 것이다. 그러므로 이것도 역시 그 마병들이 하나님의 군대인 것을 보여주는 것이다.

하나님께서는 당신의 거룩한 목적을 위하여 사탄과 이방인들조차 완전하게 다스리고 사용하신다. 하나님께서는 교회 안에만 계신 하나님이 아니다. 온 우주의 하나님이다. 사실 유대인들이 이방인들에 의해 포로로 잡혀간 후에 그들은 하나님을 '하늘의 하나님' 으로 부르기 시작했다. 그래서 에스더서나 다니엘서에 나타난 하나님은 하늘의 하나님이다(에 1:2, 6:10, 7:12, 21 등). 포로로 잡혀가는 고난 가운데 하나님을 알게 되었다. 이방인들도 세상 모든 역사도 주장하시는 하나님이심을 알게 되었다. 하나님은 온 세상의 하나님이시다. 하늘의 하나님이시다.

17-19절. 이 같은 환상 가운데, 그 말들과 그 위에 탄 자들을 보니, 불빛과 자줏빛과 유황빛 호심경이 있고, 또 말들의 머리는 사자 머리 같고, 그 입에서는 불과 연기와 유황이 나오더라. 이 세 재앙 곧 자기들의 입에서 나오는 불과 연기와 유황으로 말미암아 사람 삼분의 일이 죽임을 당하니라. 이 말들의 힘은 입과 꼬리에 있으니, 꼬리는 뱀 같고, 또 꼬리에 머리가 있어 이것으로 해하더라.

우리는 하나님의 군대인 말들의 특성들에 대해서 주목해야 한다. "**저희 입에서 나오는 불과 연기와 유황**"은 용, 즉 불을 뿜는 리워야단에 대한 것이라는 것을 기억해야 한다(욥 41:18-21). 불과 유황은 지옥에 속한 것이고(19:20, 21:8), 연기는 무저갱의 특징이다(9:2). 그러므로 오직 지하에서 온 괴물만이 그런 것들을 뿜을 수 있다. 그러므로 이 모든 것들을 종합해보면, 본문의 무수한 군대는 이스라엘의 전통적인 원수들의 출처인 유브라데에서부터 출발하여 예루살렘에 온 것이다. 하나님의 백성들의 복수를 위한 기도의 응답 가운데, 하나님에 의해서 예리하고 무섭고 마귀적인 군대가 보내지는 것이다. 이 군대는 언약을 깨뜨린 자들을 징벌하기 위해 보내지는 율법과 선지자 안에 있는 모든 경고의 성취이다.

그리고 이것이 역사 가운데 실제로 발생 것은 A.D. 66년 여름동안 있었던 케스티우스(Cestius)의 공격이다. 유브라데 근처 지역으로부터 수많은 군대를 거느린 케스티우스가 침입했다. 그는 도시 외곽의 파괴 이후에, 그의 군대들은 나팔절이 시작하는 달인 티스리 월에 예루살렘의 문에 이르렀다. 그리고 성을 에워쌌다. 다섯 달 동안 로마군대는 모든 면에서 그들의 공격을 감행했으나, 진격하지는 않았다. 여섯째 달에 케스티우스는 성전의 북쪽을 공격하기 위하여 궁수들과 함께 선발된 사람들을 이끌었다. 유대인들은 사력을 다해 침입자들을 방비했고, 성벽에 접근하려는 자들에게 계속해서 돌을 던졌다. 급기야 빗발치듯 돌이 날아갔으나 성은 무너지고 말았다. 로마의 선봉대는 성벽을 향해 방패를 세웠고, 소위 '거북진'으로 알려진 방어진(防禦陣)을 이루며 접근했다. 한편 그들은 성벽 아래로 가서 성문을 불태웠다. 성벽이 곧 뚫릴 것으로 생각하는 많은 사람들은 도망치기 시작했고, 측근들은 전에 원수였던 자들에게 성문을 열어주며 은인으로 케스티우스를 환영했다. 그러나 완전한 승리를 손에 쥔 바로 그 순간에 케스티우스는 갑자기 자신의 군대들을 퇴각시켰다. 로마에서 일어난 반란 때문이다. 용기를 낸 유대인들은 물러가는 군인들을 추격했고, 그들을 공격했다. 하나님께서 이스라엘 백성들에게 한 번 더 회개의 기회를 주신 것이다. 그러나 그들은 오히려 교만해졌다. 마지막 회개의 기회를 놓친 것이다.[29)]

20-21절. 이 재앙에 죽지 않고 남은 사람들은 손으로 행한 일을 회개하지 아니하고, 오히려 여러 귀신과 또는 보거나 듣거나 다니거나 하지 못하는 금, 은, 동과 목석의 우상에게 절하고, 또 그 살인과 복술과 음행과 도둑질을 회개하지 아니하더라.

아직 "**이 재앙에 죽지 않고 남은 사람들은 그 손으로 행하는 일을 회개치 아니**"했다. "**오히려 여러 귀신과…우상에게**" 절했다. 유대인들은 하나님의 선하심

---

29) Flavius Josephus, *The Jewish War*, ii.xix.5-6.

이나 진노에도 자신들의 잘못으로부터 돌아서는 것 없이 완전하게 배교하도록 했다. 대신에, 기근과 대량 학살과 식인과 하루에 500여명의 동료 유대인들을 십자가에 못 박았다는 요세푸스의 보고처럼[30], 바로 종말이 이른 때조차도, 유대인들은 자신들에게 승리와 구원을 확증하는 거짓 선지자들을 추종했다.

그런데 유대인들이 참으로 "**귀신들과 우상들에게 절**"을 했겠는가? 우리는 이미 구약종교가 아닌 유대주의 안에 있는 사탄적인 특성들을 보았다. 그러나 마치 교회와 연합한 물질숭배와 다른 이단들이 성경적이라고 주장하는 것처럼 거짓 이단종교도 성경적 권위를 주장한다. 예수 그리스도를 거부함으로, 유대인들은 우상숭배에 빠졌다. 그들은 아브라함의 믿음에서 떠났고, 그들 자신들이 만든 신들을 섬겼다.

이스라엘의 우상숭배는 일반적으로 성경에서 거짓 신들을 이루는 재료로 여겨진 "**금, 은, 동과 목석**"이다(cf. 시 115:4, 135:15, 사 37:19). 성경은 사람들의 우상을 사람의 작품으로 "**보거나 듣거나 다니거나 하지 못하는**" 돌이라고 비난한다. 이것은 이방 우상에 대한 시편 115:5-8의 조롱의 반향이다. "입이 있어도 말하지 못하며, 눈이 있어도 보지 못하며, 귀가 있어도 듣지 못하며, 코가 있어도 맡지 못하며, 손이 있어도 만지지 못하며, 발이 있어도 걷지 못하며, 목구멍으로 소리도 못하느니라. 우상을 만드는 자와 그것을 의지하는 자가 다 그와 같으리로다"(cf. 시 135:16-18).

우상숭배자들은 그들이 숭배하는 대상물과 같이 변화되었다. 이스라엘은 허탄한 것을 따라 헛되게 되었다(렘 2:5). 호세아 선지자가 경고한 것처럼, 이스라엘의 우상숭배는 "저희의 사랑하는 우상같이 가증하여졌도다"(호 9:10). 요한의 의도는 분명하다. 성전 보물로 우상을 섬긴 죄를 범한 이스라엘은 이제 바벨론이 되었다는 것이다. 바벨론처럼, 이스라엘은 "부족함을 뵈었다." 바벨론처럼, 이스라엘은 정복되고 이방인들에 의해 손에 넘어가게 될 것이다(cf. 단 5:25-31).

결국, 요한은 이스라엘의 범죄를 우상숭배에 모든 뿌리가 있다고 요약한다. 이것이 그들을 그리스도와 성도들의 "**살인**"으로 이끌었고, "**복술**"로 이끌었고, "**음**

---

30) Flavius Josephus, *The Jewish War*, vi.v.3.

행"으로 이끌었고, "도적질"로 이끌었다. 로마인들이 오기 이전에, 마지막 날들을 통하여, 이스라엘이 회개하도록 경고하는 나팔이 불어졌다. 그러나 경고는 주의되어지지 않았고, 유대인들은 더욱 완고해졌다. 케스티우스의 퇴각은 마지막 기회였다. 그러나 신적인 축복에 대한 잘못된 확신 가운데, 유대인들은 유브라데 너머에 더욱 강력한 적들이 전투 준비를 하고 있다는 것을 무시하고, 앞뒤 계산 없이 교만해지고 더욱 과감한 반역에 빠졌다. 결국 유대는 황폐하게 되었다. 이스라엘 사람들은 도살되었고, 노예로 끌려갔다. 성전은 돌 위에 돌이 하나도 남아나지 않게 되었다. 회개의 마지막 기회를 놓치지 말고 하나님께 회개해야 할 것이다. 아멘.

4. 새 창조의 증인(계 10:1-6)

1장에서 예배하던 요한이 '주님'을 만난다. 그리고 소아시아 '일곱 교회에 보내는 메시지'를 받는데, 그 내용이 2-3장이다. 4장은 땅에서 예배하던 중에 하늘로 들림을 받고, '영광의 보좌에 앉아계신 하나님'을 본다. 그 하나님의 손에 일곱 인봉된 '작은 책'이 들려 있는 것이 나오는데, 그것이 5장이다. 6장에서는 '첫째에서 여섯째까지 인'이 떼어진다. 여섯째 인과 일곱째 인 사이에 '막간'이 7장이다. 8장은 첫째에서 넷째 나팔이 불어지는 것이고, 9장은 다섯째와 여섯째 나팔이 불어지는 것이고, 본문 10장은 여섯째 나팔과 일곱째 나팔 사이의 '막간'이다.

> 1절. 내가 또 보니. 힘 센 다른 천사가 구름을 입고 하늘에서 내려오는데. 그 머리 위에 무지개가 있고. 그 얼굴은 해 같고. 그 발은 불기둥 같으며.

예수님은 구약에서 '주의 천사'로 나타나셨는데, 이 "**힘 센 다른 천사**"는 예수님이다. 그리고 이 천사의 모습과 계시록 1:14-16의 예수님과 비교하면, 이 천사가 예수님이신 것을 분명히 알 수 있을 것이다. 그리고 본문은 그 이상의 증거들을 제시하고 있다.

첫째, 그 천사는 "**구름을 입고**" 있다. 이는 하나님의 영광 구름을 나타내는 것이다. 그 영광구름은 무수한 천사들로 채워져 있고(신 32:2), 그것을 입으신 분은 오직 하나님 한 분뿐이다. 어떤 천사도 구름을 입고 있는 천사는 없다. 그러므로 하나님이신 예수 그리스도께서 천군 천사들을 입고 계신 것이다(창 28:12).

둘째, 그 천사는 "**그 머리 위에 무지개**"가 있다. 우리는 이미 계시록 4:3에서 하나님 보좌 주위에 둘러있는 무지개를 보았다. 에스겔도 "여호와의 영광의 형상의 모양"을 무지개 같다고 했다(겔 1:27-28). 그런데 그 무지개는 전쟁과 심판의 활을 걸어 둔 것이다.

셋째, 그 천사의 "**얼굴은 해**" 같다. 예수님은 "의의 태양"이시고(말 4:2), "돋는 해"이다(눅 1:78). 이러한 해와 해가 돋는 것에 대한 이미지는 심판 가운데 빛나는 하나님의 영광을 묘사하는데 사용되곤 한다(시 19:4-6). 특히 본문에서 예수님은 예수님을 거부한 예루살렘의 멸망[31]에 대하여 심판을 선언하기 위하여 오셨다. 그러니 해 같은 얼굴을 하고 있는 것은 당연한 일이다.

넷째, 그의 "**발은 불기둥**" 같다. 이는 출애굽기의 영광구름인 "불 구름 기둥"을 우리에게 연상시키려는 의도를 가지고 있다(출 14:24). 하나님께서는 불 구름 가운데서 이스라엘 백성들 앞에서 걷고 계신 분임을 나타내셨다(출 13:21-22). 그러므로 이 "**하늘에서 내려온 힘센 천사**"는 주 예수 그리스도를 나타내는 것이다.

초림의 예수님은 가장 낮고 천한 모습으로 오신 구세주이다. 당신의 몸을 심판의 대속물로 주기 위해 오신 분이다. 다시 말하면, 죽기 위해 오신 분이다. 그 분은 '생명의 떡'으로 오셨기에 '베들레헴', 즉 '떡집'의 '말구유'에서 태어나셨다. 그러나 재림의 예수님은 영광스러운 분이다. 온 세상을 심판하기 위해 오신 분이다. 심판의 활을 갖고 계시다. 해 같은 얼굴을 하고 계시다. 그리고 성령으로 우리 가운데 거하시는 분이다. 우리가 예수님을 다시 만날 때, 예수님을 심판주로 만나게 된다. 심판의 자리에서 잘했다고 칭찬 받고 옳다고 인정받는 우리들이 될 수

---

31) '예루살렘의 멸망'이 예수님을 거부한 것에 대한 징계로 나타났다는 것은 복음서 저자들이 잘 나타내고 있는 사실이다(마 23:37-39, 24:2, 27:25, 막 13:1-2, 눅 19:42-44, 21:5-6, 20-24, 23:28-31). 그러나 이것을 명백하게 말한 첫 번째 사람은 Justine이다(1 Apology 32:4-6, 47-49, 53:2-3; Dialogue 25:5, 108:3). 그 후 교회에서 저술가들에게 이것이 일반적인 주제가 되었다. Cf. Robert E. Van Voorst, *Jesus Outside the New Testament* (Grand Rapids: Eerdmans, 2000), p. 55.

있기를 바란다.

2절. 그 손에는 펴 놓인 작은 두루마리를 들고, 그 오른 발은 바다를 밟고 왼 발은 땅을 밟고,

그런데 그 천사는 '작은 책'을 잡고 있었다. 이 작은 책에 대해서는 뒤에서 강론하겠다. 예수님은 그 오른발은 바다를 밟고 왼발은 땅을 밟고 있었다. 이러한 예수님의 모습은 예수님의 위대하심뿐만 아니라, 세상에 대한 사명을 나타내는 것이다. 예수님은 바다와 땅을 밟고 있는 분이다. 이 '바다'와 '땅'은 지상의 모든 것들을 나타내는 구약의 관용어이다(출 20:4, 시 69:34). 즉 **"바다"**는 이방의 영역을 가리키고, **"땅"**은 하나님의 백성들의 영역, 즉 이스라엘의 영역을 가리키는 것이다(삼하 22:4-5). 그러므로 예수님은 지금 이스라엘과 이방인들 위에 서서 계신 것이다.

우리가 믿고 있는 하나님은 교회 안에 계시는 교회만을 위한 하나님이 아니다. 온 세상을 다스리시고 주관하시는 하나님이시다. 우리는 삶의 모든 영역에서 하나님께서 왕 되심을 선포해야 한다. 우리는 세상의 빛이고, 세상의 소금이다. 세상을 위한 빛과 소금 된 사명을 다해야 할 것이다.

한국교회 기독교인의 숫자가 얼마나 될까? 1,000만? 1,300만? 그러나 2005년 인구조사결과 861만 명이다. 전 인구의 18%이다. 2007년 우리는 'Again 1907년'을 외치며 부흥을 기대했다. 그러나 2007년 일어난 일들을 생각해 보면, 부흥이 아닌 '안티의 충격'이 심해졌다. 칸영화제에서 상을 받은 전도연이 주연을 한 이창동 감독의 영화 <밀양>을 보면, 기독교인인 것이 부끄럽도록 묘사되어 있다. 곧이어 노무현 정부가 임시직 문제를 통해 화제가 된 이랜드 산하의 '홈플러스'라는 대표적인 기독교 기업의 노사문제, 그리고 샘물교회 청년회의 아프간 선교 피랍사태 등 기독교에 여러 가지 악재들이 겹쳤다. 한국교회는 사회의 견제를 받는 정도가 아니라 비난과 박해를 받고 있는 상황임을 알아야 한다. 우리 신앙의 선조들은 민족을 위해 뿌린 것이 있어서 한국교회가 그 양분을 먹고 자랐는데, 지금은 뿌린 것이 없어서 가라지만 무성한 상태가 되었다. 믿음으로 사랑으로 뿌릴

사람들이 필요하다. 우리 세대에 못 거둬들일지라도 다음 세대가 거두게 될 것이다. 'Again 1907년' 은 반드시 올 것이다. 아니, 더 큰 부흥도 있어야 할 것이다.

3절. 사자가 부르짖는 것 같이 큰 소리로 외치니, 그가 외칠 때에 일곱 우레가 그 소리를 내어 말하더라.

"**사자의 부르짖는 것같이 큰 소리로 외치니**" 물론 이제 우리는 구름 속에서 나는 큰 소리에 친숙해져 있다. 그 소리는 피조물들을 진동시키고, 세상의 왕들을 당혹하게 하는 심판 가운데 오시는 전사이신 하나님의 천둥-병거의 소리이다. 그리고 그의 소리에 경배하면서, "**일곱 우레가 그 소리를 발하더라.**" 이 일곱 우레는 천사적인 합창이다. 전능하신 하나님의 선포에 응답하는 하늘의 화답찬송이다.

4절. 일곱 우레가 말을 할 때에 내가 기록하려고 하다가 곧 들으니, 하늘에서 소리가 나서 말하기를, 일곱 우레가 말한 것을 인봉하고 기록하지 말라 하더라.

물론, 모든 사람들은 일곱 우레가 말한 것이 무엇인지를 알기를 원한다. 엄청난 양의 학문적인 수고가 이 문제를 푸는데 허비되었다. 그러나 최소한 이 생에서, 우리는 그 대답을 결코 완전히 알 수 없을 것이다. 요한은 "**일곱 우레가 발할 때에 내가 기록하려고 하다가 곧 들으니 하늘에서 소리나서 말하기를 일곱 우레가 발한 것을 인봉하고 기록하지 말라 하더라.**" 그 메시지는 요한 만이 듣도록 의도된 것이기 때문이다. 그것은 교회가 알거나 듣도록 의도된 것이 아니었다. 그리고 여기에서 중요한 원리 하나는 하나님께서 요한에게 일곱 우레가 말한 바를 기록하지 못하도록 하셨다는 것이다. 하나님께서는 교회가 미래에 대해서 알기를 원하지 않으셨다.

전도자가 말한다. "형통한 날에는 기뻐하고 곤고한 날에는 생각하라. 하나님이 이 두 가지를 병행하게 하사 사람으로 그 장래 일을 능히 헤아려 알지 못하게 하셨느니라"(전 7:14). 우리는 하루살이 인생일 뿐이다. 하루하루 최선을 다해 사는 것이다. 내일 일은 하나님께 맡기는 것이다. 그것이 믿음의 삶이다.

은사 중에 가장 오해를 많이 받는 것은 '예언의 은사' 인 듯하다. 예언의 은사는 미래를 점치는 은사가 아니다. 은밀한 죄에 대해 책망하는 은사이다. 미래에 대해 알고 싶어 하는 욕망은 어느 시대에나 있었다. 4-5세기 경, 로마시대 '소르테스 상토룸' (거룩한 점)이란 것이 유행했다. 이는 교회의 제단이나 성인들의 무덤 앞에 앞날을 알게 해달라고 기도하고 금식하고 빌다가, 성경을 펴고 처음 눈에 띄는 단락에서 그 응답을 찾는 것이다. 465년 비인 공의회와 508년 아그데 공의회에서 이런 관행을 금지시키는 법령이 통과됐을 정도이다.

비밀은 하나님께 속한 것이다. 인간은 순종과 불순종의 결과가 어떻다는 것을 알고 있다. 그러므로 그 이상은 인간이 알 필요가 없다. 계시록의 마지막 장에 명령되어지기를 "이 책의 예언의 말씀을 인봉하지 말라. 때가 가까우니라"(계 22:10). 전체적으로 계시록 책의 메시지는 곧 일어날 사건에 대해 언급하는 당대의 것이다. 그래서 "인봉하지 말라"고 했다. 그러나 일곱 우레의 메시지는 먼 미래의 것이다. 그래서 "기록하지 말라"고 한 것이다. 예를 들어, 다니엘서에는 "마지막 때까지 이 말을 간수하고 이 글을 봉함하라"는 말씀이 있다(단 12:4). 이것은 그것의 성취의 때는 임박한 것이 아니기 때문이다. 마찬가지로, 요한이 우레에 의해 말되어진 것들을 "**인봉하도록**" 지시를 받은 것은 그것이 미래적인 것이기 때문이다.

계시록은 '미래' 를 위한 것이 아니다. 계시록은 새 언약을 세우는 것에 관한 것이다. 요한과 그의 독자들과는 매우 거리가 있는 '마지막 때' 를 가리키는 것이 아니다. 그러므로 우리는 두 가지 교훈을 받을 수 있다. 첫째, 계시록은 대부분이 1세기의 구속사적이고 종말론적인 사건들과 전체적으로 관련된 당대의 예언이라는 사실이다. 둘째, 1세기의 사건들은 종말에 관한 모든 것이 아니다. 계시록은 주로 예루살렘의 멸망을 다루는 것이고, 그리스도의 재림과 세상의 종말과 마지막 부활을 모두 다루는 것은 아니다.

5-6절. 내가 본 바 바다와 땅을 밟고 서 있는 천사가 하늘을 향하여 오른손을 들고, 세세토록 살아 계신 이 곧 하늘과 그 가운데에 있는 물건이며,

> 땅과 그 가운데에 있는 물건이며, 바다와 그 가운데에 있는 물건을 창조하신 이를 가리켜 맹세하여 이르되, 지체하지 아니하리니,

이제 요한은 그리스도의 모습에 대한 하나님의 의도를 우리에게 말한다. 그 천사는 **"하늘을 향하여 오른손을 들고"** 맹세를 한다. 이는 법정에서 증인의 모습이다(창 14:22, 출 6:8) 어떤 사람들은 하나님이신 그리스도께서 맹세하는 것은 잘못이라고 말한다. 그래서 이 천사가 그리스도가 아니라고 주장한다. 그러나 분명히 하나님께서도 맹세하신다(창 22:16, 사 45:23).

요한이 이미 두 번이나 우리에게 예수님을 증인으로 말했다(계 1:5, 3:14). 여기에서 지금 예수님은 증인의 위치에 계시다는 것을 알아야 한다. 이는 이 환상의 자세한 세부사항들을 보면 잘 알 수 있다. 그리고 우리는 이미 1절에서 천사의 모습이 심판주의 모습을 하고 있는 것을 살펴보았다. 특히 두 다리는 불 구름 기둥인 것을 보았다. 그러나 이것은 더욱 발전되어야 한다. 왜냐하면, 기둥들은 성경적 상징주의와 제의에서 '증인' 으로 사용되었기 때문이다(창 31:45 등) 마찬가지로 십계명을 담은 두 돌 판은 증거(신 31:26), 즉 언약의 조항들을 증거하는 법적인 문서로 사용된다. 그러므로 율법은 증거(Testimony)라고 불리기도 한다(출 16:34 등). 하나님께서 "증거막"에서 불 구름 두 기둥 가운데 섰을 때(민 9:15), 하나님께서는 자신을 언약의 증인으로 밝히신다(삼상 12:5).

이 천사이면서 증인인 예수님은 **"지체하지 아니하리니 일곱째 천사가 소리내는 날 그 나팔을 불게 될 때에 하나님의 비밀이 그 종 선지자들에게 전하신 복음과 같이 이루리라"**고 맹세한다. **"비밀"**이라는 말은 오늘날 우리의 의미와 같은 신비스러운 것을 뜻하지 않고, 오히려 '전에는 감추어졌는데 지금은 계시된 것'을 뜻한다. 사실, 그것이 계시이다. 하나님께서 이전에는 보류하신 지식이지만, 그러나 이제 "그의 거룩한 사도들과 선지자들에게 성령으로 나타내신 것"이 바로 비밀이다(엡 3:5). 이 비밀은 "만세와 만대로부터 옴으로 감취었던 것"이다(골 1:26). 이 "비밀"이란 개념은 에베소서와 골로새서의 중요한 측면이다. 한 교회 안에 유대인과 이방인 신자들의 구분이 없어진 것이 비밀이다. 이스라엘과 언약의 약속을 따라서는 나그네와 객이었던 이방인들이 이제 예수 그리스도의 사역을 통

하여 아브라함의 완전한 자손, 즉 믿는 유대인들과 동일하고 구분이 없는 언약의 상속자가 된 것이다(엡 2:11-22, 갈 3장). 이것이 비밀이다.

그리고 이 비밀은 "복음과 같이 이루리라"고 한다. 유대인과 이방인의 구분이 없이 그리스도 안에 있는 교회를 하나님의 새로운 민족, 새로운 나라를 삼으시겠다는 것이다. 그래서 이것이 이방인인 우리들에게 복음이 되는 것이다.

하나님과 원수였던 우리들이다. 영원한 저주 아래 있어서 지옥 형벌을 피할 수 없었던 우리들이다. 그러나 예수 그리스도를 통하여 하나님과 화목하게 되었다. 하나님의 백성이 되었다. 이것이 하나님의 비밀이고 복음이다. 이 복음을 들은 우리가 하나님께 감사하고 공개된 비밀인 이 놀라운 복음을 전하는 사명을 잘 감당하기를 바란다. 아멘.

5. 복음의 비밀(계 10:7-11)

내각의 인선이 끝나면, '국회인사청문회'로 한 동안 시끄럽다. 그 중 '위장전입' 등 도덕성 문제가 제기된 사람들이 많기 마련이다. 청문회 시간은 그들의 비밀이 폭로되는 시간이기도 하다. 세상에 비밀은 없다. 전문성과 함께 도덕성을 갖춘 지도자들이 귀하다.

사실, 교계에도 실력도 영력도 있는 것 같은데, 도덕성에 문제가 있는 사람들도 있다. 영국의 헨리8세는 1534년 로마교와 단절하는 수장령을 선포하고 국교회/성공회를 세우고 1539년 수도원들을 폐지시켰다. 그 때 할레스라는 곳에는 예루살렘에서 가져온 '예수님의 피'라고 주장된 것이 기적을 일으켰는데, 머잖아 그 비밀이 드러났다. 믿음이 좋은 사람들에게만 보인다는 그리스도의 피는 한쪽은 탁한 그릇이고 다른 쪽은 투명한 그릇이었다. 거기에 오리 피를 담아 두었다가 순례자들의 돈과 인내심이 바닥이 났다 싶으면 수도사들이 그 그릇을 돌려둔 것이다. 그러면 그동안 보이지 않던 그리스도의 피가 보이게 된다. 이런 식의 비밀은 폭로되어야 한다. 뿐만 아니라 우리가 받은 복음도 하나님의 비밀이다. 그 비밀도 폭로되고 알려지고 전파되어야 하는 비밀이다.

7절. 일곱째 천사가 소리 내는 날 그의 나팔을 불려고 할 때에, 하나님이 그의 종 선지자들에게 전하신 복음과 같이 하나님의 그 비밀이 이루어지리라 하더라.

우리는 바다와 땅을 밟고 있는 거대한 '힘센 천사'가 '예수님'이란 것을 알고 있다. 그 천사는 **"하나님의 비밀"**이 이루어 질 것이라고 맹세했다. 이 하나님의 비밀이란 무엇인가? 이 **"비밀"**이라는 것은 오늘날 우리가 생각하는 남모르는 신비한 것을 뜻하지 않는다. 오히려 전에는 감추어졌는데 지금은 계시된 것을 뜻한다. 하나님께서 이전에는 감추어두신 지식이지만, 그러나 이제 "그의 거룩한 사도들과 선지자들에게 성령으로 나타내신 것"이 비밀이다(엡 3:5). 즉 이 비밀은 전에는 "만세와 만대로부터 옴으로 감춰었던 것"이다(골 1:26). 그러나 이제 알려진 것이다.

도대체 그 비밀이란 것이 무엇인가? 다름 아니라 그리스도를 통하여 한 교회 안에 유대인과 이방인 신자들의 구분이 없어진 '복음의 비밀'이다. 이스라엘과 언약의 약속을 따라서는 나그네와 객이었던 이방인들이 이제 예수 그리스도의 사역을 통하여 아브라함의 완전한 자손, 즉 믿는 유대인들과 동일하고 구분이 없는 언약의 상속자가 된 것이다(엡 2:11-22, 갈 3장). 이것이 비밀이다. 바울은 이 비밀을 말하면서 감탄한다. "깊도다 하나님의 지혜와 지식의 부요함이여, 그의 판단은 측량치 못할 것이며 그의 길은 찾지 못할 것이로다"(롬 11:33). 그리고 이 비밀은 **"복음과 같이 이루리라"**고 한다. 유대인과 이방인의 구분이 없이 그리스도 안에 있는 교회를 하나님의 새로운 민족, 새로운 나라를 삼으시겠다는 것이다. 그래서 이것이 이방인인 우리들에게 복음이 되는 것이다.

이 복음의 비밀은 감추고 지키기 위해서 있는 것이 아니다. 알려야 할 사람에게 알리기 위해서 존재하는 것이다. 복음의 비밀은 먼저 받은 사람이 잘 간직하고 올바르게 전해야 할 책임이 있다. 이 복음의 비밀을 간직하고 전하는데 힘을 다하기 바란다.

지금 천사(예수님)는 하늘을 향하여 오른 손을 들고 '증인의 모습'으로 서 있다. 왜 예수께서 이렇게 증인의 모습을 하고 있는가? 신실하게 맹세하기 위해서이다. 그런데 그 천사가 지금 무엇을 맹세하는가? 그 천사는 그리스도 안에서 이스라엘과 이방인들이 하나의 새로운 민족이 되는 새 언약을 선포하면서 이스라엘(땅)과 이방 민족들(바다) 위에 다리를 놓고, 반드시 그 일을 이루겠다고 맹세하는 것이다.

게다가 예수님은 창조주의 이름으로 맹세한다(6절). 천사는 새 창조의 신적인 증인으로 서 있기 때문에 이런 식으로 맹세한다. 그리고 이 본문의 자세한 부분들은 다른 두 가지 '새 창조' 의 언약 사건들을 생각나게 한다. 이들은 노아와 맺은 언약(무지개)과 시내산 언약이다(불기둥). 하나님께서 노아와의 언약의 증거로서 무지개를 사용한다. 시내산에서는 불기둥을 사용한다. 그리고 신약시대에 오순절에 새 언약을 세울 때에 성령의 불기둥이 치솟았다. 처음 창조는 노아와의 '재창조' 에서 반복되고, 출애굽 때 '이스라엘 민족의 창조' 에서 반복되고, 다시 신약에서 '교회의 창조' 에서 반복된다. 그리고 이것은 신약교회의 창조가 그리스도 안에서 최종적인 새 창조를 가리키는 것임을 알게 한다(고후 5:17). 그 이전의 창조들은 잠정적인 창조들이었다. 연습이었다. 그러나 교회의 창조는 최종적인 것이다.

일반적으로 창조와 언약에는 안식이 뒤따른다. 처음 창조에서 하나님께서 일곱째 날에 안식하셨다. 노아와의 재창조에서도 하나님께서 안식하셨다. 창세기 8:21에서 하나님께서 "그 향기를 받으셨다"는 말은 "안식하셨다"는 것과 동일한 단어이다. 출애굽기도 성막을 세우고 하나님의 영광이 그 안에 충만한 것으로 끝이 난다(출 40:34-38). 마찬가지로 계시록도 안식에 대한 가르침이 중요시된다. 그래서 전체 계시록은 칠중 구조로 되어 있다. 일곱 인과 일곱 나팔과 일곱 대접으로 구성되어 있다. 구속사적인 재창조에서, 옛 것이 지나가고 모든 것이 새롭게 된 날인 주의 날은 바울이 선포한 바대로 하나님의 모든 비밀들이 최종적으로 종말론적으로 실현되어진 그 때가 찬 것이다(갈 4:4).

그러므로 계시록 10장은 그 예언의 첫 번째로 위대한 절정인 예루살렘 멸망의 선언을 우리에게 소개한다. 그리고 다양하게 숨겨진 성경적인 이미지의 사용을 통하여, 예루살렘의 멸망이 위대하고 최종적인 언약을 체결하는 사건의 불가피한 측면이라는 것을 선포한다. 일곱째 천사의 소리는 약속된 새 창조, 즉 새 언약이 그것을 이룰 것이라는 징조가 될 것이다. 하나님의 새롭고 최종적인 성전을 채우는 하나님의 위대한 비밀은 세상에 계시되어질 것이다(계 11:15-19).

> 8-10절. 하늘에서 나서 내게 들리던 음성이 또 내게 말하여 이르되, 네가 가서 바다와 땅을 밟고 서 있는 천사의 손에 펴 놓인 두루마리를 가지라 하기로, 내가 천사에게 나아가 작은 두루마리를 달라 한즉, 천사가 이르되, 갖다 먹어 버리라. 네 배에는 쓰나 네 입에는 꿀 같이 달리라 하거늘, 내가 천사의 손에서 작은 두루마리를 갖다 먹어 버리니, 내 입에는 꿀 같이 다나 먹은 후에 내 배에서는 쓰게 되더라.

천사가 들고 있는 책을 "**갖다 먹어 버리라**"는 가르침은 에스겔서의 사건이 배경이 된다(겔 2:8-10, 3:1-3). 에스겔은 이스라엘의 '반역한 집'에 대한 고발을 상징하는 두루마리를 먹도록 명령받았다. 이러한 관련성은 요한과 에스겔이 같은 일을 하고 있다는 것을 추측하게 한다. 요한도 에스겔도 배교한 이스라엘을 향한 심판을 예언하고 있다. 그러므로 그 책은 다름 아닌 배교한 이스라엘에 대한 심판을 예언한 계시록 자체이다.

에스겔과 같이, 자기 민족의 심판을 선언하는 것은 요한에게 "**꿀같이 다나**(cf. 겔 3:3), **배에서는 쓰게**" 맛을 낸다(cf. 겔 3:14). 이것은 이해하기 어려운 것이 아니다. 복음의 핵심 메시지인, 예수 천당은 곧 불신 지옥이다. 요한은 교회와 하나님 나라의 승리에 대하여 예언하도록 부름을 받았다. 의의 승리에 대한 필연적인 결과는 악인의 파멸이다. 이 패턴은 구속사에서 성경 전체를 통하여 주장되고 있다. 우리를 구원하는 심판은 또한 하나님의 원수들을 파괴한다.

구원과 심판은 동전의 양면과 같은 것이다. 옛 이스라엘은 참되신 하나님에게 돌아서서 우상과 마귀들을 경배했다. 그들은 창기가 되었고 성도들의 박해자들이 되었다. 그래서 파괴되었다. 사도 요한은 교회의 원수들에 대한 교회의 승리를 기뻐하는 한편, 과거의 거룩한 성이 산산이 파괴되는 것, 즉 성전이 무너져 불타고 수천만의 사람들이 굶주리고 죽고 노예로 팔려가는 것을 보는 것은 고통스런 경험일 것이다. 모든 선지자들은 이와 동일한 감정적인 고통을 경험한다.

이들 선지자들은 언약의 자녀들이 불순종하는 것을 인하여 슬퍼한다. 요한이 체험한 쓴맛은 로마제국의 운명에 대한 것이 아니다. 그는 언약의 백성들로 여겨지는 이스라엘 때문에 슬퍼한다. 그들은 결코 언약의 백성들로 회복되지 않고 유업을 받지 못하고 쫓겨날 것이다. 이러한 옛 이스라엘의 분리는 하나님의 구속 계획 가운데 필연적인 것이다. 그리고 요한은 그것을 환영하고 열렬한 환호 가운데 그것을 선포하고 있다. 아직 거기에는 이스라엘 집의 잃어버린 양들을 위한 정당한 슬픔이 존재한다.

말씀을 전하면서 사역자들이 갖는 인간적인 고뇌들이 있다. 아메리카 식민지 개척 시절 어느 순회 목사가 설교를 하기 전에 부탁을 받았다. "오늘은 다른 교파 사람들이 많이 참석하니 다른 교파를 비판하지 말아 주십시오." 그렇게 하겠다고 했다. 예배당으로 가기 전에 다시 부탁을 받았다. "이 교회는 연보를 많이 하는 술장사가 있으니 술에 대해 비판하는 설교를 말아 주십시오"라는 것이다. 역시 그렇게 하겠다고 했다. 그런데 강단에 올라갔는데 한 교인이 귓속말로 부탁을 하더란다. 오늘은 불신자들이 많이 왔으니 불신자를 자극하는 설교를 하지 말아달라는 것이다. 그래서 설교자가 물었다. 그러면 "무슨 설교를 하면 되겠습니까?"하고 물었다. 그러자 즉시 대답하더랍니다. "이 마을에는 유대인의 친구가 없습니다. 유대인들을 비판하는 설교를 하면 좋겠습니다."

나는 이 글을 읽고 잠시 충격에 빠졌다. 200년 전이나 지금이나, 아니 2,000년 전이나 지금이나 교회는 본질적으로 동일한 고민에 빠져있다는 사실 때문이다. 오늘날도 어느 교회에서는 교인들이 이런 설교를 해달라 저런 설교를 해달라고 요구한다고 한다. 사실 설교시간에 이 말을 하면 누군가 상처를 받을 것인데... 망설여질 때도 있다. 그러나 요한은 입에는 달지만 배에 쓴 설교를 해야 했다. 말하고 싶지 않지만 때로 설교자로서 마음 아픈 설교를 해야만 하는 것이다.

설교자의 입장에서 입에는 달지만 배에는 쓴 설교가 진짜 설교일 것이다. 듣는 청중의 입장에서는 귀에는 쓰지만 배에는 단 것이 좋은 설교일 것이다. 듣기 싫은 소리지만, '아멘'으로 말씀을 받을 때, 그 영혼이 살게 되는 것이다. 하나님께서 무슨 말씀을 하든지 '아멘'으로 받을 수 있어야 한다. 설교자의 말이 귀에 거슬리어도 성경 말씀을 가감 없이 전하는 것이라면 '아멘'으로 받아야 한다.

11절. 그가 내게 말하기를, 네가 많은 백성과 나라와 방언과 임금에게 다시 예언하여야 하리라 하더라.

구약에서 '여호와의 사자'는 원래 '선지자'와 동일시된다(출 23:20-23). 마찬가지로, '여호와의 사자'는 다른 선지자들을 소집하고 사명을 준다(왕하 1:3). 동일한 패턴이 여기에 계속된다. 땅에 거하는 자들에게 버티고 서있는 한편, 자신의 메시지를 선포하는 참 선지자이신 예수님은 요한에게 **"네가 많은 백성과 나라와 방언과 임금에게 다시 예언하여야 하리라"**고 사명을 준다. 예수님은 "당신의 종 선지자들"에게(7절) 복음, 즉 하나님 나라의 우주적 통치의 메시지를 선포하셨다. 그리고 이제 그의 종 요한은 그 복음의 선포를 모든 민족에게 확장해야 하는 것이다.

그래서 요한은 계시록을 기록하고 전하고 있다. 타락한 유대민족의 운명을 통해서 모든 백성과 나라와 방언과 임금들은 교훈을 받아야 한다. 지금 하나님의 백성으로 일컬음을 받고 하나님의 영광을 나타낸다고 하지만, 진실하지 못할 때, 계속하지 못할 때, 무서운 심판이 기다린다는 것을 알려야 한다. 그러므로 우리는 항상 겸손하게 그리고 변함없이 하나님을 섬겨야 하겠다.

6. 예루살렘의 두 증인(계 11:1-14)

계시록 10장과 읽은 본문(11:1-14)까지는 여섯째 나팔과 일곱째 나팔 사이의 '막간'이다. 10장에서 '힘센 다른 천사'로 나타나신 예수께서 요한에게 '작은 책'을 주셨고, '입에는 달지만 배에는 쓴' 그 책의 말씀을 '많은 백성과 나라와 방언과 임금에게 다시 예언하도록' 명령하셨다(계 10:9, 11). 그리고 주님의 명령은 이어진다.

1-2절. 또 내게 지팡이 같은 갈대를 주며 말하기를, 일어나서 하나님의 성전과 제단과 그 안에서 경배하는 자들을 측량하되, 성전 바깥마당은 측량하지 말고 그냥 두라. 이것은 이방인에게 주었은즉, 그들이 거룩한 성

을 마흔두 달 동안 짓밟으리라.

사도 요한은 **"하나님의 성전"**, 문자적으로 번역하면 성전의 '내소', 즉 '지성소'를 측량하라는 명령을 받는다. 이 이미지는 에스겔 40-43장에서 왔다. 거기에서 에스겔은 환상 가운데 높은 산에 올라가서, 천사적인 제사장이 하나님의 새 언약 백성인 교회를 측량하는 것을 본다. 하나님께서 그곳을 "그가 내게 이르시되, 인자야 이는 내 보좌의 처소, 내 발을 두는 처소, 내가 이스라엘 족속 가운데에 영원히 있을 곳이라"라고 말씀하신다(겔 43:7).

이 하늘의 성소는 지상 성소의 '원형'이고(출 25:8), 모세의 성소는 '모형과 그림자' 일뿐이다(히 8:5). 게다가 그리스도께서 우리의 대제사장이라는 사실은 비록 우리가 지상에 있을지라도 '하늘의 예배'에 참여한다는 것을 의미한다(히 10:19이하, 12:22이하). 히브리서에서 말하는 '장자들의 총회'(히 12:23)는 승리한 교회, 즉 하늘의 성소인 것이다.

사도 요한은 지성소인 교회를 측량하도록 했다. 그러나 **"성전 바깥마당은 그냥 두라"**고 했다. '측량하는 것'과 측량하지 않고 '그냥 두는 것'은 무슨 의미를 지닌 것인가? 아모스서에 주님이 손에 다림줄을 잡고 계신다. "또 내게 보이신 것이 이러하니라. 다림줄을 가지고 쌓은 담 곁에 주께서 손에 다림줄을 잡고 서셨더니, 여호와께서 내게 이르시되 아모스야 네가 무엇을 보느냐? 내가 대답하되 다림줄이니이다. 주께서 이르시되 내가 다림줄을 내 백성 이스라엘 가운데 두고 다시는 용서하지 아니하리니"(암 7:7-8). 이는 다림줄로 재어보고 기준에 어긋나면 다시는 용서하지 않으시겠다는 경고의 말씀이다.

또한 스가랴서에도 다림줄이 나온다. "작은 일의 날이라고 멸시하는 자가 누구냐? 사람들이 스룹바벨의 손에 다림줄이 있음을 보고 기뻐하리라. 이 일곱은 온 세상에 두루 다니는 여호와의 눈이라 하니라"(슥 4:10). 성경에서 측량한다는 것은 정한 것과 부정한 것을 구분하는 상징적인 행위이다. 정한 것은 보호받고, 부정한 것은 파괴되는 것이다.

그러므로 **"하나님의 성전과 제단과 그 안에서 경배하는 자들"**을 측량한다는 것은 파멸로부터 보호를 가리키는 것이다. 반면 **"성전 바깥마당"**은 측량하지 않는 것은 보호하지 않겠다는 것이다. 그래서 "**이방인에게 주었은즉 그들이 거룩한 성을 마흔두 달 동안 짓밟으리라**"라고 말하는 것이다.

의욕을 가지고 성경을 읽기 시작하면서 창세기, 출애굽기는 잘 넘어간다. 그런데 사람들이 힘들어 하는 부분이 '레위기' 이다. 특히 레위기에 나오는 성전기구들의 치수에 대한 숫자들을 보면서 대부분 대충 넘어가거나 읽기를 포기한다. 구약에서 제사장들은 어떤 의미에서 철저하게 따지고 꼼꼼하게 '측량하는 자들' 이다. 한마디로 제사장들은 '기준을 갖고 사는 자들' 이다. 음식도 아무것이나 먹지 않고 먹을 수 있는 것과 먹으면 안 되는 것을 측량한다. 율법으로 먹을 수 있는 음식을 '코셔' 라고 하는데, 유대인들은 지금도 그 전통을 지킨다. 예를 들면, 출애굽기 34:26 "너는 염소 새끼를 그 어미의 젖으로 삶지 말지니라"라고 하는데, 그래서 지금도 소고기 스테이크를 먹고, 디저트로 아이스크림을 먹지 않는다.

신약교회는 왕같은 제사장 나라이다. 그러므로 우리는 기준을 가지고 살아야 한다. 제사장으로 넘어선 안 될 울타리가 있어야 한다. 사실, 우리의 왕적인 기능은 '채우는 것' 이고, 제사적인 기능은 '분리하는 것' 이다. 왕으로서 우리는 하나님의 나라를 가득 채워야 한다. 동시에 제사장으로 우리는 경계를 만들고 분리하고 보호해야 하는 것이다. 그동안 한국교회는 채우기만 급급했었다. 이젠 울타리를 만들어야 한다. 진정한 기독교와 기독교가 아닌 것에 대한 구분이 있어야 한다. 복음과 복음이 아닌 것을 구분해야 한다. 복음의 핵심은 '십자가와 부활' 이다. '십자가' 만 강조하는 '금욕주의' 도, '부활' 만 강조하는 '성공주의' 도 복음이 아니다. 영적인 분별력을 가지길 바란다.

3-4절. 내가 나의 두 증인에게 권세를 주리니 그들이 굵은 베옷을 입고 천이백육십 일을 예언하리라. 그들은 이 땅의 주 앞에 서 있는 두 감람나무와 두 촛대니.

하나님께서는 사도 요한에게 "**천이백육십 일을 예언**"할 "**두 증인**"을 세우셨다고 하신다. 이는 이방인들이 거룩한 성을 짓밟을 기간이기도 한다. 이 '1,260' 일은 '3년 반' 이고, '마흔 두 달' 이다. 이것은 다니엘 7:25에서 왔는데, 거기에서 사용된 '한 때 두 때 반 때' 는 악인들이 승리하는 감정적인 기간을 나타내고 있는 것이다. 또한 '3년 반' 은 엘리야의 첫 번째 출현과 갈멜산에서 바알을 패배시킨 것 사이의 가뭄의 3년 반을 생각하게 하는 것이다(왕상 17-18장, cf. 약 5:17). 성경에서 '7' 은 '완전수' 이다. 그러나 '3과 1/2' 은 '깨어진 7', 즉 깨어진 일곱으로 '슬픔', '죽음' 그리고 '파멸' 을 나타내는 것이다(cf. 단 9:24, 12:7, 계 12:6, 14, 13:5).

악인들이 거룩한 성을 짓밟는 동안, 즉 하나님의 나라가 완전히 세워지기 전에 하나님의 종들은 복음을 전해야 했다. 사실, '마흔 두 달' 인 '42' 라는 숫자는 하나님의 나라를 기다리는 '기다림' 의 숫자이기도 한다. 마태복음에서 그리스도의 족보를 보면 '42' 라는 숫자가 나온다. "그런즉 모든 대 수가 아브라함부터 다윗까지 열네 대요. 다윗부터 바벨론으로 사로잡혀 갈 때까지 열네 대요. 바벨론으로 사로잡혀 간 후부터 그리스도까지 열네 대더라"(마 1:17). 14+14+14는 모두 합하여 '42' 가 된다. 이는 아브라함에게 주어진 하나님의 '약속' 에서부터 그리스도를 통한 '성취' 의 때, 그 사이의 기다림의 기간을 나타내는 숫자이다. 그러나 이제 계시록에서, 그 때는 단축되어진다. 옛 언약 백성들은 '42' 세대 동안 기다려야 했지만, 신약교회는 오직 '마흔 두 달' 을 기다릴 뿐인 것이다. 그러므로 이 숫자는 딱 42달과 관련되어진 것이 아니라, 하나님 나라가 완전한 세워지는 기간을 표현하는 것이다.

그 기간 동안, 하나님의 증인들은 **"베옷"** 을 입어야 했다. 그들은 누구인가? 먼저, 이 '베옷' 은 '상복' 이다. 이는 엘리야로부터 세례 요한까지 국가적인 배교에 대한 애통을 상징하는 선지자들의 전통적인 옷이었다(왕상 1:8, 사 20:2, 욘 3:6, 슥 13:4, 마 3:4, 막 1:6). 그리고 성경의 율법은 '두 증인' 을 요구했다(민 35:30, 신 17:6, 19:15, 마 18:16; cf. 출 7:15-25, 8-11, 눅 10:1). 그러므로 두 증인에 대한 잠정적인 결론은 그들은 세례 요한으로 절정에 이르는 이스라엘 역사 동안 예루살렘에 대하여 증언한 '선지자들' 을 나타내는 것이다.

두 증인들은 **"이 땅의 주 앞에 서 있는 두 감람나무와 두 촛대"** 라고 한다. 이는 스가랴서에서 온 것이다(슥 4:1-5). 스가랴는 두 명의 '기름부음을 받은 자들' 인 제사장인 여호수와와 왕인 스룹바벨에 대하여 말하고 있다(슥 3:4). 그들은 왕 같은 제사장인 신약교회의 '그림자' 였던 것이다. 그들은 신약교회는 아니었다. 그래서 옛 언약의 결핍의 특징적 복장인 베옷을 입은 것이다. 그러나 그들은 불같은 능력으로 복음을 전했다.

5-6절. 만일 누구든지 그들을 해하고자 하면, 그들의 입에서 불이 나와서, 그들의 원수를 삼켜 버릴 것이요. 누구든지 그들을 해하고자 하면, 반드시 그와 같이 죽임을 당하리라. 그들이 권능을 가지고, 하늘을 닫아 그 예언을 하는 날 동안 비가 오지 못하게 하고, 또 권능을 가지고 물을 피로 변하게 하고, 아무 때든지 원하는 대로 여러 가지 재앙으로 땅을 치리로다.

사도 요한은 그들을 옛 언약의 위대한 증인들인 모세와 엘리야로 묘사한다. 민수기 16:35에서 모세의 말대로 불이 하늘에서 내려왔고, 그를 대적한 거짓 예배자들을 태웠다. 마찬가지로 엘리야를 통해서도 불이 하늘로부터 내려와서 원수들을 소멸했던 것이다(왕하 1:9-12).

7절. 그들이 그 증언을 마칠 때에 무저갱으로부터 올라오는 짐승이 그들과 더불어 전쟁을 일으켜 그들을 이기고 그들을 죽일 터인즉,

아무리 불같은 능력을 지닌 하나님의 사람이라도 한계가 있다. 요한은 그 증인들은 패배하고 죽게 될 것을 말하고 있다. 얼마 전 코스타에서 문자가 왔다. 다름 아닌 '한국교회의 큰 별이신 옥한흠 목사님께서 하나님의 품에 안기셨으니 서울대병원 연안실로 코스타 관계자들이 함께 조문하자' 는 것이다. 한국교회의 위대한 지도자들이 한 분 두 분 주님의 나라로 영원한 발걸음을 옮기셨다. 하나님께서 다음 세대를 누구에게 맡기시겠는가?

그리고 여기에서 주목할 단어가 하나 있다. 무엇인가? 바로 **"짐승"** 이란 단어이다. 이는 계시록에서 중요한 단어인데, 여기에서 첫 번째로 언급되고 있다. 사실, '짐승' 이란 주제(beast motif)는 성경에서 매우 중요한 주제 중 하나이다. 창세기

에서 아담과 하와와 짐승(뱀)의 이야기가 등장한다. 아담과 하와는 하나님의 말씀에 복종하는 것을 통하여 '신들' 처럼 될 기회를 놓치고, 짐승이 되어 버린다. 그들은 이마에 땀을 흘려야 했는데, 이는 어떤 의미에서 짐승의 반역의 표였던 것이다(창 3:19). 그들의 부끄러움이 가려지고 구원 받을 때조차, 그들은 짐승의 가죽으로 옷을 입어야만 했다(창 3:21). 그리스도로 옷 입으면 작은 예수 그리스도이다. 반면 짐승의 가죽 옷을 입으니 짐승이 되어야 했던 것이다.

교만하여 타락한 짐승의 모습은 느부갓네살에서도 볼 수 있다(단 2:37). 그는 심판을 받고 짐승처럼 되었다. "바로 그 때에 이 일이 나 느부갓네살에게 응하므로, 내가 사람에게 쫓겨나서 소처럼 풀을 먹으며 몸이 하늘 이슬에 젖고 머리털이 독수리 털과 같이 자랐고 손톱은 새 발톱과 같이 되었더라"(단 4:33).

그러므로 하나님과 교회의 원수는 항상 짐승의 모습으로 등장한다. 선지자들은 종종 이방나라들을 무시무시한 짐승으로 표현한다(시 87:4, 사 51:9, 단 7:3-8). 동시에 하나님의 나라에서는 그 사나운 짐승들도 어린양처럼 순해진다. 이사야 11:7-9 "그 때에 이리가 어린 양과 함께 살며, 표범이 어린 염소와 함께 누우며, 송아지와 어린 사자와 살진 짐승이 함께 있어 어린 아이에게 끌리며, 암소와 곰이 함께 먹으며 그것들의 새끼가 함께 엎드리며, 사자가 소처럼 풀을 먹을 것이며, 젖 먹는 아이가 독사의 구멍에서 장난하며, 젖 뗀 어린 아이가 독사의 굴에 손을 넣을 것이라. 내 거룩한 산 모든 곳에서 해 됨도 없고 상함도 없을 것이니, 이는 물이 바다를 덮음 같이 여호와를 아는 지식이 세상에 충만할 것임이니라." 인간의 타락으로 짐승들이 사나와졌다. 사람이 짐승처럼 되었다. 인간이 회복되면 자연도 회복된다. 우리는 그리스도를 통해 만물이 회복될 것을 기대하고 있다. 우리를 통해 이 땅에 하나님 나라가 세워지고, 만물이 회복되는 역사가 나타나길 바란다. 아멘.

8-10절. 그들의 시체가 큰 성 길에 있으리니, 그 성은 영적으로 하면 소돔이라고도 하고, 애굽이라고도 하니, 곧 그들의 주께서 십자가에 못 박히신 곳이라. 백성들과 족속과 방언과 나라 중에서, 사람들이 그 시체를 사흘 반 동안을 보며 무덤에 장사하지 못하게 하리로다. 이 두 선지자가 땅

에 사는 자들을 괴롭게 한 고로, 땅에 사는 자들이 그들의 죽음을 즐거워 하고 기뻐하여 서로 예물을 보내리라 하더라.

옛 언약의 증인들의 시체는 **"영적으로 하면 소돔이라고도 하고 애굽이라고도"** 하는 성에 놓이게 된다. 사도 요한은 그것이 **"그들의 주께서 십자가에 못 박히신 곳"**이라고, 다시 말하면 '예루살렘'이라고 설명한다. 변화산에서(눅 9:31), 예수님은 예루살렘에서 다가오는 당신의 죽음과 부활을 '출애굽'(헬라어 exodon. 한글성경은 '별세'로 번역)이라고 하셨다.

그런데 증인들의 시체를 묻지 않고 놓아두었다고 한다. 이는 저주 하에 두는 것이다. 왜냐하면 그들은 **"그 시체를 사흘 반 동안을 보며 무덤에 장사하지 못하게 하리로다"**라고 했기 때문이다(cf. 왕상 13:20-22, 렘 8:1-2, 14:16, 16:3-4). 죽음을 통하여 약속된 땅으로 들어가려는 열망, 즉 죽어서 열조와 함께 장사되는 것은 구약 인물들의 소원이었다. 그것은 일종의 미래의 부활의 보증이 되었기 때문이다(창 23장, 47:29-31, 출 13:19, 수 24: 32, 히 11:22).

그러나 옛 언약의 증인들은 저주를 받고 길거리에 그 시체가 나뒹굴게 된다. 이제 박해자들이 승리한듯했고 **"삼 일 반"** 동안 즐거워했다. 이는 우리가 이미 살펴본 바와 같이, '3과 1/2', 즉 '부서진 7', 즉 '슬픔과 압제의 기간'이다. 동시에 그리스도의 몸이 장사된 3일이기도 하다. 그러나 역사는 그렇게 끝이 나지 않는다.

11-12절. 삼 일 반 후에 하나님께로부터 생기가 그들 속에 들어가매, 그들이 발로 일어서니, 구경하는 자들이 크게 두려워하더라. 하늘로부터 큰 음성이 있어 이리로 올라오라 함을 그들이 듣고 구름을 타고 하늘로 올라가니 그들의 원수들도 구경하더라.

삼 일 반 후에 그 증인들은 부활했다. 그리고 승천했다. 사도 요한은 여기에서 놓쳐서는 안 될 중요한 사실을 말하는데, 그 증인들의 승천과 요한 자신의 승천을 동일한 용어로 묘사하는 것이다(계 4:1, 11:11-12). 그러므로 두 증인에 대한 이야기는 신약교회의 이야기이기도 한 것이다. 교회는 이제 그리스도와 함께 왕 노릇하게 된 것이다.

13-14절. 그 때에 큰 지진이 나서 성 십분의 일이 무너지고, 지진에 죽은 사람이 칠천이라. 그 남은 자들이 두려워하여 영광을 하늘의 하나님께 돌리더라. 둘째 화는 지나갔으나, 보라 셋째 화가 속히 이르는도다.

그리스도의 부활과 승천과 성령 강림은 신약교회를 시작하게 한다. 그리고 "**지진에 죽은 사람이 칠천**"이 된다. 실제로 예루살렘은 A.D. 70년에 무너진다. 그러나 나팔-심판들은 예루살렘에 대한 최종적인 심판이 아직 오지 아니한 것이고, 경고일 뿐이다. 그 결과 "**남은 자들이 두려워하여 영광을 하늘의 하나님께 돌리더라.**" 하나님의 경고의 목적은 구원이지 심판이 아니다. 오늘날도 하나님께서는 모든 사람이 구원을 받으며 진리에 이르기를 바라시는 것이다. 셋째 화는 A.D. 70년 예루살렘의 멸망이다. 마지막 심판 날이 이르기 전 회개할 것을 기다리시는 것이다.

7. 일곱 번째 나팔(계 11:15-19)

계시록 9:13에서 '여섯째 천사'가 나팔을 분 후에, 곧바로 '일곱째 천사'가 나팔을 불지 않았다. 계시록 10장과 11:1-14까지 긴 침묵의 시간이 흘렀다. 이것이 여섯째 나팔과 일곱째 나팔 사이의 '막간'이다. 그리고 이제 마지막 나팔 소리가 울려 퍼진다.

15절. 일곱째 천사가 나팔을 불매, 하늘에 큰 음성들이 나서 이르되, 세상 나라가 우리 주와 그의 그리스도의 나라가 되어, 그가 세세토록 왕 노릇하시리로다 하니,

드디어 "**일곱째 천사가 나팔을**" 불었다는 것은 "하나님의 비밀"이 성취되고

완성되었다는 것을 알리는 것이다. 계시록 10:7을 보라. "일곱째 천사가 소리 내는 날 그의 나팔을 불려고 할 때에 하나님이 그의 종 선지자들에게 전하신 복음과 같이 하나님의 그 비밀이 이루어지리라 하더라." 이 하나님의 비밀은 그리스도 안에서 유대인과 이방인의 구분이 없어진 '복음의 비밀' 이다. 언약의 백성인 이스라엘과 달리 나그네와 객이었던 이방인들이 이제 영적으로 아브라함의 자손, 즉 하나님의 언약의 상속자가 된 것이다(엡 2:11-22, 갈 3장). 이제 마지막 나팔수인 일곱 번째 천사가 나팔을 분 것은 그 비밀이 성취된 것을 알리는 것이다.

예수님은 이미 복음서에서 이러한 일들을 예고하셨다. 예수님께서는 유대 지도자들에게 "그러므로 내가 너희에게 이르노니, 하나님의 나라를 너희는 빼앗기고 그 나라의 열매 맺는 백성이 받으리라" 라고 예언하셨다(마 21:43). 그리고 A.D. 70년 배교한 이스라엘의 멸망과 성전의 파괴는 하나님께서 새로운 나라, 새로운 성전을 창조하신 것을 알리는 것이다. 그래서 15절에 "**하늘에 큰 음성들이 나서 이르되 세상 나라가 우리 주와 그의 그리스도의 나라가 되어 그가 세세토록 왕 노릇하시리로다 하니**" 라고 세상 나라가 주와 그리스도의 나라가 된다고 하는 것이다.

우리는 다니엘서 2장의 환상을 기억한다. 느브갓네살은 꿈에 '거대한 신상' 에 대한 환상을 본다. 머리는 금이고, 가슴과 팔은 은이고, 배와 넓적다리는 놋이고, 종아리는 철이고, 발은 철과 진흙으로 만들어져 있었다. 이는 메데와 바사와 헬라와 로마로 이어지는 '세상나라들' 을 상징하는 것이다. 그런데 이 신상이 어디선가 날라 온 '돌' 인 '그리스도' 에게 박살이 나고 돌이 태산을 이루어 온 세상에 가득하게 되었다. 한 마디로 이는 그리스도의 나라가 온 세상에 가득하게 될 것이란 환상이다. 세상 나라가 주와 그리스도의 나라가 되는 것이다.

이제 "**일곱 번째 나팔**" 이 불어졌다. 유대인들은 매월 나팔을 불며 새 달이 되었다는 것을 알린다. 그런데 유대력으로 일곱 번째 달(티스리월)이 시작되는 날을 '나팔절' 이라고 한다. 이 '나팔절' 은 '로쉬 하샤나' (ראש השנה, Rosh Hashana) 라고 하는데, '로쉬' 는 '머리' 이고, '하샤나' 는 '해' 란 뜻이다. 그러므로 '로쉬 하샤나' 는 우리말로 직역하면 '신년벽두' 나 '설날' 쯤 될 것인데, 이는 새해를 기념하는 절기인 셈이다. 추분이 지나 달이 처음 뜨는 날로, 태양력으로 계산하면

9월 말이나 10월 초에 해당한다. 이때는 대부분, 추수할 곡식이 익어 있는 날이기도 한다. 아담 하와가 창조된 날에 과실들이 이미 익어 있는 것으로 보아 유대인들은 이 나팔절이 '세상이 창조된 날' 이라고 믿어왔다. 그래서 유대교 회당에서는 지금도 랍비들이 나팔절을 '세상의 생일' 로 가르치고 있다. 랍비들은 B.C. 3761년 전 10월 6일을 세상의 생일로 간주하여, 그 때부터 달의 1년 주기를 따라 지금까지 내려와 유대력으로 A.D. 2,011년을 5,772년이라고 한다.

노아는 후대에 '나팔절' 로 불리게 될 정월(티스리월)의 1일에 601세가 되었다고 했다(창 8:13). 그 때는 노아가 방주 뚜껑을 제치고 본즉 지면에서 물이 걷혔던 바로 그 날이었다. 그러므로 이것은 단지 노아의 공식적인 생일만이 아니라, 세상에 새로운 생명을 가져온 날이기도 한다. 그래서 더욱 나팔절을 세상의 생일이라고 믿게 된 것이다.

잠시 유대인의 절기에 대한 것을 정리하겠다. 유대인들은 매월 첫날 나팔을 분다. 그런데 일곱 번째 나팔을 부는 날이 '나팔절' 이며, 이때부터 '신년' 이다. 이 나팔절은 세상의 생일로 여겨진 날이기도 하다. 그러므로 지금 일곱 번째 나팔이 불어진 것은 새로운 세상의 탄생을 알리는 신호이기도 한다. 이제 그리스도 안에서 새 것이 된 것이다(고후 5:17). 주님은 약속하셨다. "예수께서 이르시되 내가 진실로 너희에게 이르노니, 세상이 새롭게 되어 인자가 자기 영광의 보좌에 앉을 때에 나를 따르는 너희도 열두 보좌에 앉아 이스라엘 열두 지파를 심판하리라"(마 19:28). 계시록의 마지막에서도 이것을 반복하고 있다. "보좌에 앉으신 이가 이르시되, 보라 내가 만물을 새롭게 하노라"(계 21:5). 우리는 그리스도 안에서 새것이 되었는가? 새 마음이 되었는가? 새 지식이 되었는가? "새 사람을 입었으니 이는 자기를 창조하신 이의 형상을 따라 지식에까지 새롭게 하심을 입은 자니라"(골 3:10).

또한 구약성경에서 나팔을 부는 것은 중요한 사건과 연관되어 있다. 바로 왕의 대관식이다. 일반적으로 왕의 대관식에서 마지막 순서는 나팔을 부는 것이었다. 예를 들어, 솔로몬이 왕이 될 때, 백성들은 '뿔나팔을 불며 솔로몬 왕은 만세수를 하옵소서' 라고 했다(왕상 1:34). 예후의 경우에도 '그들이 나팔을 불며 이르되 예후는 왕이라' 고 했다(왕하 9:13). 요아스의 등극식에서도 '온 백성이 즐거워하여 나팔을 부는지라' 고 되어 있다(왕하 11:14). 나팔이 불어지므로 그리스도께서 온 세상의 왕으로 등극하신 것이다.

우리의 왕은 누구인가? 사실 민주주의 국가에서 살고 있기 때문에 우리는 왕권에 대한 기억이 희미하다. 영국이나 스웨덴 같은 나라는 아직도 상징적인 왕을 두고 있기는 하지만 실제로 강력한 전제국주적인 왕권이 존재하지 않는다. 그래서 우리는 왕이라고 할 때, 그 위엄과 강력한 힘을 절감하지 못하고 있는 실정이다. 이 점은 어쩔 수 없는 시대의 아들로서 오늘을 살아가는 우리들이 가진 약점 가운데 하나라고 생각한다.

물질적인 가난보다 풍요가 위험스러울 수 있는 만큼이나, 육체적 억압보다 자유가 위험스러울 수 있다. 이 말은 가난해야 한다거나 자유를 박탈당한 채 노예처럼 살아야 한다는 의미가 아니다. 하나님을 '왕' 으로 말하지만, 왕이 어떤 존재인지 모르는 우리 시대의 사람들이 하나님을 왕으로 모시지 못할 수 있음을 지적하는 것이다. 사사시대 사람들의 특징이 무엇인가? "그 때에 이스라엘에 왕이 없으므로 사람이 각기 자기의 소견에 옳은 대로 행하였더라"(삿 21:25). 왕이신 주님의 뜻대로 행하며 살 수 있기를 바란다.

어느 목사님이 지은 책 제목이 <전도는 어명이다>(생명의 말씀사, 2006)이다. 그는 이 책에서 전도에 대한 다음의 4가지 오해를 지적한다. 전도는 교회 행사다. 전도는 교역자들만의 몫이다. 전도는 은사다. 전도는 어렵다. 그리고 전도하도록 도전한다. 그런데 어디 어명이 '전도' 뿐이겠는가? '기도' 도 어명이고, '예배' 도 어명이다. 모든 어명의 중심에는 하나님께서 우리를 위한 사랑이 있고, 하나님에 대한 우리의 사랑을 요구하고 계시는 것이다. 그래서 사랑이 율법과 선지자의 요약인 것이다. 당신이 받은 개인적인 어명은 무엇인가?

16-17절. 하나님 앞에서 자기 보좌에 앉아 있던 이십사 장로가 엎드려 얼굴을 땅에 대고 하나님께 경배하여, 이르되 감사하옵나니 옛적에도 계셨고 지금도 계신 주 하나님 곧 전능하신 이여, 친히 큰 권능을 잡으시고, 왕 노릇하시도다.

이제 그리스도의 우주적 주권과 그의 나라의 승리에 대한 선포가 **"하나님 앞에서 자기 보좌에 앉아 있던 이십사 장로"**에 의하여 나타난다. 이 장로들은 **"엎드려 얼굴을 땅에 대고 하나님께 경배하여 이르되 감사하옵나니 옛적에도 계셨고 지금도 계신 주 하나님 곧 전능하신 이여"**라고 했다. 여기 사용된 **"감사하옵나니"**라는 동사는 '유카리스테오' 인데 성찬식이 '유카리스트' 이다(마 26:26-27, 막 14:22-23, 눅 22:17, 19, 고전 11:24).

잠시 여기에서 계시록 11장의 '두 증인' 에 대해 생각해 보자. 그들은 그리스도 안에서 죽고 부활한 교회이다(7-11절). 그들은 하늘로 올라갔다(12-14절). 그 하늘에서 찬양하는 하늘의 천사들의 의해 둘러싸여져있는(15절), 장로들은 '감사하옵나이다!' 라고 외치며, 하나님의 존전에서 엎드렸다(16-17절). 그 장로들은 하나님의 나라의 시작을 알리며 찬양과 믿음의 고백으로 예배를 계속하고 있다.

지금 마음속에 어떤 그림이 그려지고 있는가? 사도 요한이 그리고 있는 인류 구원의 구속사가 두 사람의 증인의 일생으로 의인화되어 묘사되고 있는 것이다. 이것은 동시에 지상에서 살아가는 성도들의 삶의 패턴과 유사한 것이기도 하다. 일주일동안 열심히 증인된 사명의 삶을 살다가 주일을 맞아 예배드리며 하늘로 올라간다. 하늘의 천군천사들과 함께 예배하며, 그 예배의 절정으로 성찬식도 한다.

사실, 교회는 전통적으로 매주일 성찬식을 했었다. 성찬은 중요한 의미는 '심판' 일 것이다. 떡을 떼는 것은 찢는 행위이다. 또한 잔을 나누는 것은 몸을 찢고 피를 흘리는 것이다. 성찬에 참여한 자들에게 중요한 조건이 있다. 바로 자신을 살피는 것이다. <표준새번역> 고린도전서 11:27-32 "그러므로 누구든지, 합당하지 않게 그 빵을 먹거나 주님의 잔을 마시는 사람은, 주님의 몸과 피를 범하는 죄를 짓는 것이다. 그러니 각 사람은 자기를 살피십시오. 그런 다음에 그 빵을 먹고, 그 잔을 마시십시오. 주님의 몸을 분별함이 없이 먹고 마시는 사람은, 자기에게 내릴 심판을 먹고 마시는 것이다. 이 때문에 여러분 가운데는, 몸이 약한 사람과 병든 사람과 죽은 사람이 많다. 우리가 우리 스스로를 살피면, 우리는 심판을 받지 않을 것이다. 그런데 우리가 주께로부터 심판을 받아서 징계를 받는 것은, 우리가 세상과 함께 정죄함을 받지 않게 하려고 하시는 것이다."

하늘의 장로들의 **"감사하옵나니"** 라는 이 한 마디를 성찬식이라고 단정 짓는 것이 아니다. '성찬식' 의 중요한 의미 중 하나가 자신을 '살피는 것' 혹은 자신을 '심판하는 것' 이기에 그들이 우주적 심판에 대한 감사, 주님의 왕노릇하심에 대한 감사가 무관하지 않다고 믿는 것이다. 이는 오늘날 교회에서 계속되어져야할 아름다운 전통이며 가르침이기도 한 것이다. 비록 우리가 매주일 성찬식을 거행하지 않는다하더라도, 매주일 하나님의 말씀의 떡을 떼는 것을 통하여 자신을 심판하고 세상을 심판할 수 있어야겠다. 더 나아가 인류의 역사는 매주일 우리들의 삶과 예배라는 패턴처럼, 종말론적 하나님의 심판을 향해 나갈 줄 믿는다.

> 18절. 이방들이 분노하매, 주의 진노가 내려 죽은 자를 심판하시며, 종 선지자들과 성도들과 또 작은 자든지 큰 자든지 주의 이름을 경외하는 자들에게 상 주시며, 또 땅을 망하게 하는 자들을 멸망시키실 때로소이다 하더라.

여기에서 하늘의 장로들이 말하고 있는 **"이방들이 분노"** 와 **"주의 이름을 경외하는 자들에게 상 주심"** 과 **"땅을 망하게 하는 자들을 멸망시키실 때"** 는 직접적으로 A.D. 70년 '이방' 인 '로마' 에 의한 '땅을 망하게 하는 자들' 인 '예루살렘' 의 심판과 '주를 경외하는 자들' 인 '성도들' 의 구원을 말하는 것으로 보인다. 배교한 이스라엘이 하나님의 성도들을 박해하고 도살했기 때문에, 그들을 대항하여 전투를 수행하도록 로마를 격발하신 분은 그리스도시다. '에덴에서 쫓겨남' 이라는 익숙한 주제를 반영하는 그 노래는 **"땅을 망하게 하는 자들을 멸망시키실"** 것, 즉 이스라엘의 파멸을 선포하는 것으로 끝을 맺고 있다(cf. 레 18:24-30).

> 19절. 이에 하늘에 있는 하나님의 성전이 열리니 성전 안에 하나님의 언약궤가 보이며 또 번개와 음성들과 우레와 지진과 큰 우박이 있더라.

여기에서 이스라엘의 멸망에 대한 신학적 중요성이 요약되고 있다. 그것은 **"하늘에 있는 하나님의 성전이 열리니"** 라는 것이다(마 27:51, 엡 2:19-22, 히 8:1-6, 9:8).

지상의 성전은 사라지고, 이제 오직 참 성전만 남게 된다는 것이다. 하나님의 성전은 이제 교회로 대치되고, 하나님은 이제 교회 안에 거하시는 것이다(엡 2:22). 그래서 "**성전 안에 하나님의 언약궤가 보이며**"라는 말하고 있는 것이다.

'성도'는 성소로 접근하여 나아가는 사람이고 성소의 특권을 누리는 사람이다. 새 언약에서, 우리는 모두 성도들이다. 우리는 그리스도 안에서 들려져서(결정적으로는 그리스도의 승천으로, 점진적으로는 매 주일 예배 가운데) 보좌로 나아갈 수 있게 되었다(히 4:16, 10:19-15). 모세에 의해 임시적으로 만들어진 옛 언약에서 십계명은 성소에 '감추어진' 것이었고, 그 안에 들어가는 것이 아무에게도 허락되지 않았다. 그러나 이제 새 언약에서, 그 비밀은 공개되었고, 그리스도 안에서 우리가 접근할 수 있게 된 것이다. 일곱 나팔소리로 이것이 완성된 것이다. 이제 그 비밀은 더 이상 신비로운 것이 아니다. 사도 바울은 로마의 성도들에게 "나의 복음과 예수 그리스도를 전파함은 영세 전부터 감추어졌다가, 이제는 나타내신 바 되었으며 영원하신 하나님의 명을 따라 선지자들의 글로 말미암아 모든 민족이 믿어 순종하게 하시려고 알게 하신 바 그 신비의 계시를 따라 된 것이니"라고 말했다(롬 16:25-26).

이제 새 언약이 주어진 것이다. 그래서 옛 언약이 주어질 때, 나타났던 기상이변의 현상들이 반복되는 것이다. 옛 언약에서는 이랬다. "뭇 백성이 우레와 번개와 나팔 소리와 산의 연기를 본지라 그들이 볼 때에 떨며 멀리 서서"(출 20:18). 새 언약에서도 이랬다. "**번개와 음성들과 우레와 지진과 큰 우박이 있더라.**" 이제 옛 언약은 가고 새 언약이 주어졌다.

계시록의 최초의 독자인 초대 기독교인들, 특히 유대적인 배경을 가진 자들은 '예루살렘의 파괴'가 '언약의 *끝*' 혹은 '하나님의 나라의 *끝*'을 의미하지 않는다는 것을 잘 알고 있었다. 옛 이스라엘의 무너짐은 '종말의 시작'이 아니다. 그 대신, 그것은 그리스도의 새로운 나라가 이미 시작했다는 것을 알리는 것이다. 그런 점에서, 계시록은 역사의 종말을 알리는 것이 아니라, 역사의 새로운 시작을 알리는 책이다. 우리들은 새로운 세상에서 살고 있음을 믿어야 할 것이다. 그리고 이 땅에 시작된 하나님의 나라를 완성하실 때까지, 하나님의 나라를 세워나가는 하나님의 동역자로서 일하는 영광을 누리길 바란다.

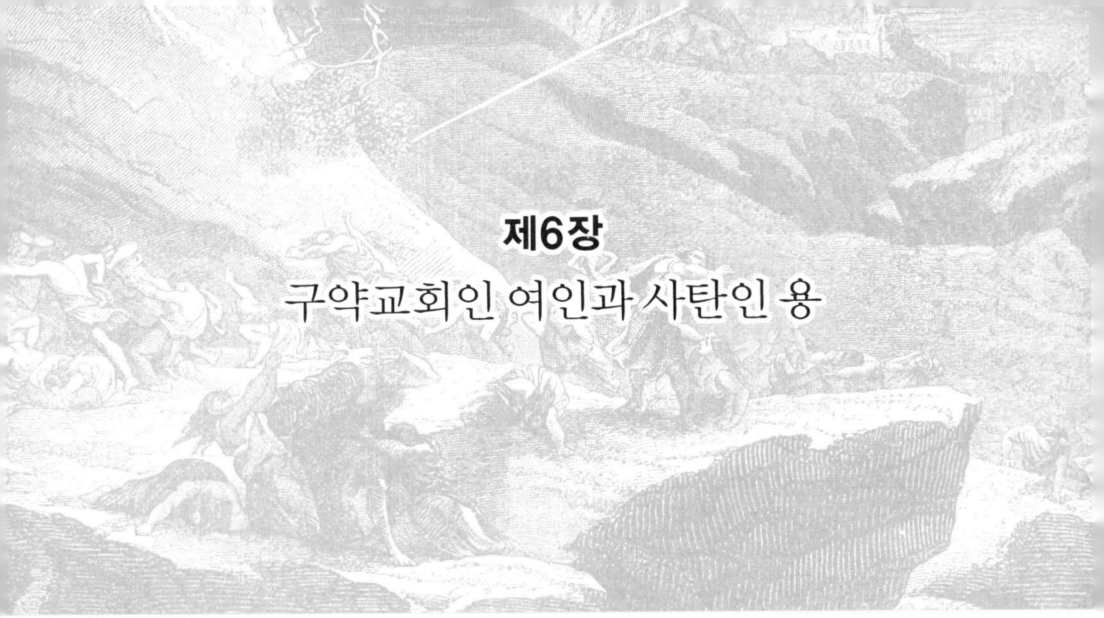

제6장
구약교회인 여인과 사탄인 용

1. 뱀의 후손, 여인의 후손(계 12:1-6)

계시록은 두 부분으로 되어 있는데, 계시록 1-11장은 '그리스도의 원수들' 에 대한 승리를 선포하고, 계시록 12-22장은 '교회의 원수들' 에 대한 승리를 선포하는 것이다. 그러므로 계시록의 둘째 부분은 첫째 부분과 비슷한 배경을 다루고 있으나, 약간 다른 관점을 가지고 있다. 11장에서 일곱째 나팔소리가 울리고, 그리스도의 원수인 옛 이스라엘/성전은 끝이 나고, 새 이스라엘/교회가 세워졌다. 우리는 이제 새로운 이스라엘/교회가 어떻게 세워졌는지를 보여주는 환상을 만나게 된다.

1-2절. 하늘에 큰 이적이 보이니, 해를 옷 입은 한 여자가 있는데, 그 발 아래에는 달이 있고, 그 머리에는 열두 별의 관을 썼더라. 이 여자가 아이를 배어 해산하게 되매 아파서 애를 쓰며 부르짖더라.

사도 요한은 여인에 대한 환상을 **"큰 이적"** 이라고 하는데, 이는 규모의 문제보다는 '중요한 이적' 이라는 뜻이다. 이 중요한 이적은 **"한 여자"** 에 대한 것이다. 구약에서는 이스라엘을 '처녀 딸' 이라고 한다(왕하 19:21, 사 37:22, 애 2:13). 신약에서는 '신부된 교회' 라고 한다(계 21:2, 17). 이는 옛 언약의 처녀 딸이 장성하여, 그리스도의 신부된 교회가 된 것을 말하는 것이다. 그러므로 이 **"여자"** 는 하나님의 교회를 상징하는 것이다. 이 교회는 **"해를 옷 입은"** 여자, **"발아래에는 달"** 과 **"열두 별의 관"** 을 쓴 여자의 모습을 하고 있는데, 이는 하나님의 교회의 '영광스러움' 을 나타내는 것이다. 교회를 향한 하나님의 사랑을 표현하는 아가서에서, 솔로몬은 신부를 "아침빛 같이 뚜렷하고, 달 같이 아름답고, 해 같이 맑고, 깃발을 세운 군대 같이 당당한 여자" 라고 말했다(아 6:10).

기본적으로 '여자' 는 '교회' 의 이미지인데, 사도 요한이 말한 바 이 여자는 **"철장으로 만국을 다스릴"** 운명을 가진 메시야를 태동시킬 '구약교회' 인 것이다. 여기에 그녀가 **"아이를 배어"** 있다고 한다. 이 아이를 '가지다' 라는 헬라어 '에코' 라는 동사는 마태복음 1:18, 23에서 예수님을 잉태한 동정녀 마리아에게 사용되었다. "마리아가 요셉과 약혼하고 동거하기 전에 성령으로 잉태된 것이 나타났더니." 마리아는 예수님의 어머니이고, 동시에 예수님은 구약교회를 통해 이 땅에 오신 것이다.

사실, 여인/어머니의 이미지는 창세기 3장에 '에덴동산' 에서 '원시복음' 이 주어질 때, 처음 등장한다. 하나님은 '여인' 을 통하여 뱀의 머리를 상하게 할 구속자가 올 것이라고 약속한다. 이것이 첫 번째 복음인 원시복음이다(창 3:15). 그 후, '여인을 통한 구원' 이란 주제는 성경 전체에 면면히 흐르고 있다.

그 예 중의 하나는 '야엘과 시스라' 의 이야기일 것이다. '시스라' 는 이스라엘을 괴롭힌 가나안 왕 '야빈' 의 군대장관이다. 그가 전쟁에서 후퇴할 때, '야엘' 이란 여자가 자기 장막으로 끌어들여서 우유를 먹이고 안심시켜 잠들게 한 후, 장막 말뚝으로 관자놀이에 박아서 죽게 만든다. 그래서 이스라엘의 원수를 죽이고 이스라엘을 구원한다(삿 4:9, 17-22, 5:24-27; cf. 삿 9:53의 아비멜렉의 죽음). 천막의 말뚝을 박는 일은 유목민인 야엘의 일상생활 가운데 평범한 일이었다. 그러나 야엘이나 다윗처럼 그 평범함도 하나님이 쓰시면 칼이나 창보다도 더 힘 있게 쓰임 받을 수 있었다. 오늘날도 하나님께서는 우리들의 평범함을 쓰시기를 원한다. 매일 일상생활 가운데 하고 있는 일들이 하나님께 쓰임 받는 일이 될 줄 믿고 준비하기 바란다. 아멘.

또한 여인을 통한 구원은 에스더서에서 '에스더' 가 이스라엘의 구원한 이야기의 중심주제이기도 한다. 우리는 에스더의 위대한 고백을 알고 있다. 하만의 계략으로 인하여 이스라엘 민족이 전멸의 위기를 당할 때, 에스더가 모르드개에게 말한다. "당신은 가서 수산에 있는 유다인을 다 모으고 나를 위하여 금식하되, 밤낮 삼 일을 먹지도 말고 마시지도 마소서. 나도 나의 시녀와 더불어 이렇게 금식한 후에 규례를 어기고 왕에게 나아가리니, 죽으면 죽으리이다 하니라"(에 4:14). 역사는 죽음을 각오한 이런 위대한 결단을 통해 이루어진다. 주님의 나라를 위해 무슨 결단을 하겠는가?

'여인을 통한 구원' 이란 예언의 결정적 성취는 마리아를 통해 예수께서 오시고, 예수님의 십자가를 통해 하나님의 택한 백성들이 구원받게 되는 구속사적 사건일 것이다. 그러므로 사도 요한이 말하고 있는 **"그 여자"**는 뱀이 머리를 상하게 할, 약속의 자손을 낳을 모든 산자의 어미인 하와이고, 사라이고, 리브가이고, 라헬이고, 요게벳이고, 한나이고 예수님의 조상이 된 모든 언약의 여인들이다. 그리고 그 마지막은 그 약속을 성취할 동정녀 마리아이다. 이는 결국 이스라엘 역사의 어느 한 여자에 국한되는 것이 아니다. 메시아를 탄생케 할 전체 구약교회를 나타내는 것이다.

그래서 구약교회를 이사야는 이렇게 말한다. "여호와여 잉태한 여인이 산기가 임박하여 산고를 겪으며 부르짖음 같이 우리가 주 앞에서 그와 같으니이다"(사 26:17). 옛 언약 교회는 그리스도가 이 땅에 오시도록 **"아파서 애를 쓰며"** 기다렸던 것이다. 구약백성들은 메시아가 오시도록 해산의 수고를 했던 것이다. 신약교회도 이 땅에 하나님의 나라가 세워지도록 힘쓰고 애써서 해산의 수고를 해야 할 것이다. 이 땅에서 그리스도인으로 살아가는 일은 결코 쉬운 일이 아니다. 주님의 나라를 위한 해산을 수고를 아끼지 않고 살아야 하겠다.

특히, **"애를 쓰며 부르짖더라"**고 하는데, 이 '부르짖더라' (krazo)라는 동사는 성경에서 특별한 의미를 가지고 있는 것이다. 그것은 반대에 직면한 하나님의 종들의 말에 대하여 자주 사용되었다(요 5:39, 45-46, 눅 24:25-27, 행 3:24, 13:27). 그러므로 교회가 산고를 감당한다는 것은 반대에 부딪혀도 낙심하지 않고 하나님의 말씀을 선포하는 것과 관련된 일이다. 주님의 나라를 위해 세상의 반대에 부딪히는 것은 당연한 것이다. 영적인 전투에서 결코 물러서지도 포기하지도 말기 바란다. 그리스도께서 승리하셨듯이 우리가 반드시 이길 것이다.

3절. 하늘에 또 다른 이적이 보이니, 보라 한 큰 붉은 용이 있어 머리가 일곱이요, 뿔이 열이라. 그 여러 머리에 일곱 왕관이 있는데,

사도 요한은 "**한 큰 붉은 용**"이 있다고 한다. 계시록 12:12에서 그가 설명한 것처럼, 그 용은 "**마귀라고도 하며 사탄이라고도 하는 옛 뱀**"이다. 즉 하나님과 하나님의 백성들의 원수이다. 사도 요한은 교회를 핍박하는 세상권력 뒤에 숨어있는 사탄의 권세를 말하고 있는 것이다.

세상권력 뒤에는 영적인 세력이 숨어 있다. 예를 들면, 다니엘의 예언의 네 짐승-제국들과 같이, 그 용은 "**머리가 일곱이요 뿔이 열**"이었다. 다니엘의 짐승들은 그들 가운데 일곱 머리를 가졌고, 네 번째 짐승은 열 뿔을 가졌다(단 7:3-7). 바벨론, 메데-파사, 헬라, 그리고 로마는 세상에서 하나님을 대적한 자신의 왕국을 세우려는 사탄의 세력이었다. 그는 로마제국의 "**왕관**"을 썼다.

우리는 국가의 위정자들을 위해 기도해야 한다. 교회에서조차, '이명박이' 니 'MB' 니 하는 표현을 쓰기도 한다. 장로님이어서가 아니라, 누가 대통령이 되더라도 국가 지도자들을 위해서 기도해야 할 것이다. 에베소서에 이런 표현이 있다. "우리의 씨름은 혈과 육을 상대하는 것이 아니요 통치자들과 권세들과 이 어둠의 세상 주관자들과 하늘에 있는 악의 영들을 상대함이라"(엡 6:12). 여기에 등장하는 '통치자' 나 '권세' 를 마귀의 이름들 중 하나로 설명하기도 한다. 분명한 것은 어둠의 세상 주관자들, 하늘에 있는 악한 영들이 있어서 그들이 세상 나라를 뒤에서 조정한다는 사실이다. 그러므로 우리는 겉으로 드러난 세력이 아닌 숨은 영적인 세력들이 있음을 알고 기도로 대적하고 물리쳐야 한다.

그런데 왜 사탄을 "용"으로 묘사하는가? 우리는 공룡에 대한 성경의 가르침에 주목해야 할 것이다. 성경에서 세 종류의 용들이 언급되는데, 타닌(Tannin, 시 91:13의 '뱀'), 리워야단(Leviathan, 시 104:26을 개역성경에는 '악어' 로 번역), 그리고 라합(Rahab, '교만한 자' 란 의미, 욥 26:12-13)이다. 그들은 원래 죄 없이 창조되었다

(창 1:21의 '큰 물고기'). 성경은 이 괴물들을 하나님의 백성들을 속인 뱀과 연결시키고 있다(창 3:1-5. 13-15). 그러므로 사탄에 대한 하나님의 승리와 통치를 나타내기 위하여, 하나님께서 모세의 지팡이를 '뱀'으로 바꾸셨다(출 4:1-4). 그리고 아론의 지팡이를 '용'으로 바꾸셨다(tannin, 출 7:8-12, 한글성경에는 '뱀'). 용/뱀은 성경에서 넓게 퍼진 사탄적인 상징이다. 그러나 하나님께서는 용/뱀을 이기고 다스리신 것이다.

4절. 그 꼬리가 하늘의 별 삼분의 일을 끌어다가 땅에 던지더라. 용이 해산하려는 여자 앞에서 그가 해산하면 그 아이를 삼키고자 하더니,

그 용의 "**꼬리가 하늘의 별 삼분의 일을 끌어다가 땅에 던지더라**"고 한다. 여기에서 "하늘의 별"은 지도자들이다(계 1:20). 또한 그들을 "**땅에 던지더라**"는 것은 무슨 말인가? 아마 지도자의 타락에 대하여 말하는 것으로 보인다. 그런데 왜 하필 "**삼분의 일**"을 제거했을까? 그 이유를 이렇게 설명할 수 있을 것이다. 그리스도는 장자이다. 그래서 3분의 2의 몫이 그리스도의 것이다. "반드시 그 미움을 받는 자의 아들을 장자로 인정하여 자기의 소유에서 그에게는 두 몫을 줄 것이니, 그는 자기의 기력의 시작이라. 장자의 권리가 그에게 있음이니라"(신 21:17). 그래서 "**삼분의 일**"은 사탄이 차지했을 것이다.

또한 여기에는 두 증인에 대한 성경적 원리가 개입되었을 것이다. 사탄이 모든 거짓 증인들을 언약 백성들에 대항하여 소집할 수 있기 때문에, 하나님 편에서는 3분의 2의 천사, 즉 두 천사를 가졌던 것이다.

그 용의 목적은 그리스도의 사역을 방해하고, 그리스도를 삼키고 죽이는 것이다. 그래서 "**용이 해산하려는 여자 앞에서 그가 해산하면 그 아이를 삼키고자**" 하였다. 그는 그리스도가 태어나자마자 그리스도를 죽이려고 했다. 이것은 오래된 전쟁의 일부이다.

창세기 3:15에서 두 후손들 사이의 전쟁, 즉 여인의 후손과 뱀의 후손 사이의 전쟁이 예고되었다. 이는 성경의 첫 권에서 마지막 권까지의 전쟁, 인류의 전 역사를 통해 행해진 전쟁이다. 용은 여자와 여자의 후손인 예수 그리스도와 전쟁을

하고 있다. 역사를 통하여 사탄은 예수님을 죽이려고 시도했다. 이것이 가인이 아벨을 죽이려고 한 이유이다. 아벨에 대한 공격은 '그 후손' (the Seed)을 죽이려는 시도였다. 그런데 하와에게 "아벨 대신에"(창 4:25), 셋, 즉 '선택받은 자' 가 태어남으로 그것은 성공하지 못했고, 그 후손은 보존되었다. 사탄의 다음 목표는 셋 계열의 후손들을 타락시키는 것이었다. 그러므로 셋의 후손들은 이교도들과 통혼하므로 배교했고(창 6:1-12), 노아 가족만 남았다. 그러나 '그 후손' 은 방주에서 단 한 가족 속에 보존되었다.

그 용은 다시 아브라함의 가족을 공격함으로 '그 후손' 을 죽이려고 했다. 심지어 사탄은 이방 왕에 의해서 사라가 임신하도록 시도했었다(창 12:10-20, 20:1-18). 그는 또한 리브가에게도 그렇게 했다(창 26:1-11). 그러나 그 때마다 하나님께서 지켜주셨던 것이다. 또한 이스라엘의 자녀들이 애굽에 있었을 때, 용은 모든 사내아이를 죽이는 것을 통하여 '그 후손' 을 죽이려고 시도했다(출 1장). 그러나 하나님께서 지켜 주셨다. 5백년 후에, '그 후손' 은 양치기 소년 다윗 안에 옮겨졌고, 다시 용은 사울 왕을 통해 창을 던지며 2번이나 공격했다(삼상 18:10-11). 그 후, 악한 왕비 아달랴는 "유다집의 왕국의 씨(후손)를 모두 진멸하였다" 고 한다(대하22:10). 그러나 '그 후손' 은 어린 요아스에게 보존되었다. 페르시아의 하만은 모든 유대인들을 파멸시킬 거대한 규모의 학살계획을 성공한 것 같았으나, 왕비 에스더의 용기와 지혜로 실패했다(에 3-9장). 이는 모두 뱀의 후손과 여자의 후손, 두 후손들의 전쟁이었던 것이다.

용은 헤롯 왕이 베들레헴의 유아들을 도살하도록 움직였다(마 2:13-18). 그러나 실패했고, 계속해서 용은 주님을 시험하며(눅 4:1-13), 그를 죽일 자들을 찾고(눅 4:28-29), 제자중 하나가 배신하도록 했고(요 13:2, 27), 마침내 그를 십자가에서 처형하도록 했다. 그러나 용은 패배한다. 이는 그 십자가가 하나님의 지혜를 따라 하나님의 목적을 성취하는 사탄을 속이는 하나님의 방법이었기 때문이다. 사도 바울은 "오직 은밀한 가운데 있는 하나님의 지혜를 말하는 것으로서 곧 감추어졌던 것인데, 하나님이 우리의 영광을 위하여 만세 전에 미리 정하신 것이라. 이 지혜는 이 세대의 통치자들이 한 사람도 알지 못하였나니, 만일 알았더라면 영광의 주를 십자가에 못 박지 아니하였으리라" 라고 말한다(고전 2:7-8). 십자가에서 여인의

'그 후손' 의 뒤꿈치가 상하는 가운데, 그 뱀의 머리는 부셔진 것이다.

5절. 여자가 아들을 낳으니, 이는 장차 철장으로 만국을 다스릴 남자라. 그 아이를 하나님 앞과 그 보좌 앞으로 올려가더라.

사도 요한은 그의 상징을 설명하기 위하여 시편 2편으로 돌아간다. 분명히 이스라엘을 통치하기 위하여 동정녀에게서 난 그 아들은 '여자의 후손' 인 예수 그리스도이다. 여기에서 사도 요한은 그리스도의 지상사역을 단 한마디로 요약한다. **"그 아이를 하나님 앞과 그 보좌 앞으로 올려가더라." "여자가 아들을 낳으니"** 즉 '그리스도의 성육신' 이후 그는 영광의 보좌로 승천한다. 물론, 그리스도의 지상에서의 삶과 고난과 십자가도 있다. 그러나 결국 그리스도께서 용의 권세로부터 완전하게 벗어나서 하늘로 올라간 것이다.

6절. 그 여자가 광야로 도망하매, 거기서 천이백육십 일 동안 그를 양육하기 위하여 하나님께서 예비하신 곳이 있더라.

여기에 여자가 광야로 도망을 간다. 그러나 그 여자는 **"천이백육십 일 동안"** 양육을 받았다. 이는 계시록 12:14의 "한 때, 두 때, 그리고 반 때"(3½년)와 동일한 기간이고, 계시록 11:2-3과 13:5의 42달/1,260일과 상징적으로 연관되어있는 기간이다. 이 기간은 악이 승리하는 제한적인 기간이다. 이 기간 동안에, 사탄이 통치하는 것처럼 보이나, 교회는 보호를 받는다.

엘리야는 3년6개월 동안 도망을 간다. 그러나 그 기간은 까마귀를 통하여 기적적으로 먹이신 축복의 기간이었고, 사르밧 과부를 통해 먹이신 기적의 기간이었다(왕상 17:3-6). 세상나라가 이기는 것 같으나, 성도들이 핍박을 당하고 어려움을 당하는 것 같으나, 그런 기간 동안에도 하나님의 백성들을 먹이시고 입히시고 보호하신다. 오늘도 하나님께서는 당신의 택한 백성들을 지켜주시는 것이다. 아멘.

2. 하늘의 전쟁(계 12:7-12)

계시록 12장의 환상은 해를 옷으로 입은 영광스런 여자가 등장한다. 그 여자는 구약교회인데 아이를 배었다. 이 아이는 만국을 다스릴 그리스도이다. 이 때 용이 나타나 아이를 삼키려한다. 여자는 하나님께서 예비하신 광야에서 안전하게 보호를 받는다. 하나님께서는 구약성경을 통하여 그리스도께서 오실 축복의 통로인 사탄의 권세에서 하나님의 교회를 보호하셨다. 이런 관점에서 인류의 역사는 여인의 후손과 용의 후손 사이의 오랜 전쟁의 역사이기도 하다.

> 7-9절. 하늘에 전쟁이 있으니, 미가엘과 그의 사자들이 용과 더불어 싸울새, 용과 그의 사자들도 싸우나, 이기지 못하여 다시 하늘에서 그들이 있을 곳을 얻지 못한지라. 큰 용이 내쫓기니, 옛 뱀 곧 마귀라고도 하고, 사탄이라고도 하며, 온 천하를 꾀는 자라. 그가 땅으로 내쫓기니, 그의 사자들도 그와 함께 내쫓기니라.

이제 장면이 갑자기 바뀐다. 사도 요한은 이제 "**하늘에 전쟁이 있으니**"라고 땅이 아닌 '하늘의 전쟁' 을 보게 된다. 이것은 왜 여인이 광야로 도망갔는지에 대한 설명이다. 순서적으로 말하면, 5절에서 여자가 아들을 낳는다. 그 여인의 후손인 그리스도는 '장차' 십자가/부활/승천하실 것이다. 그러나 '아직' 땅에 있는 동안 양육되어야 했다. 땅에선 사탄이 여자와 아이를 노리고 있다. 그래서 6절에서 여자가 그를 양육하기 위하여 광야로 도망을 간다. 땅에서는 여자가 도망치는 것 같아 보이지만, 하늘에서는 사탄이 쫓겨난다. 사탄이 땅으로 쫓겨나서 마귀들이 발악을 하니 여자가 잠시 피하는 것이다.

여기에서 우리는 중요한 원리를 발견하게 된다. 땅에서 일어나는 모든 현상에 대한 원인은 하늘에 있다. 땅에서 원인을 찾으면 답이 없다. 먼저 하늘에 있는 것이다. 주기도문의 가르침대로, 뜻이 하늘에서 이루어진 것처럼 땅에서도 이루어지는 것이다. 남북문제도 하늘에서 원인을 찾아야 한다. 청년실업문제도 하늘에서 원인을 찾아야 한다. 개인의 문제도 하늘에서 원인을 찾아야 한다. 그래야 그 답을 알 수 있다.

오늘도 신문이나 TV의 뉴스는 세상이 점점 더 악해져가고, 결국은 마귀가 승리할 것처럼 보도한다. 하나님께서는 계속해서 침묵하시는 것처럼 보인다. 그렇지 않다. 하늘의 전쟁에서 하나님이 용을 땅으로 쫓아내셨다. 하늘에서 쫓긴 용은 결국은 마지막 날에 무저갱으로 쫓겨날 것이다. 땅에서는 잠시 최후의 발악을 할 시간을 가졌을 뿐이다. 하나님은 그 시간 동안, 하나님의 백성들을 양육하시는 것이다. 용이 지배하는 것 같은 세상에서 훈련하시는 것이다. 여전히 하나님은 세상을 다스리시고 계신다.

욥기를 보라. 사탄이 욥을 괴롭힌다. 재산 잃고, 자식들 잃고, 건강마저 잃는다. 하나님께서는 의로운 욥을 지켜보기만 하시는 것 같다. 그러나 욥을 훈련하시는 것이다. 고난 끝에 욥은 이렇게 고백한다. "내가 주께 대하여 귀로 듣기만 하였사오나, 이제는 눈으로 주를 뵈옵나이다"(욥 42:5). 그 동안은 하나님에 대하여 듣기만 했다. 간접적인 체험, 간접적인 교제를 했다. 그런데 이제는 하나님을 눈으로 보는 인격적으로 만나는 변화와 성숙이 욥에게 나타난 것이다. 그래서 고난을 허락하신 것이다. 그 뒤에 주어진 건강이나 물질의 축복은 덤일 뿐이다. 성도에게 있어서 가장 큰 축복은 '하나님을 눈으로 보는 것' 이다. 하나님과 인격적으로 교제하는 것이다. 신앙의 '성숙' 이 축복이다. 그것 때문에 창세기의 '에덴' 에서 계시록의 '새 하늘과 새 땅' 까지 오랜 시간을 필요로 했던 것이다.

욥기에서 우리는 사탄이 욥을 공격하면서 쓰임 받는 것을 본다. 사탄은 예수님을 십자가에 못 박았다. 그 결과 인류를 위한 희생제사가 드려지고, 구원이 왔다. 마찬가지로 우리들이 당하는 고난으로 말미암아 우리는 신앙의 성숙을 경험하게 되는 것이다. 모든 것이 합력하여 선을 이루시는 주님이다.

하늘의 전쟁은 용이 아닌 "**미가엘과 그의 사자들**"에 의하여 주도되어졌음을 주목해야 한다. 이 미가엘은 누구인가? '미가엘' 이란 '하나님 같으신 이가 누구인가' 라는 뜻인데, 성경에서 오직 다니엘과 유다서에서만 나온다. 다니엘에서 미가엘은 하나님의 백성들의 특별한 보호자이다. 천사 가브리엘도 이기지 못한 사탄과 싸워 이긴 "가장 높은 군주"이다(단 10:12-13, 20-21). 다니엘 10장의 미가엘은 "세마포 옷을 입었고 허리에는 우바스 순금 띠를 띠었더라. 또 그의 몸은 황옥 같고 그의 얼굴은 번갯빛 같고 그의 눈은 횃불 같고 그의 팔과 발은 빛난 놋과 같고 그의 말소리는 무리의 소리와 같더라." 구약에 나타난 그리스도의 모습임을 강력하게 시사한다(단 10:5-6). 그리고 유다서는 "천사장 미가엘"이라고 말하는데(유다서 1:9), 이는 '천사들의 우두머리' 라는 것이고, 이는 구약에 나타난 그리스도인 '주의 사자' 이다(cf. 출 23:20-23). 이 '천사장' 이라는 단어가 데살로니가전서 4:16에 유일하게 나타나는데, 거기에서 그리스도는 재림 때 "호령과 천사장의 소리"와 함께 재림하신다고 하는데, 천사장의 목소리는 그리스도 그 자체라는 것이다. 미가엘은 구약에 나타난 그리스도이다.

그리스도께서 싸움을 주도적으로 공격을 시작하셨다. 거기에 대하여, "**용과 그의 사자들도 싸우나**" 그러나 사탄은 수비에 실패했다. 그래서 패배 가운데 "**이기지 못하여 다시 하늘에서 그들이 있을 곳을 얻지 못한지라. 큰 용이 내쫓기니.**" 이것은 예수님께서 예언한 것과 정확하게 일치하는 것이다. "음부의 권세가 이기지 못하리라"(마 16:18). 이 '음부' 란 문자적으로 해석하면 '지옥의 문' 이다. 사탄의 성문이다. 교회가 악에게 포위된 도시가 아니라, 오히려 사탄의 성이 교회에 의해 포위된 것이다. 교회의 맹공격을 당하고 있는 것은 악의 세력들이다. 하나님의 백성들은 공격하는 자들이다. 사탄의 세력들은 "**이기지 못하나**" 반면 우리는 사도 바울이 말한 것처럼 "내게 능력주시는 자 안에서 내가 모든 일을 할 수 있느니라"고 말할 수 있는 것이다(빌 4:13).

겉으로 보기에 사탄이 성도들을 괴롭히는 것 같으나, 사실은 사탄이 수세에 몰려있다. 마귀들이 힘들어하고 있다. 성도들이 기도하고 찬송할 때, 음부의 문이 흔들리고 사탄의 세력들은 겁을 먹는다. "**마귀**"는 "속이는 자요, 거짓의 아비"이다(요 8:44). "**사탄**"은 히브리말로 '대적자' 인데, 쉬지 않고 "밤낮" 형제들을 참소하는 자이다(계 12:10). 욥을 참소했고(욥 1:6-11, 2:1-5), 대제사장 여호수아의 참소했다(스 3:1-10). 그러나 그의 참소들은 말짱 거짓말이었다. 사탄의 거짓말 중 가장 효과적인 거짓말은 자신이 성도들을 괴롭힐 수 있다고 믿게 만드는 것이다. 하나님께서 아무런 도움도 되지 않는다고 사람들을 속이는 것이다.

속지마라. 사탄은 힘이 없다. 사탄이 오랫동안 공들인 이론들이 있는데, 그 가운데 하나가 '영지주의' 이다. 세상을 '선악의 싸움' 으로 보게 하는 것이다. 이것이 서양의 이원론과 동양의 음양철학의 뿌리이기도 하다. 음양으로 모든 것을 설명하는 '통일교' 는 현대판 영지주의이다. 믿음이 아닌 깨달음을 통한 구원이라는 측면에서 소위 '구원파' 도 현대판 영지주의이다.

10-11절. 내가 또 들으니, 하늘에 큰 음성이 있어 이르되, 이제 우리 하나님의 구원과 능력과 나라와 또 그의 그리스도의 권세가 나타났으니, 우리 형제들을 참소하던 자, 곧 우리 하나님 앞에서 밤낮 참소하던 자가 쫓겨났고, 또 우리 형제들이 어린 양의 피와 자기들이 증언하는 말씀으로써 그를 이겼으니, 그들은 죽기까지 자기들의 생명을 아끼지 아니하였도다.

하늘에서 미가엘이 용을 이겼다. **10절 "이제 우리 하나님의 구원과 능력과 나라와 또 그의 그리스도의 권세가 나타났으니."** 하늘의 전쟁의 결과로, 하나님의 나라가 이제 왔다! 그 동안 계속해서 지기만하는 것 같았던 성도들이 사실은 승리한 자들로 밝혀졌다. 순교자들은 승리의 동참자들이 된 것이다. 무엇이 승리를 가져왔는가? **11절 "어린 양의 피와 자기들이 증언하는 말씀으로"** 이겼다. 그들은 **"자기들의 생명을 아끼지 아니하였도다."** 예수님은 "자기의 생명을 사랑하는 자는 잃어버릴 것이요. 이 세상에서 자기의 생명을 미워하는 자는 영생하도록 보전하리라" 고 하셨다(요 12:25). 우리들의 삶도 죽음도 예수님께 맡기고 살기를 바란다.

그런데 승리를 위한 우리의 무기가 있었는데, 바로 복음이다. 복음은 내용과 형식 두 가지가 있다. 복음의 내용은 어린 양의 피이다. 복음의 형식은 말씀을 선포하는 것이다. 순교자들은 그리스도께서 흘리신 피에 의해서 승리했고, 복음의 두려움 없는 선포에 의해서 승리한 것이다. 우리들도 예수님의 보혈을 증거 할 때 승리하게 되는 줄 믿기 바란다.

'학복협' 이라는 청년 대학생들을 대상으로 사역하는 연합회에서 '청년설교 세미나' 가 있었다. 오늘날 청년을 대상으로 하는 설교자들이 청년들의 문화코드에 맞춰서 설교하려고 애를 쓴다. 그러나 그리스도의 피 묻은 복음을 전할 때 청년들이 변화한다는 것이다. 복음이 생명을 주고, 변화를 일으키지, 문화가 변화를 일으키지 않는다. 예수님의 보혈을 증거하며 승리하기를 바란다. 아멘.

예수님의 보혈로 마귀는 패했다. 예수님이 십자가를 지시기 전에 마귀는 이기는 듯했다. 우리들의 생각과는 달리, 구약은 마귀에 대해 그렇게 자주 언급하고 있지 않다. 신약성경은 다르다. 귀신들에 대한 많은 가르침이 있다. 그런데 마귀들이 대부분 쫓겨나고 있는 모습이 그려지고 있다. 왜 그런가? 그리스도의 임재 때문이다. 신약의 메시지는 지상에서 그리스도와 그의 제자들의 사역 가운데 사탄이 권세를 잃고 땅으로 떨어지는 것을 보여준다. "칠십 인이 기뻐하며 돌아와 이르되, 주여 주의 이름이면 귀신들도 우리에게 항복하더이다. 예수께서 이르시되, 사탄이 하늘로부터 번개 같이 떨어지는 것을 내가 보았노라. 내가 너희에게 뱀과 전갈을 밟으며 원수의 모든 능력을 제어할 권능을 주었으니, 너희를 해칠 자가 결코 없으리라. 그러나 귀신들이 너희에게 항복하는 것으로 기뻐하지 말고, 너희 이름이 하늘에 기록된 것으로 기뻐하라 하시니라"(눅 10: 17-20).

예수께서 말씀하셨다. "그러나 내가 하나님의 성령을 힘입어 귀신을 쫓아내는 것이면 하나님의 나라가 이미 너희에게 임하였느니라"(마 12:28). 계시록의 메시지는 전체 신약성경의 메시지와 일치한다. 그리스도께서 오시자, 사탄은 쫓겨났고, 그 하나님의 나라는 도래했다. 그리스도의 죽음과 부활을 통하여, 그리스도께서는 사탄을 이기시고 무장해제 시키셨다(골 2:15). 사탄은 이제 아무런 힘이 없게 되었다(히 2:14-15). 그러므로 사도 바울은 로마에 있는 신자들에게 "평강의 하나님께서 속히 사탄을 너희 발 아래에서 상하게 하시리라"고 확신했던 것이다(롬 16:20).

12절. 그러므로 하늘과 그 가운데에 거하는 자들은 즐거워하라. 그러나 땅과 바다는 화 있을진저, 이는 마귀가 자기의 때가 얼마 남지 않은 줄을 알므로 크게 분내어 너희에게 내려갔음이라 하더라.

여기에서 "**하늘과 그 가운데에 거하는 자들은 즐거워하라**"고 하는데, 하늘에 거하는 자들은 누구인가? 우리의 시민권은 그 하늘에 있다(빌 3:20). 우리가 이 땅에서 드리는 예배는 하늘로 올려 진다. 하늘 장자들의 총회에 참석하기 때문이다

(히 12:22-23). 그리스도의 나라가 오고, 용이 패배해서 기쁨의 노래를 하는 자들은 그 교회이다.

그러나 그리스도의 승리는 모든 것이 끝난 것을 의미하지 않는다. 궁지에 몰린 쥐처럼, 사탄은 더욱 미쳐서 날뛸 것이다. 그래서 **12절 "땅과 바다는 화 있을진저 이는 마귀가 자기의 때가 얼마 남지 않은 줄을 알므로 크게 분내어 너희에게 내려갔음이라 하더라."** 일곱 번째 나팔은 울렸고(계 11:15), 셋째 화가 이르렀다(계 8:13, 11:14). 그리스도의 승천으로, 용의 영역은 이제 땅과 바다가 되었다. 용은 아담에게 넘겨받은 에덴적인 성소를 영원히 상실한 것이다. 땅과 바다를 잠시 차지하게 된 것이다. 그래서 13장에서, 사도 요한은 바다와 땅에서 올라온 두 짐승들을 보게 된다. 바다는 이방인의 영역이다(시 2:1). 땅은 이스라엘의 영역이다.[32)]

---

32) 이러한 성경적 상징주의를 이해하기 위하여 먼저 유대인들의 세계관을 이해할 필요가 있을 것이다. Jordan은 다음과 같이 주장한다. 유대인들의 세계관을 가장 잘 엿볼 수 있는 것이 둘째 계명일 것이다(출 20:4). 여기에 보면 위로 하늘에 있는 것, 아래로 땅에 있는 것, 그리고 땅 아래 물 속에 있는 것으로 세 가지로 구분한다. 즉 유대인들은 세상을 하늘과 땅과 물로 나누어 생각했을 것이다. 이것은 성경에서 반복되고 있는 사상이다(출 20:11, 시 146:6, 계 10:6). 모두 세상을 하늘과 땅과 물로 나누고 있음을 볼 수 있다. 이러한 세계관이 구체적으로 나타난 것이 창세기의 '에덴동산', 즉 '에덴에 있는 동산' (a garden in Eden)일 것이다(창 2:8). 이 에덴의 동산에서 세 구획을 보게 되는데, 첫째, '동산' 은 하나님께서 사는 곳이었고(창 3:8), 하나님과 사람이 만나는 곳이어서 영적으로 '하늘' 이었다. 둘째, '에덴' 은 이곳에서 강이 갈라져 '네 모퉁이' 로 흘렀다고 하므로 '땅' 이다(창 2:10). 셋째, '에덴 밖의 세상' 은 이방인의 영역, 즉 '바다' 였다. 성경에서 이방인의 영역은 자주 '바다' 로 상징되고 있다(삼하22:4-25, 시 65:7, 사5:30, 17:12-13, 57:20, 렘 6:23, 겔 27:25이하, 단 7:2-3). 이 에덴의 '동산' 에서 시작한 '성산 모티프' 는 아브라함의 '모리아산' 으로, 모세의 '시내산' 으로, 다윗의 '예루살렘 성산' 으로, 엘리야의 '갈멜산' 으로, 그리고 예수님의 '변화산' 과 '갈보리산' 으로 맥이 이어지는데, 특히 성막은 성산인 시내산의 모습을 하고 있다. 먼저, '산 정상' 은 지성소이다. 시내산에서 하나님의 구름이 산 정상을 덮어서 지성소가 되었다(출 19:16). 그리고 "여호와께서 시내 산 곧 그 산꼭대기에 강림하시고 그리로 모세를 부르시니 모세가 올라가매" (출 19:20). 대제사장만이 홀로 지성소로 들어 갈 수 있었던 것처럼, 모세 홀로 이 꼭대기로 올라 갈 수 있었다. 훗날 지성소에 두게 될 십계명도 이 산 정상에서 받았다. 다음으로, '산 중턱' 은 성소이다. 모세가 산에 올라 갈 때, 이스라엘 장로들은 이 산 중턱에서 하나님과 함께 먹을 수 있었다(출 24:9-11). 제사장적인 장로들은 민족의 지도자들 즉 '해달별들' 이다. 성경에서 해달별은 지도자들을 상징한다(창 37:9, 계 1:20). 그러므로 이들은 성소 안에 있는 '등

그러므로 땅에서 올라온 짐승은 타락한 유대주의자들이고, 바다에서 올라온 짐승은 황제숭배를 주장하는 제국주의자들이다.[33] 그러나 그들은 단지 짧은 기간만을 남겨두고 있었다. 사탄은 자신의 운명을 알고 있다. 시간이 얼마 남지 않았던 것이다.

미가엘과 용 사이의 전쟁은 역사 끝에 있을 전쟁이 아니다. 재림이 아닌 초림과 관계된 것이다. 순교자들은 그리스도께서 흘리신 피에 의해서 승리했고, 복음의 선포를 통해서 승리했다. 오늘날도 복음을 통해 승리하게 된다. 복음을 복음으로 받고 전하길 바란다. 아멘.

3. 용이 교회를 공격함(계 12:13-17)

계시록 12장의 환상은 해를 옷으로 입은 영광스런 여자가 등장한다. 그 여자는 구약교회인데 아이를 배었다. 이 아이는 만국을 다스릴 그리스도이다. 이 때 용이 나타나 아이를 삼키려한다. 여자는 하나님께서 예비하신 광야에서 안전하게 보호를 받는다. 하나님께서는 구약성경을 통하여 그리스도께서 오실 축복의 통로인 사탄의 권세에서 하나님의 교회를 보호하셨다. 이런 관점에서 역사는 여인의 후손과 용의 후손 사이의 오랜 전쟁이기도 했다. 요한의 환상 가운데 미가엘과 용 사이의 전쟁은 역사 끝에 있을 전쟁이 아니다. A.D. 70년 옛 언약 백성들에 대한 심판을 의미하는 전쟁인 것이다.

대'에 상응한다. 그들이 먹은 식사는 '진설병'과 상응한다. 그들만이 산에 오를 수 있었던 것은 아론 계열의 '제사장들'과 상응한다. 그리고 그들이 보았던 하나님의 발아래 "청옥을 편듯한 것"(출 24:10)은 지성소로부터 성소를 분리하는 '휘장'을 말하는 것이다. 끝으로, '산자락'을 볼 수 있는데, 그 경계를 넘어오는 자는 죽임을 당하게 되었다(출 19:12). 이렇듯 성막은 성산의 모형이었다. 성막은 한마디로 운반할 수 있는 시내산이었으며, 동시에 하늘과 땅의 축소판이었던 것이다. Cf. J. B. Jordan, *Through New Eyes* (Brentwood: Wolgemuth & Hyatt Publisher, 1988).

33) 이러한 짐승의 정체에 대해서는 J. B. Jordan, 『계시록의 구속사적 연구』, pp. 130-193를 보면 자세하게 나와 있다.

13절. 용이 자기가 땅으로 내쫓긴 것을 보고, 남자를 낳은 여자를 박해하는 지라.

하늘에서의 전쟁의 결과는 미가엘(그리스도)의 승리였고, 사탄은 패배했다. 그러나 그리스도의 승리가 모든 것이 끝났다는 것을 의미하지 않는다. 궁지에 몰린 쥐처럼, 사탄은 더욱 미쳐서 날뛸 것이다. 그래서 **12절 "땅과 바다는 화 있을진저 이는 마귀가 자기의 때가 얼마 남지 않은 줄을 알므로 크게 분내어 너희에게 내려갔음이라 하더라."** 일곱 번째 나팔은 울렸고(계 11:15), 셋째 화가 이르렀다(계 8:13, 11:14). 그리스도의 승천으로, 용의 영역은 이제 땅과 바다가 되었다. 용은 아담에게 넘겨받은 에덴적인 성소를 영원히 상실한 것이다. 땅과 바다를 잠시 차지하게 된 것이다. 그래서 13장에서, 사도 요한은 바다와 땅에서 올라온 두 짐승들을 보게 된다. 바다는 이방인의 영역이다(시 2:1). 땅은 이스라엘의 영역이다. 그러므로 땅에서 올라온 짐승은 타락한 유대주의자들이고, 바다에서 올라온 짐승은 황제숭배를 주장하는 제국주의자들이다. 그러나 그들은 단지 짧은 기간만을 남겨두고 있었다. 사탄은 자신의 운명을 알고 있었다. 시간이 얼마 남지 않았던 것이다.

이제 용은 **"남자를 낳은 여자를 박해하는지라."** 초조한 사탄은 교회를 핍박한다. 예루살렘에서 시작한 교회는 처음에는 사탄의 방해가 없이 거침없이 부흥한다. 하루에 3,000명, 5,000명, 셀 수 없는 많은 유대인의 무리들이 교회로 들어온다. 그러나 교회는 '스데반 사건' 을 통해서 박해를 받게 된다. 그래서 광야로 도피하게 된다. 지상교회는 그리스도께서 재림하시기 전에는 세상을 완전히 이기지 못한다. 천상교회는 승리한 교회이지만, 지상교회는 전투적인 교회인 것이다.

'청사훈' 에서 <복음주의 청년운동>이란 제목으로 홍정길 목사님이 특강을 했다. 요점은 요즘 청년사역이 힘들다고 하는데, '언제 쉬운 적이 있었느냐' 는 것이다. 100만에서 1,000만으로 신자가 늘자, 세상이 놀라서 주춤했지, 교회는 처음부터 박해 속에서 성장했고, 세상은 처음부터 교회를 박해했었다. 교회가 잘해도 세상이 교회를 칭찬하지 않는다. 세상과 교회는 언제나 '안티' 관계였다.

14절. 그 여자가 큰 독수리의 두 날개를 받아 광야 자기 곳으로 날아가, 거

기서 그 뱀의 낯을 피하여, 한 때와 두 때와 반 때를 양육 받으매,

여기에서 **"한 때와 두 때와 반 때"**는 예수님의 공생애 3년 반이면서, 완전수인 7의 반으로, 하나님이 정하신 짧은 기간이다. 엘리야의 3년 반이고, 바울의 광야 3년 반이기도 하다. 물론 예수님의 공생애가 꼭 3년 반이거나, 바울이 광야에 정확하게 3년 반 동안 있었다는 기록은 없다. 흔히 '3년' 으로 알려져 있다. 그러나 '3년 반' 이란 완전수인 '7' 의 반이란 점에서 어떤 정한 기간이란 점에서 위에서 말한 것이 아닌 것도 아니다.

하나님께서 이스라엘을 광야에서 기르신 동안의 모습을 이렇게 묘사한다. "여호와께서 그를 황무지에서, 짐승이 부르짖는 광야에서 만나시고 호위하시며 보호하시며 자기의 눈동자 같이 지키셨도다. 마치 독수리가 자기의 보금자리를 어지럽게 하며 자기의 새끼 위에 너풀거리며 그의 날개를 펴서 새끼를 받으며 그의 날개 위에 그것을 업는 것 같이, 여호와께서 홀로 그를 인도하셨고, 그와 함께 한 다른 신이 없었도다"(신 32:10-12). 이 '너풀거리며' 라는 단어는 태초에 하나님의 신이 수면 위를 '운행하셨다' 는 것과 같은 단어이다. 하나님의 재창조의 역사가 나타난 것이다. 이는 노아홍수 비둘기와 예수님께서 세례 받으실 때에 성령의 모습이 비둘기처럼 임한 것과 관계가 있는 것이다.

광야는 황폐한 곳이 아니다. 하나님의 보호의 처소이다. 모세의 광야 40년이 그랬고, 이스라엘 백성들의 광야 40년이 그랬다. 엘리야의 '그릿 시냇가' 가 그랬고, 세례 요한의 '빈 들' 이 그랬다. 사도 바울의 아라비아 광야 3년의 세월이 그랬다. "또 나보다 먼저 사도 된 자들을 만나려고 예루살렘으로 가지 아니하고, 아라비아로 갔다가 다시 다메섹으로 돌아갔노라"(갈 1:17). 여러분들의 '광야' 는 어디인가? '빈 들' 은 어디인가? 대학시절 개강부흥회 때, 울산교회 정근두 목사님이 오셔서 설교했는데, '빈 들에서' 라는 제목이었다. 세례요한의 빈 들을 경험해야 한다는 것이다. 그러면서 정근두 목사님이 경험한 유학생활 가운데 빈들의 경험을 이야기해 주셨다. 세월이 많이 지났지만 잊을 수 없는 메시지였다.

필자도 빈 들이 있었다. 고등학교 1학년 때 예수님을 믿기 시작하여 대학 4년, 대학원 3년 10년 세월이 모두 '빈 들' 같았다. 처량하고 곤한 시절이었다. 신학교

를 졸업하고 10년간 교회에서 담임목회를 하는 동안에도 '빈 들' 이었다. 그 빈들에서 나름대로 하나님을 즐거워하는 방법을 터득했다. 성경말씀을 읽고 즐기는 방법을 훈련했었다.

소위 '행복전도사' 라는 별명을 가진 한 여자의 죽음이 사회적 이슈가 된 적이 있었다. 인본주의의 한계를 알아야 한다. 하나님과의 관계에서 뿌리를 둔 행복이 아니라, 인간의 소유나 이성에 뿌리를 둔 행복은 어느 한 순간 여지없이 무너져 내린다. 타락한 인간은 그렇게 대단한 존재가 아니다. 예수 그리스도 안에서 회복된 인간으로 살기를 바란다. 그리고 하나님과의 관계에서 '빈 들' 의 훈련이 된 인간으로 살기를 바란다.

15-16절. 여자의 뒤에서 뱀이 그 입으로 물을 강 같이 토하여, 여자를 물에 떠내려 가게 하려 하되, 땅이 여자를 도와 그 입을 벌려 용의 입에서 토한 강물을 삼키니,

여기에서 "**땅**"은 '이스라엘' 이고, "**여자**"는 '교회' 이다. 초대교회는 유대인들로 구성되었다. 게다가, 초대교회는 어느 면에서 유대인들의 보호 속에서 자랐다. 예를 들면, 아리마대 요셉 같은 인물이 있었다. "그들의 결의와 행사에 찬성하지 아니한 자라. 그는 유대인의 동네 아리마대 사람이요, 하나님의 나라를 기다리는 자라" (눅 23:51).

그리고 교회가 부흥하자, 유대인들이 반대한다. 사도들을 죽이려고 한다. 이 때 교법사 가말리엘이 등장하여 교회를 돕는다. 사도행전 5:34-41 "바리새인 가말리엘은 율법교사로 모든 백성에게 존경을 받는 자라. 공회 중에 일어나 명하여 사도들을 잠깐 밖에 나가게 하고 말하되, 이스라엘 사람들아 너희가 이 사람들에게 대하여 어떻게 하려는지 조심하라. 이 전에 드다가 일어나 스스로 선전하매 사람이 약 사백 명이나 따르더니, 그가 죽임을 당하매, 따르던 모든 사람들이 흩어져 없어졌고, 그 후 호적할 때에 갈릴리의 유다가 일어나 백성을 꾀어 따르게 하다가, 그도 망한즉 따르던 모든 사람들이 흩어졌느니라. 이제 내가 너희에게 말하노니, 이 사람들을 상관하지 말고 버려두라. 이 사상과 이 소행이 사람으로부터 났으면

무너질 것이요. 만일 하나님께로부터 났으면 너희가 그들을 무너뜨릴 수 없겠고, 도리어 하나님을 대적하는 자가 될까 하노라 하니, 그들이 옳게 여겨 사도들을 불러들여 채찍질하며 예수의 이름으로 말하는 것을 금하고 놓으니. 사도들은 그 이름을 위하여 능욕 받는 일에 합당한 자로 여기심을 기뻐하면서 공회 앞을 떠나니라."

또한 여기에서의 "물"은 생수의 근원되신 예수 그리스도를 떠올리게 한다. 이는 에스겔 47장의 성전에서 흘러나온 물을 떠올리는 것이기도 하다.

17절. 용이 여자에게 분노하여 돌아가서, 그 여자의 남은 자손 곧 하나님의 계명을 지키며 예수의 증거를 가진 자들과 더불어 싸우려고 바다 모래 위에 서 있더라.

"여자의 남은 자손"의 증거가 무엇인가? 두 가지를 말하고 있다. 첫째, 하나님의 계명을 지키는 것이다(요일 2:3-4, 5:3). 하나님의 계명인 율법은 3가지로 구성되는데, '의식법, 시민법, 도덕법' 이다. 그 중 '의식법' 은 예수께서 성취하셨고, '시민법' 은 국가에 귀속되었으나, '도덕법' 은 지켜야 한다. 그런데 우리 힘으로 지킬 수 없다. 성령을 통해 지킬 수 있는 것이다. 둘째, 예수의 증거를 가진 것이다. 이 예수의 증거는 예수님이 말씀하신 증거이기도 하고, 예수님에 대한 증거이기도 하다. 우리에게 여자의 자손의 증거가 있어야 할 것이다. 아멘.

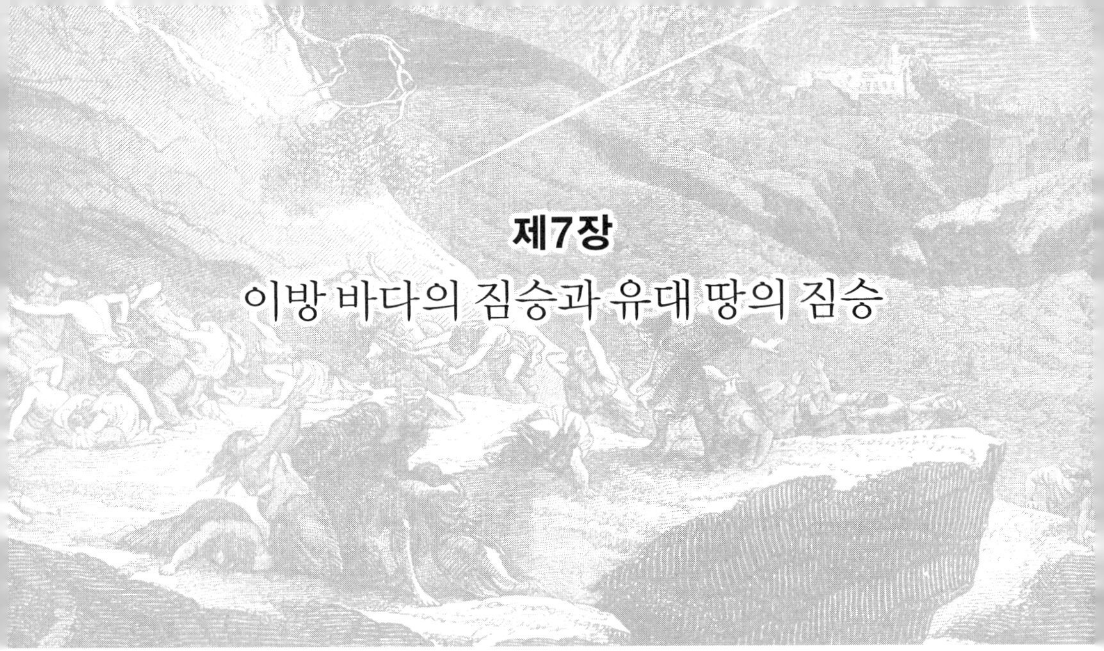

제7장
이방 바다의 짐승과 유대 땅의 짐승

1. 바다에서 온 짐승(계 13:1-10)

전체 성경은 언약 문서이다. 계시록도 언약 문서이다. 계시록은 하나님과 하나님의 새 언약 백성들과의 언약 문서이다. 그래서 계시록은 언약에 우선적 관심이 있지, 미래의 어떤 신비한 사건에 관심이 있지 않다. 구약의 선지자들이 미래에 관한 예언을 했을지라도, 그들의 우선적 관심은 이스라엘의 죄를 책망하는 것이지, 미래에 관한 예언 자체가 아니었다. 마찬가지로 계시록은 옛 언약 백성들의 죄에 대한 책망과 심판, 그리고 새 언약 백성들에 대한 보호와 승리의 약속이 우선적 관심이다. 그런 점에서, 계시록에서 로마제국에 대해 말할 때, 그 목적은 사소한 이야기꺼리나, 로마의 역사에 관한 것이 아니다. 로마가 하나님을 대적하고 하나님의 새 언약 백성들을 핍박한 '짐승' 이라는 것이다.

1-2절. 내가 보니, 바다에서 한 짐승이 나오는데, 뿔이 열이요 머리가 일곱이라, 그 뿔에는 열 왕관이 있고, 그 머리들에는 신성모독 하는 이름들이 있더라. 내가 본 짐승은 표범과 비슷하고, 그 발은 곰의 발 같고, 그 입은 사자의 입 같은데, 용이 자기의 능력과 보좌와 큰 권세를 그에게 주었더라.

사도 요한은 **"바다에서 한 짐승이 나오는 것"**을 보았다. 여기에서 **"바다"**는 무엇을 의미하는 것인가? 성경적 상징주의에 의하면, '바다'는 '이방인의 영역'이다. 그러나 처음부터 바다가 이방인의 영역이 된 것은 아니다. 태초에 하나님께서 천지를 창조하셨을 때, 창조하신 모든 것이 매우 좋았었다. 바다도 마찬가지이다. 본래 선하게 창조된 것이다. 특히 바다는 가장 근본적인 '생명의 원천'이었다. 그러나 인간이 타락한 이후에, 만물도 부패하고 타락하여 탄식하는 상황에 이르게 된 것이다. 결국 선한 피조물이었던 바다도 하나님을 대적한 악한 세상의 상징으로 사용되고 발전되었다. 예를 들면, "그러나 악인은 평온함을 얻지 못하고 그 물이 진흙과 더러운 것을 늘 솟구쳐 내는 요동하는 바다와 같으니라"(사 57:20; cf. 사 17:12). 사도 요한은 이후에 "또 천사가 내게 말하되 네가 본 바 음녀가 앉아 있는 물은 백성과 무리와 열국과 방언들이니라"라고 말한다(계 17:15). 세상 나라를 음녀가 앉아 있는 '물'로 묘사한다.

특히, 우리가 계시록 9:1-3에서 본 것처럼, '바다'는 동산에서 추방된 이후에 귀신들의 거주지인 '무저갱'과 관련된 것이다. 이 무저갱은 '바닥이 없는 구덩이' 이상의, 성경에서 바다의 가장 깊은 곳이고(욥 28:14), 바다 근원과 물밑이고(신 8:7), 홍수의 물이 나온 곳이고(창 7:11), 앗수르 나라를 둘러 흐르는 것이다(겔 31:4, 15). 그러므로 무저갱은 하늘과 거룩한 산으로부터 가장 먼 곳이다. 그래서 신실한 하나님의 사람들을 위해서 하나님께서 오랫동안 귀신들을 가두어 둔 곳이다. 그러나 인간들이 배교했을 때, 그 귀신들은 풀어졌다. 그러나 앞으로 인간들이 점진적으로 회복되면, 그 악한 영들은 무저갱으로 되돌아 갈 것이다. 거라사의 광인에게 붙은 군대귀신은 자신들을 무저갱으로 들어가라고 명하지 마시라고 예수님께 간구했다(눅 8:31). 귀신들은 장차 무저갱 속으로 떨어질 운명인 것이다. 두려워하지 말기 바란다.

그러한 바다에서 한 짐승이 올라온다. 그 짐승에게 **"능력과 보좌와 큰 권세"**를 준 그는 용의 이미지인 **"뿔이 열이요 머리가 일곱"**을 가지고 있었다. 면류관을 쓴 짐승의 열 뿔은 로마제국의 열 명의 통치자들을 묘사한 것으로 보인다(계 17:9-11). 그러므로 '네로'는 그 머리들 가운데 하나이다. 반역한 인간의 무리들이 하나님에 대한 대적자들의 영역인 '바다'에서 일어난 것이다.

또한 짐승의 **"머리들에는 신성모독 하는 이름들"**이 있었다. 로마제국에서 황제는 신으로 섬겼다. 아우구스투스(Augustus) 또는 세바스토스(Sebastos)라고 불린 황제들은 '경배 받을 자'를 의미한다. 또한 그들은 자신들을 살아있는 '신'(divus)이라고 주장했고, 심지어 '하나님'(Deus, Theos)이란 이름을 가지기도 했다. 그들은 자신들을 위해 많은 신전을 제국전체에 걸쳐 건립했다.

특히, 네로는 자신을 위해 120피트 높이의 거대한 신상을 세웠다. 그래서 사도 바울은 네로를 '불법의 사람'이라고 불렀다. "누가 어떻게 하여도 너희가 미혹되지 말라. 먼저 배교하는 일이 있고, 저 불법의 사람 곧 멸망의 아들이 나타나기 전에는 그 날이 이르지 아니하리니. 그는 대적하는 자라 신이라고 불리는 모든 것과 숭배함을 받는 것에 대항하여 그 위에 자기를 높이고 하나님의 성전에 앉아 자기를 하나님이라고 내세우느니라"(살후 2:3-4).

사도 요한은 짐승의 이런 측면을 강조하고 있는 것이다. **"또 짐승이 과장되고 신성모독을 말하는 입을 받고 또 마흔두 달 동안 일할 권세를 받으니라. 짐승이 입을 벌려 하나님을 향하여 비방하되 그의 이름과 그의 장막 곧 하늘에 사는 자들을 비방하더라"**(계 13:5-6). 1세기 당시 성도들이 박해를 받은 중요한 이유는 그들이 황제숭배에 참여하기를 거절했기 때문이다.

로마 황제는 사나운 짐승 같은 존재이다. 사도 요한은 그 짐승의 외모가 **"표범과 비슷하고 그 발은 곰의 발 같고 그 입은 사자의 입 같은데"**라고 말한다. 이는 다니엘 7장에서 바벨론, 메대-바사, 헬라 그리고 로마로 이어지는 지중해의 패권을 차지한 대제국들의 모습이다(cf. 단 2:31-45). 네 번째 제국인 로마는 다른 짐승들보다 더욱 포악했다. "내가 밤 환상 가운데에 그 다음에 본 넷째 짐승은 무섭고 놀라우며, 또 매우 강하며 또 쇠로 된 큰 이가 있어서 먹고 부서뜨리고 그 나머지를 발로 밟았으며, 이 짐승은 전의 모든 짐승과 다르고 또 열 뿔이 있더라"(단 7:7).

실제로 네로는 짐승같은 행동에 빠졌다. 그는 자신을 왕위에 올린 어머니 아그리피나를 죽였고, 임신한 아내를 발로차서 죽였다. 또한 타락의 마지막 단계인 동성애자였다(롬 1:24-32). 그는 로마 시가지를 불태웠고, 그 책임을 물어 기독교인들을 죽였다. 그들을 죽일 때, 동물의 가죽을 입혀 사냥하기도 하고, 가든파티의 불을 밝히기 위하여 밤에 사람들을 불사르기도 했다.

세상이 아무리 좋아졌다고 하지만, 세상나라와 하나님의 나라는 본질적으로 충돌하게 되어 있다. 세상은 사랑의 대상이 아니다. 사역의 대상이다. "간음한 여인들아 세상과 벗된 것이 하나님과 원수 됨을 알지 못하느냐? 그런즉 누구든지 세상과 벗이 되고자 하는 자는 스스로 하나님과 원수 되는 것이니라"(약 4:4). 돈은 사랑의 대상이 아니다. 사용의 대상이다. "돈을 사랑함이 일만 악의 뿌리가 되나니, 이것을 탐내는 자들은 미혹을 받아 믿음에서 떠나 많은 근심으로써 자기를 찔렀도다"(딤전 6:10). 그래서 요한은 세상과 세상에 있는 것들을 사랑하는 자들은 향해서 이렇게 경고한다. "이 세상이나 세상에 있는 것들을 사랑하지 말라. 누구든지 세상을 사랑하면 아버지의 사랑이 그 안에 있지 아니하니"(요일 2:15). 사람을 믿지 말고 하나님을 믿고, 사람은 사랑하고 돈은 사용하고, 세상에서 사역하는 여러분들이 되기를 바란다. 아멘.

> 3-4절. 그의 머리 하나가 상하여 죽게 된 것 같더니, 그 죽게 되었던 상처가 나으매, 온 땅이 놀랍게 여겨 짐승을 따르고, 용이 짐승에게 권세를 주므로 용에게 경배하며, 짐승에게 경배하여, 이르되 누가 이 짐승과 같으냐? 누가 능히 이와 더불어 싸우리요? 하더라.

"그의 머리 하나가 상하여 죽게 된 것 같더니 그 죽게 되었던 상처가 나으매" 어떤 사람들은 이것을 네로의 '부활 신화', 즉 네로가 죽었다가 다시 살아난다는 것이라고 했다. 그러나 사도 요한은 짐승의 **"상하여 죽게 된 것"**을 세 번 언급하고 있다. 12절과 14절을 보라. 이것은 단순한 상징 이상인 것이다.

우리가 본 바와 같이, 짐승은 그 용/뱀을 닮았다. 그가 '상처난 머리'를 가지고 있다는 것은 그리스도께서 오셔서 뱀/용의 머리를 박살을 낼 것이라는 에덴동산에서의 약속을 떠올리도록 한다(창 3:15). 다니엘은 로마시대 이후에, 뜨인 돌이신 그리스도께서 세상 나라들을 박살내고 땅에 충만할 것을 예언하였다. 예언대로 그리스도의 왕국이 임했고, 마귀는 패배하였다. 열방이 하나님께 나오기 시작했다. 복음이 급속히 세상에 퍼졌고, 교회들이 곳곳에 생겼다. 심지어 가이사의 집 사람들조차도 믿음을 가지게 되었다(빌 4:22). 기독교는 왕성했고, 금방이라도 온 세상에 하나님의 나라가 올 것 같았다. 예수 그리스도의 십자가로 사탄의 머리는 박살이 난 것이다.

그러나 전세가 역전되었다. 이단과 배교자들이 생긴 것이다. 성도들은 유대인과 로마의 박해를 받았고, 흩어지기 시작했다(딤전 1:3-7, 딤후 2:16, 딛 1:10-16, 요일 2:18-19 등). 심지어 네로의 박해 하에 교회는 완전히 끝이 난 것처럼 보였다. 머리가 상했지만, 그 짐승은 아직 여전히 살아있었던 것이다. 물론 용과 짐승은 그리스도에게 패했다. 그러나 성도들은 아직 압제를 당해야 했던 것이다(단 7:21-22, 계 12:11). 그것이 바로 "**그의 머리 하나가 상하여 죽게 된 것 같더니 그 죽게 되었던 상처가 나으매**"라는 것이다.

사탄의 마지막 발악을 보면서 땅이 짐승을 따른다. "**온 땅이 놀랍게 여겨 짐승을 따르고 용이 짐승에게 권세를 주므로 용에게 경배하며 짐승에게 경배하여 이르되 누가 이 짐승과 같으냐 누가 능히 이와 더불어 싸우리요 하더라.**" 짐승을 따르고 있는 것은 '세상' 이 아니라, '땅' 이다. 이 땅은 '이스라엘' 을 의미하는 것이다. 계시록에서 '땅' 은 배교자 이스라엘을 가리키며 12번 사용되었다.

유대인들은 그리스도와 가이사 사이에서 '우리는 가이사 외에는 왕이 없다' 고 가이사를 선택하고 선포했다(요 19:15). 이스라엘은 황제와 제국 편에서 그리스도와 교회를 대적했다. 그러므로 궁극적으로 그들은 그 용을 숭배하고 있고, 이런 이유 때문에 예수님 자신은 그들의 예배를 '사탄의 회' 라고 불렀던 것이다(계 2:9, 3:9). 당신이 진정으로 섬기고 있는 것은 무엇인가?

5-7절. "또 짐승이 과장되고 신성모독을 말하는 입을 받고 또 마흔두 달 동안 일할 권세를 받으니라. 짐승이 입을 벌려 하나님을 향하여 비방하되 그의 이름과 그의 장막 곧 하늘에 사는 자들을 비방하더라. 또 권세를 받아 성도들과 싸워 이기게 되고 각 족속과 백성과 방언과 나라를 다스리는 권세를 받으니."

짐승은 "**하나님을 향하여 비방하되 그의 이름과 그의 장막 곧 하늘에 사는 자**

들을 비방하더라"고 한다. 우리가 이 땅에서 예배해도 우리의 예배는 하늘에 올려진다(히 12:22-23). 우리는 하늘의 '시민권'을 가진 자들이다(빌 3:20). 이 시민권이란 매우 독특한 용어이다. 바울은 로마시민권이 있었기 때문에 정당하게 재판을 받을 권리가 있었다. 오늘날 '미국 시민권'에 목매는 사람들이 있지만, 당시 로마는 로마의 시민권을 가진 자들에게 음식을 무료로 나눠주었고, 여러 가지 특혜들을 누리도록 했다. 하늘의 시민권을 가진 여러분들을 하나님께서 먹이시고 입히시고 책임지실 것이다. 그러나 세상은 여러분들을 비방할 것이다. 세상의 칭찬을 포기하면 하나님께서 칭찬하시고 세상도 여러분들을 인정할 것이다. 그러나 세상의 인정을 받기 위하여, 성도의 맛을 잃고 믿음을 저버리면, '맛 잃은 소금'처럼 세상에서도 밟힐 것이다.

세상은 성도들을 비방할 것이다. 그 짐승도 "**성도들과 싸워 이기게 될 마흔두 달 동안 일할 권세**"가 주어졌다. 사탄이 계속해서 이기지 않는다. 마흔두 달의 기간 혹은 깨어진 7년인, 3년 반은 '환란의 때'를 나타내는 상징적 용어이다. 비록 교회에 대한 네로의 박해가 꽉 찬 42달, 즉 AD 64년 11월 중반에서부터 68년 6월 초에 이르기까지의 기간이었다는 흥미로운 사실에도 불구하고, 이는 하나님의 원수들이 득세를 하는 때이고, 반면 하나님의 백성들은 하나님의 심판을 기다리는 때이다. 우리가 이미 살펴본 것처럼, 마태복음 1:1-17에는 사탄은 42세대 동안 옛 언약 성도들을 기다리게 했었다. 그러나 그 끝이 있었다. 우리는 끝날 하나님의 심판을 기다리며 사는 자들인 것이다.

8절. 죽임을 당한 어린 양의 생명책에 창세 이후로 이름이 기록되지 못하고,
이 땅에 사는 자들은 다 그 짐승에게 경배하리라.

사도 요한은 "**땅에 사는 자들**"인 배교한 이스라엘이 "**다 그 짐승에게 경배하리라**"고 한다. 경배는 두 가지가 있다. 개인적인 경배와 공적인 경배이다. 개인적인 예배는 날마다 삶속에서 하나님께 충성하고 복종하는 것을 의미한다. 공적인 예배는 주일날 모여서 드리는 예배이다. 이 두 가지는 서로 밀접한 관계가 있다. 개인적 예배에 성공해야 공적 예배도 잘 드릴 수 있는 것이다. 공적 예배를 통해

은혜를 받아야 개인적 예배가 잘 이루어질 수 있는 것이다.

우리는 예배의 홍수 속에 살고 있다. 우리가 '기도회에 참석하는 것' 과 '기도하는 것' 은 차이가 있다. 기도회에 갔지만, 기도가 잘 안된 경험이 있을 것이다. 마찬가지로 예배시간에 앉아 있다고 예배를 드리는 것은 아니다. 80년대 한국교회에서 논쟁된 것처럼, 예배는 '보는 것' 이 아니라, '드리는 것' 이다. 그런데 예배를 드린다고 할 때, 드려지는 것은 '시간' 이 아니라, '나 자신' 이어야 한다. 하나님의 말씀에 반응하고 찬양에 반응하고 기도에 반응하는 산 예배를 드릴 수 있기를 바란다. 아멘.

9-10절. 누구든지 귀가 있거든 들을지어다. 사로잡힐 자는 사로잡혀 갈 것이요, 칼에 죽을 자는 마땅히 칼에 죽을 것이니, 성도들의 인내와 믿음이 여기 있느니라.

사도 요한은 **"누구든지 귀가 있거든 들을지어다"** 라고 한다. 아마 이 표현의 출처는 '언약적인 갱생' 혹은 주인의 말씀에 새롭게 복종하는 것을 나타내는 노예들의 귀를 '뚫는 것' 과 연관이 있을 것이다(출 21:5-6, 신 15:16-17, 시 40:6-8). 회개의 기회를 놓친 자들은 비참한 최후만이 남아 있을 것이다.

이 **"사로잡힐 자는 사로잡혀 갈 것이요, 칼에 죽을 자는 마땅히 칼에 죽을 것이니, 성도들의 인내와 믿음이 여기 있느니라"** 라는 표현은 예레미야 15:2를 생각나게 한다. 예레미야는 이스라엘을 위하여 기도하지 말라고 가르친다. 왜냐하면 그들이 파멸할 운명이었기 때문이다(렘 14:10-12). 그들을 위하여 기도할지라도, 하나님께서 당신이 듣지 않으실 것이라고 했다(렘 15:1). 그러자 두려움에 빠진 사람들은 "우리가 어디로 가야하는가" 라고 물었을 때 예레미야는 이렇게 대답했다. "죽을 자는 죽음으로 나아가고, 칼을 받을 자는 칼로 나아가고, 기근을 당할 자는 기근으로 나아가고, 포로 될 자는 포로 됨으로 나아갈지니라" (렘 15:2). 저들에게 남은 것은 심판이라면, 우리에게 남은 것은 **"성도들의 인내와 믿음"** 이다.

2. 땅에서 온 짐승(계 13:11-18)

계시록 13장에는 두 마리의 짐승이 나타난다. '바다에서 온 짐승' 과 '땅에서 온 짐승' 이다. '바다에서 온 짐승' 은 '이방인의 영역' 인 바다에서 온 짐승으로, 로마황제와 로마제국의 권력으로 하나님을 대적한 자들이다. 그러면 '땅에서 온 짐승' 은 누구인가?

11절. 내가 보매 또 다른 짐승이 땅에서 올라오니 어린 양 같이 두 뿔이 있고 용처럼 말을 하더라.

성경적 상징주의에서 '바다' 가 '이방인의 영역' 이라면 '땅' 은 '하나님의 백성들의 영역' 이다. 땅은 하나님의 언약의 중심이었다. 성경에서 별다른 설명이 없이 '땅' 이 등장한다면, 그것은 '약속의 땅' , '가나안 땅' 을 말하는 것이다. 그러므로 땅에서 온 짐승은 이스라엘 자체에서 발생한 짐승, 즉 '배교한 유대주의자들' 이다. 좀 더 정확하게 표현하면, '거짓 선지자들' 이다.

예수님은 거짓 선지자들의 출현에 대해서 이미 예언하셨다. "많은 사람이 내 이름으로 와서 이르되 나는 그리스도라 하여 많은 사람을 미혹하리라... 거짓 선지자가 많이 일어나 많은 사람을 미혹하겠으며"(마 24:5, 11). 거짓 선지자의 발생은 적그리스도에 대한 것과 평행을 이룬다. 그러나 '적그리스도' 는 '교회 안에서 유대주의로 배교한 자들' [34]인 반면, '거짓 선지자들' 은 '교회 밖에서 기독교인들을

34) 일반적으로 '적그리스도' 를 '악의 화신' 으로서의 단일인물 또는 존재로 보는 경향이 초대교회로부터 21세기 현재에 이르기까지 기독교 교회사에 일관되어 왔다. 초대교회 시대에는 기독교를 박해한 Nero(37-68)나 Domitian(51-96)과 같은 로마 황제를 적그리스도로 보았다. 그리고 종교개혁가들은 교황들 중에서 특히 프로테스탄트 신도들을 혹독하게 핍박한 교황들을 적그리스도로 지목하기도 했다. 또 근대 세계사에서 독재자로 악명을 떨쳤던 Adolf Hittler(1889-1945)나 요셉 스탈린(1879-1953)을 적그리스도로 지목하는 경우도 심심찮게 있었다. 그러나 이 모든 적그리스도 후보자들은 그 객관성이 확실하게 증명되지 않아 단지 후보자로 끝났을 뿐이다. Cf. 박아론 and 김석환, 『기독교 종말론』(서울: CLC, 2004), pp. 176-177; 특히 종교 개혁가들은 교황을 적그리스도라고 했는데,

유혹하려고 한 유대 종교지도자들' 이었다. 이들은 '참 선지자' 의 모방자들이다. 모세는 언약 백성들 가운데 이적과 기사를 이루는 거짓 선지자가 일어날 것이라고 경고했었다(신 13:1-5).

'몰몬교' 나 '여호와의 증인' 이나 '통일교' 가 기독교인가? 자신들은 성경을 근거한다고 주장한다. 그러나 그들은 '몰몬경' 이나 '원리강론' 을 성경의 권위 위에 두고 있다. 마찬가지로 유대주의자들은 성경을 자의적으로 해석한 탈무드를 성경의 권위 위에 둔다. 그래서 '유대교' 와 '유대주의' 는 다른 것이다. '유대교' 는 구약을 바탕으로 하는 종교이다. 그러나 '유대주의' 는 구약을 바탕으로 시작하였으나, 구약성경의 가르침으로부터 멀어진 것이다. 그들은 조상들의 유전을 중시하며 성경의 가르침을 변질시킨 것이다.

예수께서는 유대주의자들이 모세를 부인하기 때문에 그리스도를 부인하고 있다고 말씀하셨다. 요한복음 5:46-47 "모세를 믿었더라면 또 나를 믿었으리니, 이는 그가 내게 대하여 기록하였음이라. 그러나 그의 글도 믿지 아니하거든 어찌 내 말을 믿겠느냐 하시니라."

이 유대 거짓 선지자들은 예수께서 경고하신 바와 같이 "**어린양**" 의 모습을 하고 있다. "거짓 선지자들을 삼가라. 양의 옷을 입고 너희에게 나아오나 속에는 노략질하는 이리라" (마 7:15). 그들은 하나님의 양인 척한다. 그러나 그들의 정체는 "**용처럼 말을**" 하는 짐승이다. 용은 어떻게 말하는가? 그는 속이는 자이고, 하나님의 백성들을 믿음에서 멀어지도록 유혹하고 덫에 걸리도록 하는 자이다(창 3:1-6, 13, 고후 11:3, 계 12:9). 그는 거짓말쟁이이고, 수군거리는 자이고, 훼방하는 자이다(요 8:44, 계 12:10). 초대교회의 가장 심각한 문제는 유대인들이 용과 같이 교회를 향해 거짓말을 한 것이다(행 6:9-15, 13:10, 14:2-5, 17:5-8, 18:6, 12-13, 19:9, 21:27-36, 24:1-9, 25:2-3, 7).

LaSor은 이 해석에는 두 가지 문제가 있다고 한다. 첫째는 적그리스도는 유대인이어야 하는데(계 13:11), 교황은 분명히 그렇지 않다. 둘째는 적그리스도의 영은 그리스도의 육체로 오심을 부인해야 하는데(요일 4:3, 요한이서 1:7), 로마 교회는 결코 그런 적이 없다. Cf. William Sanford LaSor, *The Truth About Armageddon* (San Francisco: Harper & Row Publishers, 1982), p. 108.

성도들의 외적인 모습이 중요한 것이 아니라, 삶이 중요한 것이다. 여러분들의 언어생활은 어떠한가? 목적이 수단을 정당화하지 못한다. 선한 목적을 위해서라도 거짓은 거짓이다. 차라리 침묵하라. 정말 생명을 살리는 일이 아니라면, 소위 '선한 거짓말' 도 하지 마라. 우리가 '선한 거짓말' 이라고 해도 자신의 이익을 위해서 거짓말하는 것을 정당화하려는 의도가 있을 수 있다.

12절. 그가 먼저 나온 짐승의 모든 권세를 그 앞에서 행하고, 땅과 땅에 사는 자들을 처음 짐승에게 경배하게 하니, 곧 죽게 되었던 상처가 나은 자니라.

땅에서 올라온 짐승인 이 유대 지도자들은 바다에서 올라온 짐승인 로마와 결탁했다(행 4:24-28, 12:1-3, 13:8, 14:5, 17:5-8, 18:12-13, 21:11, 24:1-9, 25:2-9, 24). 배교한 유대주의자들은 로마정부의 하수인이 된 것이다. 그래서 땅에 사는 자들을 처음 짐승인 로마에 경배하도록 한다.

우리는 유명한 '폴리갑의 순교' 이야기를 안다. A.D. 156년 2월 2일, 사도 요한의 제자로서 서머나 교회의 영적인 지도자인 폴리갑이 순교한다. 순교의 원인은 바로 로마 황제의 신상 참배거부였다. 당시 로마 황제의 신상 참배를 거절했던 폴리갑의 인격과 덕망을 흠모하던 총독은 예수를 욕하고 황제의 신상에 절하면, 당장에 풀어 주겠다고 말한다. 그러자 폴리갑은 이렇게 대답한다. "86년 동안 내가 섬겨 온 주님, 그분은 언제나 나를 인자하심으로 대하셨소. 그런데 내가 어찌 그분을 모독할 수 있단 말이오." 그러자 지방 총독이 말하기를 "네 목숨이 아깝지 않은가? 너를 야수의 밥이 되게 하겠다" 고 하자 폴리갑은 조용히 답한다. "어서 맹수를 부르시오." 그러자 총독은 "네가 맹수를 두려워하지 않으니 너를 불태워 죽이겠다" 고 위협한다. "총독이여, 잠시 있다가 꺼질 이 불보다 장차 심판을 위해 예비된 하나님의 영원한 진노의 불을 두려워하시오." 그래서 장작에 불을 피워 그를 불태워 죽이려고 한다. 그때 놀라운 기적이 일어났다고 한다. 불길이 폴리갑을 피해 타오르는 것이었다. 결국 박해자들은 그를 칼로 찔러 죽였다고 한다. 어떤 기록에는 폴리갑의 화형을 위해 나뭇가지들을 모은 자들이 유대인들이었다고 한다. 그들은 안식일에는 일하지 못하고, 불을 붙이지 못하도록 한 모세의 법을 어기면서까지 폴리갑을 순교시켰던 것이다. 이같이 타락한 유대인들은 로마의 하수인 노릇을 자처했던 것이다.

13-14절. 큰 이적을 행하되, 심지어 사람들 앞에서 불이 하늘로부터 땅에 내려오게 하고, 짐승 앞에서 받은 바 이적을 행함으로 땅에 거하는 자들을 미혹하며, 땅에 거하는 자들에게 이르기를, 칼에 상하였다가 살아난 짐승을 위하여 우상을 만들라 하더라.

또한 거짓 선지자들은 엄청난 기적들을 나타내기도 했다. 거짓 엘리야는 "**불이 하늘로부터 땅에 내려오게 하고**", "**땅에 거하는 자들을 미혹**"하였다. 예수께서는 이미 "거짓 그리스도들과 거짓 선지자들이 일어나 큰 표적과 기사를 보여, 할 수만 있으면 택하신 자들도 미혹하리라"라고 경고했었다(마 24:24). 중요한 것은 능력이 아니다. 그 능력을 통해 '누구를 숭배하게 하는가?' 이다.

느부갓네살이 우상을 세운 것처럼(단 3장), 이스라엘의 지도자들은 유대인들인 "**땅에 거하는 자들**"에게 "**칼에 상하였다가 살아난 짐승을 위하여 우상을 만들라**"고 한다. 그러므로 이 우상은 우선적으로 황제숭배와 관계된 것이다. 우리는 국가가 우상이 될 수 있음을 알아야 한다. 하나님께서 우리의 '거주의 경계' 를 정해주시고 우리로 이 나라에서 살게 하셨다. 그러나 우리는 국경을 넘어 이 세상에 하나님의 나라가 이루어지도록 하는 위대한 사명을 받은 사람들이다. 국경이 여러분들의 한계가 되어서는 안 된다. 기독교는 '민족주의' 를 초월해야한다. 기독교의 타락은 민족주의와 결탁할 때 나타났다. 히틀러와 독일교회가 그랬고, 일본은 신사참배나 동방요배를 '종교적 의식' 이 아닌 '국가적 의식' 라고 부추겼다. 나라사랑과 우상숭배는 구분되어야 한다.

15-17절. 그가 권세를 받아, 그 짐승의 우상에게 생기를 주어, 그 짐승의 우상으로 말하게 하고, 또 짐승의 우상에게 경배하지 아니하는 자는 몇이든지 다 죽이게 하더라. 그가 모든 자, 곧 작은 자나 큰 자나 부자나

> 가난한 자나 자유인이나 종들에게 그 오른손에나 이마에 표를 받게 하고, 누구든지 이 표를 가진 자 외에는 매매를 못하게 하니, 이 표는 곧 짐승의 이름이나 그 이름의 수라.

거짓 선지자들의 마귀적인 능력은 그들이 **"그 짐승의 우상에게 생기를 주어 그 짐승의 우상으로 말하게"** 할 수 있다는 것이다. 이것은 인간 창조 사건의 모방이다. 태초에, 하나님께서 하나님의 형상으로 지어진 아담에게 '생기' 를 불어 '생령' 이 되게 하셨다(창 2:7-8). 그리고 이 아담이 한 첫 번째 행동은 피조물들을 이름을 짓는 '말을 하는 것' 이다(창 2:19-20).

마귀는 인간 창조를 모방한다. 그리고 우상숭배에 참여하지 않은 자들을 잔인한 죽음으로 몰고 간다. 또한 출교와 함께 어떤 경제생활도 할 수 없게 한다. **"표"**를 못 받게 하는 것이다. 물론 '짐승의 표' 는 의인들의 이마와 손에 있었던 '하나님의 인' 의 모방이다(계 3:12, 7:2-4, 14:1). 마귀는 하나님에 대해 다양한 모방을 한다. '구원의 가르침' 에 대한 '구원파' 란 모방, '거짓 오순절' 의 모방... 이러한 모방품에 속지 않도록 영적 분별력을 가지기를 바란다.

본문에 나타난 이미지에 대한 흥미로운 사실이 하나 있다. 욥기는 땅의 짐승(베헤못, 욥 40:15-24)과 바다의 짐승(리워야단, 욥 41:1-34)에 대하여 말한다. 초대교회가 사용한 헬라어 구약성경(LXX)에서, 히브리어 단어인 '베헤못' 은 사도 요한이 '짐승' 에 대하여 사용한 동일한 단어인 '테리온' (Therion)으로 번역되었다. 그리고 '리워야단' 은 '용' (Drakon)으로 번역되었다. 그러나 사도 요한의 환상은 이 짐승들에 대한 욥의 순서를 역전시키고 있다. 욥은 먼저 '베헤못' (욥 40장)을 보고, 그 후에 '리워야단' (욥 41장)을 보고, 최종적으로 '하나님' (욥 42장)을 보았다. 그런데 계시록에서, 사도 요한은 이러한 순서가 바뀐 것을 보여준다. 먼저, 우리는 사탄인 '용' 을 보고, 그 후에 용의 이미지를 지닌 '바다짐승' 을 보고, 최종적으로 '땅의 짐승' 이 나타나는 것을 본다.

이렇게 순서가 바뀐 것은 한 가지 사실을 알게 한다. 열방의 제사장 나라였던 이스라엘이 리워야단과 짐승에게 자신의 우선권을 넘겨주었다는 것이다. 이스라엘은 이제 이방의 이미지인 반기독교적 나라로 재편되었고, 그것의 선지자가 되어

버린 것이다.

18절. 지혜가 여기 있으니 총명한 자는 그 짐승의 수를 세어 보라. 그것은 사람의 수니 그의 수는 육백육십육이니라.

'바다짐승' 이 '로마제국' 이고, '땅 짐승' 이 '거짓 선지자들' 인 것은 명백한 상징이다. 이제 요한은 그 짐승의 정체에 대하여 독자들에게 중요한 실마리를 제공하고 있다. 바로 "**그 짐승의 수를 세어 보라. 그것은 사람의 수니 그의 수는 육백육십육이니라.**" 이 666은 로마황제 네로의 이름의 숫자 값이다. 그러나 666은 그 이상의 의미를 지니고 있다.

먼저 우리는 짐승과 사람 둘 다 '6' 이라는 숫자로 연결된 것을 알 수 있다. 왜냐하면 그들은 창조의 여섯 번째 날에 창조되었기 때문이다(창 1:24-31). 또한 엿새 동안이 일하도록 명령을 받았다(출 20:8-11). 히브리 노예들은 7년에 그가 해방되기 전에 6년 동안 속박되었다(출 21:2). 6개의 도피성이 사고로 살인한 사람들을 위하여 정해졌었다(민 35:9-15). 그러므로 6은 사람과 관련된 "**사람의 수**" 이다.

뿐만 아니라 "**사람의 수**" 는 곧 "**짐승의 수**" 이다. 그리스도를 통한 구속이 없을 때, 인간은 짐승같은 존재인 것이다. 예수님을 통해 구원받지 못하면, 사람이나 짐승이 다를 바 없는 것이다. 사람은 짐승보다 못한 존재가 될 수도 있고, 천사보다 나은 존재가 될 수도 있다. 여러분들은 어떤 존재가 되기를 원하는가?

'6' 은 짐승의 숫자이다. 하나님의 백성들의 원수인 골리앗은 "여섯 규빗 한 뼘" 이었는데(삼상 17:4), 이는 '6에다가 손 하나를 더 한 것' 이다. 그의 창은 철 600 세겔의 무게였다. 몇 가지 점에서 골리앗은 하나의 짐승이었다. 용의 자손으로 그는 비늘갑옷을 입었다(삼상 17:5). 그러나 여인의 후손은 그의 머리를 박살내는 것으로 그를 파멸시켰다(삼상 17:49-51).

또한 느부갓네살 왕이 자신의 상을 60규빗 높이와 6규빗 넓이의 크기로 세웠다(단 3:1). 솔로몬이 금지된 금을 세금으로 받았을 때, 그 금의 무게가 666 달란트였다(왕상 10:14). 솔로몬이 금 방패를 만들었을 때, 사용된 금이 600 세겔이었다(왕상 10:16). 솔로몬이 애굽에서 들여온 병거는 한 대의 값이 은 600 세겔이었다(왕상 10:29).

이와 같이 6, 혹은 60, 혹은 600은 하나님의 계명을 어긴 타락한 인간의 모습을 나타내었던 것이다. 특히 6이 세 번 666으로 나타나는 것은 성부 성자 성령의 삼위일체의 마귀적인 모방이다. 만약, 누군가 하나님의 말씀에 불순종하고 있다면, 그것이 6이란 숫자와 직접 관련이 없다 하여도, 그는 짐승의 수를 받은 자이고, 666이다. 매일 하나님의 말씀을 읽고, 큐티하며 묵상하며, 깨달은 말씀을 붙잡고 순종하며 살기를 바란다. 아멘.

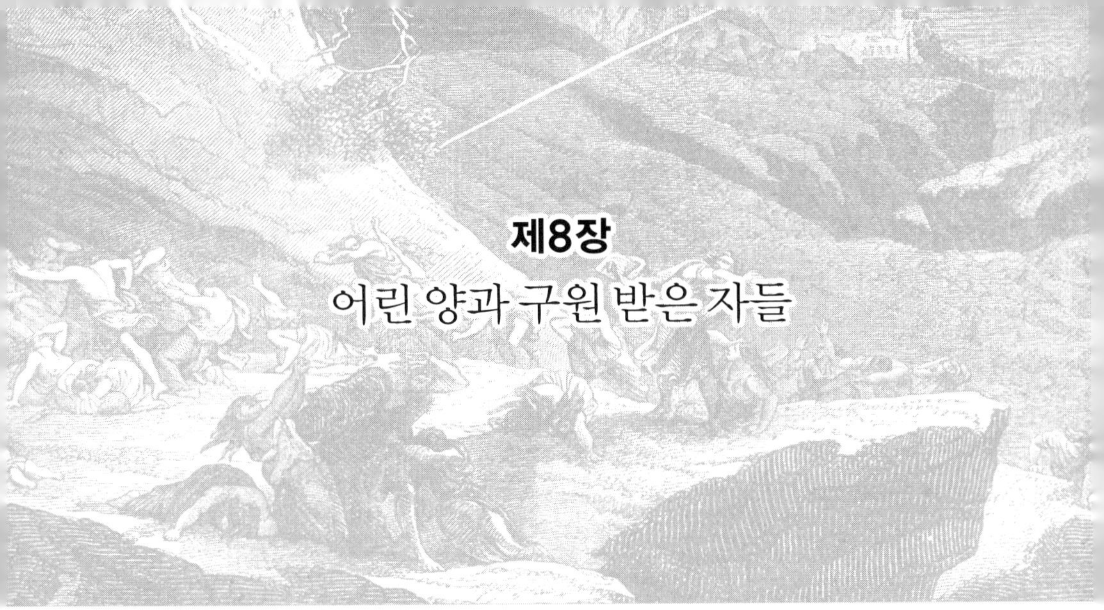

제8장
어린 양과 구원 받은 자들

1. 하나님의 군대(계 14:1-5)

하나님은 '성부, 성자, 성령' '삼위일체' 이신 하나님이다. 계시록에서 사탄도 삼위 하나님을 모방하여 '삼위' 로 나타난다. '용', '바다짐승', '땅 짐승' 이다. 교회는 '용' 의 모습을 한 '사탄' 과 싸운다. 사탄은 '로마제국' 이라는 '바다에서 온 짐승' 을 조정한다. 게다가 '유대주의' 라는 '땅에서 온 짐승' 도 조정한다. 교회는 안팎으로 공격을 받았던 것이다. 이들과의 싸움에서 목숨을 걸어야 했다. 죽도록 충성해야 했던 것이다. '과연 마귀의 총체적인 공격에 교회가 살아남을 수 있을 것인가?' 성도들은 궁금했을 것이다. 사도 요한은 청중들의 이러한 두려움에 대해서 설교한다. 한 마디로 결국 '교회가 승리한다!' 는 것이다.

성경의 많은 전쟁에서 승리는 군대의 수가 많음에 있지 않았다. 하나님은 작은 숫자로 승리하기를 원하셨다. 예를 들어, 기드온이 군대를 일으켰을 때, 3만 명이 따랐다. 그 때 하나님께서 말씀하신다. "여호와께서 기드온에게 이르시되, 너를 따르는 백성이 너무 많은즉, 내가 그들의 손에 미디안 사람을 넘겨주지 아니하리니, 이는 이스라엘이 나를 거슬러 스스로 자랑하기를 내 손이 나를 구원하였다 할까 함이니라"(삿 7:2). 그래서 2만 명이 떠나도록 했고, 1만 명 중에서 다시 300명만 남겼다. 전쟁은 숫자에 달려있지 않다. 하나님의 군대는 거룩함에 승리하면 다른 모든 싸움에는 승리하는 불패의 공동체인 것이다.

> 1절. 또 내가 보니 보라. 어린 양이 시온 산에 섰고, 그와 함께 십사만 사천 이 서 있는데, 그들의 이마에는 어린 양의 이름과 그 아버지의 이름을 쓴 것이 있더라.

이 말씀은 시편 2편을 떠올리게 한다. 시편 2편을 보라. "어찌하여 이방 나라들이 분노하며 민족들이 헛된 일을 꾸미는가? 세상의 군왕들이 나서며 관원들이 서로 꾀하여 여호와와 그의 기름 부음 받은 자를 대적하며, 우리가 그들의 맨 것을 끊고 그의 결박을 벗어 버리자 하는 도다. 하늘에 계신 이가 웃으심이여 주께서 그들을 비웃으시리로다. 그 때에 분을 발하며 진노하사 그들을 놀라게 하여 이르시기를, 내가 나의 왕을 내 거룩한 산 시온에 세웠다 하시리로다."

이방 나라들이 여호와와 그의 기름 부은 그리스도에 대적하여 반역한다. 그 때 주께서 말씀하시기를 "내가 나의 왕을 내 거룩한 산 시온에 세웠다"고 하시는데, 요한은 이 말씀을 인용하고 있는 것이다. 바다에서 올라온 짐승과 땅에서 올라온 짐승이 그리스도를 대적한다. 그러나 이미 왕 중의 왕으로 등극하신 열방의 통치자이신, 예수 "**어린 양이 시온 산**"에 서 있었다. 이것은 무슨 의미인가?

먼저, 성경에서 이런 성산의 이미지(holy mountain motif)는 '에덴동산'에 위치한 원래의 성산과 관련이 있는 것이 분명하다(겔 28:13-14). 성경에는 수많은 성산들이 등장하여 하나님의 구속사를 이어간다. 창세기의 에덴동산에서 시작하여, 아브라함이 이삭을 받친 '모리아산'이 그렇고(창 22:2), 출애굽기에서 모세가 하나님과 언약을 맺고 십계명을 받은 '시내산'이 그랬다(출 19:16-19). 엘리야의 '갈멜산'이 그랬고(왕상 18:20-40), 솔로몬의 성전이 건축된 예루살렘의 '모리아산'이 그랬다(대하 3:1). 예수님의 감람산과 승천하신 다볼산이 그랬다(마 24:3, 28:16-20). 성경은 산의 이미지로 충만하다.

특히 하나님은 산에 거하시는 분이다. 열왕기상 20:28 "그 때에 하나님의 사람이 이스라엘 왕에게 나아와 말하여 이르되, 여호와의 말씀에 아람 사람이 말하기를 여호와는 산의 신이요, 골짜기의 신은 아니라 하는도다. 그러므로 내가 이 큰 군대를 다 네 손에 넘기리니, 너희는 내가 여호와인 줄을 알리라 하셨나이다 하니라"(cf. 왕상 20:23). 하나님은 온 세상의 신이다. 그런데 아람 왕은 하나님께서 산의 신으로만 오해했다. 그 만큼 하나님은 산을 무대로 등장하셨다. 하나님은 온 세상에 충만하신 하나님이심을 믿기 바란다. 아브라함 카이퍼의 말대로, 지상에는 하나님의 것이 아닌 한 치의 땅도 없음을 믿기 바란다. 그리고 모든 영역에서 하나님의 주되심을 선포하며 주되심을 나타내기를 바란다. 아멘.

지상에서 성산의 회복에 대한 선지자적 약속들(사 2:2-4, 단 2:32-35, 44-45, 미 4:1-4)은 하나님의 나라가 지상에 충만하게 되었을 때, 메시아의 구속을 통하여 낙원의 성취와 회복을 의미한다(사 11:9). 지금 시온산에 어린양이 서 있는 것은 하나님의 백성들을 에덴으로 회복시키시고, 하나님과 교제하며 당신의 모든 원수들을 이기신 그리스도의 승리에 대한 상징인 것이다. 왜냐하면 새 언약에서 열방이 하나님을 섬기기 위해서 모였을 때(cf. 시 9:1-20, 14:7, 20:1-2, 48:1-14, 69:35, 87:1-3, 99:1-9, 102:13-22, 사 24:21-23, 51-52, 59:16-20, 렘 31:10-37, 슥 9:9-17), 시온은 하나님의 백성들에게 하나님께서 임재하심과 지상의 승리적인 통치의 상징이기 때문이다.

이 "**시온**"은 신약에서 모두 7번 언급된다. 그 때 마다 공통점이 있다. 무엇일까? 본문 외에도 이런 구절들이 있다. 마태복음 21:5 "시온 딸에게 이르기를 네 왕이 네게 임하나니 그는 겸손하여 나귀, 곧 멍에 메는 짐승의 새끼를 탔도다 하라 하였느니라"(cf. 요 12:15). 로마서 9:33 "기록된 바, 보라 내가 걸림돌과 거치는 바위를 시온에 두노니, 그를 믿는 자는 부끄러움을 당하지 아니하리라 함과 같으니라." 로마서 11:26 "그리하여 온 이스라엘이 구원을 받으리라. 기록된 바 구원자가 시온에서 오사 야곱에게서 경건하지 않은 것을 돌이키시겠고." 히브리서 12:22 "그러나 너희가 이른 곳은 시온 산과 살아 계신 하나님의 도성인 하늘의 예루살렘과 천만 천사와." 베드로전서 2:6 "성경에 기록되었으되, 보라 내가 택한 보배로운 모퉁잇돌을 시온에 두노니. 그를 믿는 자는 부끄러움을 당하지 아니하리라 하였으니." 공통점은 주님의 승리가 최고조에 이르렀음을 나타내는 것이다.

주님은 승리하셨다. 그 승리의 기쁨을 당신의 군대와 함께 나누기를 원하셨다. 그래서 어린양은 시온에 홀로 있지 않고, 하나님의 군대와 함께 계신 것이다. 이들이 구약 12지파, 신약 12제자 (12x12=144) 별로 천 명씩 전쟁을 수행하도록 명령을 받은 이스라엘의 남은 자들인 **"십사만 사천"** 이다(cf. 계 7:4-8).

'666' 짐승의 표(계 13:16-17)는 참 이스라엘의 신적 인침(계 7:2-8)의 모방이었다. 이제 사도 요한은 원래의 인침을 보여준다. 하나님에게 복종하는 사람들에게 하나님께서 주인이심과 보호하심의 표를 보여주는 것이다. 그래서 144,000이 **"그들의 이마에"** (계 7:3) 인을 받았다고 하는 것이다. 본문에서 그것은 **"이마에는 어린 양의 이름과 그 아버지의 이름을"** 가진 것으로 나타난다. 여러분에게는 어떤 인침이 있는가? 성령의 인침이 있는가? 예수의 이름이 있는가? 아버지의 이름이 있는가?

> 2-3절. 내가 하늘에서 나는 소리를 들으니 많은 물소리와도 같고, 큰 우렛소리와도 같은데, 내가 들은 소리는 거문고 타는 자들이 그 거문고를 타는 것 같더라. 그들이 보좌 앞과 네 생물과 장로들 앞에서 새 노래를 부르니, 땅에서 속량함을 받은 십사만 사천 밖에는 능히 이 노래를 배울 자가 없더라.

사도 요한은 어린양과 그의 군대를 눈으로 보면서, 동시에 "하늘에서 나는 소리"를 듣는다. 이는 **"많은 물 소리와도 같고 큰 우렛소리와도 같은데 내가 들은 소리는 거문고 타는 자들이 그 거문고를 타는 것 같은"** 소리였다. 이는 하늘의 오케스트라 연주였다. 이 연주에 맞춰서 144,000이 노래를 부른다. 그들은 **"보좌 앞과 네 생물과 장로들 앞에서 새 노래"** 를 부르는 것이다. 이 **"새 노래"** 는 무슨 노래일까?

이스라엘 백성들은 노래하는 백성들이기도 했다. 시편은 그들의 희노애락의 상황마다 그들이 노래했음을 보여준다. 시편에서 사용된 수많은 용어들은 일종의 음악기호이기도 하다. 예를 들면, '깃딧' 은 가드에서 유행한 노래 혹은 악기라는 말이고(8, 81, 84), '마스길' 은 교훈시란 말이다(32, 42, 44, 45, 52~55, 74, 78, 88, 89, 142). '뭇랍벤' 은 음악기호로 예상되고(9), '믹담' 은 죄를 속한다는 뜻이다(16, 56~60). '소산님' 은 백합화라는 뜻이고(45, 60, 69, 80), 가장 많이 등장하는 '셀라' 는 올린다는 말이다. 시편에 71회, 하박국에 3회 나온다. 그리고 '스미닛' 은 옥타브, 즉 한 옥타브가 낮은 음을 말하고, '식가욘' 은 열광적인 노래라는 말이다(7). '알라못' 은 처녀라는 말로 여성합창단, 높은 음을 내는 악기, 처녀들이 연주하는 악기를 가리킨다(46). '여두둔' 은 찬양하라는 말이고(39), '영장' 은 찬양대지휘자이다. '힉가욘' 은 음악기호로 이 지점에서 하프의 정숙한 소리가 나온다는 것이다(9:16).

이스라엘 백성들은 시편으로 노래했고, 그 외에도 많은 노래들을 가지고 있다. 그러나 그들이 부르는 노래는 모두 '옛 노래' 였다. 옛 노래는 오래된 노래라는 의미가 아니다. 옛 마음, 옛 영으로 부르는 노래이기에 옛 노래이다. 만약 성령으로 새롭게 된다면, 그들이 부르는 노래는 수천 년의 역사를 지닌 노래일지라도 새 노래가 될 것이다. 성경은 새로움이 무엇인지를 이렇게 설명한다. "그런즉 누구든지 그리스도 안에 있으면 새로운 피조물이라. 이전 것은 지나갔으니. 보라 새 것이 되었도다" (고후 5:17).

4-5절. 이 사람들은 여자와 더불어 더럽히지 아니하고 순결한 자라. 어린 양이 어디로 인도하든지 따라가는 자며, 사람 가운데에서 속량함을 받아 처음 익은 열매로 하나님과 어린 양에게 속한 자들이니, 그 입에 거짓말이 없고 흠이 없는 자들이더라.

사도 요한은 하나님의 군대에 대해 더 묘사하고 있다. "**이 사람들은 여자와 더불어 더럽히지 아니하고 순결한 자라.**" 독신으로 사는 자란 의미인가? 그렇다면, 남자만 하나님의 군대 일원이 될 수 있다는 말인가? 이 "**순결한 자**" 는 문자적 독신에 대한 것이 아니다. 마태복음에서 예수님이 '고자' 에 대해 언급한다. 바리새인들에게 엄격한 이혼법에 대해 가르치자, 제자들이 그럼 결혼하지 않는 것이 낫는가 묻다. 그러자 예수님인 말씀하신 것이다. "어머니의 태로부터 된 고자도 있고, 사람이 만든 고자도 있고, 천국을 위하여 스스로 된 고자도 있도다. 이 말을 받을 만한 자는 받을지어다" (마 19:12). 이는 성적불능에 대한 것이 아니라 독신에 대한 강력한 상징이다. 마찬가지로, "여자와 더불어 더럽히지 아니하고 순결한 자"는 독신자가 아니다. 그러면 어떤 자들인가?

다윗이 밧세바를 범한 사건을 기억해 보라. 다윗은 밧세바의 임신을 감추기 위하여 급하게 전쟁 중인 우리아 장군을 불렀다. 특별휴가를 주어 아내와 잠자리를 같이 하게 한 것이다. 그런데 우리아가 이것을 거절한다. "우리아가 다윗에게 아뢰되 언약궤와 이스라엘과 유다가 야영 중에 있고, 내 주 요압과 내 왕의 부하들이 바깥들에 진 치고 있거늘, 내가 어찌 내 집으로 가서 먹고 마시고, 내 처와 같이 자리이까? 내가 이 일을 행하지 아니하기로 왕의 살아 계심과 왕의 혼의 살아 계심을 두고 맹세하나이다 하니라"(삼하 11:11).

왜 그랬겠는가? 거룩한 전쟁을 하는 동안 제사장-군인들은 성적인 금지의 계명이 있었던 것이다(cf. 출 19:15, 레 15:16, 신 20:7, 23:10-11, 삼상 21:4-5, 삼하 11:8-11). 특히 신명기 23:9-14 "네가 적군을 치러 출진할 때에 모든 악한 일을 스스로 삼갈지니, 너희 중에 누가 밤에 몽설함으로 부정하거든, 진영 밖으로 나가고 진영 안에 들어오지 아니하다가, 해 질 때에 목욕하고 해 진 후에 진에 들어올 것이요. 네 진영 밖에 변소를 마련하고 그리로 나가되, 네 기구에 작은 삽을 더하여 밖에 나가서 대변을 볼 때에 그것으로 땅을 팔 것이요. 몸을 돌려 그 배설물을 덮을지니, 이는 네 하나님 여호와께서 너를 구원하시고 적군을 네게 넘기시려고, 네 진영 중에 행하심이라. 그러므로 네 진영을 거룩히 하라. 그리하면 네게서 불결한 것을 보시지 않으므로 너를 떠나지 아니하시리라." 전쟁 때, 진중에서는 심지어 대변도 보이지 않도록 했다.

성경에 보면 금방 이해하기 힘든 표현이 있는데, 예를 들면, 사무엘상 21:5이다. "다윗이 제사장에게 대답하여 이르되 우리가 참으로 삼 일 동안이나 여자를 가까이 하지 아니하였나이다. 내가 떠난 길이 보통 여행이라도 소년들의 그릇이 성결하겠거든, 하물며 오늘 그들의 그릇이 성결하지 아니하겠나이까? 하매" 여기에서 '소년들의 그릇'이란 '성기'에 대한 은유이다. '그릇이 깨끗하다'는 것은 '성적으로 깨끗하다'는 것이다. 부하들에게 떡을 먹이기 위하여 제사장에게 떡을 얻으러 온 다윗이 전쟁 중인 지금 자신들이 성적으로 깨끗하다는 것이다. 여러분들은 성적으로 깨끗한가? 지난 주 청년들이 많이 모이기로 유명한 서울 모교회 목사님이 결국 사표를 내야 했다. 성적인 문제에서 아무도 자유로울 수 없다. 항상 깨어서 살기를 바란다. 아멘.

하나님의 군대는 성적으로 깨끗했다. 또한 "**어린 양이 어디로 인도하든지 따라가는 자**"였다. 이 "**따라가는**"이라는 말은 제자도의 복종을 나타내는 전형적인 은유이다(마 9:9, 10:38, 16:24, 막 9:38, 10:21, 28, 눅 9:23, 요 8:12, 10:4-5, 27, 21:22). 제자는 스승의 길을 따라가는 자이다. 여러분은 누구의 뒤를 따르고 있는가?

또한, 그들은 "**그 입에 거짓말이 없고 흠이 없는 자들**"이다. 마귀는 속이는 자요, 거짓 참소자요, 거짓의 아비이다(요 8:44, 계 12:9). 하나님의 백성은 특징은 정직이다(엡 4:24-27). 정직하면 물질에 손해를 보기 쉬운 시대를 살고 있다. 경제적 손익보다 중요한 것이 영적 손익이다. 여러분들은 영원한 것에 가치를 두는가? 썩어 없어질 현세적인 것에 가치를 두고 있는가? 둘 중에서 하나를 포기해야 한다면, 어떤 것을 포기해야 하겠는가?

주석가들은 종종 이 그림이 지상에 보이는 교회인지 혹은 하늘에 있는 교회를 나타내기 위한 것인지 궁금했었다. 그러나 우리가 이미 살펴본 것처럼, '지상에 있는 교회'는 동시에 '하늘에' 있는 것이다(계 12:12, 13:6). 그러므로 시온산에 어린양과 함께 있는 교회는 동시에 지상에 있는 교회이기도 한 것이다. 시온산의 하늘 군대의 능력이 '거룩'에 있듯이, 교회의 능력은 거룩에 있다. 거룩함에 승리하는 성도들이 되기를 바란다. 아멘.

2. 영원한 복음과 진노의 포도주(계 14:6-13)

복음이란 무엇인가? 우리는 복음을 잘 이해해야 한다. 본문에서 천사는 '영원한 복음'을 전파한다. 그 핵심은 하나님을 두려워하고 하나님께 영광을 돌리라는 것이다. 그 복음을 복음으로 받아들이는 자들은 '안식'을 누리지만, 거부하는 자들에게는 '심판'이 주어졌다. 천사가 전한 이 복음과 진노의 포도주를 살펴보자.

6-7절. 또 보니 다른 천사가 공중에 날아가는데, 땅에 거주하는 자들 곧 모든 민족과 종족과 방언과 백성에게 전할 영원한 복음을 가졌더라. 그가 큰 음성으로 이르되, 하나님을 두려워하며 그에게 영광을 돌리라. 이는

> 그의 심판의 시간이 이르렀음이니, 하늘과 땅과 바다와 물들의 근원을 만드신 이를 경배하라 하더라.

천사가 "**땅에 거주하는 자들 등에게 전할 영원한 복음을 가졌더라**" 고 한다. 먼저, 이 "**땅에 거주하는 자들**" 은 누구인가? <개역개정성경>은 "**땅에 거주하는 자들 곧 모든 민족과 종족과 방언과 백성**" 이라고 "**땅에 거주하는 자들**" 을 풀어서 "**곧 모든 민족과 종족과 방언과 백성**" 이라고 한다. 그러나 "**땅에 거주하는 자들**" 과 "**모든 민족과 종족과 방언과 백성**" 은 다른 것이다. 단순한 연결인 동위접속사 카이(καί)가 쓰이고 있다. 그래서 <표준새번역> 성경만 해도, "**땅 위에 살고 있는 사람과 모든 민족과 종족과 언어와 백성**" 이라고 번역하고 있는 것이다.

다시 말하면, "**땅에 거주하는 자들**" 은 '모든 민족이나 종족 등' 을 뜻하는 것이 아니다. 이것은 '배교한 이스라엘' 에 대한 일반적인 표현인 것이다(계 3:10, 13:8, 12, 14, 17:2, 8). 복음은 "땅에 거하는 자들" 에게 먼저 전파될 것이다. 그 후에 "**모든 민족과 종족과 방언과 백성**" 에게 전파될 것이다. 이는 '첫째는 유대인에게요, 그 후에 이방인에게' 라는 복음의 일반적 순서와 일치하는 것이다(행 3:26, 11:18, 13:46-48, 28:23-29, 롬 1:16, 2:9). 복음은 먼저 유대인에게, 그러나 그들이 복음을 거부하자 촛대가 옮겨져 이방인에게 주어졌다. 하나님은 '원가지' 도 아끼지 않으셨는데, 이방인인 우리도 열매를 맺지 못하면, 그 결과는 자명한 것이다.

복음은 먼저 유대인에게 그 다음으로 이방인들에게 전해지도록 계획되었다. "이 천국 복음이 모든 민족에게 증언되기 위하여 온 세상에 전파되리니 그제야 끝이 오리라" (마 24:14). 우리는 복음이 아직 모든 민족에게 전해지지 않았다고 생각한다. 그래서 선교에 더 힘써야 한다고 생각한다. 반만 맞는 생각이다. 선교에 더 힘써야 되는 것은 맞다. 그러나 복음이 모든 민족에게 전해지지 않았다는 생각은 성경적이지 않다. 성경은 이 점에 대해서 무엇이라고 말하고 있는가? 로마서 1:8 "먼저 내가 예수 그리스도로 말미암아 너희 모든 사람에 관하여 내 하나님께 감사함은 너희 믿음이 온 세상에 전파됨이로다." 너희 믿음이 온 세상에 전파되었다고 한다. 로마서 10:18 "그러나 내가 말하노니 그들이 듣지 아니하였느냐? 그렇지 아니하니 그 소리가 온 땅에 퍼졌고 그 말씀이 땅 끝까지 이르렀도다 하였느니라"(cf. 시 19:4). 복음의 소리가 온 땅에, 그 말씀이 땅 끝까지 이르렀다고 한다. 골로새서 1:6 "이 복음이 이미 너희에게 이르매 너희가 듣고 참으로 하나님의 은혜를 깨달은 날부터 너희 중에서와 같이, 또한 온 천하에서도 열매를 맺어 자라는도다." 복음이 온 천하에서 열매를 맺어 자란다고 한다. 골로새서 1:23 "이 복음은 천하 만민에게 전파된 바요. 나 바울은 이 복음의 일꾼이 되었노라." 복음이 천하 만민 즉 모든 피조물에게 전파되었다고 한다. A.D. 70년 예루살렘의 멸망이라는 옛 세상의 종말이 오기 전, 사도 바울은 이미 이 복음이 온 세상에 전파되었다고 한다(cf. 클레멘트1서 5:7).

1세기 당시 독자들에게 '온 세상'은 지중해를 중심으로 한 세상이다.[35] 바울에게 '땅 끝'은 지중해의 끝인 '서바나'였다(롬 15:28). 그러므로 땅 끝까지 복음이 전파되었고, 그래서 '끝'은 왔던 것이다. A.D. 70년 예루살렘의 멸망이 있게 된 것이다. 물론 이러한 성경적 원리에 대한 적용으로 복음을 전하고 선교하는 일은 반드시 필요하다. 그러나 선교해야 주님이 오신다는 생각, 더 나아가서 주님의 재림을 앞당기기 위하여 선교해야 한다는 생각은 잘못된 것이다. 우리는 세상을 끝내기 위해 구원받은 것이 아니라 세상을 섬기기 위하여 구원받았다. 아담에게 주어진 문화명령을 그리스도 중심으로 다시 회복하기 위하여 구원받은 것이다. 이 땅에 하나님의 나라를 세우기 위해 구원받았다. 이 세상은 '불타 없어질 세상'이 아니라 '아름답게 변혁되어야 할 세상'이기 때문이다.

어떤 의미에서 '선교지상주의'는 선교를 방해할 수 있다. 우리에게는 지상대명령(선교하라)과 지상대계명(사랑하라)이 동시에 주어져 있다. 이 세상을 사랑하는 사람만이 이 세상을 선교할 수 있다. 세상은 나의 전도를 받을 대상이면서 동시에 나의 사랑을 받을 대상이다. 내가 사랑해야 전도할 수 있는 것이다. 세상을 변화

---

35) 온 세상의 '세상'이란 단어의 의미를 오늘날 보편적인 의미로 해석하기 때문에 발생한 일종의 '의미론적 시대착오'의 오류, 즉 소위 Semantic anachronism이라는 이 오류는 어떤 후대의 단어 용법으로 그 보다 시대적으로 앞선 작품을 읽을 때 발생한다. 한편, '세상'이라는 용어를 오늘날의 언어로 읽는 이것은 어떤 측면에서는 세계관 혼동(world-view confusion)의 오류로 볼 수도 있을 것이다. Cf. D. A. Carson, *Exegetical Fallacies* (Grand Rapids: Baker Book House, 19908), pp. 32-34, 105-107.

시키는 것은 지식이 아니라 사랑이다. 동화책에 등장하는, '해님과 북풍의 나그네의 겉옷 벗기기' 처럼, 사랑이 힘 있는 것이다.

한편, 이 **"땅에 거주하는 자들"** 이라는 표현에서 주목할 것은 그 초점이 '유대 지도자들' 에게 맞춰져 있다는 것이다. 원문을 직역하면 그들은 땅 위에 '올라앉은 자들' 이라고 되어 있다. 여기에 쓰인 동사 '카테메누스' (καθήμενους)는 14절에서 인자가 구름위에 '올랐다' 는 것과 같은 동사이다. 그들은 땅 위의 어떤 자리에 올랐던 자들이다. 실제로 유대 랍비들은 회당에서 '지혜의 자리' 라고 하는 높은 의자를 만들어두고, 그 자리에 앉았던 것이다.[36] 이 유대 지도자들은 그리스도를 거부하며 "우리는 이 사람이 우리의 왕 됨을 원하지 아니하나이다" 라고 했다(눅 19:14). 또한 주님은 "사람들을 삼가라. 그들이 너희를 공회에 넘겨주겠고, 그들의 회당에서 채찍질하리라. 또 너희가 나로 말미암아 총독들과 임금들 앞에 끌려가리니. 이는 그들과 이방인들에게 증거가 되게 하려 하심이라" 고 경고하셨다(마 10:17-18).

교계의 지도자들을 위해 기도해야 할 것이다. 특히 신학교 교수들을 위해 기도해야 할 것이다. 화란 개혁교회가 화란의 사회적 타락의 원인을 조사했다. 그리고 조사보고서가 작성되었다. 제목은 <그들이 먼저 갔다>이다. 사회의 타락을 조사

---

36) 이것을 소위 '모세의 자리' 라고 하는데, 이 '모세의 자리' 는 4세기 이후 회당에서 발견된 것으로 예수님 당시에 그러한 것이 있었는지 확신할 수 없다. 그러나 Albright와 Mann은 이스라엘에서 모든 회의 자리는 모세의 회의 같이 세 개로 되어 있었다고 한다. 여자적으로 번역한 이 '모세의 자리' 라는 것은 회당에서 강론을 하도록 만들어진 자리에 붙여진 이름이다. Cf. W. F. Albright and C. S. Mann, *Matthew* (New York: Doubleday & Company, 1982), p. 278; 이 모세의 자리에 대한 자세한 내용은 Israel Renov, "The Seat of Moses", *IEJ* 4 (1955), pp. 262-267을 참고하라; 최근에 Newport는 Sukenik이 고고학자들에 의해 발굴된 '모세의 자리' 의 몇 가지 예들을 소개하고, 그 중에 높이 56cm 둘레 76cm의 돌로 만든 모세의 자리도 있었음을 언급한다. 그는 Roth를 주목하면서 이 '모세의 자리' 라는 표현이 단지 바리새인과 서기관들이 지적으로 거만한 위치에 있었음을 가리키는 것으로 이해한다. Cf. Kenneth G.C. Newport, "A Note on the 'Seat of Moses'", *AUSS 28* (1990), pp. 53-58; Kenneth G.C. Newport, *The Sources and Sitz im Leben of Matthew 23* (JSNTSup 117; Sheffield: Sheffield Academic Press, 1995), pp. 81-85.

하니, 앞서 교회의 타락이 있었고, 교회의 타락을 연구하니, 지도자들의 타락이 있었고, 교회 지도자들의 타락을 살피니, 목사의 타락이 있었고, 목사의 타락을 추적하니, 그들을 가르친 신학교 교수들이 타락했더라고 한다. 그래서 생긴 제목이 <그들이 먼저 갔다>이다. 우리가 장차 한국교회뿐 아니라 세계교회의 지도자들이라고 믿는다. 어린 시절부터 순전하게 주님께 드려지기 바란다. 반환점은 짧을수록 좋다. 잘못된 길이라면 빨리 돌아서라.

천사가 전한 복음의 내용은 새로운 것이 아니다. 성경에서 지속적으로 전해진 복음이다. "**영원한 복음**"이다. "회개하라 천국이 가까이 왔느니라!" 요한과 예수께서 이미 선포하신 하나님 나라의 메시지이다(마 3:1-2, 막 1:14-15). 지금 천사가 선포한 복음 안에는 신약복음의 모든 요소들이 있다. "**하나님을 두려워하며**(눅 1:50, 12:5, 행 10:35) **그에게 영광을 돌리라**(마 5:16, 9:8, 15:31). **이는 그의 심판의 시간이 이르렀음이니**(요 12:23, 31-32, 16:8-11) **하늘과 땅과 바다**(세상, 창 1장)**와 물들의 근원**(낙원, 창 2장)**을 만드신 이를 경배하라.**" 이 모든 것은 사도들이 전한 복음과 유사한 것이다(cf. 행 14:15, 17:24-31).

다른 복음은 없다. 바울은 초대교회가 그 짧은 시간 속에서도 다른 복음을 따라가는 것을 이상하게 생각했다. 고린도후서 11:4 "만일 누가 가서 우리가 전파하지 아니한 다른 예수를 전파하거나 혹은 너희가 받지 아니한 다른 영을 받게 하거나 혹은 너희가 받지 아니한 다른 복음을 받게 할 때에는 너희가 잘 용납하는구나." 갈라디아서 1:6-7 "그리스도의 은혜로 너희를 부르신 이를 이같이 속히 떠나 다른 복음을 따르는 것을 내가 이상하게 여기노라. 다른 복음은 없나니 다만 어떤 사람들이 너희를 교란하여 그리스도의 복음을 변하게 하려 함이라." 갈라디아서 1:8 "그러나 우리나 혹은 하늘로부터 온 천사라도 우리가 너희에게 전한 복음 외에 다른 복음을 전하면 저주를 받을지어다." 바울은 이러한 저주를 두 번이나 반복한다(갈 1:9). 복음에 대한 분별력이 있기를 바란다. 능력 있는 사람, 권위 있는 사람의 말이 중요한 것이 아니다. 사람을 보지 말기 바란다. 복음을 전하는 사람을 존경해야 할 것이다. 그러나 그가 전하는 진리는 분별해야 할 것이다. 요한일서 4:1 "사랑하는 자들아 영을 다 믿지 말고 오직 영들이 하나님께 속하였나 분별하라. 많은 거짓 선지자가 세상에 나왔음이라"(cf. 딤후 2:15).

8절. 또 다른 천사 곧 둘째가 그 뒤를 따라 말하되 무너졌도다. 무너졌도다. 큰 성 바벨론이여 모든 나라에게 그의 음행으로 말미암아 진노의 포도주를 먹이던 자로다 하더라.

본문은 초대교회가 전한 복음의 다른 측면을 제시하고 있다. **"무너졌도다. 큰 성 바벨론이여!"** 이것은 계시록에서 바벨론에 대한 최초의 언급인데, 장차 그 정체가 완전히 드러날 것이다. 이 '바벨론'은 무엇인가? 아마 계시록 직전에 기록되었을 베드로전서에서, 베드로는 "바벨론에 있는 교회가 문안한다"고 했다(벧전 5:13). 많은 사람들이 이것을 사도 베드로가 전승에 의하면 훗날 순교한 로마일 것이라고 추측한다. 그러나 그가 이 편지를 썼을 때, 베드로는 예루살렘에 있었을 가능성이 훨씬 많다. 베드로가 살았었고, 사역을 했던 곳이 바로 예루살렘이기 때문이다(행 8:1, 12:3, 갈 1:18, 2:1-9, cf. 벧전 4:17). 게다가 베드로의 첫 번째 편지는 또한 마가와 실라의 안부를 보내는데(벧전 5:12-13), 그 두 사람은 예루살렘에 살았었다(행 12:12, 15:22-40).

만약 바벨론이 '로마'를 가리키는 것이라도, 그 로마는 이스라엘과 관련된 로마일 뿐이다. 로마 자체로는 의미가 없는 것이다. 계시록 11장에서 "주께서 못 박히신 큰 성"은 당연히 예루살렘인데, 영적으로 '소돔'과 '애굽'이라고 했다.

이 거대한 음녀의 도시(계 17:1)는 **"모든 나라에게 그의 음행으로 말미암아 진노의 포도주를 먹이던 자로다."** 이 **"진노의 포도주"**는 솔로몬에 의해 기념된 '사랑의 포도주'와 대조적인 것이다(아 1:2-4, 4:10, 5:1, 7:2, 9). 솔로몬과 술람미 여인과의 사랑의 매개체가 포도주였다. "내 누이, 내 신부야 네 사랑이 어찌 그리 아름다운지, 네 사랑은 포도주보다 진하고 네 기름의 향기는 각양 향품보다 향기롭구나"(아 4:10; cf. 시 104:15, 전 9:7).

그러나 진노의 포도주는 그 반대 역할을 한다. 죽음을 부르는 포도주가 된 것이다. 잠언 31:6 "독주는 죽게 된 자에게, 포도주는 마음에 근심하는 자에게 줄지어다." 예레미야 51:7 "바벨론은 여호와의 손에 잡혀 있어 온 세계가 취하게 하는 금잔이라. 뭇 민족이 그 포도주를 마심으로 미쳤도다." 실제로 신약시대에는 사형수들에게 고통을 덜어주기 위하여 몰약을 탄 포도주를 주었다. 마가복음 15:23

"몰약을 탄 포도주를 주었으나 예수께서 받지 아니하시니라." 예수께서는 십자가에 못 박히실 때, 그에게 제공된 '몰약을 탄 포도주' 를 거부하셨다. 주님은 당신이 받으실 고난을 모두 받으신 것이다. 그러나 우리가 놓치지 말아야 할 것은 취하게 하는 포도주를 마시는 것이 확정적인 죽음의 서곡이 된다는 사실이다.

음녀 바벨론은 음행으로 **"진노의 포도주"** 를 마시게 하는 자였다. 하나님께서는 이스라엘을 모든 사람들이 그의 음식을 먹고, 그의 포도주를 마시고, 지혜의 길을 따라 살도록 하는 '지혜의 여자' 로 삼으려고 했다(잠 9:1-6). 그러나 이스라엘은 스올 깊은 곳으로 사람들을 유혹하기 위하여 훔친 물건을 사용하는 '어리석은 여자' 가 되었던 것이다(잠 9:13-18). 땅의 짐승같이, 음녀 바벨론의 우선적인 임무는 다른 사람들을 음행하도록 하는 것, 즉 거짓 신들을 경배하도록 유혹하는 것이었다. 복음은 하나님을 섬기도록 하는 것이다. 어쩌면 한국교회 최대의 이단은 통일교나 구원파가 아니다. '맘몬' 을 섬기도록 하는 것이다. '돈' 을 숭배하는 배금주의이다. 공산주의만큼이나 자본주의도 위험할 수 있다.

9-11절. 또 다른 천사 곧 셋째가 그 뒤를 따라 큰 음성으로 이르되, 만일 누구든지 짐승과 그의 우상에게 경배하고, 이마에나 손에 표를 받으면, 그도 하나님의 진노의 포도주를 마시리니, 그 진노의 잔에 섞인 것이 없이 부은 포도주라. 거룩한 천사들 앞과 어린 양 앞에서 불과 유황으로 고난을 받으리니, 그 고난의 연기가 세세토록 올라가리로다. 짐승과 그의 우상에게 경배하고 그의 이름표를 받는 자는 누구든지 밤낮 쉼을 얻지 못하리라 하더라.

땅의 짐승, 즉 배교한 이스라엘 지도자들은 짐승과 그 우상을 숭배했다. 로마의 황제숭배에 앞장섰다(계 13:11-17). 그래서 심판과 죽음을 부르는 **"하나님의 진노의 포도주"** 를 마셔야 했다. 이 진노의 포도주는 **"불과 유황으로 고난"** 받는 것이다. 그런데 이 포도주는 **"섞인 것이 없이 부은 포도주"** 라고 한다. '천사들', 즉 교회 지도자들은 그리스도의 주되심을 반대하는 자들에게 타협 없이 설교해야만 한다. 심판의 경고를 할 때, 진리를 모호하게 만들어서는 안 된다.

사실 **"진노의 포도주"** 라는 말에서 '진노' 라는 말은 문자적으로 '열' 이라는 말이다. 그래서 진노의 포도주는 '뜨거운 포도주' 라고 번역할 수 있을 것이다. 그래서 그들은 **"거룩한 천사들 앞과 어린 양 앞에서 불과 유황으로 고난을 받으리니, 그 고난의 연기가 세세토록 올라가리로다."** 그들의 운명에 대한 이미지는 불과 유황으로 심판받은 소돔과 고모라의 멸망에서 왔다(창 19:28). 특히, 성막에서 보좌 앞에 제단이 있는 것처럼, 천사들과 어린 양 앞에서 그들은 불태워진 것이다. 사실, '진노' 로 번역된 말이 '열' 이라는 말에서 유래했다고 했는데, 이 '열' (튀모스, θυμος)이라는 단어의 기본 동사는 '제사하다, 제물로 죽이다' (튀오, θυω)는 말이다. 그러므로 진노의 포도주는 뜨거운 포도주이면서, 제사에서 제물로 드려지는 포도주인 셈이다. 예수님은 사랑이다. 그 사랑 때문에 사랑하는 자들을 철저하게 보호한다. 원수들을 심판한다. 주님의 사랑이 불같은 진노를 일으켰다는 사실을 기억하라.

또한 여기에 엄격한 대조가 있다. 짐승의 숭배자들과 그의 표를 받은 자들은 그들의 고통으로부터 **"밤낮 쉼을 얻지 못하리라"** 고 한다. 이 **"밤낮 쉼을 얻지 못하리라"** 는 단어는 계시록 4:8에서 영원히 찬양의 제사를 드리고 있는 스랍들의 대한 묘사에도 등장한다. "네 생물은 각각 여섯 날개를 가졌고, 그 안과 주위에는 눈들이 가득하더라. 그들이 밤낮 쉬지 않고 이르기를 거룩하다 거룩하다 거룩하다 주 하나님 곧 전능하신 이여, 전에도 계셨고 이제도 계시고 장차 오실 이시라 하고." 우상숭배자들은 밤낮 고통을 받고, 스랍들은 밤낮 찬송을 한다.

12-13절. 성도들의 인내가 여기 있나니, 그들은 하나님의 계명과 예수에 대한 믿음을 지키는 자니라. 또 내가 들으니 하늘에서 음성이 나서 이르되, 기록하라. 지금 이후로 주 안에서 죽는 자들은 복이 있도다. 하시매, 성령이 이르시되, 그러하다. 그들이 수고를 그치고 쉬리니, 이는 그들의 행한 일이 따름이라 하시더라.

하나님의 백성들은 인내해야 한다. 대학시절, '악인의 형통' 이란 문제로 고민한 적이 있었다. 상담해 주신 황창기 교수님께서 시편 37편을 소개해 주셨다. 그

후로 시편 37편을 좋아하게 되었다. 일부만 읽겠다. "악을 행하는 자들 때문에 불평하지 말며 불의를 행하는 자들을 시기하지 말지어다. 그들은 풀과 같이 속히 베임을 당할 것이며 푸른 채소 같이 쇠잔할 것임이로다. 여호와를 의뢰하고 선을 행하라. 땅에 머무는 동안 그의 성실을 먹을거리로 삼을지어다. 또 여호와를 기뻐하라. 그가 네 마음의 소원을 네게 이루어 주시리로다. 네 길을 여호와께 맡기라 그를 의지하면 그가 이루시고, 네 의를 빛 같이 나타내시며 네 공의를 정오의 빛 같이 하시리로다. 여호와 앞에 잠잠하고 참고 기다리라. 자기 길이 형통하며 악한 꾀를 이루는 자 때문에 불평하지 말지어다"(시 37:1-7).

악한 자들은 멸망할 것이다. 사도 요한은 그의 독자들에게 그렇게 말하고 있고, 야고보도 그렇게 이야기했다. "그러므로 형제들아 주께서 강림하시기까지 길이 참으라. 보라 농부가 땅에서 나는 귀한 열매를 바라고 길이 참아 이른 비와 늦은 비를 기다리나니, 너희도 길이 참고 마음을 굳건하게 하라. 주의 강림이 가까우니라. 형제들아 서로 원망하지 말라. 그리하여야 심판을 면하리라. 보라 심판주가 문 밖에 서 계시니라"(약 5:7-9).

성도는 **"하나님의 계명과 예수에 대한 믿음을 지키는 자"** 이다. 구원은 순간적으로 받지만, 성도의 삶은 평생 다듬어져간다. 때로는 죽음을 각오해야 한다. 그래서 사도 요한은 **"하늘에서 음성이 나서 이르되 기록하라. 지금 이후로 주 안에서 죽는 자들은 복이 있도다"** 라는 기록한다. 그리스도의 십자가와 부활을 통하여, 하늘이 열렸다. 구약의 신실한 자들이 사후에 거하는 '아브라함의 품' 은 이제 끝이 났다(눅 16:22). 그곳에서 구원을 기다리던 자들은 풀려났다(cf. 벧전 3:19, 4:6). 죽음은 이제 그리스도와 앞서간 성도들이 영광으로 통하는 출구가 되었다.

초기의 성도들은 그리스도의 부활의 의하여 죽음이 정복당했다는 것을 제대로 이해했었다. 위대한 교회사가인 유세비우스는 많은 초기의 순교자들의 목격자였는데, 그는 기독교인들이 기쁘고 영광스럽게 순교한 많은 경우들을 기록하고 있다. 예를 들어, 익나티우스는 로마에서 맹수의 의해 찢겨진 초기의 순교자였다(약 A.D. 107년). 그의 자신의 편지에서, 로마에 있는 그의 형제들에게 자신의 석방을 위하여 애쓰지 말도록 부탁했고, 오히려 "제단에 준비 된 전제로 하나님께 부어지는 것" 이 자신에게 허락되도록 요청했다.

초대교회 성도들은 지금보다 좀 더 나은 삶을 위해 예수를 믿은 것이 아니다. 좀 더 건강하게 살기위하여, 좀 더 부자로 성공하기 위해서 예수님을 믿은 것이 아니다. 영원한 생명을 위해 이 땅에서의 삶을 기꺼이 포기할 수 있었던 것이다. 죽음을 두려워하지 않았던 것이다. 죽음도 두려워하지 않았는데, 그들에게 무엇이 문제가 되었겠는가? 우리는 죽음은 고사하고, 몇 푼 물질에 손해 보는 것도 바들바들 떠는데 어떻게 성도라고 할 수 있겠는가?

"성령이 이르시되 그러하다 그들이 수고를 그치고 쉬리니 이는 그들의 행한 일이 따름이라." 우상숭배자들은 고통가운데 '밤 낮 쉼을 얻지 못 할' 것이다. 그러나 성도들에게는 영원한 안식이 약속되고 있다.

믿음으로 구원 받는 것이 맞다. 어느 인간이든지 그 행위로 구원받지 못한다. 그러나 구원 받은 사람은 구원의 은혜에 감격하며 보답하는 삶을 살게 되어 있다. 야고보 사도는 질문한다. "내 형제들아 만일 사람이 믿음이 있노라 하고 행함이 없으면 무슨 유익이 있으리요? 그 믿음이 능히 자기를 구원하겠느냐?"(약 2:14). 그리고 말씀한다. "이와 같이 행함이 없는 믿음은 그 자체가 죽은 것이라"(약 2:17). 하나님은 말씀한다. "오직 선을 행함과 서로 나누어 주기를 잊지 말라. 하나님은 이 같은 제사를 기뻐하시느니라"(히 13:16). 선한 삶 자체가 제사이다. 우리가 길거리 휴지를 줍는 것 자체가 예배이다. 남을 돕는 일 자체가 예배이다. 삶이 예배이다.

우리는 값싼 구원을 받지 않았다. 겨우 지금보다 조금 더 좋아지는 수준의 구원을 받지 않았다. 우리의 전 생애를 걸어도 좋을 위대한 구원이다. 누군가 말한 것처럼 '황홀한 구원' 이다. 죽음을 두려워하지 않을 구원이다. 무엇보다도 우리는 세상에서 구원을 받았지만, 세상을 섬기도록 구원을 받았다. 중국에서 활동하는 어느 선교사님이 거지처럼 떠도는 탈북자 아이를 전도했다. 그가 예수님을 믿고 결정한 가장 충격적인 일이 다시 북한으로 들어가는 일이다. 이 좋은 복음을 죽어가는 가족과 친구들에게 전해야겠다는 것이다. 이해가 되는가? 이것이 이해가 되어야 복음을 제대로 받은 것이다.

3. 땅의 추수(계 14:14-20)

세 천사가 등장하며 복음을 선포했다. 첫째 천사는 땅에 거하는 자들과 이방나라들에게 전할 영원한 복음으로 심판의 때가 가까웠으니 회개하고 하나님을 경배하라는 것이다. 둘째 천사는 열방에 영적인 간음을 하도록 한 '큰 성 바벨론', 즉 타락한 이스라엘이 무너졌다고 선포했다. 셋째 천사는 우상을 섬긴 자들이 고난을 받을 것이라고 선포했다. 이어지는 본문은 '땅의 추수'에 관한 것이다.

14절. 또 내가 보니 흰 구름이 있고, 구름 위에 인자와 같은 이가 앉으셨는데, 그 머리에는 금 면류관이 있고, 그 손에는 예리한 낫을 가졌더라.

6-20절의 중심을 이루고 있는 것이 14절이다. 6-13절까지 그 땅(이스라엘)에 복음을 선포하는 세 천사가 나타났다. 그리고 이제 15-20절까지 다른 세 천사가 그 땅의 추수에 대한 상징적인 행동들을 할 것이다. 그 중심에 14절 **"흰 구름이 있고 구름 위에 인자와 같은 이"**가 앉았다는 것이다. 그리스도는 구약과 신약의 성경언약의 중심이다. B.C.와 A.D. 역사의 중심이다. 아니, 알파와 오메가, 처음과 나중이다. 그리스도는 모든 것 되시는 분이다. 여러분들의 중심은 무엇인가? 여러분들의 삶의 기준은 무엇인가?

중심되신 그리스도께서 **"흰 구름이 있고 구름 위에 인자[37]와 같은 이"**로 나타

37) 이 '인자'라는 표현은 복음서에는 84회 등장하는데, 예수님께서 인자를 자신에 대한 호칭으로 사용한 경우가 마태복음에는 32회, 마가복음에는 14회, 누가복음에는 26회 그리고 요한복음에는 12회가 있다. 복음서에서 이 인자라는 표현은 주로 세 가지로 나누어 쓰이고 있다. 첫째는 인자란 칭호가 종말론적인 어록과 함께 쓰이는 것이다(마 10:23, 16:28, 24:30, 36, 37, 39, 44, 25:31, 26:64, 막 10:45, 13:26, 29, 눅 17:30, 18:8, 21:36 등). 둘째는 인자의 칭호가 고난과 함께 사용된 것이다(마 17:12, 22-23, 20:18, 28, 26:2, 24, 막 8:31, 9:9 등). 셋째는 기타 다른 용도로 쓰이는 경우이다(마 8:20, 막 2:10, 눅 7:34 등). Cf. 박형용, 『신약성경신학』(합동신학원 교재), pp. 59-60; 마태복음에서 '인자'라는 칭호가 어떻게 기독론적인 칭호로 쓰이고 있는지에 대해서는 Kingsbury의 책을 참고하라. Kingsbury는 '인자'가 가장 대중적인 기독론적 칭호로 사용되었음을 주장한다. Cf. J.

나신 것은 이미 계시록 10:1에서 그리스도께서 옷 입으신 영광구름과 유사한 것이다. 이제 그 영광구름은 시내산에서처럼 검은 것이 아니라 "흰" 것이다(출 19:16-18; cf. 습 1:14-15). 두려움을 주는 영광구름이 아니라 기쁨을 주는 영광구름이기 때문이다.

이 구름 위에 앉으신 **"인자"**는 일곱 머리와 열 뿔을 가진 짐승에 대한 예언에 이어지는 다니엘의 예언과 관련된 것이다. "내가 또 밤 환상 중에 보니, 인자 같은 이가 하늘 구름을 타고 와서, 옛적부터 항상 계신 이에게 나아가 그 앞으로 인도되매, 그에게 권세와 영광과 나라를 주고, 모든 백성과 나라들과 다른 언어를 말하는 모든 자들이 그를 섬기게 하였으니, 그의 권세는 소멸되지 아니하는 영원한 권세요, 그의 나라는 멸망하지 아니할 것이니라"(단 7:13-14).[38] 요한이 말하고 있는 것은 인자는 영원한 왕권을 가진 메시야라는 사실이다. 그의 나라는 결코 뒤집어지지 않을 것이다. 결코 다른 후계자가 나타나지 않을 것이다. 주님의 나라는 영원할 것이다.

또한 **"인자와 같은 이가 앉으셨는데"**라고 한다. 구약에서 왕은 두 가지 기능을 했다. '전쟁'과 '재판'이다. 적이 침입해오는 유사시에는 '전쟁'을 했고, 평화의 시기에는 '재판'을 했다. 전쟁하는 왕은 '서 있는 모습'으로 나타나고, 재판하는 왕은 '앉아 있는 모습'으로 나타난다. 지금 그리스도는 앉아 계신다. 그러므로 재판하는 것이다. 전쟁을 끝내고 승리하신 후, 재판을 하는 것이다. 거기에는 아군들에 대한 논공행상이 있을 것이고, 적에 대한 심판이 있을 것이다.

예를 들어, 2차 대전이 끝난 1945년 11월 20일, 나치당 대회가 열렸던 독일의 뉘른베르크에서 독일군 전범재판이 있었다. 그 결과 22명 중에서, 12명 교수형, 3

D. Kingsbury, *Matthew as Story* (Philadelphia: Fortress, 1988), pp. 95-103.

38) 신약성경에서 다니엘 7:13의 '인자'라는 용어 사용에 대한 문제에 있어서 가장 기본적인 질문은 이 '인자가 개인적이냐 아니면 집단적이냐?' 하는 것과 '신약에서 인자의 사용이 직함(titular)이냐 아니냐?' 하는 것이다. Shepherd는 다니엘 7:13의 인자가 개인, 즉 메시야적인 인물에 대한 것임을 다니엘서의 배경과 정경적 문맥과 초기의 해석사 연구를 통해 밝히고 있다. Cf. Michael B. Shepherd, "Daniel 7:13 and the New Testament Son of Man", *WTJ* 68 (2006), pp. 99-111.

명 종신형, 4명 금고형, 3명은 무죄를 선고하였다고 한다. 본문에서 예수님은 전범들을 재판하시는 승리자로 나타나신 것이다. 그래서 왕이신 예수님은 머리에 면류관을 썼을 뿐 아니라 또한 **"그 손에는 예리한 낫을 가졌더라."** 심판의 도구를 가지신 모습이다.

15-16절. 또 다른 천사가 성전으로부터 나와, 구름 위에 앉은 이를 향하여, 큰 음성으로 외쳐 이르되, 당신의 낫을 휘둘러 거두소서. 땅의 곡식이 다 익어 거둘 때가 이르렀음이니이다. 하니, 구름 위에 앉으신 이가 낫을 땅에 휘두르매, 땅의 곡식이 거두어지니라.

이제 뒤에 나타난 3인조의 첫 천사는 앞의 3인조의 첫 천사가 말했던 것, 즉 "때가 가까움이라"(7절)를 반복한다. 그러나 이 '때' 는 '심판의 때' 가 아니라 '축복의 때', 선택받은 자들을 '모으는 때' 이다(마 24:30-31). 여기 '모으다' 에 쓰인 단어는 문자적으로 '시나고그' (회당, synagogue)인데, 이 말이 쓰인 이유는 그리스도 아래 모이기를 거부한 이스라엘 대신에 교회가 새로운 회당으로써 모이게 될 것이라는 것이다(마 23:37-38). 교회는 새로운 마지막 언약 속에서 불러 모아진 참된 회당이 된 것이다(살후 2:1). 자칭 유대인들은 이제 '사탄의 회당' 이 된 것이다(계 3:9).

교회가 교회다워지는 것은 십자가 종탑 때문이 아니다. 고딕식 건물 때문이 아니다. 부름 받은 자들이 모였기 때문이다. '교회' 는 부름 받은 자들의 모임이다. '예배당' 은 교회로 부름 받은 사람들이 모인 건물이다. 필자는 한국교회가 타락한 시점을 교회와 예배당이 구분 없이 쓰이기 시작한 때부터라고 생각한다. 타락의 핵심도 교회와 예배당이 구분 없이 쓰는 것이라고 생각한다. 공적인 장소로서 '교회당' 혹은 '예배당', 혹은 엄밀한 의미에서는 부적절한 표현이지만 '성전' 을 중시할 수 있을 것이다. 그러나 예배당을 청소하는 것으로 교회를 깨끗이 할 수 없다. 교회가 더러워지는 것은 죄 때문이지, 쓰레기 때문이 아니기 때문이다. 우리 교회 공동체는 깨끗한가? 이는 우리들이 얼마나 죄에 대한 민감성을 가지고 살아가느냐에 달려 있을 것이다.

예수님은 하나님의 나라를 거대한 추수로 묘사했다. "또 이르시되 하나님의 나라는 사람이 씨를 땅에 뿌림과 같으니, 그가 밤낮 자고 깨고 하는 중에 씨가 나서 자라되 어떻게 그리 되는지를 알지 못하느니라. 땅이 스스로 열매를 맺되 처음에는 싹이요, 다음에는 이삭이요, 그 다음에는 이삭에 충실한 곡식이라. 열매가 익으면 곧 낫을 대나니 이는 추수 때가 이르렀음이라"(막 4:26-29). 그리고 제자들에게 "너희 눈을 들어 밭을 보라. 희어져 추수하게 되었도다"고 하셨다(요 4:35-36).

본문에서 첫째 천사가 **"당신의 낫을 휘둘러 거두소서. 땅의 곡식이 다 익어 거둘 때가 이르렀음이니이다"**라고 한 것은 이런 맥락에서 이해되어야 할 메시지이다. 즉 "이에 제자들에게 이르시되 추수할 것은 많되 일꾼이 적으니. 그러므로 추수하는 주인에게 청하여 추수할 일꾼들을 보내 주소서 하라"는 그리스도의 명령에 복종하는 가운데 교회는 기도했다. 천사는 그 기도를 듣고 보좌 위에 앉으신 주님께 **"낫을 휘둘러"** 추수하도록 요청하는 것이다(마 9:37-38).

우리의 모든 기도는 응답된다. 예수께서 영혼추수를 위해 기도하라고 명령하셨고, 교회는 기도했다. 천사도 교회의 기도를 듣고 주님께 나아가 요청하고 있다. 그래서 **"구름 위에 앉으신 이가 낫을 땅에 휘두르매, 땅의 곡식이 거두어지니라."** 구름-보좌로부터 기도의 응답이 나타나는 것이다. 땅에 낫을 휘두르며, 추수꾼들을 보내고 있는 것이다. 앞으로 그 땅은 추수될 것이고, 그 열매들은 하나님의 나라로 옮겨질 것이다. 우리도 영혼을 추수하기 위하여 기도해야 할 것이다. 추수할 일꾼을 보내 주소서라고 기도해야 할 것이다. 기도 중에 '내가 여기 있나이다. 나를 보내소서!' 라고 응답하며 기도해야 할 것이다.

17-18절. 또 다른 천사가 하늘에 있는 성전에서 나오는데 역시 예리한 낫을 가졌더라. 또 불을 다스리는 다른 천사가 제단으로부터 나와 예리한 낫 가진 자를 향하여 큰 음성으로 불러 이르되 네 예리한 낫을 휘둘러 땅의 포도송이를 거두라 그 포도가 익었느니라. 하더라.

사도 요한은 다시 심판을 말한다. 이는 교회의 불러 모음이 동시에 수반하는 것이 이스라엘의 출교이기 때문이다. 예수천당은 불신지옥을 전제한 것이다. 구원과 심판은 동전의 양면과 같은 것이다. 창세기 21장은 약속의 자손 이삭이 태어나자 여종 하갈과 그 아들 이스마엘이 내쫓겼음을 보여준다. 바울은 이것을 유대주의적인 가르침이 침투해 왔었던 갈라디아 교회에 설명했다.

"기록된바 아브라함에게 두 아들이 있으니 하나는 여종에게서, 하나는 자유 있는 여자에게서 났다 하였으며. 여종에게서는 육체를 따라 났고 자유 있는 여자에게서는 약속으로 말미암았느니라. 이것은 비유니 이 여자들은 두 언약이라... 형제들아 너희는 이삭과 같이 약속의 자녀라. 그러나 그 때에 육체를 따라 난 자가 성령을 따라 난 자를 박해한 것 같이, 이제도 그러하도다. 그러나 성경이 무엇을 말하느냐? 여종과 그 아들을 내쫓으라. 여종의 아들이 자유 있는 여자의 아들과 더불어 유업을 얻지 못하리라 하였느니라. 그런즉 형제들아 우리는 여종의 자녀가 아니요. 자유 있는 여자의 자녀니라"(갈 4:22-31).

성령을 따라 난 '교회' 가 육체를 따라 난 '유대인들' 의 핍박을 받았으나, 결국 약속의 자녀가 아닌 유대주의 배교자들은 출교되어 쫓겨난 것이다. 성령으로 난 자들이 참된 자녀들이다. 여러분들은 성령으로 거듭났는가? 누가 구원받았는지 판단하기 어렵다. 그러나 전혀 분별할 수 없는 것은 아니다. 행위로, 열매로 알 수 있기 때문이다. 성령을 받은 사람은 성령의 열매를 맺게 되어 있다. 여러분들에게 성령의 열매가 있는가? 사랑, 희락, 화평...

주님은 추수하시는 분이다. 둘째 천사는 **"이한 낫"** 으로 추수하시는 주님을 돕기 위하여 **"하늘에 있는 성전에서"** 나왔다. 이가 낫을 가지고 추수할 것이다. 그런데 18절에 그에게 추수의 시작을 알리는 셋째 천사가 등장한다. **"또 불을 다스리는 다른 천사가 제단으로부터 나와 예리한 낫 가진 자를 향하여 큰 음성으로 불러 이르되, 네 예리한 낫을 휘둘러 땅의 포도송이를 거두라 그 포도가 익었느니라. 하더라."**

이 셋째 천사가 주로 하는 일은 불을 다스리는 일을 했다. 그런데 이 불은 그냥 '불' 이 아니다. 제단에서 타는 불인 **"그 불"** 이다. 그러므로 이 셋째 천사는 성도들의 기도가 응답의 때가 되었는지를 살폈다가 응답의 때가 되었음을 알리는 천사이다.

그렇게 '포도가 익을 때' 까지 천사도, 주님도, 우리도 기다려야 했다. 교회는 오랫동안 기도했지만, 천사도 빨리 알리고 싶었지만, 주님도 빨리 추수하고 싶으셨지만 기다려야 했다. 한국교회가 가진 약점 중 하나가 '조급함' 이다. 그러나 복음은 '기다림' 을 요구한다. 복음이 처음 들어왔던 시절, 농경문화 속에서 살던 우리 신앙의 선배들은 기다릴 줄 알았다. 복음을 전하고, 사람을 키우며 때를 기다렸다. 그 결과 한국교회가 이렇게 성장했다. 그런데 '빠름' 을 추구하는 도시문화 속에서 우리는 기다릴 줄 모른다. 목사나 전도사 같은 지도자들을 구하는데도 함께 만들어갈 사람이 아니라 만들어진 사람을 찾는다. 교회가 목사를 만들고, 목사가 교회를 만든다. 목사의 부족한 부분을 교회가 참고 기다려 주었던 것이다. 그 교회를 위해 목사들은 목숨 받쳐 충성했던 것이다. 우리 교회는 사람을 키워야 한다. 나이테가 촘촘한 침엽수가 좋은 목재이다. 더디게 자란 나무가 단단하듯이 더디게 만들어지는 사람이 야무진 법이다.

또한, 주님이 모든 것을 아시지만, 포도가 익은 '때를 알려주는 천사' 를 두셨다. 주님이 낫을 가지신 분이시지만, 낫을 들고 '추수하는 천사' 를 두셨다. 혼자 모든 일을 하지 않으셨다. 나누어 하셨다. 무거운 짊을 홀로 지고 있지는 않는가? 좋은 동역자들을 발견하기 바란다. 좋은 동역자가 되어 주기 바란다.

> 19-20절. 천사가 낫을 땅에 휘둘러 땅의 포도를 거두어 하나님의 진노의 큰 포도주 틀에 던지매, 성 밖에서 그 틀이 밟히니 틀에서 피가 나서 말 굴레에까지 닿았고 천육백 스다디온에 퍼졌더라.

포도원 이스라엘은 심판을 받았다. "**천사가 낫을 땅에 휘둘러 땅의 포도를 거두어 하나님의 진노의 큰 포도주 틀에 던지매**"에서 우리는 이스라엘을 뜻하는 "**땅**"을 볼 수 있다. 이는 "**땅의 포도**"를 추수하는, 즉 이스라엘에 대한 심판이라는 강조가 있다. 이러한 이미지는 하나님께서 포도주 틀에서 포도를 밟는 사람으로 묘사되어진 에돔의 멸망에 대한 이사야의 예언에 기초한다. 이사야는 왜 하나님의 옷자락이 포도즙으로 얼룩졌는지를 설명하고 있다. "만민 가운데 나와 함께 한 자가 없이 내가 홀로 포도즙틀을 밟았는데, 내가 노함으로 말미암아 무리를 밟았고 분함으로 말미암아 짓밟았으므로, 그들의 선혈이 내 옷에 튀어 내 의복을 다 더럽혔음이니"(사 63:1-3).

추수하는 천사가 낫을 휘두른다. 그 결과 포도주 틀에서 포도즙이 아닌 피가 된다. **"성 밖에서 그 틀이 밟히니 틀에서 피가 나서 말굴레에까지 닿았고 천육백 스다디온에 퍼졌더라."** 이 1,600 스다디온은 팔레스타인의 길이보다도 약간 큰 것이다. 이는 이스라엘 전체 땅이 다가오는 민족적 심판 가운데 피로 넘쳐날 것을 표현하는 것이다.

흐르는 피는 그 땅을 뒤엎고 있다. 그러나 그것은 **"성 밖에서"** 일어났다. 이것에 대한 '역사적인 성취' 는 A.D. 67년경 베스파시안과 티투스의 군대가 이스라엘을 침공했을 때, 즉 갈릴리가 불과 피로 모두 뒤덮였을 때이다. 예루살렘을 제외한 전체 이스라엘 땅은 죽음과 황폐로 뒤덮였던 것이다.

그러나 이 본문의 신학적인 성취는 그리스도의 희생제사와 관련되어야만 할 것이다. 왜냐하면 그것은 그 '도시 밖에서' 의 피 흘림이기 때문이다. 구약에서 희생제사는 "이는 죄를 위한 짐승의 피는 대제사장이 가지고 성소에 들어가고, 그 육체는 영문 밖에서 불사름이라. 그러므로 예수도 자기 피로써 백성을 거룩하게 하려고 성문 밖에서 고난을 받으셨느니라. 그런즉 우리도 그의 치욕을 짊어지고 영문 밖으로 그에게 나아가자"(히 13:11-14). 그러므로 그 도시 밖은 그리스도의 피가 반역한 이스라엘에 의해 흘려진 심판의 장소였다.

계시록 14장은 그리스도를 중심으로(14절), 처음 세 천사의 '복음 선포' 가 나타나고(6-13절), 나중 세 천사의 '영혼 추수' 가 나타난다(15-20절). 이것은 복음 선포의 결과로 영혼 추수가 나타남을 보여주는 것이다. 추수에는 심판과 구원이라는 두 가지 요소가 있다. '예수천당' 은 다른 말로 '불신지옥' 인 것이다. 영혼들을 추수해서 하나님 나라로 채우는 귀한 사역들이 이어지기를 바란다. 아멘.

4. 승리의 노래(계15:1-4)

계시록은 '심판의 책' 이면서 동시에 '승리의 책' 이다. 하나님의 원수들에게는 심판이 예고되고 하나님의 백성들에게는 승리가 보장되는 것이다. 그래서 계시록의 특징 중 하나는 노래가 많다는 것이다. 무려 13개나 된다. 승리의 노래에 대해 살펴보자.

> 1절. 또 하늘에 크고 이상한 다른 이적을 보매 일곱 천사가 일곱 재앙을 가
> 졌으니 곧 마지막 재앙이라. 하나님의 진노가 이것으로 마치리로다.

사도 요한은 "**하늘에 크고 이상한 다른 이적**"에 대하여 말하고 있다. 이미 '하늘에 큰 이적' 이 두 번 나타났었다. '해를 입은 여자' (계 12:1)와 '거대한 붉은 용' (계 12:3)이다. 계시록 12-14장은 이 해를 입은 여자와 용과의 전쟁을 보여주는 것이다. 이제 그 결과가 나타난다.

그래서 "**일곱 재앙을 가졌으니 곧 마지막 재앙이라. 하나님의 진노가 이것으로 마치리로다.**" 하나님의 백성(신약교회)과 사탄의 세력들(옛 이스라엘) 간의 전쟁은 끝이 나고, 이제 마지막 재앙이 옛 이스라엘에게 나타나는 것이다. 그러므로 이것은 역사 끝에 있을 우주적 재앙이 아니다. 계시록의 목적과 범위에 제한된 것으로, 타락한 이스라엘에 대한 하나님의 마지막 심판을 나타내는 것이다.

성경에 등장하는 '마지막' 이란 말을 '역사 끝' 에 있을 종말로 이해하면, 성경해석에 심각한 문제가 생길 수 있다. 마지막은 일차적으로는 성경이 기록될 '당시의 끝' , 즉 옛 이스라엘의 마지막을 가리키는 경우가 많기 때문이다. 우리는 종종 우주의 종말을 걱정한다. 그러나 우주의 종말이 오기 전에 개인적 종말을 마지하게 될 것이다. 언제 어디서 무슨 일을 만나든 주님을 만날 준비를 하며 살아야 할 것이다. 아멘.

일곱 나팔 재앙처럼, 이 대접 심판은 "**일곱 천사**"에 의하여 수행되어진다. 뒤에서 살펴볼 것처럼, '나팔' 에 의하여 선포가 울려 퍼지는 것과 '대접' 에서 제사의 술이 부어지는 것 사이에는 얼마간의 병행들이 있다.

> 2절. 또 내가 보니 불이 섞인 유리 바다 같은 것이 있고 짐승과 그의 우상과
> 그의 이름의 수를 이기고 벗어난 자들이 유리 바다 가에 서서 하나님의
> 거문고를 가지고

환상은 **"유리 바다"** 에서 시작된다. 이 유리 바다는 하나님의 보좌 앞에 있는 '수정과 같은 유리 바다' 이다(계 4:6). 모형론에 의하면, 하늘에 있는 '원형' 이 땅에서 '모형/그림자' 로 나타나고, 구약의 그림자가 신약의 '실체' 로 나타난다. 하늘-구약-신약을 통해 구속사적인 진전이 나타나는 것이다.

'창세기' 는 시작의 책이다. 천지 창조(1-11장)와 이스라엘 민족의 시작을 말한다(12-50장). '출애굽기' 는 이스라엘의 출애굽한 과정(1-18장)과 신내산 언약 체결(19-24장)과 성막제작(25-34장)을 보여준다. 그들이 출애굽한 이유는 하나님께 예배하겠다는 것이다. 그래서 '레위기' 에는 '예배 매뉴얼' 이 나온다. 어떤 제사(1-7장, 5대 제사)를 누가(8-10장, 제사장 임직), 또한 예배하는 백성들은 어떻게 살아야 하는 지(11-26장, 거룩한 삶의 규례들)를 배우게 된다. '민수기' 란 백성들의 숫자를 센다는 말이다. 민수기는 광야에서 백성들의 삶과 죽음을 보여준다. 신명기는 오경을 기록한 모세가 죽음 앞에서 백성들에게 하나님만 섬길 것을 신신당부(申申當付) 하는 것을 말한다.

모세는 시내산에서 구약의 제사 제도와 하나님을 섬기는 법을 배운다. 그 때 모세가 본 것은 '청옥을 편 듯한' 하늘의 모습이다(출 24:10). 훗날, 에스겔은 영광-구름 가운데 보좌의 형상이 남보석(푸른 수정) 같은 것을 보았다(겔 1:26). 이것이 원래 하나님이 계신 하늘의 '원형' 이다. 그 모형을 성막에서 '물두멍' 으로 만들었다. 물두멍은 다시 성전에서 놋 바다로 불리게 된다(왕상 7:23-26). 이것을 신약에서 요한은 '유리 바다' 라고 한다(계 4:6).

그런데 계시록 4장에서의 유리 바다가 15장에서는 다르게 묘사되고 있다. 원래는 '청옥을 편 듯', '남보석' (푸른 수정)으로 된 푸른색이었다. 그러나 더 이상 푸른색이 아니라 **"불이 섞인"** 모습인 '붉은색' 이다. 왜 붉은색으로 변했을까? 계시록 15장은 14장에 이어진다. 14장의 마지막 장면은 피가 강같이 흐르는 것이다. 의인들은 구원될지라도, 그들의 원수들이 파멸되어서 가나안 땅 전부가 피가 흐르는 거대한 강인 '홍해' 를 이루는 것과 이 환상은 연결된다. 지금 사도 요한이 그리고 있는 그림은 출애굽기에서 홍해를 건넌 후, 모세와 이스라엘 사람들처럼 홍해 바닷가에서 기뻐하는 장면을 묘사하고 있는 것이다(출 14:30-31, 15:1-21). 그래서 **"유리 바다 가에 서서 하나님의 거문고를 가지고"** 바닷가에서 승리자들은 노래하는 것이다.

이스라엘이 홍해를 건넌 사건은 무엇보다도 '구원' 이란 의미를 지닌다. 지금 뒤에서 바로의 군대들이 추격해온다. 이스라엘이 홍해를 건너지 못했다면, 그들은 전멸의 위기에 처해 있는 것이다. 홍해가 갈라지고 이스라엘 백성들은 기적같이 홍해를 건넜다. 혹자는 이스라엘 백성들이 홍해의 얕은 부분을 건넜다고 한다. 그렇다면 애굽의 군대가 그 얕은 물에 빠져 죽은 더 놀라운 기적이 일어난 것이다. 하나님은 이스라엘 백성들을 기적으로 구원하신 것이다.

사도 바울은 이 홍해를 건너 사건을 하나님의 백성들의 '세례 사건' 이라고 한다(고전 10:1-2). 이스라엘이 물에 들어가는 순간 그들은 죽음을 경험한다. 그리고 물에서 나올 때 새로운 생명을 경험한다. 세례는 단순하게 죄를 씻음에 대한 상징이 아니라, 이러한 삶과 죽음에 대한 상징적 행위이다. 그래서 바울은 이렇게 말한다. 골로새서 2:12 "너희가 세례로 그리스도와 함께 장사되고, 또 죽은 자들 가운데서 그를 일으키신 하나님의 역사를 믿음으로 말미암아 그 안에서 함께 일으키심을 받았느니라." 그리스도와 함께 죽었는가? 함께 살리심에 대한 확신이 있는가?

사실 초대교회가 당한 환란은 교회의 불세례였다. 그래서 홍해의 거대한 유리 대접은 '불이 섞인 것' 처럼 보인 것이다. 이스라엘의 구원을 위해서 바로의 군대가 멸망당한 것처럼, 새 이스라엘인 교회의 구원을 위해서 옛 이스라엘인 유대인들이 멸망한 것이다. 이것이 계시록 11:8에서 이미 살펴 본, 예루살렘 "그 성은 영적으로 하면 소돔이라고도 하고 애굽이라고도 하니 곧 그들의 주께서 십자가에 못 박히신 곳이라"는 말씀의 의미인 것이다. 앞으로 영적으로 애굽같은 예루살렘이 하나님의 진노의 피 대접에 빠져 죽어가는 것을 보여 줄 것이다. 이것이 대접 재앙의 실체이다.

그 물두멍 이미지에 대한 더욱 흥미로운 측면이 솔로몬 왕에 의한 성전봉헌의 역대기 기록에 나온다. 솔로몬은 제단 앞에 있는 이 '바다' 에 서서 하나님의 능하신 역사에 대한 감사, 의로운 심판에 대한 호소, 열방의 회심을 위한 탄원을 간구했다(대하 6:14-42, cf. 계 15:3-4). 곧 이어서 이렇게 응답되었다. "솔로몬이 기도를 마치매, 불이 하늘에서부터 내려와서, 그 번제물과 제물들을 사르고, 여호와의 영광이 그 성전에 가득하니, 여호와의 영광이 여호와의 전에 가득하므로 제사장들이 여호와의 전으로 능히 들어가지 못하였고"(대하 7:1-2). 마찬가지로 바다에서 있는 성도들의 기도의 끝에, 일곱 천사들에게 번제물로서 배교한 이스라엘을 태우기 위하여 땅위에 떨어질 불같은 진노로 가득한 대접이 주어진 것이다(계 15:5-8).

이것과 병행하는 다른 본문은 열방을 취하게 하는 잔으로 예루살렘을 묘사한 스가랴 12장이다(슥 12:2, cf. 계 14:8-10). '불의 대야' 는 이방인들을 불사를 것이다(슥 12:6, 계 15:2). 그런데 계시록에서는 1세기 당시의 이스라엘을 바로 이방민족으로 여겼던 것이다. 옛 이스라엘은 불타는 바다, 즉 불의 연못에서 불탈 것이고, 대환난을 통과한 교회는 구원받을 것이다.

3절. 하나님의 종 모세의 노래, 어린 양의 노래를 불러 이르되, 주 하나님 곧 전능하신 이시여 하시는 일이 크고 놀라우시도다. 만국의 왕이시여 주의 길이 의롭고 참되시도다.

이 **"모세의 노래, 어린 양의 노래"** 는 출애굽 한 이스라엘이 가나안 땅 입구에서 이스라엘의 자녀들에게 모세와 여호수아(=예수, 어린양)가 가르친 증거의 노래이다(신 31-32장). 원래 그 이미지의 출처는 홍해에서 바로와 그의 군대를 패배시킨 모세의 승리의 노래가 기록된 출애굽기 15장이다

안식일이 되면, 이스라엘은 상번제를 드렸다. 즉 아침, 저녁 제사를 드렸는데, 아침에는 신명기 32장의 모세의 노래를, 저녁에는 출애굽기 15장의 모세의 노래를 안식일 희생제사에 덧붙여 노래했다(민 28:9-10).

지금 승리적인 교회가 이 동일한 '모세와 어린양의 노래' 를 부르는 것은 참된 안식일을 기념하고 있는 것이다. 전쟁이 끝나고 영원하고 참된 안식의 때가 온 것이다. 여러분들도 하나님의 안식을 경험하며 모세의 노래, 어린양의 노래를 노래할 수 있기를 바란다.

이 **"모세의 노래, 어린 양의 노래"** 의 내용은 무엇인가? 첫째, **"주 하나님 곧 전능하신 이시여 하시는 일이 크고 놀라우시도다"** (출 32장, 신 32:3-4, 대상 16:8-12, 시 92:5, 112:2, 139:14, 사 47:4, 렘 10:16, 암 4:13; cf. 계 1:8). 승리와 안식은 하나님

의 존재로부터 온 것이다. 하나님의 사역이 안식을 가져왔다고 고백하는 것이다. 둘째, **"주의 길이 의롭고 참되시도다"**(신 32:4, 시 145:17, 호 14:9). 하나님께서 원수들을 파괴하시는 심판은 의롭고 참된 것이다. 셋째, **"만국의 왕이시여"**(시 22:28, 24:2, 7-8, 82:8; cf. 딤전 1:17, 6:15, 계 1:5, 19:16). 만국의 통치자로서 하나님은 땅의 군대를 심판한다.

4절. 주여 누가 주의 이름을 두려워하지 아니하며 영화롭게 하지 아니하오리이까? 오직 주만 거룩하시니이다. 주의 의로우신 일이 나타났으매 만국이 와서 주께 경배하리이다. 하더라.

"주여 누가 주의 이름을 두려워하지 아니하며 영화롭게 하지 아니하오리이까?"(출 15:14-16, 렘 10:6-7, cf. 계 14:7). 이것이 의미하는 것은 '누가 회심하지 않겠는가?' '누가 하나님을 섬기지 않고 그를 경배하지 않고 그에게 복종하지 않겠는가?' 하는 것이다. 모든 인간들은 하나님께서 예수 그리스도 안에 주신 그 구원 속에 이르게 될 것이 분명하다.

"오직 주만 거룩하시니이다"(출 15:11, 삼상 2:2, 시 99:3, 5, 9, 사 6:3, 57:5, 15, 호 11:9, cf. 마 19:17, 딤전 6:16). 하나님의 이 '거룩하심'은 하나님의 윤리적인 특성이 아니라, 유일한 존엄성, 즉 당신의 절대적인 초월성과 '다르심'에 관련된 것이다. 그러나 하나님은 초월적이며 내재적인 분이다. 가까이 할 수 없는 분이시며 가까우신 분이다.

"주의 의로우신 일이 나타났으매 만국이 와서 주께 경배하리이다"(대상 16:28-31, 시 2:8, 22:27, 65:2, 66:4, 67:1-7, 86:8-9, 117:1, 사 26:9, 66:23, 렘 16:19). 열방의 회심은 하나님의 심판의 궁극적인 목적과 필연적인 결과 두 가지이다. 사도 요한이 말하고 있는 이스라엘의 타락은 교회를 통한 세상의 구원을 가져올 것이다.

일반적으로 제사는 이렇게 진행된다. 제사장은 제물을 죽인다. 제물은 피를 흘리며 죽는다. 제사장은 제단에서 제물을 불태운다. 그리고 물두멍에서 피 묻은 손을 씻는다. 그리고 성소로 들어간다. 옛 이스라엘을 제물로 불살라지고 새 이스라엘인 신약교회가 세워지게 된 것이다. 오늘날 우리가 교회를 세우는 것도 우리 자신을 쳐서 죽이고 제물로 삼을 때 가능한 것이다.

5. 성전이 열리며(계 15:5-8)

앞 본문(계 14:1-4)은 승리한 자들이 붉은 불이 섞인 유리바닷가에서 승리의 노래를 부르는 것을 묘사한다. 이는 홍해를 건넌 후, 이스라엘 백성들이 승리의 노래를 부른 것을 연상시킨다. 이스라엘 백성들은 홍해를 건너 광야로 간다. 그리고 시내산에서 모세는 하나님으로부터 성막의 청사진을 받게 된다. 그 청사진대로 성막을 만든다. 성소와 지성소를 만들고, 지성소 안에 법궤를 두고, 그 안에 계명의 두 돌판을 둔다. 이제 제사장들을 세우고, 드디어 성막 시대가 열리게 된 것이다. 홍해를 건넌 이스라엘이 성막 시대를 연 것처럼, 승리의 노래를 부른 자들은 이제 증거 장막의 성전이 열리는 것을 본다.

5절. 또 이 일 후에 내가 보니 하늘에 증거 장막의 성전이 열리며

이제 장면이 바뀌고, 지상의 성막과 성전의 원형인 "**하늘에 증거 장막의 성전**"이 나타난다. 지상의 것은 '모형과 그림자' 이다(히 8:5, 9:11-12, 23-24, 10:1, 출 25:9, 40, 26:30, 민 8:4, 행 7:44). 원형은 하늘의 것이다(히 8:2). 그런데 왜 하늘의 성전을 "**증거 장막의 성전**"이라고 부를까?

옛 언약의 기본적인 조약문서는 십계명이다. 그래서 계명의 돌판을 종종 '증거판' 이라고 부른다. "아론이 여호와께서 모세에게 명령하신 대로 그것을 증거판 앞에 두어 간수하게 하였고"(출 16:34; cf. 출 25:16, 21-22, 31:18, 32:15, 시 19:7, 사 8:16, 20). 그러므로 그 증거판이 보관되어 있는 장막을 '증거막' 이라고 부른다. "성막 곧 증거막을 위하여 레위 사람이 쓴 재료의 물목은 제사장 아론의 아들 이다말이 모세의 명령대로 계산하였으며"(출 38:21; cf. 민 1:50, 53, 9:15, 10:11, 행 7:44). 성전을 가리키는 헬라어는 두 가지가 있다. 성전 마당과 바깥건물을 가리키는 '성소' (hieron)와 성소 안의 성소인 '지성소' (naos)이다. 계시록에서 '성전' 이란 말은 '성소' (hieron) 안의 성소인 '지성소' (naos)를 가리키는 것이다(cf. 계

3:12, 7:15, 11:1-2, 19, 14:15, 17). 본문도 헬라어로 hieron이 아니라 naos라고 되어 있다. 그러니 **"증거 장막의 성전"**이란 언약 계명의 두 돌판을 넣어둔 지성소를 염두에 둔 표현이다. 모세의 증거막의 원형인 셈이다.

계시록에서 사도 요한의 메시지의 강조점은 새 언약이 도래했다는 것이다. 히브리서 저자는 모세의 성막은 하늘에 있는 원형의 복제품이고, 새 언약 교회의 그림자인 것을 보여주고 있다. "그들이 섬기는 것은 하늘에 있는 것의 모형과 그림자라. 모세가 장막을 지으려 할 때에 지시하심을 얻음과 같으니, 이르시되 삼가 모든 것을 산에서 네게 보이던 본을 따라 지으라 하셨느니라"(히 8:5). "율법은 장차 올 좋은 일의 그림자일 뿐이요, 참 형상이 아니므로, 해마다 늘 드리는 같은 제사로는 나아오는 자들을 언제나 온전하게 할 수 없느니라"(히 10:1). 사도 요한은 이 두 가지, 하늘의 원형과 최종적인 형태를 결합하고 있다. 이는 교회가 하늘에 장막을 친다는 것이다. 그리고 그 **"성전"**이 교회라면, 그 **"증거"**는 새 언약, 예수 그리스도의 증거가 될 것이다(계 1:2, 9, 6:9, 12:11, 17, 19:10, 20:4).

모세는 하늘의 '성막 원형'을 보고, '성막'을 만들었다. 솔로몬은 '성막'을 보고 '성전'을 세웠다. 그러나 그리스도는 '성막'이나 '성전'을 보고 '교회'를 세우지 않았다. 건물보다 '사람'을 세운 것이다. 그런데 오늘날 교회는 때로 건물을 세우기에 총력을 기울이는 것 같아 보인다. 한국교회에 대한 안티들의 독설적인 비판이 교회는 '모이자 돈내라 집짓자' 세 가지만 한다는 것이다.

<킹덤 오브 헤븐>이란 영화가 있다. 전쟁으로 가족을 잃고 깊은 슬픔에 잠겨 있는 젊은 대장장이 발리안(올랜도 블룸 역)에게 부상당한 십자군 기사 고프리(리암 니슨 역)가 찾아온다. 그의 정체는 바로 발리안의 아버지였다. 그는 발리안에게 검술과 전술을 가르쳤고, 죽기직전 영지와 부하와 작위를 물려준다. 그래서 발리안은 성스러운 도시 예루살렘의 수호를 맡게 된다. 결국 살라딘과의 전쟁 끝에, 발리안은 '예루살렘 성이냐 백성들의 생명이냐'를 선택할 기로에 놓이게 된다. 발리안은 주저 없이 사람들의 생명을 선택한다. 이 영화는 신앙의 이름으로 저질러진 인간의 탐욕을 고발하는 것이다. 진짜 고귀한 것은 사람임을 일깨워주는 것이다. 교회는 '십자군의 길'을 선택하면 안 된다. '십자가의 길'을 선택해야 한다. 사람을 귀하게 여기자. 내가 만나는 그 '한 사람, 한 사람'을 귀하게 여기자.

6-7절. 일곱 재앙을 가진 일곱 천사가 성전으로부터 나와 맑고 빛난 세마포 옷을 입고 가슴에 금 띠를 띠고, 네 생물 중의 하나가 영원토록 살아 계신 하나님의 진노를 가득히 담은 금 대접 일곱을 그 일곱 천사들에게 주니,

나팔에 의해 선포되어진 저주들을 적용하기 위하여 **"일곱 재앙을 가진 일곱 천사가 성전으로부터"** 나왔다. 새 언약의 제사장으로서, 이들 천사-사역자들은 그들의 주님의 모습과 형상인, **"맑고 빛난 세마포 옷을 입고 가슴에 금 띠를 띠고"** 있었다(계 1:13; cf. 출 28:26-29, 39-43, 레 16:4). 그리스도의 사역자들은 그리스도를 닮은 사람이어야 한다. **"맑고 빛난 세마포 옷"** 은 성도들의 옳은 행실이다. "그에게 빛나고 깨끗한 세마포 옷을 입도록 허락하셨으니, 이 세마포 옷은 성도들의 옳은 행실이로다 하더라" (계 19:8). 여러분들의 옷은 더럽혀져 있지 않는가? 회개는 옷을 빠는 것이다. 죄는 예수님의 피로 씻고 우리의 눈물로 씻는 것이다. 흔히 '웃어야 산다' 고 한다. 그러나 진짜 사람을 살리는 것은 눈물이다. 회개의 눈물이 우리 영혼과 육체를 살리는 줄 믿기 바란다.

"네 생물 중의 하나가 영원토록 살아 계신 하나님의 진노를 가득히 담은 금 대접 일곱을 그 일곱 천사들에게 주니" 아마도 이 스랍은 사람의 얼굴과도 같은 자일 것이다(계 4:7). 왜냐하면 다른 셋은 이미 그 드라마의 무대에 나타났었고, 사도 요한은 황도대의 네 구분을 통하여 조직적으로 진행하고 있기 때문이다. 우리는 그가 봄에(Easter) 전문과 일곱 편지들을 통치하는 '황소자리' 의 표시로 시작했었고, 일곱 인들을 다스리는 '사자자리' 로 여름을 통과했고, '전갈자리' (독수리/전갈)와 일곱 나팔들 하에서 가을로 이어졌고, 이제 그가 '물병자리', 즉 물을 주는 사람의 일곱 대접으로부터 **"하나님의 진노"** 를 퍼붓는 겨울에 이르렀다는 것을 볼 수 있다.

여기 **"하나님의 진노를 가득히 담은 금 대접"** 이란 말에서 **"대접"** 을 '유리병' (vials, KJV)이나 '사발' (bowls, NASV)라고 하지 않고, **"대접"** (chalices)이라고 한 것은 특히 '성배' 를 의미하는 것이다. 어떤 주석가들은 그 그릇을 향-대접으로 보았다(계 5:8; cf. 계 8:3-5). 그러나 악한 자들은 계시록 14:10에서 "진노의 잔에 섞인 것이 없이 부은 하나님의 진노의 포도주를 마시도록 저주를 받았다" 고 한다.

그러므로 향-대접은 아니고, 성배인 것 같다. 그래서 몇 구절 뒤에, 사도 요한은 "그의 맹렬한 진노의 포도주 잔"의 이미지로 돌아간다(계 16:19).

예수님은 당신의 증인들을 이스라엘의 반역자들이 죽였다고 경고하셨다. "그러므로 의인 아벨의 피로부터 성전과 제단 사이에서 너희가 죽인 바라갸의 아들 사가랴의 피까지 땅 위에서 흘린 의로운 피가 다 너희에게 돌아가리라. 내가 진실로 너희에게 이르노니 이것이 다 이 세대에 돌아가리라"(마 23:35-36). 그래서 주님은 그 시대 사람들에게 피가 돌아갈 것이라고 하셨다.

피의 제사를 '전제' 라고 한다. 전제는 제단의 제사를 끝내는 마지막 제의적 행동이었다. "전제와 같이 내가 벌써 부어지고 나의 떠날 시각이 가까웠도다"(딤후 4:6. cf. 빌 2:17). 사도 바울은 죽음 직전에 로마감옥에서 디모데에게 보낸 편지에서 자신이 전제처럼 다 쏟아 부어진 상태라고 말한다. 전제는 불타고 있는 죽임을 당한 희생 제물 위에 부어지는 마지막 제사 의식이다. 이제 제물은 배교한 유대인들이다. 그들 위에 하나님의 피의 전제가 부어질 것이다. 그것이 계시록 15장 이후에 등장하는 일곱 대접-재앙이다.

레위기에 보면 전체 민족이 범죄 하면, 그래서 그 땅이 더렵혀지면, 그 제사장들은 정결에 대한 특별한 제의들을 수행할 필요가 있었다. 그 때에 제물의 피는 지성소 앞에 있는 장막을 향하여 7번 뿌려졌고, 그런 후에 제단의 네 뿔들을 더럽히고, 그 나머지는 제단의 아래쪽에 부어졌다(레 4:13-21). 그러나 대접-재앙이 부어지는 가운데, 이것은 역전되었다. 피가 화목케 하는 대신에 거절과 복수를 가져온 것이다. 그래서 장막에 7번 뿌리는 대신에, 땅에 7번 부어졌다.

왜 계시록에서 피가 더 이상 장막을 향하여 뿌려지지 않는가? 이는 예수님의 피가 이미 드려졌고, 이스라엘이 그것을 거절했기 때문이다. 이는 히브리서 저자가 대학살 직전에 경고한 것과 같다. "우리가 진리를 아는 지식을 받은 후 짐짓(고의로) 죄를 범한즉, 다시 속죄하는 제사가 없고, 오직 무서운 마음으로 심판을 기다리는 것과 대적하는 자를 태울 맹렬한 불만 있으리라. 모세의 법을 폐한 자도 두세 증인으로 말미암아 불쌍히 여김을 받지 못하고 죽었거든, 하물며 하나님의 아들을 짓밟고 자기를 거룩하게 한 언약의 피를 부정한 것으로 여기고 은혜의 성령을 욕되게 하는 자가 당연히 받을 형벌은 얼마나 더 무겁겠느냐? 너희는 생각하라! 원수 갚는 것이 내게 있으니 내가 갚으리라 하시고, 또 다시 주께서 그의 백성을 심판하리라 말씀하신 것을 우리가 아노니, 살아 계신 하나님의 손에 빠져 들어가는 것이 무서울진저"(히 10:26-31).

바로 이것이 엄밀하게 사도 요한이 여기에서 강조한 것이다. 피와 불은 "**영원토록 살아 계신 하나님의 진노를 가득히 담은**" 일곱 대접 재앙을 통하여 이스라엘 땅에 부어질 것이다. 그러므로 언약의 저주를 손에 들고 일곱 천사들이 '증거의 장막' 으로부터 나오는 것이다. 그들은 예수님의 증거를 거부한 자들을 향하여 하늘의 명령을 전하는 사역자들로써 교회, '성전' 으로부터 온 자들이다.

8절. 하나님의 영광과 능력으로 말미암아 성전에 연기가 가득 차매 일곱 천사의 일곱 재앙이 마치기까지는 성전에 능히 들어갈 자가 없더라.

모세의 성막과 솔로몬의 성전 봉헌식에서, 그 성소는 "**하나님의 영광과 능력으로 말미암아 성전에 연기가 가득 차매... 성전에 능히 들어갈 자가 없더라**"고 한다(출 40:34-35, 왕상 8:10-11). 이는 하늘에서 불이 내려와 제물을 태우는 가운데 일어난 것이다(레 9:23-24, 대하 7:1-3). 그러므로 성전에 연기가 가득한 것은 하나님의 영광스런 임재의 증거이며 심판의 경고이다.

때로 하나님의 임재는 무시무시한 결과를 가져 온다. 예를 들어, "아론의 아들 나답과 아비후가 각기 향로를 가져다가 여호와께서 명령하시지 아니하신 다른 불을 담아 여호와 앞에 분향하였더니, 불이 여호와 앞에서 나와 그들을 삼키매 그들이 여호와 앞에서 죽은지라"(레 10:1-2; cf. 민 11:1-3, 16:35).

새 언약의 도래와 함께, 예수 그리스도의 교회는 하나님의 성전이 되었다. 이러한 새로운 구속사적 사건은 하나님께서 성막과 성전에 충만하셨던 것처럼, 오순절 날 교회의 성령이 불의 혀같이 충만하게 오셨다.[39] 그러나 사도 베드로가 선

---

39) '오순절 성령의 불' 은 메시야를 믿는 자들에게 있어서 그들이 이미 하나님의 심판을 통과했음을 의미하지만, 반면에 믿지 않는 자들에게 있어서 성령-불은 그들이 받을 저주를 상징한다는 것이다. 이렇듯 오순절 성령은 심판과 구원이라는 양면성이 있다. Cf. Willem VanGemeren, *The Progress of Redemption* (Grands Rapids: Baker Books, 1988), p. 337.

포한 것처럼, 오순절의 부어주심은 "피와 불과 연기"처럼 대학살의 부어주심에 의하여 그 시대의 끝에 나타날 것이다(행 2:16-21; cf. 욜 2:28-32).

새 언약 성전으로서 교회가 적절한 위치를 점유하기 위하여 교회의 상속을 완전히 소유했기 때문에, 옛 언약의 썩은 골조는 무너지고 파기되어야 했다. 첫 세대 기독교인들은 그들의 원수들이 불타고 교회가 확정적인 성전으로 '회집되어'(synagogued) 질 때인 그 '날'을 지속적으로 간절히 고대했었던 것이다(cf. 살후 2:1, 히 10:25). 새 언약의 충만과 '완전함' 직전(cf. 고전 13:12)에, 옛 언약 이스라엘의 파괴인 "**일곱 천사의 일곱 재앙이 마치기까지는 성전에 능히 들어갈 자가 없더라.**"

모세의 율법은 '피'를 먹지 못하도록 했다. 피는 제단에 뿌려야 했다. 그러나 새 언약에서 성찬을 통하여 우리가 제물되신 예수 그리스도의 피를 상징하는 포도주를 마셨다. 우리가 성전이 되었기 때문이다. 그래서 예루살렘의 그림자 성전은 파괴되어야 했던 것이다. 또한 개인적으로 성찬의 오용은 '약한 자, 병든 자, 죽는 자'를 낳았던 것이다(고전 11:25-30). 하나님의 축복의 잔은 진노의 잔이 될 수 있다.

제9장
언약의 적용: 일곱 대접

1. 피조물의 복수(계 16:1-9)

인간은 자연에게도 이웃 사랑을 실천해야 한다. 자연은 하나님의 피조물이며, 하나님 나라를 세우는데 동역자이기 때문이다. 붕붕거리며 날아다니는 벌 한 마리도 하나님의 창조의 동역자이다. 사실, 꿀벌은 날기 위해 무척 노력하는 존재이다. 꿀벌은 몸집에 비해 상대적으로 작은 날개로 날기 위하여, 초당 230회를 퍼덕거리며 날개 짓을 하는 부지런한 피조물이다.

최근 꿀벌들의 집단 죽음 현상이 사회적으로 문제가 되고 있다. 이를 '군집붕괴현상' (CCD, colony collapse disorder)이라고 하는데, 현재 CCD는 전 세계적인 현상으로 가장 크게 타격을 입은 북미는 물론, 남미, 유럽, 오세아니아, 대만, 인도 등 대륙을 불문하고 벌들이 사라진다는 보고가 계속되고 있다. 우리나라도 이러한 CCD현상이 최근 많이 보고되었으며, 벌꿀을 채취하는 농가에서 꿀벌이 줄어들어 어려움을 겪는 것으로 알고 있다. 그 원인은 전자파설, 지구온난화설, 바이러스설 등이 다양한데, 아직 정확하게 밝혀진 바는 없다.

과거 아인슈타인 박사는 꿀벌이 사라진다면 인류는 4년 안에 멸망할 것이라고 전망했다. 그 이유는 지구에 존재하는 식물 중에서 수분을 함에 있어 곤충을 매개로 하는 충매화(蟲媒花)는 꿀벌의 의존도가 80%이고, 인간의 먹거리 1/3 이상이 꿀벌과 연관이 있기 때문에, 이는 충분히 타당성이 있는 주장으로 알려져 있다. 자연에게도 이웃사랑을 실천하는 일은 하나님의 문화명령의 청지기로서 삶의 길이며, 우리의 생명을 사랑하는 일이기도 하다.

성경은 낙원의 회복을 보여주는 낙원의 구속사이기도 하다. 옛 에덴에서 쫓겨난 가인이 대안으로 도시를 만들었으나, 결국 도시는 죄악의 구렁텅이가 되었고, 죄악이 관영하자, 홍수로 세상을 쓸어버려야 했었다. 어느 학자는 이를 '지구의 폭력적인 반사작용' 이라고 한다. 쉽게 말하며 '피조물의 복수' 이다. 이는 고대 피조세계에서만의 일이 아니다. 본문은 옛 언약세계의 붕괴가 '피조물의 복수' 로 나타나는 것을 보여준다.

1절. 또 내가 들으니 성전에서 큰 음성이 나서 일곱 천사에게 말하되, 너희는 가서 하나님의 진노의 일곱 대접을 땅에 쏟으라 하더라.

심판의 명령은 "**성전에서 큰 음성이 나서**" 주어진 것이다(cf. 계 15:5-8). 대접 재앙들은 성도들의 기도에 대한 응답이기 때문이다. 우리의 기도는 반드시 응답된다. 낙심하지 말고 기도하기 바란다. 여러분들이 앞으로 어떤 삶을 살게 될 것 같은가? 눈뜬 기도든지 눈감은 기도든지, 기도한대로 살게 될 것이다.

"**일곱 천사**"(cf. 계 15:1)에게 하나님의 진노의 대접을 "**쏟으라**"고 말했다. 이 "**쏟으라**"는 동사(ekcheo)는 칠십인역에서 번제단 아래 희생제물의 피를 제사장이 쏟아 붓는 것을 가리키는데 사용되고 있다. "제사장은 또 그 피를 여호와 앞 곧 회막 안 향단 뿔들에 바르고, 그 송아지의 피 전부를 회막 문 앞 번제단 밑에 쏟을 것이며"(레 4:7, cf. 레 4:12, 18, 25, 30, 34, 8:15, 9:9).

또한 이 용어는 에스겔서에서 이방인들과의 배교한 이스라엘의 행음을 언급하면서 사용된다. 즉 압제자들과 우상숭배자들을 통하여 무죄한 피를 이스라엘이 흘린 것(겔 22:3-4, 6, 9, 12, 27)과 이스라엘 위에 하나님의 진노가 부어지는 것(겔 14:19, 20:8, 13, 21, 21:)에 사용되었다(겔 16:36, 23:8).

신약성경에는 이 '쏟음' 의 주제들이 더욱 다양하게 사용되었다. 예를 들면, 포도주의 터짐(마 9:17, 막 2:22, 눅 5:37), 그리스도의 피 흘리심(마 26:28, 막 14:24, 눅 22:20), 순교자들의 피 흘림(마 23:35, 눅 11:50, 행 22:20, 롬 3:15)과 성령의 넘치심(행 2:17-18, 33, 10:45, 롬 5:5, 딛 3:6, cf. 욜 2:28-29, 슥 12:10)이 모두 쏟아짐이다. 이 모든 연상들은 그리스도와 그의 증인들의 피가 쏟아진 **"땅에"** 재앙의 쏟아짐의 배경이다. 성령을 거부하고 거절한 이스라엘의 낡은 포도주는 곧 터질 것이다.

2절. 첫째 천사가 가서 그 대접을 땅에 쏟으매 짐승의 표를 받은 사람들과 그 우상에게 경배하는 자들에게 악하고 독한 종기가 나더라.

첫째 천사가 그 땅에 대접을 쏟자, 그것은 **"짐승의 표를 받은 사람들과 그 우상에게 경배하는 자들에게 악하고 독한 종기"**가 나게 하였다. 이 **"종기"**라는 것은 배교자들에게 적절한 재앙이었다. 출애굽 때, 하나님께서는 하나님의 백성들을 핍박한 애굽인들에게 종기를 쏟아 부었다(출 9:8-11). 이젠 이스라엘이 애굽적인 핍박자가 되어서 교회를 핍박한 것이다. 그래서 그들에게 종기가 나게 된 것이다.

또한 이 종기가 나는 재앙은 우상숭배와 배교에 대한 언약적 저주 가운데 언급된 것이다. "여호와께서 애굽의 종기와 치질과 괴혈병과 피부병으로 너를 치시리니, 네가 치유 받지 못할 것이며... 여호와께서 네 무릎과 다리를 쳐서 고치지 못할 심한 종기를 생기게 하여 발바닥에서부터 정수리까지 이르게 하시리라"(신 28:27, 35).

3절. 둘째 천사가 그 대접을 바다에 쏟으매 바다가 곧 죽은 자의 피 같이 되니 바다 가운데 모든 생물이 죽더라.

둘째 천사는 그의 대접을 **"바다"**에 쏟았고, 그것은 첫째 애굽에서의 재앙(출 7:17-21)과 둘째 나팔(계 8:8-9)처럼 **"피"**가 되었다. 그러나 이 때 피는 흐르는 시내가 된 것이 아니라, **"죽은 자의 피 같이"** 엉기고 썩었다.

비록 '피바다'의 이 재앙의 일차적인 의미가 죽음과 불결함을 나타내는 상징적인 것일지라도(cf. 레 7:26-27, 15:19-33, 17:10-16, 21:1, 민 5:2, 19:11-19), 그것은 대환난의 실제 사건들과 밀접한 관련이 있었다. 요세푸스에 의하면, 수천의 유대인들이 로마군의 대학살을 피해 갈릴리 바다로 도망했다. 작은 배들이 갈릴리 호수에 있었는데, 그들은 배를 타고 도망하였으나, 베스파시안에게 추격되고 사로잡혔다. 그들은 배와 함께 가라앉았고, 일부사람들이 도망하려 했으나, 로마군에게 도륙을 당했던 것이다. 그 결과 갈릴리 바다가 피로 물들게 되었던 것이다.

> 4-7절. 셋째 천사가 그 대접을 강과 물 근원에 쏟으매 피가 되더라. 내가 들으니 물을 차지한 천사가 이르되 전에도 계셨고 지금도 계신 거룩하신 이여 이렇게 심판하시니 의로우시도다. 그들이 성도들과 선지자들의 피를 흘렸으므로 그들에게 피를 마시게 하신 것이 합당하니이다 하더라. 또 내가 들으니 제단이 말하기를 그러하다 주 하나님 곧 전능하신 이시여 심판하시는 것이 참되시고 의로우시도다 하더라.

세 번째 대접 재앙은 애굽에서의 첫째 재앙(과 셋째 나팔, cf. 계 8:10-11)과 매우 유사한데, 왜냐하면 그것은 "**강과 물 근원**", 즉 모든 마시는 물을 "**피**"로 바꾸었기 때문이다. 여기에서 '물' 이라는 것은 생명과 축복의 상징이다. 그러나 이제 생명은 심판으로, 축복은 악몽으로 역전된 것이다.

"**물을 차지한 천사**"는 하나님의 공의로운 심판을 찬양하며 이 저주에 화답하고 있다. 즉 "**전에도 계셨고 지금도 계신 거룩하신 이여 이렇게 심판하시니 의로우시도다.**" 여기에 언급된 "**물을 차지한 천사**"가 있다는 것이 놀랍지 않은가? 모든 성경은 '우주적 인격주의' 의 관점에서 기록되었다. 하나님께서 절대적인 인격체이시기에, 하나님은 모든 피조물 가운데 지속적으로 역사한다. 이신론(理神論)에서 주장하듯, 하나님을 떠난 '자연법칙' 같은 것은 없다. 어거스트 러세프(Auguste Lecerf)는 말한다. "우리가 자연법칙이라고 부르는 것은 단지 '신적인 습관' 이다. 혹은 하나님께서 자연에 부과하신 습관적인 질서일 뿐이다."[40]

---

40) Auguste Lecerf, *An Introduction to Reformed Dogmatics*, trans. Andre Schlemmer (Grand Rapids: Baker Book House, 1981), p. 147.

우리는 '과학과 신학'이 서로 보완할 필요가 있음을 알아야 한다. 한편으로, 하나님의 천사들은 일정한 '습관'을 가지고 있는데, 이것이 과학의 대상이다. 이는 마치 하늘의 해달별들이 일정한 법칙에 의해 움직이는 일종의 '우주적 무도회' 같은 것이다. 그러나 다른 한 편으로, 하나님은 천사들에게 이 우주적 무도회가 바뀌도록 명령하는 것이다. 이것이 신학의 대상이다. 그러므로 물을 다스리는 **"물을 차지한 천사"**가 있는 것이다. 이는 넷째 스랍인 수병좌일 것이다.

하나님의 모든 피조물들과 함께 그 천사는 세상에 대한 하나님의 의로우신 통치와 심판을 기뻐하고 있다. '이에는 이, 눈에는 눈'의 동해보복법(lex talionis)의 원리로 이 심판은 이스라엘의 범죄에 적합한 것이다. **"성도들과 선지자들의 피를 흘렸으므로 그들에게 피를 마시게 하신 것이 합당하니이다."** 이스라엘의 특징적인 범죄는 항상 선지자들을 살해한 것이었다(cf. 대하 36:15-16, 눅 13:33-34, 행 7:52). 예수께서는 이러한 사실을 그 '의인들의 피'가 그 세대 가운데 부어질 것이라고 했다(마 23:31-36). 그래서 물을 지키는 천사는 배교자들의 피 흘림에 대하여, **"합당하니이다"**고 선언하는 것이다.

하나님께서 이스라엘의 원수들에게 그들의 악행을 따라서 되갚아줄 것이라고 약속하셨다. "내가 너를 억압하는 자들에게 자기의 살을 먹게 하며 새 술에 취함같이 자기의 피에 취하게 하리니, 모든 육체가 나 여호와는 네 구원자요 네 구속자요 야곱의 전능자인 줄 알리라"(사 49:26). 이제 자신의 살을 먹고 피를 마시도록 되어 있는 자는 이스라엘이다. 이것은 상징적인 의미라기보다 실제적인 것이었다. 하나님께서 모세를 통하여 예언하신 것처럼(신 28:53-57), 요세푸스에 의하면, 예루살렘이 포위된 동안에 이스라엘 백성들은 실제로 인육을 먹었는데, 어머니들이 자신들의 자식을 삶아 먹었다. 그들이 성도들의 피를 흘렸기 때문에, 하나님께서 그들에게 자신들의 피를 마시도록 한 것이다(cf. 계 17:6, 18:24).

찬양 가운데 그 **"제단"** 자체로부터도 음성이 들렸다. 그 제단은 기뻐하며 말했다. **"그러하다. 주 하나님 곧 전능하신 이시여 심판하시는 것이 참되시고 의로우시도다."** 성도들이 그들의 압제자들에 대한 복수를 위하여 정당성을 외치는 그 제단아래 모였다(계 6:9-11). 이스라엘의 파괴로 그 기도는 응답되어진다. 그 증인들의 주장이 옳음이 입증되는 것이다.

8-9절. 넷째 천사가 그 대접을 해에 쏟으매 해가 권세를 받아 불로 사람들을 태우니, 사람들이 크게 태움에 태워진지라 이 재앙들을 행하는 권세를 가지신 하나님의 이름을 비방하며 또 회개하지 아니하고 주께 영광을 돌리지 아니하더라.

이제 넷째 천사는 자신의 대접을 "**해에 쏟으매 해가 권세를 받아 불로 사람들을 태우니**"라고 한다. 넷째 천사가 나타나는 곳마다 어둠이 왔었으나(계 8:12), 이제 반대로 태양의 열이 증가하여, "사람들이 크게 태움에 태워진지라." 이것은 이스라엘이 전능하신 하나님의 그림자인 구름기둥으로 보호받은 출애굽에서 나타난 언약적 축복의 역전이다(출 13:21-22; cf. 시 91:1-6). 하나님께서 그늘이 되어주실 것이란 약속은 선지자들을 통하여 거듭거듭 반복되어 진 것이다.

"여호와는 너를 지키시는 이시라. 여호와께서 네 오른쪽에서 네 그늘이 되시나니, 낮의 해가 너를 상하게 하지 아니하며, 밤의 달도 너를 해치지 아니하리로다. 여호와께서 너를 지켜 모든 환난을 면하게 하시며, 또 네 영혼을 지키시리로다"(시 121:5-7). "그들이 주리거나 목마르지 아니할 것이며, 더위와 볕이 그들을 상하지 아니하리니, 이는 그들을 긍휼히 여기는 이가 그들을 이끌되 샘물 근원으로 인도할 것임이라"(사 49:10). "그러나 무릇 여호와를 의지하며 여호와를 의뢰하는 그 사람은 복을 받을 것이라. 그는 물 가에 심어진 나무가 그 뿌리를 강변에 뻗치고, 더위가 올지라도 두려워하지 아니하며, 그 잎이 청청하며, 가무는 해에도 걱정이 없고, 결실이 그치지 아니함 같으리라"(렘 17:7-8, cf. 계 7:15-17). 이스라엘은 지중해성 기후라서 아무리 땡볕이 내리쬐고 더워도 그늘에만 들어가면 시원하다. 하나님께서는 우리에게도 이러한 보호를 약속하시는 것이다.

한편, 우리는 "**해가 권세를 받아**"라는 말에서 하나님의 통치를 가르치는 수동태를 보게 된다. 해 자체는 아무런 힘이 없다. 하나님께로부터 권세를 받은 것이다. 불교의 경전 가운데 <능엄경>이라고 있다. 그 경전에 '견지망월 견월망지'라는 일화가 있다. 달을 보라고 가리키는데, 보라는 달은 보지 않고 손가락만 본다는 말이다. '해'가 힘 있는 것이 아니다. 해에게 권세를 주신 하나님을 보아야 하는 것이다. 그래서 더욱 명백하게 "**이 재앙들을 행하는 권세를 가지신 하나님**"

라고 말하는 것이다.

세상의 모든 일은 드러난 현상보다도 숨겨진 원인을 볼 수 있어야 한다. 해가 뜨거워진 것은 하나님께서 그렇게 하셨기 때문이다. 우리는 자연 현상들을 이상기온이니 뭐니 하면서 이 땅에서 이유를 찾는다. 그러나 모든 것은 하나님과의 관계에서 찾아야 한다. 새 한 마리 날고 떨어지는 것도 하나님의 허락 없이 안 되는 줄 믿기 때문이다.

배교자들은 하나님의 주되심을 거부했다. '신성모독하는 이름들' (계 13:1)을 머리에 가지고, 그들이 숭배하는 우상인 그 짐승처럼, "**사람들이... 하나님의 이름을 비방하며.**" 그리고 어리석은 애굽의 바로처럼(cf. 출 1:13, 23, 8:15, 19, 32, 9:7, 12, 34-35, 10:20, 27, 11:10, 14:8), "**또 회개하지 아니하고 주께 영광을 돌리지 아니하더라.**" 이스라엘은 마음이 완악해져서 애굽이 되었고, 결국은 애굽처럼 파괴될 것이다. 우리는 하나님을 두려워해야 한다.

말씀을 정리하겠다. 태초에 하나님께서 천지를 창조하셨다. 모든 피조물들은 하나님의 보시기에 좋았다. "하나님이 보시기에 좋았더라"는 말이 반복되고 있다(창 1:4, 10, 12, 18, 21, 25). 그리고 창조가 마친 후, "하나님이 지으신 그 모든 것을 보시니 보시기에 심히 좋았더라"고 기록한다(창 1:31). 자연과 인간 모두가 하나님이 보시기에 좋은 것이었다. 그러나 인간의 타락 이후, 만물은 함께 고통을 받기 시작한다. 창세기 3:17-18 "땅은 너로 말미암아 저주를 받고, 너는 네 평생에 수고하여야 그 소산을 먹으리라. 땅이 네게 가시덤불과 엉겅퀴를 낼 것이라." 그 후 만물도 구속의 날을 기다리게 되었다. "피조물이 고대하는 바는 하나님의 아들들이 나타나는 것이니... 그 바라는 것은 피조물도 썩어짐의 종노릇한데서 해방되어 하나님의 자녀들의 영광의 자유에 이르는 것이니라. 피조물이 다 이제까지 함께 탄식하며 함께 고통을 겪고 있는 것을 우리가 아느니라"(롬 8:19-22). 그리스도의 구속은 피조계에도 영향을 미친다. 누구든지 그리스도 안에서 새로운 피조물이 되었다. 또한 "보라 내가 만물을 새롭게 하노라"고 주님은 선언하신다(계 21:5). 우리는 문화명령의 선한 청지기로서 생태계에도 하나님의 구속과 회복이 나타나도록 해야 할 것이다.

2. 아마겟돈(계 16:10-21)

첫째부터 넷째까지 대접재앙들은 땅, 바다, 물들과 태양, 즉 피조물 위에 부어진 것들이다. 남은 세 가지 재앙들은 짐승의 나라의 붕괴, 즉 하나님의 전쟁과 바벨론의 멸망에 관한 것이다.

> 10-11절. 또 다섯째 천사가 그 대접을 짐승의 왕좌에 쏟으니, 그 나라가 곧 어두워지며 사람들이 아파서 자기 혀를 깨물고, 아픈 것과 종기로 말미암아 하늘의 하나님을 비방하고, 그들의 행위를 회개하지 아니하더라.

계시록에서 심판은 배교한 이스라엘에 대한 것이다. 그러나 그들과 결탁하여 교회를 핍박한 이방인들도 저주아래 있게 되었다. 다섯 번째 천사는 "**짐승의 왕좌**"에 그의 대접을 쏟아 붓는다. 그리고 짐승에게 경배하는 자들을 태양의 열기가 태우는 것과 같이, 그 빛들은 이제 어둡게 되었다. 이런 태양이 어두워지는 것은 물리적인 태양에 대한 표현만이 아니라, 유사한 정치적인 소란과 통치자들의 몰락에 대하여 쓰이고 있다(cf. 겔 32:7-8). 해달별은 지도자들을 가리키는 상징적 표현이기 때문이다.

예를 들면, 바벨론의 멸망에 대해서 이렇게 말한다. "보라 여호와의 날 곧 잔혹히 분냄과 맹렬히 노하는 날이 이르러 땅을 황폐하게 하며 그 중에서 죄인들을 멸하리니, 하늘의 별들과 별 무리가 그 빛을 내지 아니하며 해가 돋아도 어두우며 달이 그 빛을 비추지 아니할 것이로다"(사 13:9-10). 이스라엘의 멸망에 대해서도 "주 여호와의 말씀이니라. 그 날에 내가 해를 대낮에 지게 하여 백주에 땅을 캄캄하게 하며"라고 말한다(암 8:9).

그러므로 해가 어두워진 이 재앙의 우선적인 의미는 이스라엘 나라의 멸망에 대한 예언이다. 이스라엘이 '**짐승의 왕좌**'와 '**나라**'이기 때문이다. 게다가 그들은 종기로 고통을 호소하는데, 이는 첫 번째 대접에서 짐승을 숭배하는 이스라엘 위에 쏟아 부어진 재앙이었다(2절). 이스라엘의 멸망을 예고하는 것이다. 한 나라의 흥망성쇠는 오직 주님께 달려 있는 것이다. 전쟁의 위협 가운데 있는 우리나라를 위해 기도하기 바란다.

또한 이 재앙은 부분적으로 68년 6월에 네로가 살해된 이후, 그 로마제국을 괴롭힌 전쟁과 폭동과 상응하는 것으로 보인다. 네로가 죽자, 로마의 토후들에 의하여 끔찍한 반란이 일어났다. 갈바, 오토, 비텔리우스 그리고 베스파시안에 의한 유혈 폭동과 진압이 있었다. 특히, 로마인들에게 매우 불길하게 들렸을 사건이 일어났는데, 이는 A.D. 69년 12월 19일에 주피터의 신전에 화제가 난 것이다. 한 해에 두 개의 가장 거룩한 고대 사회의 성전인 예루살렘 성전과 로마신의 신전이 파괴된 것은 작은 일이 아니었을 것이다.

그러나 하나님의 심판에 대한 그들의 반응은 오직 더 큰 반역이었다. "**사람들이 아파서 자기 혀를 깨물고, 아픈 것과 종기로 말미암아 하늘의 하나님을 비방하고, 그들의 행위를 회개하지 아니하더라.**" 고통에 대한 반응은 두 가지일 수 있다. 회개 아니면 원망이다. 유대인들은 회개하지 않았다. 오히려 하나님을 원망했다. 회개만이 살 길임을 믿기 바란다.

12절. 또 여섯째 천사가 그 대접을 큰 강 유브라데에 쏟으매, 강물이 말라서 동방에서 오는 왕들의 길이 예비되었더라.

유브라데 강은 언약 백성들을 파괴하고 압제하기 위하여 군대가 침입하는 곳인 이스라엘에 북쪽 국경선이다. 정복자들의 군대를 위하여 그 유브라데 강이 마름의 이미지는 부분적으로는 바벨론을 정복한 페르시아의 고레스의 책략으로부터 온 것이다. 그는 그 강의 지류로 강물을 일시적으로 돌려서 그의 군대가 강을 넘어 기습적으로 바벨론 성을 빼앗기 위하여 진군할 수 있게 했었다.

물론 더욱 기본적인 아이디어는 하나님의 승리하는 백성을 위하여 홍해(출 14:21-22)와 요단강(수 3:9-17, 4:22-24)이 마른 것이다. 여기에서 다시 비극적인 아이러니가 강조되고 있는데, 이스라엘은 이제 새로운 고레스에 의하여 정복되어야 할 하나님의 원수인 바벨론이 되었다는 사실이다. 어제 이스라엘이 오늘 바벨론이 되었다. 흘러간 강물로는 물레방아를 돌릴 수 없다. 오늘의 신앙, 오늘의 응답, 오늘의 체험, 우리는 오늘을 살아내는 것이 필요하다.

> 13-14절. 또 내가 보매 개구리 같은 세 더러운 영이 용의 입과 짐승의 입과 거짓 선지자의 입에서 나오니, 그들은 귀신의 영이라. 이적을 행하여 온 천하 왕들에게 가서 하나님 곧 전능하신 이의 큰 날에 있을 전쟁을 위하여 그들을 모으더라.

사도 요한은 이제 "**개구리 같은 세 더러운 영이 용의 입과 짐승의 입과 거짓 선지자의 입에서**" 나오는 것을 본다. 이는 애굽에서의 둘째 재앙과의 연관되는 것이다. 개구리 떼가 강에서부터 온 애굽에 출몰했었다(출 8:1-7). 사도 요한은 이런 여러 가지 이미지들을 이 구절에서 결합했다. 첫째, 강으로부터의 침입(12절), 둘째, 구약에 음식법에서 불결한 존재인 개구리의 출현(레11:9-12, 41-47). 그러나 이 개구리들은 실제로는 인간을 속이기 위하여 "**이적을 행하는 귀신의 영**"이다. 이 더러운 영들은 "**온 천하 왕들에게 가서 하나님 곧 전능하신 이의 큰 날에 있을 전쟁을 위하여 그들을 모으더라.**" 그들은 하나님을 대적하는 전쟁에 연합하도록 세상의 군대들을 충동질한다. 그러나 그들이 깨닫지 못한 것은 그 전쟁이 주님의 것이라는 사실이고, 그 군대는 자신의 목적이 아닌 하나님의 목적을 성취한다는 사실이다. 그들을 위하여 심지어 유브라데 강이 마르도록 예비하신 분은 하나님이시다.

미가 선지자는 아람에 대한 전투에서 왜 아합이 죽어야하는지를 설명하면서 이스라엘의 아합 왕에게 매우 유사한 메시지를 주었다. "미가야가 이르되 그런즉 왕은 여호와의 말씀을 들으소서. 내가 보니 여호와께서 그의 보좌에 앉으셨고, 하늘의 만군이 그의 좌우편에 모시고 서 있는데, 여호와께서 말씀하시기를 누가 아합을 꾀어 그를 길르앗 라못에 올라가서 죽게 할꼬? 하시니, 하나는 이렇게 하겠다 하고 또 하나는 저렇게 하겠다 하였는데, 한 영이 나아와 여호와 앞에 서서 말하되 내가 그를 꾀겠나이다. 여호와께서 그에게 이르시되 어떻게 하겠느냐? 이르되 내가 나가서 거짓말하는 영이 되어 그의 모든 선지자들의 입에 있겠나이다. 여호와께서 이르시되 너는 꾀겠고 또 이루리라, 나가서 그리하라 하셨은즉"(왕상

2:7-12).

우리는 하나님의 주권을 믿는다. 이 세상에서 악한 자들이 아무리 날뛰고 설쳐도 결국 그들은 하나님의 심판을 자초하는 일을 할 뿐이다. 조지 워싱톤의 말처럼, 우리가 이기느냐에 관심을 두지 말고 하나님의 편이 되어 있느냐에 관심을 두어야 할 것이다.

15절. 보라 내가 도둑 같이 오리니, 누구든지 깨어 자기 옷을 지켜 벌거벗고 다니지 아니하며 자기의 부끄러움을 보이지 아니하는 자는 복이 있도다.

여기에서 이야기가 살짝 달라지고 있다. "**보라 내가 도둑 같이 오리니**" 이것은 일곱 교회들에 대한 경고를 요약하는 계시록의 중심 주제이다(cf. 계 2:5, 16, 25, 3:3, 11). 이 말씀과 이미지는 사데 교회에 보낸 편지에 근거한 것으로 보인다. 즉 "내가 도둑 같이 이르리니 어느 때에 네게 이를는지 네가 알지 못하리라"(계 3:3; cf. 마 24:42-44, 눅 12:35-40, 살전 5:1-11). 또한 그 편지는 말하기를 "너는 일깨어 그 남은 바 죽게 된 것을 굳건하게 하라. 내 하나님 앞에 네 행위의 온전한 것을 찾지 못하였노니... 그러나 사데에 그 옷을 더럽히지 아니한 자 몇 명이 네게 있어 흰 옷을 입고 나와 함께 다니리니, 그들은 합당한 자인 연고라. 이기는 자는 이와 같이 흰 옷을 입을 것이요"라고 한다(계 3:2, 4-5).

유사하게, 여섯째 대접에 대한 본문은 계시록의 세 번째 축복을 계속한다. "**누구든지 깨어 자기 옷을 지켜 벌거벗고 다니지 아니하며 자기의 부끄러움을 보이지 아니하는 자는 복이 있도다.**" 계시록 3:18의 라오디게아에 보내는 편지에서 "내가 너를 권하노니... 흰 옷을 사서 입어 벌거벗은 수치를 보이지 않게 하고"라고 한다.

사도 요한의 비유의 기원은 이런 것이다. 성전에서 일하는 자들 가운데 깨어서 지키는 자들을 돌아다니며 살피는 의무를 가진 책임자가 있었다. 만약 그가 졸고 있는 자를 본다면 그를 때려서 깨웠고, 두 번째로 계속 졸고 있는 자들을 본다면 그의 옷에 불을 붙였다. 이제 낭비할 시간이 없다. 오늘날 교회는 반드시 깨어서 하나님의 심판을 경고해야 한다.

16절. 세 영이 히브리어로 아마겟돈이라 하는 곳으로 왕들을 모으더라.

마귀는 땅의 왕들을 "**세 영이 히브리어로 아마겟돈이라 하는 곳으로 왕들을 모으더라.**" 문자적으로 이 "**아마겟돈**"은 '므깃도 산'을 의미하는 'Har-Magedon'이다. 문제는 '므깃도 산'이란 것이 없다는 사실이다. 므깃도는 산이 아닌 평지에 세워진 도시이기 때문이다. 단지 므깃도 평지의 인근에 한 산이 있는데, 그것이 갈멜산이다. 아마 사도 요한은 이것을 염두에 두었을 수 있다.

그런데 왜 간단히 '갈멜산'이라고 하지 않았을까? 아마 사도 요한은 므깃도 산이라고 하면, 이 므깃도와 갈멜산을 함께 연상할 수 있었기 때문일 것이다. 이것은 갈멜산이 이세벨의 거짓 선지자들의 패배와 연관되기 때문이고, 므깃도는 성경역사에서 몇몇 중요한 군사적인 조약의 장소가 되기 때문이다.

므깃도는 전략적 요충지이다. B.C. 1468년 애굽의 투트모스 3세가 가나안 왕들을 쳐서 승리를 한 곳이며, A.D. 1917년 알렌비 장군이 이끄는 영국군이 터키군을 전멸시키고 터키의 지배권을 끝낸 곳이기도 한다. 성경에서도 이곳은 여호수아의 정복지 가운데 들어있었고(수 12:21), 그것은 특히 드보라가 가나안의 왕들을 패배시킨 장소이다(삿 5:19). 이스라엘의 아합 왕의 악한 손자인 유다 왕 아하시야는 므깃도에서 죽었다(왕하 9:27).

아마도 므깃도 전투에 대한 가장 중요한 사건은 유다의 선한 왕 요시야와 애굽의 바로 느고 사이의 전투일 것이다. 하나님의 말씀에 불순종하는 가운데, 요시야는 므깃도 전투에서 느고와 대면했고 부상을 입고 죽었다(대하 35:20-25). 요시야의 죽음에 이어서, 유다의 왕들은 배교와 파멸 속으로 급속히 빠져들었고, 결국 유다는 망하게 되었다(대하 36장). 그래서 요시야의 죽음에 대한 유다 사람들의 비통은 에스라시대까지 이어졌고(대하 35:25), 스가랴 선지자는 이것을 메시아를 위한 이스라엘의 애통의 이미지로 사용하고 있다. 이것은 하나님께서 이스라엘의 우상들, 거짓 선지자들, 그리고 악한 영들을 제거하신다는 하나님의 선언에 뒤따르는 것이고(슥 13장), 하나님이 예루살렘을 포위할 무시무시한 군대를 보내실 거라는 것이다(슥 14장). 그러므로 므깃도는 하나님을 대적한 자들에게 주어진 패배를 상징하는 하나의 상징이었다.

17절. 일곱째 천사가 그 대접을 공중에 쏟으매 큰 음성이 성전에서 보좌로부터 나서 이르되 되었다 하시니.

끝으로, 일곱 번째 천사는 그의 대접을 **"공중에"** 쏟아 붓고 있다. 공중은 사탄의 나라, 즉 "공중권세를 잡은 자"(엡 2:2)의 영역이지만, 여기에서는 오히려 천둥과 번개(18절)와 해일(21절)이 일어나는 곳으로 나타난다. 다시 한 음성이 하나님의 통치와 승인을 상징하는 **"성전에서 보좌로부터"** 로부터 왔다. 사도 요한은 우리에게 계시록 15:1에서 이 일곱 재앙이 "마지막 재앙이라. 하나님의 진노가 이것으로 마치리로다" 라고 말했었다. 그러므로 그 일곱 대접으로 그 음성은 **"되었다"** 라고 선포하고 있다(cf. 계 21:6). 이 **"되었다"** 는 말은 게곤넨(ghegonen)이라는 한 단어이다. 이는 그리스도의 말씀인 테텔레스타이(tetelestai), 즉 '다 이루었다' 는 말씀과 같이 성취에 대한 확증을 나타내는 것이다(요 19:30).

18절. 번개와 음성들과 우렛소리가 있고 또 큰 지진이 있어 얼마나 큰지 사람이 땅에 있어 온 이래로 이같이 큰 지진이 없었더라.

다시 주의 날과 영광-구름 가운데 언약을 맺으심이 연관되는 그 현상이 나타난다. **"번개와 음성들과 우렛소리가 있고 또 큰 지진이 있어."** 사도 요한은 계시록에서 언약적 차원을 강조하면서 지진을 일곱 번 언급한다(계 6:12, 8:5, 11:13 두 번, 11:19, 16:18 두 번). 그리스도는 확정적인 지진, 즉 새 언약의 위대한 우주적 지진을 가져 오셨다. **"얼마나 큰지 사람이 땅에 있어 온 이래로 이같이 큰 지진이 없었더라"**(cf. 마 24:21, 출 9:18, 24, 단 12:1, 욜 2:1-2).

이는 또한 히브리서 저자의 메시지이기도 하다. 그는 새 언약을 시내산에서 맺어진 언약과 비교하면서, 다음과 같이 말한다. "너희는 삼가 말씀하신 이를 거역하지 말라. 땅에서 경고하신 이를 거역한 그들이 피하지 못하였거든, 하물며 하늘로부터 경고하신 이를 배반하는 우리일까 보냐? 그 때에는 그 소리가 땅을 진동하였거니와, 이제는 약속하여 이르시되, 내가 또 한 번 땅만 아니라 하늘도 진동하리라. 하셨느니라. 이 또 한 번이라 하심은 진동하지 아니하는 것을 영존하게 하기 위하여 진동할 것들, 곧 만드신 것들이 변동될 것을 나타내심이라. 그러므로 우리가 흔들리지 않는 나라를 받았은즉 은혜를 받자. 이로 말미암아 경건함과 두려움으로 하나님을 기쁘시게 섬길지니, 또는 감사하자. 우리 하나님은 소멸하는 불이심이라"(히 12:25-29).

19절. 큰 성이 세 갈래로 갈라지고 만국의 성들도 무너지니 큰 성 바벨론이 하나님 앞에 기억하신 바 되어 그의 맹렬한 진노의 포도주 잔을 받으매,

우리가 살펴본 것처럼, 그 "**큰 성**"은 주께서 십자가에 못 박히신 옛 예루살렘이다(계 11:8; cf. 14:8). 원래 '세상의 빛으로 언덕 위에 세워진 도시' 인, 그 도시는 이제 멸망당할 저주받은 배교자 살인자들이다. 일곱 대접의 재앙 아래에, 그 도시는 "**세 갈래로 갈라지게**" 되었다.

이 이미지는 에스겔서 5장에서 왔다. 에스겔은 날카로운 칼로 그의 머리카락을 자르고 조심스럽게 셋으로 나눈다. "너 인자야 너는 날카로운 칼을 가져다가 삭도로 삼아 네 머리털과 수염을 깎아서 저울로 달아 나누어 두라. 그 성읍을 에워싸는 날이 차거든, 너는 터럭 삼분의 일은 성읍 안에서 불사르고, 삼분의 일은 성읍 사방에서 칼로 치고, 또 삼분의 일은 바람에 흩으라. 내가 그 뒤를 따라 칼을 빼리라. 너는 터럭 중에서 조금을 네 옷자락에 싸고, 또 그 가운데에서 얼마를 불에 던져 사르라. 그 속에서 불이 이스라엘 온 족속에게로 나오리라... 그러므로 나 주 여호와가 말하노라. 내가 나의 삶을 두고 맹세하노니, 네가 모든 미운 물건과 모든 가증한 일로 내 성소를 더럽혔은즉, 나도 너를 아끼지 아니하며 긍휼을 베풀지 아니하고 미약하게 하리니. 너희 가운데에서 삼분의 일은 전염병으로 죽으며 기근으로 멸망할 것이요. 삼분의 일은 너의 사방에서 칼에 엎드러질 것이며, 삼분의 일은 내가 사방에 흩어 버리고, 또 그 뒤를 따라 가며 칼을 빼리라"(겔 5:1-12).

비록 그 성을 셋으로 나누는 사도 요한의 이미지가 에스겔에서 왔을지라도, 그것의 특별히 디도의 회군 이후에 날카롭게 세 분파로 나누어진 것을 언급한다. 디도의 포위가 없어지자, 그 세 분파는 서로 날카롭게 싸웠다. 그러나 그 성은 굶주렸고 지원군도 물도 군수품도 없었다. 결국 그 성의 내분은 그 성을 신속하게 디도의 수중으로 넘어가게 하였다.

그 큰 성이 예루살렘이라는 또 다른 힌트는 요한이 그 성과 함께 무너진 "**만국의 성들**"로부터 그 도시를 구분하고 있다는 것이다. 예루살렘은 성전이 있는 제사장 나라의 수도였다. 희생 제사를 드리고, 열국을 위해 기도했다. 그 도시는 결국 세상의 열국을 대표하고, 그 도시가 무너짐으로 열국도 붕괴된 것이다. 세상에 대한 새로운 조직은 반석 위에 세워진 새 예루살렘에 기초한다.

20절. 각 섬도 없어지고 산악도 간 데 없더라.

이 마지막 심판 안에서, 모든 거짓말 하는 자들을 숨겨주기를 거절한다. 그 산과 바다는 더 이상 악인들을 "우리 위에 떨어져 보좌에 앉으신 이의 얼굴에서와 그 어린 양의 진노에서 우리를 가리라"고 숨을 수 없게 되었다(계 6:16).

21절. 또 무게가 한 달란트나 되는 큰 우박이 하늘로부터 사람들에게 내리매 사람들이 그 우박의 재앙 때문에 하나님을 비방하니 그 재앙이 심히 큼이러라.

"**또 무게가 한 달란트나 되는 큰 우박**"에서 한 달란트는 60kg 정도이다. 거대한 우박이 내리는 것이다. 그런데 "**하나님을 비방하니**" 대접 재앙들이 쏟아진 것에 대한 그들의 지속적인 반응은 그들의 악함을 드러낼 뿐 아니라 어리석음을 드러내는 것이다. 그들은 지금 죄를 지을 시간이 아니었다.

마지막 재앙을 담고 있는 대접이 쏟아 부어졌으나, 아직 끝은 아니다. 이어지는 장들은 거대한 음녀-도시와 그 도시의 동맹들의 파멸에 근접하고, 그리스도의 영광스러운 신부인 참된 거룩한 성인 새 예루살렘의 나타남으로 끝이 난다. 계시록 17-22장은 일곱 대접의 연속성 혹은 그것의 의미를 드러내는 것으로 보인다. 어떤 경우에, 그 사건들은 그 대접 천사들에 의해서 명백하게 통치된다. 그러므로 처음부터 끝까지 전체 책은 위대한 진리를 가르친다. 즉 그리스도께서 승리하실 것이다! 그리스도의 적들은 정복될 것이다! 그를 미워하는 자들은 파멸될 것이다! 그를 사랑하는 자들은 말할 수 없는 복을 받을 것이다. 유대인들의 운명과 같이 이방인들의 운명은 임박했다. 유다와 예루살렘, 로마와 그 제국, 네로와 그 숭배자들에 대한 심판은 임할 것이다. 칼과 불, 기근과 질병, 폭풍과 지진 그리고 사회적 고통과 정치적 테러는 메시야의 통치를 시작하는 저주일 뿐이다. 옛 것은 급속히 사라졌다. 옛 세대 위에 형태 위에 임한 빛은 어둠 속으로 신속히 사라졌으나 태양은 이미 동쪽에서 올라왔다. 새롭고 최종적인 언약은 끔찍한 심판 가운데 세워졌다. 옛 것의 연속성은 불가능한 것으로 만들도록 세워졌다. 마라나다! 주님은 곧 오신다! 주 예수여 오시옵소서!

3. 음녀의 정체(계 17:1-7)

성탄에 대한 많은 성경 기록 중에 '요셉'에 대해 잠시 생각해 보자. 마리아의 임신이 요셉에겐 일생일대의 충격이었을 것이다. 임신한 마리아는 당시 사회관습대로 돌로 쳐서 죽일 죄를 지은 것이다. 사랑하는 여인의 배신 앞에 요셉은 가만히 끊고자 했을 뿐이다. 이 말은 마리아의 임신에 대한 책임을 지겠다는 말이다. 이렇게 되면 마리아는 살지만 요셉은 정혼자를 임신시킨 후에 버린 파렴치한 놈으로 정죄되고, 사회적으로 매장되는 것이 불을 보듯 뻔했다. 그러나 요셉은 '의로운 사람'이었다(마 1:19). 가만히 끊겠다는 것은 자신이 책임을 지겠다는 말이다. 그러나 마리아는 성령으로 수태했다. 요셉은 신부된 교회의 '의로운 남편' 그리스도의 모형이 되는 것이다.

'사랑하는 여인의 배신'이란 주제는 호세아서의 주제이면서, 이스라엘 전체 역사에 대한 요약이기도 하다. 이스라엘은 하나님과의 혼약을 깨고, 이방 신들을 음란하게 섬겼다. 그래서 하나님은 그리스도의 신부로 교회를 택하셨다. 신약교회는 신랑 되신 그리스도의 영광스러운 신부로 나타나고 있다. 그래서 계시록에서 구약

교회는 배신한 여인, 음녀로 나타나고 있는 것이다.

1-2절. 또 일곱 대접을 가진 일곱 천사 중 하나가 와서 내게 말하여 이르되, 이리로 오라. 많은 물 위에 앉은 큰 음녀가 받을 심판을 네게 보이리라. 땅의 임금들도 그와 더불어 음행하였고 땅에 사는 자들도 그 음행의 포도주에 취하였다 하고,

일곱 대접의 환상은 계속된다. "**일곱 대접을 가진 일곱 천사 중 하나**"가 사도 요한에게 "**많은 물 위에 앉은 큰 음녀**"의 몰락을 보여준다. 이 음녀는 누구인가? 먼저 우리는 이 음녀가 "**많은 물 위에 앉은 큰 음녀**"라는 표현에 주목해야 한다. "**많은 물**"이라는 말은 하나님들과의 언약적 관계와 예배 속에서 사용된다. 예를 들면, 우리는 영광-구름 가운데 하나님의 소리가 많은 물소리 같았고, 이 소리는 하늘의 회의에서 무수히 많은 천사들에 의해 생긴 것이었다(겔 1:24). 계시록 1:15에서, 그리스도의 음성은 "많은 물소리와 같고"(cf. 겔 43:2), 계시록 14:2에서 사도 요한은 다시 하늘의 소리인 "많은 물소리"를 들었다. 계시록 19:6에서 구원받은 자들인 큰 무리들이 하늘의 천사적인 회의에 들어가면서 "많은 물소리"로 들리는 찬양이 나온다. 그러므로 이 "**많은 물**"이라는 표현은 하나님의 음성이며, 하나님의 음성에 대한 천군천사들의 찬양이다. 그러므로 그 여자가 많은 물 위에 앉았다는 것은 하나님의 계시와 하나님에 대한 예배적 상황과 관계가 있다는 것이다. 그러므로 이는 이방 나라들이 아닌 이스라엘에 대한 말씀인 것이다.

또한 "**많은 물 위에 앉은 큰 음녀**"로 묘사한 것은 바벨론과의 유사성을 부각하기 위한 것이다(cf. 렘 50-51장). 원래 바벨론이란 지금의 이라크 수도인 바그다드의 남쪽 80km 지점에 위치한 유브라데 강이 바라다 보이는 메소포타미아의 고대 도시이다. '메소포타미아'라는 말 자체가 '강들 사이에 있는'이란 뜻이다. 예레미야 51:13에서 "많은 물"이라는 표현은 이 바벨론의 중앙을 가로지르고 있는 유브라데 강을 가리키면서, 또한 동시에 바벨론을 둘러싸고 있는 군사적인 보호장치인 해자를 가리킨다.

고대 도시인 바벨론은 B.C. 24세기 무렵 아카드 시대부터 이미 알려졌으나,

역사적으로 중요하게 된 것은 아무르인(人)이 이곳을 기점으로 한 B.C. 19세기 초부터이며, '함무라비 법전' 으로 유명한 함무라비 왕 때 제국의 중심지로 가장 번영하였다. 이 도시는 강과 해자로 둘러싸인 천혜의 요새이면서, 고대의 정치 경제 문화의 중심지이기도 한 곳이다. 이것들은 궁극적으로 하나님께서 바벨론에게 주신 축복이지만, 하나님께 감사하기보다는 자신을 위해서 그것을 남용했다. 그래서 사도 요한은 음녀의 원형과 모델로 바벨론을 말하고 있는 것이다. 바벨론 같은 음녀, 그러나 바벨론은 아닌 나라, 그것은 이스라엘을 말하는 것이다.

하나님께 예배하는 존재이면서 바벨론 같은 음녀 도시인 이스라엘의 예루살렘은 "**땅의 임금들**"과 "**음행**"을 하였다. 이 '음행' 이란 성적 타락만을 지칭하는 것이 아니다. 이 표현은 언약 백성들의 반역을 가리키는데 사용되고 있다. 예를 들어, 배교한 예루살렘에 대하여 말하면, 이사야는 비통해한다. "신실하던 성읍이 어찌하여 창기가 되었는고? 정의가 거기에 충만하였고 공의가 그 가운데에 거하였더니, 이제는 살인자들뿐이로다"(사 1:21). 예레미야도 참 남편을 버리고 이방의 거짓 신들을 쫓는 이스라엘을 음녀라고 표현한다(렘 2:20-24, 30-33, 3:1-3).

호세아는 이스라엘의 간음이 "각 타작마당에서" 일어났다고 했다. "이스라엘아 너는 이방 사람처럼 기뻐 뛰놀지 말라. 네가 음행하여 네 하나님을 떠나고, 각 타작마당에서 음행의 값을 좋아하였느니라"(호 9:1). 이 타작마당에서 음행에 대한 그림은 추수 때 곡식창고에서 돈을 받고 몸을 파는 여자에 대한 것이다. 이것은 우리에게 몇 가지를 알려준다.

첫째, 모든 축복은 하나님께로부터 온다는 것이다. 이스라엘은 모든 풍요와 축복은 오직 참되신 하나님으로부터 온다는 사실을 잊어버리고, 거짓 신으로부터 추수의 축복과 풍요를 구하는 바알숭배 속으로 빠져들었다는 사실이다. 오늘날 한국 기독교가 지나치게 기복적이라는 비난을 받고 있다. 그래서 탈 기복적인 기독교를 외치는 사람들이 많다. 기복적으로 치우치는 것도 문제지만, 탈 기복적인 것도 문제이다. 분명히 기독교는 축복의 종교이다. 하나님께서 인간을 창조하신 후, 첫 번째로 하신 일이 축복이다. 창세기 1:27-18 "하나님이 자기 형상 곧 하나님의 형상대로 사람을 창조하시되 남자와 여자를 창조하시고, 하나님이 그들에게 복을 주시며 하나님이 그들에게 이르시되 생육하고 번성하여 땅에 충만하라, 땅을 정복하라, 바다의 물고기와 하늘의 새와 땅에 움직이는 모든 생물을 다스리라 하시니라." 여러분들도 복의 통로로 복을 누리며 하나님의 복을 전하는 분들이 되길 바란다. 필자는 개인적으로 새해 인사를 "새해 복 많이 받으세요!"보다 "새해 복 많이 누리세요!"를 좋아한다. 복은 이미 받았고, 누리고 나누는 일만 남았다. 받은 복을 누리며 축복의 통로로 쓰임받기를 바란다. 아멘.

둘째, 성전은 심판의 타작마당에 세워졌었다. 하나님의 거룩한 알곡으로부터 가라지를 골라내는 하나님의 행위를 상징하는(욥 21:18, 시 1:4, 35:5, 사 17:13, 눅 3:17), 타작마당에 성전을 세웠었다. "솔로몬이 예루살렘 모리아 산에 여호와의 전 건축하기를 시작하니, 그 곳은 전에 여호와께서 그의 아버지 다윗에게 나타나신 곳이요, 여부스 사람 오르난의 타작마당에 다윗이 정한 곳이라"(대하 3:1). 그러므로 교회는 알곡과 쭉정이를 가리는 곳이다. 알곡을 골라서 창고에 넣는데, 그 창고가 천국이다. 영혼추수에 힘쓰기 바란다. 먼저, 눈물로 씨를 뿌리는 수고를 아끼지 말아야 할 것이다. 심은 대로 거둔다. 씨를 뿌리지 않고 거둘 수 없고, 거두려 해서도 안 된다. 지금은 심을 때인가? 뿌릴 때인가?

셋째, 타작마당은 혼인관계에 대한 상징적인 장소이기도 하다. 보아스와 룻의 결합이 타작마당에서 일어났었고(룻 3장), 방앗간에서 맷돌을 가는 것은 성적인 관계를 갖는 것에 대한 성경적 이미지이다(욥 31:10, 사 47:2, 렘 25:10). 그러므로 타작마당에서 하나님과 결혼하는 것이 이루어졌다. 예배를 통해 신방에 들었던 것이다. 우리는 예배할 때, 주님과 온전한 일치를 경험하게 된다. 하나님과의 하나됨을 경험하는 예배가 되기를 바란다.

그러나 타락한 이스라엘은 타작마당의 신방에 드는 대신에, 다른 타작마당에서 낯선 신들과 이방 제단 앞에서 간음을 한 것이다. 배교한 예루살렘은 음녀-도시가 된 것이다. 이 주제는 에스겔서의 예언, 특히 16장과 23장에서 강대국과 정치적 종교적 동맹을 하는 '간음'이 가장 두드러진 주제가 되었다. 에스겔 시대에 예루살렘 사람은 그들의 보호자요, 구원자이신 하나님을 의지하는 신앙을 버리고, 이방신들에게 돌아섰다. 비록 이스라엘이 정치적인 측면에서 관계를 가지려했을지라도, 선지자들은 이것이 종교적인 문제라고 강조했다.

사실, 우리의 모든 문제는 종교적이고 영적인 문제이다. 학교성적은 신앙과 관계가 있다. 돈을 버는 것도 신앙과 관계가 있다. 건강도 신앙과 관계가 있다. 정치도 외교도 신앙과 관계가 있다. 모든 드러난 현상들의 뿌리는 신앙과 관계가 있다.

예루살렘의 배교는 모든 민족을 정치적이고 종교적인 음행으로 이끌었다. 유대인들인 "**땅에 사는 자들도 그 음행의 포도주에 취하였다.**" 즉 그들 자신의 그리스도를 알아보지 못하는 어리석음에 빠진 것이다. 1세기 이스라엘에서 영적 음행이 있었다. 이스라엘은 그리스도의 왕권을 거부하면서(cf. 삼상 8:7-8), 대제사장은 "가이사 외에는 우리에게 왕이 없나이다"라고 외쳤던 것이다(요 19:15). 이러한 음행은 이스라엘을 음녀로 만든 것이다.

3절. 곧 성령으로 나를 데리고 광야로 가니라. 내가 보니 여자가 붉은 빛 짐승을 탔는데, 그 짐승의 몸에 하나님을 모독하는 이름들이 가득하고 일곱 머리와 열 뿔이 있으며,

우리는 이미 계시록 12장에서 용으로부터 "**광야**"로 도망한 여자를 보았다(계 12:6, 14). 그러나 이는 특정한 기간 동안을 위한 것이었다. 참된 신부는 귀신들의 처소인 광야에 거하지 않아야 한다(마 12:43). 그러나 거짓 신부에게 광야는 필연적이다. 거짓 신부는 약속의 땅에서 성령을 따르는 것보다, 광야에 남는 것을 선택했다. 그러므로 광야는 그녀의 몫이고 운명이다(cf. 민 13-14장, 슥 5:5-11).

사도 요한은 광야의 음녀가 "**붉은 빛 짐승을**" 타고 있는 것을 본다. 이 짐승이 용인지 바다짐승인지는 금방 분명하지 않다. 바다짐승처럼, 그것은 "**모독하는 이름들이 가득하고**"(cf. 계 13:1), 용처럼 그것은 "**일곱 머리와 열 뿔**"을 가지고 있었기 때문이다. 그녀는 "많은 물들 위에" 앉았고(1절), 또한 그 자줏빛 짐승 위에 앉았기 때문에, 아마 음녀가 타고 있는 그 짐승이 물 밖으로 올라온 것으로 짐작할 수 있다(cf. 계 11:7, 13:1).

그 음녀는 로마가 아니다. 로마와 분명하게 구분된다. 음녀는 로마의 유명한 일곱 언덕을 대표하는 일곱 머리를 가진 그에 의하여 지지되고 유지되는 그 짐승 위에 앉았다(계 17:9). 음녀는 "**모독하는 이름들이 가득한**" 로마의 권세를 힘입은 예루살렘인 것이다.

4절. 그 여자는 자주 빛과 붉은 빛 옷을 입고 금과 보석과 진주로 꾸미고, 손에 금 잔을 가졌는데 가증한 물건과 그의 음행의 더러운 것들이 가득하더라.

그 여자는 왕족의 옷인 **"자주 빛과 붉은 빛 옷을 입고"** 있었다(계 18:7, 삿 8:26, 삼하 1:24, 단 5:7, 16, 29, 눅 16-19장). 에덴동산의 영광에 기초한(창 2:11-12, 겔 28:13), 하나님의 영광스러운 도시에 대한 성경적 묘사인 "금과 보석과 진주로 꾸미고" 있었다(사 54:11-12, 60:5-11, 계 21:18-21). 또한 보석은 대제사장의 옷(출 28:9-29)과 하나님의 보좌(계 4:3-4), 이 둘 다의 모습이기도 하다. 그러므로 이 여자의 옷과 보석을 단지 창녀의 화려한 치장만으로 볼 필요는 없다. 오히려 이것은 영광스럽게 옷을 차려입은 여자, 즉 신부의 모습이다(cf. 출 3:22, 겔 16:11-14, 잠 31:21-22). 이 복장은 원래 신부의 복장이었는데, 신부가 타락하여 창녀가 된 것이다.

구약교회는 하나님의 신부였다. 아브라함과 맺고, 모세와 맺고, 다윗과 맺은 언약은 혼인서약 같은 것이다. 신약교회도 신랑되신 그리스도의 신부이다. 정결한 그리스도의 신부가 되지 않으면 음녀가 된다. 구약교회는 타락하여 이방신들을 섬기는 창녀가 되었다. 정결한 그리스도의 신부로서 당신은 어떤 모습인가?

이 타락한 신부는 일종의 성찬식을 거행한다. 그녀는 **"손에 금 잔을 가졌는데 가증한 물건과 그의 음행의 더러운 것들이 가득하더라."** 이는 부정한 음식과 불결한 결혼식을 혼합한 이미지이다(cf. 레 20장; 특히, 레 20:22-26). 이 그림은 원래 바벨론이 "여호와의 손에 잡혀 있어 온 세계가 취하게 하는 금잔이라. 뭇 민족이 그 포도주를 마심으로 미쳤도다" 라고 묘사된 예레미야 51:7의 것에서 약간 바뀌어져 있다. 그러나 기본적인 개념은 비슷하다.

예루살렘은 여전히 언약의 아름다운 대접을 가지고 있지만, 그녀가 주관하는 성찬식은 죽음과 파멸로 이끄는 것이다. 그녀의 잔은 성경에서 흔히 거짓 신들을 숭배하는 것에 사용되는 용어인 "가증한 것" 이 가득했다(신 29:17, 겔 5:11). 바리새인들의 예루살렘은 의식적 정결을 준수하는 것 자체에 대한 자부심이 있었으나, 실제로는 배교와 음행으로 불결하고 더렵혀져 있었던 것이다(마 23:25-28, 막 7:1-23).

5절. 그의 이마에 이름이 기록되었으니 비밀이라, 큰 바벨론이라, 땅의 음녀들과 가증한 것들의 어미라 하였더라.

음녀는 **"그의 이마에 이름이 기록"** 이 되어 있었다. 이마에 무엇이 쓰인 것은 계시록에서 친숙한 이미지이다. 우리는 성도들의 '이마에 인'이 쳐져 있었다(계 3:12, 7:3, 14:1). 짐승을 따르는 자들에게도 '이마에 666의 표'가 있었다(13:16-17). 이 이마는 특히 반역의 상징이다(사 48:4, 겔 3:9). 반역한 이스라엘은 '창녀의 낯'을 가졌다고 한다(렘 3:3). 이 '창녀의 낯'을 직역하면 '창녀의 이마'이다. 그러나 거기에 쓰인 이름은 **"비밀"** 이라는 말로 시작한다.

만약 그 음녀가 '비밀'이라고 한다면, 그것은 그녀가 비록 심판받고 저주받는 순간일지라도, 여전히 하나님의 구원 계획에서 중요한 부분을 이루고 있다는 것이다. 이는 예루살렘 외에는 로마나 다른 도시에서는 있을 수 없는 일이다.

그 음녀의 상징적인 이름은 계속되고 있다. **"큰 바벨론이라."** 이는 그가 하나님을 대적하여 반역한 고대도시의 상징이기 때문이다(창 11:1-9, 렘 50-51장). 원래 '바벨'이란 '하나님의 문'을 의미한다. 참된 바벨론은 하나님의 문으로 역할을 해야 했다. 그러나 바벨론은 하나님의 주권을 거부하고 배교했던 것이다. 그래서 **"땅의 음녀들과 가증한 것들의 어미"** 인 "불법의 비밀"이 된 것이다(살후 2:7).

6-7절. 또 내가 보매 이 여자가 성도들의 피와 예수의 증인들의 피에 취한지라. 내가 그 여자를 보고 놀랍게 여기고 크게 놀랍게 여기니, 천사가 이르되, 왜 놀랍게 여기느냐? 내가 여자와 그가 탄 일곱 머리와 열 뿔 가진 짐승의 비밀을 네게 이르리라.

이제 우리는 음녀의 마귀적인 성찬을 본다. 그것은 **"성도들의 피와 예수의 증인들의 피"** 에 취하는 것이다. 비록 로마가 교회의 거대한 박해자가 되었을지라도, 우리는 반드시 예루살렘이 이점에서 앞서간 죄인임을 기억해야 할 것이다. 사도행전이 지속적으로 우리에게 알려준 바와 같이, 로마의 박해는 유대인들의 선동과 묵인 하에 이루어졌다. 사실, 예루살렘의 매춘의 역사는 신실한 자들에 대한 잔인한 박해의 하나이고, 특히 선지자들에 대한 박해의 하나이다(마 21:33-44, 23:29-35, 행 7:51-53). 사도 요한이 우리에게 계시록 18:24에서 말한 것과 같이 "선지자들과 성도들과 및 땅 위에서 죽임을 당한 모든 자의 피가 그 성 중에서 발견되었느니라." 예루살렘은 선지자들의 도살자였다.

그러나 이러한 '신학적' 안목을 가지고 성경을 보는 것이 쉬운 일이 아니다. 성공한 창녀는 아름답고 매력적이었다. 우리 모두가 알다시피, 죄의 유혹은 매우 매력적일 수 있다(창 3:6, 고후 11:14). 그러므로 사도 요한은 그녀의 아름다움에 유혹되었다. 그는 "**놀랍게 여기고 크게 놀랍게**" 여겼다고 한다. 그래서 천사가 "**왜 놀랍게 여기느냐?**" 라고 꾸짖는다. 사도 요한은 우리에게 이러한 사실을 경고하기 위하여 기록하고 있다. 음녀의 유혹은 달콤하다. 그 음녀에게 속지 않으려면 "**여자와 그가 탄 일곱 머리와 열 뿔 가진 짐승의 비밀**"을 이해해야 하는 것이다. 그래서 이제 그 천사는 음녀와 동맹자인 짐승의 본질, 즉 그리스도를 대적하고 파멸에 이르려고 하는 것을 보일 것이다. 계시록 17:8-18에서 천사는 그 비밀을 풀어 줄 것이다.

4. 천사가 비밀을 설명하다(계 17:8-18)

유대인들의 결혼식 풍습 가운데 '키세코세' 라는 것이 있다. 신랑 신부가 유리잔을 깨뜨리는 것이다. 언약을 깨뜨리면 이렇게 심판을 받아도 좋다는 약속을 의미하는 것이다. 교회와 가장 유사한 것이 가정이고, 가정과 가장 유사한 것이 교회라고 할 때, 강조되는 것은 바로 이것이 언약적 행위라는 것이다. 결혼 언약이든 하나님과의 언약이든 모든 언약에는 축복과 저주가 있다. 하나님의 신부였던 구약교회는 이방신들을 섬긴 영적 간음죄를 짓는다. 그래서 계시록에서 구약교회는 배신한 여인, 음녀로 나타나고 있는 것이다. 신약교회는 그리스도의 영광스러운 신부로 나타나고 있다. 지금 한국교회도 그리스도의 영광스러운 신부의 모습일까? 우리 교회는 어떤 평가를 받게 될까? 우리는 어떤 사람인가?

8절. 네가 본 짐승은 전에 있었다가 지금은 없으나 장차 무저갱으로부터 올

> 라와 멸망으로 들어갈 자니, 땅에 사는 자들로서 창세 이후로 그 이름이 생명책에 기록되지 못한 자들이 이전에 있었다가 지금은 없으나 장차 나올 짐승을 보고 놀랍게 여기리라.

계시록 17장에서 '짐승을 탄 여자' 가 등장한다. 그 여자의 이름은 5절에 있듯이 "비밀, 큰 바벨론, 땅의 음녀들과 가증한 것들의 어미" 이다. 그러나 실제로 그 정체는 배교한 유대주의자들이다. 옛 신부였으나 지금은 타락한 구약교회이다. 그래서 음녀로 등장하는 것이다. 그래서 이름이 놀라운 '비밀' 이다. '바벨론' 이란 것도 '하늘의 문' 이란 말로 아마 '옛 에덴' 이 있었던 곳으로 보인다. 그런데 하나님을 향해 도전한 인간의 성이 되었다. 본질상 하나님의 사랑을 배신한 인간의 성이 바벨론이다.

이제 천사는 '짐승에 대한 비밀' 을 보이겠다고 했다. 그 짐승은 "**전에 있었다가 지금은 없으나 장차 무저갱으로부터 올라와 멸망으로 들어갈 자**" 라고 한다. 이것은 계시록 1:4 "이제도 계시고 전에도 계셨고 장차 오실 이" 란 말씀을 떠올리게 한다. 이는 성부 하나님을 가리키는 것이다. 그러므로 짐승은 성부 하나님의 모방으로써 사탄을 말하고 있는 것이다. 하나님과 구약교회는 부부였다. 이제 배신으로 음녀가 된 구약교회와 사탄이 등장하는 것이다. 이것이 계시록 17장의 짐승을 탄 '여자' 와 '짐승' 에 대한 환상의 의미이다.

강조되는 것은 그들이 모두 "**멸망으로 들어갈 자**" 란 사실이다. 사도 요한은 박해 속에 있는 1세기 교회에 편지를 보내고 있다. 그 교회에 가장 필요한 것은 승리에 대한 확신이었다. 사탄이 아무리 로마제국을 힘입고 나타나지만 결국은 멸망할 것이란 확신이었다. 이 "**멸망**" 이라는 단어는 계시록 9:11의 "무저갱의 왕" 인 '아펠론' (Apeollyon)에 뿌리를 둔 '아폴레이안' (apoleian)이란 말이다. 사도 요한은 비록 그 짐승이 잠시 동안만 무저갱에서 올라오는 것이 허용되었지만, 결국은 거기로 돌아가야 한다는 것을 지적한다.

그러나 사탄의 등장으로 그는 배교한 이스라엘의 숭배를 받게 된다. 이 "**무저갱으로부터 올라와**" 란 말에서 '올라온다' 는 동사는 그리스도의 부활/승천에 쓰인 '아나바이노' (anabaino)이다. 무저갱으로부터 사탄의 출현에 대하여 사탄의 부활/승천으로 본 것이다. 게다가 **"땅에 사는 자들로서 창세 이후로 그 이름이 생명책에 기록되지 못한 자들이 이전에 있었다가 지금은 없으나 장차 나올 짐승을 보고 놀랍게 여기리라"** 에서 **"장차 나올 짐승"** 이란 말에서 '나온다' 는 말은 파루시아의 동사형인 '파리스테이미' (paristeimi)이다. 이는 심판과 구원을 가져오는 그리스도의 능력과 영광 가운데 오심에 쓰이는 단어인 '파루시아' 와 관계가 있는 것이다. 사탄은 그리스도의 파루시아를 모방한다. 신자들이 주님의 파루시아를 기대했던 것처럼, **"땅에 사는 자들"** 인 배교한 유대인들도 짐승의 출현을 고대했던 것이다. 그들이 그 짐승을 놀랍게 여기고 숭배한 것이다.

왜 유대인들은 용을 숭배하고 그리스도를 거부했을까? 창세전에 그리스도 안에서 우리를 택하신 그리스도의 선택과 대조적으로(엡 1:4), 배교한 이스라엘은 "창세 이후로 그 이름이 생명책에 기록되지 못한 자들" 이기 때문이다(계 13:8). 사도 베드로는 예수 그리스도, 즉 위대한 모퉁이 돌은 유대인들을 위한 "부딪치는 돌과 걸려 넘어지게 하는 바위가 되었다 하였느니라. 그들이 말씀을 순종하지 아니하므로 넘어지나니, 이는 그들을 이렇게 정하신 것이라" 고 기록하고 있다(벧전 2:8). 대신에, 교회는 "그러나 너희는 택하신 족속이요, 왕 같은 제사장들이요, 거룩한 나라요, 그의 소유가 된 백성" 이 된 것이다(벧전 2:9).

> 9-10절. 지혜 있는 뜻이 여기 있으니 그 일곱 머리는 여자가 앉은 일곱 산이요. 또 일곱 왕이라 다섯은 망하였고, 하나는 있고, 다른 하나는 아직 이르지 아니하였으나, 이르면 반드시 잠시 동안 머무르리라.

천사는 바다에서 온 짐승으로 용의 육화에 대하여 말할 차례이다. 1세기 독자들은 이것을 어떻게 이해했을까? 이 점에서 같은 부분적 과거론자인 조르단(J. B. Jordan)과 칠톤(D. Chilton)의 견해가 각각 다르기 조차하다. 조르단은 **"다섯은 망하였고"** 에서 '망한 다섯' 은 갈대아, 페르시아, 알렉산더, 헬라적 이집트(프톨레미 왕조), 헬라적 수리아(셀루커스 왕조)로 보고, **"하나는 있고"** 에서 '현재 있는 하나' 는 기독교를 옹호하는 헬라적 로마이고, **"잠시 동안 머무를"** 즉 '장차 와서 잠시만 있을 자' 는 기독교를 박해하는 사탄적인 로마로 본다. 이 사탄적인 로마는 A.D. 70

년 끝나고, 그 이후는 그저 제국으로서 로마가 존재할 뿐이라고 한다.

그러나 칠톤은 '일곱 산' 은 '일곱 언덕' 으로 유명한 로마로 그 짐승을 규정하고 있다. 또한 이것을 황제의 반열과 상응하는 것으로 본다. **"다섯은 망하였고"** 즉 처음 다섯 명의 황제는 율리우스, 아우구스투스, 티베리우스, 칼리굴라 그리고 클라우디우스로 본다. **"하나는 있고"** 는 여섯 번째 황제인 요한이 계시록을 쓸 때 왕좌에 있었던 네로로 본다. **"다른 하나는 아직 이르지 아니하였으나 이르면 반드시 잠시 동안 머무르리라"** 는 일곱 번째 황제로 6개월만 통치한 갈바로 본다. 그러나 그 짐승을 로마로 보는 것은 일치한다.

때로 1세기 독자들 입장에서 계시록을 해석한 부분적 과거주의 학자들마저 어떤 부분에서는 그 견해를 달리한다. 그래서 "지혜 있는 뜻이 여기 있으니"라는 말씀이 덧붙여진 것 같다. 이것이 무슨 말인가? <새번역>이나 <표준새번역>은 이렇게 번역한다. "여기에 지혜를 가진 마음이 필요하다." <공동번역>은 "이제는 지혜로운 이해력이 필요하다"고 한다. 좀 더 살펴보자. 우리가 모든 것을 이해할 수 없을 것이다. 그러나 진리의 말씀 앞에 너무 쉽게 속단하거나 포기하지 말고, 철저하게 엎드리고 인내하며 지혜를 구해야 할 것이다. "너희 중에 누구든지 지혜가 부족하거든 모든 사람에게 후히 주시고 꾸짖지 아니하시는 하나님께 구하라. 그리하면 주시리라" (약 1:5).

11절. 전에 있었다가 지금 없어진 짐승은 여덟째 왕이니 일곱 중에 속한 자라. 그가 멸망으로 들어가리라.

조르단은 일곱째를 기독교를 박해한 사탄적인 로마로 보았다. 이 사탄적인 로마는 A.D. 70년 끝이 나지만, 여덟째 짐승은 역사의 끝까지 살아남는 사단의 세력으로 본다(계 20:10). 이 점에서 칠톤도 동일한 생각을 한다. 비록 율리오-클라우디안 왕조는 몰락하지만, 그 후에 다른 황제들 속에 육화된 **"짐승"** 이 나타난다고 보는 것이다. 그가 **"여덟째 왕이니 일곱 중에 속한 자"** 즉 이어지는 폭군들이다.

성경에서 '8' 은 부활의 숫자이다. 사도 요한은 그 제국이 비록 일곱 왕들의 통치 이후에 붕괴되어지는 것처럼 보일지라도, 그것은 교회의 다른 박해자들 사이에 살아서 다시 부활할 것을 경고하고 있는 것이다. 그러나 결코 짐승이 승리하지 않았다. 그 부활한 여덟 번째 짐승조차도 **"멸망으로 들어가리라"** 고 되어 있기 때문이다. 교회는 계속해서 인내를 시험 받을 것이다. 그러나 결국 교회가 승리할 것이다.

우리 시대에도 교회는 인내를 요구받는다. 참된 신앙을 가진 자들은 교회 안팎의 적들로 인해 공격을 받을 것이다. 안으로는 진리의 왜곡, 변질된 복음이 들어올 것이다. 밖으로는 세상의 핍박과 회유가 있을 것이다. 여러분들의 시대가 최악이라고 생각하지 마라. 복음을 전하기에 좋았던 시대는 한 번도 없었다. 항상 지금이 최선이라고 믿는 사람들의 헌신으로 복음은 전해져 왔었다.

> 12절. 네가 보던 열 뿔은 열 왕이니 아직 나라를 얻지 못하였으나, 다만 짐승과 더불어 임금처럼 한동안 권세를 받으리라.

사도 요한이 짐승의 머리에서 본 **"열 뿔"** 은 **"열 왕"** 이다. 우리가 위에서 다른 경우에 살펴본 것처럼, 성경에서 '10' 이라는 숫자는 질적 혹은 숫자적 충만함의 '많음' 의 개념과 관련이 있다. 이 왕들이 '면류관' 으로 머리를 꾸민 짐승과 연관이 있다는 것과 그들이 **"짐승과 더불어 임금처럼 한동안 권세를 받으리라"** 는 것은 그들이 로마제국에 복속되었거나 동맹을 맺은 통치자들이라는 것을 가리킨다. 로마는 실제로 10개의 제국의 지방들을 가지고 있었고, 혹자는 이것이 그들을 언급한 것으로 이해하기도 했다. 그러나 이 상징은 기독교를 대적한 로마의 동맹국의 왕들을 가리키는 것이다.

> 13-14절. 그들이 한 뜻을 가지고 자기의 능력과 권세를 짐승에게 주더라. 그들이 어린 양과 더불어 싸우려니와 어린 양은 만주의 주시오, 만왕의 왕이시므로, 그들을 이기실 터이요. 또 그와 함께 있는 자들 곧 부르심을 받고 택하심을 받은 진실한 자들도 이기리로다.

사도 요한은 그리스도에 대적한 로마의 속국들과 동맹들을 짐승과 결탁한 "열

왕"으로 기록하고 있다. 미가엘과 그의 천사들이 용과 싸우려고 한 것처럼(계 12:7), "**어린 양과 더불어 싸우기**" 위하여 "**그들이 한 뜻을 가지고 자기의 능력과 권세를 짐승에게 주더라.**" 이것은 역사 속에 반복된 세상 나라들이 하나님을 대적하는 것이다. 시편 저자가 예언한 것처럼, "세상의 군왕들이 나서며 관원들이 서로 꾀하여 여호와와 그의 기름 부음 받은 자를 대적하며"(시 2:2; cf. 행 2:26).

이 본문에 대한 사도적인 주석은 핍박 받는 교회의 초기의 기도 가운데 나타나고 있다. 시편 2편이 인용된 후에, 그들은 말한다. "과연 헤롯과 본디오 빌라도는 이방인과 이스라엘 백성과 합세하여 하나님께서 기름 부으신 거룩한 종 예수를 거슬러 하나님의 권능과 뜻대로 이루려고 예정하신 그것을 행하려고 이 성에 모였나이다"(행 4:27-28). 신실하지 못한 자들은 하나님의 아들인 기름부음 받은 자를 향하여 연합한다. "헤롯과 빌라도가 전에는 원수였으나 당일에 서로 친구가 되니라"(눅 23:12). 그러나 시편 기자는 오래 전에 왕들과 통치자들을 향하여 경고하였다. "여호와를 경외함으로 섬기고 떨며 즐거워할지어다. 그의 아들에게 입맞추라. 그렇지 아니하면 진노하심으로 너희가 길에서 망하리니 그의 진노가 급하심이라. 여호와께 피하는 모든 사람은 다 복이 있도다!"(시 2:11-12). 그러므로 이 우주적 투쟁의 결과는 확실한 것이다. "**그들이 어린 양과 더불어 싸우려니와 어린 양은 만주의 주시요 만왕의 왕이시므로 그들을 이기실 터이요. 또 그와 함께 있는 자들 곧 부르심을 받고 택하심을 받은 진실한 자들도 이기리로다.**" 사도 요한은 두려움 속에서 로마제국의 무시무시한 힘과 충돌하여 떨고 있는 교회에 확신을 주고 있다. 기독교의 승리는 보장된 것이다!

15절. 또 천사가 내게 말하되 네가 본 바 음녀가 앉아 있는 물은 백성과 무리와 열국과 방언들이니라.

이제 천사는 "**음녀가 앉아 있는 물**"의 의미에 대해 설명하고 있다. 이것은 4중으로 고안된 언어, 즉 "**백성과 무리와 열국과 방언들**"로 묘사되고 있다. 오늘날은 국가라는 개념이 분명하지만, 1세기 당시에는 오늘날과 같은 국가를 이루지 못한 "**백성**"들이 있었다. 그저 "**무리**"들이 있었다. 물론 국가를 이룬 "**열국**"도 있었고,

더 큰 의미의 **"방언들"** 도 있었다.

성경적 상징주의에서 물은 이방인의 영역이다. 신실하지 못한 세상의 반역한 나라들을 노한 바다로 표현하는 것은 성경에서 자주 있는 일이다(cf. 계 13:1). 이사야는 다음과 같이 기록한다. "슬프다 많은 민족이 소동하였으되, 바다 파도가 치는 소리 같이 그들이 소동하였고, 열방이 충돌하였으되, 큰 물이 몰려옴 같이 그들도 충돌하였도다. 열방이 충돌하기를 많은 물이 몰려옴과 같이 하나, 주께서 그들을 꾸짖으시리니, 그들이 멀리 도망함이 산에서 겨가 바람 앞에 흩어짐 같겠고, 폭풍 앞에 떠도는 티끌 같을 것이라"(사 17:12-13). "그러나 악인은 평온함을 얻지 못하고, 그 물이 진흙과 더러운 것을 늘 솟구쳐 내는 요동하는 바다와 같으니라. 내 하나님의 말씀에 악인에게는 평강이 없다 하셨느니라"(사 57:20-21).

멸망 이전의 예루살렘은 영향력 있는 유대인들이 로마제국의 각지에 있었기 때문에 참으로 "많은 물" 즉 민족들 위에 앉은 모습이었다. 그들의 공동체가 모든 도시마다 있었던 것을 오순절에 "그 때에 경건한 유대인들이 천하 각국으로부터 와서 예루살렘에 머물러 있더니"라는 기록에서 엿볼 수 있다(행 2:5).

16절. 네가 본 바 이 열 뿔과 짐승은 음녀를 미워하여 망하게 하고 벌거벗게 하고, 그의 살을 먹고 불로 아주 사르리라.

그 동안 음녀와 짐승은 공생관계에 있었다. 그런데 갑자기 짐승이 음녀를 공격한다. 로마제국이 이스라엘을 공격하는 것이다. **"음녀를 미워하여 망하게 하고 벌거벗게 하고, 그의 살을 먹고 불로 아주 사르리라"**(cf. 렘 13:26, 애 1:8-9, 나 3:5). 예루살렘은 이방 민족들과 음행을 저질렀다. 그러나 A.D. 70년에, 그들은 예루살렘을 향하여 돌아섰고 파멸시켰고 **"망하게"** 만들었다.고대사회에서 간음죄에 대한 형벌 중 하나가 **"벌거벗게"** 하여 공적으로 수치를 당하게 하는 것이다(cf. 사 47:2-3, 렘 13:26, 애 1:8, 겔 16:37, 39, 23:29, 호 2:10, 나 3:5).

이세벨과의 연관성이 여기에서 있는데, 개들이 원래 이세벨의 살을 먹은 것처럼(cf. 계 22:15), 그 민족들이 **"그의 살을 먹고"**라는 것이다(왕상 21:23-24, 왕하 9:30-37). 예루살렘을 음녀라고 말한 선지자들은 창녀가 된 제사장의 딸은 '불태워 죽이라' 고 했었다(레 21:9). 그래서 하나님께서는 예루살렘이 이전에 연애하던 자들인 이방민족들이 그 땅을 **"불로 아주 사르도록"** 하셨다(렘 4:11-13, 30-31, 겔 16:37-41, 23:22, 25-30).

짐승이 그리스도에 대한 전쟁의 일부로서 예루살렘을 파괴했다는 것을 깨닫는 것은 매우 중요하다. 성전 파괴에 대한 로마 지도자들의 동기는 단지 유대 반역자들을 징벌하려는 것만이 아니라, 세르베투스가 기록한 것처럼 기독교를 말살하려는 것이기도 했다. 즉 그 짐승은 그 음녀(유대교)와 신부(기독교)를 한방에 죽일 수 있다고 생각했다. 그러나 소요가 그쳤을 때, 배교자 예루살렘은 비록 허물어졌을지라도, 교회는 새롭고 가장 영광스러운 성전, 즉 하나님께서 영원히 거하시는 곳으로 나타났다.

여기에서 한 가지 교훈을 놓치지 말아야 한다. 음녀와 짐승의 공생관계는 그 끝이 있다. 사탄이 우리를 유혹하는 것은 결국 망하게 하려는 것이다. 우리는 세상과 타협해선 안 된다. 사탄의 미끼를 물면, 그 순간 영혼을 사냥 당하는 것이다. 세상으로 가는 길은 갑작스런 낭떠러지가 아니다. 아주 조금 기울어진 길이다. 조금씩 내려가는 길이기에 걷기 편하고 쉬워 보인다. 그러나 더 이상 돌이킬 수 없는 지경에 이를 수 있다. 우리가 사랑했던 것들을 주님께 돌려드리자. 내게 주신 재능으로 주님의 일을 하자. 내가 즐기면서 점점 주님과 멀어진다면 어느 순간 그 재능도 올무가 되는 것이다.

> 17절. 이는 하나님이 자기 뜻대로 할 마음을 그들에게 주사 한 뜻을 이루게 하시고, 그들의 나라를 그 짐승에게 주게 하시되, 하나님의 말씀이 응하기까지 하심이라.

세상의 왕들이 하나님을 대적하기 위하여 짐승과 결탁한 것은 분명히 죄이다. 그러나 그들의 마음속에 **"나라를 그 짐승에게 주게"** 하신 분은 하나님이시다! 때로 이 구절이 하나님을 '죄의 원인' 으로 만든다고 오해할 수 있을 것이다. 그러나 "여호와께서는 그 모든 행위에 의로우시다" 라는 확신을 가져야 한다(시편 145:17). 어거스틴은 다음과 같이 말한다. "그러므로 죄를 짓는 것은 악인의 힘이다. 그러나 죄를 짓는 것 안에서 그들이 이것저것을 하는 것은 그들의 능력이 아니라, 어둠을 나누시고 그것을 조절하는 하나님의 능력이다. 그러므로 그들이 하나님의 뜻에 반대하여 행하는 것조차도 하나님의 뜻이 없이 되는 것은 없다."

바울도 하나님의 주권에 대해 이렇게 말한다. "이 사람아 네가 누구이기에 감히 하나님께 반문하느냐? 지음을 받은 물건이 지은 자에게 어찌 나를 이같이 만들었느냐? 말하겠느냐? 토기장이가 진흙 한 덩이로 하나는 귀히 쓸 그릇을, 하나는 천히 쓸 그릇을 만들 권한이 없느냐?"(롬 9:20-21)

세상 나라들이 자신의 목적대로, 혹은 사탄의 계획대로 움직이는 것 같다. 그러나 진정 세상을 움직이시는 분은 하나님이다. 선한 역이든 악역이든 모두가 하나님께 쓰임 받고 있는 것이다. 당신은 어떻게 쓰임받기를 원하는가?

악역을 맡은 세상의 왕들은 짐승에게 나라를 넘겨주고, 그 대가로 일시 동안 권세를 받았다. 그러나 결국 하나님의 목적을 위하여, 즉 "**하나님의 말씀이 응하기까지**" 이 일이 이루어진 것이다. 언약의 저주(신 28장)는 그 짐승과 열 뿔을 통하여 이스라엘을 파문했다. 그리스도께서 감람산 강화에서 예언하신 것처럼, 그들은 하나님의 진노의 도구였다. 이 무서운 '복수의 날들' 동안, 그 분은 '기록된 모든 것들이 성취되리라' 고 하셨다(눅 21:22). 환상과 예언은 옛 세상의 질서에 대한 파괴를 인치고 끝낼 것이다(단 9:24).

18절. 또 네가 본 그 여자는 땅의 왕들을 다스리는 큰 성이라 하더라.

이제 천사는 그 음녀를 예루살렘에 대해 사용하는 용어인 주님께서 못 박히신 곳인(계 11:8, 16:19), 그 "**큰 성**"과 동일시한다. 게다가 천사는 그 성을 "**땅의 왕들을 다스리는**" 곳이라고 말하고 있다. 아마도 이것은 '음녀' 가 '로마' 라고 오해하도록 만들기 쉽다. '만약 그 성이 예루살렘이라면, 어떻게 모든 세상의 정치적 힘을 가졌다고 할 수 있겠는가?' 그 대답은 바로 계시록은 정치학에 대한 책이 아니라, 언약에 대한 책이라는 것이다.

예루살렘은 영적으로 열방을 통치했다. 예루살렘은 세상의 모든 나라들 위에 뛰어난 나라였다. 언약적 특권을 가지고 있었다. 이스라엘은 제사장 나라였다(출

19:6). 이스라엘이 열방을 위하여 제사하는 일에 신실했을 때, 세상은 평화로웠다. 그러나 언약을 저버렸을 때, 세상은 혼란에 빠졌다. 이방 민족들은 이것을 깨달았다(왕상 10:24, 스 1:4-7; cf. 롬 2:17-24). 즉 이스라엘이 신실하면 주변 나라가 이스라엘을 섬겼고, 이스라엘이 타락하면 주변 나라가 공격했다. 이는 배후에 항상 하나님께서 역사하시기 때문이다.

오늘날 하나님의 제사장 나라는 교회이다. 교회는 세상의 빛과 소금이다. 어둠에 속한 세상은 빛을 싫어한다. 부패한 세상은 소금을 싫어한다. 그러나 교회가 어두워지면 더 싫어한다. 교회가 부패하면 더 싫어한다. 교회라도 빛이 되고, 소금이 되어주길 바라고 있다. 맛을 잃은 소금은 사람들 발에 밟힌다고 경고하고 있다. 때로 소위 '안티 크리스천들' 의 비판이 얼토당토않아 보이지만, 우리는 그들의 비판을 겸허하게 받아들일 필요가 있다. 그러나 안티의 비판을 넘어 하나님의 음성을 들을 수 있어야 하겠다. 우리 교회는 세상을 향한 제사장 나라로서 사명을 잘 감당해야 하겠다. 아멘.

5. 거기에서 나오라! (계 18:1-8)

옛날 부흥회에서 들은 이야기이다. 기도보단 당구를 좋아했던 어느 목사님이 버스를 타고 가는데, 버스 안에 등에 업은 애를 휙~ 돌려서 젖 물리고 기도하던 주책스러운 여자가 갑자기 버스를 세운다. 하나님이 내리라고 하신다고 내린다. 그런데 얼마 안가서 버스가 전복되고, 목사님은 입원했다. 그 목사님은 하나님께 원망했다. 그 여자에겐 버스에서 나오라고 하시고, 나에겐 안하셨다고. 이렇게 원망의 눈물은 회개의 눈물로 바뀌고 성령충만한 귀한 목사님이 되었다는 것이다. 기도하며 성령에 민감했던 그 여자처럼, 오늘 옛 이스라엘 백성들은 거기에서 나오라는 음성을 들었다. 여러분들도 하나님의 음성을 수 있기를 바란다.

1절. 이 일 후에 다른 천사가 하늘에서 내려오는 것을 보니, 큰 권세를 가졌는데, 그의 영광으로 땅이 환하여지더라.

사도 요한은 "**다른 천사**"를 소개한다. 그 천사에 대한 묘사를 요한복음에서 그리스도에 대한 묘사와 비교하면, 우리는 그 천사가 그리스도이신 것을 알 수 있다. 그는 "**하늘에서 내려오는**" 분이고(요 3:13, 31, 6:38, 58), 그는 "**큰 권세를 가진**" 분이고(요 5:27, 10:18, 17:2), "**그의 영광으로 땅이 환하여**"진 분이다(요 1:4-5, 9, 14, 8:12, 9:5, 11:9, 12:46, cf. 딤전 6:16).

계시록에서 이미 그리스도께서 천사의 모습으로 등장했었다. 우리가 살펴본 것처럼, 계시록 10:1 "내가 또 보니 힘 센 다른 천사가 구름을 입고 하늘에서 내려오는데 그 머리 위에 무지개가 있고 그 얼굴은 해 같고 그 발은 불기둥 같으며"에서 그리스도는 하늘에서 내려오는 천사의 모습이다. 여기에서 얼굴이 해 같다거나 본문에서 "**그의 영광으로 땅이 환하여**"는 모두 에스겔 43:2의 "땅은 그 영광으로 말미암아 빛나니"라고 하신 말씀에 대한 실제적인 반복이다.

음녀-도시에 하나님의 진노를 가져오는 그리스도는 그 도시에 대한 심판을 선언하기 위하여 오셨다. 언약의 배교자들에 대한 파괴는 지상에서 그리스도의 권위와 영광을 나타내는 것이다. 옛날 왕들은 언약을 어기면 그 땅을 초토화시켰다. 이스라엘이 모압을 징벌한 기록이다. "그 성읍들을 쳐서 헐고 각기 돌을 던져 모든 좋은 밭에 가득하게 하고 모든 샘을 메우고 모든 좋은 나무를 베고"(왕하 3:25). 이런 점에서 오늘날 교회가 권위와 영광을 잃은 것은 '권징'이 없기 때문이다. 교회가 징계하지 않으면 하나님이 징계한다. 교회의 권징을 귀하게 여기고 받아들여야 한다. 권징하는 교회는 정말 내가 죄를 지어 회개할 자인 것처럼 신중하게 사랑하는 마음으로 권징을 시행해야 할 것이다.

2절. 힘찬 음성으로 외쳐 이르되, 무너졌도다. 무너졌도다. 큰 성 바벨론이여! 귀신의 처소와 각종 더러운 영이 모이는 곳과 각종 더럽고 가증한 새들이 모이는 곳이 되었도다.

하나님의 메시지는 일관성이 있다. "**무너졌도다. 무너졌도다. 큰 성 바벨론이여!**" 이것은 이미 계시록 14:8의 선포와 동일하다. 음녀 바벨론의 운명은 확실하다. 그래서 이미 끝난 것으로 말하고 있는 것이다. 이는 이스라엘에 대한 아모스의 애가와도 유사한 것이다. "처녀 이스라엘이 엎드러졌음이여, 다시 일어나지 못하리로다. 자기 땅에 던지움이여, 일으킬 자 없으리로다"(암 5:2).

예루살렘의 배교는 그 심판이 영구적이고 돌이킬 수 없다는 점에서 더 큰 것이 되었다. 계시록 21:27의 새 예루살렘은 "무엇이든지 속된 것이나 가증한 일 또는 거짓말하는 자는 결코 그리로 들어가지 못하되, 오직 어린 양의 생명책에 기록된 자들만 들어가리라." 그러나 옛 예루살렘은 대조적으로 하나님과 다시 화목할 수 없는 원수인 "귀신의 처소와 각종 더러운 영이 모이는 곳과 각종 더럽고 가증한 새들이 모이는 곳이" 되어버렸다. 한 마디로 음녀 바벨론은 광야에 있게 된 것이다(계 17:3).

광야는 죄의 장소이고 귀신들의 처소이다(마 12:43, cf. 눅 8:27). 아름다운 땅들이 아담 하와의 죄로 인하여 황폐한 광야가 되었다(창 3:17-18). 그래서 속죄일에 염소가 사람들의 죄를 지고가게 하여 광야로 보냈다. 문자적으로 '속죄양'은 '보내진' 혹은 광야에 살고 있는 '염소-귀신'의 이름인 '아사셀을 위한' 이란 말이다(레 16:8, 10, 26).

이제 그 천사는 1세기의 반역적인 유대인들에 대한 고대의 저주들을 적용하고 있다. 이스라엘이 그리스도를 거부했기 때문에, 개혁의 가망이라곤 전혀 없이, 그 전체 민족은 마귀에게 사로잡히게 되었다(cf. 마 12:38-45, 계 9:1-11). 이러한 비극을 강조하는 것이 "**처소**"(katoiketerion)라는 용어를 사용하는 것이다. 이는 하늘에서, 거룩한 성에서, 성전에서, 교회에서, 하나님의 특별한 임재를 나타내는 곳에 사용된 말이다(출 15:17, cf. 왕상 8:39, 43, 49, 왕하 30:27, 시 33:14, 76:2, 107:7, 엡 2:22). 하나님께서 거하시는 처소로 삼으신 예루살렘은 이제 귀신들의 더러운 처소가 된 것이다.

오늘날 하나님께서 거하시는 처소는 어디인가? "우리는 살아 계신 하나님의 성전이라"(고후 6:16; cf. 고전 3:16). 우리가 성령의 전이다. 그래서 어떻게 해야 하는가? "누구든지 하나님의 성전을 더럽히면 하나님이 그 사람을 멸하시리라. 하나님의 성전은 거룩하니 너희도 그러하니라"(고전 3:17). 거룩한 삶을 살아야 하는 것이다.

3절. 그 음행의 진노의 포도주로 말미암아 만국이 무너졌으며, 또 땅의 왕들이 그와 더불어 음행하였으며, 땅의 상인들도 그 사치의 세력으로 치부하였도다. 하더라.

열방에 대한 교사-제사장으로서 부르심을 이스라엘은 포기했다. 오히려 악용했다. 그래서 다시 파멸의 이유로서 언급된다(cf. 계 14:8, 17:2, 4). 이스라엘은 열방을 이끄는 대신에 "**만국**"과 "**왕들**"과 "**상인들**"에게 그녀의 은사를 팔아먹는 음행을 저질렀다. 상인들에 대한 강조는 대부분 성전 주변의 상업적 행위들과 관련되어진 것이다. 성전은 이스라엘의 정치 경제 문화의 중심이다. 성전에서의 상행위가 썩었는데 무엇을 기대할 수 있겠는가? 이것이 예수님께서 성전의 돈 바꾸는 자들과 충돌하신 이유이다(마 21:12-13, 요 2:13-22). 누가는 바리새인들의 특징을 "바리새인들은 돈을 좋아하는 자들이라"고 고발하고 있다(눅 16:14). 그리고 대부분 성전의 상점들은 대제사장의 가족들 소유이다. 특히 이방인의 뜰은 대제사장 가족들에 의해 후원을 받고 있는 희생 제물로 사용되는 동물의 거래가 번창했다.

제사장들은 누가 먼 지방에서 제물로 쓸 양이나 소를 끌고 오면 부적합 판정을 내렸다. 그는 어쩔 수 없이 헐값에 팔고 성전에서 파는 공인된 제물을 비싸게 사서 사용해야만했다. 그런데 그 제물은 다름 아닌 바로 그 이전의 사람이 헐값에 팔았던 것이었다. 이것은 바벨론이 평범한 창녀가 아니라 제사장 등급에 속한 자임을 알게 한다.

보통 사람의 딸이 행음하면 돌로 쳐 죽였지만, 제사장의 딸은 불태웠다. "어떤 제사장의 딸이든지 행음하여 자신을 속되게 하면 그의 아버지를 속되게 함이니 그를 불사를지니라"(레 21:9). 음녀 예루살렘은 불로 심판을 받게 된 것이다(cf. 계 17:16). 많이 맡은 자에게 많이 요구하시는 하나님이다(눅 12:48). 우리는 너무나도 많은 하나님의 사랑을 받았다. 그러나 하나님께 돌려드린 것은 무엇인가?

4-5절. 또 내가 들으니 하늘로부터 다른 음성이 나서 이르되 내 백성아, 거기서 나와 그의 죄에 참여하지 말고 그가 받을 재앙들을 받지 말라. 그의 죄는 하늘에 사무쳤으며, 하나님은 그의 불의한 일을 기억하신지라.

예수님께서 십자가에서 죽으시고 부활하셨다. 옛 이스라엘은 무너졌다. 그 후, 사도들은 사람들을 새 이스라엘인 교회로 오도록 촉구하면서 복음을 전했다(cf. 행 2:37-40, 3:19-26, 4:8-12, 5:27-32). 또한 이것은 계시록에서 사도 요한의 메시지이다.

하나님의 백성들은 유대교를 개혁하려고 애쓰면 안 되고, 반드시 운명에 그것을 맡겨야 한다. 유대인들은 "하나님의 선하신 말씀과 내세의 능력을 맛보고" 타락하였기 때문이다. 다시 회개하도록 새롭게 하는 것은 불가능한 것이다. 그리스도를 거부하면서 옛 언약을 이어가려는 헛된 시도를 하는 유대주의는 "저주함에 가까워 그 마지막은 불사름이 되리라"고 한다(히 6:4-8). 예수 외에는 옛날이나 지금이나 유대인들에게 다른 구원의 길은 없다.

옛 언약 종교는 다시 갱신될 수 없다. 그리스도 없는 언약은 불가능한 것이다. 옛 언약 하에서 유대인들의 조상들도 그리스도를 섬겼기 때문이다(고전 10:1-4). 이제 '그 오는 세대' (the Age to come)가 도래했고, 구원은 그리스도와 교회에 있다. 오직 음녀로 규정되어진 자들에겐 파멸만 기다리고 있다. "**내 백성아, 거기서 나와 그의 죄에 참여하지 말고 그가 받을 재앙들을 받지 말라**"(cf. 히 10:19-39, 12:15-29, 13:10-14).

이스라엘의 회개를 위한 시간은 끝이 났고, 이제 "**그의 죄는 하늘에 사무쳤**"다(cf. 창 19:13, 대하 28:9, 스 9:6, 렘 51:9, 욘 1:2). 예수께서는 이 못 박은 세대가 그들의 반역한 조상들의 "죄의 분량을 채우고" 그러므로 "땅 위에서 흘린 의로운 피가" 그들에게 임할 것이라고 예언하셨다(마 23:32-35). 이 예언은 사도 바울이 관찰한 것과 같이 1세기에 성취된 것이다. 즉 "유대인은 주 예수와 선지자들을 죽이고, 우리를 쫓아내고, 하나님을 기쁘시게 하지 아니하고, 모든 사람에게 대적이 되어, 우리가 이방인에게 말하여 구원받게 함을 그들이 금하여 자기 죄를 항상 채우매, 노하심이 끝까지 그들에게 임하였느니라"(살전 2:15-16).

그러므로 "**거기서 나와 그의 죄에 참여하지 말고, 그가 받을 재앙들을 받지 말라**"고 종교적, 물리적 분리를 명령하고 있다(cf. 마 24:16-21). 이는 포로기 끝에 바벨론으로부터 하나님의 백성들을 불러내시는 하나님의 부르심의 음성을 생각나게 하는 것이다. 구약은 세 가지 개념들에 관해서 말한다. 즉 바벨론의 파괴의 도래, 신실한 언약백성의 구속의 도래, 그리고 성전의 재건축이다(스 1:2-3, 사 48:20,

52:11-12, 렘 50:8, 51:6, 9, 45). 마찬가지로 새 언약 백성은 이스라엘로부터 그들 스스로를 분리해야 했다. 박해자들은 곧 파괴될 것이고, 하나님의 구속은 가까웠고 (눅 21:28, 31), 새 성전은 세워지려고 했다.

어떤 의미에서 신앙이란 떠나는 것이다. 전부인줄 알고 믿고 의지했던 모든 것들로부터 떠나는 것, 그래서 주 하나님만 믿고 의지하며 사는 것이 신앙이다. 하나님께서도 아브라함을 떠나도록 하셨다(창 12:1). 이삭도 떠나야 했었다(창 26:2). 1세기 유대인들도 옛 언약에서 떠나야 했다. 타락한 예루살렘에서 나와야 했다. "거기에서 나오라!"는 준엄한 말씀을 듣는다. 여러분들이 떠나야 할 것은 무엇인가? 죄악에 빠지지 말고 떠나기를 바란다.

6-8절. 그가 준 그대로 그에게 주고, 그의 행위대로 갑절을 갚아 주고, 그가 섞은 잔에도 갑절이나 섞어 그에게 주라. 그가 얼마나 자기를 영화롭게 하였으며, 사치하였든지, 그만큼 고통과 애통함으로 갚아 주라. 그가 마음에 말하기를 나는 여왕으로 앉은 자요, 과부가 아니라, 결단코 애통함을 당하지 아니하리라. 하니, 그러므로 하루 동안에 그 재앙들이 이르리니, 곧 사망과 애통함과 흉년이라. 그가 또한 불에 살라지리니, 그를 심판하시는 주 하나님은 강하신 자이심이라.

하나님의 의로운 심판은 완전한 배상을 요구하고 있다. **"그가 준 그대로 그에게 주고, 그의 행위대로 갑절을 갚아 주고, 그가 섞은 잔에도 갑절이나 섞어 그에게 주라"**(cf. 렘 50:15, 29, 시 137:8, 사 40:2). 아마도 이 명령은 하늘의 천사 혹은 하나님의 진노의 대리자들인 로마 군대에게 주어진 것으로 보인다. **"갑절을 갚아 주고"**라는 말이 반복되는 것은 히브리어의 강조법이다.

또한 **"그가 얼마나 자기를 영화롭게 하였으며, 사치하였든지, 그만큼 고통과 애통함으로 갚아 주라."** 성경에서 갑절 혹은 여러 배의 배상은 하나님의 동해보복법(lex talionis)의 원리에 따라서 정확하게 배상하는 것이다. "생명은 생명으로, 눈은 눈으로, 이는 이로, 손은 손으로, 발은 발로, 덴 것은 덴 것으로, 상하게 한 것은 상함으로, 때린 것은 때림으로 갚을지니라"(출 21:23-25). 하나님의 징계는 정확하다.

이 징계는 "**그가 마음에 말하기를 나는 여왕으로 앉은 자요, 과부가 아니라, 결단코 애통함을 당하지 아니하리라**"는 교만 때문에 주어졌다. 이는 "나는 부자라 부요하여 부족한 것이 없다"고 하는 라오디게아 교회의 교만과 일치하는 것이다(계 3:17).

예루살렘은 하나님처럼 되기를 바라며 타락한 하와의 죄를 범했다(창 3:5). 이는 그녀가 지극히 높으신 하나님, 즉 "나 곧 나는 여호와라 나 외에 구원자가 없느니라"고 하신 분(사 43:11)과 비견하며 "나는 ...자요(I am)"라고 말하고 있기 때문이다. 여러분들은 어떤 사람인가? 사진을 찍으면, 하는 말을 들어보면 나를 잘 드러내는 사람을 보게 된다.

"**그러므로 하루 동안에 그 재앙들이 이르리니, 곧 사망과 애통함과 흉년이라. 그가 또한 불에 살라지리니, 그를 심판하시는 주 하나님은 강하신 자이심이라.**" 불같은 심판의 날이 이스라엘 위에 임할 것이다(살전 5:2-3). 여기에서 "**하루 동안**"은 어떤 특정한 기간을 가리키지 않고, 예루살렘의 멸망이 갑작스러움을 가리키는 말이다. 그 두려운 날이 온 이후에, 그곳에 사람들이 거주했을 것이라고 믿을 만한 아무런 것도 남아 있지 않게 될 것이다.

말씀을 정리하겠다. 복음서든지 계시록이든지, 성경은 하나님의 복된 말씀이다. 계시록은 마지막 구원의 기회를 놓치지 않도록 '거기서 나오라'는 절박한 말씀을 주고 있다. 여러분들에게 어떤 의미로 들릴지 궁금하다. 여러분들이 떠나야 할 곳에서부터 하나님을 의지하므로 멋진 새 출발을 할 수 있게 되기를 바란다. 아멘.

6. 바벨론의 멸망에 대한 반응들(계 18:9-20)

어느 선교사가 생활이 어려워지자 관광 가이드로 부족한 선교비를 채웠다. 설상가상으로 딸은 사고로 죽고, 아내는 암에 걸렸다. 주변의 반응은 어땠을까? 선교지에 와있는 다른 선교사들은 동정하거나 비난했을 것이다. 우리에게 바람직한 태도는 무엇일까? 비난이나 동정보다도, 그런 사건을 통하여 교훈을 삼는 것이라고 생각된다.

멸망한 바벨론은 옛 언약 백성들이며 그들의 중심지인 예루살렘이다. 이 바벨론의 멸망에 대하여 본문은 애통하는 자들과 기뻐하는 자들을 보여주고 있다. 땅의 왕들과 상인들과 바다에서 일하는 자들은 애통해 한다. 그러나 교회는 기뻐한다. 바벨론의 멸망을 통하여 우리는 하나님의 심판을 두려워하며 그러한 심판을 당하지 않도록 교훈을 삼아야 할 것이다.

9-10절. 그와 함께 음행하고 사치하던 땅의 왕들이 그가 불타는 연기를 보고 위하여 울고 가슴을 치며, 그의 고통을 무서워하여 멀리 서서 이르되, 화 있도다. 화 있도다. 큰 성, 견고한 성 바벨론이여! 한 시간에 네 심판이 이르렀다 하리로다.

세 부류의 사람들이 예루살렘의 파멸을 애통하는데, 첫째 그룹이 "**그와 함께 음행하고 사치하던 땅의 왕들**"이다. 이들은 배교한 언약 백성들을 돕고 선동한 제국의 나라들이다. 로마제국 내에서 이스라엘 사람들은 여러 가지 특권을 누리며 주변의 여러 나라들과 교역하며 부귀와 영화를 누렸었다. 그러나 이스라엘이 로마에게 망하자 주변국들은 경악하지 않을 수 없었다. 로마는 제국에 반역한 이스라엘을 징벌하므로 일벌백계의 교훈을 삼은 것이다.

로마는 대제국을 운영하면서 반란이 일어나는 것에 대해 매우 민감했다. 반란은 철저하게 응징한다는 것이 로마제국주의의 철칙이었다. 대표적인 것이 맛사다 사건이다. 사해 주변의 조그마한 요새인 맛사다는 얼마든지 무시할 수 있는 반란이었다. 그러나 로마제국은 반란을 철저하게 응징한다는 원칙으로 인해 맛사다를 포위하고 응징한다. 맛사다는 식량과 물이 풍부한 요새였다. 유대인들의 저항도 만만찮았다. 그러나 로마는 유대인 포로들을 이용하여 토성을 쌓는다. 성 안에 있는 자들은 성 밖의 동족들을 공격하기 어려웠다. 결국 토성이 거의 쌓아질 무렵, 결사 항전하던 960명은 노예로 사느니 자유로운 죽음을 택하겠노라고 자결을 한다. 제비뽑은 한 사람이 10명씩을 죽이고, 마지막에는 한 사람이 동족을 죽이고 자신은 자살을 한다. 지금도 이스라엘 군인들은 1년에 한 차례 맛사다를 순례하며 호국정신을 기른다고 한다. 로마는 아무리 구석에서 일어난 작은 반란이라도 용서

하지 않았던 것이다. 이스라엘의 멸망에 로마제국 안의 왕들은 놀라움을 금치 못했던 것이다.

그들은 "**불타는 연기**"를 보았는데, 이는 소돔의 멸망에서 빌려온 상징이다. "소돔과 고모라와 그 온 지역을 향하여 눈을 들어 연기가 옹기 가마의 연기같이 치솟음을 보았더라"(창 19:28). 이는 다가올 심판을 피할 수 없음을 알게 한다. 이스라엘의 멸망은 남의 일 같지 않았다. 속국의 왕들은 두려움 가운데 울고 가슴을 치며 "**화 있도다. 화 있도다. 큰 성이여!**"라고 애통한다.

로마는 유대인들에게 특권을 주었다. 그 덕분에 유대인들은 주변나라들과 교역하며 부귀와 영화를 누렸다. 그러나 세상의 동맹은 영원하지 못하다. 세상은 우리를 사냥하기 위해 덫을 놓고 미끼를 던져주는 것이지, 영원한 양식을 주는 것이 아니다. 분별력을 가지길 바란다. 세상의 덫을 피하고 하나님께서 주시는 생명과 평안을 누리길 바란다.

> 11-17절a. 땅의 상인들이 그를 위하여 울고 애통하는 것은 다시 그들의 상품을 사는 자가 없음이라. 그 상품은 금과 은과 보석과 진주와 세마포와 자주 옷감과 비단과 붉은 옷감이요, 각종 향목과 각종 상아 그릇이요. 값진 나무와 구리와 철과 대리석으로 만든 각종 그릇이요. 계피와 향료와 향과 향유와 유향과 포도주와 감람유와 고운 밀가루와 밀이요. 소와 양과 말과 수레와 종들과 사람의 영혼들이라. 바벨론아 네 영혼이 탐하던 과일이 네게서 떠났으며, 맛있는 것들과 빛난 것들이 다 없어졌으니, 사람들이 결코 이것들을 다시 보지 못하리로다. 바벨론으로 말미암아 치부한 이 상품의 상인들이 그의 고통을 무서워하여 멀리 서서 울고 애통하여, 이르되 화 있도다. 화 있도다. 큰 성이여! 세마포 옷과 자주 옷과 붉은 옷을 입고 금과 보석과 진주로 꾸민 것인데, 그러한 부가 한 시간에 망하였도다.

애통하는 둘째 그룹은 "**땅의 상인들**"이다. 그들은 "**다시 그들의 상품을 사는 자가 없음**" 때문에 우는 자들이다. 예루살렘의 부는 레위기 26장과 신명기 28장에서 약속된 축복의 결과였다. 신명기 28:1-14을 읽어 보라. 그 중에서 다음 구절은 열방과의 관계에서 누리는 축복이다. 1절. "네가 네 하나님 여호와의 말씀을 삼가 듣고 내가 오늘 네게 명령하는 그의 모든 명령을 지켜 행하면 네 하나님 여호와께서 너를 세계 모든 민족 위에 뛰어나게 하실 것이라." 7절. "여호와께서 너를 대적하기 위해 일어난 적군들을 네 앞에서 패하게 하시리라. 그들이 한 길로 너를 치러 들어왔으나 네 앞에서 일곱 길로 도망하리라." 10절. "땅의 모든 백성이 여호와의 이름이 너를 위하여 불리는 것을 보고 너를 두려워하리라." 12절b. "네가 많은 민족에게 꾸어줄지라도 너는 꾸지 아니할 것이요." 오늘도 하나님의 말씀에 순종하는 자들에게 분명한 축복이 있다. 하나님의 말씀을 지켜 순종하며 하나님의 축복을 누리길 바란다. 아멘.

하나님께서는 예루살렘을 위대한 상업적 중심지로 만드셨다. 그러나 예루살렘은 그런 은사들을 남용했다. 여기의 상품 목록과 에스겔서 27:12-24에 있는 목록 사이의 유사성이 있는데, 그 항목들은 우선적으로 성전에서 사고팔던 것들이기 때문이다.

요세푸스의 기록에 의하면 성전은 금으로 뒤덮여 화려하고 사치스러웠다고 한다. 누가복음 21:5-6 "어떤 사람들이 성전을 가리켜 그 아름다운 돌과 헌물로 꾸민 것을 말하매, 예수께서 이르시되, 너희 보는 이것들이 날이 이르면 돌 하나도 돌 위에 남지 않고 다 무너뜨려지리라." 성전이 화려하게 꾸며진 것을 말한다. 예수님은 '돌 위에 돌이 하나도 남지 않고 무너뜨려지리라' 고 한다. 왜 돌 위에 돌이 남지 않았는지 아는가? 돌 사이에 금을 넣어두었기에 금을 벗겨내기 위하여 돌을 뜯었던 것이다.

지금도 예루살렘에 가면 솔로몬 성전 터 위에 이슬람교의 황금사원이 있다. 예루살렘을 정복한 회교군주 셰리프 오마르의 이름을 따서 '엘하람 아셰리프' 라고 한다. 이슬람교도들은 이곳에서 마호멧이 승천했다고 믿는데, 600만불을 들여 금을 입힌 황금돔이 있는 황금사원이다. 만약 황금사원이 무너지면 지붕 위에 입힌 금을 뜯어내기 위하여 벽돌 한 장 남아나지 않을 것이다.

우리는 돈을 사람에게 써야 한다. 건물에 돈을 썼던 서구교회는 화려한 예배당을 남겼지만, 선교지를 방문하면서 유럽 선교사들이 가장 가난하단 얘기를 들었다. 미국, 한국, 유럽 선교사 순으로 가난하다고 한다. 그래도 한국 선교사들은 형편이 나은 편이라고 한다. 경쟁적인 한국교회가 선교사를 파송하는 데에도 경쟁적으로 선교사들을 보냈다. 재정적인 어려움이 닥치면 선교비 먼저 줄이는 교회들도 본다. 그러나 그렇지 않은 교회들을 보면서 소망을 가진다.

어느 선교사님은 적은 선교비를 받으면서도 선교비로 십일조를 다른 선교사님에게 보냈다. 일은 하나님이 하신다. 지금은 엄청난 축복 가운데 선교사역을 잘 감당하는 것을 본다. 어려운 가운데 선교비를 보내는 교회와 여러분들에게 하나님의 축복의 손이 함께 하실 줄 믿는다.

사도 요한이 계시록에서 기록한 교역 물품목록을 몇 가지로 나누면 다음과 같다. 1)보석류-금과 은과 보석과 진주와 2)옷감류-세마포와 자주 옷감과 비단과 붉은 옷감이요, 3)그릇류-각종 향목과 각종 상아 그릇이요. 값진 나무와 구리와 철과 대리석으로 만든 각종 그릇이요. 4)향료류-계피와 향료와 향과 향유와 유향과 5)식품류-포도주와 감람유와 고운 밀가루와 밀이요. 6)기타-소와 양과 말과 수레와 종들과 7)사람의 영혼들이라.

마지막에 '**종들과 사람들의 영혼**'을 사고 판 것에 주목하라. 이는 에스겔 27:13의 변형이다. "야완과 두발과 메섹은 네 상인이 되었음이여. 사람과 놋그릇을 가지고 네 상품을 바꾸어 갔도다." 두로의 노예상에 대한 묘사로부터 빌려온 마지막 구절은 예루살렘이 사람들의 영혼을 사고 판 것을 볼 수 있다.

사도 바울은 배교한 "지금 있는 예루살렘... 그가 그 자녀들과 더불어 종노릇하고" 한편으로 "오직 위에 있는 예루살렘은 자유자니 곧 우리 어머니라"고 했다(갈 4:25-26). 예루살렘은 세상의 물건들로 풍성했으나, 결국 자신은 매춘으로 팔았고, 자식들은 마귀적인 속박인 로마의 제국주의에 넘겨주었던 것이다.

오늘날 교회도 물질적인 풍요와 영적인 자유를 바꾸고 있지는 않는가? 공산주의만큼이나 자본주의도 위험한 것이다. 물질적인 빈곤이 인간을 인간답게 살지 못하도록 하는 만큼, 물질적인 풍요도 인간의 존엄성에 위협적인 존재일 수 있다. 예를 들어, 알바를 하면 시간이 돈이란 생각이 들게 된다. 돈 때문에 시간을 빼앗긴다. 시간만 빼앗기는 것이 아니라 영혼을 빼앗길 수도 있다. 누군가 고난과 가난을 하나님의 친구라고 한 것은 적절한 표현이다. 현재의 고난과 가난을 즐겨라.

그리스도 안에서는 고난이 더 이상 고난이 아니고 가난이 더 이상 가난이 아니다. 모든 것이 합력해서 선을 이루시는 하나님의 축복임을 믿기 바란다. 아멘.

다시 이야기는 예루살렘에 대한 연설로 돌아서고 있다. **"바벨론아 네 영혼이 탐하던 과일이 네게서 떠났으며, 맛있는 것들과 빛난 것들이 다 없어졌으니, 사람들이 결코 이것들을 다시 보지 못하리로다."** 뱀에게 마음을 쓰고 하나님처럼 되려고 하는 것으로, 옛 신부 하와는 배교에 빠지게 되었고, 원하던 열매로 나아갈 길을 잃게 되었다(cf. 마 21:19, 43). 생명나무로 가는 길이 막혀진 그녀는 또한 에덴의 화려하고 빛나는 모든 것들을 상실했다.

이스라엘의 상인들은 영적으로 물질적으로 부요하게 되었었다. 그러나 이제, 예루살렘의 파멸의 장면에서, 그들은 어떠한 도움도 줄 수 없었기에 **"세마포 옷과 자주 옷과 붉은 옷을 입고 금과 보석과 진주로 꾸민 큰 성"**으로 인하여 울고 통곡하였다. 다시, 음녀 도시에 대한 묘사, 즉 성전의 영광 가운데 꾸미고 의로운 신부의 세마포 옷을 입은 것으로 묘사하는 것은 그녀를 배교자 예루살렘으로 규정하고 있다(계 19:8).

예루살렘의 부요함으로부터 이득을 본 자들은 그녀의 갑작스런 멸망으로 충격을 받았다. **"그러한 부가 한 시간에 망하였도다."** 이 **"망하였도다"**라고 표현된 것은 우리가 이제 기대하는 것처럼, "황폐케 되었다"는 것이다. 여기에서 묘사된 것은 예루살렘의 황폐함에 대한 약속이다(마 23:38, 24:15 등). 여기에서 **"한 시간"**이란 것은 여자적인 의미를 가지지 않고, '순식간'이란 의미가 있다. 예루살렘의 파괴는 갑자기 기대하지 못했을 때에 일어난 것이다.

17b-19절. 모든 선장과 각처를 다니는 선객들과 선원들과 바다에서 일하는 자들이 멀리 서서, 그가 불타는 연기를 보고 외쳐 이르되 이 큰 성과 같은 성이 어디 있느냐 하며, 티끌을 자기 머리에 뿌리고 울며 애통하여 외쳐 이르되 화 있도다. 화 있도다. 이 큰 성이여. 바다에서 배부리는 모든 자들이 너의 보배로운 상품으로 치부하였더니, 한 시간에 망하였도다.

애통하는 셋째 그룹은 "**모든 선장과 각처를 다니는 선객들과 선원들과 바다에서 일하는 자들**"이다. 그들이 우는 이유는 "**바다에서 배 부리는 모든 자들이 너의 보배로운 상품으로 치부하였기**" 때문이다. 분명히 A.D. 70년 이후 이스라엘에 대한 투자는 끝이 났다.

사도 요한은 이미 그 큰 성과 '바다'의 관계를 말했었다. 짐승에 음녀가 앉아 있는 물이 "백성과 무리와 열국과 방언들"이다(계 17:15). 또한 그는 음녀의 파멸로 인하여 영향을 받는 세 그룹의 사람들을 열거한다. "**땅의 왕들... 땅의 상인들... 바다에서 일하는 자들**"이다. 이는 3절에서 음녀에 의해 더렵혀진 자들에 대하여 3중으로 고안된 것에 상응한다. "만국... 땅의 왕들... 땅의 상인들"이다. "배들을 바다에 띄우며 큰 물에서 일을 하는 자는" 그들의 고통 때문에 여호와께 부르짖고, 그의 언약적 자비하심을 보여주심으로 인하여, 여호와의 길에서 교훈을 받게 될 것이다(시 107:23-32).

사실, 예루살렘이 소명에 합당하게 행할 때, 세상은 복을 받아 풍요했었다. 이스라엘은 "맹인의 길을 인도하는 자요, 어둠에 있는 자의 빛이요, 율법에 있는 지식과 진리의 모본을 가진 자로서 어리석은 자의 교사요, 어린 아이의 선생"이었다(롬 2:19-20). 이스라엘이 하나님과 교제를 맺고 영적 물질적 축복 아래 있을 때, 열방은 지혜와 교역을 위하여 찾아왔다(신 28:12, 왕상 10:23-25). 그러나 배교 시에, 교역은 우상숭배의 음행을 범하는 덫이 되었고, 이스라엘은 자신의 자녀들 뿐 아니라, 세상의 열방까지도 타락시켰다. 그래서 바다에서 일하는 자들은 "이 큰 성과 같은 성이 어디 있느냐?"라고 울부짖는다. 이는 계시록 13:4의 예배자들의 "짐승과 같은 이가 누구인가?"라는 울부짖음과 같은 것이다. 예루살렘은 그 마음속 깊이 "내가 하늘에 올라... 지극히 높은 이와 같아지리라"고 말했기 때문에, 예루살렘은 지옥으로 던져질 것이다(사 14:13-15). "**한 시간**"에 "**망하고**", 황폐하게 되어, 다시는 큰 성이 되지 못할 것이다.

20절. 하늘과 성도들과 사도들과 선지자들아, 그로 말미암아 즐거워하라 하나님이 너희를 위하여 그에게 심판을 행하셨음이라 하더라.

예루살렘의 멸망에 대한 다른 반응이 있는데, 그것은 교회의 것이다. 하나님의 백성들은 천사에 의하여 **"즐거워하라"** 는 교훈을 받는다. **"하늘과 성도들과 사도들과 선지자들"** 인 교회는 하나님에 대해 반역하고 하나님의 자녀들을 핍박한 예루살렘의 파멸을 위하여 기도했다. 이제 그 기도에 대한 응답으로 즐거워하는 것이다.

교회는 원수의 패배를 위하여 기도해야 한다. 그 패배는 회심 혹은 파멸일 것이다. 우리의 적은 회심하거나 죽게 될 것이다. 우리는 전쟁 중에 있다. 확정적인 전쟁은 우리 왕 예수께서 이미 승리하셨다. 이제 남은 것은 세상을 회심시키는 소탕 작전이다. 아직 전투 중이지만, 승리가 보장된 전투를 할 뿐이다. 신나게 싸우고 확실하게 이겨라. 주님께서는 우리에게 마무리할 기회를 주셨다. 할렐루야!

7. 바벨론은 재기불능이다!(계 18:21-24)

19세기 말, 유럽 내에 반유대주의 운동이 거세지자, 유대인들 사이에는 팔레스타인으로 돌아가서 국가를 세우자는 '시오니즘' 이 헤르츨(1860-1904)같은 인물에 의해 시작되었고, 1917년 영국의 승인 하에 유대인들의 팔레스타인 이민이 시작되었다. 2차 대전 당시, 유태인들에 대한 대학살(홀로코스트)이후, 서구사회는 유태인들에게 무한한 동정심을 보여, 시오니즘은 더욱 불붙게 되고, 급기야 국제사회는 1948년 이스라엘의 국가적 회복을 승인하게 되었다. 그렇다면 이스라엘은 진정 회복된 것인가?

본문은 이스라엘이 재기불능임을 선언하고 있다. 음녀 바벨론은 무너지고, '내 백성아, 거기에서 나오라' 는 최후의 경고를 듣는다(계 18:1-8). 곧이어 무너진 바벨론에 대한 다양한 반응들이 나타난다(계 18:9-20). 그리고 본문에서는 바다에 던져진 큰 맷돌처럼, 바벨론의 회복이 결코 없을 것이라는 경고가 나타난다. 바벨론은 재기불능 상태가 된 것이다.

21절. 이에 한 힘 센 천사가 큰 맷돌 같은 돌을 들어 바다에 던져 이르되,
큰 성 바벨론이 이같이 비참하게 던져져 결코 다시 보이지 아니하리로다.

먼저 우리는 이 "**힘 센 천사**"의 정체에 대해 생각해 보자. 이 "**힘 센 천사**"는 계시록에서 세 번이나 등장한다. 첫째, 보좌에 앉으신 이와 피조물 사이의 '중보자'로 나타난다(계 5:2). 둘째, 그는 새 창조의 증인으로 나타난다(계 10:1이하). 그는 새 언약과 구속사에서 하나님의 비밀을 이루는 교회의 역할을 말하고 있다. 이제 셋째, 이 "**힘 센 천사**"는 "**큰 맷돌 같은 돌을 들어 바다에**" 던지고 있다. 중보자요 참된 증인이신 이 "**힘 센 천사**"는 그리스도로 보인다.

구약에서 그리스도는 '여호와의 사자', 다시 말하면 천사의 모습으로 나타난다(창 16:7, 9, 11, 22:11, 출 3:2, 삿 6:12, 21 등). 특히, 다음을 보라. "여호와의 사자가 그에게 이르되 어찌하여 내 이름을 묻느냐? 내 이름은 기묘자라 하니라"(삿 13:18). 계시록에서 그리스도는 "**힘 센 천사**"로 나타나신 것이다. 선지자로서 하나님의 비밀을 전하던 이 "**힘 센 천사**"는 행동으로 메시지를 전하고 있는 것이다. 그러므로 본문의 "**큰 맷돌 같은 돌을 들어 바다에 던져**"라는 행동은 선지자적 계시 행위이다.

'맷돌을 바다에 던지는 것'은 어떤 의미가 있는 행동인가? 예수님은 성전으로 가시면서 열매 없는 무화과나무가 마르도록 저주하신 적이 있다(마 21:19). 무화과는 포도나무와 함께 이스라엘을 상징하는 대표적인 나무이다(cf. 왕상 4:25). 무화과나무가 마른 것은 '이스라엘의 심판'에 대한 예표적인 행동이다.

또한 '무화과나무가 마른 것'은 '산이 바다에 던져지는 것'과 같은 사건이다. "예수께서 대답하여 이르시되, 내가 진실로 너희에게 이르노니, 만일 너희가 믿음이 있고 의심하지 아니하면, 이 무화과나무에게 된 이런 일만 할 뿐 아니라, 이 산더러 들려 바다에 던져지라 하여도 될 것이요. 너희가 기도할 때에 무엇이든지 믿고 구하는 것은 다 받으리라 하시니라"(마 21:21-22). 그러니 예루살렘의 산이 바다로 던져지도록 기도하라고 제자들에게 가르친 것이다.

게다가 예수님은 복음을 대적하고 소자들을 실족하게 하는 자들은 차라리 "**연자 맷돌이 그 목에 매여 바다에 던져지는 것이 나으리라**"고 바리새인들을 경고하셨다(눅 17:2; cf. 마 18:6, 막 9:42). 그러므로 '맷돌을 바다에 던지는 것'은 예루살렘의 파멸을 상징하는 일종의 행위 계시이다.

두 가지 측면에 대해 적용해 보자. 첫째, 소자를 실족하게 하는 문제이다. 이

'소자' 혹은 '작은 자' 란 누구인가? 문맥상 여기에서 소자는 '세리와 죄인들' 이다(cf. 눅 15:1-2). 성경에서 '작은 자' 라고 하는 의미는 '어린아이' 나 사회적 경제적 '약자' 를 의미하는 것이 아니다. '하나님을 잘 모르는 자' 를 의미한다. 반대로 '큰 자' 는 '하나님의 말씀을 알고 지켜 행하는 자' 이다. "그러므로 누구든지 이 계명 중의 지극히 작은 것 하나라도 버리고 또 그같이 사람을 가르치는 자는 천국에서 지극히 작다 일컬음을 받을 것이요, 누구든지 이를 행하며 가르치는 자는 천국에서 크다 일컬음을 받으리라"(마 5:19). 우리는 하나님을 모르는 자들(소자들)에게 하나님의 말씀을 바르게 가르칠 책임이 있다. 그래서 사도 바울은 복음을 이렇게 말한다. "내가 복음을 전할지라도 자랑할 것이 없음은 내가 부득불 할 일임이라. 만일 복음을 전하지 아니하면 내게 화가 있을 것이로다"(고전 9:16). 복음을 바로 전하지 않는 것은 위험한 일이다. '연자 맷돌 목걸이' 를 달지도 모른다. 복음을 바르게 전해야 할 것이다.

둘째, '행동이 계시' 라는 점이다. 우리의 삶이 메시지이다. 우리는 그리스도의 편지이다. "너희는 우리의 편지라 우리 마음에 썼고 뭇 사람이 알고 읽는 바라"(고후 3:2). 세상 사람들은 우리의 말을 듣는 것이 아니라 우리의 삶을 읽는다. '무슨' 말을 하는가 하는 점보다 '누가' 말하는가가 중요하다. 그리스의 철학자 아리스토텔레스는 <수사학>에서 설득의 수단으로 에토스, 파토스, 로고스의 세 가지를 구분했다. 에토스는 화자의 성격을 뜻하고, 파토스는 청중의 심리적 경향 · 욕구 · 정서 등을 뜻하며, 로고스는 담론(텍스트)의 논증, 논거의 방식들을 말한다. 가장 중요한 것은 에토스이다. 무슨 말을 어떻게 하는가 하는 점보다 누가 말하는가가 중요한 것이다. 우리의 '말의 내용' 보다 '삶' 이 중요하다. 우리가 어떤 사람인가 하는 점이 중요하다. 여러분들은 '어떤 편지' 인가? '어떤 삶' 을 살아내고 있는가?

"큰 성 바벨론이 이같이 비참하게 던져져 결코 다시 보이지 아니하리로다." 그리스도는 바벨론/예루살렘이 재기불능이 될 것이라고 한다. 그렇다면 지금의 예루살렘은 무엇인가? 물론 물리적 의미로 예루살렘은 A.D. 70년에 영원히 파괴되지 않았다. 그러나 언약적으로 끝이 난 것이다. 성경은 바벨론이나 에돔이나 애굽에 대한 종말을 선언한다. 그러나 성경의 예언은 언약적이고 윤리지향적인 것이다.

지리적이고 인종적인 것에 우선적인 관심을 가지고 있지 않다.

예를 들면, 에돔에 대한 이사야의 예언을 생각해 보자. "에돔의 시내들은 변하여 역청이 되고, 그 티끌은 유황이 되고, 그 땅은 불붙는 역청이 되며, 낮에나 밤에나 꺼지지 아니하고, 그 연기가 끊임없이 떠오를 것이며, 세세에 황무하여, 그리로 지날 자가 영영히 없겠고"(사 34:9-10). 이것은 에돔의 황폐함과 소돔과 고모라의 멸망을 연결하는 연상적인 언어이다. '여자적' 물리적 의미에서, 그 예언은 성취되지 않았다. 그러나 실제적 의미와 의도는 성취되었다. 비록 그 에돔의 고대 영토는 오늘날 '요르단' 이란 나라로 여전히 나무와 꽃들을 가지고 있고, 경작지로 쓰이고, 여행자들이 지날 것이다. 그러나 옛 에돔은 끝이 난 것이다. 마찬가지로 옛 이스라엘도 언약백성으로서는 끝이 났고, 지금 있는 이스라엘은 정치적으로 시온주의자들의 나라가 된 것이다.

> 22-23절. 또 거문고 타는 자와 풍류하는 자와 퉁소 부는 자와 나팔 부는 자들의 소리가 결코 다시 네 안에서 들리지 아니하고, 어떠한 세공업자든지 결코 다시 네 안에서 보이지 아니하고, 또 맷돌 소리가 결코 다시 네 안에서 들리지 아니하고, 등불 빛이 결코 다시 네 안에서 비치지 아니하고, 신랑과 신부의 음성이 결코 다시 네 안에서 들리지 아니하리로다. 너의 상인들은 땅의 왕족들이라 네 복술로 말미암아 만국이 미혹되었도다.

음녀 바벨론의 멸망은 그가 더 이상 언약 하에 있지 않음에 대한 묘사로 나타난다. 그리스도이신 "**힘 센 천사**"는 바벨론에 에덴의 축복이 끝난 것을 선포하고 있다. 이는 예레미야 시대에 반역한 예루살렘에 대한 예레미야의 예언(렘 7:34, 16:9, 25:10, cf. 사 24:7-12)과 두로 왕에 대한 에스겔의 예언(겔 28:11-19)을 암시하면서, 다섯 부분으로 그 도시의 운명을 선언하고 있다. 그 각각의 부분은 옛 성전과 중요한 관계를 가지고 있다.

첫째, "**또 거문고 타는 자와 풍류하는 자와 퉁소 부는 자와 나팔 부는 자들의 소리가 결코 다시 네 안에서 들리지 아니하고**" 이는 그 땅에 음악이 없을 것에 대한 묘사가 4중으로 나타나는 것이다(cf. 겔 28:13의 소고와 비파에 대한 언급). 이는 직접적으로는 레위적인 악단과 찬양단이 사라질 것을 말한다(대상 25장). 오늘날도 교회의 쇠퇴는 참된 음악의 소멸을 가져올 것이다. 교회는 세상음악을 선도할 책임이 있는 것이다. 세상음악과 '분리' 나 '동화' 모두 위험한 것이다. 참된 음악의 회복은 우리의 심령과 교회의 부흥을 가져올 것이다.

둘째, **"어떠한 세공업자든지 결코 다시 네 안에서 보이지 아니하고"** 이스라엘에 브살렐, 오홀리압, 히람 같은 일꾼들이(출 31:1-11, 대상 5장) 없어지고, 그 땅의 산물들이 사라질 것이다. 스가랴에 의하면, 이스라엘에 대한 이방 민족들의 압제는 그 대장장이들에 의하여 억제 되었다(슥 1:18-21). 그러나 배교한 이스라엘에게는 압제자들에 대한 억제가 더 이상 존재하지 않을 것이다.

우리는 교회 안에 다양한 재능을 가진 사람들을 존중하고 그들의 재능들이 주님을 위해 발휘되도록 도와야 할 것이다. 아담 이후 주어진 생육하고 번성하고 땅에 충만하고 땅을 정복하고 다스리라는 '문화명령' 을 교회는 복음을 전하라는 '지상대명령' 으로 대치해선 안 될 것이다. 이 두 가지는 동시에 이루어져야 할 일이다. 과학과 복음은 서로 상생의 길을 찾아야 한다. 교회는 다양한 문명의 이기를 계발하고 활용해야 할 것이다. 예를 들면, 스마트폰도 사용해서 복음을 전해야 할 것이다.

셋째, **"또 맷돌 소리가 결코 다시 네 안에서 들리지 아니하고"** 고대사회에서 맷돌은 평화와 번영의 상징이다. 그 맷돌의 파괴는 더 이상 평화는 없다는 것을 의미한다. 또한 맷돌의 파괴는 성전 자체의 파괴를 가리키는 것이기도 한다. 성전은 여부스 사람 오르난의 타작마당에 세워진 것을 기억하라(대하 3:1).

넷째, **"등불 빛이 결코 다시 네 안에서 비치지 아니하고"** 성전 안에는 등대가 있었다. 이 등대는 '생명의 빛' 이 되신 주님을 상징한다(출 25:31-40, 대하 4:19-22). 등불이 비치지 않는 이스라엘은 빛이 없는 어둠에 속해 살게 될 것이다. 1901년부터 시작한 노벨상은 2009년까지 단체 혹은 단체로 모두 804명이 수상했다. 그중 184명이 유대인이다. 유대인들이 23%를 차지한 것이다. 그러나 그들은 예수님으로 인한 구원의 참 지혜를 모르고 살고 있다. 영적으로 어둠 가운데 살고 있는 것이다.

다섯째, "**신랑과 신부의 음성이 결코 다시 네 안에서 들리지 아니하리로다.**" 이는 신실하지 못한 음녀가 내쳐지고, 다른 여자인 교회가 그리스도의 신부로 들어올 것을 말한다. 옛 언약 하에서 여호와와 이스라엘의 결혼식이 있었다(겔 16:1-14). 이제 음녀는 내쳐지고, 교회가 신부된 영광을 누릴 것이다.

그런데 **23절** 끝에, 예루살렘의 황폐는 두 가지 이유 때문에 임한다고 한다. "**너의 상인들은 땅의 왕족들이라. 네 복술로 말미암아 만국이 미혹되었도다.**" <개역성경>이나 <개역개정성경>은 인과관계가 잘 나타나지 않는다. 그러나 <표준새번역>은 이렇게 번역하고 있다. "**그것은** 네 상인들이 땅의 세도가로 행세하고 모든 민족이 네 마술에 속아 넘어갔기 **때문이고,** 예언자들의 피와 성도들의 피와 땅에서 죽임을 당한 모든 사람의 피가 이 도성에서 발견되었기 **때문이다.**" 예루살렘의 멸망의 이유는 23절에 두 가지, 24절에 한 가지 모두 세 가지가 등장한다. 무엇인가?

첫째, "**너의 상인들은 땅의 왕족들이라.**" 이것은 언뜻 보면 이상한 것으로 보이다. 역사상 어떤 도시도 상인들이 세도를 누려서 망한다고 한 적이 없기 때문이다. 그러나 이스라엘의 상인들이 교역한 것은 무엇이었는가? 사람들의 영혼이다(13절). 그 지도자인 서기관들과 바리새인들은 교인 한 사람을 얻기 위하여 바다와 육지를 두루 다니다가 생기면 자신들보다 배나 더 지옥 자식이 되게 하였던 것이다(마 23:15).

기독교인이 부자로 사는 것 자체가 죄는 아니다. 그러나 무엇을 통해 부자가 되었는지를 생각해야 한다. 특히, 목회자도 부자로 살 수 있다. 그러나 사람들의 영혼을 사고팔지는 않았는지 생각해봐야 한다. 값싼 복음을 전하며, 혹은 복음을 변질시키며 대접받는 것은 지도자들의 심각한 문제일 수 있다.

둘째, "**네 복술로 말미암아 만국이 미혹되었도다.**" 이스라엘은 열방을 위하여 제사하고 그들을 구원의 빛으로 이끌도록 임명된 제사장 나라였다. 이것은 열방의 죄를 대속하기 위하여 제물이 되시고 세상의 빛으로 그리스도께서 나타나심으로 절정에 이르렀다. 그러나 이스라엘은 그리스도를 거부했다. 새 언약을 거부하고 옛 언약의 형식적인 구조를 유지하기 위하여 사탄숭배와 국가주의 제의의 혼합종교를 만들었다. 그러나 이스라엘은 결국 자신이 만든 제국주의의 신들에 의해 갈

기갈기 찢겨진 것이다. 하나님께서 주신 사명을 잊고, 엉뚱한 일로 에너지를 낭비하지 말아야 할 것이다. 사람들은 하나님을 떠날 만큼 사랑했던 우상들 때문에 이젠 고통을 당할 것이다.

24절. 선지자들과 성도들과 및 땅 위에서 죽임을 당한 모든 자의 피가 그 성 중에서 발견되었느니라 하더라.

셋째, 예루살렘의 멸망에 대한 셋째 이유이면서 가장 중요한 이유는 '순교자들의 피의 복수' 이다. 이는 예수님의 종말 강화 중에 명백하게 나타난 것이다. "그러므로 내가 너희에게 선지자들과 지혜 있는 자들과 서기관들을 보내매, 너희가 그 중에서 더러는 죽이거나, 십자가에 못 박고, 그 중에서 더러는 너희 회당에서 채찍질하고, 이 동네에서 저 동네로 따라다니며 박해하리라. 그러므로 의인 아벨의 피로부터 성전과 제단 사이에서 너희가 죽인 바라갸의 아들 사가랴의 피까지 땅 위에서 흘린 의로운 피가 다 너희에게 돌아가리라. 내가 진실로 너희에게 이르노니 이것이 다 이 세대에 돌아가리라"(마 23:34-37).

이는 로마나 다른 어떤 도시에 대해서 사용될 수 없는 것이다. 오직 예루살렘만이 아벨 이후의 땅 위에서 흘린 '의로운 피' 에 대한 책임이 있었다. 역사적으로, 배교에 빠져서 선지자들을 박해했던 곳은 예루살렘이었다(행 7:51-52). 예루살렘은 선지자들을 죽인 장소였다. 예수께서 말씀하신 것과 같이, "선지자가 예루살렘 밖에서는 죽는 법이 없느니라. 예루살렘아 예루살렘아 선지자들을 죽이고 네게 파송된 자들을 돌로 치는 자여!"(눅 13:33-34).

사도 요한의 언약적인 소송은 유효했다. 예루살렘은 유죄가 인정되고, A.D. 66-70년으로부터 오랫동안 무죄한 피를 흘린 것으로 인한 징계를 받았다. 옛 언약은 파기되었고 영원한 심판은 이루어졌다. 언약적 측면에서 이스라엘은 결코 회복되지 못할 것이다. 힘 센 천사는 이스라엘의 재기불능을 선언한 것이다.

제10장
승리의 잔치

1. 어린 양의 혼인 잔치(계 19:1-10)

하나님의 백성들은 예루살렘의 멸망을 위하여 기도했다(계 6:9-11). 이제 그 기도는 응답되었다. 그래서 천사는 명령한다. "하늘과 성도들과 사도들과 선지자들아, 그로 말미암아 즐거워하라! 하나님이 너희를 위하여 그에게 심판을 행하셨음이라!"(계 18:20). 이제 구원받은 허다한 무리들은 이 즐거워하라는 명령에 순종하며 찬양한다. 본문은 이러한 찬양을 기록하고 있다.

1세기 교회는 예루살렘의 멸망을 애통할 것이 아니라, 찬양해야 했다. 이 찬양은 '하늘의 예배'의 찬양이면서, 동시에 '어린 양의 혼인 잔치'의 찬양이기도 했다. 하나님의 뜻은 하늘에서 이루어진 것같이 땅에서도 이루어져야 할 것이다. 하늘의 예배의 패턴을 보여주는 것으로, 사도 요한은 또한 지상의 예배를 위한 하나님의 뜻을 계시하고 있다.

특히 번갈아 노래하는 식으로 되어 있는 예배의식은 다섯 부분으로 나누어져 있다. '다섯'이란 숫자는 우리가 살펴본 것처럼(cf. 계 9:5), '힘'과 연결되어 있는데, 특히 군사적인 행위에 관련된 것이다. 미 국방성 건물을 '펜타곤'이라고 하는데, 오각형 모양을 의미한다. 장군들의 별도 오각뿔이다. 아마도 다섯 부분으로 된 본문의 노래는 하나님의 원수와 언약에 대한 구약의 승리의 노래에 기초한 일종의 '군가' 일 것이다. 하늘의 무리들은 어떻게 노래하고 있는가?

> 1-2절. 이 일 후에 내가 들으니 하늘에 허다한 무리의 큰 음성 같은 것이 있어 이르되 할렐루야 구원과 영광과 능력이 우리 하나님께 있도다. 그의 심판은 참되고 의로운지라. 음행으로 땅을 더럽게 한 큰 음녀를 심판하사 자기 종들의 피를 그 음녀의 손에 갚으셨도다. 하고,

"할렐루야!"는 '하나님을 찬양하라!'는 말이다. 신약성경에 이 '할렐루야'가 몇 번이나 나올까? 많이 나올듯하지만, 겨우 4번 나온다. 그것도 오늘 본문에만 나올 뿐이다. '아멘'과 '호산나'의 경우처럼, 이 할렐루야가 등장하는 것은 신약교회의 구약교회 사이의 연관성을 보이는 것이다. '할렐루야'라는 단어 자체는 유월절과 장막절에 불렀던 승리의 노래인 구약의 '할렐 시편'을 떠올리게 한다(시 113-188편). 이 시편들은 하나님의 위대함, 특히 애굽에서 당신의 백성을 구출하시고, 참 예배를 회복시키심을 찬양하고 있다. 출애굽의 직접적인 목적은 하나님을 제사하는 것이었다(출 3:18). 본문에서 단지 '할렐루야'라는 말을 사용하는 것만으로 구원받은 허다한 무리들의 찬양의 의미가 무엇인지 알게 한다. 이는 구원과 예배의 회복이다.

여러분들은 왜 노래하고 있는가? 무엇을 노래하고 있는가? 얼마나 하나님의 구원과 예배의 회복을 감사하며 노래하고 있는가? 또한 하나님께서 왜 인간을 구원하셨을까? 인간이 제멋대로 살도록 하기 위한 것이 아니다. 하나님을 예배하도록 구원하신 것이다. 그렇다면 지금 우리의 삶은 구원의 목적에 합당한 것인가? 우리는 올바로 예배하고 있는가? 삶이 예배가 되고 있는가? 예배가 삶의 가장 중요한 중심이 되고 있는가? 예배를 위해 살아가고 있는가? 먹기 위해 사는가? 살기 위해 먹는가? 살기 위해 먹는다고 생각한다. 그러면 예배하기 위해 사는가? 살기 위해 예배하는가? 예배하기 위해 사는 것이다. 예배가 삶 자체보다도 중요하다. 삶은 예배를 위해 존재한다. 삶이 예배가 되기를 바란다.

배교한 예루살렘의 파괴는 **"구원과 영광과 능력이 우리 하나님께 있도다"**라는 것을 나타낸다. 이 구절은 성전 건축을 위한 준비를 마쳐놓고 행한 다윗의 찬양을

떠올리게 한다. "여호와여 위대하심과 권능과 영광과 승리와 위엄이 다 주께 속하였사오니, 천지에 있는 것이 다 주의 것이로소이다. 여호와여 주권도 주께 속하였사오니, 주는 높으사 만물의 머리이심이니이다"(대상 29:11). 또한 주님은 주기도문에서 다윗의 이 찬양을 암시하고 있다. 마태복음 6:13 "나라와 권세와 영광이 아버지께 영원히 있사옵나이다. 아멘."

이스라엘의 파괴는 하나님의 의로우심을 보여주는 전시장이다. 하나님은 당신의 백성들의 반역으로 인하여 당신의 이름이 더럽혀지는 것을 견디지 못한다(롬 2:24). "**그의 심판은 참되고 의로운지라**"라는 증거는 하나님께서 반역한 자들에게 복수하는 것이 옳다는 것이다.

"**음행으로 땅을 더럽게 한 큰 음녀를 심판하사 자기 종들의 피를 그 음녀의 손에 갚으셨도다.**" 이는 그 음녀와 교회를 파멸시키려고 했던 이세벨 사이의 연관성을 보이고 있다(cf. 계 2:20-24). 이세벨은 참 하나님에 대한 예배에서 국가주의와 우상숭배로 이스라엘을 이끌었다(왕상 16:29-34). 그녀는 선지자들을 박해했고 죽였으며(왕상 18:4, 13), 법정에서 의로운 자를 죽이기 위하여 거짓 증인을 내세웠다(왕상 21:1-16). 그러므로 아합의 집을 파괴하기 위하여 하나님의 사자에 의하여 예후가 세워졌다. "내가 나의 종 곧 선지자들의 피와 여호와의 종들의 피를 이세벨에게 갚아 주리라"(왕하 9:7). 이교주의와의 이스라엘의 음란한 연애는 이세벨의 "음행과 술수"로 선지자에게 여겨졌던 것이다(왕하 9:22). 마치 이세벨이 멸망을 피하기 위한 헛된 시도 가운데 "눈을 그리고 머리를 꾸미고" 있었던 것처럼(왕하 9:30-37), 이스라엘은 헛되게 동일한 짓을 했었다. "멸망을 당한 자여, 네가 어떻게 하려느냐? 네가 붉은 옷을 입고, 금장식으로 단장하고, 눈을 그려 꾸밀지라도, 네가 화장한 것이 헛된 일이라. 연인들이 너를 멸시하여, 네 생명을 찾느니라"(렘 4:30, cf. 겔 23:40).

회개 없는 구원은 없다. 이스라엘은 회개를 거부했고, 하나님은 의인에 대한 박해 때문에 이스라엘에게 복수하셨다. 이것을 예수님은 이렇게 말씀하셨다. "이 날들은 기록된 모든 것을 이루는 징벌의 날이니라"(눅 21:22). '징벌', 즉 복수의 날이라는 말이다. 모세를 통하여 하나님은 이스라엘이 다른 신들을 섬기는 미래의 배교를 경고하셨다(신 32:23-43). 신명기 32장에서 4번이나 하나님의 '복수'가 배교자들에게 있을 것이라고 경고한다. "그들이 실족할 그 때에 내가 보복하리라"(35절). "내 대적들에게 복수하며, 나를 미워하는 자들에게 보응할 것이라"(41절). "너희 민족들아, 주의 백성과 즐거워하라. 주께서 그 종들의 피를 갚으사, 그 대적들에게 복수하시고, 자기 땅과 자기 백성을 위하여 속죄하시리로다"(43절).

하나님은 복수하시는 하나님이다. 죄를 죄로 갚으시는 하나님이다. 악인이 형통하고 하나님의 심판이 나타나지 않는 것 같다고 말할 때, 누군가 이렇게 말했다. "하나님의 역사의 수레바퀴는 너무 커서 꼼짝 안하는 것 같다. 그러나 분명하게 움직이는 것이다." 지구는 1시간에 약 1,666km로 자전한다. 그러니까 1초에 462m로 돌고 있는 것이다. 초음속 제트기의 속도로 자전한다. 공전속도는 더 빠른데 시속 79만 km 정도로 음속의 87배나 된다. 그런데 우리는 지구가 너무 커서 지구가 도는 것을 느끼지 못한다. 그러나 분명히 지구는 돈다. 분명히 하나님의 심판의 수레바퀴도 도는 것이다. 죄를 죄로 고백해야 한다. 한국교회 공교회의 기도에서 회개기도가 사라진 것은 거룩한 삶의 결과가 아니다. 죄를 죄로 보지 못하기 때문이다. 부흥은 회개에서 시작되었다. 회복도 회개로부터 시작되었다. 하나님 앞에 은밀한 죄에 대한 토설과 고백이 있기를 바란다. 아멘.

3절. 두 번째로 할렐루야 하니 그 연기가 세세토록 올라가더라.

그 노래의 둘째 부분에서, "할렐루야!" 찬양의 이유는 교회의 원수의 파멸, 즉 **"그 연기가 세세토록 올라가더라"**는 것으로 인한 거룩한 즐거움이다. 우리가 살펴본 것처럼(계 14:11, 18:2, 9), 이 표현은 소돔과 고모라의 멸망에 근거하고 있는데(창 19:28), 한편으로 그 독특한 표현은 에돔의 징계에 대한 이사야의 묘사에서 빌려온 것이다(사 34:10). 그것은 바벨론의 몰락의 영원한 본질을 가리키기 위하여 여기에서 사용되었다.

여러분들의 즐거움은 어디에 있는가? 학교에서 성적이 오르는 것인가? 직장에서 수입이 많아지는 것인가? 사랑하는 사람과 만나는 것인가? 하나님이 기뻐하시는 일에 기뻐하는 사람들이 되기를 바란다. 아멘.

4절. 또 이십사 장로와 네 생물이 엎드려 보좌에 앉으신 하나님께 경배하여 이르되 아멘 할렐루야 하니,

하늘의 예배의 셋째 부분은 교회와 지상의 모든 피조물을 대표하는(계 4:4-11) "**이십사 장로와 네 생물**"이 노래하는 것이다. 여기에서 우리는 중요한 교훈을 받아야 한다. 그들이 "**엎드려 경배**"하였다는 것이다. 우리는 우리의 예배 가운데 태도, 즉 자세의 중요성을 주목해야 된다. 오늘날 교회는 단순한 게으름이 아닌 '영적' 신플라톤주의에 빠져있다. 그래서 하나님께 나아갈 때 너무나도 격식을 차리지 않는다. 최소한 공적인 예배에서 우리는 "**보좌에 앉으신 하나님께**" 나아가는 자로 합당한 거룩함을 가져야 할 것이다. 그런 점에서 예배당 장의자에 무릎 꿇는 판이 사라진 것을 아쉽게 생각한다. 우리는 겉으로 드러난 형식보다 마음이 중요할 것이다. 마음의 무릎을 꿇는 것이 중요하다고 생각한다. 그런데 그 마음은 무릎을 꿇는 형식으로 나타난다.

학생들과 부산 MT에 다녀왔다. 졸업 후에 처음으로 모교 기숙사에서 잠을 잤다. 늦은 밤까지 학생들과 얘기를 했다. 샤워하고 새벽 2시에 누웠다. 그런데 하나님께서 '옛날이야기 좀 하자'며 깨우셨다. 무릎을 꿇고 하나님과 도란도란 대학 다닐 때의 옛날이야기를 나누었다. 무릎을 꿇는 순간, 대학 다닐 때 무릎 꿇고 기도했던 기억들이 되살아났다. 모처럼 하나님과 친밀한 시간들을 누렸다. 무릎을 꿇어보길 바란다.

5절. 보좌에서 음성이 나서 이르시되 하나님의 종들 곧 그를 경외하는 너희들아 작은 자나 큰 자나 다 우리 하나님께 찬송하라 하더라.

여기 "**보좌에서 음성이 나서**"라는 예배의 넷째 부분을 "음성"은 누구의 음성이겠는가? 이 음성은 보좌 옆의 장로들의 음성 같지만, 예수 그리스도의 음성일 것이다(cf. 계 16:17). 요한복음 20:17에서 예수님은 말씀하시기를 "내가 내 아버지 곧 너희 아버지, 내 하나님 곧 너희 하나님께로 올라간다"고 하셨다. 이것이 전체로서 교회에게 주어진 말씀이다. 경배해야 하는 자들은 "**하나님의 종들 곧 그를**

경외하는 너희들아 작은 자나 큰 자나 다"였다. 모든 교회는 예외 없이 하나님을 찬양해야 했다.

> 6-8절. 또 내가 들으니 허다한 무리의 음성과도 같고 많은 물소리와도 같고 큰 우렛소리와도 같은 소리로 이르되, 할렐루야 주 우리 하나님 곧 전능하신 이가 통치하시도다. 우리가 즐거워하고 크게 기뻐하며 그에게 영광을 돌리세 어린 양의 혼인 기약이 이르렀고 그의 아내가 자신을 준비하였으므로, 그에게 빛나고 깨끗한 세마포 옷을 입도록 허락하셨으니, 이 세마포 옷은 성도들의 옳은 행실이로다 하더라.

사도 요한은 "**허다한 무리의 음성과도 같고 많은 물소리와도 같고 큰 우렛소리와도 같은 소리**"를 듣는다. 그 허다한 무리들의 첫 번째 '할렐루야'는 음녀의 심판으로 보이신 하나님의 주권으로 인하여 하나님을 찬양하는 것이다. 그 제의의 다섯 번째이며 마지막 부분에서 그 넷째 "**할렐루야**"는 다시 "**어린 양의 혼인**"으로 보이신 하나님의 주권으로 인하여 하나님을 찬양하고 있다.

음녀의 심판과 어린 양의 혼인, 즉 이혼과 결혼은 상관이 있는 사건들이다. 하나님은 옛 언약 하에 종종 행해졌던 것처럼, 단지 이방인 신자들을 받아들이는 것이 아니다. 오순절은 새 언약이 시작되는 날이다. A.D. 70년의 신실하지 못한 신부에 대한 최종적인 이혼과 파멸로, 여호와께 대한 교회의 결혼은 확실하게 성립되었다. 교회의 성만찬은 "어린 양의 혼인 만찬"인 것이다(9절).

구속받은 허다한 무리들은 "**그의 아내가 자신을 준비하였다**"라고 소리를 높인다. 마지막 날들 동안에 배교자들의 의무는 결혼식을 위하여 교회를 준비시키는 것이었다. 바울은 신부의 대속물로서 그리스도의 희생에 대하여 이렇게 기록한다. "그리스도께서 교회를 사랑하시고 그 교회를 위하여 자신을 주심 같이 하라. 이는 곧 물로 씻어 말씀으로 깨끗하게 하사 거룩하게 하시고, 자기 앞에 영광스러운 교회로 세우사, 티나 주름 잡힌 것이나 이런 것들이 없이 거룩하고 흠이 없게 하려 하심이라"(엡 5:25-27). 바울은 자신의 사역에 대한 목적에 대하여 고린도인들에게 말하면서 이 이미지를 확장하고 있다. "내가 하나님의 열심으로 너희를 위하여 열심을 내노니 내가 너희를 정결한 처녀로 한 남편인 그리스도께 드리려고 중매함이로다" (고후 11:2).

교회는 용과 음행에 빠질 위험이 있었다. "뱀이 그 간계로 하와를 미혹한 것 같이 너희 마음이 그리스도를 향하는 진실함과 깨끗함에서 떠나 부패할까 두려워하노라" (고후 11:3). 많은 사람들이 믿음에서 떠나 다양한 이단을 따를 때, "능히 너희를 보호하사 거침이 없게 하시고 너희로 그 영광 앞에 흠이 없이 기쁨으로 서게 하실 이" 에게 교회를 위탁하며, 신부가 그들의 주님께 신실하여 머무르도록, 유다는 경고의 메시지를 교회에 썼던 것이다(유 1:24). 그러나 사도 요한은 그리스도의 신부로 환난과 시험을 통과하여 하나님의 나라로 들어간 영광과 순결함 가운데 있는 교회에 대한 환상을 보고 있다.

그래서 찬양은 계속되고 있다. "**그에게 빛나고 깨끗한 세마포 옷을 입도록 허락하셨으니, 이 세마포 옷은 성도들의 옳은 행실이로다.**" 우리는 이미 세마포가 하나의 상징으로 사용되고 있는 보았다(계 15:6, cf. 계 3:4, 4:4, 7:9, 14). 이제 그 상징적 의미가 성도들의 "**옳은 행실**" 이라고 명백하게 말하고 있다. 두 가지 중요한 점이 여기에서 나타나고 있다. 첫째, "**허락하셨으니**" 라는 것이다. 우리의 성화는 전적으로 하나님의 성령의 역사로 말미암은 것이다. 둘째, 그녀는 의로운 행실의 세마포를 영광스럽게 "**입도록**" 되었다는 것이다. 동시에 성화는 우리 자신에 의해서 이루어진다는 사실이다. 이러한 이중적인 강조점은 성경 전체를 통하여 나타나는 것이다. "너희는 스스로 깨끗하게 하여 거룩할지어다... 나는 너희를 거룩하게 하는 여호와이니라" (레 20:7-8). "두렵고 떨림으로 너희 구원을 이루라. 너희 안에서 행하시는 이는 하나님이시니 자기의 기쁘신 뜻을 위하여 너희에게 소원을 두고 행하게 하시나니" (빌 2:12-13).

성화는 하나님의 허락과 인간의 노력에 의한 것이다. 이것을 누군가 '하나님의 은혜' 100% + '인간의 노력' 100% = 100% '성화' 라는 공식으로 설명했다. 하나님 없이 인간의 노력으로 거룩할 수 없다. 동시에 아무리 하나님께서 은혜를 준비하셔도 인간이 거부하면 안 되는 것이다. 비 오는 날 그릇을 엎어 놓으면 빗물을 받을 수가 없는 것이다. 하나님의 뜻은 우리들의 거룩이다. "하나님의 뜻은 이것이니 너희의 거룩함이라" (살전 4:3). 거룩에 이르도록 노력하기 바란다.

9절. 천사가 내게 말하기를 기록하라. 어린 양의 혼인 잔치에 청함을 받은 자들은 복이 있도다. 하고, 또 내게 말하되 이것은 하나님의 참되신 말씀이라 하기로,

사도 요한은 계시록의 넷째이며 중심적인 축복을 기록하여 교훈하고 있다. **"어린 양의 혼인 잔치에 청함을 받은 자들은 복이 있도다."** 하나님의 백성들은 세상의 행음으로부터 하나님의 독생자의 신부가 되는 구원을 받았다. 그리고 이 사실에 대한 지속적인 상징은 교회가 매주 교회의 거룩한 잔치인 성만찬을 기념하는 것이다. 이 약속에 대한 절대적인 신뢰성은 사도 요한에게 **"이것은 하나님의 참되신 말씀이라"** 고 한 천사의 확증에 의하여 강조되고 있다.

성찬은 기독교 예배의 중심이다. 성찬은 우리가 주님의 날에 모일 때에 행하도록 명령받은 것이다(고전 10:16-17, 11:20-34). 우리는 그것이 사도행전 20:7에서 누가의 단순한 진술 가운데 반영되어져 있음을 본다. "그 주간의 첫날에 우리가 떡을 떼려 하여 모였더니." 또한 이것은 디다케에 묘사되어 있는 것이다. "그러나 매 주님의 날에 너희들은 모이고, 떡을 떼고, 너희들의 죄를 고백한 후에 감사하라. 그러면 너희들의 희생제물이 깨끗해질 것이다." 초대교회 지도자인 져스틴 마터(Justin Martyr)도 모든 기독교 회집의 기준으로 성찬을 말하고 있다. "일요일이라고 불리는 날에, 그 도시나 지역에 살고 있는 모든 사람들은 한 장소에 모이고, 시간이 허락하는 한, 사도들의 언행록이나 선지자들의 글을 읽고, 읽기를 그친 후에, 대표가 교훈을 말하고, 이 선한 일들을 본받도록 권면하라. 그런 후에 우리 모두는 일어나서 기도하고, 그리고 우리의 기도가 끝날 때, 우리 앞에 빵과 포도주와 물을 가져오라고 말하고, 대표는 한가지로 기도와 감사를 드리고, 그의 능력에 따라서, 그리고 사람들은 아멘이라고 말하라. 그리고 각 사람에게 나눠주고, 주어진 감사에 참여하고, 불참한 자들의 몫은 집사들에 의하여 보내라."[41]

교회의 가장 위대한 특권은 어린양의 혼인 잔치인 성만찬에 매주 참여하는 것

---

41) Justin Martyr, *The First Apology*, chap. lxvii, in Alexander Roberts and James Donalson, eds., *The Anti-Nicene Fathers* (Grand Rapids: Eerdmans, 1971). Vol. 1, p. 186.

이다. 오늘날 몇몇 교회들이 성만찬을 포기하거나 축소하는 것은 비극이다. 주일날 교회의 공식적인 예배는 단지 성경공부나 기도회가 아니다. 그것은 공식적인 결혼식 잔치이다. 사실 종교개혁자들에 대한 논쟁가운데 첫 번째 이슈들 중의 하나는 로마교회가 일 년에 단 한번만 성만찬에 그 회원들을 참석시켰다는 것이다. 역설적으로, 로마교회는 이제 대부분의 개신교 교회들보다 앞서가고 있다. 매주 모여 성찬을 한다. 그러나 오늘날 교회는 성찬을 잊고 있다.

독일 유물론적 철학가인 포에르바흐의 '그가 먹는 것이 그 사람이다' 는 격언은 중요한 것이다. 그는 인간은 물질을 먹기 때문에 물질이란 유물론을 주장한다. 그러나 인간이 먹는 것은 물질이 아니다. 생명을 먹기 때문에 인간은 생명의 존재이다. 사랑을 먹기 때문에 사랑의 존재이다. 특히 성찬을 통해 그리스도를 먹기 때문에 작은 그리스도로 살아가야 하는 존재인 것이다.

특히 성만찬을 '유카리스트' 라고 한다. 이 말은 '감사하다' 는 말이다. 인간은 감사해야 하는 존재이다. 예수님의 살과 피를 기념하는 '성만찬' 이 예배의 중심이라면 '예수 그리스도' 가 예배의 중심일 것이다. 동시에 '감사' 가 예배의 중심일 것이다. 그런 점에서 감사하는 삶이 곧 예배이다.

10절. 내가 그 발 앞에 엎드려 경배하려 하니, 그가 나에게 말하기를, 나는 너와 및 예수의 증언을 받은 네 형제들과 같이 된 종이니, 삼가 그리하지 말고, 오직 하나님께 경배하라. 예수의 증언은 예언의 영이라 하더라.

사도 요한은 천사의 발아래 경배하기 위하여 엎드렸다. 천사는 그렇게 하지 말라고 대답한다. 왜 이러한 사건을 기록하고 있는가? 이는 우상숭배에 대하여 금하는 것으로 보인다. 그러나 이상한 점들이 있다. 먼저, 사도 요한이 하나님의 계시를 받고 있는 도중에 이러한 행위를 했다는 것을 기억해야 한다. 불가능한 일은 아니지만, 사도 요한이 성령에 충만한 가운데 우상숭배의 죄를 범한 것일까? 또한 그 천사가 경배를 거부한 이유도 이상해 보인다. 사탄이 예수님께 경배하라고 했을 때처럼(마 4:10), 왜 우상숭배를 금한 계명을 인용하지 않았을까? 그 대신에, 그는 예언의 본질에 대한 간략한 설명을 하고 있다. **"나는 너와 및 예수의 증언을**

받은 네 형제들과 같이 된 종이니, 삼가 그리하지 말고, 오직 하나님께 경배하라. 예수의 증언은 예언의 영이라 하더라."

그렇다면 경배한 이유와 경배를 금한 이유는 무엇인가? 첫째, '경배' 라는 용어는 단지 '누군가 앞에 부복하고, 그의 발이나 옷이나 땅 등에 입을 맞추는 습관' 을 의미한다. 반드시 하나님이나 우상숭배에 쓰이는 용어가 아니라, 높은 사람에게 적절한 존경을 나타내는 것이다. 예를 들어, 롯이 자신을 방문한 천사들에게 경배하고, 이스라엘 자손들이 요셉을 경배했다(창 18:2, 19:1, 23:7, 12, 27:29, 33:3, 6-7, 37:7, 9-10, 42:6, 43:26, 28, 49:8). 마태는 그 단어를 주인들에게 노예들의 복종을 묘사하기 위하여 사용했다(마 18:26). 그리고 사도 요한은 신실한 빌라델피아 교인들에 대한 하나님의 약속, 즉 유대인들이 그들의 발 앞에 "와서 절할 것" 이라는 것을 기록하는 것에 그 단어를 사용했다(계 3:9). 그러므로 사도 요한이 천사에게 경배했다는 것은 우상숭배가 아니라, 존경을 표하는 것일 뿐이다.

더 중요한 것은 천사가 경배를 금한 이유이다. 계시록의 중요한 주제 중 하나가 '모든 하나님의 백성들은 선지자' 라는 것이다(cf. 민 11:29). 계시록에서 요한으로 대표되는 성도들은 영광-구름 가운데 하늘의 회의에 참여한다. 오순절 이전에 인간들이 천사들 앞에 굽혀 절하는 것은 적당한 일이었으나, 더 이상은 아니다. 그래서 "**삼가 그리하지 말고**" 라고 천사는 외치고 있는 것이다. "**나는 너와 및 예수의 증언을 받은 네 형제들과 같이 된 종이니.**" 그 천사는 사도 요한과 교회 공동체의 다른 사람들과 동급이라고 말하고 있는 것이다. 그러므로 그는 사도 요한에게 오직 하나님을 경배하라고 권면하고 있다. 사도 요한의 형제들을 "**예수의 증언을 받은**" 자라는 것은 성령에 의한 하늘 회의의 일원이라는 것이다.

그러므로 지금 그 천사가 말리고 있는 것은 요한의 경배 행위가 하나님의 영광을 깎아내린다는 것이 아니라, 요한의 영광을 깎아내린다는 것이다. 즉 요한은 하나님 외에 누구에게도 절할 필요가 없는 '영광스러운 존재' 라는 것이다. 사실 이것은 성찬과 관련이 있다. 성찬을 통하여 사도 요한이나 교회는 그리스도와 한 몸이다. 사도 요한과 그리스도 사이에는 그 어떤 중보자도 필요가 없는 것이다. 그래서 절해서는 안 되었던 것이다.

여러분은 어떤 사람인가? 성찬을 통해 그리스도와 하나가 된 영광스러운 존재이다. 성찬은 어린 양의 혼인 잔치이다. 성찬을 통하여 우리는 그리스도의 신부가 되었다. 한 몸이 되었다. 영광스러운 존재가 되었다. 구원은 '~으로부터의 구원' 도 있지만, '~을 향한 구원' 이라는 측면도 있는 것이다. 즉 구원은 죄로부터의 구원 정도가 아니라 영광을 향한 구원이다. 감사와 찬양을 드리지 않을 수 없는 '영광스러운 구원' 이다. 누군가의 표현대로 우리가 받은 구원은 '황홀한 구원' 인 것이다. 할렐루야!

2. 하나님의 다른 잔치(계 19:11-21)

계시록 19장은 '어린 양의 혼인 잔치' 를 보여주고 있다. 이 잔치는 매주일 성찬을 통하여 기념되고 재현된다. 교회는 그리스도의 살과 피를 먹고 마시는 성찬을 통하여 그리스도와 하나됨을 경험하는 것이다. 사실, 세례도 그리스도와 함께 죽고 함께 사는 것을 상징하는 하나됨의 사건이다. 이제 요한으로 대표되는 교회는 옛 언약의 몽학선생인 천사들에게 절할 필요가 없는, 아니 절해서는 안 되는 너무나도 존귀한 존재가 된 것이다. 그리스도의 신부로서 교회는 신랑되신 예수님만 사랑하고 두려워해야 한다. 예수님 외에 그 무엇도 사랑하거나 두려워해선 안 되는 것이다. 이것이 앞의 계시록 19:1-10의 중요 메시지이다.

한편 어린 양의 혼인 잔치에 참여하지 않은 자들에게 어떤 일이 있게 되는가? 본문 계시록 19:11-21은 '하나님의 다른 큰 잔치' 를 기록하고 있다. 이 잔치는 한 마디로 죽음의 잔치이다. 피의 잔치이다. 어린 양의 잔치에 참여하지 않는 자들의 살과 피를 먹는 새들의 잔치이다.

11절. 또 내가 하늘이 열린 것을 보니, 보라 백마와 그것을 탄 자가 있으니, 그 이름은 충신과 진실이라 그가 공의로 심판하며 싸우더라.

요한은 이제 **"또 내가 하늘이 열린 것을 보니"** 라고 한다. 계시록 19장 이후 **"또 내가 보니"**(kai eidon)로 시작하는 일곱 환상이 있다(계 19:11, 17, 19, 20:1, 4, 11, 21:1). 여러분들에게도 계속해서 하나님의 비밀을 볼 수 있는 눈이 열리기를 바란다. 하늘이 열리는 경험들이 있기를 바란다. 구약의 엘리사도 게하시의 눈이 열리도록 기도했다. "기도하여 이르되, 여호와여 원하건대 그의 눈을 열어서 보게 하옵소서 하니, 여호와께서 그 청년의 눈을 여시매, 그가 보니 불말과 불병거가 산에 가득하여 엘리사를 둘렀더라"(왕하 6:17). 바울도 에베소 교회 성도들을 위해 이렇게 기도하고 있다. "우리 주 예수 그리스도의 하나님, 영광의 아버지께서 지혜와 계시의 영을 너희에게 주사 하나님을 알게 하시고, 너희 마음의 눈을 밝히사 그의 부르심의 소망이 무엇이며 성도 안에서 그 기업의 영광의 풍성함이 무엇이며, 그의 힘의 위력으로 역사하심을 따라 믿는 우리에게 베푸신 능력의 지극히 크심이 어떠한 것을 너희로 알게 하시기를 구하노라"(엡 1:17-19).

우리 눈으로 볼 수 있는 것은 제한되어 있다. 햇빛도 프리즘을 통과하면 무지개가 된다. 적외선 자외선이 나뉘게 된다. 미세한 것은 현미경으로 봐야하고, 먼 것은 망원경으로 봐야한다. 밤하늘의 별은 천체망원경으로 봐야한다. 내 눈으로 보는 것이 전부가 아니다. 더 놀라운 세계가 존재한다. 영의 세계에 대해서 신령이 눈이 열리기를 바란다. 아멘.

이 영의 세계는 어느 날 갑자기 열릴 수도 있다. 그러나 좀 더 생각해 보면 어느 날 갑자기가 아니다. 물이 흐르다 절벽을 만나 폭포가 된 거지, 흐르지도 않는데 어떻게 폭포가 되겠는가? 하나님과 깊은 대화를 원한다면, 사소한 일상의 이야기부터 시작해야 할 것이다. 깊은 기도에 대한 갈망 때문에 하나님과 일상적 대화의 즐거움을 놓친다면 안타까운 일이다. 일상의 영성, 생활의 영성을 회복하라! 기본적인 신앙생활에 충실하라! 요한은 "주의 날에" 즉 주일예배시간에 "성령에 감동되어" 계시를 받고 환상을 보고 계시록을 기록하게 되었다(계 1:10). 그렇게 시작된 환상이 **"또 내가 보니"**로 계속 이어진 것이다.

요한은 이제 **"백마와 그것을 탄 자"**를 본다. **"백마"**는 승리와 통치의 상징이다(계 6:2, cf. 14:14). 또한 우리는 백마 탄 분이 그리스도임을 알 수 있는데, 그의 이름 때문이다. 본문에 3번이나 그의 이름이 등장한다. 첫째, **11절 "그 이름은 충신과 진실이라."** 그리스도는 충성되고 참된 증인이다. "라오디게아 교회의 사자에게 편지하라 아멘이시요 충성되고 참된 증인이시요 하나님의 창조의 근본이신 이가 이르시되"(계 3:14). 둘째, 13절 **"그의 이름은 하나님의 말씀이라."** 셋째, 16절

"만왕의 왕이요 만주의 주" 이다. 그러므로 **"백마와 그것을 탄 자"** 는 그리스도의 승리와 통치를 보여주고 있는 것이다.

"그가 공의로 심판하며 싸우더라." <웨스트민스터 소요리 문답〉 제26문은 왕이신 그리스도를 이렇게 표현한다. "그리스도께서 왕의 직분을 어떻게 행하시는가?" 그 답은 "그리스도께서 왕의 직분을 행하시는 것은 우리로 하여금 자기에게 복종케 하심으로 하신다. 그리고 우리를 다스리시며 보호하시고 자기와 우리의 모든 원수를 제지하여 이기심으로 하신다(시 110:3, 사 32:1-2, 33:22 고전 15:25, 행 12:17, 18:9-10, 2:36)." 그래서 전투를 하기 위하여 말을 타고 나타나신 것이다. 예수님은 공의로운 분이다. 불의를 행하면 그리스도의 대적이 되는 것이다. 그리스도인들은 세상법이 아닌 그리스도의 법에 매여 사는 자들이다. 이는 세상법을 무시할 것을 의미하지 않는다. 세상법에 어긋나지 않은 정도로 만족해선 안 된다는 의미이다. 공의, 정직, 원칙을 지키는 것, 질서를 지키는 것은 사소한 일이 아니다. 성령의 열매 가운데도 '충성' 과 '절제' 가 있지 않는가? 우리가 원리원칙에 사로잡혀 사는 '원칙주의자' 가 되어선 안 되지만, 그것을 완전히 무시하고 요령만 피우는 '변칙주의자' 가 되어서도 안 될 것이다. 기준이 되는 "공의" 를 잊지 말아야 할 것이다. 하나님의 법을 기억해야 할 것이다.

12절. 그 눈은 불꽃같고, 그 머리에는 많은 관들이 있고, 또 이름 쓴 것 하나가 있으니, 자기밖에 아는 자가 없고,

백마를 탄 인물은 그리스도이다. **"그 눈은 불꽃같고"** 라고 하는데, 이는 이미 그리스도에 대한 표현이었다. "그의 머리와 털의 희기가 흰 양털 같고 눈 같으며 그의 눈은 불꽃같고"(계 1:14). 또한 이미 **"많은 관들"** 을 쓰신 존귀한 분이다. 그리고 **"자기밖에 아는 자가 없는"** 이름을 지니셨다.

그런데 자기 밖에 아는 자가 없는 이름이란 무슨 뜻인가? 그 이름을 알 수 없다는 뜻인가? 계시록 2:17에서 본 것처럼, '안다' (ginosko와 oida)는 단어는 '누구의 소유로 알게 되다' 그리고 '소유하다' 등의 히브리 어구에 영향을 받은 것이다(예, 창 4:1, 출 1:8, 시 1:6, 렘 28:9, 겔 20:5, 슥 14:7, 마 7:23, 요 10:4-5, 롬 8:29, 고

전 8:3, 딤후 2:19). 그러므로 이 구절이 의미하는 것은 그 이름이 무엇인지를 알 수 없다는 것이 아니라, 그가 홀로 그 이름을 지니셨다는 것이다.

이것은 그 본문의 교차대칭 구조(ABCC'B'A')에 의하여 재차 강조된다. A. 이름 쓴 것 하나가 있으니, 자기밖에 아는 자가 없고(12절b) B. 그가 피 뿌린 옷을 입었는데(13절a) C. 그 이름은 하나님의 말씀이라 칭하더라(13절b) C' 그의 입에서 예리한 검이 나오니(15절a) B' 전능하신 이의 맹렬한 진노의 포도주 틀을 밟겠고(15절b) A' 그 옷과 그 다리에 이름을 쓴 것이 있으니, 만왕의 왕이요 만주의 주라 하였더라(16절). 15절a의 예리한 검은 13절b의 하나님의 말씀으로서 그리스도의 특성에 대하여 응답하고 있다. 그리스도께서 전능하신 이의 맹렬한 진노의 포도주 틀을 밟겠다는 15절b의 내용은 13절a에서 그의 옷이 어떻게 피 뿌린 옷이 되었는가에 대한 설명이다. 그리고 16절은 우리에게 12절b가 말하고 있는 그리스도께서 소유하신 그 이름, 그리스도는 홀로 만왕의 왕이요 만주의 주이다.

13절. 또 그가 피 뿌린 옷을 입었는데, 그 이름은 하나님의 말씀이라 칭하더라.

계시록에서 여기서만 요한복음의 서론에서처럼(요 1:1, 14), 요한은 그리스도를 그의 선재와 신적인 본질과 육체를 입으심과 우리 가운데 거하심에 대해서 말하면서 **"말씀"** 이라고 한다. 게다가, 우리 앞에 있는 본문에서 그리스도의 구속, 부활, 승천, 보좌에 앉으심을 보았다. 계시록은 단지 이스라엘에 대한 진노의 부으심에 대한 이야기가 아니다. 그것은 왕 중 왕이신 예수 그리스도에 대한 이야기이다. 우리는 여기에서 인자의 오심을 본다. 하늘이 열렸고, 그는 적들과 피 튀는 전투를 하기 위하여 땅으로 내려왔다. 결국 그리스도가 승리한다.

14절. 하늘에 있는 군대들이 희고 깨끗한 세마포 옷을 입고 백마를 타고 그를 따르더라.

그리스도의 승리는 혼자만의 것이 아니다. 그를 **"하늘에 있는 군대들"** 즉 그와 함께 전투를 한 "부르심을 받고 택하심을 받은 진실한 자들"이 뒤따르고 있다(계 17:14). 다시 우리는 교회는 '지상'에 있지만 동시에 '하늘'에 있다는 것을 기억해야 한다. 우리는 하늘에 있는 하나님의 장막이다(계 7:15, 12:12, 13:6). 우리는 천상에서 그리스도와 함께 앉아 있는 것이다(엡 2:6). 우리는 하늘의 예루살렘으로 갈 것이고, 축제의 회의 속에서 천군들에게로 갈 것이고, 하늘에 속한 장자들의 총회로 갈 것이다(히 12:22-23). 지상에서 그리스도께서 피 튀는 전투를 하시는 우리는 그의 뒤를 따르면 되는 것이다.

15절. 그의 입에서 예리한 검이 나오니, 그것으로 만국을 치겠고, 친히 그들을 철장으로 다스리며, 또 친히 하나님 곧 전능하신 이의 맹렬한 진노의 포도주 틀을 밟겠고,

그리스도의 무기는 말씀이다. "**입**"으로부터 "**예리한 검**"이 나오고 있다. 사도 요한은 이전에 이 이미지를 사용했었다(계 1:16, 2:16). 특히 그 입으로부터 나온 그 칼은 말씀에 대한 성경적 상징이다. "하나님의 말씀은 살아 있고 활력이 있어, 좌우에 날선 어떤 검보다도 예리하여 혼과 영과 및 관절과 골수를 찔러 쪼개기까지 하며, 또 마음의 생각과 뜻을 판단하나니, 지으신 것이 하나도 그 앞에 나타나지 않음이 없고, 우리의 결산을 받으실 이의 눈 앞에 만물이 벌거벗은 것 같이 드러나느니라"(히 4:12-13).

그리스도는 "**만국을 치기 위하여**" 성령의 검을 사용한다. 그는 입의 말로 승리한다. 여기에서 묘사되고 있는 것은 재림이 아니다. 오히려 그리스도께서 말씀으로 열방을 정복하시는 것이다. 외경인 <솔로몬의 지혜서> 18:15-16는 본문과 유사한 이미지를 가지고 애굽으로부터 이스라엘에 대한 하나님의 구원에 대하여 말하고 있다. "하늘의 옥좌로부터 주님의 전능하신 말씀이 마치 사정없는 전사처럼 멸망한 땅 한가운데로 뛰어들었다. 그는 날카로운 칼과 같은 주님의 확고부동한 명령을 가지고 와서, 우뚝 서서 온 세상을 시체로 가득 채웠다. 그는 아래로는 땅을 딛고 위로는 하늘까지 닿았다"<공동번역개정판>. 이사야도 이렇게 말한다. "그의 입의 막대기로 세상을 치며 그의 입술의 기운으로 악인을 죽일 것이다"(사

11:4).

우리에게 필요한 유일한 무기는 복음의 선포이다. 그리스도는 로마제국과 서구의 나라들, 미국과 아시아로 복음의 서진(西進)을 이루었다. 아마 이번 천년은 중국과 이슬람권에 복음을 전하는데 영적인 전투가 치열하게 있을 것이다. 그러나 결국 그리스도가 승리할 것이다. 교회는 말씀을 전파하고 가르치고 적용하면서, 즉 전도하고 교육하고 문화화 함으로 이 땅에 그리스도의 나라를 확장해 가야 할 것이다.

16절. 그 옷과 그 다리에 이름을 쓴 것이 있으니, 만왕의 왕이요 만주의 주라 하였더라.

사도 요한은 **"그 옷과 그 다리"** 에 기록된 그리스도의 이름을 보고 있다. 그 이름은 **"만왕의 왕이요 만주의 주"** 이다. 그의 이름은 그의 존재를 나타내는 것이다. 그리스도는 왕이고 주인이다. 예수 그리스도는 우주적인 통치자이다. 그는 현재 뿐 아니라 영원히 왕이고, 이 세상 뿐 아니라 다음 세상의 주인이다. "내가 뭇 나라 중에서 높임을 받으리라. 내가 세계 중에서 높임을 받으리라" (시 46:10). 우리는 진정 왕으로 주인으로 그리스도를 섬기고 있는가? 혹시 다른 왕이나 주인을 가지고 있지는 않는가?

17-18절. 또 내가 보니 한 천사가 태양 안에 서서 공중에 나는 모든 새를 향하여 큰 음성으로 외쳐 이르되 와서 하나님의 큰 잔치에 모여, 왕들의 살과 장군들의 살과 장사들의 살과 말들과 그것을 탄 자들의 살과 자유인들이나 종들이나 작은 자나 큰 자나 모든 자의 살을 먹으라 하더라.

이것은 **"또 내가 보니"** 라는 구절로 시작하는 마지막 일곱 환상들 가운데 두 번째 것이다. 이는 앞의 환상과 연관이 있지만, 단순한 연속은 아니다. 우리가 앞에서 본 바, 계시록 19:1-10은 '어린 양의 혼인 잔치' 를 보여주고 있었다. 그러나 다른 거대한 잔치가 여기에서 선포되어진다. 의의 태양이신 그리스도께서 떠오른다(말 4:2). 그 때 **"태양 안에 서서 공중에 나는 모든 새를"** 초대한 **"한 천사"**가 등장한다. 우리는 독수리가 저주에 대하여 경고한 장소로써 **"공중"**을 보았고(계 8:13), 그 안에서 천사는 영원한 복음을 총괄하기 위한 지상의 통치자들을 초대했다(계 14:6). 이제 천사가 독수리들이 그리스도의 원수들의 시체를 배불리 먹을 장소인 **"하나님의 큰 잔치"**로 독수리들을 초대하고 있다.

"왕들의 살과 장군들의 살과 장사들의 살과 말들과 그것을 탄 자들의 살과 자유인들이나 종들이나 작은 자나 큰 자나 모든 자의 살을 먹으라." 우리는 언약의 기본적인 저주는 독수리에 의해 먹히는 것이라는 신명기 28:26을 주목해야한다. "독수리가 큰 소리로 이르되 땅에 사는 자들에게 화, 화, 화가 있으리니." 그리고 잠언도 이렇게 경고한다. "아비를 조롱하며 어미 순종하기를 싫어하는 자의 눈은 골짜기의 까마귀에게 쪼이고 독수리 새끼에게 먹히리라"(잠 30:17). 복음서에서 예수님은 "주검이 있는 곳에는 독수리들이 모일 것이니라"고 경고하셨다(마 24:28, cf. 눅 17:37).

사실, 사도 요한의 언어는 하나님의 원수들, 즉 이스라엘을 공격한 이방군대들의 살을 먹기 위하여 들의 모든 새와 짐승들이 모인 것을 에스겔을 통한 하나님의 초대에서 빌려온 것이다. "주 여호와께서 이같이 말씀하셨느니라. 너 인자야 너는 각종 새와 들의 각종 짐승에게 이르기를 너희는 모여 오라. 내가 너희를 위한 잔치, 곧 이스라엘 산 위에 예비한 큰 잔치로 너희는 사방에서 모여 살을 먹으며 피를 마실지어다. 너희가 용사의 살을 먹으며 세상 왕들의 피를 마시기를 바산의 살진 짐승 곧 숫양이나 어린 양이나 염소나 수송아지를 먹듯 할지라. 내가 너희를 위하여 예비한 잔치의 기름을 너희가 배불리 먹으며, 그 피를 취하도록 마시되, 내 상에서 말과 기병과 용사와 모든 군사를 배부르게 먹일지니라. 하라 주 여호와의 말씀이니라"(겔 39:17-20). 그 의미는 분명하다. 시편 2편이 명령하는 것처럼 그리스도의 주되심에 복종하기를 거부하는 민족들은 전적으로 파괴될 것이라는 것이다.

그런데 독수리 떼가 시체를 먹어치우는 것은 '심판'의 의미만이 아니다. 그러한 행위는 곧 땅을 깨끗하게 하는 '정결'의 행위이기도 하다. 에스겔 39:1-16은 시체들을 매장하는 것으로 땅을 정결하게 하는 것에 대한 말씀이다. "이스라엘 족속이 일곱 달 동안에 그들을 매장하여 그 땅을 정결하게 할 것이라"(겔 39:12). 이러한 가운데 등장한 것이 새들이 시체를 먹는 것이다. 그러므로 새들이 뜯어먹고 장례한 것에 남은 시체를 매장함으로 그 땅을 정결하게 한다는 것이다. 새들이 시체를 뜯어먹는 것은 소위 '조장(鳥葬)' 인 셈이다.

그러므로 본문은 '어린 양의 혼인 잔치' 외에 또 다른 큰 잔치, 즉 새들의 성례전적 식사를 말하는 것이다. 모든 심판의 목적은 무엇인가? 심판 자체에 있지 않고 정결함과 회복을 위한 것이다. "그들은 잠시 자기의 뜻대로 우리를 징계하였거니와 오직 하나님은 우리의 유익을 위하여 그의 거룩하심에 참여하게 하시느니라"(히 12:10).

먹지 않는 자는 먹힌다. 약육강식의 비정한 경쟁논리를 말하는 것이 아니다. 성찬에 참여하지 않는 자는 제물로 먹힌다. 회색지대는 없다. 언약적 축복 가운데 그리스도의 살과 피를 먹고 그리스도처럼 살든지, 언약적 저주 하에서 새들의 먹이가 되든지, 신앙은 생사를 가늠할 것이다. 주님 편에 서기를 바란다.

19-21절. 또 내가 보매 그 짐승과 땅의 임금들과 그들의 군대들이 모여 그 말 탄 자와 그의 군대와 더불어 전쟁을 일으키다가, 짐승이 잡히고 그 앞에서 표적을 행하던 거짓 선지자도 함께 잡혔으니, 이는 짐승의 표를 받고 그의 우상에게 경배하던 자들을 표적으로 미혹하던 자라. 이 둘이 산 채로 유황불 붙는 못에 던져지고, 그 나머지는 말 탄 자의 입으로부터 나오는 검에 죽으매, 모든 새가 그들의 살로 배불리더라.

"또 내가 보매"라는 말로 셋째 환상이 시작된다. 원수인 짐승과 거짓 선지자들은 **"산 채로 유황불 붙는 못에 던져지고"** 있었다(cf. 계 15:2). 그 이미지는 땅의 입에 의하여 그들의 집이 삼켜진 고라, 다단과 아비람의 파괴와 소돔과 고모라의 멸망이야기가 결합된 것에서 왔다. "그가 이 모든 말을 마치자마자 그들이 섰던 땅바닥이 갈라지니라. 땅이 그 입을 열어 그들과 그들의 집과 고라에게 속한 모든 사람과 그들의 재물을 삼키매, 그들과 그의 모든 재물이 산 채로 스올에 빠지며 땅이 그 위에 덮이니 그들이 회중 가운데서 망하니라"(민 16:31-33). 그러므로 사도 요한의 요점은 짐승과 거짓 선지자의 개인적 종말이나, 476년의 로마의 멸망을 묘사하려는 것이 아니다. 그리스도의 원수들의 전적 패배와 파멸에 대한 상징적 묘사이다.

그러나 여기에 한 가지 주목할 만한 대조가 있다. 고라의 추종자들이 여호와로부터 나온 불에 의하여 소멸되어진 것처럼, 짐승의 추종자들의 남은 사람들, 즉 땅의 왕들은 "**말 탄 자의 입으로부터 나오는 검에 죽었다.**" 복음의 메시지, 즉 성령의 검은 그리스도의 입으로부터 나왔고, 원수들을 회심시켰다. 결국 열국은 울었고, 하나님은 웃으셨다. 그는 이미 그의 왕을 그의 거룩한 산에 세웠고, 열국은 그에 의하여 통치되었다(시 2편). 하늘과 땅의 모든 권세가 모두 주어졌다(마 28:18). 마틴 루터가 노래한 것처럼 "불가불 이기리로다." 복음이 전 세계를 통하여 뻗어나간 것처럼, 모든 나라들이 우리 주와 그의 그리스도의 나라가 될 때까지, 그것은 점진적으로 승리할 것이다. 우리는 반드시 하늘과 땅의 한 뼘이라도 원수에게 양보할 수가 없다. 그리스도와 그의 군대는 이기고 있고, 이기기 위하여 앞으로 나아갔고, 우리는 그를 통하여 모든 것을 상속할 것이다.

3. 사탄의 결박(계 20:1-3)

계시록 20장은 신학적으로 중요한 장으로 연구되어왔다. 특히 1-3절의 "**천년**"은 천년왕국(the Millennium)에 대한 중요한 근거가 되었다. 천년왕국에 관해서는 3가지 주요한 해석이 있다. 첫째, 전천년주의자들(the Premillennialists)은 그리스도께서 천년왕국 전에(pre) 재림하셔서 신자들을 부활시키시고, 예루살렘에서 열국의 정치적 지상적 통치자로 그리스도와 함께 문자적인 1,000년 동안 다스릴 것이라고 한다. 둘째, 무천년주의자들(the Amillennialists)은 땅 위에는 어떤 종류의 천년왕국이 현재도 존재하지 않고 앞으로도 결코 있지 않을 것이라고 말한다. 그 대신, 계시록 20장은 죽어서 지금 하늘에서 통치하고 있는 신자들의 상태를 말하는 것이라고 주장한다. 셋째, 후천년주의자들(the Postmillennialists)은 천년왕국은 그리스도의 초림과 재림 사이의 기간을 언급하는 것이라고 한다. 천년왕국은 왕들로서 땅을 통치하고 있는 신자들과 함께 지금 진행되고 있는 것으로 보는 것이다.

벤쟈민 워필드(Benjamin Warfield)는 "아마도 20세기 초반의 후천년주의자들은 고전적인 무천년주의자들의 해석으로 여겨질 계시록 20장에 대한 해석을 제시할 것이라고 했다."[42] 사실 무천년설과 후천년설은 비슷한 것이다.

그렇다면 천년왕국에 대한 역사적 전통적 교회의 입장은 무엇일까? 오순절 이후, 전통 기독교는 그리스도의 통치가 그리스도의 부활과 승천으로 시작되었고, 사도 베드로가 분명히 선언한 것처럼, 만물을 그의 발아래 복종시키기까지 계속될 것으로 보았다(행 2:30-36). 천년 왕국 이후에 그리스도의 재림과 모든 사람들의 재림이 일어난다는 의미에서 정통 기독교는 언제나 '후천년주의' 였다. 또한 그리스도께서 그 천년으로 표현되는 기간 이후에 오신다는 점에서 무천년주의자들은 후천년주의자들이었다. 동시에 정통 기독교는 무천년주의였는데, 역사적 교회는 항상 '문자적인 천년' 을 주장하는 '천년주의자' 들을 거부했기 때문이다. 이런 문자적 천년주의 운동의 첫 번째 예는 초대교회의 이단인 에비온주의 운동일 것이다. 이것의 현대적 등장이 스코필드-라일리(Scofield-Ryrie) 학파의 세대주의운동일 것이다.[43] 그러면 본문은 천년왕국에 대해서 무엇이라고 말하고 있는가?

1절. 또 내가 보매 천사가 무저갱의 열쇠와 큰 쇠사슬을 그의 손에 가지고 하늘로부터 내려와서

사도 요한은 "**천사가 무저갱의 열쇠와 큰 쇠사슬을 그의 손에 가지고 하늘로부터 내려오는 것**" 을 보고 있다. 계시록 10:1과 18:1에서처럼, 언약의 중보자인 이 천사는 '예수 그리스도' 이다(말 2:7, 3:1). 무저갱에 대한 그의 절대적인 권위는 "**열쇠와 큰 쇠사슬**" 로 상징되어진다. 계시록에서 이미 무저갱의 열쇠는 하늘로부터 떨어진 악한 별인 사탄에게 무저갱의 열쇠가 주어졌다고 말했다. "다섯째 천사가 나팔을 불매 내가 보니 하늘에서 땅에 떨어진 별 하나가 있는데 그가 무저갱

42) Benjamin B. Warfield, "The Millennium and the Apocalypse," *Biblical Doctrines* (New York: Oxford University Press, 1929), pp. 643-64.

43) Chilton, *The Days of Vengeance*, pp. 493-498.

의 열쇠를 받았더라"(계 9:1). 그러나 그리스도는 사망과 음부의 합법적인 소유자로서 "**그의 손에 가지고**" 하늘로부터 내려오셨다. "나는 처음이요 마지막이니, 곧 살아 있는 자라. 내가 전에 죽었었노라 볼지어다. 이제 세세토록 살아 있어 사망과 음부의 열쇠를 가졌노니"(계 1:17-18).

죽고 사는 모든 권세가 주 예수 그리스도께 있음을 믿기 바란다. <웨스트민스터신앙고백서〉와 <하이델베르크 요리문답〉에 이어, 개신교 3대 신앙고백서인 <벨직 신앙고백서> 1문은 '인간의 생사 간의 위로가 무엇인가?' 라는 것이다. 그 답은 '우리 주 예수 그리스도' 라는 것이다. 종교개혁 이후, 유럽은 30년, 60년, 심지어 100년 동안 신앙의 자유를 찾아서 길고 지루한 종교전쟁을 치러야 했다. 신앙의 이름으로 죽고 죽여야 했다. 그들은 그러한 전쟁 끝에 휴전협정을 맺고 신앙고백서를 만들었다. 그들에게 절박한 것은 이렇게 '죽고 사는 생사간의 위로가 무엇인가?' 하는 것이었다. 그 답은 '예수 그리스도' 이다. 예수께서 사망과 음부의 열쇠를 가지고 계신다. 생명은 주께 있는 줄 믿기 바란다. 암에 걸린다고 다 죽지 않고, 암에 걸리지 않았다고 안 죽는 것은 아니다. 오직 죽고 사는 모든 권세는 우리 주 예수 그리스도께 있는 것이다.

> 2-3절. 용을 잡으니, 곧 옛 뱀이요 마귀요 사탄(이요 세상을 속이는 자)이라. 잡아서 천년 동안 결박하여, 무저갱에 던져 넣어 잠그고, 그 위에 인봉하여 천년이 차도록 다시는 만국을 미혹하지 못하게 하였는데, 그 후에는 반드시 잠깐 놓이리라.

사도 요한은 그 동안 계시록을 통하여 사용되어 온 그 '악한 자' 에 대한 다양한 표현들을 함께 사용하고 있다. **용**(계 12:3-4, 7, 9, 13, 16-17, 13:2, 4, 11, 16:13), **옛 뱀**(계 9:19, 12:9, 14-15), **마귀**(계 2:10, 12:9, 12), **사탄**(계 2:9, 13, 24, 3:9, 12:9), **세상을 속이는 자**(계 2:20, 12:9, 13:14, 18:23, 19:20, 그러나 한글성경에는 번역되지 않음). 그러나 이 원수의 가공할만한 힘은 오직 예수 그리스도의 위대함을 나타내는 데 기여할 뿐이다.

"하늘로부터" 내려온 천사로서 그의 사명 가운데 예수 그리스도는 "**용을 잡으**

니…천년 동안 결박하여, 무저갱에 던져 넣어 잠그고 그 위에 인봉하여." 사도 요한은 이미 그의 첫 번째 편지에서 선포했다. 그리스도께서 "나타나신 것은 마귀의 일을 멸하려 하심이라"(요일 3:8). 주님은 지상사역 동안에 '강한 자들을 묶는 일'을 시작했다. "그러나 내가 하나님의 성령을 힘입어 귀신을 쫓아내는 것이면 하나님의 나라가 이미 너희에게 임하였느니라. 사람이 먼저 강한 자를 결박하지 않고서야 어떻게 그 강한 자의 집에 들어가 그 세간을 강탈하겠느냐? 결박한 후에야 그 집을 강탈하리라"(마 12:28-29, cf. 눅 11:20-22).

예수님의 생애는 출생부터 사망까지 사탄과의 전쟁으로 이어져 있다. 이스라엘 역사 속에서 사탄은 다양한 방법으로 메시야가 오지 못하도록 막았었다. 그러나 결국 실패하고, 예수께서 오셨다. 출생부터 헤롯에 의한 유아학살이 시작되었고, 하나님의 나라와 사탄의 나라는 싸워야 했다. 이 싸움은 예수님의 광야에서 시험으로 본격화되었다(마 3:17, 막 1:11, 눅 3:22, 마 4:3,6, 눅 4:3, 9). 그리고 십자가에서 예수님의 승리로 끝이 났다. 33년 예수님의 생애는 마귀와의 싸움의 생애였던 것이다.

신약 전체의 메시지는 사탄이 예수 그리스도의 삶, 죽음, 부활, 그리고 승천 가운데 확정적으로 패배했다는 것을 강조하고 있다(cf. 엡 4:8, 골 2:15, 히 2:14). 그리스도의 승리의 전리품은 오순절 성령이다. 그리고 A.D. 70년 예루살렘과 성전에 진노가 쏟아진 것이다(단 9:24-27, 행 2:19-20). 그래서 이 사건이 있기 이전에 사도 바울은 "평강의 하나님께서 속히 사탄을 너희 발아래에서 상하게 하시리라"라고 로마에 있는 교회에 확신을 준 것이다(롬 16:20).

사탄의 결박으로 "**다시는 만국을 미혹하지 못하게**" 될 것이라고 한다. 하나님께서 바울을 보내신 것이 이방 민족들에게 "그 눈을 뜨게 하여 어둠에서 빛으로, 사탄의 권세에서 하나님께로 돌아오게 하고, 죄 사함과 나를 믿어 거룩하게 된 무리 가운데서 기업을 얻게" 하기 위함이었다(행 26:18). 그리스도는 "열방을 다스리기 위하여" 오셨다(롬 15:12).

그런데 사탄이 결박됐다는 것은 그의 모든 행동이 끝났다는 것을 의미하지는 않는다. 성경은 우리에게 귀신들이 무장해제가 되고 묶였다고 한다. "통치자들과 권세들을 무력화하여 드러내어 구경거리로 삼으시고 십자가로 그들을 이기셨느니라"(골 2:15; cf. 벧후 2:4, 유 1:6). 그러나 그들은 여전히 활동하고 있다. 그것은 단지 그들의 행동이 제한됐다는 것이다. 그리고 복음이 온 세상에 전진하는 것으로, 그들의 행동은 결국 더욱 제한되어질 것이다. 결국 우리가 완전히 이길 것이다(요일 4:4). "그런즉 하나님의 이 구원이 이방인에게로 보내어진 줄 알라 그들은 그것을 들으리라 하더라"(행 28:28).

그러나 계시록 20장은 사탄의 패배와 묶임에 대한 것보다 그 이상의 어떤 특정한 것을 다루는 것이다. 사도 요한은 그 용이 "**만국을 미혹하지**" 못하도록 "**결박**" 되었다고 한다. 용은 역사 끝의 최후의 전쟁을 위하여 그리스도를 대항하여 힘을 모으도록 민족들을 부추기려고 한 것이다. 사탄의 작전은 세상의 끝이 왔다고 속이는 것이다. 지금 최후의 심판이 왔다는 미성숙한 종말론을 전파하는 것이다.

예수님의 천국 비유 중의 소위 '가라지 비유' 가 있다. "예수께서 그들 앞에 또 비유를 들어 이르시되, 천국은 좋은 씨를 제 밭에 뿌린 사람과 같으니, 사람들이 잘 때에 그 원수가 와서 곡식 가운데 가라지를 덧뿌리고 갔더니, 싹이 나고 결실할 때에 가라지도 보이거늘, 집 주인의 종들이 와서 말하되 주여 밭에 좋은 씨를 뿌리지 아니하였나이까? 그런데 가라지가 어디서 생겼나이까? 주인이 이르되 원수가 이렇게 하였구나. 종들이 말하되, 그러면 우리가 가서 이것을 뽑기를 원하시나이까? 주인이 이르되, 가만 두라 가라지를 뽑다가 곡식까지 뽑을까 염려하노라. 둘 다 추수 때까지 함께 자라게 두라. 추수 때에 내가 추수꾼들에게 말하기를, 가라지는 먼저 거두어 불사르게 단으로 묶고 곡식은 모아 내 곳간에 넣으라 하리라"(마 13:24-30). 사탄이 가라지를 뿌린 이유는 가라지와 함께 알곡을 파괴하려는 것이다. 사탄은 하나님 나라가 충분히 성숙하는 것을 방해하려고 한 것이다. 그러므로 우리는 조급해서는 안 되는 것이다.

예수님의 누룩 비유에 기록되기를 "천국은 마치 여자가 가루 서 말 속에 갖다 넣어 전부 부풀게 한 누룩과 같으니라" 고 했다(마 13:33). 하나님의 나라는 누룩과 같다. 기독교는 누룩이고, 자신을 둘러싼 사탄적인 문화들에 누룩과 같은 영향력을 가지고 있다. 기독교는 문화 전체에 대한 영향력을 가지고 있다. 그런데 누룩이 가루를 부풀게 하는데 시간이 필요하다.

우리가 그리스도인으로 다듬어지는 데에도 많은 시간이 필요하다. 예수님은 제자들에게 "너희도 이렇게 깨달음이 없느냐?" "알지 못하느냐?" 같은 말씀을 계속 하셨다(막 7:18). 하지만 마침내 베드로는 조금 알게 되었다. 예수님이 "너희는 나를 누구라 하느냐?" 라고 물으셨을 때, "주는 그리스도시니이다"(막 8:29)라고 대답했던 것이다. 그러나 베드로는 예수님이 '누구' 신지 제대로 알았지만 '어떻게' 해야 할지는 여전히 제대로 알지 못했다. 예수님이 자신의 죽음에 대해 미리 말씀하셨을 때, 베드로는 이를 탓하였다. 예수님은 오히려 "사단아 내 뒤로 물러가라. 네가 하나님의 일을 생각지 아니하고 도리어 사람의 일을 생각하는도다"(막 8:33)라고 하시며 베드로를 꾸짖으셨다.

누룩이 들어있는 빵이 부푸는 데는 시간이 걸린다. 하나님은 복음의 누룩이 일을 하는 동안에 기다려야 했던 것이다. 개인적으로 시간이 걸리고, 공동체 적으로 성숙을 위한 시간이 걸린다. 이 땅의 역사 속에서 하나님의 나라가 세워져가는 데에도 시간이 걸리는 법이다.

만약 누룩이 밀가루를 부풀게 하기 전에 오븐에 열이 가해진다면, 누룩이나 밀가루 모두 못쓰게 될 것이다. 하나님은 마지막 열을 가할 때를 기다리고 계시는 것이다. "주의 약속은 어떤 이들이 더디다고 생각하는 것 같이 더딘 것이 아니라, 오직 주께서는 너희를 대하여 오래 참으사 아무도 멸망하지 아니하고 다 회개하기에 이르기를 원하시느니라. 그러나 주의 날이 도둑 같이 오리니 그 날에는 하늘이 큰 소리로 떠나가고 물질이 뜨거운 불에 풀어지고 땅과 그 중에 있는 모든 일이 드러나리로다"(벧후 3:9-10). 하나님은 부풀지 않은 밀가루를 오븐 속에 넣지 않으신다. 하나님의 때를 기다리시는 것이다. 그래서 터툴리안은 세상의 평화와 모든 것의 종말이 연기되도록 기도했던 것이다.

그러므로 용의 결박에 대한 특별한 요점은 '모든 전쟁을 끝내도록 하는 전쟁', 즉 하나님이 준비되기 전에 마지막 전투가 일어나도록 선동하는 것을 막는 것이다. 하나님의 나라가 완전히 성숙할 때, 그 후에 사탄을 잠시 풀어줄 것이고, 마지막 충돌을 위하여 열국을 미혹하도록 허용할 것이다. 그러나 그 불은 하나님의 계획에 따라서 떨어질 것이지, 용의 계획에 의해서가 아니다. 매사에 하나님께서 하나님의 영광을 위하여 모든 일들을 주장하신다.

사도 요한이 말한 "**천년**"은 매우 많음을 나타내는 상징적인 표현이다. 우리는 숫자 ‘7’ 이 ‘질적인 충만’ 을 뜻하는 완전수임을 보았다. 숫자 ‘10’ 은 양적인 많음을 나타내는 것이다. 그러므로 1,000은 10 x 10 x 10을 의미하고, 이는 매우 많음을 표현하기 위한 것이다(cf. 계 5:11, 7:4-8, 9:16, 11:3, 13, 12:6, 14:1, 3, 20). 예를 들어, 하나님께서 “천산의 가축”이 내 것이라고 하신다(시 50:10). 이는 1,001번째 산에 있는 가축은 하나님의 것이 아니란 말이 아니다. 하나님은 모든 산에 있는 모든 가축의 주인이신 것이다. 그러나 그는 많은 산과 많은 가축을 가리키기 위하여 “천”이란 숫자를 사용한 것이다(cf. 신 1:11, 7:9, 시 68:17, 84:10, 90:4). 마찬가지로 계시록 20장의 **“천년”**은 시간의 광대하고 정해지지 않은 기간을 나타내는 것이다. 이미 약 2,000년이 지났고, 앞으로 많은 기간이 지나게 될 것이다.

용의 결박은 그 천년이 끝나기 전까지 더 이상 열국을 속이는 것으로부터 그를 제지하고 있다. 그는 열국을 속이기 위하여 다시 **“그 후에는 반드시 잠깐 놓이리라.”** 그 용에 대한 이야기는 7절에서 다시 나타날 것이다. 여기에서 우리는 단지 **“반드시”**라는 단어를 주목할 필요가 있다. 이는 여자적으로, ‘그것은 필요가 있다’ 는 말이다(cf. 계 1:1, 4:1, 10:11, 11:5, 13:10, 17:10, 22:6). 사탄의 행동은 **“반드시”** 필요한 것이다. 다시 말하면, 하나님의 섭리의 엄격한 통제 하에 일어나는 것이다. 그 용은 그 자신의 주인이 아니다. 그는 무저갱에 잡혔었고 묶였고 갇혔었다. 언젠가 잠시 풀려날 것이다. 그러나 이 모든 것은 하나님의 선하시고 거룩하신 목적에 따라서 일어날 것이다. 역사는 하나님께서 주장하신다. 사탄은 아무 힘이 없다. 사탄을 두려워하지 말기 바란다. 아멘.

4. 우리는 첫째 부활을 살고 있다!(계 20:4-6)

예수 믿는다는 것이 무슨 의미를 지닌 것일까? 북한의 요덕수용소 같은 데서 그것은 죽음을 의미한다. 병든 자에게는 치료를 의미할 수 있고, 가난한 자에게는 풍요로운 삶에 대한 약속으로 들릴 수 있다. 여러분에게 예수 믿는다는 것은 무엇을 의미하는 일인가?

4절. 또 내가 보좌들을 보니 거기에 앉은 자들이 있어 심판하는 권세를 받았더라. 또 내가 보니 예수를 증언함과 하나님의 말씀 때문에 목 베임을 당한 자들의 영혼들과 또 짐승과 그의 우상에게 경배하지 아니하고, 그들의 이마와 손에 그의 표를 받지 아니한 자들이 살아서 그리스도와 더불어 천년 동안 왕 노릇하니.

이 환상은 "**천년 동안 왕 노릇하니**" 즉 천년왕국에 대한 것이다. 그런데 누가 천년 동안 왕 노릇하는가? "**또 내가 보좌들을 보니 거기에 앉은 자들이 있어.**" 요한은 그들이 누구인지 말하지 않는다. 그러나 그들의 정체에 대하여 의심할 여지가 없는데, 그들이 "**보좌들**"에 앉아 있기 때문이다. 사도 요한은 복수형으로 "**보좌들**"이라는 말을 오직 24 장로들과 관련하여 사용하고 있다. "또 보좌에 둘려 이십사 보좌들이 있고, 그 **보좌들** 위에 이십사 장로들이 흰 옷을 입고 머리에 금관을 쓰고 앉았더라"(계 4:4). "하나님 앞에서 자기 보좌들(한글성경은 단수로 번역됨)에 앉아 있던 이십사 장로가 엎드려 얼굴을 땅에 대고 하나님께 경배하여"(계 11:16). 그러므로 보좌들에 앉아서 천년 동안 왕 노릇할 자들은 '24 장로들' 이다.

이 '24 장로들' 은 왕적인 제사장들인데, 왕으로 보좌에 앉아 있고, 제사장으로 숫자상 24명이고(cf. 대상 24장), 면류관을 쓰고 있었다(cf. 출 28:36-41). 이들의 정체는 왕적인 제사장 나라인 '교회' 를 대표하는 자들이다. 그러므로 그들은 그리스도와 함께(계 1:6, 5:10), 면류관을 쓰고(계 2:10, 3:11), 열방에 대한 왕적인 권세를 가지며(계 2:26-27), 그의 보좌에 계신 그리스도와 함께 앉아서(계 3:21) 다스리고 있는 것이다.

특히 그들이 교회를 대표하는 것은 예수님의 약속을 통해 확인할 수 있다. "예수께서 이르시되, 내가 진실로 너희에게 이르노니 세상이 새롭게 되어 인자가 자기 영광의 보좌에 앉을 때에 나를 따르는 너희도 열두 보좌에 앉아 이스라엘 열두 지파를 심판하리라"(마 19:28, cf. 눅 22:30). 그리스도의 죽음, 부활, 그리고 승천에 의하여(엡 1:20-22), 그리스도의 나라가 시작되었다(사 52:15, 눅 13:28-29, 22:29-30). 이제 그 사도들은 새로운 이스라엘, 왕적인 제사장의 나라를 통치했다(벧전 2:9).

예수께서는 제자들에게 메시야 시대에 관한 두 가지 약속을 주셨는데, 그들이 '보좌에 앉을 것'과 그들이 '심판할 것'이다. 이것이 바로 사도 요한이 본문에서 우리에게 보여주고 있는 것이다. 그는 그들이 "**심판하는 권세를 받았더라**"고 한다. 신약교회는 심판의 권세가 있는 공동체이다. 첫째 아담은 심판의 지위를 포기하고 용에게 그것을 넘겨주었다. 사탄은 예수님을 시험할 때 의미심장한 말을 한다. "이르되 이 모든 권위와 그 영광을 내가 네게 주리라. 이것은 내게 넘겨 준 것이므로 내가 원하는 자에게 주노라"(눅 4:6). 처음부터 사탄의 것이 아니라, 아담에게 준 권세를 아담이 사탄에게 넘겨준 것이다. 그러나 그리스도께서 십자가와 부활을 통해 다시 받아서 우리에게 주신 것이다. "예수께서 나아와 말씀하여 이르시되 하늘과 땅의 모든 권세를 내게 주셨으니, 그러므로 너희는 가서 모든 민족을 제자로 삼아 아버지와 아들과 성령의 이름으로 세례를 베풀고, 내가 너희에게 분부한 모든 것을 가르쳐 지키게 하라. 볼지어다 내가 세상 끝날까지 너희와 항상 함께 있으리라 하시니라"(마 28:18-20).

우리는 심판하는 권세를 받은 자들이다. 이 권세는 천국 열쇠로 상징된다. "내가 천국 열쇠를 네게 주리니, 네가 땅에서 무엇이든지 매면 하늘에서도 매일 것이요, 네가 땅에서 무엇이든지 풀면 하늘에서도 풀리리라 하시고"(마 16:19). 교회는 천국 열쇠를 받았다. '매고 푸는' 권세를 받았다. 이 '메고 푼다'는 말은 '성경을 해석한다'는 관용구이다. 1세기 당시 '힐렐은 풀고 샴마이는 묶는다'는 말이 있었다. 성경해석을 '엄격하게 하는 것'과 '느슨하게 하는 것'에 대한 관용적 표현이었다.[44] 교회의 권세는 말씀의 열쇠를 사용하는 것, 즉 말씀을 해석하고 가르치고 적용하는 것을 통해 나타난다. 하나님의 말씀을 읽고 묵상하고 적용하라.

---

44) 이 "매고 푸는"에 대해서 Hiers는 일반적으로 이 용어가 다음의 다섯 가지 중의 하나라고 주장한다. 즉 이 용어가 후기 랍비 문학적인 용례의 용어로 이해되어져야 하기 때문에 "어떤 굴레로 부터 사람을 자유롭게 하는 것"으로, 또는 "감추어진 것이나 허용된 행동을 결정하는 서기관의 권위"로, 또는 "금지를 선포하는 것으로 교회의 지도자의 권위로 공동체로부터 어떤 사람을 추방하거나 그러한 금지를 해제하는 것"으로 해석해야 한다고 했다. 그리고 요한복음 20:23에서의 용어로 즉 "죄인을 용서하거나 용서를 철회하는 제자들의 권위"로, 또는 마태복음 10:23, 11:20-24 그리고 19:28과 관련하여 "예수님과 그의 제자들의 권위가 세상을 심판을 하게 될 것"을 의미하는 것으로 해석되어져야 한다고 했다.

교회가 가진 권세는 말씀으로 세상을 섬기는 권세이다. 힘으로 세상을 섬기는 권세가 아니다. 교회는 정치적 권력을 잡으려는 유혹을 반드시 피해야 한다. 교회사를 통하여, 이단적인 운동의 특징 중의 하나는 정치적인 권세를 움켜쥐려고 했다는 것이다. A.D. 313년 밀라노 칙령으로 기독교가 로마의 국교가 됐을 때, 교회는 타락의 길로 들어서게 되었다. 한국교회가 국회조찬기도회를 통해, 혹은 기독교인 숫자와 재정적인 힘을 앞세울 때, 한국교회는 로마교의 전철을 밟게 될 것이다. 오직 하나님의 말씀으로 세상을 섬기는 것이 교회가 교회의 권세를 정당하게 사용하는 것이다.

사도행전 15장을 보면, 예루살렘 교회는 구약의 율법을 심판했다. 613개의 율법 가운데 4가지(피, 우상제물, 목매여 죽인 것, 음행)만 남겨 두었다. 그로부터 한 세대가 넘어가기 전에 사도 바울은 고린도교회에 보낸 편지와 골로새교회에 보낸 편지에서 음식과 절기에 대한 규례마저 폐지했다. "모든 것이 가하나 모든 것이 유익한 것은 아니요, 모든 것이 가하나 모든 것이 덕을 세우는 것은 아니니, 누구든지 자기의 유익을 구하지 말고 남의 유익을 구하라. 무릇 시장에서 파는 것은 양심을 위하여 (제사음식이냐고) 묻지 말고 먹으라"(고전 10:23-25). "그러므로 먹고

Cf. Richard H. Hiers, "Binding and Loosing: The Matthean Authorizations", *JBL* 104 (1985), pp. 233-235; 그리고 Hiers 자신은 "매고 푼다는 용어가 공관복음서에서 예수님께서 귀신을 좇아 내시고 권위 있는 그의 제자들이 그렇게 행한 경우에 쓰였다"고 한다. Cf. Hiers, "Binding and Loosing", p. 248; 그러나 귀신을 내어 좇는 일에 대해서 매고 푼다는 말을 쓰고 있기는 하여도 마태복음 16:19은 귀신을 내어 좇는 것과는 직접적인 관계가 없다. 귀신을 내어 좇는 일은 하나님의 말씀을 선포하고 가르친 결과로 나타나는 현상일 뿐이다. 그리고 "무엇이든지"라는 말은 중성(ὁ)이므로 사람이나 귀신같은 인격체가 아닌 어떤 일과 관련을 가지고 있다. 만약 귀신을 내어 좇는 일과 관계한다면 관계대명사는 남성인 ὅς를 사용하였을 것이다. 한편 마태복음 18:18에서는 관계대명사가 ὅσον으로 되어 있는데 이는 남성 대격이거나 중성 대격으로 동일한 형태를 지닌다. 중성 대격으로 보면 사람들의 죄를 매고 푸는 것으로 볼 수 있고, 남성 대격으로 보면 죄지은 사람을 매고 푸는 것으로 생각할 수 있다. 그러나 마태복음 16:19에서는 중성으로 한정되어 있으므로 귀신을 매고 푼다든지 죄인을 매고 푸는 것으로는 생각하기 어렵다. 그러므로 Hiers의 매고 푼다는 것이 귀신을 좇아 내는 것이란 주장이 잘못임을 알 수 있는 동시에 "매고 푸는" 것은 '인격체가 아닌 그 무엇' 임, 즉 율법을 매고 푸는 것임을 생각할 수 있다. Cf. 이동수, 「천국의 열쇠」(고신대학교 대학원, Th.M.학위청구 논문, 1997), p. 53.

마시는 것과 절기나 초하루나 안식일을 이유로 누구든지 너희를 비판하지 못하게 하라"(골 2:16). 칼빈은 이자를 금지한 구약의 가르침을 폐지하고 현대 은행제도를 세웠다. 아브라함 링컨은 '노예제도'를 폐지했다. 이 모든 것이 말씀으로 세상을 섬긴 결과였다.

사도 요한은 우리에게 보좌에 앉은 장로들이 누구를 대표하고 있는지를 말한다. 첫째, "**예수를 증언함과 하나님의 말씀 때문에 목 베임을 당한 자들의 영혼들**"이다. 이 표현은 제단 아래의 순교자들에 대한 표현과 매우 유사하다. "내가 보니 하나님의 말씀과 그들이 가진 증거로 말미암아 죽임을 당한 영혼들이 제단 아래에 있어"(계 6:9). 그러나 명백한 차이점이 있는데, "**목 베임**"이라는 단어가 쓰인 것이다. 이는 순교자들에 대한 일반적인 표현이지만, 그 이상의 의미가 있다. 이 헬라어 동사(pelekizo)는 성경 어디에서도 나타나지 않지만, 목 베임의 행동에 대한 동의어(apokephalizo)가 마태복음 14:10, 마가복음 6:16, 27 그리고 누가복음 9:9에서 세례 요한에게 쓰이고 있다. 그는 옛 언약의 마지막 선지자였다. "모든 선지자와 율법이 예언한 것은 요한까지니"(마 11:13). 그러므로 사도 요한은 세례 요한으로 상징되는 옛 언약의 증인들이 그리스도와 함께 살아서 다스리는 신실한 순교자들 가운데 포함된다는 것을 말하고 있는 것이다.

한 가지 질문이 즉시 생긴다. 옛 언약의 신실한 자들이 예수의 증언을 전했었는가? 세례 요한처럼, 모든 옛 언약의 증인들은 예수 그리스도를 증거했다. "이르시되 미련하고 선지자들이 말한 모든 것을 마음에 더디 믿는 자들이여, 그리스도가 이런 고난을 받고 자기의 영광에 들어가야 할 것이 아니냐 하시고, 이에 모세와 모든 선지자의 글[45]로 시작하여 모든 성경에 쓴 바 자기에 관한 것을 자세히

---

45) 일반적으로 '모세와 선지자' 혹은 '율법과 선지자'라는 표현은 구약성경 전체를 가리키는 전통적인 유대교적 어구로 받아들여진다(cf. 마카베우스2서 15:9, 마카베우서4서 18:10, 행 24:14, 롬 3:21 등). Cf. 양용의, 『예수와 안식일 그리고 주일』(서울: 이레서원, 2000), p. 161; 그러나 '율법과 선지자'가 구약성경을 가리키는 것이 아니라, 구약성경의 2/3만 가리키는 것이란 주장도 있다. 오경은 에스라 시대인 BC 400년경에, 선지서들은 BC 200년경에, 히브리 성경의 나머지 11권들은 A.D. 90년 Jamnia 회의에서 정경으로 채택되기 전의 기록들이라고 보는 것이다. Cf. R. Laird Harris, "Was the law and the prophets two-thirds of the Old Testament canon", *BETS* 9 (1966), pp. 163-171.

설명하시니라"(눅 24:25-27). "그에 대하여 모든 선지자도 증언하되 그를 믿는 사람들이 다 그의 이름을 힘입어 죄 사함을 받는다 하였느니라"(행 10:43). "예수 그리스도의 종 바울은 사도로 부르심을 받아 하나님의 복음을 위하여 택정함을 입었으니, 이 복음은 하나님이 선지자들을 통하여 그의 아들에 관하여 성경에 미리 약속하신 것이라"(롬 1:1-2).

둘째, 그리스도와 함께 다스리는 자들은 새 언약의 신실한 자들이다. **"또 짐승과 그의 우상에게 경배하지 아니하고, 그들의 이마와 손에 그의 표를 받지 아니한 자들"** 이다(cf. 계 1:2, 9, 2:13, 12:9-11, 17, 15:2, 19:10). 이 모든 자들이 **"살아서 그리스도와 더불어 천년 동안 왕 노릇"** 하는 것이다.

그런데 왜 하필 **"천년 동안"** 일까? 물론 '천' 이란 숫자가 많음을 나타내는 표현이기 때문일 것이다. 그러나 인간의 수명이 언제나 천년이하이기 때문이기도 하다. 아담은 930년 살았고(창 5:5), 성경에서 가장 오래 산 므드셀라는 969년을 살았다(창 5:27). 만약 그의 후계자들이 신실했었다면, 다윗의 나라는 그리스도께서 오시기 전에, '천년이 다가도록' 을 의미하는 '영원히' 유지되었을 것이다(삼하 7:8-29, 대상 17:7-27, 대하 13:5, 21:7, 시 89:19-37, 사 9:7, 16:5, 렘 30:9, 겔 34:23-24, 호 3:5, 눅 1:32-33). 그러나 인자(둘째 아담)와 다윗의 아들로써 하나님의 아들이 나타나기 전까지 그 **"천년"** 을 가져올 사람은 아무도 없었다. 오직 예수 그리스도에 의하여 천년의 나라가 약속된 것이다.

그렇다면, 이 성도들의 통치가 일어나는 곳이 하늘일까? 혹은 땅일까? 그 답은 둘 다이다. 성도들의 보좌는 그리스도와 함께 하늘에 있었다(엡 2:6). 그러나 그들의 주님과 함께 그들은 땅을 통치하고 다스린다(cf. 계 2:26-27, 5:10, 11:15). 하나님의 나라는 옛 언약이거나 새 언약이거나, 지금 살아 있거나 죽었거나 구속받은 성도들의 전체 공동체이다.

우리가 이 땅에서 예배하는 것이 천상적인 것인가? 지상적인 것인가? 우리는 비록 우리가 땅에서 예배드려도 하늘의 하나님께서 받으심을 믿는다. 마찬가지로, 교회의 통치의 영역은 하늘과 지상을 포함하고 있는 것이다. 예수님께서 빌라도에게 말씀하셨다. "예수께서 대답하시되 내 나라는 이 세상에 속한 것이 아니니라. 만일 내 나라가 이 세상에 속한 것이었더라면, 내 종들이 싸워 나로 유대인들에게 넘겨지지 않게 하였으리라. 이제 내 나라는 여기에 속한 것이 아니니라"(요 18:36). 예수님은 그리스도의 나라가 세상과 관계가 없다고 말하고 있지 않다. 오히려 땅에 속한 것이 아니라고 하시는 것이다. 우리는 24 장로들로 대표되는 왕적인 제사장 나라인 교회가 세상을 다스리는 것을 믿는다. 교회가 세상을 다스리는 것은 세속적인 권세를 휘두르는 것이 아니다. 하나님의 말씀으로 세상을 섬기는 것을 의미하는 것이다.

5-6절. (그 나머지 죽은 자들은 그 천년이 차기까지 살지 못하더라) 이는 첫째 부활이라. 이 첫째 부활에 참여하는 자들은 복이 있고 거룩하도다. 둘째 사망이 그들을 다스리는 권세가 없고, 도리어 그들이 하나님과 그리스도의 제사장이 되어 천년 동안 그리스도와 더불어 왕 노릇하리라.

그런데 "**목 베임을 받은 자들**"이 옛 언약의 신실한 자들이면, "**그 나머지 죽은 자들**"은 누구일까? 그들은 옛 언약의 신실하지 못한 자들이다. 성도가 아닌 자들이다. 사도 요한은 우리에게 두 종류의 사람이 있다는 것을 말하고 있다. 첫째, 그리스도와 함께 천년 동안 살아서 다스리는 자들인, 장로들과 그들이 대표하는 옛 언약과 새 언약의 신실한 자들이다. 그리고 둘째, "**그 나머지 죽은 자들**"인 불신자들이다. 그들은 "**그 천년이 차기까지 살지 못하더라.**"

그러므로 본문은 성도들이 천년 동안 살아서 그리스도와 다스리는 것으로 이어진다. "**이는 첫째 부활이라.**" 첫째 부활이라고 할 때, 이는 시간적인 첫째이며, 동시에 중요성에서 있어서 첫째이다. 성경은 두 가지 부활에 대해 가르치고 있다. 레위기적인 율법 속에서, 두 번의 부활은 이렇게 나타난다. "사람의 시체를 만진 자는 이레 동안 부정하리니, 그는 셋째 날과 일곱째 날에 잿물로 자신을 정결하게 할 것이라. 그리하면 정하려니와 셋째 날과 일곱째 날에 자신을 정결하게 하지 아니하면, 그냥 부정하니"(민 19:11-12).

이 정결의식은 상징적 부활이었다. 시체와 접촉하여 부정하게 된 사람은 의식적으로 죽은 자였고, 정결케 되는 것은 죽음에서 부활된 것이다. 이 부활은 '셋째 날'과 '일곱째 날'에 물을 뿌림으로 가능해졌다. 다른 말로 '첫째 부활'과 '둘째 부활' 이었다. 이 '두 가지 부활' 패턴은 성경에서 다양하게 반복된다. 요한복음의 가르침이다. "내가 진실로 진실로 너희에게 이르노니, 내 말을 듣고 또 나 보내신 이를 믿는 자는 영생을 얻었고 심판에 이르지 아니하나니, 사망에서 생명으로 옮겼느니라. 진실로 진실로 너희에게 이르노니, 죽은 자들이 하나님의 아들의 음성을 들을 때가 오나니 곧 이 때라. 듣는 자는 살아나리라(첫째 부활)... 이를 놀랍게 여기지 말라. 무덤 속에 있는 자가 다 그의 음성을 들을 때가 오나니, 선한 일을 행한 자는 생명의 부활로, 악한 일을 행한 자는 심판의 부활로 나오리라(둘째 부활)"(요 5:24-25, 28-29).

여기에서 예수님을 믿는 자들은 '현재' 부활에 참여하고, 또한 '이 후' 에, 다른 부활에 참여할 것이라고 한다. 사도 바울은 두 부활 사이의 동일한 차이를 이렇게 묘사하고 있다. "그러나 이제 그리스도께서 죽은 자 가운데서 다시 살아나사 잠자는 자들의 첫 열매가 되셨도다. 사망이 한 사람으로 말미암았으니 죽은 자의 부활도 한 사람으로 말미암는도다. 아담 안에서 모든 사람이 죽은 것 같이 그리스도 안에서 모든 사람이 삶을 얻으리라. 그러나 각각 자기 차례대로 되리니, 먼저는 첫 열매인 그리스도요, 다음에는 그가 강림하실 때에 그리스도에게 속한 자요" (고전 15:20-23).

그러므로 역사 끝, 마지막 그리스도의 재림 때에 부활이 있을 것이다(요 6:38-40, 44, 54, 행 24:15, 살전 4:14-17). 그러나 그 마지막 부활 전에 다른 것인 첫째 부활, 즉 '첫 열매 그리스도의 부활' 이 있다. 사도 요한은 신자들이 앞으로 부활할 것이라고 말하지 않고, "**첫째 부활에 참여하는 자들**"이라고 한다. 그는 다른 부활, 즉 우리 주 예수 그리스도의 부활을 공유하고 있는 것이다. 사도 바울은 골로새 교인들에게 그들이 어떻게 그리스도의 부활에 참여하게 되었는지를 이렇게 말한다. "너희가 세례로 그리스도와 함께 장사되고, 또 죽은 자들 가운데서 그를 일으키신 하나님의 역사를 믿음으로 말미암아 그 안에서 함께 일으키심을 받았느니라"(골 2:12).

그리스도의 부활은 '제 삼일' 에 일어난 부활, 확정적인 부활, 첫째 부활이다. 우리는 세례를 통해 그의 부활에 참여하고, 이제 "새 생명 가운데서 행하게" 되었다(롬 6:4). 우리가 죄 가운데 죽었을 때, 하나님은 "허물로 죽은 우리를 그리스도와 함께 살리셨고... 또 함께 일으키사 그리스도 예수 안에서 함께 하늘에 앉히시니"(엡 2:5-6, cf. 골 3:1). 이것이 바로 '제 삼일'의 확정적인 부활이다. 앞으로 '일곱째 날'의 부활, 즉 마지막 부활이 있을 것이다(롬 8:11).

우리는 첫째 부활에 참여한 자들이다. 그래서 "**둘째 사망이 그들을 다스리는 권세가 없고**" 오히려 우리가 "**그리스도와 더불어 왕 노릇**"할 것이다. 계시록 20장의 천년왕국은 현재 우리들의 삶의 실체를 말하는 것이다. 우리는 영원한 생명으로 부활했고, 그리스도와 함께 지금 다스리고 있다(행 2:29-36, 계 1:5).

5. 마지막 전투(계 20:7-10)

하나님 나라의 '현재성'과 '미래성'을 설명하면서 'D-day'와 'V-day'라는 개념으로 설명한다. 하나님 나라는 현재적이며 동시에 미래적인 나라이다. D-day라고 하면 바로 '작전수행시점'(decimal day)을 의미하는 군사용어이다. D-day의 유래는 제2차 세계대전으로 거슬러 올라간다. 제2차 세계대전 당시 독일에는 롬멜이라는 명장이 있었다. 연전연승을 하던 롬멜은 프랑스 서부 해안이 취약하다는 것을 알고 경계를 강화하라고 명령을 내렸다. 그러나 프랑스 서부해안에 기상악화로 안개가 끼어 한치 앞도 볼 수 없게 되자, 롬멜은 연합군이 침투하지 못한다고 판단하고, 안심하고 아내의 생일파티에 참석하기 위해 베를린으로 간다. 그 틈을 타서 연합군은 1944년 6월 6일 대대적인 상륙작전을 감행하여, 독일의 항복을 받아내고 승리하게 된다. 역사는 이 결정적인 승리를 확보한 날을 'D-day'라고 부르게 되었다. 그 후 독일은 끝까지 저항했지만, 연합군은 결국 최후의 승리를 거뒀다. 그 승리의 날(Victory Day)을 'V-day'라고 말한다(1945년 5월 8일).

노르망디 상륙작전 이후, 1944년 9월 17일 연합군의 몽고메리 장군이 계획한 '마켓가든 작전'(Operation Market Garden)이 개시되어 독일 본토에 대한 침공이 시도되었으나, 오히려 많은 희생자를 남기며 대실패로 끝났다. 이 기회를 틈타 히틀러는 '라인을 수호하라'는 작전명으로 대반격을 한다. 이 독일군 최후의 대반격 작전이 '벌지전투'(Battle of the Bulge)이다. 이는 1944년 12월 16일 시작하여

1945년 1월 27일 종료된 전투이다. 그 후 독일은 맥없이 무너지고 연합군은 승리하게 된 것이다.

예수님께서 십자가에 죽으심으로 하나님의 나라는 시작되었다. 그러나 재림 때에 완성될 것이다. 우리는 그 가운데, 즉 D-day와 V-day 사이에 살고 있다. 바로 그 기간이 바로 '천년왕국' 이다. 천년왕국의 끝에 V-day 즉, 최후의 승리의 날 직전에, '벌지전투' 처럼 사탄의 마지막 발악이 본문에 기록되어 있는 전쟁이다. 오늘은 그 마지막 전쟁을 살펴보겠다.

7-8절. 천 년이 차매, 사탄이 그 옥에서 놓여, 나와서 땅의 사방 백성 곧 곡과 마곡을 미혹하고 모아 싸움을 붙이리니 그 수가 바다의 모래 같으리라.

천년왕국의 '천년' 은 문자적인 천년은 아니다. 천년이란 광대하고 정해지지 않은 기간을 나타내는 것이다. 그러나 끝이 없는 무한의 기간은 아니다. 그리스도의 초림과 재림 사이의 기간이다. 천년왕국은 그리스도 안에서 성도들이 '왕 같은 제사장, 거룩한 나라' 로서 이 세상을 통치하고 있음을 보여주는 표현이다. "그러나 너희는 택하신 족속이요, 왕 같은 제사장들이요, 거룩한 나라요, 그의 소유가 된 백성이니, 이는 너희를 어두운 데서 불러내어 그의 기이한 빛에 들어가게 하신 이의 아름다운 덕을 선포하게 하려 하심이라"(벧전 2:9).

이 '천년왕국' 의 그림자/모형은 '솔로몬 성전' 이다. 학자들에 의하면 솔로몬은 B.C. 930년경 성전을 건축했고, 그로부터 1,000년이 지난 시점이 A.D. 70년이다. 솔로몬 성전은 약 1,000년을 유지한 셈이다. 옛 언약 백성들은 '성전' 중심으로 1,000년을 다스렸다. 새 언약 백성들은 '교회' 를 중심으로 천년을 다스릴 것이다. 우리들의 삶의 중심이 교회인 것을 기억하기 바란다. 하나님 중심, 성경중심, 교회중심, 가정중심! 여러분들의 삶에 영적 질서가 아름답게 균형을 이루어 갈 수 있기를 바란다.

드디어 **"천 년이 차매"** 무한의 기간 같은 천년도 언젠가 끝이 있다. 천년왕국은 지난 2,000년 세월 동안의 어느 한 시점은 아니었다. 앞으로 얼마를 더 기다려야 할지는 모른다. 그러나 그 끝은 반드시 있다. 게다가 우리는 지구의 종말이 있기 전에 개인의 종말을 맞게 될 것이다. 분명한 것은 언젠가 주님 앞에 서게 될 것이라는 사실이다. 지혜로운 열 처녀처럼 주님을 맞을 준비를 잘 할 수 있기를 바란다.

우리는 '보편구원론' (universalism)을 믿지 않는다. 보편구원론이란 미래의 언젠가 살아있는 모든 사람들이 자동적으로 회심할 것이라는 것이다. 자동구원은 없다. '만인구원설' 은 잘못된 교리이다. 물론 예수님께서는 모든 사람들을 구원하기 위하여 십자가에서 죽으셨다. 그러나 믿는 자를 구원하시지, 믿지 않는 자에게도 '자동적으로 구원' 이 약속된 것은 아니다. 택함을 받은 자들은 구원을 받고, 택함을 받지 못한 자들은 심판을 받는 것이다. 이것이 성경의 가르침이다.

'하나님은 손자가 없으시다' 는 말이 있다. 하나님의 자녀가 되는 것은 혈통으로나 육정으로나 사람의 뜻으로 나지 않는 것이다(요 1:13). 믿는 부모 밑에서 자란다고 자동적으로 믿음을 물려받는 것은 아니다. 소위 '영적인 유산' 들이 있지만, 그 유산도 믿음으로 받는 것이지, 자동적으로 받는 것은 아니다. 알에서 깨어난 병아리에게 물주고 모이 줘야 살지, 깨어나지 않은 계란에 물주고 모이주면 오히려 빨리 썩게 된다. 철저하게 '개인적' 으로 또한 '인격적' 으로 주님을 만나기 바란다.

주님이 다스리시는 천년왕국에서도 모두가 하나님을 믿게 되는 것은 아니다. 에스겔 47장을 보면 성전문에서 생수가 흘러 생명강을 이루는 환상이 있다. "이 강물이 이르는 곳마다 번성하는 모든 생물이 살고, 또 고기가 심히 많으리니, 이 물이 흘러 들어가므로 바닷물이 되살아나겠고, 이 강이 이르는 각처에 모든 것이 살 것이며, 또 이 강 가에 어부가 설 것이니, 엔게디에서부터 에네글라임까지 그물 치는 곳이 될 것이라" (겔 47:9-10). 바닷물도 살아나지만, "그 진펄과 개펄은 되살아나지 못하고 소금 땅이 될 것" 이라고 말하고 있다(겔 47:11).

요한복음의 "나를 믿는 자는 성경에 이름과 같이 그 배에서 생수의 강이 흘러나오리라 하시니" 라는 말씀대로(요 7:38), 생명의 성령을 의미하는 '생수의 강' 이 흘러서 온 세상에 생명의 물결이 넘실거리지만, 세상의 어떤 영역인 진펄과 개펄은 치료가 되지 않고, '소금 땅이 될 것' 이라고 에스겔은 예언하는 것이다.

이미지를 바꿔서, '알곡과 가라지 비유' 를 생각해 보자. 기독교인인 '알곡' 이 세상 문화에서 아무리 주류를 이룰지라도, 알곡과 가라지는 세상의 추수 끝까지 함께 자랄 것이다(마 13:37-43). 그런 점에서, 선악의 두 그룹은 나름대로 성장할 것이다. 악은 악대로 번성하고, 선은 선대로 번성할 것이다. 그러다가 결국 마지막 충돌이 있을 것이다. 그러나 반드시 하나님의 나라가 사탄의 나라를 이길 것이다.

사탄은 하나님의 나라를 공격하기 위한 마지막 몸부림을 할 것이다. 열방을 속이기 위하여 잠시 동안 풀려날 것이기 때문이다. 그것이 "**사탄이 그 옥에서 놓여, 나와서 땅의 사방 백성 곧 곡과 마곡을 미혹하고 모아 싸움을 붙이리니**"라는 말씀이다. 교회는 사탄과 마지막 전투를 할 준비가 되었다. 하나님의 섭리 가운데, 사탄은 잠시 "**옥에서 놓이게**" 되었다. 사탄의 구체적인 목표는 "**땅의 사방 백성 곧 곡과 마곡을 미혹하고 모아 싸움을 붙이는 것**"이다.

사도 요한은 이 종말론적 전쟁을 묘사하면서, B.C. 2세기의 마카비에 의한 수리아 사람들의 패배에 대한 예언인 에스겔서 38-39장의 생생한 '묵시적'[46] 이미지를 사용하고 있다. 에스겔서에서 그 악한 세력들은 "**곡과 마곡**"이라고 부른다. 전천년주의자들은 이 표현은 '러시아'를 언급하는 것이고, 미래의 '대환난'[47] 기

46) 먼저 '묵시적'(apocalyptic)이란 말과 '종말론적'(eschatological)이란 말을 구분할 필요가 있다. 이 둘은 엄연한 차이가 있다. '종말론'이란 말 그대로 종말에 대한 가르침을 의미하는 것이지만, '묵시적'이란 용어는 내용과 함께 형식을 중시하는 표현이다. 즉 묵시적이란 '시간적 공간적 초월의 세계가 환상, 꿈, 현현 등의 양식으로 전달되는 계시일 때' 묵시적이라고 한다. '묵시문학'(apocalyptic literature)이란 문학적 체계 속에서 묵시와 묵시신앙을 성문화시킨 문학이다. Cf. 왕대일,"묵시문학 다니엘서 종말론 이해", 「신학과 세계」vol. 37 (1998), pp. 12-13.

47) 세대주의자인 Kirban은 대환난이란 적그리스도가 7년 동안 통치함으로써 생기는 무서운 시련과 고통의 시간을 의미하는 것이라고 한다. Cf. Salem Kirban, 『인류의 종말』(권명달 역; 서울: 보이스사, 1982), p. 20; 또한 Kampen은 적그리스도가 군사적으로 이스라엘을 침공할 때에 시작하고 알지 못할 기간 동안 지속되다가, 삼년 반 안에 끝날 것이라고 한다. 정확한 기간은 하나님만 아시며 그의 자비하심으로 그 기간이 단축될 것이라고 한다. Cf. Robert Van Kampen, *The Sign* (Wheaton: Crossway Books, 1992), pp. 262-263; Walvoord도 다른 사건들이 이어질 준비의 기간이 이어질 휴거가 가장 먼저 일어나고, 언약이 인쳐질 이스라엘을 보호하기 위한 기간인 3년 반을 즐긴 후에, 최종적인 박해의 3년 반 기간이 영원한 상태 이전에 천년을 통치할 그리스도의 재림에 앞선다고 한다. Cf. John. F. Walvoord, "Christ's Olivet Discourse on the End of the Age" BSac (1971), pp. 109-116.

간에 소련과 이스라엘 사이의 전쟁을 예언하는 것이라고 한다. 그러나 이러한 해석은 마태복음 24장과 다른 '대환난' 에 대한 본문들에 대한 오해 때문이다.

이 해석은 다음의 3가지 이유에서 잘못된 것이다. 첫째, 전천년주의자들은 소련과의 다가올 전쟁을 '아마겟돈 전투' 로 보는 경향이 있다(계 16:16). 그러나 그들에 의하면, 아마겟돈 전투는 천년왕국이 시작되기 전에 발생하는데, '곡과 마곡' 은 천년왕국 끝에 나타난다. 자신들의 주장 안에서도 모순되는 것이다.

둘째, '곡과 마곡' 의 전쟁을 소련을 포함하고 있는 마지막 때의 전쟁으로 해석하는 자들은 대개 스스로를 성경대로 믿는 '여자주의자' 라고 자랑한다. 그러나 에스겔서 38-39장의 엄격한 여자적 해석은 소련과의 전쟁 같은 현대적인 전쟁으로 볼 수 없게 만든다. 예를 들면, 다음과 같다. 1) 곡의 이스라엘 침공 이유는 금과 은을 탐내고 가축들을 빼앗으려 하기 때문이다(겔 38:11-13). 반대로 전천년주의자들의 주석은 이스라엘의 석유나 사해의 광물질에 대해 전혀 언급이 없다. 2) 곡의 모든 군사들은 말을 타고 있는데(겔 38:15), 거기에는 트럭이나 지프, 탱크, 헬리콥터, 혹은 제트기를 타고 있는 군인이 없다. 3) 곡의 모든 군사들은 칼과 나무 방패와 투구로 무장했고(겔 38:4-5), 활과 화살과 몽둥이와 창을 사용했다(겔 39:3, 9). 소련군도 그런가? 4) 승리한 이스라엘 사람들은 곡의 나무 무기들을 7년 동안 연료로 불태웠다고 한다(겔 39:9-10).

셋째, 성경 어디에서도 "**곡과 마곡**"이라는 표현이 러시아와 관련되지도 않고 결코 관련된 바도 없다. 전적으로 꾸며낸 이야기이지만, 너무나 자주 반복되는 고로, 많은 사람들이 그것이 그럴 것이라고 생각하게 되었다.

그렇다면 곡을 러시아로 해석하는 이유는 무엇 때문일까? 이는 "로스와 메섹과 두발 왕 곡아"라는 에스겔 38:3에 대한 읽기와 관계된다. 여기에 히브리어 '로스' 가 나오는데, 이는 '왕' 이라는 단어이다. 그러므로 때로 그 본문은 "로스의 왕 곡아"로 번역된다. '로스' 는 '러시아' 처럼 들린다. 그러나 '로스' 는 단지 '우두머리' 를 의미할 뿐이고, 구약에서 600회 이상 사용되지만, 한 번도 '러시아' 를 의미하지 않았다. 아니 '러시아' 라는 나라는 구약이 기록될 당시 존재하지도 않았다.

그들은 '곡' 이 소련의 서기장이라고 주장하고, 심지어 '메섹' 은 '모스코바' 이고, '두발' 은 토볼스키(Tobolsk)이고, 에스겔 38:6의 '고멜' 은 '독일' 이라고 주장한다. 이에 랄프 우드로우(Ralph Woodrow)는 이렇게 주석하고 있다. "이는 의심스럽다. '모스코바' 는 '모스코비치' 에서 왔고, 이는 핀란드 이름이다. 모스코바는 그것이 작은 마을이었을 때인 A.D. 1147년 옛 문서에서 처음으로 언급된다. 어떤 사람은 '두발' 이 '토볼스키' 라고 생각하는데, 그러나 이것도 단지 발음이 유사한 것일 뿐이다. '토볼스키' 는 A.D. 1587년에 발견된다. 혹자는 '고멜' 이 '독일' 을 의미한다고 하는데, '고멜' (Gomer)과 '져마니' (Germany)가 G자로 시작하는 것은 사실이지만, 그렇게 보는 것은 사실무근일 뿐이다.[48)]

계시록의 이미지는 구약성경을 배경으로 하고 있지만, 구약과는 다른 것이다. 예를 들어, 계시록의 '이세벨' 은 열왕기에 있는 동일한 여자가 아니다. 계시록에서 '소돔' 은 창세기에 있는 것과 같은 동일한 소돔이 아니다. 계시록에서 '바벨론' 은 다니엘서의 그 바벨론이 아니다. 계시록에서 '새 예루살렘' 은 '옛 예루살렘' 을 의미할 수 없다. 각각의 경우에 이전의 것은 하나의 '모형' 일 뿐이다. 여자 이세벨은 이미 죽었고, 소돔과 바벨론의 도시들은 이미 무너졌고, 에스겔 38-39장의 전투는 이미 구약의 상황 가운데 성취되었다.

그렇다면 '곡과 마곡' 은 무엇일까? 이는 유대인들의 작품 속에서 빈번히 나타나는 일종의 관용적 표현이다. 즉 "주와 그의 기름부음을 받은 자를 대적하여" 함께 모인 시편 2편의 반역적인 나라들에 대한 표준적인 표현이었다. 사도 요한이 **"땅의 사방 백성 곧 곡과 마곡"** 이라고 한 것은 마치 오늘날 사람들이 '실패한 민족주의자의 세력인 히틀러와 독일' 이라고 말한 것과 같은 것이다. 사도 요한은 단순하게 '사탄이 하나님을 대적하는 자들을 속이고 모은다' 라고 말하는 것이다.

이것은 **"그 수가 바다의 모래 같으리라"** 는 이어지는 말에 의하여 강화된다. 이는 여호수아에 의하여 정복되어진 가나안 민족들과 기드온에 의하여 무너진 족속에 대해 사용된 것과 동일한 표현, 동일한 이미지이다. 여호수아서에는 하솔왕 야빈이 가나안 여러 족속들을 거느리고 왔는데, "그들이 그 모든 군대를 거느리고

48) Austin Farrer, *The Revelation of St. John the Divine* (Oxford: At the Clarendon Press, 1964), pp. 207이하.

나왔으니 백성이 많아 해변의 수많은 모래 같고 말과 병거도 심히 많았으며"라고 한다(수 11:4). 마찬가지로, 사사기에서는 "미디안과 아말렉과 동방의 모든 사람들이 골짜기에 누웠는데 메뚜기의 많은 수와 같고 그들의 낙타의 수가 많아 해변의 모래가 많음 같은지라"(삿 7:12). 그 만큼 많이 모였다는 것이다.

왜 하나님께서 이러한 사탄의 대반격을 허락하셨을까? 하나님께서 교회를 대적하는 수많은 무리를 불러오신 이유는 교회를 파멸시키기 위한 것이 아니다. 오히려 교회의 보다 급속한 승리를 위한 것이다. 하나님의 백성들은 원수들을 추격하고, 하나씩 차례로 싸우고 이겨서 정복해야 했다. 그런데 사탄이 그들을 충동질하게 허용하심으로, 그들을 한 방에 박살내도록 하신 것이다. 모든 것은 하나님의 주권적인 섭리 속에 이루어지는 것이다.

1871년 10월 9일에 시카고에서 대화재가 발생하지 않았다면, 무디는 거기에서 자신의 생을 보냈을 것이다. 하지만 화재로 1,800채의 건물이 파괴됐고, 9만 명이 집을 잃었고, 300명이 사망하였다. 무디도 15년간 공들여 쌓아 올린 모든 것들이 사라져 버렸다. 이 화재는 무디의 시카고 선교사역에 결정적인 타격을 주었다. 그러나 무디의 생애에서 이 재난이 선교 사역에서 새로운 전환점을 이루었다. 2개월 반 만에 그는 임시교회를 짓고, 낮에는 식품과 약품의 보급센터로서의 역할을 했고, 밤에는 절망 중에 있는 사람들에게 복음을 전했다. 그 결과 새로운 부흥이 일어났다. 그리고 1873년부터 세계선교를 시작했고, 오늘날 유명한 전도자 무디가 된 것이다. 지금 여러분들이 만난 고통과 어려움은 하나님의 허락 가운데 주어진 것이다.

9-10절. 그들이 지면에 널리 퍼져 성도들의 진과 사랑하시는 성을 두르매, 하늘에서 불이 내려와 그들을 태워버리고, 또 그들을 미혹하는 마귀가 불과 유황 못에 던져지니 거기는 그 짐승과 거짓 선지자도 있어 세세토록 밤낮 괴로움을 받으리라.

"그들이 지면에 널리 퍼져" 이것은 앗수르 사람들의 침략에 대한 이사야 8장 예언의 재현이다. 그러나 이사야가 말한 것과 같이, 그 땅은 임마누엘에게 속한 것이다. 만약 그 백성들이 주님을 신뢰한다면, 그의 원수들의 모든 권세는 흩어질 것이다. 신실한 이스라엘은 자신을 공격하는 자들을 쫓아낼 수 있다. "너희 민족들아 함성을 질러 보아라. 그러나 끝내 패망하리라. 너희 먼 나라 백성들아 들을지니라. 너희 허리를 동이라. 그러나 끝내 패망하리라. 너희 허리에 띠를 띠라. 그러나 끝내 패망하리라. 너희는 함께 계획하라. 그러나 끝내 이루지 못하리라. 말을 해 보아라 끝내 시행되지 못하리라. 이는 하나님이 우리와 함께 계심이니라"(사 8:9-10).

그러나 이사야의 예언에 대한 사도 요한의 암시는 또한 옛 이스라엘이 이제 배교했다는 것을 생각하게 한다. 왜냐하면 이스라엘은 더 이상 임마누엘이 아니기 때문이다. 이스라엘은 자신의 창조자이며 신랑이 되신 하나님을 버렸다. 그래서 하나님은 이스라엘을 버렸다. 그 대신, 하나님은 이제 교회에 임마누엘을 약속하셨다(마 28:18).

"성도들의 진과 사랑하시는 성" 이라고 사도 요한은 하나님의 백성들을 표현한다. 이 이미지는 모세의 **"성도들의 진"** 과 다윗과 솔로몬의 **"사랑하시는 성"** 을 결합한 것이다. 이 도시는 계시록 21:9-22:5에서 상세하게 묘사되어진 새 예루살렘이다. 그 도시는 그리스도의 초림과 재림 사이의 기간인 '천년왕국' 기간 동안 존재하는 성이다. 이는 "새 하늘과 새 땅"(계 21:1)이 미래의 실체일 뿐 아니라 현재의 것이라는 것을 보여주는 것이다.

사탄의 세력들이 교회를 **"두르매"** 즉 포위한다. 그러나 거기에 진짜 충돌은 없다. 왜냐하면 반역자들은 즉시 박살이 나기 때문이다. 불이 소돔과 고모라의 악인들에게 그렇게 한 것처럼(창 19:24-25), 그리고 엘리야를 대적한 아하시야의 군인들에게 그렇게 한 것처럼(왕하 1:10, 12), "하늘에서 불이 내려와" 그들을 태워버렸기 때문이다.

"또 그들을 미혹하는 마귀가 불과 유황 못에 던져지니 거기는 그 짐승과 거짓 선지자도 있어 세세토록 밤낮 괴로움을 받으리라." 사탄의 마지막 발악은 철저히 응징될 것이다. 사도 요한은 여기에서 소돔과 고모라의 대학살(창 19:24-25, 28)과 가데스 광야에서 있었던 반역자들에 대한 심판(민 16:31-33), 그리고 타락한 에돔을 심판하는 이미지를 사용하고 있다(사 34:9-10). 이미 짐승과 거짓 선지자와 그들의 추종자들은 **"불과 유황 못"** 에 던져졌다. 이제 이 모든 것을 뒤에서 조정하던 사탄은 그의 마지막 추종자들과 **"불과 유황 못"** 의 동일한 고통을 받을 것이다.

말씀을 정리하겠다. 사탄은 하나님의 밭에 불을 지르고 싶었다. 그러나 그렇게 할 수 없었다. 그래서 가라지만 덧뿌리고 갈 뿐이었다. 가라지와 알곡은 함께 자라고 있다. 그러나 언젠가 추수꾼이 가라지는 거두어서 불 속에 던지고 알곡은 추수하게 곡간에 들일 것이다.

6. 죽은 자에 대한 심판(계 20:11-15)

'한 번 태어나면 두 번 죽고, 두 번 태어나면 한 번 죽는다' 는 말이 있다. 자연적 출생을 한 사람은 육적인 죽음과 영적인 죽음, 두 번의 죽음을 당한다. 그러나 거듭난 사람은 육적인 죽음을 당할 뿐, 영적인 죽음을 당하지 않는다. "한번 죽는 것은 사람에게 정해진 것이요 그 후에는 심판이 있으리니"(히 9:27). 육신의 죽음은 피할 수 없는 것이다. 우리는 '죽음' 을 소멸로 생각하기 쉬운데, 죽음에 대한 성경의 가르침은 '소멸' 이 아니라 '분리' 이다. '육신의 죽음' 은 육체와 영혼의 분리이다. 인간의 영혼은 소멸되지 않는다. 죽으면 끝이 아니다. 죽음 이후 악인은 하나님 없는 '영벌' 로, 의인은 하나님과 함께 '영생' 으로 각각 영원한 삶이 준비되어 있다. 중요한 점은 하나님과 분리된 삶을 사느냐 연합된 삶을 사느냐 하는 것이다. 하나님과의 분리가 영적인 죽음이다. 본문은 이 죽은 자들에 대한 심판을 기록하고 있다.

11절. 또 내가 크고 흰 보좌와 그 위에 앉으신 이를 보니, 땅과 하늘이 그 앞에서 피하여 간 데 없더라.

여섯 번째 환상도 **"또 내가 보니"** 라는 친숙한 표현으로 시작하고 있다. 이제 천년왕국의 긴 역사는 끝이 난다. 이제 환상은 **"흰 보좌와 그 위에 앉으신 이"** 로 채워진다. 일반적으로, 계시록에서 하늘의 보좌에 앉으신 분은 성부 하나님이었다 (cf. 계 4:2-3, 5:1, 7). 그러나 본문에서 사도 요한은 성자 예수님을 염두에 두었을 것이다. 왜냐하면 "**흰 보좌**"에 앉아있기 때문이다. 예수님은 이전에 흰 구름 위에 앉아 있었다. "또 내가 보니 흰 구름이 있고 구름 위에 인자와 같은 이가 앉으셨는데 그 머리에는 금 면류관이 있고 그 손에는 예리한 낫을 가졌더라"(계 14:14). 그리고 흰 말을 타고 있었다. "이에 내가 보니 흰 말이 있는데 그 탄 자가 활을 가졌고 면류관을 받고 나아가서 이기고 또 이기려고 하더라"(계 6:2). "또 내가 하늘이 열린 것을 보니 보라 백마와 그것을 탄 자가 있으니 그 이름은 충신과 진실이라 그가 공의로 심판하며 싸우더라"(계 19:11).

또한 주 예수 그리스도는 위대한 "목자와 감독"이다. "너희가 전에는 양과 같이 길을 잃었더니 이제는 너희 영혼의 목자와 감독 되신 이에게 돌아왔느니라"(벧전 2:25). 구약성경에서 재판하는 장소는 주로 성문이었다. "약한 자를 그가 약하다고 탈취하지 말며 곤고한 자를 성문에서 압제하지 말라"(잠 22:22). 룻의 가문에 대한 보아스의 기업 무를 재판이 벌어진 곳도 성문이었다. "성문에 있는 모든 백성과 장로들이 이르되, 우리가 증인이 되나니 여호와께서 네 집에 들어가는 여인으로 이스라엘의 집을 세운 라헬과 레아 두 사람과 같게 하시고, 네가 에브랏에서 유력하고 베들레헴에서 유명하게 하시기를 원하며"(룻 4:11). 이러한 사실은 시편에서도 알 수 있다. "이것이 그의 화살통에 가득한 자는 복되도다. 그들이 성문에서 그들의 원수와 담판할 때에 수치를 당하지 아니하리로다"(시 127:5).

이러한 전통에 따라 1세기 당시 유대인들은 회당에 높은 자리를 만들었다. 이 자리가 말씀을 가르치는 자리이며 재판하는 자리였다. 자연스럽게 초대교회는 이러한 전통을 가지고 교회 안에 높은 자리를 만들었다. 당시 교회의 감독의 의자를 높은 곳에 만들고 흰 천을 씌웠던 것이다. 예수께서 심판의 보좌에 앉으셨다는 가장 강력한 증거는 종말강화에 나타난다. "인자가 자기 영광으로 모든 천사와 함께 올 때에 자기 영광의 보좌에 앉으리니, 모든 민족을 그 앞에 모으고 각각 구분하기를 목자가 양과 염소를 구분하는 것 같이 하여, 양은 그 오른편에 염소는 왼편에 두리라"(마 25:31-33).

유명한 신학자 벌콥(Berkhof) 교수는 마지막 날 심판에 관한 신약성경에 증거를 이렇게 요약하고 있다. "다른 모든 하나님의 역사처럼, 당연히 최후의 심판은 삼위 하나님의 역사이다. 그러나 성경은 그것을 특히 그리스도에게 돌리고 있다.

그리스도의 중보자적인 자격으로 그리스도는 미래에 심판자가 될 것이다(마 25:31-32, 요 5:27, 행 10:42, 17:31, 빌 2:10, 딤후 4:1). 마태복음 28:18, 요한복음 5:27, 빌립보서 2:9-10 같은 구절들은 산 자와 죽은 자들을 심판하는 영광이 그리스도의 구속사역에 대한 보상으로 중보자로서, 그리고 그의 높아지심의 일부로서 그리스도와 관계된 것을 풍부하게 증거하고 있다. 이것은 그의 왕권의 면류관을 쓰는 영광의 하나로 여겨질 것이다. 또한 심판자로서 그의 자격가운데, 그리스도는 그의 백성들을 최대한 구원하고 있다. 그는 그들의 구원을 성취하고 있고, 그들을 공적으로 변호하고 있고, 죄의 최종적인 결과들을 제거하고 있다."[49)]

이것은 위대한 보편적인 신조들이 동의하는 것이다. "하늘에 오르사 하나님 보좌 우편에 앉아 계시다가 저리로서 산 자와 죽은 자를 심판하러 오심이라"(사도신경). "그는 하늘로 오르셨다. 그리고 성부의 우편에 앉으셨다. 그리고 그는 산 자와 죽은 자를 심판하러 영광 가운데 다시 오실 것이다. 그의 나라는 끝나지 않을 것이다"(니케아 신경). "당신은 성부에 영광가운데 하나님 우편에 앉으셨다. 우리는 당신이 우리의 심판자가 되어 오실 것을 믿는다. 그러므로 우리는 당신에게 기도하며 당신의 종들, 즉 당신의 고귀한 피로 구속을 받은 자들을 도와달라고 기도한다. 그들이 영원히 영광 가운데 당신의 성도들과 함께 계수되어지게 하소서. 오, 주님. 당신의 백성을 구하시고 당신의 기업으로 복주소서. 그들을 다스리시고 그들을 영원토록 올려주소서"(Te Deum Laudamus, '우리가 하나님을 찬양한다' 라는 의미를 가진 암브로시우스 성가). "그는 하늘로 오르셨다. 그는 전능하신 하나님 성부의 우편에 앉으셨다. 거기에서부터 그는 산 자와 죽은 자를 심판하러 오실 것이다. 모든 사람들이 다시 그들의 육체와 함께 일어날 때, 그들 자신들에 행동에 보상이 있을 것이다. 그리고 선하게 행동한 자들은 영원한 생명으로 나아갈 것이고, 악하게 행동한 자들은 영원한 불로 들어가게 될 것이다. 이것이 보편적인 믿음이다. 신실하고 확실하게 믿는 사람 외에 구원 받을 수 없다"(아타나시우스 신경).

그리스도는 산자와 죽은 자를 심판하러 오실 것이다. 그런데 극단적인 과거주

---

49) L. Berkhof, *Systematic Theology* (Grand Rapids: William B. Eerdmans Publishing Co., 1941), pp. 731이하.

의자들은 어떤 미래의 몸의 부활이나 심판을 거부한다. 과거주의에는 두 가지가 있는데, 극단적 과거주의 혹은 완전과거주의(Full Preterism)는 이단적인 사상이고, 온건한 과거주의 혹은 부분적 과거주의(Partial Preterism)은 성경적 가르침이다. 극단적 과거주의는 그리스도의 부활, 교회의 갱신, 새 언약의 도래, 그리고 A.D. 70년 예루살렘의 파멸로 모두 성취되었다고 주장한다. 그러나 여러 신경에서 살펴보았듯이, 성경과 교회의 가르침은 마지막 심판을 주장하고 있다. 문제는 오늘날 일부 소위 '자유주의 신학자' 들은 극단적 과거주의의 경향을 갖는다는 것이다. 그러나 교회는 항상 그리고 어디에서나 시간의 끝에 있을 최후의 심판에 대한 교리를 지지했었다.

초림의 예수님은 어린양 구원자 예수였다. 그러나 재림의 예수님은 심판자로서 오실 것이다. 주님은 반드시 산 자와 죽은 자를 심판하러 오실 것이다. 주님의 오심을 준비하시길 바란다. 아멘.

"땅과 하늘이 그 앞에서 피하여 간 데 없더라." 이는 그 심판의 놀라움을 표현하는 것이다. 우리는 이것과 유사한 표현을 시편 114편에서 찾을 수 있다. "이스라엘이 애굽에서 나오며, 야곱의 집안이 언어가 다른 민족에게서 나올 때에, 유다는 여호와의 성소가 되고, 이스라엘은 그의 영토가 되었도다. 바다가 보고 도망하며, 요단은 물러갔으니, 산들은 숫양들 같이 뛰놀며, 작은 산들은 어린 양들 같이 뛰었도다. 바다야 네가 도망함은 어찌함이며, 요단아 네가 물러감은 어찌함인가? 너희 산들아 숫양들 같이 뛰놀며, 작은 산들아 어린 양들 같이 뛰놂은 어찌함인가? 땅이여 너는 주 앞 곧 야곱의 하나님 앞에서 떨지어다. 그가 반석을 쳐서 못물이 되게 하시며, 차돌로 샘물이 되게 하셨도다."

땅과 하늘은 하나님의 다가옴에 놀라며 그의 면전에서 도망쳤다. 그러나 언약의 백성들은 두려워할 필요가 없다. 이는 그들에게, 하나님의 심판은 구원이지 파괴가 아니기 때문이다. 사실, 우리가 살펴볼 것처럼, 이들 구절에서 묘사된 심판은 '둘째 사망' 의 심판 아래에서 오게 되는 '악인들의 죽음' 에 관계된 것이다. 그리스도와 함께 통치하도록 선택된 자들은 여기에서 보이지 않는다. 그리스도의 최후 승리의 열매를 기뻐하면서, 그들은 심판을 당하지 않고, 사망에서 생명으로 옮겨졌었다. "내가 진실로 진실로 너희에게 이르노니, 내 말을 듣고 또 나 보내신 이를 믿는 자는 영생을 얻었고 심판에 이르지 아니하나니, 사망에서 생명으로 옮겼느니라" (요 5:24).

12절. 또 내가 보니, 죽은 자들이 큰 자나 작은 자나 그 보좌 앞에 서 있는데 책들이 펴 있고, 또 다른 책이 펴졌으니 곧 생명책이라. 죽은 자들이 자기 행위를 따라 책들에 기록된 대로 심판을 받으니,

사도 요한은 여기에서 모든 사람에 대한 일반적인 심판을 기록하고 있는 것이 아니다. 여기 **"죽은 자들"**은 악인들이다. 그런데 우리는 악인들이 다 형통한 것도 불통한 것도 아님을 엿볼 수 있다. 그들 가운데는 **"큰 자나 작은 자"**가 있기 때문이다.

악인이 형통한 것으로 인하여 하나님을 원망하거나 불평한 적은 없는가? 악인들도 다양하고 의인들도 다양하다. 악하게 산다고 성공하거나 선하게 산다고 실패하는 것이 아니다. 영적 근시안이 되면 당장은 악인이 형통한 것 같아 보인다. 그러나 사실은 하나님께서 의인들을 형통하게 하시는 것이다.

아무튼 사도 요한은 우리에게 모든 종류와 조건의 사람들을 그가 보았다고 말하고 있다. **"큰 자나 작은 자나 그 보좌 앞에 서 있는데 책들이 펴 있고"** 그들 앞에 생명책, 즉 택함을 받은 자들인 언약의 구성원들의 이름이 기록되어진 것이다(cf. 계 3:5, 13:8, 17:8). 이 문맥에서 그 생명책의 기능은 단지 그 안에 나타나지 않은 죽은 자들의 이름을 보여주는 것이다.

"또 다른 책이 펴졌으니 곧 생명책이라. 죽은 자들이 자기 행위를 따라 책들에 기록된 대로 심판을 받으니" 이것은 오늘날 '믿음으로 의롭다함을 받는다' 는 말씀에 익숙한 청중들에게 이상하게 들릴 수 있다. 종교개혁 이후, '이신칭의' 는 가장 흔들릴 수 없는 교리로 받아들여졌다. 그러나 성경은 행위에 따라 심판이 있다는 것을 가르치기도 한다. "주여 인자함은 주께 속하오니 주께서 각 사람이 행한 대로 갚으심이니이다" (시 62:12) "네가 말하기를 나는 그것을 알지 못하였노라 할지라도 마음을 저울질 하시는 이가 어찌 통찰하지 못하시겠으며 네 영혼을 지키시는 이가 어찌 알지 못하시겠느냐? 그가 각 사람의 행위대로 보응하시리라" (잠

24:12). "인자가 아버지의 영광으로 그 천사들과 함께 오리니 그 때에 각 사람이 행한 대로 갚으리라"(마 16:27). "각 사람의 공적이 나타날 터인데 그 날이 공적을 밝히리니 이는 불로 나타내고 그 불이 각 사람의 공적이 어떠한 것을 시험할 것임이라"(고전 3:13, cf. 요 5:28-29, 롬 2:6-13, 14:12, 고후 5:10, 엡 6:8, 골 3:25, 계 2:23, 22:12).

물론 그 본문의 요점은 행위에 의한 구원이 아니다. 대신에 그 요점은 행위에 의한 저주이다. "**죽은 자들이 자기 행위를 따라 책들에 기록된 대로 심판을 받으니**"라고 말하고 있는 것을 주목하라.

우리가 행위로 구원받지 않는다는 것은 사실이지만, 그러나 우리가 행위 없이 구원받지 못한다는 것 또한 사실이다. "너희는 그 은혜에 의하여 믿음으로 말미암아 구원을 받았으니, 이것은 너희에게서 난 것이 아니요, 하나님의 선물이라. 행위에서 난 것이 아니니, 이는 누구든지 자랑하지 못하게 함이라. 우리는 그가 만드신 바라 그리스도 예수 안에서 선한 일을 위하여 지으심을 받은 자니, 이 일은 하나님이 전에 예비하사 우리로 그 가운데서 행하게 하려 하심이니라"(엡 2:8-10, cf. 빌 2:12-13).

우리는 오직 믿음으로 의롭다함을 받는다. 그러나 참된 믿음은 결코 홀로 행위 없이 존재하지 않는다. <웨스트민스터 신앙고백서>는 다음과 같이 선언하고 있다. "그러므로 그리스도와 그의 의로움을 받고 안식하는 믿음은 오직 칭의의 도구이다. 그러나 그것은 의로워진 인격 속에 홀로 존재하지 않고, 다른 모든 구속된 은혜들과 함께 있고, 죽은 믿음이 아닌 것은 사랑으로 역사한다"(xi.2). 유사하게 존 머레이(John Murray)는 이렇게 기록하고 있다. "믿음으로 의롭다함을 받는 것이 아니라, 의롭다함을 받는 믿음은 은혜의 나라에서는 결코 존재하지 않는 괴물일 수 있다. 믿음은 사랑을 통하여 역사한다(cf. 갈 5:6). 그리고 행함이 없는 믿음은 죽은 것이다(cf. 약 2:17-20). 의롭다함을 받고 그리스도의 죽음과 부활과 능력 둘 다에 연합된 그리스도에게 연합된 삶을 사는 믿음이 살아있는 믿음이다."[50]

50) John Murray, *Redemption: Accomplished and Applied* (Grand Rapids: William B. Eerdmans Publishing Co., 1955), p. 161.

여러분들은 믿음으로 구원 받는 줄 믿는가? 우리는 결코 하나님께 구원을 요구할 공로가 없다. 은혜로 받은 것이다. 구원, 그 이후 우리의 삶은 결코 자랑할 공로가 아니다. 오히려 감사의 표현으로 하나님께 삶을 드리는 것이다. 그것도 내 힘이 아닌 성령의 도우심으로만 가능한 일일뿐이다. 오직 하나님께 감사하며 매 순간 성령을 의지하는 최선의 삶을 살아드리도록 해야 할 것이다.

13절. 바다가 그 가운데에서 죽은 자들을 내주고, 또 사망과 음부도 그 가운데에서 죽은 자들을 내주매, 각 사람이 자기의 행위대로 심판을 받고

이 심판에서 "**바다가 그 가운데에서 죽은 자들을 내주고**"라고 하는데, 이들은 "불의의 창수" 가운데 빠진 자들이다(시 18:4). 옛 언약의 모든 악인들을 상징하는 홍수와 홍해의 심판 가운데 멸망한 자들이다. "**사망과 음부**", 즉 "스올의 줄"(시 18:5)이 "**그 가운데에서 죽은 자들을 내주매**" 하나님께서 갑자기 죽은 자들이 발견되는 모든 장소들을 비게 하신다. 그래서 "**각 사람이 자기의 행위대로 심판을 받고**" 다시 사도 요한은 마지막 날 심판 가운데 있게 될 인간의 행위들을 강조하고 있다.

예수님 십자가의 대속사역을 믿는 우리가 죽으면 천국으로 간다. 이 믿음은 공로가 아니다. 십자가의 복음을 믿게 하시는 하나님의 은혜, 하나님의 선물이다. 이렇듯 구원은 거저 얻지만, 상급은 행위대로 받는다. 마찬가지로 악인은 모두 지옥으로 가지만, 그들의 행위대로 심판을 받는 것이다. 그 심판이 무엇인지 구체적으로 알 수 없다. 그러나 이어지는 14-15절은 '불타는 못' 이라고 한다.

14-15절. 사망과 음부도 불못에 던져지니, 이것은 둘째 사망 곧 불못이라. 누구든지 생명책에 기록되지 못한 자는 불못에 던져지더라.

사도 바울은 부활의 순서에 대하여 이렇게 말하고 있다. "그러나 각각 자기 차례대로 되리니, 먼저는 첫 열매인 그리스도요, 다음에는 그가 강림하실 때에 그리스도에게 속한 자요, 그 후에는 마지막이니 그가 모든 통치와 모든 권세와 능력을

멸하시고 나라를 아버지 하나님께 바칠 때라. 그가 모든 원수를 그 발아래에 둘 때까지 반드시 왕 노릇 하시리니, 맨 나중에 멸망 받을 원수는 사망이니라"(고전 15:23-26). 순서를 보라. '첫 열매인 그리스도', 재림 때 '그리스도에게 속한 자들', 그 후에 '원수와의 싸움'을 마칠 마지막까지 왕 노릇하신 후, '사망을 죽이심'이다. 악인들이 심판을 받고, 결국 그들에게 왕 노릇하던 사망도 죽게 된다.

하나님 외에는 모든 것이 하나님이 만드신 것이다. 시간과 공간도 만드셨다. 사망도 하나님이 만드셨다. 피조물일 뿐이다. 하나님이 만드시고 결국은 용도가 다하여 폐기처분, 즉 사망도 사망했다. 이미 신자들에게 사망은 그리스도 안에서 죽었다. "사망아 너의 승리가 어디 있느냐? 사망아 네가 쏘는 것이 어디 있느냐?"(고전 15:55) 이것을 <표준새번역>은 이렇게 번역한다. "죽음아, 너의 승리가 어디에 있느냐? 죽음아, 너의 독침이 어디에 있느냐?" 이어지는 말씀은 더욱 감동이다. "사망이 쏘는 것은 죄요. 죄의 권능은 율법이라. 우리 주 예수 그리스도로 말미암아 우리에게 승리를 주시는 하나님께 감사하노니, 그러므로 내 사랑하는 형제들아 견실하며 흔들리지 말고, 항상 주의 일에 더욱 힘쓰는 자들이 되라. 이는 너희 수고가 주 안에서 헛되지 않은 줄 앎이라"(고전 15:56-58). 사망이 더 이상 우리를 주장하지 못하므로 용기를 갖고 주님의 일을 하라는 것이다.

예수 안에서 우리에게 사망은 죽었다. 아직 불신자들에게 왕 노릇하는 사망은 재림 때 완전히 죽게 될 것이다. 요한은 **"사망과 음부"**가 **"불못에 던져지니"**라고 한다. 사망과 음부는 완전하게 무기력하게 되는 것이다.

"이것은 둘째 사망 곧 불못이라. 누구든지 생명책에 기록되지 못한 자는 불못에 던져지더라." 예수님도 말씀하신다. "사람이 내 안에 거하지 아니하면, 가지처럼 밖에 버려져 마르나니, 사람들이 그것을 모아다가 불에 던져 사르느니라"(요 15:6). 예수 밖에서 생명이 없다. 오직 예수님만이 유일한 그 길이요, 진리요, 생명인 것이다. 아멘.

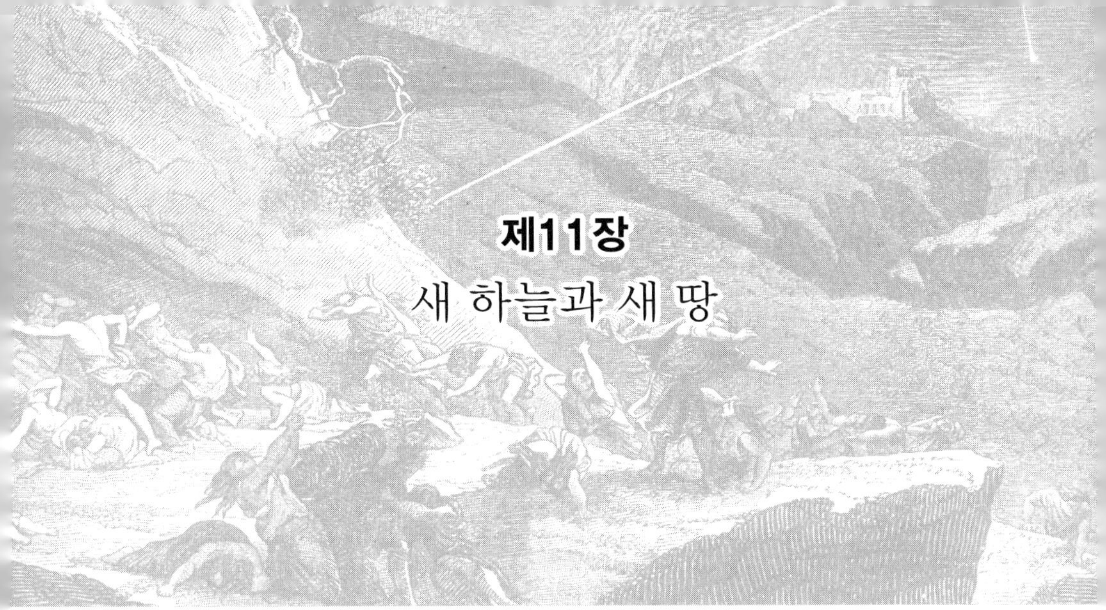

제11장
새 하늘과 새 땅

1. 새 하늘과 새 땅(계 21:1-8)

헬라어로 '새로운' 이란 단어는 두 가지가 있다. '시간적, 연대기적 새로움' 을 나타내는 '네오스' (neos)와 '질적인 새로움' 을 나타내는 '카이노스' (kainos)이다. '새' 하늘과 '새' 땅의 '새로운' 은 neos가 아닌 kainos, 즉 질적인 새로움이다. "그리스도 안에 있으면 새로운 피조물이라. 이전 것은 지나갔으니, 보라 새 것이 되었도다" (고후 5:17)의 '새 것' 도 시간적인 새로운 존재가 아니라, 질적인 새로운 존재가 되었다는 것이다. 그러므로 "새 하늘과 새 땅" 은 역사 끝에 있을 시간적인 새로운 하늘과 땅을 의미하지 않는다. 질적으로 새로운 하늘과 새로운 땅임을 의미한다.

이사야는 메시야가 통치하는 나라를 "새 하늘과 새 땅" 으로 묘사한다. "보라 내가 새 하늘과 새 땅을 창조하나니, 이전 것은 기억되거나 마음에 생각나지 아니할 것이라... 보라 내가 예루살렘을 즐거운 성으로 창조하며 그 백성을 기쁨으로 삼고, 내가 예루살렘을 즐거워하며 나의 백성을 기뻐하리니, 우는 소리와 부르짖는 소리가 그 가운데에서 다시는 들리지 아니할 것이며, 거기는 날 수가 많지 못하여 죽는 어린이와 수한이 차지 못한 노인이 다시는 없을 것이라. 곧 백세에 죽는 자를 젊은이라 하겠고, 백세가 못되어 죽는 자는 저주 받은 자이리라. 그들이 가옥을 건축하고 그 안에 살겠고, 포도나무를 심고 열매를 먹을 것이며, 그들이 건축한 데에 타인이 살지 아니할 것이며, 그들이 심은 것을 타인이 먹지 아니하리니, 이는 내 백성의 수한이 나무의 수한과 같겠고, 내가 택한 자가 그 손으로 일한 것을 길이 누릴 것이며, 그들의 수고가 헛되지 않겠고, 그들이 생산한 것이 재난을 당하지 아니하리니, 그들은 여호와의 복된 자의 자손이요, 그들의 후손도 그들과 같을 것임이라. 그들이 부르기 전에 내가 응답하겠고, 그들이 말을 마치기 전에 내가 들을 것이며, 이리와 어린 양이 함께 먹을 것이며, 사자가 소처럼 짚을 먹을 것이며, 뱀은 흙을 양식으로 삼을 것이니, 나의 성산에서는 해함도 없겠고 상함도 없으리라. 여호와께서 말씀하시니라"(사 65:17-25).

이것은 죽어서 가는 천국에 대한 표현이거나, 역사 끝에 대한 묘사일 수 없다. 왜냐하면 비록 나무처럼 오래 살지라도, 여전히 사람들이 죽기 때문이다. 사람들은 집짓고, 농사하고, 아이를 낳는다. 이사야는 복음이 퍼져나가는 미래를 신명기 28장의 축복으로 묘사하고 있는 것이다. 그러므로 계시록에서 "새 하늘과 새 땅"을 말할 때, 그 일차적인 의미는 상징적인 구원의 축복과 관계됨을 알아야 한다.

1절. 또 내가 새 하늘과 새 땅을 보니, 처음 하늘과 처음 땅이 없어졌고, 바다도 다시 있지 않더라.

비록 일곱 번째 환상일지라도, **"또 내가 보니"**(kai eidon)라는 말은 여덟 번째 나타난다. 왜냐하면 숫자 '8'은 '부활' 혹은 '거듭남'과 관련이 있기 때문이다. 예를 들어, 히브리 남자는 8일째에 할례를 받았다. 예수님(Jesus, 888)도 여덟째 날에 부활했다. 사도 요한은 본문에서 여덟 번째로 **"또 내가 보니"**라는 말을 사용함으로 우주적 '부활'과 '거듭남'을 나타내고 있는 것이다.

우주는 새롭게 거듭났다. **"새 하늘과 새 땅을 보니 처음 하늘과 처음 땅이 없어졌고"**라고 한다. 옛 세상은 새로운 세상으로 완전히 바뀌었다. 성경적 상징주의에서 '바다'는 '이방인의 영역'이다. 그런데 **"바다**(혹은 무저갱)**도 다시 있지 않더라"**는 것은 이제 리워야단이 통치하는 영역, 이방인의 영역은 없다는 것이다.

영원한 세상에서 절대적이고 완전한 진리는 현재에도 확정적이고 점진적인 진리이다. 이 **"새 하늘과 새 땅"**은 미래의 일이면서 동시에 현재에 대한 환상이다. 현재에 '하늘'은 예수께서 부활 승천하심으로 새로운 하늘이 되었다.[51] '땅'은 성령께서 강림하심으로 새로운 땅이 되었다.[52] 그러나 '바다'는 사라진 것이다. 베드로후서 3:12-13은 이렇게 말한다. "하나님의 날이 임하기를 바라보고 간절히 사모하라. 그 날에 하늘이 불에 타서 풀어지고 물질이 뜨거운 불에 녹아지려니와, 우리는 그의 약속대로 의가 있는 곳인 새 하늘과 새 땅을 바라보도다." 사도 베드로는 "새 하늘과 새 땅"으로 가는 길을 만들면서(벧후 3:13), "현재의 하늘과 땅"의 파멸로 이것을 묘사하고 있다(벧후 3:7). 이렇듯 성경에 사용된 '우주의 붕괴'라는 전문용어 때문에, 많은 사람들은 사도 베드로가 '옛 언약 질서'의 해체라기보다는 물리적인 하늘과 땅의 최종적인 끝에 대하여 말하고 있다고 오해했다. 그러나 이것은 옛 언약 질서의 붕괴를 말하는 것이다.

이사야 34:4 "하늘의 만상이 사라지고 하늘들이 두루마리 같이 말리되, 그 만상의 쇠잔함이 포도나무 잎이 마름 같고 무화과나무 잎이 마름 같으리라"는 것은 '에돔의 멸망'에 대해서 이야기하는 것이다. 마찬가지로 계시록 6:14 "하늘은 두루마리가 말리는 것 같이 떠나가고, 각 산과 섬이 제 자리에서 옮겨지매"라는 것은 '로마제국'에 대한 것이다. 모두 창조의 풀어짐(de-creation)의 용어가 사용된 것이다.

---

51) 사실 이런 측면에서 신약종말론은 그리스도의 부활을 중시하게 되는데, 초대교회 성도들에게 그리스도의 부활은 단순히 죽은 예수 그리스도가 다시 사심을 의미하는 것이 아니었다. 오히려 그것은 그리스도의 능력의 급진적인 분배를 의미하였다. 죽음에서 살아나신 그리스도는 이 세상의 죽음이나 죄나 사탄의 그 어떤 능력도 깨뜨릴 수 있었다. 그리스도의 죽음에 대한 승리는 따로 고립된 것이 아니라, 죽음의 죽음을 의미했고, 새로운 창조의 시작을 의미했다. 그것은 만물에 대한 새로운 창조와 회복을 의미하는 것이었다. Cf. James Arne Nestingen, "The Matthean A.d.vent Gospels", *Word & World 12* (1992), p. 407.

52) 하나님 나라의 새로운 질서에 대하여 세 가지 차원에서 설명할 수 있는데, '하늘의 변혁'과 '성소의 변혁'과 '지상의 변혁'이 그것이다. Cf. Peter J. Leithart, *The Kingdom and the Power* (Phillipsburg: Presbyterian and Reformed, 1993), pp. 18-22; *Idem*, "What is the Kingdom of God?", *Biblical Horizon paper* (1988), pp. 11-16;

베드로도 "물질(개역한글성경은 '체질')이 뜨거운 불에 풀어지고"라고 했다(벧후 3:10, cf. 12절). 이 '물질' 혹은 '체질' 이란 무엇인가? 소위 '문자주의자들' 은 이것을 실제 우주의 물리적 구성요소인 '원자', 혹은 원자보다 작은 '미립자' 라고 한다. 그러나 이 '체질' 이라는 단어가 성경에서 물리적인 우주와 관련하여 사용되어진 적이 결코 없다. 그 용어는 언제나 '옛 언약 질서' 와 관련되어 사용되었다(갈 4:3, 9, 골 2:8, 20). 이 체질은 옛 언약 질서에 대하여 말하고 있는 것이다. 그러므로 체질의 풀어짐은 옛 언약 질서, 즉 '유대주의' 에 대한 붕괴를 의미하는 것이다.

우리는 베드로후서 3장이 A.D. 70년 예루살렘 멸망을 통해 성취되었다는 것을 두 가지 근거를 통해 알 수 있다. 첫째, 베드로는 여기에서 언급되어진 것이 무엇이든지간에 그 영향이 그 세대의 사람들에게 미칠 것이라고 보고 있다.[53] 특히 베드로는 1세기 신자들이 "마지막 날들"에 대한 사도적 경고를 기억하고 있다는 것에 관심을 보였다(벧후 3:2-3). 베드로는 1세기 최초의 독자들, 청중들에게 임박한 심판을 앞두고 거룩한 삶을 살도록 권고했다(벧후 3:11, 14). 둘째, 베드로후서 3:13 "우리는 그의 약속대로 의가 있는 곳인 새 하늘과 새 땅을 바라보도다" 라고 한다. 여기에서 '그의 약속' 은 무엇인가? 아마 이사야서 65:17의 약속일 것이다. "보라 내가 새 하늘과 새 땅을 창조하나니, 이전 것은 기억되거나 마음에 생각나지 아니할 것이라." 이는 그리스도의 메시야 왕국의 모습이다. 교회에 약속된 "새 하늘과 새 땅"은 모든 인류가 여호와께 경배하게 될 복음의 승리 시대를 의미한다(사 66:22-23).

우리는 '새 하늘과 새 땅' 을 살고 있다. 이는 물리적이고 시간적인 새로움의

---

53) Brandon은 이방 그리스도인들과 A.D. 70년 예루살렘 멸망과의 관계를 연구했는데, 70년 예루살렘 멸망 전에 유대인들에게는 로마를 대항하여 혁명이 있어났고, 이방 그리스도인들은 위험한 상황이 되어 버렸을 것이고, 이런 상황 가운데 예루살렘의 모 교회와 이방교회들 간의 관계에 어떤 문제가 있을 것이라고 생각했다. 그는 예루살렘 멸망으로 인해 이방 그리스도인들이 위험에 처해지기는 했지만, 유대인들의 제사법이 부당하다고 한 바울의 가르침을 다시 생각할 기회가 되었을 것이다. 성전의 파괴로 인하여 그들은 이스라엘에 대한 하나님의 옛 언약의 사라짐의 교리를 확신할 수 있었을 것이다. Cf. S. G. F. Brandon, *The Trial of Jesus of Nazareth* (New York: Dorset, 1968), pp. 60-63.

새 하늘과 새 땅을 의미하지 않는다. 영적이고 질적인 새로움의 새 하늘과 새 땅이다. 무엇이 이것을 가능하게 했는가? 예수 그리스도와 성령님이다. 예수께서 승천하심으로 새 하늘이 되었다. 그리고 성령이 오심으로 새 땅이 된 것이다. 예수님과 성령님을 통하여 우리는 새 하늘과 새 땅을 살 수 있는 것이다. 또한 성령이 역사하시면 새 마음을 가지게 한다.

2절. 또 내가 보매, 거룩한 성 새 예루살렘이 하나님께로부터 하늘에서 내려오니, 그 준비한 것이 신부가 남편을 위하여 단장한 것 같더라.

사도 요한이 다음에 보는 것은 새 창조의 중심으로 "**거룩한 성 새 예루살렘**"이다. 다시 우리는 그리스도께서 확정적이고, 점진적이고, 완성적인 측면을 가진 하나의 구원, 하나의 새 창조를 성취하셨다는 것을 기억해야만 한다. 또한 종말론적 새 창조의 최종적인 실체는 역사 속에서 확정적이고 점진적인 새 창조의 완성된 실체이다. 언약을 배반했기에 옛 예루살렘이 출교되고 처형되었다. 신약은 기독교인들이 새 예루살렘의 시민이요, 상속자가 되었다고 가르친다.

"**하나님께로부터 하늘에서 내려오니**" 이 성은 원래 하늘에서 유래한 것이다(계 3:12, cf. 갈 4:22-31, 엡 2,19, 빌 3:20, 히 11:10, 16, 12:22-23). 그런데 신약은 '이 모든 것, 그리고 하늘에서 또한!' 이라고 말하는 데로 나아간다(cf. 빌 3:21). 새 창조는 그리스도에 의해 확정적으로 세워진 상태일 뿐 아니라, 이제 점진적으로 펼쳐지고 있는 것이다. 언젠가 그것은 최종적으로 완성되고, 절대적으로 완전해질 것이다.

그 도시는 "**그 준비한 것이 신부가 남편을 위하여 단장한 것 같더라.**" 신부는 단지 그 도시 '안에' 있는 것이 아니다. 신부는 그 도시 '자체' 이다(9-10절). 그리스도의 신부로서 그 도시에 대한 사도 요한의 명백한 규명은 그 '하나님의 도시' 가 '미래의 실체' 일 뿐 아니라, '현재에 실존' 한다는 것을 나타내고 있다. 매주일의 예배는 성례전적인 결혼잔치이다. 이 결혼잔치를 통하여 '신부' 는 그리스도의 왕국의 '사랑받는 도성' 이 되는 것이다(cf. 계 20:9). 우리는 이제 성경이 규범적으로 우리에게 말하는 것인 "그러나 너희가 이른 곳은 시온 산과 살아 계신 하나님의 도성인 하늘의 예루살렘과 천만 천사와 하늘에 기록된 장자들의 모임..." 이라는 것처럼(히 12:22-23), 새 예루살렘에 있다.

3절. 내가 들으니, 보좌에서 큰 음성이 나서 이르되, 보라 하나님의 장막이 사람들과 함께 있으매, 하나님이 그들과 함께 계시리니, 그들은 하나님의 백성이 되고, 하나님은 친히 그들과 함께 계셔서,

사도 바울이 선포한 것처럼, 만약 우리가 '하늘의 시민' 이라면(엡 2:19), 또한 하늘은 우리 안에 거하는 것이다(엡 2:20-22). 사실, 말씀 자체는 우리 가운데 거하고 있다. "말씀이 육신이 되어 우리 가운데 거하시매 우리가 그의 영광을 보니 아버지의 독생자의 영광이요 은혜와 진리가 충만하더라" (요 1:14). 예수님과 성부 하나님은 우리 가운데 그들의 거처를 만드셨다. "예수께서 대답하여 이르시되, 사람이 나를 사랑하면 내 말을 지키리니, 내 아버지께서 그를 사랑하실 것이요, 우리가 그에게 가서 거처를 그와 함께 하리라" (요 14:23). 그러므로 우리는 살아계신 하나님의 성전이다(고후 6:16). 따라서 사도 요한의 '거룩한 성' 에 대한 환상은 **"내가 들으니 보좌에서 큰 음성이 나서 이르되, 보라 하나님의 장막이 사람들과 함께 있으매 하나님이 그들과 함께 계시리니, 그들은 하나님의 백성이 되고, 하나님은 친히 그들과 함께 계셔서"** 라는 말씀이 뒤따르고 있다. 다시, 이것은 우리가 이 예언에서 이미 배웠던 것에 대한 반복이다(계 3:12, 7:15-17).

신약교회에서 율법과 선지자의 약속은 실현되어진다. "내가 내 성막을 너희 중에 세우리니 내 마음이 너희를 싫어하지 아니할 것이며, 나는 너희 중에 행하여 너희의 하나님이 되고 너희는 내 백성이 될 것이니라" (레 26:11-12). "내가 그들과 화평의 언약을 세워서 영원한 언약이 되게 하고, 또 그들을 견고하고 번성하게 하며, 내 성소를 그 가운데에 세워서 영원히 이르게 하리니, 내 처소가 그들 가운데에 있을 것이며, 나는 그들의 하나님이 되고, 그들은 내 백성이 되리라. 내 성소가 영원토록 그들 가운데에 있으리니, 내가 이스라엘을 거룩하게 하는 여호와인 줄을 열국이 알리라 하셨다 하라" (겔 37:26-28).

이 본문은 대접재앙 부분의 결론이다. 대접재앙의 처음에, 사도 요한은 연기로

가득한, 그래서 들어갈 수 없는 성막의 성소를 보았다(계 15:5-8). 그런데 그는 성소로부터 진노의 대접들을 땅에 쏟아 부으라고 일곱 천사들에게 명령하는 "큰 음성"을 들었다. "또 내가 들으니 성전에서 큰 음성이 나서 일곱 천사에게 말하되 너희는 가서 하나님의 진노의 일곱 대접을 땅에 쏟으라 하더라"(계 16:1). 일곱 번째 대접을 쏟아 부을 때, 다시 성소로부터 "되었다"라고 말하는 "큰 음성"이 들렸다. 그것은 지진을 이끄는 소리인데, 바벨론, 즉 거짓 신부(계 16:17-21)에 대한 파괴로 초점이 맞춰지는 환상으로 변하는 것으로, 그 지진은 도시들을 무너뜨렸고, 모든 산과 섬들이 "피했다"(계 20:11, 21:1). 그리고 다시 사도 요한은 "**보좌에서 큰 음성**"을 듣게 된다. 이는 가능한 최고로 성소로 접근할 수 있음에 대한 음성인데, 왜냐하면 "**하나님의 장막이 사람들과 함께 있기**" 때문이다. 곧 이어서, 참 신부인 새 예루살렘의 설립에 주목하도록 환상이 바뀌는 것으로, 다시 "되었다"라는 동일한 음성을 듣게 될 것이다.

4-5절. 모든 눈물을 그 눈에서 닦아 주시니, 다시는 사망이 없고, 애통하는 것이나, 곡하는 것이나, 아픈 것이 다시 있지 아니하리니, 처음 것들이 다 지나갔음이러라. 보좌에 앉으신 이가 이르시되, 보라 내가 만물을 새롭게 하노라 하시고, 또 이르시되 이 말은 신실하고 참되니 기록하라 하시고,

사도 요한이 들었던 음성이 계속 이어진다. "**모든 눈물을 그 눈에서 닦아 주시니, 다시는 사망이 없고, 애통하는 것이나, 곡하는 것이나, 아픈 것이 다시 있지 아니하리니,**" 우리는 마지막 원수가 파괴된 때인, 마지막 날에 이 약속의 절대적이고 완전한 성취를 기대할 수 있다. 그러나 원리적으로, 이것은 이미 사실이다. 예수께서 말씀하셨다. "예수께서 이르시되, 나는 부활이요, 생명이니, 나를 믿는 자는 죽어도 살겠고, 무릇 살아서 나를 믿는 자는 영원히 죽지 아니하리니"(요 11:25-26). 하나님은 우리 눈에 눈물을 씻어주셨다. 이는 우리가 그의 첫째 부활에 참여했기 때문이다. 이것에 대한 한 가지 충격적인 증거는 기독교인과 이방인의 장례식 사이의 분명한 차이점일 것이다. 우리도 슬퍼한다. 그러나 희망이 없는 자

들과 같지 않다. "형제들아 자는 자들에 관하여는 너희가 알지 못함을 우리가 원하지 아니하노니, 이는 소망 없는 다른 이와 같이 슬퍼하지 않게 하려 함이라"(살전 4:13). 하나님은 사망의 쏘는 것을 치워버리셨다(고전 15:55-58).

이 모든 축복들은 "**처음 것들이 다 지나갔음이러라. 보좌에 앉으신 이가 이르시되, 보라 내가 만물을 새롭게 하노라 하시고**" 있기 때문이다. 여기에서 사도 바울의 가르침과 다른 연결점이 있다. "그런즉 누구든지 그리스도 안에 있으면 새로운 피조물이라. 이전 것은 지나갔으니 보라 새 것이 되었도다"(고후 5:17). 물론 우리는 다시 이것이 마지막 날 뿐 아니라, 오늘 날에도 진리라고 믿는다. 고린도후서 5장과 계시록 21장 주제 사이의 유일한 기본적인 차이점은 사도 바울은 '구원받은 개인'에 대해 말하고 있고, 사도 요한은 '구원받은 공동체'에 대하여 말하고 있다는 것이다. 개인과 공동체 둘 다는 재창조되었고, 새롭게 되었고, 구원 가운데 낙원으로 회복되었다. 그리고 이러한 우주적 회복은 이미 시작되었다.

눈물, 사망, 애통과 아픈 처음 것들은 다 지나갔다. 만물을 새롭게 하는 것이 하나님의 뜻이다. 이제 운다면 주님을 위해 울어야 하고, 죽는다면 주님을 위해 죽어야 한다. 주님의 심장으로 애통하고, 주님을 위해 아파해야 하는 것이다. 옛 아픔이 아닌 거룩한 아픔을 느끼며 살기 바란다.

6절. 또 내게 말씀하시되, 이루었도다. 나는 알파와 오메가요, 처음과 마지막이라. 내가 생명수 샘물을 목마른 자에게 값없이 주리니,

"**또 내게 말씀하시되, 이루었도다.**" 주님은 바벨론의 파멸에 대해 다 이루었다고 선언한다. 이것은 예수님께서 십자가에서 "다 이루었다"(요 19:30)라고 하신 외침의 반향이다. 그리스도의 십자가를 통하여 원수들을 영원히 패배시켰고, 그의 백성들에게 영원한 축복을 주었다.

보좌에 앉아 계신 분은 그 스스로를 "**알파와 오메가**" 즉 "**처음과 마지막**"이라고 한다. 예수님은 창세기부터 기록된 모든 약속들을 성취하시는 분이다. 알파와 오메가이다.

십자가에서 예수님은 다 이루었다고 하셨다. 그 선포 이후에 예수님은 영혼을

포기하셨고, 로마 군인들이 그가 죽은 것을 보았을 때, "그 중 한 군인이 창으로 옆구리를 찌르니 곧 피와 물이 나오더라"고 했다(요 19:34). 성 요한 크리소스톰은 이 샘들이 흘러나온 것은 어떤 목적 없이, 혹은 우연히 아니라고 한다. 그 이유는 교회가 이 두 가지로부터 형성됐기 때문이다. 세례의 물과 성찬의 피는 기독교 성례의 핵심이다. 그래서 주님은 "**내가 생명수 샘물을 목마른 자에게 값없이 주리니**"라고 말씀하고 있다.

7절. 이기는 자는 이것들을 상속으로 받으리라. 나는 그의 하나님이 되고 그는 내 아들이 되리라.

일곱 편지들의 주제는 '이기는 자', 즉 승리하는 기독교 정복자에 대한 약속이 반복되고 있다. "**이기는 자는 이것들을 상속으로 받으리라.**" 이 예언은 다가오는 사건들에 대한 단순한 예언이라기보다, 교회들에 대한 실제적이고 윤리적인 메시지이다. 사도 요한은 패배주의적 기독교의 존재를 허용하지 않는다. 오직 한 종류의 기독교인, 즉 정복자가 있을 뿐이다. 하나님의 자녀는 모든 대적을 향하여, 승리하는 자이다. "무릇 하나님께로부터 난 자마다 세상을 이기느니라. 세상을 이기는 승리는 이것이니 우리의 믿음이니라"(요일 5:4).

게다가, 하나님은 구원에 대한 약속들로 우리에게 확신을 주고 있다. "**나는 그의 하나님이 되고 그는 내 아들이 되리라**"(cf. 창 17:7-8, 고후 6:16-18). 하나님과의 교제의 지극히 높고 충만한 즐거움은 영원한 하늘에서의 평안을 가져올 것이다. 그러나 그것은 아직 확정적이고, 점진적인 것이다. 우리는 이미 새 하늘과 새 땅을 살고 있다. 우리는 새 예루살렘의 시민들이다. 옛 것은 지나갔고, 모든 것이 새롭게 되었다.

8절. 그러나 두려워하는 자들과 믿지 아니하는 자들과 흉악한 자들과 살인자들과 음행하는 자들과 점술가들과 우상 숭배자들과 거짓말하는 모든 자들은 불과 유황으로 타는 못에 던져지리니 이것이 둘째 사망이라.

이 끔직한 구절로 만인구원설의 어떤 가능성도 사라진다. 하나님께서는 끝까지 회개하지 않고 구원 받지 못한 자들에 대한 아홉 가지(한글성경에는 '죄인들' 이 빠져있음) 묘사를 하고 있다. 이들은 하나님의 나라를 상속받지 못할 자들에 대한 요약적인 합계이고(고전 6:9, cf. 갈 5:21), 그들은 **"불과 유황으로 타는 못에 던져지리니 이것이 둘째 사망이라"** 고 한다.

그들을 살펴보자. 최종적인 멸망으로 저주받은 자들은 신실한 정복자들과 대조되는 **"두려워하는 자들"** 이고, 믿음을 거부하지 않은 자들과 대조되는 **"죄인들"** 이고(cf. 계 2:13, 19, 13:10, 14:12), 성도들과 대조되는 **"믿지 아니하는 자들"** 이고(cf. 계 5:8, 8:3-4, 11:18, 13:7, 10, 14:12, 18:20, 19:8), **"흉악한 자들"** 이고(cf. 계 17:4-5, 21:27, 마 24:15), **"살인자들"** 이고(cf. 계 13:15, 16:6, 17:6, 18:24), **"음행하는 자들"** 이고(cf. 계 2:14, 20-22, 9:21, 14:8, 17:2, 4-5, 18:3, 19:2), 악한 마술사 혹은 낙태하는 자를 의미하는 말인 **"점술가들"** (pharmakoi) 이고(cf. 계 9:21, 18:23, 22:15), **"우상 숭배자들"** 이고(cf. 계 2:14, 20, 9:20, 13:4, 12-15), **"거짓말하는 모든 자들"** 이다(cf. 계 2:2, 3:9, 16:13, 19:20, 20:10, 21:27, 22:15).

새 하늘과 새 땅은 장차 역사 끝에 도래할 천국이면서, 현재 우리가 누리고 있는 천국이기도 하다. 최종적인 실체가 오기 전에 우리는 과정적, 점진적 실체를 누리고 있는 것이다. 새 하늘과 새 땅은 옛 사람을 벗고 새 사람을 입을 때, 경험될 수 있다(cf. 갈 5:19-26, 엡 4:17-5:7, 골 3:5-10, 딛 3:3-8). 성령의 임재와 인도하심 가운데 날마다 새로운 하늘이 열리며 새로운 땅을 밟는 축복을 누리길 바란다. 아멘.

2. 새 예루살렘 I(계 21:9-17)

새 예루살렘은 바울이 말한 "위에 있는 예루살렘" 이다(갈 4:26). 랍비들은 이것이 메시야 시대에 땅에 내려오게 될 하늘의 모형이라고 가르쳤다. 랍비들은 물리적인 메시야의 나라와 성전을 생각했지만, 하나님의 나라는 영적 실체이다. "바리새인들이 하나님의 나라가 어느 때에 임하나이까? 묻거늘, 예수께서 대답하여 이르시되, 하나님의 나라는 볼 수 있게 임하는 것이 아니요, 또 여기 있다 저기 있다고도 못하리니, 하나님의 나라는 너희 안에 있느니라"(눅 17:20-21).[54] 하나님의 나라는 물리적으로 볼 수 있는 나라가 아니다. 그들 바리새인들 가운데 있는 예수께서 하나님의 나라이고, 예수님으로 시작된 나라이다.

이것을 이렇게 설명하기도 한다. 국가는 3가지로 구성되어 있다. '국민, 주권, 영토' 이다. '영토' 로서 나라만 생각하면 안 된다. 신약은 주권적인 '통치' 로서 나라를 말하고 있다. "하나님의 나라는 말에 있지 아니하고 오직 능력에 있음이라"(고전 4:20). 통치하시는 하나님의 능력이 나타나는 곳이 하나님의 나라이다. 그래서 하나님의 '백성' 들이 점점 많이 모이는 곳이 하나님의 나라이다. 구원의 3시제처럼, 즉 우리는 이미 구원을 받았고(과거), 두렵고 떨림으로 구원을 이루어가며(현재), 장차 구원을 받을 것이다(미래). 하나님의 나라는 이미 도래했고(예수님을 통한 '통치권'), 오고 있고(만 '백성' 을 제자삼음), 장차 올 것이다('장소' 로서 천국).

새 예루살렘은 그러한 하나님의 나라의 절정을 보여주는 것이다. 그러나 아직 이방나라들이 존재하기 때문에, 역사 끝에 있을 완성된 천국의 모습은 아니다. 그

---

54) 사실 예수님께서 "그 천국이 너희 안에 있다"(ἡ βασιλεία τοῦ θεοῦ ἐντὸς ὑμῶν ἐστιν)라고 말씀하실 때, 천국이 바리새인들 가슴 속에 있다는 것으로 볼 수 없고, 천국은 바리새인들에게 둘러싸여 있는 예수님 자신을 가리키는 것이라고 보는 것이 문맥상 더 알맞다. Cf. 황창기, 『예수님 교회 그리고 나』(서울: 성광문화사, 1998), p. 223; 한편, 이 "그 천국이 너희 안에 있다"를 하나님 나라의 '내적 성격' 을 가리키는 것으로 보는 견해도 있다. 하나님 나라는 가시적, 외적 성격을 가진 것이 아니기 때문에 "여기 있다, 저기 있다."라고 할 수 없으며 오직 '너희 안에', '너희 마음속에' 있다는 뜻이다. 그렇다면 어떻게 예수님을 믿지 않는 바리새인들의 마음속에 있다고 말할 수 있는가? 예수께서는 바리새인들 안에 있다는 뜻으로 말씀하시지 않았다. 예수께서 여기에서 말한 '너희' 는 일반적 의미에서의 '너희' 인 것이다. 비록 바리새인들이 이 질문을 하기는 했어도 예수님 주변에는 많은 제자들이 둘러 있으며 또 섬기는 여자들과 따르는 사람들, 많은 무리들이 있었을 것이다. 그래서 예수께서는 이런 질문을 계기로 무리들에게 하나님 나라를 가리키시며 하나님의 나라는 일반적인 의미에서 '너희 안에' 있다고 말씀하신 것이다. 즉 여기에서 중요한 것은 '너희' 가 아니라 '안에' 이며, '너희' 란 말은 그냥 따라오는 말로서 일반적인 의미에서의 '너희' (따지자면 믿는 '너희')를 뜻하는 것으로 봐야 할 것이다. Cf. 변종길, 『천국의 원리』(서울: SFC, 2006), pp. 355-356; 이 두 가지가 다 가능한 해석이라고 생각된다. 문제는 '너희' (ὑμῶν)를 누구로 보느냐 하는 것인데, 바리새인으로 보면, 하나님 나라이신 '예수님' 을 가리키는 것이고, 일반적인 무리들을 가리키는 것이면 하나님 나라의 '내적 성격' 을 가리키는 것으로 볼 수 있을 것이다.

림자 성전으로 실체의 영광을 보여주는 것이다. 하나님께서는 언제나 당신의 백성을 압제한 원수들을 쳐부수고, 그들에게서 얻은 전리품으로 성소를 건축하셨다. '모세의 성막' 은 출애굽의 전리품으로 세웠고, '솔로몬의 성전' 은 다윗이 블레셋과 전쟁하여 얻은 전리품으로 지어졌다. 그 후, 회복 언약시대를 상징하는 '에스겔의 성전' 은 곡과 마곡을 상대로 싸운 전쟁에서 얻은 전리품으로 지어졌다(겔 40-48장). 마찬가지로 '새 예루살렘' 역시 계시록 18장에 열거된 바벨론과의 싸움에서 얻은 전리품으로 건축된다. 앞의 두 성소인 '모세의 성막' 과 '솔로몬 성전' 은 실제로 건축되었다. 그러나 뒤의 두 성소인 '에스겔의 성전' 과 '새 예루살렘' 은 너무나도 영광스러워서 물리적으로 건축될 수 없었다. 문자적으로는 '성전' 혹은 '도성' 의 모습인데, 이는 옛 시대의 물리적인 '성막' 과 '성전' 으로 영적인 실체를 나타내는 것일 뿐이다.

> 9절. 일곱 대접을 가지고, 마지막 일곱 재앙을 담은 일곱 천사 중 하나가 나아와서, 내게 말하여 이르되, 이리 오라. 내가 신부 곧 어린 양의 아내를 네게 보이리라 하고,

바벨론에 대한 환상을 사도 요한에게 보여준 그 일곱 천사들처럼(계 17:1), **"일곱 대접을 가지고, 마지막 일곱 재앙을 담은 일곱 천사 중 하나가"** 요한에게 새 예루살렘을 계시하고 있다. 그래서 '바벨론' 과 '새 예루살렘' 이 대조되고, 여기에서 **"신부 곧 어린 양의 아내"**는 신실하지 못한 아내인 '음녀' 와 대조되고 있다. 그러므로 하늘에서 내려온 새 예루살렘/신부는 옛 바벨론의 계승자인 타락한 이스라엘/음녀와 대조되는 것이다. 그래서 바울은 사라와 하갈을 비교하며, '지금 예루살렘' 과 '위에 있는 예루살렘' 을 비교한다. "이 하갈은 아라비아에 있는 시내산으로서 지금 있는 예루살렘과 같은 곳이니, 그가 그 자녀들과 더불어 종노릇하고, 오직 위에 있는 예루살렘은 자유자니 곧 우리 어머니라"(갈 4:25-26). 하갈은 '지금 있는 예루살렘' 같은 곳이고, 신약교회가 '위에 있는 예루살렘', 즉 '새 예루살렘' 이라는 말이다.

10-11절. 성령으로 나를 데리고 크고 높은 산으로 올라가, 하나님께로부터 하늘에서 내려오는 거룩한 성 예루살렘을 보이니, 하나님의 영광이 있어, 그 성의 빛이 지극히 귀한 보석 같고 벽옥과 수정 같이 맑더라.

사도 요한은 **"높은 산으로 올라가"**는데(cf. 계 1:10, 4:2, 17:3), 이는 음녀를 보았던 '광야'와 대조되는 곳이다(계 17:3). 특히 성경의 성산 모티프에서 산은 하나님이 거하시는 낙원을 말하고 있는데, 이 낙원은 온 세상으로 생명수가 흘러넘치는 곳인 지극히 높은 곳에 위치해 있었다(계 22:1-2).

사도 요한은 **"하나님께로부터 하늘에서 내려오는 거룩한 성 예루살렘을"** 보고 있다. 물론 이 그림은 우주에 있는 어떤 공간을 떠올리려고 의도된 것이나, 혹은 공중에 떠있는 어떤 도시에 대한 것이 아니다. 오히려 **"하나님께로부터"** 내려오는 "하나님이 계획하시고 지으실 터가 있는 성"의 신적인 기원을 강조하고 있는 표현인 것이다(히 11:10).

그 성은 **"하나님의 영광"**의 "빛"이 충만한 곳이다. 이 **"빛"**(phōstēr)은 문자적으로 '별' 혹은 '빛의 운반자'를 의미하는데, 창세기 1:14, 16에서 그것은 해달별을 가리키는 것으로 사용된다. 사도 바울은 동일한 용어를 기독교인들이 "세상에서 그들 가운데 빛들로 나타내며"라고 말할 때 사용하고 있다(빌 2:15, cf. 단 12:3). 이것은 계시록 12:1에서 "해를 옷 입은 한 여자"와 비교되고 있는데, 이제 하나님의 영광으로 교회는 햇빛보다 더 빛나는 영광의 빛을 발하는 것이다.

그리스도의 신부된 교회는 '영광의 빛'을 발하는 곳이다. 그리스도는 참 빛으로 오셨다. "참 빛 곧 세상에 와서 각 사람에게 비추는 빛이 있었나니"(요 1:9). 그래서 우리도 빛을 발하는 존재가 되었다. "너희가 전에는 어둠이더니, 이제는 주 안에서 빛이라. 빛의 자녀들처럼 행하라"(엡 5:8). 이 "빛의 열매는 모든 착함과 의로움과 진실함에 있느니라"(엡 5:9). 빛의 열매로 하나님께 영광을 돌릴 수 있기를 바란다. 아멘.

12-14절. 크고 높은 성곽이 있고 열두 문이 있는데, 문에 열두 천사가 있고, 그 문들 위에 이름을 썼으니, 이스라엘 자손 열두 지파의 이름들이

라. 동쪽에 세 문, 북쪽에 세 문, 남쪽에 세 문, 서쪽에 세 문이니, 그 성의 성곽에는 열두 기초석이 있고, 그 위에는 어린 양의 열두 사도의 열두 이름이 있더라.

영광스런 옷을 입은 계시록 12:1의 여자는 '열두 별의 면류관' 을 썼었다. 이것은 이제 다른 열두 빛나는 면류관으로 대치되는데, 이 때 그 '면류관' 은 보석으로 장식된 성곽이다. 24보좌에 앉은 장로들처럼, 신부-도시는 두 종류의 열두 면류관을 쓰고 있는데, 이는 성 문 아래 위에 각각 장식된 **"열두 지파"** 와 **"열두 사도들"** 의 이름이다. 디즈니랜드의 상징인 '환타지랜드 성' 의 실제 모델은 독일 바이에른 주의 자랑거리인 '노이슈반스타인 성' 이다. 그 성을 상상해 보라. 아름다운 성채와 성곽의 장식을 생각해 보라. 여자의 이마에 있는 면류관과 성곽의 장식은 사실상 같은 것이다. 어떤 의미에서 성벽 위에 장식은 면류관을 쓴 여인의 모습이라고 할 수 있을 것이다.

그 도시가 **"크고 높은 성곽"** 을 가지고 있다는 것은 에스겔의 환상 가운데 나타나는데, 이는 "그 선지자가 말한 문들은 그 성벽에 있는 창고, 베란다 혹은 문들이기" 때문이다(겔 48:31-34). 이는 사도 요한이 의도적으로 표현한 것이다. 그 성의 **"열두 문"** 은 창세기 3:24에서 '에덴으로 들어가는 문' 을 지키고 있던 열두 스랍들인 **"열두 천사"** 에 의해 지켜지고 있었고, **"이스라엘 자손 열두 지파의 이름들"** 이 새겨져 있었다. 아마 지금 그 성을 지키는 천사는 목회자들일 것이다. 그리스도께서는 당신의 교회에 천국 열쇠를 주었기 때문이다(마 16:19).

그 도시는 **"동쪽에 세 문, 북쪽에 세 문, 남쪽에 세 문, 서쪽에 세 문"** 이 있다. 이 순서(동북남서)는 당연히 열두 지파의 순서와 일치한다(계 7:5-8). 그리고 사도 요한은 우리에게 그 문이 동북남서로, 즉 사방을 향해서있다고 하는데, 이는 그곳이 '세상의 중심' 이란 의미이며, 동시에 '세상을 향해 열려있다' 는 것을 의미한다. 교회는 세상의 중심이며, 세상을 향해 열린 공동체가 되어야 한다. 특히 예수님은 세리와 죄인의 친구였다(마 11:19, 눅 7:34). 그러나 오늘날 어떤 교회는 세상과 담을 쌓으려고 하는 것 같다. 세상을 향해 열린 교회가 되도록 해야 한다.

"그 성의 성곽에는 열두 기초석이 있고, 그 위에는 어린 양의 열두 사도의 열

두 이름이 있더라." 물론 이것은 바울 신학에서도 직접 나타난다. "그러므로 이제부터 너희는 외인도 아니요, 나그네도 아니요, 오직 성도들과 동일한 시민이요, 하나님의 권속이라. 너희는 사도들과 선지자들의 터 위에 세우심을 입은 자라"(엡 2:19-22). 사도 바울도 사도 요한도 성전된 건물 안에 옛 언약과 새 언약의 신자들을 모두 포함하고 있다. 구원은 오직 한 길, 은혜의 한 언약이 있을 뿐이다. 그것이 다양한 조직 하에서 역사했지만, 모든 시대 모든 하나님의 백성들은 오직 한 가지 방법, '믿음으로 구원'을 받은 것이다.

홀베르다(David E. Holwerda) 교수의 <예수와 이스라엘>(*Jesus and Israel*)이라는 책이 있다. 그 부제가 'one covenant or two?'이다. 구원에는 이스라엘 백성들이 받는 방법 따로, 교회가 받는 방법이 따로 있느냐는 것이다. 결론은 오직 믿음으로 구원을 받는다는 것이다. 구원에는 한 길 밖에 없는 것이다.

15-17절. 내게 말하는 자가 그 성과 그 문들과 성곽을 측량하려고 금 갈대 자를 가졌더라. 그 성은 네모가 반듯하여 길이와 너비가 같은지라. 그 갈대 자로 그 성을 측량하니, 만 이천 스다디온이요. 길이와 너비와 높이가 같더라. 그 성곽을 측량하매 백사십사 규빗이니 사람의 측량 곧 천사의 측량이라.

일곱 대접을 가진 천사 중의 하나인 "**내게 말하는 자가 그 성과 그 문들과 성곽을 측량하려고 금 갈대 자를 가졌더라.**" 계시록에서 성소는 이미 측량되어진 적이 있다(계 11:1-2). 그것은 '거룩'과 '보호'를 위해서이다. 이제는 그 도시 전체가 측량된다. 이는 그 도시 자체가 성전이기 때문이다.

하나님은 당신의 성소를 측량하고 계신다. 주님은 에베소 교회의 사자에게 편지할 때, "오른손에 있는 일곱 별을 붙잡고 일곱 금 촛대 사이를 거니시는 이"로 나타난다(계 2:1). 바로 그 앞 절에 별과 촛대를 이렇게 해석하고 있다. "네가 본 것은 내 오른손의 일곱 별의 비밀과 또 일곱 금 촛대라. 일곱 별은 일곱 교회의 사자요, 일곱 촛대는 일곱 교회니라"(계 1:20). 주님은 지상의 모든 교회의 사자, 지도자들을 붙잡고 계신다. 지상의 모든 교회를 살피고 계신다.

사도 요한은 **"그 성은 네모가 반듯하여 길이와 너비가 같은지라"** 라고 한다. 그리고 **"그 갈대 자로 그 성을 측량하니, 만 이천 스다디온이요. 길이와 너비와 높이가 같더라. 그 성곽을 측량하매 백사십사 규빗이니 사람의 측량 곧 천사의 측량이라."** 그 도시는 완벽한 정육면체이다(cf. 왕상 6:20). 이는 지성소의 모습이기도 하다. 새 예루살렘은 우주적 지성소인 것이다.

특히 산과 같은 모습을 하고 있는 '피라미드' 는 '우주적인 산' 이다. 에덴동산은 첫 번째 '피라미드' , 즉 산의 정상에 위치한 동산-성전-도시였다. 그래서 선지자들이 하나님의 구원과 개혁을 말할 때, 종종 이런 산의 이미지로 말한다. "말일에 여호와의 전의 산이 모든 산꼭대기에 굳게 설 것이요, 모든 작은 산 위에 뛰어나리니, 만방이 그리로 모여들 것이라. 많은 백성이 가며 이르기를, 오라. 우리가 여호와의 산에 오르며, 야곱의 하나님의 전에 이르자" (사 2:2-3, cf. 사 25:6-9, 51:3, 겔 36:33-36, 단 2:34-35, 44-45, 미 4:1-4).

그 도시의 각 면(넓이, 높이, 길이)은 **"만 이천 스다디온"** 으로 측정된다. 그 도시의 벽은 **"백사십사 규빗"** 이다. 문자주의자들은 이 치수들에 복잡한 의미를 부여한다. 예를 들어, 그 벽은 길이가 1,500마일이고, 높이가 216피트인데, 1,500마일은 무엇을 의미하고, 216피트는 무엇을 의미한다는 식이다. 그러나 그 숫자는 단순하고 명확한 상징이다. 12의 배수는 교회의 존엄, 광대함, 완전함을 언급하는 것이다.

사도 요한은 이 **"사람의 측량**(스다디온과 규빗이) **곧 천사의 측량이라"** 고 한다. 이것도 어떤 신비로운 것이 아니다. 천사와 사람 사이의 일치점들을 말하고 있는 것이다. 계시록에서 나타난 천사의 행동들은 우리 자신의 행동을 위한 하나의 패턴이다. 하나님의 뜻이 하늘에서 이루어진 것처럼, 땅에서도 이루어지도록 모방해야 한다. 하늘은 땅을 위한 패턴이고, 성전은 도시를 위한 패턴이고, 천사는 인간을 위한 모델이다. 우리는 하나님의 청사진을 완벽하게 실현함으로 세상을 '하늘화' 해야 한다.

3. 새 예루살렘 II(계 21:18-27)

하나님의 창조는 에덴에서 끝나지 않았다. 창조와 타락과 구속의 과정을 통하여 하나님께서는 인간을 신의 성품에 참여하도록 다듬으시고 성숙시키신다. 그리고 그러한 인간이 살 새로운 에덴이 새로운 예루살렘이다. 본문은 이러한 에덴적인 예루살렘이 나타나고 있다.

18-21절. 그 성곽은 벽옥으로 쌓였고, 그 성은 정금인데 맑은 유리 같더라. 그 성의 성곽의 기초석은 각색 보석으로 꾸몄는데, 첫째 기초석은 벽옥이요. 둘째는 남보석이요. 셋째는 옥수요. 넷째는 녹보석이요. 다섯째는 홍마노요. 여섯째는 홍보석이요. 일곱째는 황옥이요. 여덟째는 녹옥이요. 아홉째는 담황옥이요. 열째는 비취옥이요. 열한째는 청옥이요. 열두째는 자수정이라. 그 열두 문은 열두 진주니, 각 문마다 한 개의 진주로 되어 있고, 성의 길은 맑은 유리 같은 정금이더라.

새 예루살렘은 이제 에덴의 이미지에 대한 완성을 보석에 대한 용어로 묘사된다(cf. 창 2:10-12, 겔 28:13). **"그 성곽은 벽옥으로 쌓였고"** 이는 하나님 자신의 이미지이고(계 4:3, 21:11), **"그 성은 정금인데, 맑은 유리 같더라."** 정금은 하나님의 영광에 대한 이미지인데, 그래서 성막과 성전과 제사장의 겉옷에 사용되어졌다. 그리고 정금은 에덴동산을 연상시키는 금이다(창 2:12).

열두 **"그 성의 성곽의 기초석은 각색 보석으로 꾸몄는데"** 이는 이스라엘 12지파를 나타내는 세 개의 보석이 네 줄로 된 대제사장의 가슴의 흉패와 같다(출 28:15-21). 신부는 그녀의 남편을 위하여 꾸몄다(2절). **"각색 보석**(귀한 돌)**"**이란 표현은 솔로몬 성전의 **"기초석"**에서 사용된 표현이다(왕상 5:17).

교회는 주님을 위하여 아름답게 꾸며야 할 것이다. 주님은 우리가 무엇으로 단장하기를 원하실까? "또 이와 같이 여자들도 단정하게 옷을 입으며 소박함과 정절로써 자기를 단장하고, 땋은 머리와 금이나 진주나 값진 옷으로 하지 말고, 오직 선행으로 하기를 원하노라. 이것이 하나님을 경외한다 하는 자들에게 마땅한 것이니라"(딤전 2:9-10). "너희의 단장은 머리를 꾸미고 금을 차고 아름다운 옷을 입는 외모로 하지 말고, 오직 마음에 숨은 사람을 온유하고 안정한 심령의 썩지 아니할 것으로 하라. 이는 하나님 앞에 값진 것이니라"(벧전 3:3-4).

"첫째 기초석은 벽옥이요. 둘째는 남보석이요. 셋째는 옥수요. 넷째는 녹보석이요. 다섯째는 홍마노요. 여섯째는 홍보석이요. 일곱째는 황옥이요. 여덟째는 녹옥이요. 아홉째는 담황옥이요. 열째는 비취옥이요. 열한째는 청옥이요. 열두째는 자수정이라." 학자들은 이 목록에 어떤 비밀이 있을까 연구를 많이 했다. 혹자는 그 보석이 별자리인 '황도대' 와 연관이 있다고 한다. 그러나 후대 연구는 이 이론이 잘못됐다는 것을 입증했다.[55] 가능성 있는 주장은 이것을 대제사장의 흉패와 연관시키는 것이다. 그 돌들은 대제사장의 흉패처럼, 각각의 줄에 세 개의 보석의 네 줄로 놓였다. 그러나 사도 요한은 출애굽기의 70인역(LXX)에 있는 돌들의 순서 혹은 이름에 집착하지 않았다.

단지 요한은 두 가지 관점을 보여주고 있다. 첫째, 열두 사도들의 이름들이 열두 지파의 이름들에 대체될 수 있다는 것이다. 교회는 새 이스라엘이기 때문이다. 둘째, 그 항목의 앞자리에 '벽옥' 을 두었는데, 이는 유다의 위치이다. "유다 지파 중에 인침을 받은 자가 일만 이천이요"(cf. 계 7:5). 그러므로 벽옥이 앞에 놓였다는 사실의 의미는 단순한 것이다. 유다지파 출신인 메시야가 앞자리의 돌, 즉 '모퉁이의 머릿돌' 이란 사실이다.

예수님은 건축자들이 버린 돌이었다. 그러나 모퉁이의 머릿돌이 되셨다. "이 예수는 너희 건축자들의 버린 돌로서 집 모퉁이의 머릿돌이 되었느니라"(행 4:11, cf. 마 21:42, 막 12:10, 눅 20:16). 이 말씀은 소위 '불의한 포도원 농부 비유' 에서 그들에 대한 심판의 메시지 가운데 주어진 것이다. 그래서 복음서는 이 돌이 '심판의 돌' 이 됨을 언급하고 있다. "무릇 이 돌 위에 떨어지는 자는 깨어지겠고, 이 돌이 사람 위에 떨어지면, 그를 가루로 만들어 흩으리라 하시니라"(눅 20:17). 여기에서 한 가지 교훈이 있다. 돌 위에 떨어져 깨어지면 사는 것이고, 돌이 사람

---

55) T. F. Glasson, "The Order of Jewels in Rev. xxi. 19-20: A Theory Eliminated," *Journal of Theological Studies* 26 (1975), pp. 95-100.

위에 떨어지면 가루로 만들어 버리는 것이다.

"그 열두 문은 열두 진주니, 각 문마다 한 개의 진주로 되어 있고" 여기에서 우리는 한 가지 중요한 사실을 보게 된다. 이 문들이 공격을 막기 위하여 고안되어진 것이 아니라, 오직 장식과 꾸며진 것임을 알 수 있다. 왜냐하면 더 이상 그 도시를 공격할 어떤 위험도 존재하지 않기 때문이다. 싸움은 이제 끝났기 때문이다. 지금은 싸움 중이지만, 언젠가 이 싸움이 그칠 것이다.

한편, 새 예루살렘의 거대한 부와 영광을 강조하면서, 사도 요한은 우리에게 **"성의 길은 맑은 유리 같은 정금이더라"** 라고 말한다. 하나님은 우리가 보석 혹은 부자가 되는 것을 좋아하도록 지으셨다. 그러나 부는 하나님의 나라와 그의 의의 산물로 얻어지는 것이다. "그런즉 너희는 먼저 그의 나라와 그의 의를 구하라. 그리하면 이 모든 것을 너희에게 더하시리라"(마 6:33). 음녀는 보석으로 꾸몄고, 그것들과 함께 망했다. 그러나 참된 신부는 보석으로 꾸몄지만, 이는 남편을 위한 것이다. 하나님의 영광을 위하여 부를 얻을 힘을 주시는 분은 바로 하나님이다(신 8:18). 우리가 우리 하나님께서 주신 부를 우상에게 돌릴 때, 그는 그것을 우리로부터 거두시고, 하나님 나라를 위하여 사용하고 가난한 자들을 돌보는 의인들을 위하여 저축하신다(욥 27:16-17, 잠 13:22, 28:8, 전 2:26).

사도 요한이 기록하기 8세기 전, 선지자 이사야는 보석으로 꾸며진 한 도시의 관하여 다가오는 구원을 묘사하고 있다. "너 곤고하며 광풍에 요동하여 안위를 받지 못한 자여, 보라 내가 화려한 채색으로 네 돌 사이에 더하며, 청옥으로 네 기초를 쌓으며, 홍보석으로 네 성벽을 지으며, 석류석으로 네 성문을 만들고, 네 지경을 다 보석으로 꾸밀 것이며"(사 54:11-12)

'채색' 으로 번역되어진 단어가 히브리어로 '눈 화장' (cf. 왕하 9:30, 렘 4:30)인 것이 흥미롭다. 하나님의 도성의 벽은 단순히 장식되어진 것이다. 보석으로 세워진 것이다. 그 건축자가 엄청난 부를 가지고 있고, 공격이 없을 것이라는 최종적인 확신이 있었던 것이다.

이사야가 말한 이것은 교회의 미래, 즉 하나님의 도성이다. 그것은 풍요로워질 것이고 원수들로부터 안전할 것인데, 그 본문의 나머지 부분이 설명한 바와 같다. "네 모든 자녀는 여호와의 교훈을 받을 것이니, 네 자녀에게는 큰 평안이 있을 것이며, 제자가 될 것이니, 너는 공의로 설 것이며, 학대가 네게서 멀어질 것인즉, 네가 두려워하지 아니할 것이며, 공포도 네게 가까이하지 못할 것이라... 너를 치려고 제조된 모든 연장이 쓸모가 없을 것이라"(사 54:13-17).

22-23절. 성 안에서 내가 성전을 보지 못하였으니, 이는 주 하나님 곧 전능하신 이와 및 어린 양이 그 성전이심이라. 그 성은 해나 달의 비침이 쓸 데 없으니, 이는 하나님의 영광이 비치고, 어린 양이 그 등불이 되심이라.

전체 도시는 우리가 위에서 본 것처럼 성전이다. 그러나 거기에는 "**성 안에서 내가 성전을 보지 못하였으니, 이는 주 하나님 곧 전능하신 이와 및 어린 양이 그 성전이심이라.**" 이것은 이미 묘사된 축복을 언급하는 실제로 다른 방법이다. "이기는 자는 내 하나님 성전에 기둥이 되게 하리니, 그가 결코 다시 나가지 아니하리라. 내가 하나님의 이름과 하나님의 성 곧 하늘에서 내 하나님께로부터 내려오는 새 예루살렘의 이름과 나의 새 이름을 그이 위에 기록하리라"(계 3:12). "그러므로 그들이 하나님의 보좌 앞에 있고, 또 그의 성전에서 밤낮 하나님을 섬기매, 보좌에 앉으신 이가 그들 위에 장막을 치시리니"(계 7:15). 그들의 거주하는 성은 그들의 성전이다. 그것은 그 안에 그들과 그들이 섬기는 하나님 사이에 구분을 짓는 벽이나 혹은 문들이 없는 성전을 포함하고 있다. 하나님은 그 도시의 성전이고, 그 도시는 하나님에게 성전이었다.

영광구름 가운데 하나님이 거하시는 그 도시는 성령의 본래적인 빛으로 빛나고 있다. 그러므로 "**그 성은 해나 달의 비침이 쓸 데 없으니, 이는 하나님의 영광이 비치고, 어린 양이 그 등불이 되심이라.**" 이것을 이사야는 이렇게 예언했다. "일어나라. 빛을 발하라. 이는 네 빛이 이르렀고, 여호와의 영광이 네 위에 임하였음이니라. 보라, 어둠이 땅을 덮을 것이며, 캄캄함이 만민을 가리려니와, 오직 여호와께서 네 위에 임하실 것이며, 그의 영광이 네 위에 나타나리니, 나라들은 네 빛으로, 왕들은 비치는 네 광명으로 나아오리라. 다시는 낮에 해가 네 빛이 되지 아니하며, 달도 네게 빛을 비추지 않을 것이요. 오직 여호와가 네게 영원한 빛이 되며, 네 하나님이 네 영광이 되리니, 다시는 네 해가 지지 아니하며, 네 달이 물러가지 아니할 것은, 여호와가 네 영원한 빛이 되고, 네 슬픔의 날이 끝날 것임이라"(사 60:1-3, 19-21).

24-27절. 만국이 그 빛 가운데로 다니고, 땅의 왕들이 자기 영광을 가지고 그리로 들어가리라. 낮에 성문들을 도무지 닫지 아니하리니, 거기에는 밤이 없음이라. 사람들이 만국의 영광과 존귀를 가지고 그리로 들어가겠고, 무엇이든지 속된 것이나 가증한 일, 또는 거짓말하는 자는 결코 그리로 들어가지 못하되, 오직 어린 양의 생명책에 기록된 자들만 들어가리라.

동일한 본문에서, 이사야는 땅의 민족들이 그들의 문화의 모든 부를 가지고 오면서, 그 하나님의 도시로 흘러들어올 것을 예언하고 있다. "그 때에 네가 보고 기쁜 빛을 내며, 네 마음이 놀라고 또 화창하리니, 이는 바다의 부가 네게로 돌아오며, 이방 나라들의 재물이 네게로 옴이라. 허다한 낙타, 미디안과 에바의 어린 낙타가 네 가운데에 가득할 것이며, 스바 사람들은 다 금과 유향을 가지고 와서, 여호와의 찬송을 전파할 것이며, 곧 섬들이 나를 앙망하고, 다시스의 배들이 먼저 이르되, 먼 곳에서 네 자손과 그들의 은금을 아울러 싣고 와서, 네 하나님 여호와의 이름에 드리려 하며, 이스라엘의 거룩한 이에게 드리려 하는 자들이라. 이는 내가 너를 영화롭게 하였음이라. 네 성문이 항상 열려 주야로 닫히지 아니하리니, 이는 사람들이 네게로 이방 나라들의 재물을 가져오며, 그들의 왕들을 포로로 이끌어 옴이라"(사 60:5-6, 9, 11).

사도 요한은 이 예언을 새 예루살렘에 적용하고 있다. "**만국이 그 빛 가운데로 다니고, 땅의 왕들이 자기 영광을 가지고 그리로 들어가리라. 낮에 성문들을 도무지 닫지 아니하리니, 거기에는 밤이 없음이라. 사람들이 만국의 영광과 존귀를 가지고 그리로 들어가겠고, 무엇이든지 속된 것이나 가증한 일, 또는 거짓말하는 자는 결코 그리로 들어가지 못하되, 오직 어린 양의 생명책에 기록된 자들만 들어가리라.**" 빛된 삶은 예수께서 교회에 명령하신 것이다(마 5:14-16). 분명히 새 예루살렘은 마지막 심판 이후의 영원한 미래에 관한 것이 아니다. 사도 요한의 환상에서 열방은 여전히 이방민족들로 존재하고 있기 때문이다. 그 도시로 왕래하고, 그들의 보물을 그 안으로 가지고 오지만, 아직 그 민족들은 모두 회심하지 않았다.

여기에서 이방인들이 성안에 자유롭게 오가는 것은 중요한 사실을 알게 한다. 계시록 11:2 "성전 바깥 마당은 측량하지 말고, 그냥 두라. 이것은 이방인에게 주었은즉, 그들이 거룩한 성을 마흔두 달 동안 짓밟으리라"에서 성소 밖에 거듭나지 않은 이방인들이 별도로 존재하는 것은 옛 예루살렘의 타락을 확인하는 것이다. 그러나 새 예루살렘은 이방인들에게 제한이 없다. 장소를 나누지 않으므로 이방인들이 거룩해지도록 한다. 세상에 대한 복음의 효력에 대한 다른 충격적인 예언 가운데, 이사야는 다음과 같이 기록하고 있다. "주 여호와가 이같이 이르노라. 내가 뭇 나라를 향하여 나의 손을 들고, 민족들을 향하여 나의 기치를 세울 것이라. 그들이 네 아들들을 품에 안고, 네 딸들을 어깨에 메고 올 것이며, 왕들은 네 양부가 되며, 왕비들은 네 유모가 될 것이며, 그들이 얼굴을 땅에 대고 네게 절하고, 네 발의 티끌을 핥을 것이니, 네가 나를 여호와인 줄을 알리라. 나를 바라는 자는 수치를 당하지 아니하리라"(사 49:22-23).

이사야는 이방인들이 구속자에게 모일 때인 신약시대를 언급했던 것이다. 교회를 통하여 세상에 복음의 빛을 비추어 세상은 회심하게 되고, 민족들은 제자화되고, 죄인들의 부는 의인들에게 상속되어질 것이다. 이것은 처음부터 끝까지 성경의 기본적인 약속이다. 이것은 역사의 패턴이고, 세상이 움직이는 방향이다. 이것은 우리의 미래이다. 성령의 은사는 이러한 약속의 성취를 보장하고 있다. 그는 새로운 것을 만들지 않지만, 모든 것을 새롭게 할 것이다.

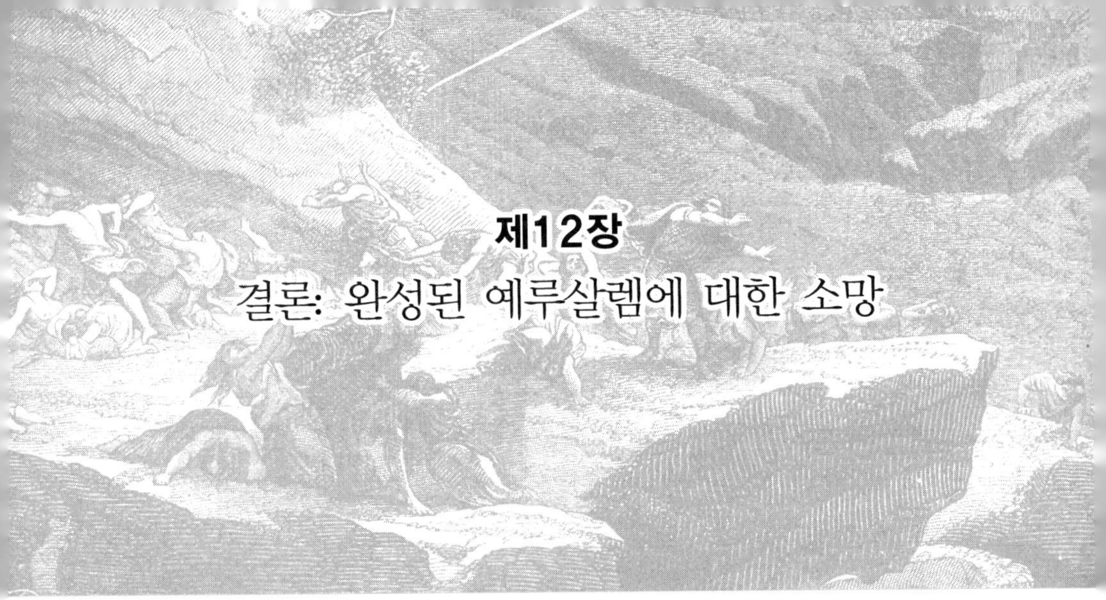

제12장
결론: 완성된 예루살렘에 대한 소망

1. 회복된 낙원(계 22:1-5)

새 예루살렘은 역사 끝에 완성된 예루살렘은 아니다. 그러나 완성된 예루살렘의 모습을 보여주는 기능을 한다. 이미지의 중첩이 나타나는 것이다. 송아지가 황소는 아니다. 그러나 송아지에서 황소의 모습을 볼 수 있지, 망아지나 강아지에서 볼 수 있는 것은 아니다. 옛 예루살렘을 통하여 새 예루살렘을 계시했듯이, 새 예루살렘을 통하여 '완성된 예루살렘' 을 계시하시는 것이다. 연속성과 불연속성은 존재한다. 연속성만 보면 같아 보이기 마련이다. 불연속성만 보면 다르게 보인다. 우리는 양면을 볼 수 있어야 한다. 게다가 새 예루살렘의 모습은 환상 가운데 본 것이다. 문자적으로 이해할 수 없는 것이 자연스러운 것이다.

> 1-2절. 또 그가 수정 같이 맑은 생명수의 강을 내게 보이니, 하나님과 및 어린 양의 보좌로부터 나와서, 길 가운데로 흐르더라. 강 좌우에 생명나무가 있어 열두 가지 열매를 맺되, 달마다 그 열매를 맺고, 그 나무 잎사귀들은 만국을 치료하기 위하여 있더라.

계시록 21장의 새 예루살렘에 대한 환상은 22장에서도 계속 이어진다. 그 환상은 '이전의 예루살렘들', 즉 에덴동산에서부터 에스겔의 환상으로 절정에 이른 예루살렘에 대한 계시로 설명되고 있다. 그 대접을 가진 천사(계 21:9)는 사도 요한에게 "**수정 같이 맑은 생명수의 강을 내게 보이니, 하나님과 및 어린 양의 보좌로부터 나와서, 길 가운데로 흐르더라.**" 이 장면은 에덴동산에 근거한다. 에덴동산은 샘이 솟아서 물의 근원이 된 곳이었다(창 2:6). 그리고 그 물은 네 갈래로 나누어져서 땅에 물을 공급했었다(창 2:10-14). 이 이미지는 후에 에스겔에 의하여 새 언약 성전의 환상에서 사용된다. 옛 언약 백성들은 정결함을 얻기 위하여 성전으로 여행해야 했다. 그러나 새 언약 시대에는 그럴 필요가 없게 되었다. 성전에서 물이 흘러 나왔기 때문이다. 성전에서 흘러넘치는 물이 사해조차도 변화시키는 세상을 향한 생명의 능력이 있는 강이 되었기 때문이다.

우리가 잘 아는 에스겔의 환상이다. 에스겔 47:1-9 "그가 나를 데리고 성전 문에 이르시니, 성전의 앞면이 동쪽을 향하였는데, 그 문지방 밑에서 물이 나와 동쪽으로 흐르다가, 성전 오른쪽 제단 남쪽으로 흘러내리더라. 그가 또 나를 데리고 북문으로 나가서 바깥 길로 꺾여 동쪽을 향한 바깥 문에 이르시기로, 본즉 물이 그 오른쪽에서 스며 나오더라. 그 사람이 손에 줄을 잡고 동쪽으로 나아가며, 천 척을 측량한 후에 내게 그 물을 건너게 하시니, 물이 발목에 오르더니, 다시 천 척을 측량하고 내게 물을 건너게 하시니, 물이 무릎에 오르고, 다시 천 척을 측량하고, 내게 물을 건너게 하시니, 물이 허리에 오르고, 다시 천 척을 측량하시니, 물이 내가 건너지 못할 강이 된지라. 그 물이 가득하여 헤엄칠 만한 물이요, 사람이 능히 건너지 못할 강이더라. 그가 내게 이르시되 인자야 네가 이것을 보았느냐 하시고 나를 인도하여 강 가로 돌아가게 하시기로, 내가 돌아가니 강 좌우편에 나무가 심히 많더라. 그가 내게 이르시되, 이 물이 동쪽으로 향하여 흘러 아라바로 내려가서 바다에 이르리니, 이 흘러내리는 물로 그 바다의 물이 되살아나리라. 이 강물이 이르는 곳마다 번성하는 모든 생물이 살고, 또 고기가 심히 많으리니, 이 물이 흘러 들어가므로 바닷물이 되살아나겠고, 이 강이 이르는 각처에 모든 것이 살 것이며."

모세가 기록한 아담 하와의 에덴동산이 에스겔에 의해서 "강 좌우편에 나무"로 발전했고, 다시 사도 요한에 의해 "**강 좌우에 생명나무**"라고 강둑에 줄을 지어서있는 거대한 생명나무의 숲으로 발전한다. 에스겔에게 그저 "달마다 새 열매"가 맺히던 것이 "**열두 가지 열매**"를 맺는 것으로, "약재료"가 될 만한 것이 "**만국을 치료**"하는 잎사귀로 바뀌어 있다.

한마디로 아담이 빼앗긴 에덴의 축복은 이제 마지막 아담에 의하여 충만하게 회복되어진 것이다. 그래서 사도 바울은 아담이 잃어버린 것보다 "넘쳤느니라"라고 말하고 있다. "그러나 이 은사는 그 범죄와 같지 아니하니, 곧 한 사람의 범죄를 인하여 많은 사람이 죽었은즉, 더욱 하나님의 은혜와 또한 한 사람 예수 그리스도의 은혜로 말미암은 선물은 많은 사람에게 넘쳤느니라"(롬 5:15). 그러므로 낙원은 단순히 회복된 것이 아니다. 그것은 더욱 완전한 열매와 성취를 이룬 것이다.

하나님께서 인간이 타락하도록 방치하신 것이 아니다. 타락했을지라도 대안이 있으셨다. 더욱 완벽한 존재로 재창조할 계획이 있으신 것이다. 인간의 실수를 넘어서는 하나님의 계획이 있은 것이다. 신학적으로 에덴동산에서의 인간은 '범죄할 가능성이 있는 존재' (non posse non pecarre)이지만, 회복된 에덴동산에서의 인간은 '범죄할 가능성조차 없는 존재' (posse non pecarre), 즉 더욱 완벽한 인간인 것이다.

여기 "**생명나무**"에서 "**나무**"라는 단어인 '쿨론' (xulon)은 종종 십자가를 언급하는 것으로 쓰이고 있다(cf. 행 5:30, 10:30, 13:29, 벧전 2:24). 사실 그리스도께서는 살아있는 나무에 못 박히신 것 같다. 누가복음 23:31은 "푸른 나무에도 이같이 하거든 마른 나무에는 어떻게 되리요"라고 한다. 사도 바울은 그리스도의 십자가를 나무에 달린 사람에게 주어진 구약 저주의 성취로 보았다(갈 3:13, cf. 신 21:23, 수 10:26-37). 성 이레니우스는 십자가를 '생명의 나무' 로 보았는데, 이는 인간을 타락하게 만든 '선악을 알게 하는 나무' 와 대조되는 것이다. 예수 그리스도는 "우리를 거스르고 불리하게 하는 법조문으로 쓴 증서를 지우시고 제하여 버리사 십자가에 못 박으시고"(골 2:14), 그래서 그 십자가는 하나님 앞에 진 우리의 빚을 제거하는 나무였다.

이 이미지는 초대교회에서 자주 사용된 상징에서 이미 나타난다. 초대 기독교 미술은 생명나무와 십자가 사이의 밀접한 관계를 보여주고 있다. 고난과 죽음의 나무인 그리스도의 십자가는 기독교인들에게 '생명나무' 이다. 그러므로 2세기경의 무덤 속의 그림은 십자가가 죽음에 대한 승리의 상징으로 묘사되었다. 십자가의 살아있는 나무에서 작은 가지와 잎들이 생긴다는 생각은 고대 기독교에서 일반적인 주제였다.

에스겔의 환상에서(겔 47:12), 생명나무는 하나님의 명령을 행하는 자들인(계 22:14) 이기는 자들(계 2:7)을 위하여 생명을 지속적으로 공급하는 것으로, 즉 "**열두 가지 열매를 맺되, 달마다 그 열매를 맺고**"라고 한다. 사도 요한은 그리스도의 십자가, 즉 생명나무의 능력이 온 세상을 변화시킬 것을 분명히 말하고 있다. "**그 나무 잎사귀들은 만국을 치료하기 위하여 있더라.**" 이는 신자들이 그리스도 안에서 지금부터 경험되는 것이다. "내가 진실로 진실로 너희에게 이르노니, 내 말을 듣고 또 나 보내신 이를 믿는 자는 영생을 얻었고, 심판에 이르지 아니하나니, 사망에서 생명으로 옮겼느니라. 진실로 진실로 너희에게 이르노니, 죽은 자들이 하나님의 아들의 음성을 들을 때가 오나니, 곧 이 때라 듣는 자는 살아나리라"(요 5:24-25).

동일한 방법으로, 사도 요한은 십자가의 치료의 능력이 "**만국**", 즉 이 세상의 모든 사람들에게 생명을 주는 것으로 말하고 있다. 그러나 조건이 있다. 그들은 "어린양의 생명책에 이름이 기록되어진 자들"이다. 왜냐하면 그들은 거룩한 성에 참여하는 자들이기 때문이다(계 21:24-27).

생명수는 이제 흐르고 있고(요 4:14, 7:37-39), 열방을 치료하고, 불법과 전쟁을 끝내면서, 축복의 거대한 흐름 가운데 계속해서 넘칠 것이다(슙 14:8-11, cf. 미 4:1-4). 지상적이고 천상적인 교회의 영광스러운 미래에 대한 환상은 창세기에서 찢어진 세상을 치료하고 있다.

계시록 22장에서 우리는 생명강과 생명나무를 통하여 에덴동산으로 돌아가는 구속된 인간을 본다. 거기에서 인간은 땅을 정복하고 다스리는 제사장-왕으로써 잃어버린 통치와 주권을 회복하게 될 것이다. 이것은 그리스도 안에서 확정적으로 우리가 '받은 축복' 이며, 동시에 점진적으로 우리가 '받고 있는 축복' 이며, 장차 오는 세대에 완전하게 우리가 '받을 축복' 이다.

3-4절. 다시 저주가 없으며, 하나님과 그 어린 양의 보좌가 그 가운데에 있

> 으리니, 그의 종들이 그를 섬기며, 그의 얼굴을 볼 터이요. 그의 이름도 그들의 이마에 있으리라.

우리는 이미 그리스도 안에서 영원한 생명의 축복을 받았다. 그러므로 이제 **"다시 저주가 없으며"** 라고 한다. 이는 에스겔에서도 등장하는 것이다. "주 여호와께서 이같이 말씀하셨느니라. 내가 너희를 모든 죄악에서 정결하게 하는 날에 성읍들에 사람이 거주하게 하며, 황폐한 것이 건축되게 할 것인즉, 전에는 지나가는 자의 눈에 황폐하게 보이던 그 황폐한 땅이 장차 경작이 될지라. 사람이 이르기를 이 땅이 황폐하더니 이제는 에덴동산 같이 되었고, 황량하고 적막하고 무너진 성읍들에 성벽과 주민이 있다 하리니, 너희 사방에 남은 이방 사람이 나 여호와가 무너진 곳을 건축하며 황폐한 자리에 심은 줄을 알리라. 나 여호와가 말하였으니 이루리라" (겔 36:33-36).

사도 요한이 계시록 21:3, 11, 22-23에 의미한 바와 같이, 거룩한 성에 **"하나님과 그 어린 양의 보좌가 그 가운데에 있으리니"** 라고 한다. 이것은 우선적으로 선지자들을 묘사하는데 사용된 표현인 "그의 종들"이라고 불린 사람들에게 충격적인 일일 것이다(cf. 계 1:1, 10:7, 11:18, 15:3, 19:2, 5, 22:6, 9). 우리가 살펴본 것처럼, 이것은 계시록의 중요한 주제, 즉 하나님과의 교제에 대한 옛 언약의 희망이 성취된 것이다. 모든 여호와의 백성들은 선지자들인데, 이는 여호와께서 그의 성령을 그들에게 부어주셨기 때문이다(민 11:21-29). 그러므로 **"그의 얼굴을 볼 터이요. 그의 이름도 그들의 이마에 있으리라"** 고 한다.

이 계시록 22:4의 이미지 뒤에는 모세와 아론의 모습이 숨어있다. 아론은 자신의 이마에 제사장이 쓰는 면류관에 여호와의 이름을 새겼다. 또한 모세는 하나님과 대면하여 말하고 영광-구름 밖으로 나왔을 때(민 12:8), 영광의 얼굴, 즉 하나님의 임재-이름이 반사된 모습으로 변형되었다. 여호와의 이름이나 영광은 신적 현현의 구름 가운데 하나님의 임재를 나타내는 것이다. 그러므로 이 두 가지는 모두 하나님의 영광스런 형상을 반영하고 있는 것이다.

신약에서 이기는 자에게 그리스도의 이름을 그들의 이마에 주겠다고 말하는 것은 그들이 그리스도의 영광을 반사하겠다고 말하는 것이고, 이는 그리스도의 영광을 나타내겠다고 말하는 것이다. 그래서 사도 바울은 모든 성도들이 이제 그의 얼굴을 본다고 말하고 있는 것이다. "우리가 다 수건을 벗은 얼굴로 거울을 보는 것 같이 주의 영광을 보매 그와 같은 형상으로 변화하여 영광에서 영광에 이르니 곧 주의 영으로 말미암음이니라"(고후 3:18). 그리고 모든 성도들은 제사장이기 때문에(계 1:6, 20:6), 우리는 그의 성전에서 그를 섬기며(계 7:15), 우리의 이마에 그의 이름을 지니고 있다(계 3:12, 7:3, 14:1).

우리는 하나님의 것이다. 하나님의 영광의 도장이 찍힌 존재들이다. 악인들은 짐승의 숫자(666)를 이마에 받았지만, 우리는 하나님의 영광의 이름을 받은 자들이다. 언제 어디서나 하나님의 영광을 드러낼 수 있기를 바란다. 아멘.

5절. 다시 밤이 없겠고, 등불과 햇빛이 쓸 데 없으니, 이는 주 하나님이 그들에게 비치심이라. 그들이 세세토록 왕 노릇 하리로다.

사도 요한이 우리에게 계시록 21:22-25에서 말한 것처럼, 거룩한 성의 성벽들 안에는 "**다시 밤이 없겠고, 등불과 햇빛이 쓸 데 없으니, 이는 주 하나님이 그들에게 비치심이라**"고 한다. 계시록 21장에서 우리는 '새 하늘과 새 땅'을 살아야 하는 존재들임을 살펴보았다. 사도 베드로는 성전의 파괴와 옛 언약의 몰락을 시작한(벧후 3:1-14) 의의 시대에 성도들이 거룩한 삶을 살도록 촉구한다. 바울도 이렇게 말한다. "또한 너희가 이 시기를 알거니와 자다가 깰 때가 벌써 되었으니, 이는 이제 우리의 구원이 처음 믿을 때보다 가까웠음이라. 밤이 깊고 낮이 가까웠으니, 그러므로 우리가 어둠의 일을 벗고 빛의 갑옷을 입자"(롬 13:11-12).

바울은 동일한 방식으로 데살로니가인들에게 밤이 아닌 새벽의 삶, 빛의 삶을 살도록 권면한다. "주의 날이 밤에 도둑 같이 이를 줄을 너희 자신이 자세히 알기 때문이라. 그들이 평안하다, 안전하다 할 그 때에 임신한 여자에게 해산의 고통이 이름과 같이, 멸망이 갑자기 그들에게 이르리니, 결코 피하지 못하리라. 형제들아 너희는 어둠에 있지 아니하매, 그 날이 도둑 같이 너희에게 임하지 못하리니, 너희는 다 빛의 아들이요, 낮의 아들이라. 우리가 밤이나 어둠에 속하지 아니하나니, 그러므로 우리는 다른 이들과 같이 자지 말고, 오직 깨어 정신을 차릴지라. 자는 자들은 밤에 자고 취하는 자들은 밤에 취하되, 우리는 낮에 속하였으니, 정신을 차리고, 믿음과 사랑의 호심경을 붙이고, 구원의 소망의 투구를 쓰자. 하나님이 우리를 세우심은 노하심에 이르게 하심이 아니요, 오직 우리 주 예수 그리스도로 말미암아 구원을 받게 하심이라"(살전 5:2-9).

옛 언약의 시대는 어두운 밤의 시대였다. 그러나 예수 그리스도의 오심으로 빛의 시대가 도래했다. "일어나라 빛을 발하라. 이는 네 빛이 이르렀고, 여호와의 영광이 네 위에 임하였음이니라. 보라, 어둠이 땅을 덮을 것이며, 캄캄함이 만민을 가리려니와, 오직 여호와께서 네 위에 임하실 것이며, 그의 영광이 네 위에 나타나리니, 나라들은 네 빛으로, 왕들은 비치는 네 광명으로 나아오리라"(사 60:1-3).

성경은 여러 곳에서 빛의 시대가 도래한 것을 선포하고 있다. "만군의 여호와가 이르노라. 보라 용광로 불 같은 날이 이르리니, 교만한 자와 악을 행하는 자는 다 지푸라기 같을 것이라. 그 이르는 날에 그들을 살라 그 뿌리와 가지를 남기지 아니할 것이로되, 내 이름을 경외하는 너희에게는 공의로운 해가 떠올라서 치료하는 광선을 비추리니, 너희가 나가서 외양간에서 나온 송아지 같이 뛰리라"(말 4:1-2). "찬송하리로다. 주 이스라엘의 하나님이여, 그 백성을 돌보사 속량하시며, 이는 우리 하나님의 긍휼로 인함이라. 이로써 돋는 해가 위로부터 우리에게 임하여, 어둠과 죽음의 그늘에 앉은 자에게 비치고, 우리 발을 평강의 길로 인도하시리로다"(눅 1:68, 78-79). "그 안에 생명이 있었으니, 이 생명은 사람들의 빛이라. 빛이 어둠에 비치되, 어둠이 깨닫지 못하더라"(요 1:4-5). "예수께서 또 말씀하여 이르시되, 나는 세상의 빛이니, 나를 따르는 자는 어둠에 다니지 아니하고 생명의 빛을 얻으리라"(요 8:12). "그 중에 이 세상의 신이 믿지 아니하는 자들의 마음을 혼미하게 하여, 그리스도의 영광의 복음의 광채가 비치지 못하게 함이니, 그리스도는 하나님의 형상이니라. 어두운 데에 빛이 비치라 말씀하셨던 그 하나님께서 예수 그리스도의 얼굴에 있는 하나님의 영광을 아는 빛을 우리 마음에 비추셨느니라"(고후 4:4, 6). "우리로 하여금 빛 가운데서 성도의 기업의 부분을 얻기에 합당하게 하신 아버지께 감사하게 하시기를 원하노라. 그가 우리를 흑암의 권세에서 건져내사, 그의 사랑의 아들의 나라로 옮기셨으니"(골 1:12-13). "또 약속하신 이는 미쁘시니, 우리가 믿는 도리의 소망을 움직이지 말며 굳게 잡고, 서로 돌아보아 사랑과 선행을 격려하며 모이기를 폐하는 어떤 사람들의 습관과 같이 하지 말고 오직 권하여 그 날이 가까움을 볼수록 더욱 그리하자"(히 10:23-25). "또 우리에게는 더 확실한 예언이 있어 어두운 데를 비추는 등불과 같으니, 날이 새어 샛별이 너희 마음에 떠오르기까지, 너희가 이것을 주의하는 것이 옳으니라"(벧전 1:19).

새 언약은 이전의 어둠의 시대와 달리, 빛의 시대이다. 그리고 절대적이고 궁극적인 빛은 오직 그리스도의 재림 때에 올 것이다. 그러나 사도들은 옛 언약의 어둠이 끝나고 하나님의 영광의 빛으로 민족들이 넘쳐나는 '의의 시대', 즉 임박한 새벽에 대하여 말하고 있는 것이다.

아담의 타락 이후 그리스도의 승천까지 세상의 전체 역사는 밤이었다. 그러나 미래는 밝은 낮이다. 이는 창조에서 나타난 패턴을 따르고 있다. 하늘과 땅은 '밤에서 낮으로' 움직인다. 덜 빛나는 빛은 더 빛나는 빛으로 이어졌고, 영광에서 영광으로 움직였다(창 1:5, 8, 13, 19, 23, 31). 이제 사도 요한은 우리에게 말한다. 예수 그리스도는 "광명한 새벽별"로서 "속히 올 것이다"(16절).

사도 요한은 회복된 낙원에 대한 계시를 끝맺으면서, 우리에게 왕적인 제사장이 단지 '천년왕국' 동안이 아니라, **"세세토록 왕 노릇 하리로다"**라고 말한다. 천년의 통치(계 20:4-6)는 장엄한 삶과 행복의 시작이고, 오는 모든 세대를 통하여 계속되어질 것이다. 그렇게 성도들의 나라는 다니엘이 기록한 '영원한 나라'이다(단 20:4-6). 둘째 사망, 즉 불 못이 저주받은 자가 가는 '영원한 형벌'인 것처럼, 성도들의 나라는 '영원한 생명'의 나라이다. 이것을 마태복음 25:46은 이렇게 말한다. "그들은 영벌에, 의인들은 영생에 들어가리라 하시니라." 회복된 낙원에서의 영생의 소망이 우리에게 있다. 아멘.

2. 마지막 경고와 축복(계 22:6-21)

계시록은 우선적으로 1세기 교회에 대한 예언이다. 그러므로 오늘날 우리와 관련이 있는 것일까라는 의문이 생길 수 있다. 그러나 성경의 다른 모든 책들도 마찬가지이다. 예를 들어, 로마서는 1차적으로 로마에 있는 교회에 보내진 편지였다.

그러나 동시에 모든 세대 모든 교회에 보내진 편지이기도 하다. 그래서 바울은 이렇게 말한다. "모든 성경은 하나님의 감동으로 된 것으로 교훈과 책망과 바르게 함과 의로 교육하기에 유익하니, 이는 하나님의 사람으로 온전하게 하며 모든 선한 일을 행할 능력을 갖추게 하려 함이라"(딤후 3:16-17).

이스라엘의 불순종으로 나타난 하나님의 심판은 또한 우리에게도 일어날 수 있다. 사실 이스라엘조차 언약적인 생명나무로부터 잘라져 나갔다면, 우리도 얼마든지 그럴 수 있는 것이다. "옳도다. 그들은 믿지 아니하므로 꺾이고, 너는 믿으므로 섰느니라. 높은 마음을 품지 말고 도리어 두려워하라. 하나님이 원 가지들도 아끼지 아니하셨은즉 너도 아끼지 아니하시리라"(롬 11:20-21). 그러므로 계시록은 모든 시대의 교회를 위한 지속적인 교훈을 주고 있는 것이다.

6-7절. 또 그가 내게 말하기를, 이 말은 신실하고 참된지라. 주 곧 선지자들의 영의 하나님이 그의 종들에게 반드시 속히 되어질 일을 보이시려고, 그의 천사를 보내셨도다. 보라 내가 속히 오리니, 이 두루마리의 예언의 말씀을 지키는 자는 복이 있으리라. 하더라.

계시록은 신실하고 참된 말씀이다. "이 말은 신실하고 참된지라"(cf. 계 1:5, 3:14, 19:9, 11, 21:5). 사도 요한은 이제 계시록을 마무리하면서 그 중심 메시지를 요약하고 있다. "**주 곧 선지자들의 영**(원문은 복수형으로 '영들')**의 하나님이 그의 종들에게 반드시 속히 되어질 일을 보이시려고 그의 천사를 보내셨도다.**" 계시록의 기록 목적은 한마디로 "**속히 되어질 일**"을 보이는 것이다. 이는 그리스도의 오심이다. "**보라 내가 속히 오리니**"

여기에서 우리는 몇 가지를 볼 수 있다. 첫째, 한글성경에 "영"으로 되어 있는 단어는 원문에는 "영들"이라고 복수형으로 되어 있다. 이는 온 세상에 충만한 성령, 즉 계시록의 용어로는 "일곱 영들"을 언급하는 것이다(cf. 계 1:4, 4:5). 성령께서 온 세상의 모든 믿는 자들에게 충만하게 임하셨다. 사도 요한은 신약의 모든 주님의 백성들이 선지자라는 것을 반복적으로 강조하고 있다. 그래서 하늘의 비밀이 알려진 것, 계시된 것이다.

둘째, 이 성령은 선지자들 가운데 역사하시는 "선지자들의 영"이고, 또한 예언의 영이다(cf. 계 19:10 "예언의 영"). 신약의 예언은 미래에 대한 예언이라는 측면도 있다. 예를 들면, 전도자 빌립의 네 딸이 바울이 결박당할 것을 미리 예언한다(행 21:9). 그러나 더 중요한 성경적 예언은 단순히 미래를 예견이 아니라, 오히려 하나님의 기준에 합당한 삶을 살도록 죄를 깨닫게 하는 것이다. 마가복음 7:6을 보자. "이르시되 이사야가 너희 외식하는 자에 대하여 잘 예언하였도다. 기록하였으되 이 백성이 입술로는 나를 공경하되 마음은 내게서 멀도다." 외식하는 자에 대해 한 이사야의 '예언' 은 죄에 대한 책망이었다. 그래서 바울은 말한다. "그러나 예언하는 자는 사람에게 말하여 덕을 세우며 권면하며 위로하는 것이요"(고전 14:3).

셋째, 그리스도께서 속히 오시리라는 주제를 반복하고 있다. **"보라 내가 속히 오리니"**(cf. 계 1:7, 2:5, 16, 3:11, 16:15). 이 '온다' 혹은 '오고 있다' 는 헬라어 단어인 '에르코마이' (erchomai)는 계시록 22장에서만 7번 사용되었다. 그리스도의 오심으로 옛 이스라엘은 파괴될 것이고, 새 언약 교회는 완전하게 세워질 것이다. 그래서 이 메시지는 계시록의 여섯 번째 축복으로 이어진다. **"예언의 말씀을 지키는 자는 복이 있으리라."**

넷째, 계시록은 미래에 대한 '예견' 이라는 측면보다 옛 언약 백성들에 대한 죄에 대한 '책망' 과 새 언약 백성들의 '순종' 과 '인내' 를 요구하는 언약문서이다. 그래서 축복의 약속으로 이어지는 것이다.

> 8-9절. 이것들을 보고 들은 자는 나 요한이니, 내가 듣고 볼 때에, 이 일을 내게 보이던 천사의 발 앞에 경배하려고 엎드렸더니, 그가 내게 말하기를, 나는 너와 네 형제 선지자들과 또 이 두루마리의 말을 지키는 자들과 함께 된 종이니, 그리하지 말고, 하나님께 경배하라 하더라.

사도 요한은 곧 그 사도가 **"이것들을 보고 들은 자는 나 요한이니, 내가 듣고 볼 때에, 이 일을 내게 보이던 천사의 발 앞에 경배하려고 엎드렸더니, 그가 내게 말하기를, 나는 너와 네 형제 선지자들과 또 이 두루마리의 말을 지키는 자들과**

함께 된 종이니, 그리하지 말고, 하나님께 경배하라 하더라"는 것을 강조하고 있다. 계시록 19:10에서처럼, 사도 요한이 그 천사 앞에 존경을 표하기 위하여 절하려고 한 것으로 인한 어떤 축복에 대하여 천사적인 선언이 있다. 그 본문에 대해서 우리가 살펴본 것처럼, 사도 요한은 그 천사에게 신적인 경배를 드리려고 한 것이 아니라, 오히려 초월자에게의 경의를 표하는 것이었다. 그러나 새 언약 시대에서, 그것은 더 이상 적절하지 않은 것이다. 인간에 대한 천사적인 초월성은 단지 일시적으로 의도된 것이고, 아담 이후의 조치는 그의 성소의 수호자로서의 책임성을 예견하는 것이었다(창 2:15, 3:24). 이제 그리스도는 보좌로 승천하셨고, 그의 백성들은 성도가 되었고, 하나님의 모사와 친구로서 그 성소의 나아갈 수 있게 되었다. 사실 사도 바울은 그 성도들이 이 세상뿐 아니라 또한 천사들도 다스리도록 작정되었다고 말한다(고전 6:1-3). 높아지고 능력을 갖게 된 것을 통해서 천사들은 더 이상 사도들의 "**함께 된 종**"이 아니라, 그의 "**형제 선지자들**" 즉 기독교의 다른 멤버들인 모든 "**이 두루마리의 말을 지키는 자들**"이다. 그 신자들은 하늘 회의의 일원이고, 대면해서 "**하나님께 경배**"할 수 있는 자들이다(cf. 4절). 다시 이것은 이 마지막 장에서 무수히 많은 축복들이 홀로 완성되는 동안 도전되어지지 않고, 이미 하나님의 백성들에게 허용되어졌다는 것을 보여준다. 한편으로 그 천사들은 존경에 대한 사도 요한의 행동을 수용했었을 것이다. 우리는 하나님의 보좌로 직접 나아갈 수 있게 되었다.

이 사건이 거의 문자 대 문자로 반복 되어졌다는 것은 그 사도에게 이러한 관심의 중심성과 그것을 우리가 배우는 것이 얼마나 어려운지 두 가지를 나타내는 것이다. 계시록의 책의 가장 중요한 가르침이 예수 그리스도께서 그 보좌로 승천하셨다는 것이라고 옳게 말할 수 있을 것이다. 그리고 두 번째로 중요한 교훈은 우리가 그분과 함께 하늘로 올라갔다는 것이다.

10절. 또 내게 말하되, 이 두루마리의 예언의 말씀을 인봉하지 말라. 때가 가까우니라.

"또 내게 말하되, 이 두루마리의 예언의 말씀을 인봉하지 말라. 때가 가까우니

라." 다시 그 천사는 그 예언 성취의 임박성을 강조하고 있다. 이러한 이유 때문에 사도 요한은 그 책의 말씀들을 인봉하는 것을 금하고 있다. 우리는 이미 이것과 대조적인 경우(계 10:4)를 다니엘에게 한 명령인 "마지막 때까지 이 말을 간수하고 이 글을 봉함하라"는 것에서 가지고 있다(단 12:4). 왜냐하면 그의 예언이 먼 미래에 대한 것이기 때문에, 다니엘은 그것을 인봉하도록 명령했다. 그러나 사도 요한의 예언은 임박한 미래에 관한 것이기 때문에, 그는 그것을 풀어놓도록 명령했다. 사실, 이것들은 다니엘이 기록한 바로 그 날이고, 그리고 사도 요한은 그를 인치지 않도록 영감 받았던 것이다.

11절. 불의를 행하는 자는 그대로 불의를 행하고, 더러운 자는 그대로 더럽고, 의로운 자는 그대로 의를 행하고, 거룩한 자는 그대로 거룩하게 하라.

"**불의를 행하는 자는 그대로 불의를 행하고, 더러운 자는 그대로 더럽고, 의로운 자는 그대로 의를 행하고, 거룩한 자는 그대로 거룩하게 하라.**" 1세기의 위대한 전투는 그것의 절정에 이르고, 그 천사는, 하나님의 은혜에 다르게 반응하는 것, 즉 '인식론적 자의식'의 성취를 통하여 의인들과 악인들을 구분하는 것을 향해 외치고 있다. 그것은 심판을 위하여 추수하기 위하여 세상이 검거나 희어지도록 하는 기도로 이루어져 있다. 그 싸움의 양쪽에 대한 자의식은 언제나 심판의 서곡이 되고 있다(cf. 겔 3:27 "들을 자는 들을 것이요, 듣기 싫은 자는 듣지 아니하리니, 그들은 반역하는 족속임이니라.").

12-13절. 보라, 내가 속히 오리니, 내가 줄 상이 내게 있어 각 사람에게 그가 행한 대로 갚아 주리라. 나는 알파와 오메가요. 처음과 마지막이요. 시작과 마침이라.

다시 주님은 이스라엘에 대한 심판과 그의 교회에 대한 구원을 위한 그의 오심의 임박성을 약속하고 있다. "**보라, 내가 속히 오리니, 내가 줄 상이 내게 있어 각 사람에게 그가 행한 대로 갚아 주리라**"(cf. 계 2:23, 20:12-13). 그리스도는 이것이 그의 나라에 1세기에 그의 오심의 결과일 것이라고 약속했었다(마 16:27-28). 맹세로써 그 약속을 확증하면서, 그는 역사에 주인으로써, 즉 모든 것의 주권적인 통치자로써 스스로에게 맹세하고 있다. "나는 알파와 오메가요. 처음과 마지막이요. 시작과 마침이라."

14절. 자기 두루마기를 빠는 자들은 복이 있으니, 이는 그들이 생명나무에 나아가며 문들을 통하여 성에 들어갈 권세를 받으려 함이로다.

천사를 통하여 말하는 것을 계속하면서, 그리스도는 계시록의 일곱 번째 축복을 선언하고 있다. "**자기 두루마기를 빠는 자들은 복이 있으니**" 이는 복종의 지속적인 의무를 강조하는 현재 분사이다. 하나님은 단지 한 번의 믿음고백을 원하지 않고, 회개와 그리스도에 대한 고백의 지속적인 삶을 원하신다. 복종은 사도 요한이 다른 곳에서 선언한 것처럼 구원받은 자의 특징이다. "우리가 그의 계명을 지키면 이로써 우리가 그를 아는 줄로 알 것이요. 그를 아노라 하고 그의 계명을 지키지 아니하는 자는 거짓말하는 자요. 진리가 그 속에 있지 아니하되, 누구든지 그의 말씀을 지키는 자는 하나님의 사랑이 참으로 그 속에서 온전하게 되었나니, 이로써 우리가 그의 안에 있는 줄을 아노라. 그의 안에 산다고 하는 자는 그가 행하시는 대로 자기도 행할지니라"(요일 2:3-6).

이것들은 홀로 "(계 2:7에서 이기는 자에게 약속된)생명나무에 나아가며(계 3:12에서 이기는 자에게 약속된)문들을 통하여 성에 들어갈 권세를 받으려 함이로다." 우리는 그 땅의 나라들이 그 도성으로 들어갈 것이라는 것을 주목해야한다(계 21:24-26). 이는 나라들과 그들의 통치자들이 의에 의해서 특징되어지고, 이기는 자의 세상을 정복하는 믿음에 의하여 특징되어진 것을 의미하고 있다.

15절. 개들과 점술가들과 음행하는 자들과 살인자들과 우상 숭배자들과 및 거짓말을 좋아하며 지어내는 자는 다 성 밖에 있으리라.

그리스도는 다른 목록을 제공하고 있는데(cf. 계 21:8), 이는 그 도시의 밖, 즉 불타는 게헨나로 추방되어진 축복에서부터 배제된 자들에 대한 것이다(사 66:24, 막 9:43-48). 첫째는, "**개들**" 로 언급된 자들인데, 이는 성경을 통하여 혐오스럽고 가증한 것으로 여겨진 청소부들이다(cf. 잠 26:11). 신명기 23:28에서, 소돔사람들은 개들이라고 불렀고, 그리스도는 부정한 민족들을 개와 동일시했다(막 7:26-28). 사도 바울은 그 용어를 충격적인 언급을 하는데 사용했는데, 그리스도를 거부하는 것으로 언약을 배반한 자들인 유대인들, 즉 거짓 할례자들을 가리키는데 사용했다(빌 3:2). 그러므로 그들은 이방인들과 결합하여 배교한 자들이다. 그것이 아마도 여기에서 언급된 자들일 것이다(cf. 계 2:9, 3:9). 하나님은 거룩한 것을 개에게 주지 않으신다(마 7:6). 이 구절에서 언급되어지는 다른 부류들인, "**점술가들과 음행하는 자들과 살인자들과 우상 숭배자들과 및 거짓말을 좋아하며 지어내는 자**" 는 또한 계시록 21:8, 27에 나열되어있다. 기독교인들은 그들의 새로운 삶을 향한 세례에 의하여 이 모든 불경건한 행동을 포기했었다.

16절. 나 예수는 교회들을 위하여 내 사자를 보내어, 이것들을 너희에게 증언하게 하였노라. 나는 다윗의 뿌리요. 자손이니. 곧 광명한 새벽 별이라. 하시더라.

"**나 예수는 교회들을 위하여 내 사자를 보내어, 이것들을 너희에게 증언하게 하였노라**" 에서 "너희" 라는 말은 복수형으로 주님에 의하여 직접적으로 설교를 듣는 사도 요한의 청중을 의미한다. 그리고 그 메시지는 일반적으로 (모든 성도들, 21절인) "**교회들**" 에 대한 것이다. 그리스도는 계시록 5:5의 교훈을 반복하고 있는데, 거기에서 그는 새 언약, 즉 모든 민족들이 축복을 받는 것을 통하여 '인간을 위한 계약서' 를 가져오는 자이다. "**나는 다윗의 뿌리요. 자손이니.**" 이는 다윗 계열의 근원과 정점이라는 것이다. 헹스텐버그는 다음과 같이 주석하고 있다. "예수께서 뿌리이기 때문에, 그는 또한 다윗의 족속이다. 그 안에서만 오직 그 족속이 보존되어져 있다. 게다가 만약 그렇지 않다면, 자취도 없이 그것은 사라졌을 것이다. 다윗의 족속이란 그의 자손 이상이다. 이것은 그리스도를 위하여 다윗의 족속이 존재하는 것을 중단할 수도 있다는 것을 가리키고 있는 것이다. 다윗의 족속은 여기에서 하나님에 의해서 그것이 약속되어진 정복될 수 없는 힘과 영원한 통치에 관한 관점으로 나타나고 있다(cf. 눅 1:32-33). 다윗의 영광스러운 족속의 절정인 그분 안에서 그가 증거하는 것은 틀림없이 성취로 나아갈 것이다."[56]

민수기 24:17에서, 발람은 별과 홀의 상징 아래에 있는 그리스도에 관하여 예언했었다. 그리스도의 홀은 두아디라에서 이기는 자에게 약속되어진 것인데(계 2:26-27), 이는 시편 2:8-9에 암시된 것이다. 그러므로 이기는 자에 대한 약속을 계속하는 것으로, 그리스도는 스스로를 "새벽 별"로써 제시하고(계 2:28), 그 약속은 여기에서 반복되어지고, 그리고 5절에서 빛에 대한 약속을 성취하는 한편, 이 본문은 버가모(우상숭배에 대한 언급과 발람에 대한 암시)와 두아디라(마술과 음행에 대한 언급)에 보낸 편지와 공유하고 있는 다른 연결점을 부분적으로 유지하고 있다.

17절. 성령과 신부가 말씀하시기를, 오라. 하시는도다. 듣는 자도 오라 할 것이요. 목마른 자도 올 것이요. 또 원하는 자는 값없이 생명수를 받으라. 하시더라.

"성령과 신부가 말씀하시기를, 오라. 하시는도다." 이것은 예수님에게 하는 기도, 즉 구원과 심판을 위하여 오시도록 그를 부르는 성령으로 영감되어진 신부의 기도이다(cf. 아 8:14 "내 사랑하는 자야 너는 빨리 달리라"). 이는 내 피조물들이 네 명의 말 탄 자들을 부르는 소리와 같은 것이다(계 6:1, 3, 5, 7). 그러므로 제의적 반응은 앞으로 나아가는 것이다. **"듣는 자도 오라 할 것이요."** 결국, 그 표현은 거꾸로 되는데, 왜냐하면 우리가 구원을 받도록 생명수를 위하여 그에게 가도록 하는 가운데, 그리스도께서 우리에게 오심의 확실성 때문이다. **"목마른 자도 올 것이요. 또 원하는 자는 값없이 생명수를 받으라. 하시더라."** 여기에서 **"값없이"**라고 하는 표현은 '선물로'를 의미하는데 헬라어 '도레안'(dōrean)인데, 이는 특히

---

56) E. W. Hengstenberg, *The Revelation of St. John*, 2 vols, trans. Patrick Fairbairn (Cherry Hill, NJ: Mack Publishing Co., n. d.) Vol. 2, p. 373.

참고를 말하는 가운데 그리스도에 의하여 사용되곤 했다. 즉 "그들이 이유 없이 나를 미워하였다"(요 15:25). 우리의 구원은 우리의 장점과 관계없이 "이유 없는" 것이다. 그것의 근거와 원인은 전적으로 그 분에게 있고, 우리들에게 있지 않다. 우리는 "그리스도 예수 안에 있는 속량으로 말미암아 하나님의 은혜로 값없이 의롭다 하심을 얻은 자 되었느니라"(롬 3:24).

> 18-19절. 내가 이 두루마리의 예언의 말씀을 듣는 모든 사람에게 증언하노니, 만일 누구든지 이것들 외에 더하면, 하나님이 이 두루마리에 기록된 재앙들을 그에게 더하실 것이요. 만일 누구든지 이 두루마리의 예언의 말씀에서 제하여 버리면, 하나님이 이 두루마리에 기록된 생명나무와 및 거룩한 성에 참여함을 제하여 버리시리라.

이제 예수께서는 전체 예언 가운데 가장 근엄하고 끔찍한 말씀으로 여겨지는 것을 진술하고 있다. **"내가 이 두루마리의 예언의 말씀을 듣는 모든 사람에게 증언하노니, 만일 누구든지 이것들 외에 더하면, 하나님이 이 두루마리에 기록된 재앙들을 그에게 더하실 것이요. 만일 누구든지 이 두루마리의 예언의 말씀에서 제하여 버리면, 하나님이 이 두루마리에 기록된 생명나무와 및 거룩한 성에 참여함을 제하여 버리시리라"**(cf. 신 4:2, 12:32, 29:20). 러쉬두니는 이렇게 주석한다. "바로 그런 의미에서, 계시록은 성경의 결론을 내리고 있다. 그것은 마지막 말씀으로 차분하게 말하고 있다. 모세는 신명기 4:2에서 '내가 너희에게 명령하는 말을 너희는 가감하지 말고 내가 너희에게 내리는 너희 하나님 여호와의 명령을 지키라'고 선언했다. 말씀은 다른 것으로 더해질 수 있다. 그러나 계시는 불변하는 하나의 말씀이어야 한다. 이제, 성경의 결론으로, 그 책의 말씀들을 더하거나 빼는 것은 금지되었다. 말씀들은 더 이상 더해질 수 없게 되었다. 자의식이 강한 병행과 고침은 너무나도 명백하게 우발적인 것이 되었다. 마지막 말씀들은 불변하는 말씀에 대하여 주어졌었다."[57]

---

57) Rousas John Rushdoony, *The Kingdom Come: Studies in Daniel and Revelation* (Tyler, TX: Thoburn Press, 1978), p. 225.

20-21절. 이것들을 증언하신 이가 이르시되, 내가 진실로 속히 오리라 하시거늘, 아멘. 주 예수여 오시옵소서. 주 예수의 은혜가 모든 자들에게 있을지어다. 아멘.

"이것들을 증언하신 이가 이르시되," 즉 참되고 신실하신 증인이 **"내가 진실로 속히 오리라 하시거늘"** 이 끝맺음의 제의에서, 교회는 대답하고 있다. **"아멘. 주 예수여 오시옵소서."** 교회는 심판을 요청하고 있다. 교회는 특별히 그의 주님에게 그의 모든 원수들에게 저주를 가져오는, 그러나 **"은혜가 모든 자들에게"** 있도록 하는 주님의 오심(Maranatha!)을 요구하고 있다. 우리가 계시록 3:14에서 본 것처럼, 그 친숙한 단어 **"아멘"**은 언약의 저주를 자신에게 붓도록 하는 맹세이다. 그리고 아멘은 우리는 은혜가 전혀 없지만, 예수 그리스도께서 우리의 '아멘' 되신다는, 즉 우리를 위하여 저주를 받으신 분이라는 사실에 대한 엄숙한 승인이다. 그러므로 성 암브로시우스가 권고한 것처럼, "입이 말한 것을, 마음 속으로 고백하도록 하고, 혀가 토설한 것을, 가슴이 느끼도록 하라."[58]

---

58) St. Ambrose, *On the Mysteries*, 54.

참고문헌

권성수,『성경해석학』, 서울: 총신대학출판부, 1991.

박아론 and 김석환,『기독교 종말론』, 서울: CLC, 2004.

박용규, "일제하 한국교회의 종말론 형성에 관한 연구",「역사신학 논총」vol. 2 (2000).

박형용,『신약성경신학』, 합동신학원 교재.

변종길,『천국의 원리』, 서울: SFC, 2006.

보스 게할더스,『바울의 종말론』, 서울: 엠마오, 1989.

양용의,『예수와 안식일 그리고 주일』, 서울: 이레서원, 2000.

에우세비오,『교회사』, 편집부 역, 서울: 성요셉출판사, 1985.

오토 뵉허,『요한묵시록의 난제 열두 가지』, 박두환 역, 서울: 한국신학연구소, 1995.

왕대일, "묵시문학 다니엘서 종말론 이해",「신학과 세계」vol. 37 (1998).

이동수,「천국의 열쇠」, 고신대학교 대학원, Th.M.학위청구 논문, 1997.

이문장,『한국인을 위한 성경연구-원리편』, 서울: 이레서원, 2004.

이보민,『현대기독교 사상 비판』, 서울: 개혁주의 신행협회, 1987.

이필찬,『요한계시록을 어떻게 읽을 것인가?』, 서울: 성서유니온선교회, 2000.

정훈택, "기독론적 종말론",「성경과 신학」vol. 13 (1993).

_____,『산상설교』, 서울: 한국로고스연구원, 1990.

최갑종,『바울연구 I』, 서울: CLC, 1993.

홍인규,『바울의 율법과 복음』, 서울: 생명의말씀사, 1996.

홍창표,『요한계시록 해설』, 서울: 크리스챤북, 1999.

황창기, "계시사적 구조로 새롭게 본 사도행전",「목회와 신학」39(1992, 9).

_____,『예수님 교회 그리고 나』, 서울: 성광문화사, 1998.

Frei, Hans W.,『성경의 서사성 상실』, 이종록 역, 서울: 한국장로교출판사, 1996.

Haynes, S. R. & McKenzie S. L.(eds.),『성서비평 방법론과 그 적용』, 김은규 김수남 공역, 서울: 대한기독교서회, 1997.

Jordan, James. B.,『계시록의 구속사적 연구』, 이동수 역, 서울: 그리심, 2005.

Kirban, Salem, 『인류의 종말』, 권명달 역, 서울: 보이스사, 1982.

Poythress, Vern S., 『세대주의 이해』, 권성수 역, 서울: 총신대학출판부, 1987.

Adams, Edward, *The Stars Will Fall from Heaven*, New York: T & T Clark, 2007.

Albright, W. F., and Mann, C. S., *Matthew,* New York: Doubleday & Company, 1982.

Allen, Richard Hinckley, *Star Names: Their Lore and Meaning*, New York: Dover Publications, 1963.

Aune, David E., *The Apocalypse of John and the Problem of Genre*, Semeia no. 36(1986).

Bauckham, Richard, *The Climax of Prophecy*, Edinburgh: T&T Clark, 1993.

Barnes, *Notes on the New Testament Matthew and Mark*, Grand Rapids: Baker Book House, 1962.

Beale, G. K., *The Book of Revelation NIGTC series*, Grand Rapids: Eerdmans Publishing Co., 1999.

Beasley-Murray, G. R., *The Book of Revelation*, Grand Rapids: William B. Eerdmans Publishing Co., 1981.

Berkhof, L., *Systematic Theology*, Grand Rapids: William B. Eerdmans Publishing Co., 1941.

Blevins, Carolyn, "Under My Wings: Jesus' Motherly Love: Matthew 23:37-39", *RevE* 104 (2007).

Brandon, S. G. F., *The Trial of Jesus of Nazareth*, New York: Dorset, 1968.

Cairns, Earle E., *Christianity Through the Centuries*, Grand Rapids: Zondervan, 1954.

Calvin, John, *Institutes of the Christian Religion*, 4:17:36, Philadelphia: The Westminster Press, 1960.

Carson, D. A., *Exegetical Fallacies*, Grand Rapids: Baker Book House, 19908.

Carver, Everett I., *When Jesus Comes Again*, Phillipsburg: Presbyterian and Reformed, 1979.

Chase, W. H., "Image of Covenant Judgement in Matthew 24", *Clarion* 44 (1995).

Chilton, David., *The Days of Vengeance*, Ft. Worth: Dominion Press, 1987.

Collins, Adela Yarbro, "Reading the Book of Revelation in the Twentieth Century", in *Interpretation*(vol. XL, 1986 July, no.3).

Combrink, H.J.B., "The Macrostructure of the Gospel of Matthew" *Neotestamentica* 16(1982).

Dodd, C.H., *The Interpretation of the Fourth Gospel,* Cambridge: Cambridge University Press, 1953.

Farrar, Frederic W., *The Early Days of Christianity*, Chicago: Belford, Clarke and Co., Publisher, 1882.

_____, *History of Interpretation*, Grand Rapids: Baker Book House, 1979.

Farrer, Austin, *The Revelation of St. John the Divine*, Oxford: At the Clarendon Press, 1964.

Fiorenza, E.S., "Composition and Structure" *CBQ* Vol.39(1977).

Gentry Jr., Kenneth L., *Before Jerusalem Fell,* Tylor: Institute for Christian Economics, 1989.

St. Germanus of Constantinople., *On the Divine Liturgy*, Paul Meyendorff, trans., Crestwood, NY: St. Vladmir's Seminary Press, 1984.

Glasson, T. F., "The Order of Jewels in Rev. xxi. 19-20: A Theory Eliminated," *Journal of Theological Studies* 26 (1975).

Gregg, S., *Revelation: four views a parallel commentary*, Nashville: Thomas Nelson Publishers, 1997.

Greijdanus, S., *Schriftbeginselen Ter Schriftverklaring*, Kampen: J.H. KOK, 1946.

Harris, R. Laird, "Was the law and the prophets two-thirds of the Old Testament canon", *BETS* 9 (1966).

Hendriksen, William, *More than Conquerors,* Grand Rapids: Baker, 1976.

Hengstenberg, E. W., *The Revelation of St. John*, 2 vols, trans. Patrick Fairbairn, Cherry Hill, NJ: Mack Publishing Co., n. d.

Hiers, Richard H., "Binding and Loosing: The Matthean Authorizations", *JBL* 104 (1985).

Jordan, James. B., "A Brief Reader's Guide to the Book of Revelation(Part 2)" in *Biblical Horizons No.102*(1998, February).

_____, "The Future of Israel Reexamined(part 1)", *BH* 27 (1991).

_____, "The Future of Israel Reexamined(part 3)", *BH* 29 (1991).

_____, *Through New Eyes*, Brentwood: Wolgemuth & Hyatt Publisher, 1988.

Kaiser, Jr. Walter C., *Toward an Exegetical Theology*, Grand Rapids: Baker Book House, 1981.

Kampen, Robert Van, *The Sign*, Wheaton: Crossway Books, 1992.

Kimball, W. R., *What the Bible Says about The Great Tribulation*, Philipsburg: Presbyterian and Reformed, 1984.

Kingsbury, J. D., *Matthew as Story*, Philadelphia: Fortress, 1988.

Kline, Merdith G., *Treaty of the Great King: The Covenant Structure of Deuteronomy*, Grand Rapids: Eerdmans, 1975.

Ladd, G. E., *A Commentary on the Revelation of John*, Grand Rapids: Eerdmans, 1972.

LaSor, William Sanford, *The Truth About Armageddon*, San Francisco: Harper & Row Publishers, 1982.

Lecerf, Auguste, *An Introduction to Reformed Dogmatics*, trans. Andre Schlemmer, Grand Rapids: Baker Book House, 1981.

Leithart, Peter J., *The Kingdom and the Power*, Phillipsburg: Presbyterian and Reformed, 1993.

_____, "What is the Kingdom of God?", *Biblical Horizon paper* (1988).

Lund, Niles Wilhelm, *Chiasmus in the New Testament*, Massachusetts: Hendrickson, 1992rev, 1942.

Martyr, Justin, *The First Apology*, chap. lxvii, in Alexander Roberts and James Donalson, eds., *The Anti-Nicene Fathers*, Grand Rapids: Eerdmans, 1971.

Mounce, Robert H., *The Book of Revelation*, Grand Rapids: Eerdmans Pub. co., 1977.

Murray, John, *Redemption: Accomplished and Applied*, Grand Rapids: William B. Eerdmans Publishing Co., 1955.

Nestingen, James Arne, "The Matthean Advent Gospels", *Word & World* 12 (1992).

Newport, Kenneth G. C., "A Note on the 'Seat of Moses'", *AUSS* 28 (1990).

_____, *The Sources and Sitz im Leben of Matthew 23* (JSNTSup 117), Sheffield: Sheffield Academic Press, 1995.

Poythress, Vern S., *The Returning King*, Phillipsburg: P&R Publishing, 2000.

Preston, Don K., *Who is this Babylon?* , 1999.

Renov, Israel, "The Seat of Moses", *IEJ* 4 (1955).

Rushdoony, Rousas John, *The Kingdom Come: Studies in Daniel and Revelation*, Tyler, TX: Thoburn Press, 1978.

Shepherd, Michael B., "Daniel 7:13 and the New Testament Son of Man", *WTJ* 68 (2006).

Smith J. B., *Greek-English Concordance to the New Testament*, Scottdale: Herald Press, 1955.

Stonehouse, Ned B., "The Elders and the Living-Beings in the Apocalypse," in *Paul Before the Areopagus, and Other New Testament Studies*, Grand Rapids: William B. Eerdmans Publishing Co., 1957.

Swete, Henry Barclay, *Commentary on Revelation*, Grand Rapids: Kregel Publications, 1980.

Tenney, Merrill C., *Interpreting Revelation*, Massachusetts: Hendrickson, 2001.

Thomas, Robert L., "The Structure of the Apocalypse: Recapitulation or Progression?" *TMSJ* 4/1(Spring 1993).

VanGemeren, Willem, *The Progress of Redemption*, Grands Rapids: Baker Books, 1988.

von Campenhausen, Hans. Frhr., *Griechische Kirchenväter*, Stuttgart, 1986.

Voorst, Robert E. Van, *Jesus Outside the New Testament*, Grand Rapids: Eerdmans, 2000.

Walvoord, John. F., "Christ's Olivet Discourse on the End of the Age" *BSac* (1971).

Warfield, Benjamin B., "The Millennium and the Apocalypse," *Biblical Doctrines*, New York: Oxford University Press, 1929.

Wright, N. T., *Jesus and the Victory of God*, London: SPCK, 1996.

_____, *The New Testament and the People of God*, London: SPCK, 1992.